공사공단

민법총칙

www.goseowon.co.kr

PREFACE

청년 실업자가 30만 명에 육박하는 가운데 국가적으로 커다란 문제가 되고 있습니다. 정부의 공식 통계를 넘어 실제 체감의 청년 실업률은 30%에 달한다는 분석도 나옵니다. 이러한 현실에서 대학생과 대졸자들에게 '신의 직장'으로 그려지는 공기업은 해를 거듭할수록 많은 지원자들이 몰리는 상황입니다.

많은 공기업에서 신입사원 채용 시 필기시험을 실시합니다. 일반 대기업의 필기시험이 인적성만으로 구성된 것과는 다르게 공기업의 필기시험은 전공시험이 포함되었다는 점에서 특징적입니다.

본서는 공기업 전공시험 과목 중 민법총칙에 대비하기 위한 수험서로 민법총칙의 핵심이론을 단기간에 파악하고 효율적으로 채용시험에 대비할 수 있도록 구성되었습니다. 또한 빈출되는 기출문제와 이를 바탕으로 엄선한 예상문제를 수록하여 출제경향 파악 및 실전 대비가 가능합니다.

수험생 여러분의 합격을 기원합니다.

STRUCTURE

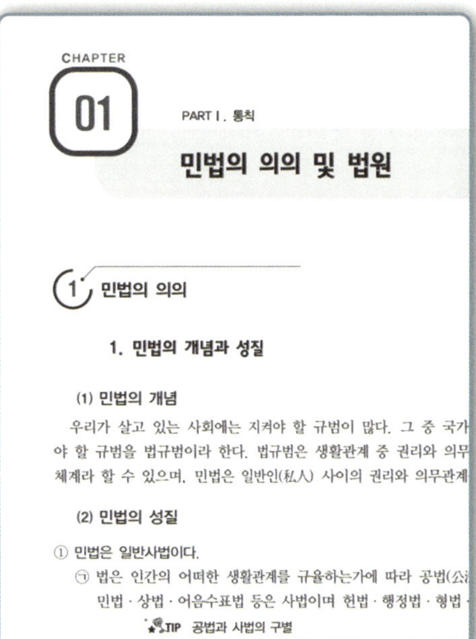

핵심이론정리

민법총칙의 주요내용을 체계적으로 정리하여 수록하였습니다.

TIP

효율적인 학습을 위해 꼭 알아두어야 할 내용을 한눈에 파악할 수 있도록 구성하였습니다.

핵심예상문제

기출문제 분석을 통해 출제가 예상되는 문제를 엄선하여 수록하였습니다.

정답 및 해설

매문제 꼼꼼한 해설을 통해 수험생의 문제해결능력을 높이도록 구성하였습니다.

CONTENTS

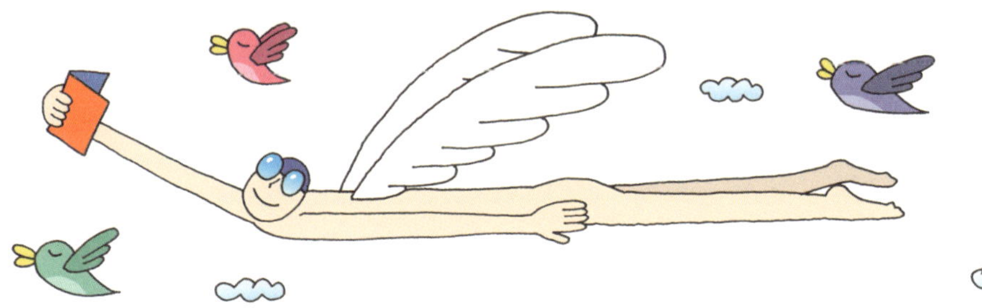

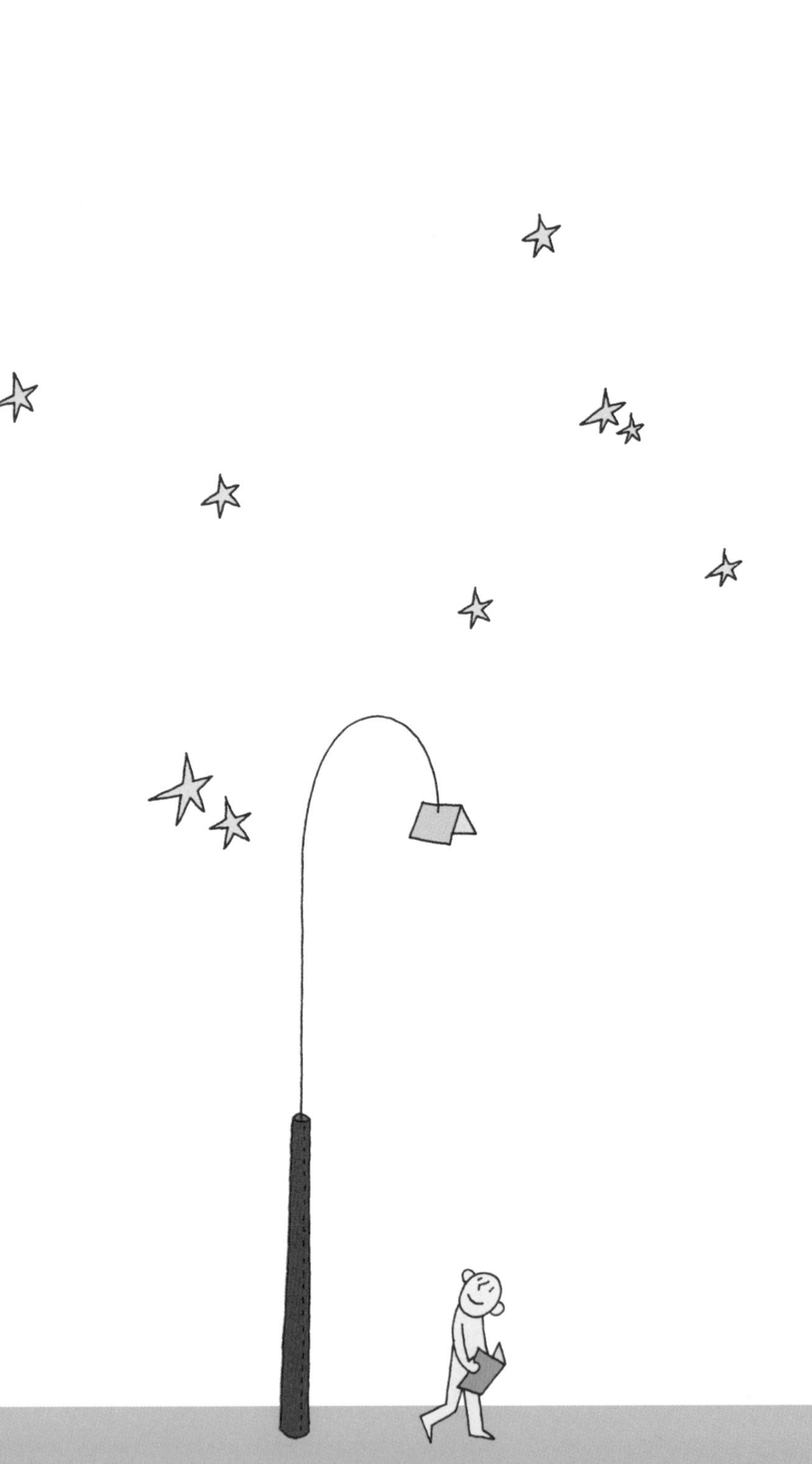

PART. I

통칙

민법의 의의 및 법원

 민법의 의의

1. 민법의 개념과 성질

(1) 민법의 개념

우리가 살고 있는 사회에는 지켜야 할 규범이 많다. 그 중 국가의 힘에 의하여 강제적으로 지켜야 할 규범을 법규범이라 한다. 법규범은 생활관계 중 권리와 의무의 관계를 규정하는 일정한 문화체계라 할 수 있으며, 민법은 일반인(私人) 사이의 권리와 의무관계를 규율하는 법규범이다.

(2) 민법의 성질

① 민법은 일반사법이다.
  ㉠ 법은 인간의 어떠한 생활관계를 규율하는가에 따라 공법(公法)과 사법(私法)으로 분류하는데, 민법·상법·어음수표법 등은 사법이며 헌법·행정법·형법·각종 소송법 등은 공법이다.

> ★TIP 공법과 사법의 구별
>
> | 구분 | 공법 | 사법 |
> |---|---|---|
> | 이익설 | 공익의 보호를 목적 | 사익의 보호를 목적 |
> | 성질설 | 불평등관계를 규율 | 평등관계를 규율 |
> | 주체설 | 국가 등과 개인 간의 법률관계를 규율 | 개인 상호간의 법률관계를 규율 |
> | 생활관계설 | 한 국가의 국민으로서 생활관계를 규율 | 인간 개인으로서의 생활관계를 규율 |
> | 절충설 | 주체설에 중점을 두면서 다른 학설을 종합하여 공·사법을 구별하는 학설 | |

  ㉡ 법은 일반적인 법률관계의 규율을 목적으로 하느냐 아니면, 특별한 법률관계의 규율을 목적으로 하느냐에 따라 일반법과 특별법으로 나누어지는데, 민법은 사법 중 일반사법(一般私法)이다. 반면에 상법은 특별사법(特別私法)이다.

> ★TIP 민법과 상법의 특성… 특별사법 중에 가장 중요한 상법에 대하여 상법과 민법의 관계는 어떠하며, 상법의 대상이 되는 '상사'의 개념이 무엇인가에 대하여 학자들 사이에 논란이 많다. 법 앞의 평등의 원칙에서 말하면 상인을 특별계급으로서 대우할 근거가 없으며, 사항적으로도 상사와 민사와의 구별이 곤란한 경우도 있으므로 스위스의 채무법과 같

이 민법과 상법을 통일하여 구별하지 않는 입법도 있다. 그러나 특별사법으로서의 상법과 일반사법으로서의 민법은 다음과 같은 특징을 갖추고 있다.
ㄱ **민법** : 윤리적, 개별적, 구체적 타당성
ㄴ **상법** : 기술성, 획일성, 정형성, 신속성, 국제성

② **민법은 실체법이다.** … 법은 권리의무의 어떠한 내용을 규정하는가에 따라 실체법과 절차법으로 나누어진다.
ㄱ **실체법** : 권리의무의 주체 및 발생 · 변경 · 소멸 등에 관하여 규정한 법이며 민법은 일반인 간의 권리의무의 발생 · 변경 · 소멸을 규정한 실체법이다.
ㄴ **절차법** : 그 권리와 의무의 실현과정을 규정한 법이며, 민사소송법을 비롯하여 각종의 소송법은 절차법이다.

③ **민법은 행위규범이며 재판규범이다.** … 민법은 일상생활에서 개인이 지켜야 할 행위의 기준을 정하여 주는 기능을 하기도 하는데, 이는 민법이 행위규범임을 의미한다. 또한 민법은 어떠한 사건에 관하여 법관이 재판을 함에 있어서 기준이 되어 주는 재판규범의 기능도 한다.

2. 민법의 종류

(1) 형식적 의미의 민법과 실질적 의미의 민법

① **형식적 의미의 민법** … 형식적 의미의 민법이라 함은 1958년 2월 22일에 법률 제471호로 제정 · 공포되어 1960년 1월 1일부터 시행되고 있는 민법전(제5편 본문 1118개조와 부칙)만을 의미한다.

② **실질적 의미의 민법** … 민법전 외에 민사특별법령(주택임대차보호법, 집합건물의 소유 및 관리에 관한 법률, 부동산실권리자명의 등기에 관한 법률 등), 공법의 규정 중 개인생활과 관련된 법(가족관계의 등록 등에 관한 법률 등), 민법부속법령(부동산등기법, 유실물법 등) 등 사인의 모든 사법적 법률관계를 규율하는 법을 의미한다.

③ **양자의 관계**
ㄱ 형식적 의미의 민법과 실질적 의미의 민법이 반드시 일치하는 것은 아니며, 실질적 의미의 민법이 형식적 의미의 민법보다 훨씬 넓은 개념이다.
ㄴ 형식적 의미의 민법규정 중에는 공법규정이나 절차법규정도 존재한다.

(2) 일반민법과 특별민법

① **일반민법** … 현행 민법전에 규정되어 일반인간의 일반적인 권리의무에 적용된다.

② **특별민법** … 주택임대차보호법을 비롯하여 일반인간의 특별한 권리의무에 적용되는 민사와 관련된 특별법규를 말한다.

③ **양자의 적용관계** … 특별법은 일반법에 우선한다는 원칙에 의한다.

3. 민법의 연혁과 구성

(1) 민법전의 제정과 개정

① 제정 … 민법전은 1958년 2월 22일에 법률 제471호로 제정·공포되어 1960년 1월 1일부터 시행되었다.

② 개정
　㉠ 제1차 일부개정(1962.12.29) : 민법상 임의분가와 강제분가의 양제도 외에 새로이 법정분가제도를 창설하여 차남 이하의 자는 혼인하면 법률상 당연히 분가되도록 하였다. 즉, 가족은 혼인하면 당연히 분가되며, 호주는 직계존속 아닌 성년남자로서 독립의 생계를 할 수 있는 가족을 분가시킬 수 있도록 하였다.
　㉡ 제2차 일부개정(1962.12.31) : 민법의 시행일 전의 법률행위로 인한 부동산에 관한 물권의 득실변경은 민법 시행일로부터 3년 내에 등기하지 아니하면 그 효력이 상실되도록 규정되어 있는 바, 이 등기기간을 2년 더 연장하였다.
　㉢ 제3차 일부개정(1964.12.31) : 민법의 시행일 전의 법률행위로 인한 부동산에 관한 물권의 득실변경은 민법 시행일부터 5년 내에 등기하지 아니하는 경우 그 효력이 상실되도록 규정되어 있는 바, 이 등기기간을 1년간 더 연장하였다.
　㉣ 제4차 일부개정(1970.6.18) : 공증인이나 법원서기에 대하여 사문서에 일자 확정을 청구하는 자는 그 청구서에 10환의 인지를 첨부하게 되어 있는 바, 이 액수는 현실에 맞지 않을 뿐 아니라 물가변동에 따라 상응된 액수를 조정하여야 되는데 그때마다 일일이 법을 개정하여야 하므로 이를 대법원규칙과 법무부령에 위임하여 규정하도록 하였다.
　㉤ 제5차 일부개정(1977.12.31) : 여권(女權)을 신장하고 성년의제규정을 두었다.
　• 미성년자에 한하여 혼인에 대하여 부모의 동의를 받도록 하였다.
　• 금치산자는 부모 또는 후견인이나 친족회의 동의를 받아 혼인할 수 있게 하였다.
　• 미성년자라도 혼인하면 성년으로 간주하였다.
　• 부부의 누구에게 속하는 것인지 불분명한 재산은 부부의 공유로 추정하였다.
　• 협의이혼 시에는 당사자가 가정법원에 출석하여 확인을 받도록 하였다.
　• 미성년자인 자에 대한 친권은 부모가 공동으로 행사하도록 하였다.
　• 동 순위의 상속인이 수인인 때에는 그 상속분은 균분으로 하되, 재산상속인이 동시에 호주상속을 할 때에는 5할을 가산하도록 하였다.
　• 피상속인의 처의 상속분은 직계비속과 공동 상속하는 때에는 동일 가족 내에 있는 직계비속의 상속분의 5할을 가산하고, 직계존속과 공동 상속하는 때에는 직계존속의 상속분의 5할을 가산하도록 하였다.
　• 상속인의 유류분을 변경하였다.
　• 유류분은 피상속인의 상속개시 시에 있어서 가진 재산의 가액에 증여재산의 가액을 가산하고 채무의 전액을 공제하여 이를 산정하도록 하였다.

ⓗ **제6차 일부개정**(1984.4.10) : 1960년 민법이 시행된 이래, 사회경제적 사정의 급격한 변화에도 불구하고 민법 중 재산법 부분은 전혀 개정되지 아니하여 사회경제적 현실과 민법규정간의 괴리가 심하므로 당시의 사회현실과 국민생활의 실태를 참작하여 특별실종에 항공기에 의한 실종을 추가하고 특별실종기간을 단축함으로써 불확실한 법률관계를 신속히 확정할 수 있도록 하고, 지하철ㆍ지하상가공사 등을 위한 구분지상권설정의 실체법적 근거를 신설함과 아울러 건물전세권자의 투하자금회수를 위한 제도적 장치를 마련함으로써 국민생활의 불편을 덜고 타인소유 건물이용자의 권리를 보호하려 하였다.

- 특별실종기간 3년을 1년으로 단축하고, 항공기에 의한 실종을 특별실종에 추가하였다.
- 지상 또는 지하의 공간은 상하의 범위를 정하여 건물 기타 공작물을 소유하기 위한 지상권의 목적으로 할 수 있도록 하고, 이 구분지상권은 제3자가 토지를 사용ㆍ수익할 권리를 가진 때에도 그 권리자 및 그 권리를 목적으로 하는 권리를 가진 자 전원의 승낙이 있으면 이를 설정할 수 있도록 하였다.
- 전세권에 우선변제적 효력을 인정하여 전세권자의 투하자금회수를 보장하였다.
- 건물전세권의 최단존속기간을 1년으로 법정하여 건물전세권자의 지위의 안전성을 보장하였다.
- 건물의 전세권설정자가 전세권의 존속기간 만료 전 6월부터 1월까지 사이에 전세권자에 대하여 갱신거절의 통지 또는 조건을 변경하지 아니하면 갱신하지 아니한다는 뜻의 통지를 하지 아니한 경우에는 그 기간이 만료된 때에 전 전세권과 동일한 조건으로 다시 전세권을 설정한 것으로 보도록 하는 건물전세권의 법정갱신제도를 신설하였다.
- 당사자에게 전세금증감청구권을 인정하되 증액의 경우에는 대통령령으로 기준과 비율을 규제할 수 있도록 하였다.

ⓘ **제7차 일부개정**(1990.1.13) : 호주 제도를 존치하되, 남녀평등정신에 반하는 호주계승을 목적으로 하는 직계비속 장남자의 거가금지규정을 삭제하고, 친족의 범위를 조정하며, 실효성이 없는 호주권을 폐지하는 등 당시 시행되던 민법의 가족관계규정 중 불합리한 사항을 정리하였다.

- 친족의 범위를 8촌 이내의 혈족, 4촌 이내의 인척 및 배우자로 하여 혈족의 경우 부계 또는 모계혈족의 구분 없이 각각 8촌 이내로 하고, 인척의 경우 4촌 이내로 하였다.
- 혈족의 범위에 자매의 직계비속을 포함시키도록 하고, 인척의 범위에서 혈족의 배우자의 혈족을 제외하도록 하였다.
- 배우자의 일방이 사망한 경우 생존배우자가 재혼하는 때에는 인척관계가 소멸되도록 하였다.
- 호주 제도를 존치하되, 호주상속제도를 호주승계제도로 변경하고, 호주승계권은 이를 포기할 수 있도록 하며, 호주상속비용, 호주상속에 있어서의 태아의 지위, 대습상속, 분묘 등의 승계에 관한 규정을 삭제하였다.
- 여 호주의 가에 그 가의 계통을 계승할 남자가 입적한 경우에도 호주승계가 개시되지 아니하도록 하였다.
- 호주의 한정치산청구권과 입적동의권을 삭제하고, 호주의 직계비속 장남자의 거가금지, 호주의 가족에 대한 거소지정권, 호주의 사고와 그 직무대행, 호주의 부양의무 등을 삭제하고, 가족의 불명재산에 대하여는 가족의 공유추정규정을 두는 등 호주의 권리의무에 대한 규정을 대폭 정리하였다.

- 호주의 변경과 여 호주규정을 삭제함으로써 여 호주는 그 가의 계통을 계승할 남자가 그 가에 입적한 경우에도 가족의 지위로 격하되는 것을 방지하고, 혼인의 취소나 이혼 시 또는 부가 사망한 때에 처와 부의 혈족 아닌 직계비속은 친가에 복적하거나 일가를 창립할 수 있도록 하였다.
- 법정친자관계로서의 계모자관계, 적모서자관계를 폐지하여 인척관계로 하였다.
- 약혼해제사유 중 폐병을 삭제하고 새로이 불치의 정신병을 추가하며, 2년 이상의 생사불명을 약혼해제사유로 하던 것을 그 기간을 단축하여 1년 이상의 생사불명을 약혼해제사유로 하도록 하였다.
- 부부의 동거 장소는 부부의 협의에 의하여 정하도록 하고, 협의가 성립되지 아니한 경우 가정 법원이 정하도록 하였다.
- 부부 공동생활비용은 부부가 공동으로 부담하도록 하였다.
- 이혼 시 자녀의 양육에 관한 사항은 부모가 협의하여 정하도록 하였다.
- 이혼 후 자를 직접 양육하지 아니하는 부모 중 일방은 면접교섭권을 가지도록 하되, 가정법원 은 자의 복리를 위하여 필요한 경우 당사자의 청구에 의하여 면접교섭권을 제한하거나 배제할 수 있도록 하였다.
- 이혼배우자의 재산분할청구권을 신설하여 이혼의 경우 배우자의 일방은 다른 일방에 대하여 기여도에 따라 재산분할을 청구할 수 있도록 하고, 재산분할에 관하여 협의되지 아니할 때에 는 가정법원이 관여하도록 하였다.
- 미성년자의 입양에 대하여는 후견인이 동의함에 있어 가정법원의 허가를 받도록 하였다.
- 후견인이 피후견인을 양자로 하는 경우에는 가정법원의 허가를 받도록 하였다.
- 배우자가 있는 자가 입양을 하는 때에는 배우자와 공동으로 하도록 하고, 부부의 일방이 양자 가 될 때에는 다른 일방의 동의를 얻도록 하였다.
- 사후양자제도, 서양자제도, 유언양자제도를 폐지하고, 호주의 직계비속 장남자의 입양금지규 정을 삭제하였다.
- 혼인 외의 자가 인지된 경우와 부모가 이혼한 경우 그 친권은 부모의 협의로 행사할 자를 정 하고, 협의가 이루어지지 아니하는 경우에는 당사자의 청구에 의하여 가정법원이 정하도록 하 였다.
- 기혼자가 금치산 또는 한정치산의 선고를 받은 경우 배우자가 후견인이 되고, 배우자도 금치 산 또는 한정치산의 선고를 받은 경우에는 그 선고를 받은 자의 직계혈족, 3촌 이내의 방계혈 족의 순위로 후견인이 되도록 하였다.
- 피상속인의 직계비속, 직계존속, 형제자매 외에 상속인이 될 수 있는 자를 피상속인의 4촌 이 내의 방계혈족으로 하여 상속인의 범위를 축소하였다.
- 배우자의 일방이 사망한 경우 직계비속 또는 직계존속이 있는 때에는 그 상속인과 동 순위로 공동상속인이 되고, 그 상속인이 없는 때에는 단독상속인이 되도록 하였다.
- 직계비속간 상속분의 차등을 없애고 균등하게 상속하도록 하며, 배우자의 상속분은 직계비속 의 상속분에 5할을 가산하도록 하였다.
- 공동상속인 중에 피상속인이 재산의 유지 또는 증가에 특별히 기여한 자가 있을 때에는 상속 개시 당시의 재산가액에서 공동상속인의 협의로 정한 그 자의 기여분을 제외한 것을 상속재산 으로 보도록 하였다.

- 상속인이 없는 재산의 청산의 경우 소정의 기간 내에 상속권을 주장하는 자가 없는 때에는 가정법원은 피상속인과 생계를 같이 하고 있던 자 등 피상속인과 특별한 연고가 있던 자의 청구에 의하여 상속재산을 분여할 수 있도록 하였다.
- 재산상속인이 호주상속을 할 경우 고유의 상속분에 그 5할을 가산하도록 한 규정을 삭제하였다.
- ◎ 제8차 일부개정(1997.12.13) : 부계혈통주의조항은 헌법상 남녀평등의 원칙에 위배된다는 주장이 제기되어 왔고, 헌법재판소에 위헌심판이 제청되어 있는 실정이며, 정부가 1984년에 유엔의 여성에 대한 모든 형태의 차별철폐에 관한 협약에 가입할 당시 유보한 바 있는 국적취득에 있어서의 남녀평등조항에 대한 유보를 철회하여 국제조류에 따를 필요성이 있기 때문에 당시 시행법 중 각종 남녀 차별적 요소를 남녀평등의 원칙에 부합되는 방향으로 정비함과 아울러, 1948년 제정이래 동일한 골격을 유지하여 온 국적법의 내용 중 현실에 맞지 아니하거나 입법 상 미비한 점을 합리적으로 개선·보완하려 하였다.
- 종전에는 출생 당시에 부가 대한민국의 국민인 경우에 그 자녀에게 우리 국적을 부여하는 부계혈통주의를 채택하여 왔으나 법 개정 시 부 또는 모 어느 한쪽이 대한민국 국민이면 그 자녀에게 우리 국적을 부여하는 부모양계혈통주의로 전환하였다.
- 국적취득을 목적으로 하는 위장혼인을 방지하기 위하여 대한민국 국민의 처가 된 외국인에게 우리 국적을 부여하던 종전의 제도를 폐지하고, 대한민국 국민과 혼인한 외국인은 남녀 모두 혼인 후 국내에 2년 이상 거주하는 등 일정 요건을 갖추고 법무부장관의 귀화허가를 받아야만 우리 국적을 취득할 수 있도록 하였다.
- 남편이 우리 국적을 취득하면 그 처도 자동으로 대한민국 국민이 되는 수반취득조항과 처의 단독귀화를 금지하는 조항을 삭제함으로써 혼인한 여성에게 독자적인 국적선택권을 보장하였다.
- 20세 전에 우리 국적과 외국 국적을 함께 가지게 되는 이중국적자는 22세 전까지, 20세 후에 이중국적자가 된 자는 그때부터 2년 내에(병역미필자는 병역을 필한 후 2년 내에) 국적을 택일하게 하고, 그 중 우리 국적을 선택하지 아니한 사람은 우리 국적을 상실하도록 하는 국적선택제도를 신설하였다.
- 부모양계혈통주의를 채택함에 따라, 외국인 부와 한국인 모 사이에 출생한 자녀는 모의 성과 본을 따를 수 있고 모의 호적에 입적하도록 민법의 내용을 일부 정비하였다.
- ㉢ 제9차 일부개정(1997.12.13) : 당시 시행 법률 중에는 정부조직법의 개정에 의하여 부처의 명칭이 변경되었음에도 변경되기 전의 부처명칭을 그대로 사용하고 있거나 어느 한 법률의 개정으로 조문위치 등이 변경되었음에도 변경되기 전의 조문을 그대로 인용하는 경우 등이 있어 법령을 집행하는 공무원이나 국민이 법규정에 대하여 혼란을 일으키고 법령의 내용을 쉽게 파악하기 곤란한 사례가 발견되고 있는 바, 법규정에 대한 국민의 오해와 법령 내용파악의 곤란을 해소하고 법령에 대한 국민의 신뢰를 높이기 위하여 관련 법규정을 일괄하여 정비하려 하였다.
- 정부조직법의 개정으로 부처명칭이 변경된 후에도 종전의 부처명칭을 계속 사용하고 있는 규정, 법률의 개정 등으로 법률의 제명이나 조문위치가 변경되었음에도 종전의 제명 또는 조문을 계속 인용하고 있는 규정을 정비하였다.
- 종전의 직할시를 계속 사용하고 있는 규정을 광역시로 정비하였다.

- 법률의 개정 등으로 기관이나 단체의 명칭이 변경되었음에도 종전의 기관 또는 단체의 명칭을 계속 사용하고 있는 규정을 변경된 기관 또는 단체의 명칭으로 정비하였다.
- 기타 당시 시행제도와 맞지 아니한 사항을 시행제도에 맞게 정비하였다.

ⓩ **제10차 일부개정(2001.12.29)** : 상법의 경우 주식회사 및 유한회사의 이사·감사·청산인에 관하여는 그 선임결의 무효의 소 등을 제기하면서 직무집행정지·직무대행자 선임가처분을 신청할 수 있고, 그 명령이 발령된 때에는 이를 등기하도록 규정하고 있으며, 이사와 청산인의 경우에는 가처분명령에서 정함이나 법원의 허가가 있어야만 통상 사무를 벗어난 행위를 할 수 있도록 규정하고 있음에 비하여 민법상 법인 및 권리능력 없는 사단법인에 관하여는 명문의 규정이 없었으므로, 이에 관한 규정을 신설하려는 이유에서 일부 개정하였다.

- 이사의 직무집행을 정지하거나 직무대행자를 선임하는 가처분을 하거나 그 가처분을 변경·취소하는 경우에는 주사무소와 분사무소가 있는 곳의 등기소에서 이를 등기하도록 하였다〈제52조의2 신설〉.
- 직무대행자는 가처분명령에 다른 정함이 있는 경우와 법원의 허가를 얻은 경우를 제외하고는 법인의 통상 사무에 속하지 아니한 행위를 하지 못하도록 하였다〈제60조의2 신설〉.

ⓚ **제11차 일부개정(2002.1.14)** : 헌법재판소로부터 위헌결정을 받은 상속회복청구권에 관한 조항과 헌법불합치결정을 받은 상속에 있어서의 단순승인 의제조항을 헌법재판소 결정의 취지를 반영하여 정비하려는 이유에서 일부 개정하였다.

- 상속회복청구권은 종전에는 그 침해를 안 날부터 3년, 상속개시일부터 10년을 경과하면 소멸되도록 되어 있었으나, 진정한 상속인의 보호를 위하여 법 개정을 통해 그 침해를 안 날부터 3년, 상속권의 침해행위가 있는 날부터 10년을 경과하면 소멸하도록 하였다〈제999조 제2항〉.
- 상속인은 상속채무가 상속재산을 초과하는 사실을 중대한 과실 없이 상속개시일부터 3월의 기간 내에 알지 못하고 단순승인(제1026조 제1호 및 제2호의 규정에 의하여 단순 승인한 것으로 보는 경우를 포함함)을 한 경우에는 그 사실을 안 날부터 3월내에 한정승인을 할 수 있도록 하였다〈제1019조 제3항 신설〉.
- 1998년 5월 27일부터 이 법 시행 전까지 상속개시가 있음을 안 자 중 상속채무가 상속재산을 초과하는 사실을 중대한 과실 없이 상속개시일부터 3월의 기간 내에 알지 못하다가 이 법 시행 전에 그 사실을 알고도 한정승인 신고를 하지 아니한 자는 이 법 시행일부터 3월내에 제1019조 제3항의 개정규정에 의한 한정승인을 할 수 있도록 하였다〈부칙 제3조〉.

ⓣ **제12차 일부개정(2005.3.31)** : 종전 민법의 친족편에 규정되어 있는 호주를 중심으로 가(家)를 구성하는 호주제도는 양성평등이라는 헌법이념과 시대변화에 부합하지 아니하므로 이를 폐지하고, 동성동본금혼제도와 친생부인의 소의 제척기간을 헌법불합치결정의 취지에 따라 합리적으로 조정하며, 입양제도의 현실을 반영하고 양자의 복리를 증진시키기 위하여 양친과 양자에게 친족관계를 인정하면서 양친의 성과 본을 따르게 하는 친양자제도를 도입하려는 이유에서 일부 개정하였다.

- 호주제도 폐지 등〈현행 제778조·제780조 및 제782조 내지 제796조 삭제, 제779조〉 : 호주에 관한 규정과 호주 제도를 전제로 한 입적·복적·일가창립·분가 등에 관한 규정을 삭제하는 한편, 호주와 가의 구성원과의 관계로 정의되어 있는 가족에 관한 규정을 새롭게 정하였다.

- 자녀의 성과 본〈제781조 제1항〉: 자녀의 성과 본은 부의 성과 본을 따르는 것을 원칙으로 하되, 혼인신고시 부모의 협의에 의하여 모의 성과 본도 따를 수 있도록 하였다.
- 자녀의 성과 본의 변경〈제81조 제6항〉: 자녀의 복리를 위하여 자녀의 성과 본을 변경할 필요가 있는 때에는 부 또는 모 등의 청구에 의하여 법원의 허가를 받아 이를 변경할 수 있도록 하였다.
- 동성동본금혼제도의 폐지 등〈제809조〉: 남녀평등과 혼인의 자유를 침해할 우려가 있는 동성동본금혼제도를 폐지하고 근친혼금지제도로 전환하되, 근친혼 제한의 범위를 합리적으로 조정하였다.
- 여성에 대한 재혼금지기간제도 폐지〈현행 제811조 삭제〉: 부성 추정의 충돌을 피할 목적으로 여성에 대하여 6월의 재혼금지기간을 두고 있는 것은 여성에 대한 차별적인 규정으로 비쳐질 수 있고, 친자관계감정기법의 발달로 이러한 제한규정을 둘 필요성이 없어졌으므로 이를 삭제하였다.
- 처의 친생부인의 소 제기 인정〈제846조 및 제847조〉: 지금까지 친생부인의 소는 부만이 제기할 수 있고 제소기간도 출생을 안 날부터 1년 내로 제한하였으나, 이는 혈연진실주의 및 부부평등의 이념에 부합되지 아니하는 측면이 있으므로 앞으로는 부뿐만 아니라 처도 제소할 수 있도록 하고, 제소기간도 친생부인사유를 안 날부터 2년 내로 연장하는 등 친생부인제도를 합리적으로 개선하였다.
- 친양자제도 신설〈제908조의2 내지 제908조의8 신설〉: 종전 양자제도를 그대로 유지하면서 양자의 복리를 더욱 증진시키기 위하여, 양친과 양자를 친생자관계로 보아 종전의 친족관계를 종료시키고 양친과의 친족관계만을 인정하며 양친의 성과 본을 따르도록 하는 친양자제도를 신설하였다.
- 친권 행사의 기준 신설〈제912조 신설〉: 부모 등 친권자가 친권을 행사함에 있어서는 자의 복리를 우선적으로 고려하여야 한다는 의무규정을 신설하였다.

㉦ **제13차 일부개정**(2005.12.29): 2002년 1월 14일에 신설된 민법 제1019조 제3항, 이른바 특별한정승인제도(단순승인을 하거나 단순승인으로 간주된 후 한정승인을 할 수 있는 제도)는 동법 부칙 제3항에서 그 소급적용의 범위를 "1998년 5월 27일부터 이 법 시행(2002.1.14.) 전까지 상속개시가 있음을 안 자"로 제한하고 있는데, 이러한 부칙 제3항은 1998년 5월 27일 전에 상속개시가 있음을 알았으나 그 이후에 상속채무가 상속재산을 초과하는 사실을 안 자를 포함하는 소급적용에 관한 경과규정을 두지 아니하는 한 헌법에 위반된다는 헌법재판소의 결정(2004.1.29. 2002헌가22 등)이 있어 이에 해당하는 자에게도 특별한정승인의 기회를 부여하려고 개정하였다.

㉧ **제14차 일부개정**(2007.12.21): 헌법상의 양성평등원칙 구현을 위하여 남녀의 약혼연령 및 혼인적령을 일치시키는 한편, 신중하지 못한 이혼을 방지하기 위하여 이혼숙려기간 제도를 도입하고, 이혼 가정 자녀의 양육 환경을 개선하기 위하여 협의이혼시 자녀 양육사항 합의를 의무화하는 등 현행 규정의 운영상 나타난 일부 미비점을 개선·보완하였다.

- 기간계산 규정의 정비〈법 제161조〉: 국민의 권리행사 및 의무이행이 용이하도록 기간의 말일이 토요일 또는 공휴일에 해당하는 경우에는 기간은 그 익일로 만료하도록 하였다.

- 남녀의 약혼연령 및 혼인적령 규정 정비〈법 제801조 및 제807조〉: 현행 민법은 약혼연령 및 혼인적령에 관하여 남자는 만 18세, 여자는 만 16세로 달리 규정하고 있으나 이는 불합리한 차별로서 남녀평등에 반한다는 비판이 있었다. 따라서 약혼연령 및 혼인적령을 남녀 모두 만 18세로 조정하였다.
- 이혼숙려기간 도입〈법 제836조의2 제2항 및 제3항 신설〉: 협의이혼 당사자는 일정 기간(양육하여야 할 자녀가 있는 경우는 3개월, 양육하여야 할 자녀가 없는 경우는 1개월)이 경과한 후 가정법원으로부터 이혼의사 확인을 받아야만 이혼이 가능하도록 하였다.
- 협의이혼시 자녀 양육사항 및 친권자 지정 합의 의무화〈법 제836조의2 제4항 신설〉: 협의이혼하고자 하는 부부에게 양육자의 결정, 양육비용의 부담, 면접교섭권의 행사여부 및 그 방법 등이 기재된 양육사항과 친권자결정에 관한 협의서 또는 가정법원의 심판정본을 이혼 확인시 의무적으로 제출하도록 하였다.
- 자녀의 면접교섭권 인정〈법 제837조의2 제1항〉: 자녀에게도 면접교섭권을 인정하였다.
- 재산분할청구권 보전을 위한 사해행위취소권 신설〈법 제839조의3 신설〉: 부부의 일방이 상대방 배우자의 재산분할청구권 행사를 해함을 알고 사해행위를 한 때에는 상대방 배우자가 그 취소 및 원상회복을 법원에 청구할 수 있도록 재산분할청구권을 보전하기 위한 사해행위취소권을 인정하였다.

㉮ **제15차 일부개정(2009.5.8)**: 이혼시 양육비를 효율적으로 확보하기 위해 양육비의 부담에 대하여 당사자가 협의하여 그 부담내용이 확정된 경우, 가정법원이 그 내용을 확인하는 양육비부담조서를 작성하도록 하였다.

㉯ **제16차 일부개정(2011.3.7)**: 기존의 금치산·한정치산 제도를 현재 정신적 제약이 있는 사람은 물론 미래에 정신적 능력이 약해질 상황에 대비하여 후견제도를 이용하려는 사람이 재산 행위뿐만 아니라 치료, 요양 등 복리에 관한 폭넓은 도움을 받을 수 있는 성년후견제로 확대·개편하고, 금치산·한정치산 선고의 청구권자에 후견감독인과 지방자치단체의 장을 추가하여 후견을 내실화하며, 성년후견 등을 요구하는 노인, 장애인 등에 대한 보호를 강화하고, 피성년후견인 등과 거래하는 상대방을 보호하기 위하여 성년후견 등에 관하여 등기로 공시하도록 하는 한편, 청소년의 조숙화에 따라 성년연령을 낮추는 세계적 추세와 「공직선거법」 등의 법령 및 사회·경제적 현실을 반영하여 성년에 이르는 연령을 만 20세에서 만 19세로 낮추려고 개정하였다.

- 성년 연령의 하향: 청소년의 조숙화에 따라 성년연령을 낮추는 세계적 추세와 「공직선거법」 등의 법령 및 사회·경제적 현실을 반영하여 성년에 이르는 연령을 만 20세에서 만 19세로 낮추었다.
- 성년후견·한정후견·특정후견제도의 도입: 획일적으로 행위능력을 제한하는 문제점을 내포하고 있는 기존의 금치산·한정치산제도 대신 더욱 능동적이고 적극적인 사회복지시스템인 성년후견·한정후견·특정후견제도를 도입하고 기존 금치산·한정치산 선고의 청구권자에 '후견감독인'과 '지방자치단체의 장'을 추가하여 후견을 내실화하고 성년후견 등을 필요로 하는 노인, 장애인 등에 대한 보호를 강화하였다.

- 제한능력자 능력의 확대 : 성년후견을 받는 사람의 법률행위 중 일용품의 구입 등 일상생활에 필요한 행위이거나 후견개시의 심판에서 달리 정한 것은 취소할 수 없도록 하고, 한정후견을 받는 사람의 법률행위는 가정법원에서 한정후견인의 동의 사항으로 결정한 것이 아닌 이상 확정적으로 유효한 법률행위로 인정되며, 특정후견을 받는 사람의 법률행위는 어떠한 법적 제약이 따르지 않도록 하였다.
- 후견을 받는 사람의 복리, 치료행위, 주거의 자유 등에 관한 신상보호 규정의 도입 : 피후견인의 복리에 대한 후견인의 폭넓은 조력이 가능하도록 하되, 피후견인의 신상에 관한 결정권은 본인에게 있다는 원칙과 후견인의 임무 수행에 있어서 피후견인의 의사 존중 의무를 명시하는 등 피후견인의 복리를 실질적으로 보장할 수 있도록 하였다.
- 복수(複數) · 법인(法人) 후견 도입 및 동의권 · 대리권의 범위에 대한 개별적 결정 : 후견인의 법정순위를 폐지하고, 가정법원이 피후견인의 의사 등을 고려하여 후견인과 그 대리권 · 동의권의 범위 등을 개별적으로 결정하도록 하며, 복수(複數) · 법인(法人) 후견인도 선임할 수 있도록 하였다.
- 후견감독인제도의 도입 : 친족회를 폐지하고 그 대신 가정법원이 사안에 따라 후견감독인을 개별적으로 선임할 수 있도록 함으로써 후견인의 임무 해태, 권한 남용에 대한 실질적인 견제가 가능하도록 하였다.
- 후견계약 제도의 도입 : 후견을 받으려는 사람이 사무를 처리할 능력이 부족한 상황에 있거나 부족하게 될 상황에 대비하여 재산관리 및 신상보호에 관한 사무의 전부 또는 일부를 자신이 원하는 후견인에게 위탁하는 내용의 계약을 체결할 수 있도록 하는 한편, 후견계약은 공정증서에 의하여 체결하도록 하고, 그 효력발생 시기를 가정법원의 임의후견감독인 선임 시로 하는 등 피후견인의 권익을 보호할 수 있는 제도적 장치를 마련하였다.
- 제3자 보호를 위하여 성년후견을 등기를 통하여 공시 : 거래의 안전을 보호하고 피성년후견인과 거래하는 상대방인 제3자를 보호하기 위하여 후견계약 등을 등기하여 공시하도록 하였다.
- ㉔ 제17차 일부개정(2011.5.19) : 이혼 등으로 단독 친권자로 정해진 부모의 일방이 사망하거나 친권을 상실하는 등 친권을 행사할 수 없는 경우에 가정법원의 심리를 거쳐 친권자로 정해지지 않았던 부모의 다른 일방을 친권자로 지정하거나 후견이 개시되도록 하고, 입양이 취소되거나 파양된 경우 또는 양부모가 사망한 경우에도 가정법원의 심리를 거쳐 친생부모 또는 그 일방을 친권자로 지정하거나 후견이 개시되도록 하여 부적격의 부 또는 모가 당연히 친권자가 됨으로써 미성년자의 복리에 악영향을 미치는 것을 방지하고, 이혼 등으로 단독 친권자로 정해진 부모의 일방이 유언으로 미성년자의 후견인을 지정한 경우라도 미성년자의 복리를 위하여 필요하다고 인정되면 후견을 종료하고 친권자로 정해지지 않았던 부모의 다른 일방을 친권자로 지정할 수 있게 하여 미성년자의 복리를 증진시키려는 이유에서 개정하였다.
- 단독 친권자의 사망, 입양 취소, 파양 또는 양모부의 사망의 경우 가정법원에 의한 미성년자 법정대리인의 선임

- 이혼 등으로 단독 친권자로 정해진 부모의 일방이 사망한 경우 생존하는 부 또는 모, 미성년자, 미성년자의 친족이 그 사실을 안 날부터 1개월, 사망한 날부터 6개월 내에 가정법원에 생존하는 부 또는 모를 친권자로 지정할 것을 청구할 수 있도록 하되, 친권자 지정의 청구가 있는 경우라도 미성년자의 복리를 위하여 적절하지 아니하다고 인정하면 가정법원이 직권으로 후견인을 선임하면서 청구를 기각할 수 있도록 하였다.
- 생존하는 부 또는 모, 미성년자, 미성년자의 친족이 친권자 지정의 청구를 하지 아니하는 경우에는 가정법원이 직권으로 또는 미성년자, 미성년자의 친족, 이해관계인, 검사의 청구에 의하여 후견인을 선임할 수 있도록 하되, 이 경우 생존하는 부 또는 모의 의견을 듣도록 하고, 후견인 선임 청구가 있는 경우라도 후견인 선임이 미성년자의 복리를 위하여 적절하지 아니하다고 인정하면 가정법원이 직권으로 생존하는 부 또는 모를 친권자로 지정하면서 후견인 선임 청구를 기각할 수 있도록 하였다.
- 미성년자에게 법정대리인이 없는 기간이 생기지 않도록 하기 위하여 가정법원이 직권으로 또는 미성년자, 미성년자의 친족, 이해관계인, 검사의 청구에 의하여 미성년자에 대한 친권자 또는 후견인이 정해질 때까지 후견인의 임무를 대행할 사람을 선임할 수 있도록 하였다.
- 생존하는 부 또는 모를 친권자로 지정하는 것이 미성년자의 복리를 위하여 적절하지 아니하다는 이유로 후견인이 선임된 경우라도 후견인 선임 후 양육환경이나 양육능력의 변경 등으로 생존하는 부 또는 모가 친권을 행사하는 것이 미성년자의 복리를 위하여 필요한 경우에는 가정법원이 생존하는 부 또는 모, 미성년자의 청구에 의하여 후견을 종료하고 생존하는 부 또는 모를 친권자로 지정할 수 있도록 하였다.
- 한편, 입양이 취소되거나 파양된 경우 또는 양부모가 모두 사망한 경우에도 친생부모 또는 그 일방, 미성년자, 미성년자의 친족이 가정법원에 친생부모 또는 그 일방을 친권자로 지정할 것을 청구할 수 있도록 하는 등 단독 친권자가 사망한 경우 미성년자의 법정대리인을 선임하는 절차와 동일한 절차를 거쳐 미성년자의 법정대리인을 선임하도록 하였다.
- 친권자 지정의 기준 : 가정법원이 친권자를 지정할 때에는 자(子)의 복리를 우선적으로 고려하도록 하고, 이를 위해 관련 분야의 전문가 등으로부터 자문을 받을 수 있도록 하였다.
- 단독 친권자에게 친권 상실, 소재불명 등 친권을 행사할 수 없는 중대한 사유가 있는 경우 가정법원에 의한 미성년자 법정대리인의 선임 : 이혼 등으로 단독 친권자로 정해진 부 또는 모가 친권을 상실하거나 소재불명이 되는 등 친권을 행사할 수 없는 중대한 사유가 있는 경우에는 단독 친권자가 사망한 경우 미성년자의 법정대리인을 선임하는 절차를 준용하여 미성년자의 법정대리인을 선임하도록 하되, 미성년자의 법정대리인이 정해진 후 단독 친권자이었던 부 또는 모가 친권을 회복하거나 소재가 발견되는 등 친권을 행사할 수 있게 된 경우에는 그 부 또는 모, 미성년자, 미성년자의 친족의 청구에 의하여 친권자를 새로 정할 수 있도록 하였다.
- 단독 친권자가 유언으로 미성년자의 후견인을 지정한 경우 가정법원에 의한 친권자의 지정 : 단독 친권자가 유언으로 지정한 미성년자의 후견인이 선임된 경우라도 가정법원이 미성년자의 복리를 위하여 필요하다고 인정하면 생존하는 부 또는 모, 미성년자의 청구에 의하여 후견을 종료하고 생존하는 부 또는 모를 친권자로 지정할 수 있도록 하였다.

㉑ 제18차 일부개정(2012.2.10) : 미성년자를 입양할 때에는 가정법원의 허가를 받도록 하고, 미성 년자에 대한 파양은 재판으로만 할 수 있도록 하며, 부모의 소재를 알 수 없는 등의 경우에 는 부모의 동의 없이도 입양이 가능하게 하는 등 입양제도를 개선하고, 친양자 입양 가능 연 령을 현행 15세 미만에서 미성년자로 현실에 맞게 완화하는 한편, 중혼에 대한 취소청구권자 에 직계비속을 추가하는 등 현행 제도의 운영상 나타난 미비점을 개선·보완하려는 이유에서 개정하였다.

• 미성년자 입양에 대한 가정법원의 허가제 도입 등 : 미성년자를 입양할 때에는 가정법원의 허 가를 받도록 하고, 가정법원이 입양을 허가할 때에는 양부모가 될 사람의 양육능력, 입양의 동기 등을 심사하여 허가 여부를 결정하도록 하는 한편, 미성년자는 재판으로만 파양할 수 있 도록 입양절차를 개선하였다.

• 부모의 동의 없이 양자가 될 수 있는 방안 마련 : 부모의 소재를 알 수 없는 등의 사유로 부모 의 동의를 받을 수 없는 경우에는 그 동의가 없어도 가정법원이 입양을 허가할 수 있도록 하 고, 부모가 3년 이상 자녀에 대한 부양의무를 이행하지 아니한 경우 등에는 부모가 동의를 거 부하더라도 가정법원이 입양을 허가할 수 있도록 제도를 개선하였다.

• 친양자 입양 가능 연령 완화 : 친양자 입양의 연령 제한을 완화하여 친양자가 될 사람이 미성 년자이면 친양자 입양을 할 수 있도록 하였다.

㉒ 제19차 일부개정(2013.4.5) : 현행법에서는 유실물에 대하여 공고 후 1년 내에 소유자가 권리를 주장하지 않으면 습득자가 소유권을 가진다고 규정하고 있으나, 20년 전 최초로 유실물 규정 이 제정된 때와는 달리 현재는 교통·통신망의 발달로 유실물이 소유자에게 반환되는 기간이 짧아지고 있으며, 유실물 중 고가의 전자기기 등은 시간이 지날수록 가치가 하락하므로 습득 자의 권리를 보다 빨리 인정할 필요가 있는 점을 고려하여 유실물의 소유권이 습득자에게 귀 속되는 기간을 1년에서 6개월로 단축하려는 이유에서 개정하였다.

㉓ 제20차 일부개정(2014.10.15) : 현재는 부모의 학대나 개인적 신념 등으로 자녀의 생명·신체 등에 위해가 발생하는 경우에도 자녀의 보호를 위하여 친권의 상실 선고 외에는 활용할 수 있는 제도가 없으나, 친권을 일정한 기간 동안 제한하거나 친권의 일부만을 제한하는 제도 등을 마련함으로써 앞으로는 구체적인 사안별로 자녀의 생명 등을 보호하기 위하여 필요 최 소한도의 친권 제한 조치가 가능하도록 하려는 이유에서 개정하였다.

• 친권자의 동의를 갈음하는 법원의 재판 제도의 도입〈제922조의2 신설〉 : 가정법원은 친권자의 동의가 필요한 행위에 대하여 친권자가 정당한 이유 없이 동의하지 아니하여 자녀의 생명·신 체 등에 중대한 손해가 발생할 위험이 있는 경우에는 자녀 또는 검사 등의 청구에 의하여 친 권자의 동의를 갈음하는 재판을 할 수 있도록 하였다.

• 친권의 일시 정지 제도의 도입〈제924조〉 : 가정법원은 부모가 친권을 남용하여 자녀의 복리를 현저히 해치거나 해칠 우려가 있는 경우에는 자녀 또는 검사 등의 청구에 의하여 2년의 범위 에서 친권의 일시 정지를 선고할 수 있도록 하였다.

• 친권의 일부 제한 제도의 도입〈제924조의2 신설〉 : 가정법원은 거소의 지정이나 징계, 그 밖 의 신상에 관한 결정 등 특정한 사항에 관하여 친권자가 친권을 행사하는 것이 곤란하거나 부 적당한 사유가 있어 자녀의 복리를 해치거나 해칠 우려가 있는 경우에는 자녀 또는 검사 등의 청구에 의하여 구체적인 범위를 정하여 친권의 제한을 선고할 수 있도록 하였다.

㉔ **제21차 일부개정**(2014.12.30) : 현행법의 여러 조문에는 "가름"이라는 단어가 사용되나, 이는 "대체", "대신"이라는 의미로, 어문규범상 "갈음"이라고 써야 하는 잘못된 표현이다. 이에 국민의 언어생활과 한글 맞춤법에 맞도록 법문상의 "가름"이라는 단어를 "갈음"으로 바로잡으려는 이유에서 개정하였다.

㉕ **제22차 일부개정**(2015.2.3) : 보증에 관한 현행 규정만으로는 보증인의 보호에 불충분하고, 「보증인 보호를 위한 특별법」은 그 적용 범위가 아무런 대가 없이 호의(好意)로 이루어지는 보증으로 제한되어 있으므로 일반 보증인을 보호하기 위하여 보증 방식 및 근보증(根保證)에 관한 규정 등을 마련하는 한편, 생활 속에 대중화·보편화되어 계속적으로 증가하는 추세인 여행과 관련하여 여러 가지 법적 문제가 발생하고 있으나 현재 이를 직접 규율하는 법령이 없어 여행자 보호에 취약한 부분이 있으므로 이를 보완하기 위하여 여행계약의 의의, 해제·해지, 담보책임에 관한 사항을 정하는 등 여행계약에 관한 기본적인 사항을 규정하려는 이유에서 개정하였다.

㉖ **제23차 일부개정**(2016.1.6) : 견고한 건물 등의 소유 또는 식목(植木) 등을 목적으로 하는 토지임대차를 제외한 모든 임대차의 존속기간은 20년을 넘지 못한다고 규정한 제651조 제1항은 그 입법취지가 불분명하고 계약의 자유를 침해하므로 헌법에 위반된다는 헌법재판소의 결정(2011헌바234, 2013.12.26. 선고)을 반영하여 임대차 존속기간에 제한을 둔 관련 규정을 폐지하는 한편, 제651조 제2항은 임대차 존속기간의 갱신 및 갱신기간의 상한을 규정한 것으로서 임대차 존속기간의 제한을 폐지하는 경우에는 별도로 존치할 필요가 없으므로, 제651조 전부를 삭제하여 자율적 거래관계의 형성이 촉진되도록 하고 국민의 자유로운 재산권 행사를 충실히 보장하려는 이유에서 개정하였다.

(2) 민법전의 구성

현행 민법전은 독일의 편별법인 판덱텐식 방법에 의하여 제1편 총칙〈제1조 ~ 제184조〉, 제2편 물권〈제185조 ~ 제372조〉, 제3편 채권〈제373조 ~ 제766조〉, 제4편 친족〈제767조 ~ 제996조〉, 제5편 상속〈제997조 ~ 제1118조〉과 부칙으로 구성되어 있다.

> ★TIP **민법총칙의 지위** … 민법총칙은 물권과 채권인 재산법에 적용됨을 원칙으로 하며 친족·상속법인 가족법에는 일반적으로 적용되지 않는다. 총칙규정 중 가족법에도 적용되는 것은 신의성실의 원칙과 권리남용금지의 원칙〈제2조〉, 주소에 관한 규정〈제18조 ~ 제21조〉, 실종에 관한 규정〈제27조 ~ 제29조〉, 반사회질서 법률행위〈제103조〉 물건에 관한 규정〈제98조 ~ 제102조〉, 기간에 관한 규정〈제155조 ~ 제161조〉이 있다. 총칙규정 중 행위능력〈제3조 ~ 제17조〉, 법인〈제31조 ~ 제97조〉 및 법률행위〈제104조 ~ 제154조〉, 소멸시효〈제162조 ~ 제184조〉에 관한 규정은 재산법에만 한정되어 적용될 뿐, 가족법에는 적용될 수 없다.

② 민법의 법원(法源)

1. 법원의 의미

(1) 법원의 의의
법원이란 법의 존재형식을 말하며 법의 근원, 근거 등의 의미도 포함하고 있다.

(2) 법원의 종류
법이 어떻게 존재하느냐에 따라 성문법원(成文法源)과 불문법원(不文法源)으로 나누어진다.

① **성문법원** ··· 문자화된 법전을 가지고 있는 것으로 성문법을 말하며, 이러한 형태를 성문법주의라 한다. 대륙법계인 우리나라는 성문법주의를 원칙으로 하며, 현행 성문법의 종류로는 헌법, 법률, 명령, 규칙, 자치법규, 조례 등이 있다.

② **불문법원** ··· 문자화된 법전이 없는 형태로서 법이 존재하며, 이러한 형태를 불문법주의라 한다. 영미법계는 불문법주의를 원칙으로 하며, 불문법에는 판례법, 관습법, 조리가 있다.

③ 성문법주의를 택하는 법제 하에서도 성문법의 단점을 보완하기 위하여 불문법원을 인정하기도 하며, 불문법 국가라 하더라도 성문법전이 전혀 없는 것은 아니다.

★TIP 성문법과 불문법의 비교

구분	성문법	불문법
법의 통일정비	용이	곤란
법제의 명확화	명확	불명확
법적 생활안정성	안정적	불안정 우려
법의 경직화	경직화 우려	경직화 방지
사회변천 적응성	적응성 부족	적응성 용이

2. 민법의 법원

(1) 민법의 법원
민법 제1조에 의하여 민사에 관한 재판을 함에 있어서 법관은 법률(특별법, 일반법)을 가장 먼저 적용하고, 법률이 없을 경우에는 관습법을 적용한다. 관습법도 없을 경우에는 재판을 거부할 수 없으며, 최후의 법원이라 할 수 있는 사물의 이치인 조리를 고려하여 재판하여야 한다.

① **법률** ··· 민법 제1조의 법원으로서 법률이라 함은 민사특별법 및 민사일반법을 모두 의미한다. 민사특별법은 민사일반법 보다 우선 적용되며, 만약 신법과 구법이 있을 경우에는 신법 우선의 원칙이 적용된다. 그러나 구 특별법과 신 일반법이 있을 경우에는 구 특별법이 먼저 적용된다.

② 관습법
　㉠ 의의 : 불문법으로서 관습법이란 일정한 관행적 행위가 장기간 반복됨으로써 국민으로부터 법으로 인정된 것을 말한다. 현재 민법의 법원으로서 인정되는 관습법에는 명인방법상 공시방법(명인방법상 수목의 집단, 명인방법상 미분리과실), 관습법상 법정지상권, 분묘기지권, 동산의 양도담보, 사실혼관계 등이 있다.

> ★TIP 관습법상 법정지상권 … 동일한 토지와 건물의 소유자가 매매 등으로 인하여 소유자가 달리될 경우에 특별한 사정이 없는 한, 토지소유자는 건물소유자를 위하여 별도의 지상권설정계약 및 지상권등기 없이 지상권을 설정한 것으로 보는 것을 말한다.

　㉡ 효력
　　• 보충적 효력 : 관습법은 법률이 없을 경우에 한하여 적용된다는 보충적 효력만을 인정하는 것이 현행 통설 및 판례의 입장이다. 즉, 우리 민법상 법원으로서의 관습법은 성문법인 법률을 개폐할 수 있는 변경적 효력은 인정되지 않는다는 것이 지배적 견해이다.
　　• 대등적 효력 : 민법 제185조 물권법정주의에 있어서 관습법은 법률과 대등적 효력이 인정되며, 상법의 법원으로서 상관습법은 민법보다 우선 적용되는 개폐적 효력이 인정된다.

> ★TIP 관습법 효력에 관한 대법원 판례(대판 1983.6.14, 80다3231) … 가정의례준칙 제13조의 규정과 배치되는 관습법의 효력을 인정하는 것은 관습법의 제정법에 대한 열후·보충적 성격에 비추어 민법 제1조의 취지에 어긋나는 것이다. 그리고 가정의례준칙 제13조의 규정과 배치되는 사실인 관습의 효력을 인정하려면 그와 같은 관습을 인정할 수 있는 당사자의 주장과 입증이 있어야 할 뿐만 아니라 이 관습이 사적 자치가 인정되는 임의규정에 관한 것인지 여부를 심리 판단하여야 한다.

③ 조리 … 조리는 자연의 이치, 인간의 도리를 의미한다. 현행 민법상 불문법으로서의 법원으로 인정되며, 다수설과 판례는 조리의 법원성을 인정하고 있다.

> ★TIP 조리의 법원성에 관한 대법원 판례(대판 2000.6.9, 98다35037) … 소송과정에서 적용될 외국법규에 흠결이 있는 경우 법원으로서는 법원에 관한 민사상의 대원칙에 따라 외국관습법에 의할 것이고, 외국관습법도 그 내용의 확인이 불가능하면 조리에 의하여 재판할 수밖에 없다.

(2) 판례의 법원성

판례는 구체적 사건에 대하여 법원이 판결·결정을 통하여 확정한 것으로 법관의 법 또는 법관의 의지의 법이라고 한다. 판례의 법원성을 인정할 것인가는 결국 선판례가 후판결에 영향을 줄 수 있느냐의 문제이며, 성문법주의를 택한 우리나라에서는 판례에 법률적 구속력을 인정하지 않는다. 따라서 법원성은 부인되며, 다만 판례는 살아 있는 법으로서 사실상의 구속력을 갖는다고 본다.

★ TIP 법원의 종류 및 의의

구분		의의
성문법	헌법	국가의 기본법으로서 모든 법규의 근원이며 최상위 법규
	법률	국회의 의결을 거친 법률(민법 등 각종 법률)
	명령	대통령령, 국무총리령, 각 부령 등(단, 대통령령은 법률과 동일한 효력 인정)
	규칙	각부 장관 또는 지방자치단체장에 의하여 제정
	조례	지방의회에서 제정
불문법	관습법	장기간의 반복 + 국민의 법적 확신(예, 분묘기지권, 명인방법, 동산의 양도담보, 관습법상 법정지상권, 사실혼), 보충적 효력만 인정
	판례	법관의 법, 장기간 반복 불필요, 사회변천 적용 용이, 법률상 구속력 없음
	조리	인간의 도리, 자연의 이치, 가장 최후의 법원

기출문제분석

1 사실인 관습에 관한 설명으로 가장 옳지 않은 것은? (단, 다수설과 판례에 의함)

① 사실인 관습은 사회의 관행에 의하여 발생하였으나 아직 사회의 법적 확신이나 인식에 의하여 법적 규범으로서 승인되지 않은 사회생활규범이다.

② 사실인 관습은 관습법과 달리 법령으로서의 효력이 없는 단순한 관행에 지나지 아니한다.

③ 사실인 관습은 선량한 풍속 기타 사회질서에 반하지 않아야 한다.

④ 사실인 관습은 당사자의 목적, 임의규정, 신의성실원칙 등과 아울러 법률행위 해석의 기준이 된다.

⑤ 사회의 관행인 사실인 관습은 객관적으로 인식될 수 있으므로 법원은 사실인 관습의 존재를 직권으로 판단하여야 한다.

> **ADVICE** 》 ⑤ 법령과 같은 효력을 갖는 관습법은 당사자의 주장 입증을 기다림이 없이 법원이 직권으로 이를 확정하여야 하고, 사실인 관습은 그 존재를 당사자가 주장 입증하여야 한다(대판 1983.6.14, 80다3231).

2 민법의 법원(法源)에 관한 설명으로 가장 옳지 않은 것은? (단, 다수설과 판례에 의함)

① 민법 제1조에 따르면, 관습법은 법률에 대하여 보충적인 효력만이 있으나 예외적으로 법률에 우선하는 효력을 가질 수 있다.

② 민사문제에 관하여 법률, 관습법, 조리의 순서로 재판의 준칙이 된다.

③ 여기에서 법률은 형식적 의미의 민법전뿐만 아니라 민사관련 모든 법령을 의미한다.

④ 관습법은 그 존부(存否)가 불분명하므로 관습법을 원용하는 당사자가 주장·증명하는 경우에만 이의 법원성을 인정할 수 있다.

⑤ 조리는 사물의 본질로서 법원인 동시에 법률해석과 계약해석의 기준이 된다.

> **ADVICE** 》 ④ 법령과 같은 효력을 갖는 관습법은 법원이 직권으로 이를 확정하여야 한다.

3 다음 중 판례에 의해서 확인된 관습법이나 관습법상의 제도가 아닌 것은?

① 분묘기지권   ② 지역권

③ 명인방법   ④ 동산의 양도담보

⑤ 관습법상의 법정지상권

> **ADVICE** 》 현행 민법상 관습법상의 제도로는 분묘기지권, 명인방법상 공시방법, 동산의 양도담보, 관습법상 법정지상권, 사실혼관계가 있다.

4 성문법주의와 불문법주의에 관한 설명으로 옳지 않은 것은?

① 미국에서의 Restatement작업은 불문법주의의 사고를 보다 공고히 하기 위한 것이다.

② 근자에는 대륙법계에서도 판례법 내지 관습법에 대한 중요성의 인식이 강화되고 있다.

③ 성문법주의는 사회변화에 대한 규범적 적응성이 부족하므로 구체적 타당성의 확보에 어려움이 있다.

④ 법의 통일화·명확화의 측면에서는 성문법주의가 우세하다.

⑤ 불문법주의는 법적 안정성의 측면에서 유동적이다.

> **ADVICE** 》 ① 미국에서의 Restatement작업은 구법의 내용을 삭제하지 않고 신법률을 추가하는 것으로 기본적으로 성문법주의의 사고이다.

01 핵심예상문제

1 민사에 관한 법적용 순위에 관하여 틀린 것은?

① 민사특별법 – 민법 – 관습법
② 신원보증법 – 관습법 – 조리
③ 건축법 – 민법 – 관습물권
④ 주택임대차보호법 – 민법 – 부동산등기법
⑤ 이자에 관한 임시특례법 – 이자제한법 – 민법

> **ADVICE** 》 법원은 민법·관습법·조리의 순으로 적용된다. 그러나 어떤 사항에 관하여 특별법이 있으면 그 특별법이 민법에 우선하여 적용된다(특별법 우선의 원칙).
> ④ 부동산등기법은 민법의 부속법으로 민법에 앞서 적용된다.

2 민법총칙 사항 중 민법의 통칙에 해당하지 않는 것은?

① 신의성실의 원칙 ② 부재와 실종
③ 자연인의 권리능력의 존속기간 ④ 주소
⑤ 무효행위의 전환

> **ADVICE** 》 민법총칙 가운데 재산법과 가족법에 모두 적용되는 통칙은 ①②④⑤ 이외에 법원〈제1조〉, 물건〈제98조 ~ 제102조〉, 반사회질서의 법률행위〈제103조〉, 기간〈제155조 ~ 제161조〉 등이 있다. 제3조의 규정인 ③은 원칙적으로 가족법에는 적용되지 않는다는 것이 다수설이다. 즉, 가족법에서는 재산상속, 대습상속, 유증, 유류분 등에 있어서 태아의 권리능력을 넓게 인정하고 있기 때문이다.

3 일제 강점기 우리나라에 적용된 민법관계의 규범에 대한 법적 근거는?

① 구민법 ② 조선관습법
③ 조선민사령 ④ 합병조약
⑤ 총독부훈령

> **ADVICE** 》 ③ 조선민사령에 의하여 일본의 민법전과 각종의 특별법이 우리나라에 적용되었다.

4 권리의 보호에 대한 설명으로 틀린 것은?

① 독일 및 스위스민법은 자력구제에 관하여 자세하게 규정하고 있다.
② 민법은 자력구제에 관한 일반규정을 두고 있다.
③ 국가구제제도로는 재판제도와 조정제도가 있다.
④ 민법상 정당방위와 긴급피난이 인정된다.
⑤ 권리의 침해에 대한 국가구제·공적구제가 원칙이고, 자력구제는 예외적으로 인정된다.

> **ADVICE** 》 ② 자력구제에 대한 일반규정은 민법에 규정되어 있지 않으며, 구체적 규정으로 점유의 침탈〈제209조〉에 대해서만 자력구제를 인정하고 있다.

5 다음 민법총칙의 사항 중 민법의 통칙이 되는 것은?

① 행위능력　　　　　　　　② 의사능력
③ 주소　　　　　　　　　　④ 대리
⑤ 의사표시

> **ADVICE** 》 민법총칙의 규정의 대부분은 실질적으로는 재산법에 대한 통칙에 불과하다. 민법 전체에 적용되는 통칙으로는 법원〈제1조〉, 신의성실·권리남용금지〈제2조〉, 주소〈제18조~제21조〉, 부재와 실종〈제22조~제30조〉, 물건〈제98조~제102조〉 등이다.

6 다음 중 민법에 관한 설명으로 틀린 것은?

① 실질적 의미의 민법은 일반사법을 말한다.
② 민사부속법과 특별사법은 실질적 의미의 민법에 해당한다.
③ 민법은 실체법이다.
④ 민법은 일반사법이다.
⑤ 민법전에는 성질상 민법에 속하지 않는 규정도 포함하고 있다.

> **ADVICE** 》 ② 실질적 의미의 민법은 민사에 관한 일반사법을 말하므로 특별사법은 실질적 의미의 민법에 포함되지 않는다.

7 조리와 관련이 없는 것은?

① 법의 일반원칙
② 경험칙
③ 사물의 도리
④ 다수자의 의견
⑤ 법의 흠결이 있는 경우 재판의 준거

> **ADVICE** 》 조리는 경우에 따라서는 경험칙 · 사회통념 · 사회적 타당 · 신의성실 · 사회질서 · 정의 · 형평 ·
> 법에 있어서의 체계적 조화라고도 한다.
> ④ 조리와 무관한 사물의 본질적 법칙이다.

8 법원에 관한 설명 중 옳지 않은 것은?

① 민사에 관한 조약도 성문법원이 된다.
② 민사에 관하여는 성문법 · 관습법 · 조리의 순으로 적용된다.
③ 상관습법은 상사에 관하여 민법에 우선한다.
④ 역사법학파에서는 관습법의 우위를 주장한다.
⑤ 대법원의 판례는 민법에 우선 적용된다.

> **ADVICE** 》 ⑤ 판례의 법원성을 인정한다고 하더라도 판례가 성문법인 민법에 우선하여 적용되지는 않는다.

9 관습법에 관한 설명으로 틀린 것은?

① 우리나라 민법은 관습과 관습법을 구별하지 않는다.
② 우리 민법상 성문법은 관습법에 우선한다.
③ 판례에 의하여 인정되고 있는 관습법으로 관습법상의 법정지상권, 사실혼관계 등을 들
   수 있다.
④ 관습법은 그 존재 자체가 불분명하므로 결국 법원의 판결에 의하여 확인을 필요로 한다.
⑤ 관습법과 판례법은 원래 그 개념과 기원이 상이하다.

> **ADVICE** 》 ① 사실인 관습〈제106조〉과 관습법〈제1조〉은 구별된다.

10 다음의 내용 중 틀린 것은?

① 불문법주의 국가에도 특별한 사항에 관하여는 성문법주의를 채택하고 있다.
② 영국은 불문법주의 국가로서 판례법이 중요한 법원이 된다.
③ 불문법주의 국가에서도 성문법을 제정하는 경향이 있다.
④ 독일·프랑스 등의 대륙제국은 성문법주의 국가로서 민법전을 가지고 있다.
⑤ 성문법주의 국가에서는 불문법의 법원성을 전혀 인정하지 않고 있다.

> **ADVICE** 》 ⑤ 성문법주의 국가에서도 불문법의 법원성을 일부 인정하고 있다.

11 민법규정 가운데 실질적 의의의 민법이라 할 수 없는 것은?

① 채권에 관한 규정
② 법인이사에 대한 벌칙규정
③ 물권에 관한 규정
④ 법원에 관한 규정
⑤ 의사표시에 관한 규정

> **ADVICE** 》 ② 민법 중 법인이사의 벌칙규정, 채권의 강제집행에 관한 규정 등은 공법적 성질을 가지고 있다.

12 다음 중 민법의 특별법이 아닌 것은?

① 민사소송법
② 자동차 등 특정동산 저당법
③ 신원보증법
④ 상법
⑤ 주택임대차보호법

> **ADVICE** 》 ① 민사소송법은 절차법으로 민법의 특별법이라 할 수 없다.

13 다음 중 민법 제1조와 부합되지 않는 것은?

① 성문법주의
② 법원의 종류
③ 조리의 법원성
④ 판례의 구속력
⑤ 관습법의 보충성

ADVICE ≫ ④ 판례는 당해 사건 이외의 경우에는 사실상의 구속력이 인정될 뿐 판례의 법원성을 부정하는 것이 다수설이다.

14 민법 전체의 통칙이 아닌 것은?

① 권리남용금지에 관한 규정
② 신의성실의 원칙에 관한 규정
③ 부재와 실종에 관한 규정
④ 물건에 관한 규정
⑤ 소멸시효에 관한 규정

ADVICE ≫ 민법 전체에 적용되는 통칙으로는 법원, 신의성실, 권리남용금지, 주소, 부재와 실종, 물건, 기간 등에 관한 규정들이 있다.

15 1984년의 민법전의 개정내용에 포함되지 않는 것은?

① 전세금감액청구권   ② 특별실종기간
③ 구분소유권   ④ 건물 전세권의 법정갱신
⑤ 구분지상권

ADVICE ≫ 제6차 개정내용
    ㉠ 특별실종기간 1년으로 단축과 항공기실종 추가
    ㉡ 구분지상권
    ㉢ 전세권의 우선변제권
    ㉣ 건물 전세권의 법정갱신
    ㉤ 전세금감액청구권

16 다음 중 민법전의 내용을 변경할 수 있는 법률은?

① 공탁법
② 부동산등기법
③ 가족관계의 등록 등에 관한 법률
④ 주택임대차보호법
⑤ 유실물법

ADVICE ≫ ①②③⑤ 민사에 관한 절차법 ④ 민사에 관한 실체법으로 민사특별법

17 성문법주의와 불문법주의를 비교한 것 중 옳지 않은 것은?

① 성문법주의는 불문법주의보다 법이 경화(硬化)하기 쉽다.
② 성문법주의는 법질서의 안정이 확정적이지만 불문법주의에서는 유동적이다.
③ 성문법주의는 법의 통일정비가 용이하나 불문법주의는 곤란하다.
④ 성문법주의는 사회사정의 변천에 적응하기 쉽지만 불문법주의는 적용하기 어렵다.
⑤ 성문법주의는 주로 대륙법계 국가에서 채택하고 불문법주의는 영미법계 국가에서 채택한다.

ADVICE ≫ 성문법주의와 불문법주의의 비교

구분	성문법주의	불문법주의
형식	법전화	비법전화
유형	대륙법계 국가 (독일 · 프랑스 · 스위스 · 일본 · 한국)	영미법계 국가(영국 · 미국 등)
종류	법률, 명령, 조례, 규칙 등	관습법, 판례법, 조리 등
장점	• 법의 통일적 정비가 용이하다. • 법적 안정성을 유지할 수 있다.	법의 경화(硬化)현상을 막을 수 있다. 즉, 법의 탄력성과 유동성이 뛰어나다.
단점	법의 탄력성과 유동성을 갖지 못한다. → 법의 경화(硬化)현상	• 법의 통일적 정비가 용이하지 않다. • 법이 명확하지 않다. • 국민의 법적 안정성을 해할 수 있다.

18 다음 중 민법의 특별법이 아닌 것은?

① 입목에 관한 법률
② 명인방법
③ 주택임대차보호법
④ 부동산 실권리자명의 등기에 관한 법률
⑤ 집합건물의 소유 및 관리에 관한 법률

> **ADVICE** 》 ② 명인방법(明認方法)은 관습법상 인정되는 소유권 취득방법 중 하나일 뿐 민법의 특별법은
> 아니다.

19 다음 설명 중 옳지 않은 것은?

① 가족관계에 관하여는 각각 민사특별법이 많다.
② 가족법은 재산법에 비하여 보수성과 습속성이 강하다.
③ 민법은 행위규범과 재판규범의 성질을 함께 갖고 있다.
④ 민법과 상법은 그 원리의 교류가 있으며, 상호 부단히 융합하는 현상이 있다.
⑤ 상사(商事)에 관하여는 상법, 상관습법, 민법의 순으로 적용된다.

> **ADVICE** 》 ① 특별사법은 모두 재산법관계에 관한 것만 존재한다.

20 현행 민법전의 구성에 관한 설명 중 옳지 않은 것은?

① 우리 민법은 총칙, 물권, 채권, 친족, 상속의 5편으로 구성되어 있다.
② 우리 민법은 판덱텐식 편별법을 취한 것이다.
③ 우리 민법은 대륙계의 법에 속한다.
④ 판덱텐식의 가장 큰 특징은 원칙적으로 민법 전체에 걸치는 통칙으로서의 총칙 편을
  두고 있지 않다.
⑤ 민법전은 편별 방식에 따라 로마식 편별법(인스티투치온식)과 독일식 편별법(판덱텐식)
  으로 나눌 수 있다.

> **ADVICE** 》 ④ 판덱텐식의 가장 큰 특징은 체계가 정연하고 총칙을 둠으로써 규정의 중복을 피할 수 있
> 다는 점이다.

21 조리에 관한 설명 중 옳지 않은 것은?

① 조리의 법원성을 긍정함이 다수설이다.
② 조리는 법률이나 계약을 해석하는 기준이 될 수 없다.
③ 조리는 사물의 본성 혹은 사물의 도리라는 견해도 있다.
④ 우리 민법은 조리의 법원성에 관하여 보충적 효력을 인정한다.
⑤ 조리의 실질적 내용은 신의성실의 내용과 동일하다.

ADVICE 》 조리는 법원으로서 재판의 근거가 될 뿐만 아니라 법률행위의 해석의 기준이 된다.

민법의 기본원리 및 효력

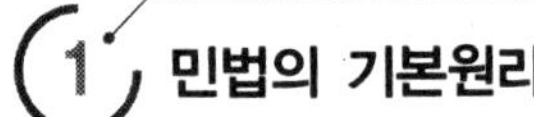 **민법의 기본원리**

1. 근대민법의 기본원리

(1) 소유권절대의 원칙(사유재산권 존중의 원칙)

개인은 각자의 생활에 기초가 되는 재산(재화)을 갖게 되는데 이러한 각자의 재산에 대하여 개인은 자기책임하에 소유·관리·이용·처분하는 데 있어서 제한받을 수 없으며, 동시에 어느 누구라도 재산에 관한 개인의 행위(활동)를 절대적으로 침해할 수 없다는 원칙이다.

(2) 사적자치의 원칙(개인의사 자치의 원칙)

① 개념 ⋯ 개인의 자기의 법률관계를 자신의 자유로운 의사결정에 따라 형성, 규율할 수 있다는 원칙을 말한다.

② 내용
    ㉠ 계약체결의 자유 : 계약을 맺든 맺지 않든 자신의 결정에 따른다.
    ㉡ 상대방 선택의 자유 : 계약을 누구와 체결하든 자유이다.
    ㉢ 내용결정의 자유 : 계약을 체결함에 있어 어떠한 내용으로 체결하든 자유이다.
    ㉣ 방식의 자유 : 계약을 체결함에 있어 어떠한 형식으로 하든 관계없다.

(3) 과실책임의 원칙(자기책임의 원칙)

과실책임의 원칙은 개인이 타인에게 손해를 끼친 경우에 타인에 대한 손해배상책임은 그 개인에게 고의 또는 과실이 없으면 책임을 지지 않는다는 원칙을 말하며, 이 원칙이 인정됨으로써 개인의 경제활동에 있어서 최대한의 자유가 보장되고 있다.

2. 현대민법의 기본원리

(1) 소유권절대의 원칙 제한

소유권절대의 원칙은 소유권 제한 법률의 증가, 법해석에 있어서 권리남용금지의 원칙의 확장 적용 등으로 인하여 제한을 받게 되었으며 근대민법의 기본원리 중 가장 많은 제한을 받게 된 원리이다. 예컨대, 상린관계(相隣關係)에 있어서 토지소유자는 자기 건물의 처마물이 이웃에 직접 떨어지지 않도록 처마 끝에 물고를 틀어 이웃의 침해를 막아야 한다는 내용의 제225조의 처마물에 대한 시설의무규정 등이다.

(2) 사적자치의 제한

계약의 자유를 제한하는 강행법규의 증가와 함께 법해석에 있어서 공공복리, 신의성실, 사회질서 등의 법리 적용의 증가로 제한을 받게 되었다. 예컨대, 계약자유의 원칙상 건물 주인은 자기의 건물을 누구에게 어떠한 내용으로 빌려 주던 자유이나 주택임대차보호법에 의하여 주거용 건물을 타인에게 임대하는 경우 그 기간은 원칙적으로 2년으로 하여야 한다는 규정 등이다.

(3) 무과실책임 인식

피해자의 손해에 관하여 충분한 보상을 보장하기 위하여 무과실책임이 나타났다. 예를 들면 기업의 폐수 등으로 인한 타인의 손해발생에 관하여 기업은 자기가 얻는 이익으로부터 필연적으로 생기는 타인의 손해에 대하여 고의·과실을 묻지 않고 책임을 져야 한다. 이 밖에도 책임무능력자에 대한 감독자의 책임, 피용자의 불법행위로 인한 사용자의 책임, 공작물의 점유자·소유자의 책임, 동물의 점유자의 책임 등에 관하여 민법은 무과실책임을 규정하고 있다.

3. 우리 민법의 기본원리

(1) 헌법상의 구현

① 헌법상 국민의 재산권은 보장되지만 그 내용과 한계는 법률로 정하도록 하고, 재산권의 행사는 공공복리에 적합하도록 의무화하고 있다.

② 공공필요에 의한 재산권의 수용·사용 또는 제한을 할 수 있도록 규정하고 있으나 제한하는 경우에도 자유와 권리의 본질적 내용은 침해할 수 없도록 한계를 두고 있다.

(2) 민법상의 구현

① 인격절대의 원칙, 사유재산권의 보장, 계약자유의 원칙, 과실책임의 원칙을 기본원리로 하면서 근대민법의 기본원리와 공공복리를 조화하려고 노력하고 있다.

② 신의성실, 권리남용금지의 원칙, 사회질서, 거래의 안전 등 공공복리의 실천원리와 함께 근대민법의 3대 원칙에도 수정원리를 규정하고 있다.

구분	헌법상의 구현	민법상의 구현
내용	• 국민생활의 균등 향상〈헌법전문〉 • 기본적 인권의 최대한 보장〈헌법 제10조 이하〉 • 사유재산권의 보장〈헌법 제23조 제2항〉 • 공공복리를 위한 자유와 권리의 제한〈헌법 제37조 제2항〉 • 사회정의 구현, 균형 있는 국민경제 발전〈헌법 제119조〉	• 신의성실 및 권리남용금지의 원칙〈민법 제2조〉 • 법인격 인정〈민법 제3조〉 • 사회질서〈민법 제103조〉 • 개인의사 자치의 원칙〈민법 제105조〉 • 사유재산 인정〈민법 제210조〉 • 과실책임의 원칙〈민법 제750조〉 • 공공복리 • 거래안전 등

2 민법의 해석과 효력

1. 민법의 해석

(1) 민법해석의 의의

민법의 해석이란 법 해석의 일반적인 원리와 방법에 의하여 구체적 사항에 대해 민법전의 적용을 위하여 법규의 의미와 내용을 정확하게 파악하여 확정짓는 것을 의미한다.

(2) 민법해석의 방법

① 유권해석 … 입법부, 사법부, 행정부와 같이 권한 있는 국가기관에 의한 해석을 말한다.

② 무권해석(학리해석) … 학자들에 의한 해석을 말한다.

　㉠ 문리해석 : 법령의 문장 및 문자를 기초로 해석하는 것을 말하며, 제8조 제2항의 '취소'를 그대로 해석하는 것이 이에 속한다.

　㉡ 논리해석

　　• 반대해석 : 법문과 반대의 효과로 해석하는 것이다.

　　• 유추해석 : 직접법령이 없을 경우 유사법령을 적용하는 것을 말한다.

　　• 축소해석 : 법령의 용어를 좁게 해석하는 것이다.

　　• 확장해석 : 제110조의 '사기'에 소극적 기망을 포함하는 것처럼 법령의 용어를 넓게 해석하는 것이다.

　　• 보정해석 : 제8조 제2항의 '취소'를 '철회'로 해석하는 것처럼 부정확한 법 문구를 보충하여 해석하는 것을 말한다.

　　• 물론해석 : 법령에 없는 것을 입법정신으로 해석하는 것을 말한다.

2. 민법의 효력

(1) 때(時)에 관한 효력

① 법에 있어서 때에 관한 효력이란 하나의 법이 언제부터 언제까지 효력을 갖느냐 하는 문제로서 헌법의 기본입장에 따라 시행 후부터 폐지되기 전까지의 효력을 발휘함이 원칙이다.

② **법률불소급의 원칙** … 시행되기 전에 있었던 사항에 관하여는 원칙적으로 그 후 법을 적용할 수 없다는 것을 말한다.

③ 민법은 부칙 제2조에 의하여 "특별한 규정이 있는 경우 외에는 본법 시행일 전의 사항에 대하여도 이를 적용한다."고 하여 소급효를 인정하고 있다. 다만 부칙 제2조 단서에서 "그러나 이미 구법에 의하여 생긴 효력에 영향을 미치지 아니한다."라고 규정하여 형식적으로는 소급효를 인정하면서도 실질적으로는 소급효를 제한하고 있다.

(2) 사람(人)에 관한 효력

① 사람에 관한 법의 효력은 한 개인의 주소 또는 소재에 관계없이 그 나라 국민이면 모두 적용된다는 속인주의(屬人主義)와 국적에 관계없이 한 국가의 영토 내에 있으면 외국인이라도 모두 적용을 받는다는 속지주의(屬地主義)가 있다.

② 우리 민법은 속인주의와 속지주의를 병용하고 있다.

(3) 곳(場所)에 관한 효력

① 곳(장소)에 관한 법의 효력이라 함은 한 국가의 법이 장소적으로 어디까지 영향을 갖느냐 하는 것으로 그 나라의 주권이 미치는 곳이면 효력이 있다는 것이 일반적이다.

② 대한민국의 헌법과 마찬가지로 민법의 장소에 관한 효력 역시 대한민국 전 영토 내(한반도와 그 부속도서)에서 그 효력이 있다. 한반도와 그 부속도서라 함은 북한 지역도 포함되므로 장차 남북통일이 되더라도 별도의 개정 없이 민법은 당연히 그 북한 지역에도 적용된다.

기출문제분석

02

1 다음 중 민법의 성질에 관한 설명으로 옳지 않은 것은?

① 민법은 사법 중 일반사법(一般私法)의 역할을 한다.

② 민법은 일반인 간의 권리의무의 발생 · 변경 · 소멸 등에 관하여 규정한 실체법이다.

③ 민법은 어떠한 사건에 관하여 법관이 재판을 함에 있어서 기준이 되는 재판규범의 역할을 하지는 않는다.

④ 민법은 개인이 지켜야 할 행위의 기준을 정해주는 행위규범이다.

⑤ 민법은 윤리적 · 개별적 · 구체적 타당성의 성질을 지닌다.

> **ADVICE** » ③ 민법은 어떠한 사건에 관하여 법관이 재판을 함에 있어서 기준이 되어 주는 재판규범의 기능을 한다.

2 "미성년자가 후견인의 동의를 얻지 아니하면 할 수 없는 재산상의 행위에는 유가증권의 거래도 포함된다."고 해석하는 민법의 해석방법은?

① 입법해석 ② 유추해석

③ 확장해석 ④ 반대해석

⑤ 보정해석

> **ADVICE** » 법률의 용어를 보통의 뜻보다 넓게 해석하는 방법을 확장해석이라 한다.

3 민법의 효력에 관한 설명 중 옳지 않은 것은?

① 민법은 외국에 있는 우리나라 국민에게도 효력이 미친다.

② 민법에는 법률불소급의 원칙이 엄격히 적용되지 아니한다.

③ 동일한 민사에 관하여 우리 민법과 외국의 민법이 충돌하는 경우에 이를 규율하는 것이 섭외사법이다.

④ 우리 민법은 국내에 있는 국제법상의 치외법권자에게는 그 효력이 미치지 않는다.

⑤ 민법은 한반도와 그 부속도서라면 예외 없이 효력이 미친다.

ㄱ 때에 관한 효력 : 민법은 소급효를 원칙으로 인정하지만 기득권 존중을 위하여 이미 구법에 의하여 생긴 효력에는 영향을 미치지 않는다〈부칙 제2조〉.
ㄴ 사람에 관한 효력 : 모든 한국 국적자에게 민법은 효력을 미친다(속인주의).
ㄷ 장소에 관한 효력 : 한국 영토 내의 모든 내·외국인에게 효력이 미친다(속지주의).

4 계약자유의 원칙에 대한 설명으로 틀린 것은?

① 계약방식의 자유
② 계약내용결정의 자유
③ 상대방 선택의 자유
④ 계약해제의 자유
⑤ 계약체결의 자유

ADVICE ≫ 계약자유의 원칙(사적자치의 원칙) … 모든 개인의 권리·의무는 당사자 자신의 자유로운 의사에 의해서만 취득되고 상실된다는 것으로 이는 계약체결의 자유, 계약상대방 선택의 자유, 계약내용결정의 자유, 계약방식의 자유를 포함한다.

Answer 1.③ 2.③ 3.④ 4.④

02 핵심예상문제

1 다음 중 근대초기의 민법의 기본원칙이 아닌 것은?

① 과실책임의 원칙
② 계약자유의 원칙
③ 남녀평등의 원칙
④ 소유권절대의 원칙
⑤ 사적자치의 원칙

> **ADVICE** ≫ 근대민법은 개인의 자유와 평등을 강조하였으며, 구체적으로 사유재산권 존중의 원칙(소유권절대의 원칙), 사적자치의 원칙(계약자유의 원칙), 과실책임의 원칙(자기책임의 원칙)을 그 기본으로 하고 있다.

2 다음 중 사권의 사회성과 거리가 먼 것은?

① 소유권의 행사는 동시에 공공의 복리에 대한 봉사이다.
② 재산권의 행사는 공공복리에 적합하도록 하여야 한다.
③ 개인주의적 법원리를 지향한다.
④ 권리남용금지의 원칙에 입각해야 한다.
⑤ 신의성실의 원칙을 따라야 한다.

> **ADVICE** ≫ ③ 개인주의적인 법원리는 권리자유의 원칙이 인정되는 근대사법의 기초 원리이다.

3 민법해석에 있어서 우선적으로 해야 하는 것은?

① 유추해석
② 목적해석
③ 유권해석
④ 논리해석
⑤ 문리해석

> **ADVICE** ≫ 법의 해석에 있어서 우선적으로 해야 할 것은 문자가 나타내는 보통의 의미를 파악하는 데 있다.

4 사적자치와 관련하여 우리 민법이 인정하기에 가장 적합지 않은 것은?

① 계약체결의 자유　　　　　　　② 계약내용결정의 자유
③ 유언의 자유　　　　　　　　　④ 혼인방식의 자유
⑤ 계약상대방 선택의 자유

> **ADVICE** » ③ 유언은 가족법상의 법률행위 가운데서도 가장 철저한 요식성을 필요로 하는 법률행위이다.

5 우리 민법의 효력에 대한 설명으로 틀린 것은?

① 소급효가 인정되지만 실질적으로는 불소급이다.
② 원칙적으로 우리나라에 사는 외국인에게도 적용된다.
③ 북한주민에게도 적용된다.
④ 외국에 사는 한국인에게는 원칙적으로 적용되지 않는다.
⑤ 절대로 직업·성별에 따라 차별적으로 적용될 수 없다.

> **ADVICE** » ④ 민법은 모든 대한민국 국민, 즉 국내에 있는 한국인은 물론 외국에 있는 한국인에게도 적용된다.

6 다음 중 민법이 적용되지 않는 사람은?

① 북한에 있는 대한민국 국민　　② 국내에 있는 외국인
③ 국내에 있는 대한민국 국민　　④ 외국에 있는 외국인
⑤ 외국에 있는 대한민국 국민

> **ADVICE** » 민법은 국내에 있는 한국인은 물론 외국에 있는 한국인에게도 적용되며, 민법은 원칙적으로 한국의 영토 내에 있는 외국인에게도 적용된다.

7 민법에서 물건이라 함은 유체물 및 전기 기타 관리할 수 있는 자연력을 말하는데 이의 해석유형은?

① 유추해석　　　　　　　　　　② 문리해석
③ 입법자해석　　　　　　　　　④ 유권해석
⑤ 물론해석

> **ADVICE** » 유권해석 … 공권적 해석이라고도 하며 법을 해석하는 권한을 가지고 있는 기관에 의한 해석이다.

8 다음 중 연결이 옳지 않은 것은?

① 과실책임 – 거래의 안전
② 사적자치 – 사회질서
③ 자기책임 – 무과실책임
④ 계약자유 – 신의성실
⑤ 소유권절대 – 권리남용금지

> **ADVICE** 》 ① 거래의 안전은 자본주의가 발달하면서 생긴 사법적 성질의 것으로 과실책임과는 무관하다.

9 근대민법상의 여러 원칙과 그 주된 지배영역의 연결이 틀린 것은?

① 사적자치의 원칙 – 상속법
② 계약자유의 원칙 – 채권법
③ 과실책임의 원칙 – 손해배상
④ 재산권 존중의 원칙 – 물권법
⑤ 자기책임의 원칙 – 불법행위

> **ADVICE** 》 ① 사적자치의 원칙은 주로 채권법, 그 중에서도 계약법을 지배하며, 상속법에서는 유언자유의
> 원칙으로 다소 나타날 뿐이다.

10 계약자유의 원칙이 주로 지배하는 법분야는?

① 물권법
② 친족법
③ 관습민법
④ 상법
⑤ 채권법

> **ADVICE** 》 계약자유의 원칙 … 모든 개인의 권리 · 의무는 당사자 자신의 자유로운 의사에 의해서만 취득
> 되고 상실된다는 원칙으로 재산법 중 채권법을 주로 지배한다.

11 민법의 해석에 대한 설명으로 틀린 것은?

① 민법의 해석은 민법의 기본원리를 지침으로 삼아서 행하여야 한다.
② 법의 해석에 있어서는 법적 안정성뿐만 아니라 구체적 타당성도 해치지 않도록 노력해야
  한다.
③ 불문법인 관습법이나 판례법에 관하여는 해석이 필요하지 않다.
④ 민법의 해석이란 민법의 법원에 관하여 그 내용을 확정하는 것이다.
⑤ 민법의 해석은 법적용의 전제가 된다.

> **ADVICE** 》 ③ 성문민법 법규의 해석이 가장 중요하기는 하나 불문법인 관습법이나 판례법에 관해서도
> 해석은 필요하게 된다.

12 다음은 민법에서 많이 사용하는 법률용어의 설명이다. 틀린 것은?

① '준용'이란 입법기술상의 한 방법이며, '유추'는 법해석의 한 방법이므로 양자는 같지 않다.
② '제3자'란 당사자 이외의 모든 자를 말하나 때로는 범위가 제한된다.
③ '간주'는 반대증거가 제출되면 규정의 적용을 면할 수 있는 것이며 민법의 간주조항에 대하여 '…으로 본다'고 표현한다.
④ '대항하지 못한다'는 법률행위의 제3자가 법률행위의 효력을 인정하는 것은 상관없다는 것이다.
⑤ '선의'란 어떤 사정을 알지 못하는 것이고, '악의'는 이를 알고 하는 것이다.

> **ADVICE** 》 ③ 추정은 반대의 사실을 입증하여 책임을 면할 수 있으나, 간주는 반대의 증거제출을 허용하지 않으며 법률이 정한 효력이 당연히 생긴다.

13 다음 중 20세기 민법의 수정원칙의 하나인 것은?

① 소유권절대의 원칙
② 법률행위자유의 원칙
③ 과실책임의 원칙
④ 권리남용금지의 원칙
⑤ 개인주의의 원칙

> **ADVICE** 》 근대민법의 수정원칙 … 근대민법의 3대 원칙인 사유재산권 존중, 개인의사 자치의 원칙, 과실책임의 원칙은 사회질서 · 신의성실 · 거래안전 · 권리남용금지의 원칙으로 변경되었다.

14 근대민법과 관련이 적은 것은?

① 자유주의
② 개인주의
③ 추상적 개인
④ 인격절대주의
⑤ 실질적 평등

> **ADVICE** 》 근대민법은 개인주의 · 자유주의라는 당시의 시대사조를 배경으로 하여 인격절대주의 또는 자유인격의 원칙을 전제로 하고 있다.

15 다음 중 20세기의 민법의 기본원칙인 것은?

① 소유권절대의 원칙　　　　　　　② 신의성실의 원칙
③ 과실책임의 원칙　　　　　　　　④ 법률행위자유의 원칙
⑤ 개인의 인격평등의 원칙

> **ADVICE »** 신의성실의 원칙 … 모든 사람이 사회공공생활의 일원으로서 상대방의 신뢰를 헛되게 하지 않
> 도록 성실하게 행동해야 한다는 원칙으로 근대민법의 기본원리(3대 원칙 – 소유권절대의 원칙,
> 사적자치의 원칙, 과실책임의 원칙)에 대한 수정원리라 볼 수 있다.

16 다음 설명 중 틀린 것은?

① 국내에 있는 외국인에게 민법은 예외적으로만 적용된다.
② 민법은 원칙적으로 소급효가 인정된다.
③ 민법은 우리나라의 전 영토 내에 그 효력을 미친다.
④ 민법은 구 민법상의 기득권을 존중한다.
⑤ 법률불소급의 원칙은 해석상의 원칙이며, 입법을 구속하지는 않는다.

> **ADVICE »** ① 영토고권에 의하여 민법은 국내에 있는 외국인에게도 원칙적으로 적용된다.

17 근대민법의 기본원리가 수정된 배경으로 볼 수 없는 것은?

① 권리의 사회성 강조　　　　　　　② 자본주의의 급성장
③ 주기적인 공황과 실업　　　　　　④ 부의 불균형
⑤ 권리의 공공성 강조

> **ADVICE »** ② 자본주의의 급성장은 근대사법의 원칙이 가져온 긍정적 차원이며, 기본원리 수정의 배경이
> 된 것은 아니다.

18 다음 중 근대사법의 3대 원칙을 제약하는 실천원리가 아닌 것은?

① 사회질서　　　　　　　　　　　　② 소유권자의 이용권에 대한 지배
③ 거래안전　　　　　　　　　　　　④ 신의성실
⑤ 권리남용의 금지

> **ADVICE »** ② 소유권의 절대성을 더욱 강조하는 개념으로, 근대사법의 기본원리를 제약하는 실천원리가
> 아니다.

19 다음 중 공공복리의 원리와 가장 거리가 먼 것은?

① 계약자유의 원칙
② 신의성실의 원칙
③ 무과실책임의 원칙
④ 반사회질서행위금지의 원칙
⑤ 거래안전의 원칙

> **ADVICE** » ① 개인주의, 자유주의 사상을 기초로 했던 근대민법의 원칙이다. 공공복리를 강조하는 현대 민법에서 계약자유는 제한을 받을 수밖에 없으며, 공공의 행복과 이익을 추구하기 위해서 계약자유는 사회적 제약이 불가피할 수밖에 없다.

20 다음 민법의 해석에 관한 설명 중 옳지 않은 것은?

① "미성년자가 후견인의 동의를 얻지 아니하면 할 수 없는 재산상의 행위에는 유가증권도 포함된다."라는 해석은 확장해석의 방법이다.
② '선의·악의'는 통상적인 의미로서는 호의(好意)나 상대방을 해칠 의사를 말하는 것이지만, 법문상 선의란 어떤 사정을 알지 못하는 것을, 악의란 어떤 사정을 안 경우를 의미하는 것으로 해석하는 것은 문리해석의 방법이다.
③ 민법의 "사술을 쓴 무능력자에게는 취소권을 배제한다."고 할 때 사술은 적극적 기망만을 의미한다고 하는 것은 물론해석의 방법이다.
④ 민법상 '미성년자에 대한 영업허락의 취소'에서 취소는 그 효력을 장래에 대해서만 상실케 한다는 의미로 해석하는 것은 변경해석의 방법이다.
⑤ 민법의 '하자 있는 의사표시를 한 자'에 착오로 인한 의사표시를 한 자도 포함한 것으로 해석하는 것은 보정해석의 방법이다.

> **ADVICE** » ③ 어떠한 용어의 의미를 좁게 해석하는 것은 축소해석이며, 물론해석의 방법은 법령에 없는 것을 입법정신으로 해석하는 것이다.

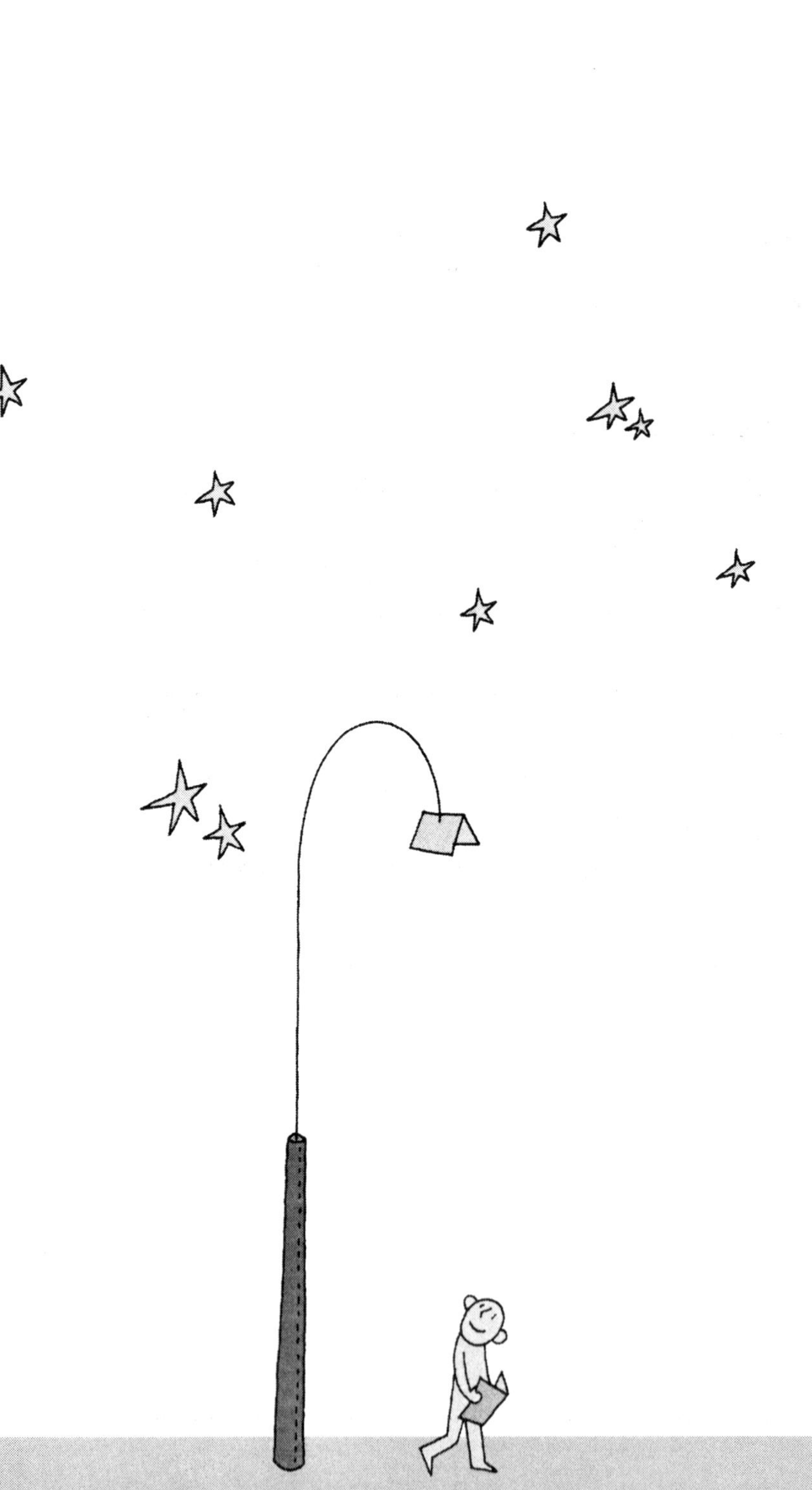

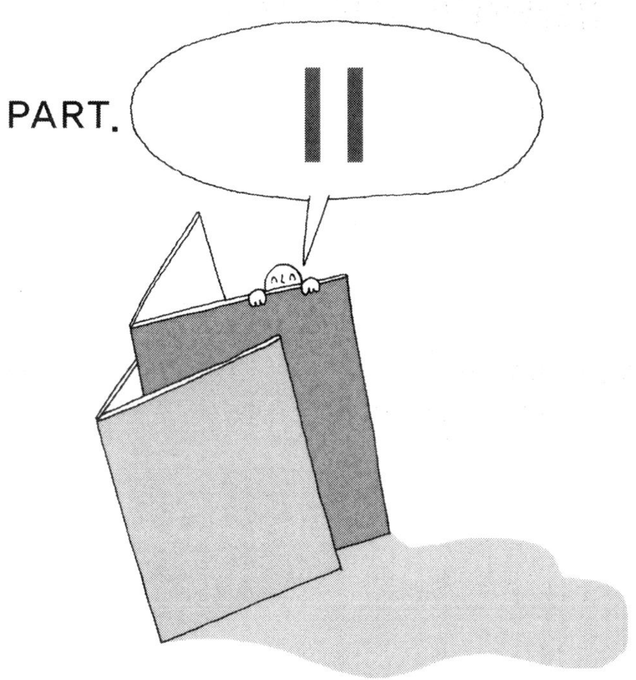

권리

법률관계와 권리 · 의무

학습Guide

법률관계 부분에서 법률관계와 호의관계의 구별은 법률행위의 해석의 문제라는 점과 호의동승과
관련하여 책임감경과 관련한 내용과 과실상계의 적용여부를 유의하여 정리하여야 한다.

1 법률관계

1. 법률관계

(1) 법률관계

인간의 사회생활 관계 중에서 법에 의하여 규율되는 생활관계를 법률관계(法律關係)라고 하는데, 법률관계의 내용을 살펴보면 매도인은 매수인에게 대금을 청구할 권리가 있고, 반면에 매도인은 매수인에 대하여 목적물을 인도할 의무가 있다. 이처럼 법률관계는 그 내용면에서 권리(權利)와 의무(義務)의 관계로 이루어진다. 한편 근대 민법은 권리중심으로 규율되어 있고 의무는 부수적으로 다루고 있으므로 법률관계를 곧 '권리관계(權利關係)'라 표현하기도 한다. 법률관계의 내용은 구체적인 권리와 의무이며, 주된 권리 · 의무뿐만 아니라 부수적 권리 · 의무도 포함한다. 특히 채권관계는 일반적으로 그 법적 원인인 계약에 의해 발생되는데, 계약은 두 개의 의사표시가 합치됨으로써 성립하는 법률행위이다. 따라서 계약은 채권관계의 발생요건이라 한다면 채권관계는 계약의 효과 내지 채권 · 채무의 총체이다. 채권관계는 급부의 실현, 즉 이행에 의하여 소멸한다.

(2) 인간관계

인간관계란 가족 · 애정 · 우의 · 예의관계와 같은 법외적 생활관계이다. 인간관계에 기한 약속을 어겨도 그 이행을 청구한다든가 손해배상을 청구할 수 없다. 문제는 법률관계와 인간관계를 어떻게 구별할 것인가 이나, 법적보호가 필요한 이익이 있는가를 따져서 판단할 것이다.

(3) 호의관계

법률관계와 구별되는 것으로 호의관계가 있다. 이를테면, 저녁식사에 초대하거나, 출근하는 길에 자동차에 동승하는 것을 약속하거나, 옆집의 아이를 그의 부모의 외출 중에 돌보아주겠다고 약속하는 것 등이 그 예이다. 이러한 호의행위(사교행위)는 급부자에게 법적의무가 없음에도 불구하고 무상으로 급부를 하는 데 특징이 있으며, 그 급부를 이행하지 않는다고 하여 상대방에게 급부청구권이 인정되지 않고 따라서 그것을 강제적으로 실현시킬 수 없다는 점에서 법률관계와 구별된다.

☞ 즉 당사자 사이에 채권·채무관계 등의 법률관계가 없으므로 호의의 불이행의 경우에도 채무불이행책임을 부담하지 않는다.

유의할 것은 호의관계로 인정되는 경우에도 그 급부에 수반하여 '손해가 발생한 경우에는 그 손해까지 호의관계로 되는 것은 아니며, 그 손해를 누가 부담할지를 결정하는 것은 법률관계에 속하는 사항이다. 이를테면 출근길에 어느 사람을 태워 운행하다가 운전자의 과실로 동승자가 피해를 입은 경우에는 법률관계인 것이다. 호의관계가 법률관계로 인정되더라도 면책·감경의 묵시적 합의를 의제하거나 무상계약의 법리 및 불법행위의 과실상계규정을 유추적용하여 책임의 면책·감경을 인정하는 것이 필요하다.

☞ 즉 운전자의 과실에 의하여 호의 동승자에게 손해가 발행한 경우 당연히 불법행위(법정채권관계로서 법률관계)가 성립할 수 있고, 피해자는 가해자에게 불법행위에 기한 손해배상을 청구할 수 있다. 이 때 배상액 감경 등의 문제도 제기된다.

판례

호의동승의 사실만으로 손해배상액을 감경할 수는 없다.
차량의 운행자가 아무런 대가를 받지 아니하고 동승자의 편의와 이익을 위하여 동승을 허락하고 동승자도 그 자신의 편의와 이익을 위하여 그 제공을 받은 경우 그 운행 목적, 동승자와 운행자의 인적관계, 그가 차에 동승한 경위, 특히 동승을 요구한 목적과 적극성 등 여러 사정에 비추어 가해자에게 일반 교통사고와 동일한 책임을 지우는 것이 신의법칙이나 형평의 원칙으로 보아 매우 불합리하다고 인정될 때에는 그 배상액을 경감할 수 있으나, 사고 차량에 단순히 호의로 동승하였다는 사실만 가지고 바로 이를 배상액 경감사유로 삼을 수 있는 것은 아니다(대법원 1999.2.9. 선고 98다53141 판결).

(4) 신사약정

신사약정이란 당사자가 어떤 이해관계 있는 약정을 하면서도 그 약정에 대한 법적 구속을 배제하기로 하는 특약을 말한다. 예컨대, 판례에 의하면 회사와 노동자 사이에 쟁의행위 중 타협의 일환으로서 노동자에 대한 '징계를 하지 않겠다.'라는 문구 대신에 '최대한 선처를 베풀겠다.'고 합의한 경우는 이를 징계하지 않겠다는 내용으로 볼 수는 없다고 판시한 것은 "신사약정의 법리"에 의해 이해될 사안으로 해석하고 있다. 또한 당사자 간에 '최대한 노력 하겠습니다'라고 약정서에 기재한 경우에 이는 그러한 약정의 의무를 법적으로 부담할 수는 없지만 사정이 허락하는 한 그 이행을 사실상 하겠다는 취지로 해석하는 것이 정당하다고 판시한 것도 신사약정의 법리를 적용한 사례이다.

2. 권리와 의무

사람의 생활관계를 규율하는 법률관계는 결국 사람과 사람 사이의 관계로 모아진다. 이를테면 A가 B 소유 토지에 대해 매매계약을 체결하면 매매를 토대로 하여 민법은 A와 B 사이에 다음과 같은 법률관계를 정한다. 즉 A는 B에게 매매대금을 지급하여야 할 의무가 있고, B는 A에게 토지소유권을 이전해야 할 의무가 있으며(제568조), 양자 간의 의무의 이행은 동시이행의 관계에 있고(제536조), 토지에 하자가 있는 경우에는 B는 A에게 담보책임을 지는 것(제570조 이하)으로 정하는 것이 그러하다.

위 매매에서처럼 법률관계는 복합적인 내용을 담고 있지만, 그것을 어느 한 사람을 중심으로 정리하면, 법에 의하여 옹호되는 것과 구속되는 것, 즉 권리와 의무의 관계로 모을 수 있다. 민법은 의무의 관점에서 법률관계를 정하고 있지만, 강학상으로는 권리 중심으로 접근하는 것이 보통이다.

(1) 구별개념

① 권한 : 타인을 위하여 그에게 일정한 법률효과를 발생게 하는 행위를 할 수 있는 법률상의 자격을 말한다. 예) 대리권, 대표권 등.

② 권능 : 권리의 내용을 이루는 개개의 법률상의 힘을 말한다. 예) 소유권의 내용을 이루는 사용권·수익권·처분권 등

③ 권원 : 어떤 법률상 또는 사실상의 행위를 정당화하는 근거를 말한다. 예) 타인의 토지에 물건을 부속시킬 수 있는 지상권, 임차권 등

④ 반사적이익 : 법률이 특정인 또는 일반인에게 어떤 행위를 명하는 경우에 다른 특정인 또는 일반인이 누리게 되는 이익을 말한다. 예) 건축법상의 제한규정으로 이웃주민이 받는 이익

(2) 권리와 의무의 관계

통상적인 경우 권리와 의무는 대응되는 것이 원칙이나, 권리만 있고 의무는 없는 경우(취소권, 해제권 등 형성권)도 있고, 의무만 있고 권리는 없는 경우(공고의무, 등기의무, 감독의무)도 있으며, 권리가 동시에 의무인 경우(친권)도 있다.

권리와 의무의 대응관계

권리만 있고 의무가 없는 경우	의무만 있고 권리는 없는 경우	권리가 동시에 의무인 경우
형성권(동의, 철회, 면제, 상계, 추인, 취소, 해제, 해지권 등)	법인의 공고의무(제88조, 제93조), 등기의무(제50조 이하)	친권(제912조)

3. 사권의 분류

사권과 관련하여서는 사권의 경합문제, 무효와 취소의 이중효 문제, 특히 담보책임과 착오의 경합 등의 논점이 중요한 내용이다.

(1) 내용(사회생활상의 이익)에 따른 분류

① **인격권** : 생명 · 신체 · 자유 · 명예 · 정조 · 성명 등 인간의 존엄과 가치권을 사법상 구체화한 권리이다. 성질상 권리자의 인격과 분리할 수 없는 것, 즉 일신 전속권이다. 인격권이 침해되면 침해행위의 방지청구권이 인정된다.

② **재산권** : 물권 · 준물권 · 채권 · 무체재산권 등 재산적 이익의 향수를 내용으로 하는 권리이며, 반드시 금전적가치가 있어야 되는 것은 아니다.

③ **가족권** : 친족관계에서의 일정한 지위나 상속개시 후 상속인이 가지는 권리를 내용으로 하는 권리이다.

④ **사원권** : 사단의 관리운영에 참가하거나 사원자신의 이익향수를 내용으로 하는 권리이다.

(2) 작용(효력)에 따른 분류

① **지배권** : 권리의 객체를 직접 배타적으로 지배하는 권리이다. 이익향수를 위하여 타인행위의 개입을 필요로 하지 않는다는 점에 특색이 있다. 물권, 친권, 상속권, 인격권, 무체재산권이 이에 속한다.

② **청구권**(채권과의 구별이 중요) : 특정인이 다른 특정인에 대하여 일정한 작위 또는 부작위를 요구하는 권리이다. 채권은 청구권 가운데 가장 중요한 것이다. 청구권은 채권의 본질적 내용을 형성하고 있지만, 청구권의 모두가 바로 채권인 것은 아니다. 물권이 침해되었을 때 발생하는 물권적 청구권 및 가족법상 인정되는 부양청구권, 부부의 동거청구권 등도 이에 속한다.
※신분상의 청구권 : 인지청구권, 부양청구권, 부부동거청구권

③ **형성권**
　㉠ 의의 : 형성권이란 권리자의 일방적 의사표시에 의하여 법률관계의 발생 · 변경 · 소멸을 일어나게 하는 권리를 말하며, 일명 '가능권(可能權)'이라고도 한다. 이러한 형성권은 권리에 대응하여 의무가 없음이 특색이다.
　㉡ 형성권의 분류

권리자의 의사표시에 의한 형성권	재판상 판결에 의한 형성권
동의권, 취소권, 추인권, 계약해제 · 해지권, 상계권, 매매의 일반예약완결권, 약혼해제권, 상속포기권, 인지권, 제한능력자 상대방의 최고권 · 철회권 · 거절권 등	채권자취소권, 친생부인권, 재판상 이혼권, 입양취소권, 재판상 파양권

    © 청구권이라 호칭되나 실질이 형성권인 것
- 공유물분할청구권
- 지상권자의 지상물매수청구권
- 지상권설정자의 지상권소멸청구권
- 전세권설정자의 전세권소멸청구권
- 부속물매수청구권
- 지료증감청구권
- 매매대금감액청구권
- 임차인 · 전차인의 매수청구권

④ **항변권(반대권)** : 청구권 행사에 대하여 그 작용을 저지할 수 있는 효력을 가지는 권리를 말한다. 상대방 권리를 승인하면서 그 권리의 작용에 일방적인 변경을 일으키는 점에서 특수한 형성권이다.

    ㉠ **연기적 항변권** : 청구권의 행사를 일시 저지시킬 수 있는 항변권으로서 동시이행의 항변권, 보증인의 최고 · 검색의 항변권이 이에 속한다.

    ㉡ **영구적 항변권** : 청구권의 행사를 영구적으로 저지시킬 수 있는 항변권으로서 상속인의 한정승인(채무는 전액승계, 책임은 한정)이 이에 속한다.

(3) 기타의 분류

① **절대권, 상대권**
    ㉠ **절대권** : 일반인을 의무자로 하여 모든 사람에게 주장할 수 있는 권리를 말한다.
    ㉡ **상대권** : 특정인을 의무자로 하여 그 자에게만 주장할 수 있는 권리를 말한다.

② **일신전속권, 비전속권**
    ㉠ **일신전속권** : 양도 · 상속 등으로 타인에게 양도하거나 타인이 대리할 수 없는 권리를 말한다.
    ㉡ **비전속권** : 양도 · 상속 등으로 타인에게 양도할 수 있는 권리를 말한다.
    ※ **귀속상 일신전속권** : 친권, 부부간의 권리, 부양청구권, 종신정기금채권 등
       행사상 일신전속권 : 불법행위, 연금청구권 등

③ **기성의 권리, 기대권**
    ㉠ **기성의 권리** : 성립요건이 모두 실현되어 성립한 권리를 말한다.
    ㉡ **기대권** : 성립요건 중 일부만이 실현되어, 남은 요건이 실현되면 장차 권리를 취득할 수 있는 현재의 기대상태에 대하여 법이 주고 있는 보호를 말한다. 조건 · 기한부 권리가 이에 해당한다.

④ **주된 권리, 종된 권리** : 권리의 독립성에 따른 구별로서, 다른 권리의 존재를 전제로 하여 이에 종속되는 권리를 종된 권리라 하고 그 다른 권리를 주된 권리라 한다. 원본채권, 피담보채권, 주채무자에 대한 채권이 주된 권리에 해당되고, 이자채권, 담보물권, 보증인에 대한 채권은 종 된 권리에 해당된다.

4. 그 밖의 검토점

(1) 권리의 충돌과 순위

① 의의 : 동일한 수개의 객체에 대하여 수개의 권리가 존재하는 경우에는, 그 객체가 그 권리를 모두 만족시킬 수 없는 때가 있다. 이를 「권리의 충돌」이라고 하는데, 이때에는 그 수개의 권리 간에 '순위'가 있어서 어떤 권리가 다른 권리에 우선하여 만족을 얻게 된다.

② 권리 상호간의 순위
  ㉠ 물권 상호간
    • 소유권과 제한물권(예 : 지상권·전세권 등) 사이에서는 제한물권의 성질상 그것이 언제나 소유권에 우선한다(즉 전세기간 동안에는 소유자는 그 목적물을 사용할 수 없다).
    • 같은 종류의 물권 상호간에는 '먼저 성립한 권리가 우선한다'는 원칙이 적용된다. 즉 동일물 위에 앞의 물권과 동일한 내용을 갖는 물권은 그 후에 다시 성립할 수 없고(예 : 소유권), 성립하는 경우(예 : 저당권)에도 앞의 물권의 우선순위를 해치지 않는 범위 내에서만 그 효력이 부여될 뿐이다.
  ㉡ 물권과 채권 간 : 동일물에 대하여 물권과 채권이 병존하는 경우에는 그 성립시기를 불문하고 항상 물권이 우선한다. 물권은 물건에 대한 직접의 지배권임에 반해, 채권은 채무자의 행위를 통해 간접적으로 지배를 미치는 성질상의 차이에서 연유한다.
  ㉢ 채권 상호간 : 채권 상호간에는 「채권자 평등의 원칙」에 의해 동일 채무자에 대한 수개의 채권은 그 발생원인·발생시기·채권액을 불문하고 평등하게 다루어진다. 다만 이러한 원칙이 그대로 나타나는 것은 파산의 경우이며(그 외에 경매에서 배당에 참가한 채권자 상호간에도 그러하다), 그 밖의 경우에는 채권자 상호간에 순위가 없기 때문에 채무자는 채권자 중 누구에게 이행하든 자유이며, 그에 따라 먼저 급부를 받는 자가 만족을 얻고 다른 채권자는 그 나머지로부터 변제를 받을 수 있을 뿐이다. 이를 「선행주의(先行主義)」라고 한다.

(2) 권리의 경합

① 의의 : 권리의 경합이란 하나의 생활사실이 수 개의 법규(권리근거규정)의 요건을 충족하여 동일한 목적을 가지는 수 개의 권리가 발생하는 경우를 말한다. 가령 임대차계약의 종료에 따라 임대목적물의 소유자인 임대인에게는 임대차에 기한 반환청구권(제654조, 제615조)과 소유권에 기한 반환청구권(제213조)이 주어진다. 그런데 이들 수 개의 권리는 동일한 목적을 위하여 존재하므로 그 중 하나의 행사로 목적을 달성하면 나머지 권리는 소멸한다.

② 경합의 모습 : 경합하는 수 개의 권리들 사이의 관계가 어떠한가? 이에는 다음 두 유형이 있다.
  ㉠ 청구권경합(請求權競合)의 관계 : 이러한 경우에 채권자는 그의 선택에 따라 그 중 어느 권리든 행사할 수 있다. 판례는 가령 임차목적물이 임차인의 고의나 과실로 멸실된 경우에 임대인이 가지는 채무불이행에 기한 손해배상청구권과 불법행위에 기한 손해배상청구권이 청구권경합의 관계에 있다고 한다. 또한 부동산매수인이 등기를 경료하지 않은 채 점유취득시효가 완성된 경우에 매매계약에 기한 등기청구권과 시효완성으로 인한 등기청구권도 청구권경합의 관계에 있다고 할 것이다.

ⓒ 법조경합(法條競合)의 관계 : 법조경합이란 공무원의 직무상의 불법행위에 대한 책임에 관한 제
756조와 국가배상법 제2조의 경합처럼 하나의 생활사실이 수 개의 법규의 요건을 충족하지만
그 수 개의 법규가 특별법과 일반법의 관계에 있거나, 수량지정매매에서 목적물의 일부가 계
약 당시에 이미 멸실된 경우에 관한 제574조와 제535조의 경합처럼 하나의 법규가 다른 법
규와 경합하여 그 효과를 제한하는 경우에 전자의 법규만이 적용되는 것을 말한다.

② 신의성실의 원칙

제2조(신의성실)
① 권리의 행사와 의무의 이행은 신의에 좇아 성실히 하여야 한다.
② 권리는 남용하지 못한다.

1. 서론

(1) 의의

신의성실의 원칙이란 법률관계의 당사자는 상대방의 이익을 배려하여 형평에 어긋나거나 신뢰를
저버리는 내용 또는 방법으로 권리를 행사하거나 의무를 이행해서는 안 된다는 추상적 규범을 말한
다(대판 2003.4.22. 2003다2390).

민법은 이와 관련하여 "권리의 행사와 의무의 이행은 신의에 좇아 성실히 하여야 한다."고 규정하
고 있다(제2조 제1항). 신의칙은 로마법에 그 연원을 둔다. 신의칙을 근대사법에서 최초로 규정한
민법은 프랑스 민법이다. 독일민법은 학설과 판례를 통하여 신의칙을 채권법 전체의 원칙으로 삼고
있으며, 스위스민법은 민법전체를 지배하는 원칙으로 인정하고 있다.

(2) 법적 성격

① 공공복리의 실천원리

ⓐ 통설은 신의칙을 민법의 최고원리인 공공복리의 실천원리 또는 행동원리의 하나로 보아서 근
대민법의 3대원칙은 그 행동원리의 제약 하에 승인된다고 본다.

ⓑ 최근에는 신의칙은 원칙적으로 적용되는 실천원리 또는 행동원리로서의 기본원리가 아니고
예외적으로 적용되어야 하는 제한규정으로서, 당해 법률관계 또는 권리의 속성으로부터 당연
히 도출되는 일종의 고려의 명제라고 보는 견해가 주장되고 있다.

② 강행규정성
　　㉠ 민법 제2조 제1항이 강행규정인지에 대해 학설은 ① 강행규정이라는 견해와 ② 그 파생원칙의
　　　　성격에 따라 당사자의 합의를 보충하는 역할을 하는 계약법 영역에서는 임의법규이고, 당사
　　　　자의 합의를 무효로 하거나 수정하는 역할을 하는 경우에는 강행법규라는 견해가 대립되고
　　　　있다.
　　㉡ 대법원은 "신의성실의 원칙에 반하는 것은 강행규정에 위배되는 것으로서 당사자의 주장이 없
　　　　더라도 법원이 직권으로 판단할 수 있다(대판 1998.8.21. 97다37821)"고 하여 강행규정설을
　　　　취하고 있다.

2. 신의칙의 기능

(1) 법구체화 기능

신의칙은 권리와 의무의 내용을 구체화하는 기능을 갖는다. 즉 신의칙은 법률과 법률행위를 해석
하여 그 내용을 보다 명확하게 하는 기능이 있다.

(2) 형평 기능

신의칙은 개별사안에서 객관적인 법률을 무차별적으로 적용함으로써 발생하는 부작용을 회피하여
엄격법을 완화하는 기능을 한다.

(3) 법창조 기능

제1조에 의하면 법관은 구체적 사안에 적용할 법률이나 관습법이 없으면 조리에 의하여 재판을
하여야 한다. 그런데 조리란 사물의 이치로서 사람이 이성에 의해 생각되어지는 규범을 의미하는 것
으로서, 좀 더 구체적으로는 신의에 좇아 성실하게 행위를 하는 사람이 가지는 정의에의 요구라고
할 수 있다.

판례
....

신의칙과 의무의 발생

1. 입원계약에 따른 신의칙상 보호의무
　　[1] 환자가 병원에 입원하여 치료를 받는 경우에 있어서, 병원은 진료뿐만 아니라 환자에 대한 숙식의 제공을 비롯하
　　　　여 간호, 보호 등 입원에 따른 포괄적 채무를 지는 것인 만큼 병원은 병실에의 출입자를 통제·감독하든가 그것
　　　　이 불가능하다면 최소한 입원환자에게 휴대품을 안전하게 보관할 수 있는 시정장치가 있는 사물함을 제공하는
　　　　등으로 입원환자의 휴대품 등의 도난을 방지함에 필요한 적절한 조치를 강구하여 줄 신의칙상의 보호의무가 있
　　　　다고 할 것이고, 이를 소홀히 하여 입원환자와는 아무런 관련이 없는 자가 입원환자의 병실에 무단출입하여 입원
　　　　환자의 휴대품 등을 절취하였다면 병원은 그로 인한 손해배상책임을 면하지 못한다.
　　[2] 입원환자에게 귀중품 등 물건보관에 관한 주의를 촉구하면서 도난 시에는 병원이 책임질 수 없다는 설명을 한
　　　　것만으로는 병원의 과실에 의한 손해배상책임까지 면제되는 것이라고 할 수 없다(대판 2003.4.11. 2002다
　　　　63275).

2. 근로계약에 따른 신의칙상 보호의무

[1] 사용자는 근로계약에 수반되는 신의칙상의 부수적 의무로서 피용자가 노무를 제공하는 과정에서 생명, 신체, 건강을 해치는 일이 없도록 인적·물적 환경을 정비하는 등 필요한 조치를 강구하여야 할 보호 의무를 부담하고, 이러한 보호 의무를 위반함으로써 피용자가 손해를 입은 경우 이를 배상할 책임이 있다.

[2] 보호의무위반을 이유로 사용자에게 손해배상책임을 인정하기 위해서는 특별한 사정이 없는 한 그 사고가 피용자의 업무와 관련성을 가지고 있을 뿐 아니라 또한 그 사고가 통상 발생할 수 있다고 하는 것이 예측되거나 예측할 수 있는 경우라야 할 것이고, 그 예측가능성은 사고가 발생한 때와 장소, 가해자의 분별능력, 가해자의 성행, 가해자와 피해자의 관계 기타 여러 사정을 고려하여 판단하여야 한다. [3] 야간에 회사 기숙사 내에서 발생한 입사자들 사이의 구타행위에 대하여 회사의 보호의무위반이나 불법행위상의 과실책임이 인정되지 않는다(대판 2001.7.27. 99다56734).

3. 채권자가 보증인에게 채무자의 신용상태를 고지할 신의칙상의 의무가 있는지 여부

보증제도는 본질적으로 주채무자의 무자력으로 인한 채권자의 위험을 인수하는 것이므로 보증인이 주 채무자의 자력에 대하여 조사한 후 보증계약을 체결할 것인지의 여부를 스스로 결정하여야 하는 것이고, 채권자가 보증인에게 채무자의 신용상태를 고지할 신의칙상의 의무는 존재하지 아니한다(대판 2002.7.12. 99다68652; 1998.7.24. 97다35276).

(4) 수정 기능

신의칙은 제한적이나마 계약의 내용을 수정하는 역할을 한다. 예를 들어 사정변경의 원칙이나 계속적 계약관계의 해지 등이 이에 해당한다.

판례

매수인이 상대방의 계약해제권의 행사를 회피할 목적으로 매매계약 체결 시 자신의 실지 주소를 매도인에게 알리지 아니하여 매도인이 이행의 최고를 할 수 없게 된 채 이행기가 지나버린 경우 매도인은 최고 없이 바로 계약을 해제할 수 있다. 계약관계에 있는 당사자 일방이 미리 그 채무를 이행하지 아니할 의사를 표시한 경우에는 상대방은 이행의 최고를 하지 아니하고서도 바로 계약을 해제할 수 있는 것이고, 채무를 이행할 의사의 유무는 계약 당시나 계약 후의 여러 가지 구체적 사정에 따라 판단하여야 할 것인바, 매수인이 자기의 귀책사유로 인한 채무불이행의 경우 상대방의 계약해제권의 행사를 회피할 목적으로 매매계약 체결 시 자신의 주소를 허위기재하거나 실지 주소를 매도인에게 알리지 아니하고 소재를 밝히지 아니하여 매도인은 과실 없이 매수인의 소재를 알지 못함으로써 자기의 채무의 이행을 제공하여 상대방의 이행을 최고할 수 없게 된 채 이행기가 지나버린 경우에는 신의성실의 원칙상 특별한 사정이 없는 한 매수인에게 있어서는 이행의 의사가 없다고 봄이 상당하다 할 것이므로 매도인은 이행의 최고 없이 바로 계약을 해제할 수 있다(대법원 1990.11.23. 선고 90다카14611 판결).

3. 적용상의 한계

(1) 현존하는 법규에의 구속

신의성실의 원칙은 현존하는 법규들 또는 법률관계들을 그 의미와 목적에 따라 구체화 하거나 형식적으로 주어진 법적지위를 한계 지워주는 것이지 독립적으로 새로운 법률제도를 창조하는 것이 아니며, 그 자체가 독자적인 청구권의 기초이지도 않다. 또한 당사자의 행태가 신의칙에 반하더라도 신의칙을 적용함으로써 강행규정을 위반하는 결과를 초래한다면 신의칙을 적용할 수 없다.

(2) 최후의 비상수단

대부분의 경우에 현존하는 법규에 의하여 사건을 해결할 수 있으므로 신의칙이라는 일반조항을 적용할 여지가 없으나, 예외적으로 구체적 사건의 특수성 때문에 당사자의 일방 또는 쌍방을 명백하게 불공평하게 만드는 경우에 최후의 비상수단으로 제2조에 기한 이익조정이 행하여질 수 있다.

(3) 일반조항과 그 구체화

신의성실의 원칙을 개별적 · 구체적 사건에 적용함에 있어서 법적 안정성 내지 예측가능성을 확보하기 위하여 보다 상세하게 구체화되어야 한다.

4. 적용범위

신의성실의 원칙은 공 · 사법의 모든 영역에서 적용되어야 하는 원칙이다. 따라서 제2조는 신의성실의 원칙을 일반적 법원칙으로 선언하고 있고, 그 결과 채권관계 뿐만 아니라 물권관계나 가족관계에도 적용된다.

> **판례**
>
> **일반행정법률관계에 대하여 신의칙이 적용되는 경우**
>
> 신의성실의 원칙은 법률관계의 당사자는 상대방의 이익을 배려하여 형평에 어긋나거나 신뢰를 저버리는 내용 또는 방법으로 권리를 행사하거나 의무를 이행하여서는 아니된다는 추상적 규범을 말하는 것으로서, 신의성실의 원칙에 위배된다는 이유로 그 권리의 행사를 부정하기 위해서는 상대방에게 신의를 주었다거나 객관적으로 보아 상대방이 그러한 신의를 가짐이 정당한 상태에 이르러야 하고, 이와 같은 상대방의 신의에 반하여 권리를 행사하는 것이 정의 관념에 비추어 용인될 수 없는 정도의 상태에 이르러야 하고, 일반 행정법률관계에서 관청의 행위에 대하여 신의칙이 적용되기 위해서는 합법성의 원칙을 희생하여서라도 처분의 상대방의 신뢰를 보호함이 정의의 관념에 부합하는 것으로 인정되는 특별한 사정이 있을 경우에 한하여 예외적으로 적용된다(대법원 2004.7.22. 선고 2002두11233 판결).

5. 신의성실의 원칙의 구체적 적용(파생원칙)

(1) 모순행위금지의 원칙(금반언의 원칙)

① 의의 : 자신의 선행행위와 모순되는 (후행)행위는 허용되지 않는다는 원칙이다. 영미법에서 인정되는 금반언(禁反言, estoppel)의 법리도 이 원칙과 유사한 것이다. 민법도 제452조 1항에서 「양도통지와 금반언」이라는 제목으로 이와 같은 취지를 담고 있다.

② 요건 : 위 원칙은 어떠한 사람의 행위가 그에 선행하는 행위와는 모순되는 것이어서 그러한 후행행위에 효과를 인정하게 되면 그 선행행위에 대한 상대방의 신뢰를 침해하게 되는 경우에 그 후행행위의 효력을 인정하지 않는다는 것으로서, 여기서는 ① 객관적으로 모순적인 행위와 그에 대한 귀책, ② 그에 따라 야기된 상대방의 보호받을 가치가 있는 신뢰의 존재가 상관적으로 고려되어야 한다.

③ 구체적 사례

[금반언 내지 신의칙에 반하지 않는 판례]
① 의사제한능력자가 사실상의 후견인이었던 아버지의 보조를 받아 자신의 명의로 대출계약을 체결하고 자신 소유의 부동산에 관하여 근저당권을 설정한 후, 의사제한능력자의 여동생이 특별대리인으로 선임되어 위 대출계약 및 근저당권설정계약의 효력을 부인하는 경우에, 이러한 무효 주장이 거래관계에 있는 당사자의 신뢰를 배신하고 정의의 관념에 반하는 예외적인 경우에 해당하지 않는 한, 의사제한능력자에 의하여 행하여진 법률행위의 무효를 주장하는 것이 신의칙에 반하여 허용되지 않는다고 할 수 없다(대법원 2006.9.22. 선고 2004다51627 판결).
② 상속인 중의 1인이 피상속인의 생존 시에 피상속인에 대하여 상속을 포기하기로 약정하였다고 하더라도, 상속개시 후 민법이 정하는 절차와 방식에 따라 상속포기를 하지 아니한 이상, 상속개시 후에 자신의 상속권을 주장하는 것은 정당한 권리행사로서 권리남용에 해당하거나 또는 신의칙에 반하는 권리의 행사라고 할 수 없다(대법원 1998.7.24. 선고 98다9021 판결).

[금반언 내지 신의칙에 반하는 판례]
① 농지의 명의수탁자가 적극적으로 농가이거나 자경의사가 있는 것처럼 하여 소재지관서의 증명을 받아 그 명의로 소유권이전등기를 마치고 그 농지에 관한 소유자로 행세하면서, 한편으로 증여세 등의 부과를 면하기 위하여 농가도 아니고 자경의사도 없었음을 들어 농지개혁법에 저촉되기 때문에 그 등기가 무효라고 주장함은 전에 스스로 한 행위와 모순되는 행위를 하는 것으로 자기에게 유리한 법지위를 악용하려 함에 지나지 아니하므로 이는 신의성실의 원칙이나 반금언의 원칙에 위배되는 행위로서 법률상 용납될 수 없다(대법원 1990.7.24. 선고 89누8224 판결).
② 경매목적이 된 부동산의 소유자가 경매절차가 진행 중인 사실을 알면서도 그 경매의 기초가 된 근저당권 내지 채무명의인 공정증서가 무효임을 주장하여 경매절차를 저지하기 위한 조치를 취하지 않았을 뿐만 아니라 배당기일에 자신의 배당금을 이의 없이 수령하고 경락인으로부터 이사비용을 받고 부동산을 임의로 명도해 주기까지 하였다면 그 후 경락인에 대하여 위 근저당권이나 공정증서가 효력이 없음을 이유로 경매절차가 무효라고 주장하여 그 경매목적물에 관한 소유권이전등기의 말소를 청구하는 것은 금반언의 원칙 및 신의칙에 위반되는 것이어서 허용될 수 없다(대법원 1993.12.24. 선고 93다42603 판결).

③ 근저당권자가 담보로 제공된 건물에 대한 담보가치를 조사할 당시 대항력을 갖춘 임차인이 그 임대차 사실을 부인하고 임차보증금에 대한 권리주장을 않겠다는 내용의 확인서를 작성해 준 경우, 그 후 그 건물에 대한 경매절차에서 이를 번복하여 대항력 있는 임대차의 존재를 주장함과 아울러 근저당권자보다 우선적 지위를 가지는 확정일자부 임차인임을 주장하여 그 임차보증금반환채권에 대한 배당요구를 하는 것은 특별한 사정이 없는 한 금반언 및 신의칙에 위반되어 허용될 수 없다(대법원 1997.6.27. 선고 97다12211 판결).

④ 지방자치단체가 그 행정재산인 토지를 매도하였더라도 그 후 공용폐지가 되었다면 지방자치단체가 위 토지에 관하여 소유권이전등기의 말소등기절차이행을 구하는 것은 그 재산을 회수하여 공공의 용에 사용하려는데 그 목적이 있는 것도 아니며 한편 매도인인 지방자치단체는 특단의 사정이 없는 한 매매행위 당시에 동 토지가 행정재산임을 알고 있었다고 보아야 할 것이고 매수인들로서도 동 처분행위가 적법하다고 믿어 동 매매계약을 체결하였을 것이므로 처분행위 후 20년 가까이 경과하고 공용폐지까지 된 이제 와서 당해 토지가 매매당시에 행정재산임을 내세워 무효라고 주장하는 것은 신의칙에 반하는 권리행사에 해당되어 허용될 수 없다(대법원 1986.10.14. 선고 86다카204 판결).

(2) 실효의 원칙

① 의의 : 실효의 원칙이란 권리자가 자기의 권리를 장기간 행사하지 않았기 때문에 상대방이 그 권리를 더 이상 행사하지 않을 것으로 믿을 만한 정당한 사유가 있게 된 연후에, 이제 와서 권리자가 새삼스럽게 그 권리를 행사하는 것이 신의칙에 반한다고 인정될 때는 그 권리행사는 남용으로서 허용될 수 없다는 원칙을 말한다.

② 요건 : 판례를 종합해 보면 대체로 권리실효의 요건으로는 다음의 세 가지가 필요한 것으로 정리된다, 즉 ① 권리자의 권리행사의 가능성, ② 상당한 기간에 걸친 권리의 불행사, ③ 권리자가 더 이상 권리를 행사 하지 않을 것으로 믿을 만한 의무자의 정당한 기대가 그것이다.

③ 구체적 사례 : 대판 1992.1.21. 91다30118은 한국전력공사 직원의 사원지위 확인을 구하는 사안에서 "사용자와 근로자 사이의 노동분쟁은 사용자의 입장에서는 물론, 근로자의 입장에서도 신속히 해결되는 것이 바람직하므로 실효의 원칙이 적극적으로 적용되어야 할 필요가 있다"고 하면서, 의원면직된 때부터 12년, 비슷한 경위로 면직처분을 받은 다른 직원이 대법원에서 승소판결을 받은 때부터 2년 4개월이 경과한 후에 제기한 근로자지위확인의 소를 실효의 원칙에 비추어 허용될 수 없다고 하였다.

판례

실효법리의 효과

해제의 의사표시가 있은 무렵을 기준으로 볼 때 무려 1년 4개월가량 전에 발생한 해제권을 장기간 행사하지 아니하고 오히려 매매계약이 여전히 유효함을 전제로 잔존채무의 이행을 최고함에 따라 상대방으로서는 그 해제권이 더 이상 행사되지 아니할 것으로 신뢰하였고 또 매매계약상의 매매대금 자체는 거의 전부가 지급된 점 등에 비추어 보면 그와 같이 신뢰한 데에는 정당한 사유도 있었다고 봄이 상당하다면, 그 후 새삼스럽게 그 해제권을 행사한다는 것은 신의성실의 원칙에 반하여 허용되지 아니한다 할 것이므로, 이제 와서 매매계약을 해제하기 위해서는 다시 이행제공을 하면서 최고를 할 필요가 있다(대법원 1994.11.25. 선고 94다12234 판결).

- 의의
  ① 권리를 행사할 수 있었음에도 장기간 이를 행사하지 아니하여 상대방이 권리자가 더 이상 권리를 행사하지 않으리라 신뢰하게 된 후 권리자가 새삼스럽게 권리를 주장하는 것은 신의칙에 반하여 허용되지 않는다는 것이다.
  ② 권리의 장기간 불행사에 대한 상대방의 정당한 신뢰를 보호하는 것으로서, 신의칙의 파생원칙으로 봄이 일반적이다.

- 요건
  권리의 장기간 불행사 + 권리 불행사에 대한 상대방의 정당한 신뢰 + 신뢰에 기초한 상대방의 행위 + 선행행위에 반하는 권리자의 후행행위

- 구체적인 예
  ① 판례는 항소권과 같은 소송법상 권리, 공법상 권리에도 적용을 긍정한다.
  ② 그러나 친권, 인지청구권〈제863조〉 등 가족법상의 권리나 소유권과 같은 배타적 권리에 대해서는 대체로 부정한다. 학설도 마찬가지이다.

(3) 사정변경의 원칙

① 의의 : 사정변경의 원칙이란 구체적 법률관계가 성립되고 나서 그 기초된 사정이 추후에 중대한 변경을 초래하게 되어 종전의 내용대로 그 효력을 지속하게 된다면 당사자 간에 불합리한 결과가 야기될 경우에 그 법률행위의 효과를 신의칙에 맞게 변경하게 하거나 해제·해지할 수 있도록 인정한다는 원칙을 말한다.

② 요건
  ㉠ 법률행위의 성립당시 기초되었던 사정이 변경되었을 것
  ㉡ 사정변경이 법률행위 성립 후 그 효과 완료 전에 발생했을 것
  ㉢ 예견가능성이 없었고, 귀책사유도 없을 것
  ㉣ 당초의 법률효과의 유지가 신의·공평에 반할 것
  ㉤ 당사자가 이 원칙의 적용을 주장할 것

③ 효과
  ㉠ 1차적 효과 : 내용을 현재의 사정에 맞게 수정하여, 되도록 당초 당사자가 의도한 목적을 달성시키도록 한다.
  ㉡ 2차적 효과 : 계약의 해제·해지를 통해 계약관계에서 벗어나도록 한다.

④ 구체적 예
  ㉠ 수도 등의 시설변경 청구〈제218조 2항〉
  ㉡ 지료, 전세금, 차임증감청구〈제286조, 제312조의2, 제628조〉
  ㉢ 재산상태 악화로 인한 증여계약의 해제〈제557조〉
  ㉣ 임차물의 일부멸실에 따른 차임감액청구〈제627조〉
  ㉤ 부득이한 사유로 인한 고용의 해지〈제661조〉
  ㉥ 부득이한 사유로 인한 조합원의 조합해산청구〈제720조〉

⑤ 판례 : 사정변경을 이유로 한 해제를 인정하지 않으나 계속적 채권관계, 특히 계속적 보증계약에서 해지권을 인정하거나 책임을 제한하고 있다.

판례

사정변경으로 인한 계약해제권의 인정 여부 및 그 발생요건

[1] 이른바 사정변경으로 인한 계약해제는 계약 성립 당시 당사자가 예견할 수 없었던 현저한 사정의 변경이 발생하였고 그러한 사정의 변경이 해제권을 취득하는 당사자에게 책임 없는 사유로 생긴 것으로서, 계약내용대로의 구속력을 인정한다면 신의칙에 현저히 반하는 결과가 생기는 경우에 계약준수의 원칙의 예외로서 인정되는 것이고, 여기에서 말하는 사정이라 함은 계약의 기초가 되었던 객관적인 사정으로서, 일방당사자의 주관적 또는 개인적인 사정을 의미하는 것은 아니라 할 것이다. 또한, 계약의 성립에 기초가 되지 아니한 사정이 그 후 변경되어 일방당사자가 계약 당시 의도한 계약목적을 달성할 수 없게 됨으로써 손해를 입게 되었다 하더라도 특별한 사정이 없는 한 그 계약내용의 효력을 그대로 유지하는 것이 신의칙에 반한다고 볼 수도 없다 할 것이다.

[2] 지방자치단체로부터 매수한 토지가 공공공지에 편입되어 매수인이 의도한 음식점 등의 건축이 불가능하게 되었더라도 이는 매매계약을 해제할 만한 사정변경에 해당하지 않고, 매수인이 의도한 주관적인 매수목적을 달성할 수 없게 되어 손해를 입었다 하더라도 매매계약을 그대로 유지하는 것이 신의칙에 반한다고 볼 수도 없다고 한 사례(대판 2007.3.29. 2004다31302).

(4) 권리남용금지의 원칙

① 의의 . 권리남용금지의 원칙은 외형상은 권리의 행사와 같이 보이지만, 구체적 · 실질적으로 관찰하여 보면 권리의 사회성 · 공공성에 어긋나서 권리의 행사로서 시인될 수 없다는 원칙을 말한다.

② 요건

　　㉠ 권리남용이 성립하기 위하여 우선 ⓐ행사할 권리가 존재하여야 한다. 여기서의 권리는 본래적 의미의 권리뿐만 아니라 법적 지위를 포함한다. 또한 ⓑ원칙적으로 권리의 행사로 볼 수 있는 행위가 있어야 하지만, 예외적으로 친권의 불행사와 같은 경우에도 권리남용이 성립할 수 있다(불성실한 불행사가 남용으로 될 수 있다). 나아가 ⓒ권리행사자의 이익과 그로 인하여 침해되는 상대방의 이익 사이에 불균형이 있어야 한다. 그런데 이 요건을 따짐에 있어서는 양자의 이익을 단순히 산술적으로 비교함에 그칠 것이 아니라, 구체적 사건에서의 여러 사정들을 종합하여 비교 · 교량 할 것이다. 이상의 요건에 대해서는 의문이 없다.

　　㉡ 그런데 ⓓ권리자가 자기에게 정당한 이익이 없음에도 오직 상대방을 해하거나 고통을 가할 목적으로 권리를 행사하여야 하는가(주관적 요건)에 관하여, 판례는 원칙적으로 그러한 요건이 필요하다고 하는 반면 학설은 일반적으로 판례의 태도에 반대한다.

판례

주관적 요건에 관한 판례

[1] 권리의 행사가 주관적으로 오직 상대방에게 고통을 주고 손해를 입히려는 데 있을 뿐 이를 행사하는 사람에게는 아무런 이익이 없고, 객관적으로 사회질서에 위반된다고 볼 수 있으면, 그 권리의 행사는 권리남용으로서 허용되지 아니하고, 그 권리의 행사가 상대방에게 고통이나 손해를 주기 위한 것이라는 주관적 요건은 권리자의 정당한 이익을 결여한 권리행사로 보이는 객관적인 사정에 의하여 추인할 수 있으며, 어느 권리행사가 권리남용이 되는가의 여부는 개별적이고 구체적인 사안에 따라 판단되어야 한다.

[2] 송전선로철거소송에 이르게 된 과정, 계쟁 토지가 51m^{2}에 불과한 점, 위 송전선을 철거하여 이설하기 위해서는 막대한 비용과 손실이 예상되는 반면 송전선이 철거되지 않더라도 토지를 이용함에 별다른 지장이 없는 점 등에 비추어 농로 위로 지나가는 송전선의 철거를 구하는 청구가 권리남용에 해당한다고 한 사례(대법원 2003.11.27. 선고 2003다40422 판결).

③ 효과

　㉠ 권리남용으로 인정되면 그 권리행사는 위법한 것으로 되어 그 권리를 '행사'한 것으로 인정되지 않는다. 따라서 권리자의 권리 자체가 소멸되는 것은 아니라는 점을 주의하자. 다만 예외적으로 친권의 남용과 같이 법률에 규정〈제924조〉이 있는 때에 한해 그 권리(친권) 자체가 박탈되는 수가 있다. 그밖에 권리남용의 과정에서 상대방에게 피해를 준 경우에는 불법행위로 인한 손해배상의무〈제750조〉가 발생할 수도 있지만, 이것은 권리남용 자체의 효과가 아니라 제750조의 불법행위가 성립하는 데 따른 효과이다.

　㉡ 이를테면 A소유의 토지에 건축된 B의 건물에 대해 그 철거를 청구하는 것이 권리남용에 해당하는 경우, B는 그 반사적 효과로서 그 건물을 철거당하지는 않지만 그렇다고 하여 B가 A의 토지를 대가 없이 사용할 수 있다는 것이 정당화된다는 것은 아니다. 즉 A는 위 청구가 권리남용으로 인정되더라도 B의 침해로 입은 손해에 대해서는 부당이득반환청구를 할 수 있고〈제741조〉, 불법행위를 구성하는 경우에는 그 손해배상을 청구할 수 있다〈제750조〉.

참고

• 권리남용이 긍정된 예

① 실무상 권리남용이 빈번하게 문제되는 건물철거청구에서, 건물모서리 벽면 1m^{2}의 철거를 청구한 경우(대판 1991.6.11. 91다8593), 토지 면적이 246m^{2}인데 건축물의 침범부분이 11.6m^{2}에 불과한 경우(대판 1992.7.28. 92다16911), 병원 확장공사를 하면서 대로변에 접한 토지경계를 0.3m^2 침범한 경우(대판 1993.5.14. 93다4366), 등에서와 같이 타인의 토지를 침범한 건물부분을 철거하더라도 원고에게 별다른 이득이 없는 반면 건물소유자인 피고에게는 막대한 손실이 발생하는 경우에 권리남용이 인정되었다.

② 대판 1998.6.12. 96다52670은 주택의 소유자인 딸이 외국에 거주하여 주택에 입주하여야 할 급박한 사정이 없음에도 불구하고 고령과 지병으로 생활능력이 없는 아버지에게 달리 마땅한 거처를 마련하여 주는 조치도 없이 퇴거를 청구하는 것은 부자간의 인륜을 파괴하는 행위로 권리남용에 해당된다고 하였다.

• 권리남용이 부정된 예

토지소유자가 토지 상공에 송전선이 설치되어 있는 사정을 알면서 그 토지를 취득한 후 13년이 경과하여 그 송전선의 철거를 구한 사안에서, 한전이 송전선 설치에 따른 토지이용권 확보나 적절한 보상이 현재까지 없는 점에 비추어 볼 때, 그리고 토지소유자가 비록 위 토지를 농지로만 이용하여 왔다고 하더라도 토지소유권의 행사에 아무런 장애가 없다고 할 수는 없다는 이유로, 위 청구가 권리남용에 해당하지 않는다고 하였다(대판 1996.5.14. 94다54283).

01 기출문제분석

1 신의성실의 원칙에 관한 다음 설명 중 가장 옳지 않은 것은? (단, 다수설에 의함)

① 신의성실의 원칙은 권리의 발생·변경·소멸의 기능을 갖는다.

② 민법상 신의성실의 원칙은 법률관계의 당사자가 상대방의 이익을 배려하여 형평에 어긋나거나 신뢰를 져버리는 내용 또는 방법으로 권리를 행사하거나 의무를 이행하여서는 아니 된다는 추상적인 규범이다.

③ 신의성실의 원칙은 민법뿐 아니라 상법 등 사법의 전 영역에서 적용된다.

④ 신의성실의 원칙은 오직 권리행사와 의무이행에만 적용되는 것으로서 이에 기해 어떠한 의무가 도출되는 것은 아니다.

⑤ 신의성실의 원칙의 위반 또는 권리남용은 당사자의 주장이 없더라도 직권으로 판단할 수 있다.

> **ADVICE** 》 ④ 신의성실의 원칙은 권리행사뿐만 아니라 의무이행에도 적용되는 것으로서, 급부의무 또는 명시적으로 규정된 종된 의무에 적용하여 이를 확장함으로써 부수적 의무와 이에 상응하는 권리를 발생하게 한다.

2 신의성실의 원칙에 관한 설명 중 잘못된 것은?

① 신의칙은 민법뿐만 아니라 상법 등 사법 전반에 걸치는 일반적인 원리이다.

② 우리 판례는 사정변경의 원칙을 일반적으로 인정하는데 있어서 소극적이다.

③ 신의칙은 물권법 분야에서 처음 주장되었다.

④ 신의칙은 로마법에서 연원하였으며, 프랑스민법에서 최초로 성문화되었다.

⑤ 신의칙을 민법 전체에 걸친 원칙으로 규정한 민법은 스위스민법이다.

> **ADVICE** 》 ③ 신의칙은 로마법의 계약법 분야에서 처음 주장되었다.

Answer   1.④ 2.③

3 다음 내용 중 옳지 않은 것은?

① 법률관계란 법에 의하여 규율되는 생활관계를 말한다.
② 법률관계의 내용은 그 실현이 법의 힘에 의하여 보장된다.
③ 법률관계의 당사자 가운데 법에 의하여 보호되는 자의 지위를 가리켜 권리라고 하며 이것의 행사를 법은 제한할 수 없다.
④ 권리의 행사는 권리자의 자유에 맡겨져 있음이 원칙이다.
⑤ 동일한 물건에 대한 권리가 충돌하는 경우에 먼저 성립한 권리가 우선함이 원칙이다.

> **ADVICE** 》 ③ 국민의 권리는 국가안전보장·질서유지 또는 공공복리를 위하여 필요한 경우에 한하여 법률로써 제한할 수 있다〈헌법 제37조 제2항〉.

4 다음 내용 중 옳지 않은 것은?

① 사인간의 민사적 권리의 존부나 범위 등에 관한 분쟁이 평화롭게 해결되지 않은 경우에 우선 자력으로 그 권리의 실현을 시도하여서는 안 된다는 것이 우리 법체계의 기본원칙이다.
② 사적인 권리침해에 대한 국가구제의 방식으로 대표적인 것이 민사소송이다.
③ 민사소송은 원고의 소 제기와 피고의 응소로 시작되어 당사자의 변론을 중심으로 하는 소송활동과 증거조사를 중심으로 하는 입증활동으로 구성되는 소송과정을 거쳐 법원의 판결로 종료되며 이 판결에 대하여는 상급심에 항소를 함으로써 새로운 절차로 이행할 수 있다.
④ 민사소송의 절차에 시민이 참여하는 배심제도를 우리는 도입하고 있지 않다.
⑤ 민사소송은 사인간의 법률관계에 대한 정확하고 공평한 판결을 생명으로 하는 제도이므로 그 신속한 재판이 소송의 목적에 포함되어서는 안 된다.

> **ADVICE** 》 ⑤ 법원은 소송절차가 공정하고 신속하며 경제적으로 진행되도록 노력하여야 한다〈민사소송법 제1조 제1항〉.

5 사권의 분류에 관한 내용으로 분류의 기준이 다른 하나는?

① 형성권   ② 명예권
③ 채권   ④ 사원권
⑤ 상속권

> **ADVICE** 》 ① 작용에 의한 분류방법 ②③④⑤ 내용에 의한 분류방법

6 다음 중 종된 권리는?

① 소유권   ② 점유권
③ 임차권   ④ 저당권
⑤ 전세권

> **ADVICE** 》 ④ 담보채권의 종된 권리이다.
> ※ 종된 권리 … 다른 권리에 대하여 종속관계에 있는 권리를 말한다.

7 취소권은 어디에 해당하는가?

① 형성권   ② 지배권
③ 청구권   ④ 채권
⑤ 항변권

> **ADVICE** 》 취소권은 일방적인 의사표시로 법률관계의 변동을 초래하는 형성권이다.

8 甲은 자동차로 운전하던 중 비가 오는 거리에서 손을 드는 乙을 호의로 태워주고 가다가 甲의 부주의로 교통사고가 발생하여 乙이 다치게 되었다. 다음 중 옳지 않은 것은?

① 乙은 치료비와 위자료를 전혀 청구할 수 없다.
② 甲과 乙의 관계는 법률관계로 인정되더라도 甲에게 모든 책임을 인정할 수 없다.
③ 甲이 술을 마셨다는 사실을 알고 乙이 동승한 경우에도 乙은 손해배상청구권을 포기한 것이라고 할 수 없다.
④ 甲과 乙 사이의 법률관계는 무상계약의 법리가 적용될 수 있다.
⑤ 甲이 무면허라는 사실을 알고 乙이 동승한 경우에도 乙은 손해배상청구권을 포기한 것이라고 할 수 없다.

> **ADVICE** 》 ① 판례는 甲이 원칙적으로 자동차손해배상보장법에 따라 모든 책임을 부담하나, 운행의 목적 · 동승자의 관계 등을 고려하여 신의성실의 원칙을 근거로 손해배상액이 감액될 수 있다고 하였다.

9 호의관계에 대한 설명으로 옳지 않은 것은?

① 호의관계는 법률관계와 구별되는 생활 관계이므로 법률문제가 생길 여지가 없다.

② 호의관계에 수반하여 손해가 발생한 경우에는 그 손해를 누가 부담할 것인가 하는 문제가 제기될 수 있다.

③ 호의관계에 대하여는 무상계약에서의 책임경감의 법리를 유추적용할 수 있다.

④ 호의관계에 대하여는 과실상계의 법리를 적용하지 않는 것이 판례의 입장이다.

⑤ 호의관계란 호의에 의하여 어떤 이익을 주고받는 관계를 말한다.

> **ADVICE** 》 ④ 우리 대법원은 과실상계의 법리를 적용하여 호의급부자의 책임을 경감하고 있다(대판 1987. 12.22, 86다카2994).

10 권리남용의 요건에 관한 설명으로 옳지 않은 것은?

① 권리의 행사라 볼 수 있는 행위가 있어야 한다.

② 사회적 목적에 부합하지 않는 권리의 행사가 있어야 한다.

③ 권리의 불행사는 권리의 남용이 될 수 없다.

④ 권리행사의 형식만 갖출 뿐 실질적으로는 부당한 이익을 얻는 방법에 지나지 않을 때에 권리의 남용이라 본다.

⑤ 권리행사의 형식만 갖출 뿐 실질적으로는 상대방의 이용을 방해하거나 괴롭힐 목적인 때에는 권리남용이라고 본다.

> **ADVICE** 》 ③ 권리의 불행사도 권리남용이 될 수 있다. 즉, 권리의 불성실한 불행사도 권리의 남용이 되며, 그 효과로서 인정된 것이 독일에서 발전된 '실효의 원칙'이다.

11 신의성실의 원칙에 관한 설명으로 옳지 않은 것은?

① 사회공동생활의 일원으로서 상대방의 신뢰에 어긋나지 않도록 성의를 가지고 행위를 할 것을 요구한다.

② 현대에 있어서는 민법 전반에 걸친 최고원리로 인정되고 있다.

③ 법률사실 중 주로 사건의 경우에 적용된다.

④ 법률행위의 해석원리로서 적용한다.

⑤ 파생원칙으로는 사정변경의 원칙, 실효의 원칙 등이 있다.

ADVICE » ③ 신의성실의 원칙은 사법 전반에 걸쳐 적용되는 원칙으로 주로 계약 등의 법률행위에 적용되며 법률사실인 사건에는 적용되지 않는다.

01 핵심예상문제

1 다음 중 신의성실의 원칙과 거리가 먼 것은?

① 불공정한 법률행위
② 사정변경의 원칙
③ 채무불이행책임
④ 상린관계
⑤ 혼동으로 인한 물권의 소멸

> **ADVICE** » ⑤ 혼동이란 두 개의 법률상의 지위 또는 자격이 동일인에게 귀속하는 사건으로써 신의성실의 원칙과는 관계가 없다.
> ※ 신의성실의 원칙 … 법률관계에 참여하는 자는 상대방의 정당한 이익을 고려해야 한다는 원칙으로 당사자가 서로 대립하는 경우에는 대체로 신의성실의 원칙의 적용을 받는다.

2 권리의 행사에 관한 설명으로 틀린 것은?

① 권리행사란 권리실현의 과정을 말한다.
② 권리행사란 권리의 주장과 같은 의미이다.
③ 형성권 가운데는 재판상 행사되어야만 하는 것도 있다.
④ 지배권은 객체를 지배하는 방법으로 행사된다.
⑤ 항변권은 상대방의 청구가 있을 때 그것을 거절하는 형식으로 행사된다.

> **ADVICE** » 권리행사의 방법
> ㉠ 물건 등 지배권에 있어서는 객체를 직접 지배해서 사실상 이익을 향수하는 방법으로 행사된다.
> ㉡ 채권 등 청구권에 있어서는 그 내용이 되는 행위를 의무자에게 요구하거나 그 결과를 수령하는 방법으로 행사된다.
> ㉢ 형성권은 보통 권리자가 일방적으로 의사표시를 함으로써 행사하지만, 소(訴)를 제기함으로써 하여야 하는 경우도 있다.
> ㉣ 항변권은 청구권자의 이행청구가 있을 때 이를 거절하는 형식으로 행사한다.

3 다음에 열거한 것 중 그 실질이 청구권이 아닌 것은?

① 상속회복청구권
② 부부의 동거청구권
③ 부당이득반환청구권
④ 전세권소멸청구권
⑤ 임차권에 기한 방해제거청구권

> **ADVICE »** ④ 형성권이다.
>
> ※ **청구권**…특정인이 다른 특정인에게 일정한 작위·부작위를 요구할 수 있는 권리이다. 청구권은 물권, 채권, 무체재산권, 친족권, 상속권 등과 같이 독립된 권리는 아니며, 이들 권리의 내용 또는 효력으로서 이들 권리에 포함되어 있거나 이들 권리로부터 생기는 것이다.

4 권리남용에 대한 설명으로 옳지 않은 것은?

① 권리남용의 결과 타인에게 손해가 발생하면 손해배상책임을 진다.
② 권리남용의 법리는 물권법 분야에서 실용성이 가장 크다.
③ 권리남용의 원칙적인 효과는 권리의 박탈이다.
④ 타인을 해할 의사는 권리남용의 요건이 아니다.
⑤ 권리의 불행사가 권리남용이 되는 경우가 있다.

> **ADVICE »** ③ 권리남용이론은 권리행사에 대한 제약이기 때문에 권리 자체의 제약이 아니며, 예외적으로 친권상실의 선고〈제924조〉와 같이 법률의 규정이 있는 경우에 권리가 박탈된다.

5 다음 청구권 중 그 실질이 청구권이 아닌 것은?

① 점유물반환청구권
② 부부의 동거청구권
③ 유아의 인도청구권
④ 소유물방해제거청구권
⑤ 임차인의 부속물매수청구권

> **ADVICE »** ⑤ 임차인의 부속물매수청구권은 실질에 있어서 형성권이다.

6 다음 중 성격이 다른 권리는?

① 재산권   ② 인격권
③ 가족권   ④ 사원권
⑤ 기대권

ADVICE » ①②③④는 내용에 따른 분류이며, ⑤는 권리가 장래에 어떤 사실이 확정될 경우에 생기는지 아니면 이미 현실적으로 확정되어 있는지에 따른 분류이다.

7 우리 민법의 기본원리와 어긋나는 것은?

① 권리는 남용하지 못한다.
② 모든 국민은 법 앞에 평등하다.
③ 자기의 권리를 행사하는 자는 그 누구도 해하지 아니한다.
④ 경제 질서는 개인의 경제상의 자유와 창의를 존중한다.
⑤ 재산권의 행사는 공공복리에 적합하도록 하여야 한다.

ADVICE » ① 제2조 제2항   ② 헌법 제11조 제1항
③ 권리행사의 자유가 인정되었던 근대초기 사법을 나타내는 것으로, 이는 후에 권리남용금지의 원칙에 의하여 수정되었다.
④ 헌법 제119조 제1항   ⑤ 헌법 제23조 제2항

8 다음 중 권리를 남용한 경우 권리를 박탈하는 명문의 규정이 있는 경우는?

① 호주권   ② 부양청구권
③ 친권   ④ 물권적 청구권
⑤ 대리권

ADVICE » 가정법원은 부 또는 모가 친권을 남용하여 자녀의 복리를 현저히 해치거나 해칠 우려가 있는 경우에는 자녀, 자녀의 친족, 검사 또는 지방자치단체의 장의 청구에 의하여 그 친권의 상실 또는 일시 정지를 선고할 수 있다〈제924조 제1항〉.

9 다음 중 형성권에 속하지 않는 것은?

① 추인권   ② 해지권
③ 동의권   ④ 부양청구권
⑤ 지료증감청구권

ADVICE » ④ 부양청구권은 청구권에 속한다.

10 다음 설명 중 옳은 것은?

① 근대민법은 명령법규의 모습을 띠고 있다.

② 중세봉건시대에는 권리가 강조되었다.

③ 근대에 있어서는 그 이전보다 권리의 관념이 쇠퇴하였다.

④ 근대에 있어서의 법은 법률관계를 의무의 면에서 파악하였다.

⑤ 오늘날에는 의무를 강조하는 경향이 있다.

> **ADVICE** » ⑤ 오늘날에는 근대에 있어서와 같이 법률관계를 권리의 면에서 파악하기보다(권리본위), 다시 의무를 강조하는 경향이 있다.

11 우리 민법이 기본원칙으로 채택하고 있는 것은?

① 무과실책임의 원칙   ② 자기책임의 원칙

③ 결과책임의 원칙   ④ 위험책임의 원칙

⑤ 보상책임의 원칙

> **ADVICE** » 민법의 기본원칙 … 우리 민법은 자유 · 평등을 그 이념으로 강조하고 한편으로는 그것을 공공복리의 원칙으로서 조절하고 조화하려고 한다. 모든 사람에게 법인격을 인정하고 사유재산권을 보장하며 개인의사 자치를 인정하고, 과실책임을 원칙(자기책임의 원칙)으로 하면서 공공복리라는 현대적 이념의 실천원리 내지 행동원리로서 신의성실, 권리남용금지, 사회질서, 거래안전을 내세워 3대 원칙을 적극적으로 제약 · 통제하고 있다.

12 다음 중 권리가 아닌 것은?

① 대리인의 대리권   ② 채권자대위권

③ 유치권   ④ 물권적 청구권

⑤ 친생부인권

> **ADVICE** » ① 권한이다.
>
> ※ 권리 … 일정한 생활상의 이익을 향수하기 위하여 인정되는 법적 힘을 말하며, 권능 또는 권한과 구별된다.

13 다음 사항 중 사정변경의 원칙을 적용하기에 적합한 것은?

① 질투건축　　　　　　　　　　　② 안온방해
③ 부당한 친권행사　　　　　　　　④ 지료증감청구권
⑤ 부당한 방해배제청구권

　　　ADVICE 》 ①②③⑤ 권리남용금지의 원칙을 적용　④ 사정변경의 원칙을 적용

14 다음 중 권리남용에 관한 설명으로 틀린 것은?

① 권리남용금지의 원칙은 사권의 사회성 · 공공성의 이론에 바탕을 두고 있다.
② 권리를 남용하면 불법행위가 될 수 있다.
③ 타인에게 수인(受人)의 한계를 넘는 생활방해를 하는 것은 권리남용이 된다.
④ 형성권의 행사가 권리남용이라고 인정되면 그 효과는 발생하지 않는다.
⑤ 부작위로 인한 권리남용은 있을 수 없다.

　　　ADVICE 》 ⑤ 권리의 불성실한 불행사는 권리남용이 된다.

15 다음 중 권리가 아닌 것은?

① 성명권　　　　　　　　　　　　② 일반예약완결권
③ 지상권소멸청구권　　　　　　　④ 주위토지통행권
⑤ 상계권

　　　ADVICE 》 ④ 상린관계의 내용으로서 소유권의 내용을 이루는 권능이다.
　　　　※ 권능 … 권리의 내용을 이루는 각각의 법률상의 힘으로 사용권능, 수익권능, 처분권능을 말
　　　　한다.

16 권리와 의무는 서로 대응되는 것이 보통이나, 권리만 있고 의무는 없는 경우도 있다. 다음의
권리 중 그에 대응하는 의무가 없는 것은?

① 공유물분할청구권　　　　　　　② 친권
③ 특허권　　　　　　　　　　　　④ 물권
⑤ 성명권

　　　ADVICE 》 ① 형성권은 그에 대응하는 의무가 없다.

17 다음 중 청구권에 대한 설명으로 옳은 것은?

① 채권과 청구권은 동일한 개념이라 보는 것이 우리나라의 통설이다.

② 청구권은 그 기초가 되는 권리와 구분하여 양도할 수 있다.

③ 물권에 있어서 물권 내용의 실현이 타인에 의하여 방해되는 경우 청구권이 생긴다.

④ 청구권과 형성권은 법문의 표현에 의하여 구별된다.

⑤ 물권 또는 신분권에 기초한 청구권을 양도하는 경우에 채권양도에 관한 규정이 유추적용된다.

> **ADVICE** » ① 채권은 청구권을 그 본체로 하지만 그 외에도 채권자대위권, 채권자취소권 등이 포함되고, 청구권은 채권 이외에 물권 또는 신분권에서도 유래한다.
> ②⑤ 청구권은 그 기초가 되는 법률관계와 분리하여 양도할 수 없고, 따라서 채권양도의 규정은 유추적용할 수 없다.
> ④ 공유물분할청구권 등 청구권이란 명칭을 가지고 있으나 그 실질은 형성권으로 보는 권리가 많다.

18 다음 중 재판에 의하여만 행사할 수 있는 권리가 아닌 것은?

① 채권자취소권   ② 재판상 이혼권

③ 친생부인권   ④ 입양취소권

⑤ 계약해제권

> **ADVICE** » ⑤ 권리자의 의사표시만으로 효과를 발생할 수 있다.

19 다음 중 강행규정이 아닌 것은?

① 상속순위에 관한 규정

② 행위능력에 관한 규정

③ 농지법의 농지처분에 관한 규정

④ 계약의 해제권에 관한 규정

⑤ 이자제한법에 관한 규정

> **ADVICE** » ④ 계약의 해제권에 관한 민법규정은 선량한 풍속 기타 사회질서에 관계있는 규정이라고 볼 수 없으므로 강행규정이 아니다.

Answer   13.④   14.⑤   15.④   16.①   17.③   18.⑤   19.④

20 다음 중 권리와 구별되는 개념에 대한 설명으로 옳지 않은 것은?

① 반사적 이익은 법률상 주장할 수 없다는 점에서 권리와 구별된다.
② 권한은 일정한 법적 자격을 의미한다.
③ 타인의 부동산에 물건을 부속시킬 수 있는 힘으로 지상권·임차권 등도 권능으로 불리운다.
④ 권능의 대표적인 예는 소유권에 있어 그로부터 파생되는 사용·수익·처분권능 등이다.
⑤ 권원은 일정한 법률상·사실상의 행위를 하는 것을 정당화시키는 것을 말한다.

> **ADVICE** 》 ③ 권능은 권리를 구성하는 개개의 힘을 의미하며, 지상권·임차권은 타인의 부동산에 물건을 부속시킬 수 있는 권원에 해당한다.

21 甲은 乙에게 기망당하여 시가 2억 상당의 부동산을 5천만 원에 乙에게 팔았다. 이런 경우 甲은 매매를 무효로 할 수 있는 권리를 갖는데, 이러한 권리는 다음 중 어디에 해당하는가?

① 청구권　　　　　　　　② 형성권
③ 기대권　　　　　　　　④ 항변권
⑤ 지배권

> **ADVICE** 》 사기를 이유로 하는 취소권으로 형성권에 해당한다.

22 다음 중 항변권에 대한 설명으로 옳지 않은 것은?

① 우리 민법은 영구적인 항변권을 인정하지 않는다.
② 항변권은 그것에 대하여 주장할 권리의 존재를 전제로 한다.
③ 청구권의 성립을 방해하는 사실의 주장은 항변권이 아니다.
④ 청구권을 소멸케 한 사실의 주장은 항변권이 아니다.
⑤ 항변권은 그 작용인 법률상의 힘의 차이에 의한 분류 중 하나이다.

> **ADVICE** 》 ① 우리 민법상 항변권은 연기적 항변권과 영구적 항변권으로 분류할 수 있고 상속권인 한정승인의 항변권은 영구적인 항변권에 해당한다.

23 권리의 보호에 대한 설명으로 옳지 않은 것은?

① 모든 권리의 보전을 위하여 원칙적으로 자력구제를 인정한다.
② 정당방위나 긴급피난은 현재의 침해에 대한 방위수단인 데 반하여 자력구제는 주로 과거의 침해에 대한 구제이다.
③ 점유침탈에 대하여 민법은 자력구제를 규정하고 있다.
④ 권리보호를 위해 민법상 인정되는 것으로는 정당방위, 긴급피난, 자력구제가 있다.
⑤ 우리 민법은 자력구제에 대한 일반적 규정을 두고 있지 않다.

> **ADVICE** 》 ① 권리보호를 위해 국가구제가 원칙이며, 자력구제는 예외적인 경우에 한하여 인정된다.

24 다음 중 신의성실의 원칙에 관한 설명으로 옳지 않은 것은?

① 신의성실의 원칙의 한도와 내용은 사회적으로 정하여진다.
② 신의성실의 원칙은 주로 채권법을 지배하는 원리였으나 점차 다른 영역에 확대되어 사회적 접촉관계에 서는 자 사이에서 일반적으로 적용되기에 이르렀다.
③ 신의성실의 원칙은 사적자치와 모순된다.
④ 신의성실의 원칙은 법규범의 흠결을 보충한다.
⑤ 사정변경의 원칙은 신의성실의 원칙의 부수적 원칙이다.

> **ADVICE** 》 ③ 사적자치는 법질서와 표리관계에 있는 것으로 신의성실의 원칙은 사적자치와 모순되는 것이 아니다.

25 다음 중 사정변경의 원칙에 관한 설명으로 틀린 것은?

① 민법 제628조의 차임증감청구권은 사정변경의 원칙의 대표적인 예이다.
② 사정변경의 원칙의 기원은 중세의 교회법의 clausula의 법리에서 찾을 수 있다.
③ 우리 민법은 사정변경의 원칙을 인정하는 직접적인 일반규정이 없다.
④ 판례는 사정변경의 원칙을 정면으로 인정한다.
⑤ 전세금증감청구권은 사정변경에 기초한 권리이다.

> **ADVICE** 》 ④ 판례는 일반적으로 사정변경의 원칙을 인정하고 있지 않다.

26 다음 중 통설에 따르면 권리남용의 기준이 되지 않는 것은?

① 정당한 이익의 흠결
② 가해자의 주관적 요건
③ 사회질서에 위반
④ 사회적 이익의 균형파괴
⑤ 사회적 한계의 초과

> **ADVICE »** 통설은 권리남용의 기준으로 주관적 요건은 필요하지 않다고 본다. 그러나 판례는 소유권의 남용과 관련하여 당사자의 가해의사를 권리남용의 판단에서 중요한 요소로 보고 있다.

27 다음 중 어떠한 경우에도 권리남용의 효과로 볼 수 없는 것은?

① 손해배상책임의 발생
② 권리의 박탈
③ 청구권의 배척
④ 법률효과의 부정
⑤ 신의성실의 원칙에 대한 위배

> **ADVICE »** ① 권리남용은 불법행위로 손해가 발생하면 손해배상청구권이 생긴다.
> ② 제924조의 친권상실선고가 그 예이다.
> ③④ 권리가 청구권인 경우에는 법으로 그 주장을 배척하고, 형성권인 때에는 그 효과를 부정한다.
> ⑤ 권리남용의 요건에 해당한다.

28 무체재산권에 포함되지 않는 것은?

① 저작권
② 특허권
③ 상표권
④ 저당권
⑤ 의장권

> **ADVICE »** ④ 물권이다.
> ※ **무체재산권** … 정신적·지능적 재산을 독점적으로 이용하는 권리이며 저작권, 특허권, 상표권, 의장권, 실용신안권 등이 여기에 속한다.

29 다음 중 신의성실의 원칙에 대한 설명으로 틀린 것은?

① 실효의 원칙의 근거는 신의성실의 원칙상 자기모순금지의 원칙에서 찾을 수 있다.
② 신의성실의 원칙에 위반한 권리의 행사는 권리남용이 된다.
③ 신의성실의 원칙에 위반한 의무의 이행은 채무불이행이 된다.
④ 제한능력자의 상대방보호는 신의성실의 원칙의 반영이다.
⑤ 권리의 행사가 신의성실의 원칙에 반하더라도 취소의 대상이 될 수는 없다.

> **ADVICE** 》 ④ 신의성실의 원칙과 관계가 없다.

30 다음 중 사권에 속하지 않는 것은?

① 인격권　　　　　　　　　② 사원권
③ 재산권　　　　　　　　　④ 노동권
⑤ 상속권

> **ADVICE** 》 ④ 공권이다.

31 민법상의 원칙 중 공공복리의 원리와 가장 관계가 먼 것은?

① 권리남용의 원칙　　　　　② 신의성실의 원칙
③ 계약자유의 원칙　　　　　④ 무과실책임의 원칙
⑤ 반사회질서행위금지의 원칙

> **ADVICE** 》 ③ 계약자유의 원칙은 근대민법의 3대 원리로서 수정원리인 공공복리와 직접적인 관련이 없다.

32 다음 중 재산권이면서 지배권으로서의 성격도 가진 것은?

① 물권　　　　　　　　　　② 채권
③ 계약해지권　　　　　　　④ 상속권
⑤ 철회권

> **ADVICE** 》 ② 재산권　③⑤ 형성권　④ 가족권

33 권리남용의 기준이 되지 않는 것은?

① 강행규정의 위반　　　　　　② 정당한 이익의 흠결

③ 공서양속　　　　　　　　　　④ 사회질서

⑤ 신의성실

ADVICE » ① 강행규정에 위반한다고 반드시 권리의 남용이 되는 것은 아니다.

34 사권의 보호와 가장 관계가 먼 것은?

① 손해배상청구권　　　　　　② 법인설립허가권

③ 정당방위　　　　　　　　　　④ 자력구제

⑤ 긴급피난

ADVICE » ② 공권으로 사권과는 무관하다.

35 다음 중 권리자의 일방적 의사표시만으로 효과가 생기는 형성권은?

① 상계권　　　　　　　　　　　② 입양취소권

③ 혼인취소권　　　　　　　　　④ 친생부인권

⑤ 채권자취소권

ADVICE » 형성권

　㉠ 권리자의 의사표시만으로 효과를 발생하는 것 : 법률행위의 동의권, 취소권, 추인권, 계약해제 및 해지권, 상계권, 매매의 일방계약완결권, 약혼해제권, 상속권 등

　㉡ 법원의 판결이 있어야 효과를 발생하는 것 : 채권자취소권, 친생부인권, 재판상 이혼권, 이혼취소권, 입양취소권, 재판상 파양권 등

36 다음 중 권리의 성질에 관한 내용으로 틀린 것은?

① 의장권은 무체재산권이다.

② 추인권은 형성권이다.

③ 계약해지권은 청구권이다.

④ 무체재산권과 인격권은 지배권이다.

⑤ 정조의 보호를 목적으로 하는 권리는 인격권이다.

ADVICE » ③ 계약해지권은 형성권이다.

37 다음 중 권리남용과 거리가 먼 것은?

① 자기소유의 도로를 차단하는 행위　　② 권리의 불성실한 불행사

③ 생활방해　　　　　　　　　　　　　④ 토지심굴

⑤ 채권의 강제집행

> **ADVICE** ⑤ 채권의 강제집행은 채권자의 정당한 권리행사이다〈제389조〉.

38 대리권이란 타인을 위해 의사표시를 하거나 의사표시를 수령할 수 있는 법적 자격을 말한다. 이러한 대리권의 법적 성격은 다음 중 어느 것인가?

① 권한　　　　　　　　　　　　　　　② 권리

③ 권능　　　　　　　　　　　　　　　④ 권원

⑤ 반사적 이익

> **ADVICE** 대리권은 타인을 위해 의사표시를 하거나 수령할 수 있는 법적 자격을 의미하는 '권한'인 것이다.

39 다음 중 인격권이 아닌 것은?

① 명예권　　　　　　　　　　　　　　② 정조권

③ 상속권　　　　　　　　　　　　　　④ 성명권

⑤ 초상권

> **ADVICE** ③ 가족권에 속한다.
>
> ※ 인격권 … 권리자 자신의 인격적 이익의 향수를 목적으로 하는 권리로서, 명예권·성명권·초상권·정조권·생명권·자유권·신체권 등이 있다.

40 다음 중 신분권이 아닌 것은?

① 부부의 동거청구권　　　　　　　　② 부양청구권

③ 정조권　　　　　　　　　　　　　　④ 재산상속권

⑤ 후견권

> **ADVICE** 신분권 … 가족권이라고도 하며, 가족적 신분관계를 기초로 하여 성립하는 권리이다. 친족권(친권·후견권·부양청구권·부부의 동거청구권 등)과 상속권(재산상속권)이 이에 속한다.

Answer　33.①　34.②　35.①　36.③　37.⑤　38.①　39.③　40.③

41 다음 중 형성권에 속하지 않는 것은?

① 추인권
② 지료증감청구권
③ 해지권
④ 부양청구권
⑤ 친생부인권

> **ADVICE** 》 ④ 청구권에 해당된다.
> ※ 형성권 … 권리자의 일방적인 의사표시에 의해 법률관계의 발생 · 변경 · 소멸을 가져오는 권리로서 가능권이라고도 한다.
> ㉠ 권리자의 의사표시만으로 법적 효과가 발생하는 형성권 : 철회 · 취소권, 해지 · 해제권, 동의권, 추인권, 상계권, 면제권, 예약완결권 등이 있다.
> ㉡ 재판상의 형성권 : 법원의 판결로 비로소 효과가 발생하며, 채권자 취소권, 재판상 이혼권, 입양취소권, 재판상 파양권, 인지청구권, 친생부인권 등이 있다.
> ㉢ 명칭상 청구권이나 사실상 형성권인 것 : 지상물매수청구권, 지료증감청구권, 지상권소멸청구권, 전세권소멸청구권, 매수인의 매매대금감액청구권, 전세권자(설정자)의 부속물매수청구권 등이 있다.

42 사권의 내용에 의한 분류에 해당하지 않는 것은?

① 신분권은 친권, 부권, 부양청구권, 상속권 등이다.
② 인격권은 신체권, 자유권, 친권 등이다.
③ 재산권은 물권, 채권, 무체재산권 등이다.
④ 사원권은 민법의 사단법인의 사원의 권리, 주식회사의 주주의 권리 등이다.
⑤ 공익권은 의결권, 업무집행권, 소수사원권 등이다.

> **ADVICE** 》 ② 인격권은 인격적 이익의 향수를 내용으로 하는 권리로 생명 · 신체 · 자유 · 명예 · 정조 · 성명 등의 보호를 목적으로 하는 권리가 이에 속하며, 친권, 상속권 등은 신분권에 속한다.

43 법률상 효력의 차이에 따른 사권의 분류와 관련된 설명으로 옳지 않은 것은?

① 청구권에 속하는 구체적인 권리로서는 지료증감청구권, 지상권소멸청구권, 부양청구권 등이 있다.
② 형성권에는 권리자의 의사표시만으로 효과를 발생하는 것과 법원의 판결에 의하여 효과가 발생하는 것이 있다.
③ 형성권에 속하는 구체적인 권리로서는 취소권, 상계권 등을 들 수 있다.
④ 물권은 가장 전형적인 지배권이며, 무체재산권도 지배권에 속한다.
⑤ 항변권에는 연기적 항변권과 영구적 항변권이 있다.

> **ADVICE** 》 ① 부양청구권은 청구권이다. 그러나 지료증감청구권, 지상권소멸청구권은 청구권이라 불리나 그 본질은 형성권이다.

44 다음 권리 중 양도성이 있는 것은?

① 연금청구권 　　　　　　② 재해보상청구권
③ 부동산전세권 　　　　　　④ 부양청구권
⑤ 친권

> **ADVICE** 》 권리는 양도성이 제한되는 경우가 있는데 그 사유로는 법률규정, 권리의 성질 및 당사자 간의 특약 등이 있다.
> ①②④⑤ 권리의 성질상 양도성이 제한되는 일신전속적 권리이다.

45 다음 중 준물권에 해당하는 것은?

① 준공유권 　　　　　　② 준점유권
③ 준합유권 　　　　　　④ 광업권
⑤ 준총유권

> **ADVICE** 》 준물권 … 물권을 직접 지배하지는 않지만, 물건을 전속적으로 취득할 수 있는 권리를 말하며 광업권이나 어업권이 이에 속한다.

46 다음 중 산업소유권에 해당하지 않는 것은?

① 저작권 　　　　　　② 특허권
③ 의장권 　　　　　　④ 실용신안권
⑤ 상표권

> **ADVICE** 》 특허권, 실용신안권, 의장권, 상표권 등의 권리는 산업적 이익의 향유를 목적으로 한다는 점에서 이를 산업소유권 또는 공장소유권이라 한다.
> ① 저작권은 산업소유권에 해당하지 않는다.

47 다음 중 종된 권리가 아닌 것은?

① 원본채권 　　　　　　② 저당권
③ 보증채권 　　　　　　④ 이자채권
⑤ 유치권

> **ADVICE** 》 ① 종된 권리의 전제가 되는 권리로서 주된 권리에 해당한다.

Answer　41.④　42.②　43.①　44.③　45.④　46.①　47.①

48 다음 중 권리에 관한 설명으로 옳은 것은?

① 보증인의 최고 및 검색의 항변권은 영구적 항변권이다.
② 채권자취소권은 법원의 판결이 없더라도 권리자의 의사표시만으로 법률관계의 변동을 가져오는 형성권이다.
③ 청구권은 그 기초가 되는 권리와 분리하여 청구권만을 양도할 수는 없다.
④ 전세권설정자의 전세권소멸청구권은 명칭상 청구권으로 불리나 그 성질은 지배권이다.
⑤ 지배권은 권리의 실현을 위하여 별도로 제3자의 협력을 필요로 하는 권리이다.

> **ADVICE** 》 ① 보증인의 최고 및 검색의 항변권은 연기적 항변권이다.
> ② 채권자취소권은 법원의 판결을 받아야 하는 형성권이다.
> ④ 전세권설정자의 전세권소멸청구권의 성질은 형성권이다.
> ⑤ 지배권은 타인의 협력을 요구하지 않고도 권리를 행사할 수 있다.

49 다음 중 민법상 간접의무로 볼 수 없는 것은?

① 청약자의 승낙연착의 통지의무
② 사용대차 상 대주의 하자고지의무
③ 임차물에 대해 권리주장자가 있는 경우 임차인의 임대인에 대한 통지의무
④ 과실상계 상 채권자가 손해의 발생 및 확대를 저지하여야 할 의무
⑤ 증여자의 하자고지의무

> **ADVICE** 》 민법상 간접의무에는 ①②④⑤ 이외에도 연대채무에 있어서 구상요건으로서의 통지의무 등이 있다.

50 다음 설명 중 옳지 않은 것은? (단, 학설이 대립되는 경우 판례에 따름)

① 권리의 행사가 권리남용에 해당된다고 하기 위해서는 객관적 요건뿐만 아니라, 주관적 요건도 고려한다는데 학설·판례가 일치하는 것은 아니다.
② 자신의 선행행위와 모순되는 행위의 효력을 부인하는 금반언의 원칙은 신의성실의 원칙의 한 내용이라 볼 수 있다.
③ 소멸시효의 완성을 주장함에 대하여는 신의성실의 원칙이 적용될 여지가 없다.
④ 신의성실의 원칙은 권리창설적 기능은 물론 권리소멸적 기능도 가진다.
⑤ 실효의 원칙이 인정되기 위해서는 의무자인 상대방이 더 이상 권리자가 그 권리를 행사하지 아니할 것으로 믿을 만한 정당한 사유가 있어야 한다.

> **ADVICE** 》 ③ 통설은 소멸시효의 완성에 있어서도 신의성실의 원칙을 수용하고 있으며, 판례에서도 이를 수용하고 있다(대판 1992.1.21, 91다30118).

51 다음 중 권리의 순위와 충돌에 관한 설명으로 옳지 않은 것은?

① 동일 목적물 위에 두 개 이상의 저당권이 존재할 수 있다.
② 동일 목적물 위에 지상권이 두 개 존재할 수 없다.
③ 채권 상호간에 충돌하는 경우 먼저 발생한 채권이 우선하는 것은 아니다.
④ 소유권과 제한물권이 충돌할 경우에는 소유권이 우선함은 당연하다.
⑤ 물권 상호간에 충돌하는 경우 성립순서에 따라 먼저 성립한 물권이 우선하는 것이 원칙이다.

> **ADVICE »** ④ 소유권과 제한물권이 충돌하면 제한물권이 우선한다.

52 어떠한 경우에도 권리남용의 효과로서 볼 수 없는 것은?

① 손해배상책임의 발생
② 권리의 박탈
③ 위험부담의 전환
④ 법률효과의 불발생
⑤ 신의칙에 대한 위배

> **ADVICE »** ③ 위험부담의 전환은 일종의 위험인수적인 문제로서 권리남용과는 아무런 관계가 없다.

53 권리남용금지의 원칙에 관한 설명으로 옳지 않은 것은?

① 쉬카네라는 것은 타인을 해할 의사만으로 권리를 행사하는 것을 말한다.
② 권리남용으로 인정되는 요건은 점차 객관적 요건으로 그 중심을 옮겨가고 있다.
③ 권리의 행사가 신의성실의 원칙에 위반하는 경우에는 권리남용이 된다.
④ 권리남용금지는 당사자 간에 법적 특별관계가 있는 경우에 한하여 성립한다.
⑤ 권리남용이 있는 경우에도 원칙적으로 그 권리를 박탈하는 것은 아니다.

> **ADVICE »** ④ 권리남용은 신의성실의 원칙과는 달리 반드시 특별관계가 존재해야 하는 것은 아니다. 예컨대, 토지소유자와 인근 주민들 사이처럼 소유자와 일반인 사이에도 얼마든지 적용될 수 있다.

54 다음 중 사정변경의 원칙과 관계없는 것은?

① 지료증감청구권
② 임차료증감청구권
③ 증여계약의 해제
④ 지상권자의 계약갱신청구권
⑤ 조합원의 임의탈퇴

> **ADVICE** 》 ④ 계약갱신청구권은 지상권자의 투자자본 회수를 위한 한 방법에 불과할 뿐 사정변경의 원
> 칙을 인정한 것은 아니다.

55 다음 설명 중 옳지 않은 것은 모두 몇 개인가?

> ㉠ 인간관계인가 법률관계인가의 구별은 법의 보호를 줄 이익이 있는가 여부로 결정한다.
> ㉡ 대법원은 자초한 손해 등의 표현을 통하여 과실상계의 법리를 적용하여 호의급부자의 책임을
> 경감하는 방향으로 나아가고 있다.
> ㉢ 신사약정, 무효사유를 알고 한 계약, 호의지급의 상여금은 법률관계가 아니다.
> ㉣ 지배권에는 물권·무체재산권뿐만 아니라 인격권·친권 등이 있다.
> ㉤ 약혼해제권은 당사자의 일방적 의사표시만으로는 안 되고 법원의 판결을 받아야 효과가 발생
> 한다.
> ㉥ 상속회복청구권이나 지상권설정자의 지료증감청구권은 명칭에도 불구하고 실질은 형성권이다.

① 1개
② 2개
③ 3개
④ 4개
⑤ 5개

> **ADVICE** 》 ㉢ 법률관계이다.
> ㉤ 일방적 의사표시로서 법률효과가 발생한다.
> ㉥ 상속회복청구권은 청구권이다.

56 권리가 충돌하는 경우 그 순위에 관한 설명 중 옳지 않은 것은?

① 물권과 채권이 충돌하면 물권이 우선한다.
② 물권과 물권이 충돌하면 선순위 물권이 우선한다.
③ 용익물권과 담보물권이 충돌하면 언제나 용익물권이 우선한다.
④ 채권과 채권이 충돌하면 먼저 행사한 자가 우선한다.
⑤ 채권 상호간의 충돌 시 채무자 파산의 경우에는 채권자 평등주의가 적용된다.

> **ADVICE** 》 물권 상호간에는 선순위 물권이 우선하며, 순위는 등기순위에 의하여 결정되고 등기순위는
> 순위번호에 의하여 결정된다.

57 다음 중 민법상 사력구제(私力救濟)에 해당하는 것은?

① 조정

② 화해

③ 중재

④ 정당방위

⑤ 강제집행

> **ADVICE** 》 민법이 인정하고 있는 사력구제에는 정당방위〈제761조 제1항〉·긴급피난〈제761조 제2항〉·자력구제〈제209조〉가 있다.

58 권리의 보호에 관한 설명 중 옳지 않은 것은?

① 권리의 침해에 대한 구제 중 사력구제는 예외적으로 부득이한 경우에 인정된다.

② 국가구제제도에는 재판제도와 조정제도 등이 있다.

③ 우리 민법은 사력구제에 관해서는 정당방위, 긴급피난, 자력구제의 세 가지가 불법행위를 구성하지 않는다고 함으로써 일반적으로 이를 인정하고 있다.

④ 조정제도는 구체적으로 타당성이 있는 해결을 얻을 수 있다는 장점은 있으나 확실성이 없다는 단점도 있다.

⑤ 우리 민법은 장래의 강제집행을 보전하기 위하여 가압류·가처분을 할 수 있도록 하고 있다.

> **ADVICE** 》 ③ 정당방위와 긴급피난의 경우는 민법에 일반적 규정을 두고 있으나 자력구제는 일반적 규정이 없고, 다만 점유권에서 점유침탈의 경우 자력방위권과 자력탈환권을 인정하고 있을 뿐이다〈제209조〉.

권리의 주체

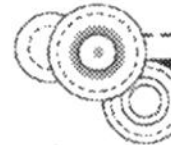 **총설**

1. 권리주체

권리는 일정한 이익을 누릴 수 있도록 법에 의하여 주어진 힘이므로 이러한 이익의 귀속주체가 필요한데, 법에 의하여 권리를 향유할 수 있는 힘을 부여받은 자를 '권리주체' 또는 '법적 인격'이라고 한다. 민법상의 권리주체로 자연인과 법인의 두 가지가 있다(제3조, 제32조 참조)

2. 민법상의 능력

학습 Guide

민법상의 능력과 관련하여서는 기초개념으로 권리능력, 의사능력, 행위능력, 책임능력의 개념정립이 필요하고 중요한 관련 판례는 사례형 문제로 출제 가능하므로 사실관계 및 판례요지까지 꼼꼼하게 정리하길 바란다.

(1) 자연인(自然人)

① 권리능력(權利能力) : 권리·의무를 귀속 받게 되는 당사자를 '권리의 주체'라 하며 이에는 자연인과 법인이 있다. 한편 권리·의무의 주체(당사자)가 될 수 있는 지위 또는 자격을 '권리능력'이라 한다. 모든 사람은 출생해서 사망할 때까지 기형아, 쌍생아, 식물인간, 기혼자, 미혼자, 미성년자를 불문하고 권리능력자가 된다. 따라서 태아는 원래 권리능력자가 아니나 제한적으로 권리능력이 인정되는 경우가 있다. 예컨대, 재산상속, 불법행위로 인한 손해배상 청구 등에 있어서는 권리능력이 인정된다.

② 의사능력(意思能力) : 사람이 자신의 행위를 함에 있어서 그 의미나 결과를 올바르게 판단할 수 있는 정신능력 또는 지능을 '의사능력'이라 하며, 이러한 의사능력이 없는 자를 '의사제한능력자'라 한다. 예컨대, 유아, 만취자, 수면 중인 자 등이 의사제한능력자로서 대표적이며 이러한 의사제한능력자의 법률행위는 무효가 된다.

③ **행위능력**(行爲能力) : 사람이 다른 사람의 도움이 없이 단독으로 완전 유효한 법률행위를 이룰 수 있는 능력을 '행위능력'이라 하며, 통상 성인은 행위능력자임이 원칙이다. 이러한 행위능력을 갖지 못한 상태에 있는 자를 '제한능력자'라 하는데, 우리 민법에서는 획일적으로 규정하고 있는바, 미성년자, 피한정후견인, 피성년후견인이 제한능력자이다. 이들 제한능력자의 법률행위는 원칙적으로 취소할 수 있도록 보장하고 있다.

(2) 법인(法人)

법인이라 함은 자연인 이외에 법률에 의해 권리능력이 인정되는 권리주체로서 법인격체를 말한다. 현대 사회에서는 법인의 활동이 대단히 중요하며 비중이 크다 할 수 있다. 민법총칙편에서는 비영리법인(사단법인, 재단법인)에 관해서 규율하고, 민법의 특별법인 상법에서 영리법인에 대하여 자세히 규율하고 있다.

① **권리능력**(權利能力) : 법률에 의해 등기된 사단(社團) 또는 재단(財團)은 청산될 때까지 권리능력을 갖는다. 단, 법인의 권리능력은 법률의 규정과 정관으로 정한 목적의 범위 내에서만 인정된다.

② **행위능력**(行爲能力) : 법인은 권리능력의 범위 내에서 당연히 행위능력을 갖는다. 그 행위는 자연인인 대표기관(이사 등)을 통해 행하게 된다.

② 자연인

 **자연인의 권리능력**

태아의 권리능력 파트는 상속이나 불법행위파트와 연계해서 선택지문으로 구성되는 정도다.

1. 민법 제3조

제3조는 "사람은 생존한 동안 권리와 의무의 주체가 된다."고 규정하고 있다. 모든 자연인에게 권리능력이 인정된다는 점과 권리와 의무가 상응한다는 점을 밝힘으로써 권리능력 평등의 원칙을 규정한 점에서 의미를 갖는다. 이규정은 강행규정으로 당사자가 이를 배제하거나 변경할 수 없다. 한편 사람은 "생존한 동안" 권리능력을 가지므로, 자연인의 권리능력은 출생과 더불어 시작하여 사망 "만"에 의하여 소멸한다.

2. 권리능력의 시기

(1) 출생

① 권리능력은 출생과 동시에 시작된다. 그런데 출생과정 중 어느 시점을 권리능력의 시기(始期)로 할 것인가에 관하여, 민법학에서는 태아가 모체 밖으로 완전히 나온 순간, 즉 출생의 종료를 기준으로 하는 전부노출설이 통설이다.

② 사람이 출생하여 잠시라도 살아 있으면 성별, 생존능력의 유무, 기형 여부 등을 가리지 않고 권리능력을 취득한다.

③ 사람이 출생하면 가족관계의 등록 등에 관한 법률 소정의 절차에 따라 출생신고를 하여야 한다. 그런데 출생신고는 이른바 보고적 신고이며, 권리능력이 출생이라는 사실에 의하여 취득되는 것이지, 그 신고 또는 가족관계 등록부의 기재로 비로소 취득되는 것이 아니다. 즉 가족관계 등록부에 기재된 사실은 진실에 부합하는 것으로 추정될 뿐이다(대판 1968.4.30. 67다499).

(2) 태아의 권리능력

① **태아보호의 필요성** : 태아는 출생하기 이전의 상태이므로 원칙적으로 권리능력을 가지지 않는다. 그러나 이 원칙을 관철한다면 태아에게 불리한 경우나 인륜에 반하는 경우가 생길 수 있으므로 각국의 입법은 다소의 차이는 있으나 태아보호제도를 두고 있다. 예컨대, 부의 사망 직후에 출생하였다 하더라도 부의 사망 당시에는 태아였다는 이유로 상속을 인정받지 못한다면 불합리하게 된다. 따라서 우리 민법에서는 중요한 법률관계에 관한 사항은 개별적으로 열거하여 태아의 권리능력을 제한적으로 인정하고 있다(개별주의 채택).

② **태아보호를 위한 입법주의**
  ㉠ **일반적 보호주의** : 태아가 살아서 출생할 것을 조건으로 하여 모든 법률관계에 관하여(스위스 민법 제31조 제2항), 또는 태아의 이익을 위하여(로마법, 프로이센법) 일반적으로 태아가 출생한 것으로 보는 입법주의를 말한다.
  ㉡ **개별적 보호주의** : 중요한 법률관계를 열거하여 이에 관해서만 개별적으로 태아가 출생한 것으로 보는 주의를 말하며, 독·불·우리 민법이 이 입법주의에 속한다. 그러나 개별주의는 그 적용범위가 명확하다는 장점이 있으나 망라적으로 보호되는 것이 아니기 때문에 태아의 보호에 충분하지 못하고, 태아가 부(父)에 대해서 인지청구권을 행사할 수 없고, 증여를 받을 수도 없다는 단점이 있다.

③ **우리 민법상의 개별규정**
  ㉠ **불법행위에 기한 손해배상청구권** : 태아는 손해배상청구권에 관하여는 이미 출생한 것으로 본다〈제762조〉. 이 규정은 모체에 대한 위법한 약물투여로 인하여 태아가 기형으로 된 경우처럼 태아 자신이 입은 손해에 대한 배상청구권〈제750조〉의 경우에 적용되는 것이고 직계존속의 생명침해로 인한 직계존속의 재산상·정신상 손해배상청구권은 태아의 상속문제로 처리된다〈제1000조 제3항〉.

ⓛ 재산상속 : 태아는 재산상속에 있어서 출생한 것으로 보고〈제1000조 제3항〉, 대습상속〈제1001
조〉, 유류분〈제1112조〉에 대해서도 이미 출생한 것으로 본다. 부에 대한 채무불이행으로 인한
손해배상을 포함하며 부의 재산적 · 정신적 손해배상청구권도 태아에게 상속된다.

ⓒ 유증 : 유증은 유언에 의하여 재산을 타인에게 무상으로 주는 단독행위인데, 유증에 있어서 태
아의 수증능력(受贈能力)이 인정된다〈제1064조〉.

④ 문제되는 경우

㉠ 태아의 인지청구권 : 부(父)는 태아에 대하여 인지할 수 있으나〈제858조〉, 태아의 부에 대한 인
지청구권은 통설은 인정하지 않는다.

ⓛ 사인증여 : 사인증여에 있어서 태아의 권리능력이 인정된다는 견해도 있으나, 판례는 사인증여
는 계약인데 현행법상 태아의 법정대리인이 인정되지 않는다는 이유로 인정하지 않는다(대판
1982.2.9, 81다534).

ⓒ 부양청구권은 일반적으로 인정되지 않는다.

⑤ 태아는 권리능력을 언제 취득하는가?(민법 제3조와 제762조의 관계) : 태아가 제한적으로 권리능력을
취득하는 경우에도 입법의 규정상으로는 "~이미 출생한 것으로 본다."라고만 되어 있으므로 태
아의 법률상의 지위를 어떻게 볼 것인가에 대하여 견해의 대립이 있게 된다. 그러나 어느 설에
의하든 태아가 사산된 경우에는 태아는 권리능력을 가질 수 없다.

㉠ 학설의 대립

• 정지조건설(停止條件說) : 태아로 있는 동안에는 권리능력을 인정받지 못하고, 다만 살아서 출
생하는 경우에 비로소 권리능력을 취득하게 되며 그 권리능력 취득의 효과가 문제된 시점까지
소급한다. 이 학설의 논리에 따르면 태아가 사산되더라도 타인에게 불측의 손해를 줄 우려가
없지만, 태아가 취득 또는 상속할 재산을 출생 전에는 보존 · 관리할 수 없다는 단점이 있다. 이
견해에 의하면, 태아인 동안에는 권리능력이 없기 때문에 법정대리인도 있을 수 없다고 한다.

• 해제조건설(解除條件說) : 태아는 이미 출생한 것으로 보고, 개별사항의 범위 내에서 제한된
권리능력을 가지며 법정대리의 규정이 태아에게 적용된다는 견해이다. 문제의 사실이 생긴 때
부터 태아는 권리능력을 갖지만, 사산인 경우에는 소급하여 권리능력을 잃는다고 보는 견해이다.
태아가 사산되는 경우는 극히 예외적이고 또 입법취지상 태아의 이익을 보호하여야 한다는 점
을 그 이유로 든다. 결국 이 학설은 태아의 보호에 유리하지만, 상대방에게 불측의 손해를 줄
우려가 있다는 단점이 있다.

ⓛ 판례의 입장 : 판례는 정지조건설을 취한다. 즉, 「특정한 권리에 있어 태아가 권리를 취득한다
하더라도, 현행법상 이를 대행할 기관이 없어 태아로 있는 동안은 권리능력을 취득할 수 없고,
따라서 살아서 출생한 때에 출생시기가 문제의 사건의 시기까지 소급하여 그 때에 태아가 출
생한 것과 같이 보아야 하는 것으로 해석하여야 한다.」고 판시한다(대판 1976.9.14. 76다1365;
대판 1982.2.9. 81다534).

판례

태아의 손해배상청구권에 관한 정지조건설

태아도 손해배상청구권에 관하여는 이미 출생한 것으로 보는바, 부가 교통사고로 상해를 입을 당시 태아가 출생하지 아
니하였다고 하더라도 그 뒤에 출생한 이상 부의 부상으로 인하여 입게 될 정신적 고통에 대한 위자료를 청구할 수 있
다(대법원 1993.4.27. 선고 93다4663 판결).

3. 외국인의 권리능력

(1) 개요

외국인이란 대한민국의 국적이 없는 자를 말하며 그들의 권리능력에 관하여 우리 민법은 아무런 규정도 두고 있지 않다. 그러나 '인격평등의 원칙'이라는 현대 법사상에 비추어 볼 때 내외국인은 평등하게 권리능력을 인정해야 할 것이다. 다만, 경제적·정치적 이유로 외국인의 권리능력을 제한하는 경우가 상당히 있다.

(2) 절대적 제한(권리능력 부인)

① 선박소유권 (선박법 제2조)

② 항공기소유권 (항공법 제6조)

③ 도선사가 되는 권리 (도선법 제6조)

④ 무선국개설

⑤ 항공운송사업 등은 전혀 향유할 수 없다.

※ 조광권, 공증인이 되는 권리는 법 개정으로 외국인에게도 개방하고 있다.

(3) 상대적 제한(상호주의에 의한 제한)

외국인은 자국이 대한민국 국민에게 인정해 줄 것을 조건으로 다음의 권리를 향유할 수 있다.

① 토지에 대한 권리(외국인토지법 제3조)

② 우리나라에 주소나 영업소가 없는 외국인에 대한 특허권, 상표권, 디자인권, 실용신안권(특허법 제25조, 상표법 제5조의24, 디자인보호법 제27조, 실용신안법 제3조)

③ 변호사의 개업(변호사법 제6조 제2항)

④ 공인회계사가 되는 권리(공인회계사법 제4조)

⑤ 국가 또는 공공단체에 대한 손해배상청구권(국가배상법 제7조)

⑥ 범죄피해자구조청구권(범죄피해자보호법 제23조)

(4) 국회의 동의나 정부의 인허에 의해서 취득하는 권리

수산업에 관한 권리(수산업법 제5조) : 시·도지사 또는 시장·군수·구청장은 외국인이나 외국법인에 대하여 대통령령으로 정하는 어업면허나 어업허가를 하려면 미리 해양수산부장관과 협의하여야 한다.

※ **광업권** : 특히 필요한 경우에 국회의 동의와 산업자원부장관의 허가로 향유할 수 있다고 하였으나, 개정법에서는 이런 제한 규정을 삭제하였다.

4. 권리능력의 종료

권리능력의 종기와 관련해서는 각각의 제도적 취지를 이해하고 자연인의 경우 오직 "사망"만이 권리능력 소멸사유임을 기억하자. 그리고 장기이식에 관한 법률이 뇌사를 사망의 개념으로 인정한 것은 아님을 주의하여야 할 것이다.

(1) 권리능력은 사망으로 소멸한다(제3조).

자연인에게는 사망이 유일한 권리능력의 소멸사유이다. 사망의 시기에 대해서는 호흡정지설, 심장(맥박)정지설, 뇌사설 등이 있으나 심장박동이 영구적으로 정지한 때 사망한 것으로 보는 맥박정지설이 통설이다.

(2) 사망의 법적 효력

① 사인증여의 효력발생〈제562조〉

② 상속개시〈제997조〉

③ 유언의 효력발생〈제1073조 제1항〉

④ 잔존 배우자의 재혼 가능

⑤ 생명보험금청구권, 연금청구권 발생

※ 호주승계의 개시(제980조 제1호 ⇒ 2008년 1월 1일 삭제)

(3) 사망과 관련된 입증의 곤란을 구제하기 위한 제도

① 동시사망의 추정(제30조)

> 제30조 (동시사망)
> 2인 이상이 동일한 위난으로 사망한 경우에는 동시에 사망한 것으로 추정한다.

㉠ 의의
- "2인 이상이 동일한 위난으로 사망한 경우(제30조)"일 것.
- 사망사실은 증명되었으나 사망의 선후를 알 수 없는 경우를 말한다.
- 각각 다른 위난으로 사망하더라도 제30조를 유추적용한다(다수설).

㉡ 추정의 효과
- "동시에 사망한 것으로 추정한다〈제30조〉."
- 동시사망자 사이에 상속이 일어나지 않는다.

- 피상속인과 상속인이 될 직계비속 또는 형제자매가 동시 사망한 경우라면 그 직계비속이나 처가 대습상속 한다(대판 2001.3.9 99다13157). 동시사망자간에 상속이 생기지 않게 하려는 취지에서 규정하고 있고 다른 위난에 의한 사망자 사이에 유추 적용된다.

② 인정사망〈가족관계의 등록 등에 관한 법률 제87조〉: 사망확증은 없지만 사망한 것이 거의 확실한 때, 그것을 조사한 관공서의 사망보고에 의해 가족관계등록부에 기재하는 제도이다.

③ 실종선고〈제27조〉: 부재자의 생사불명 상태가 일정기간(5년 또는 1년) 계속된 경우에 가정법원의 선고에 의해 사망으로 간주하는 제도이다. 다만 사망으로 간주하는 범위는 종래 주소지를 중심으로 하는 사법관계만이므로 공법관계나 새로운 주소지에서의 사법관계에서는 권리능력을 가진다. 따라서 실종선고에 의해 권리능력이 소멸되는 것은 아니다.

제2관　자연인의 행위능력

1. 행위능력 총설

(1) 의사능력(意思能力)

① 의의 : 의사능력이란 자기행위의 의미나 결과를 정상적인 인식력과 예측력으로서 합리적으로 판단할 수 있는 정신적 능력으로 사물의 시비를 변별할 능력이라고도 한다. 우리 민법이 의사자치(意思自治)의 원칙을 기본원리로 하고 있으므로 만약 의사능력이 없는 자가 행위를 하였을 때에는 그 행위의 효과가 부정되어야 함은 당연하다.

② 의사제한능력자 : 의사능력의 유무는 획일적으로 판단할 수 없으며 개개의 구체적인 경우에 있어서 개별적·구체적으로 행위자의 지능, 연령, 정신상태 등을 참작하여 판단하게 된다. 이러한 의사능력이 없는 자를 '의사제한능력자'라 하며, 유아, 만취자, 정신병자, 백치 등이 그 예이다. 의사제한능력자가 행한 법률행위의 효력은 무효로 처리된다.

판례

의사능력의 의미

[1] 의사능력이란 자신의 행위의 의미나 결과를 정상적인 인식력과 예기력을 바탕으로 합리적으로 판단할 수 있는 정신적 능력 내지는 지능을 말하는 것으로서, 의사능력의 유무는 구체적인 법률행위와 관련하여 개별적으로 판단되어야 하므로, 특히 어떤 법률행위가 그 일상적인 의미만을 이해하여서는 알기 어려운 특별한 법률적인 의미나 효과가 부여되어 있는 경우 의사능력이 인정되기 위하여는 그 행위의 일상적인 의미뿐만 아니라 법률적인 의미나 효과에 대하여도 이해할 수 있을 것을 요한다.

[2] 제한능력자의 책임을 제한하는 민법 제141조 단서는 부당이득에 있어 수익자의 반환범위를 정한 민법 제748조의 특칙으로서 제한능력자의 보호를 위해 그 선의·악의를 묻지 아니하고 반환범위를 현존 이익에 한정시키려는 데 그 취지가 있으므로, 의사능력의 흠결을 이유로 법률행위가 무효가 되는 경우에도 유추적용되어야 할 것이나, 법률상 원인 없이 타인의 재산 또는 노무로 인하여 이익을 얻고 그로 인하여 타인에게 손해를 가한 경우에 그 취득한

것이 금전상의 이득인 때에는 그 금전은 이를 취득한 자가 소비하였는가의 여부를 불문하고 현존하는 것으로 추정
되므로, 위 이익이 현존하지 아니함은 이를 주장하는 자, 즉 의사제한능력자 측에 입증책임이 있다.

[3] 의사제한능력자가 자신이 소유하는 부동산에 근저당권을 설정해 주고 금융기관으로부터 금원을 대출받아 이를 제3
자에게 대여한 사안에서, 대출로써 받은 이익이 위 제3자에 대한 대여금채권 또는 부당이득반환채권의 형태로 현존
하므로, 금융기관은 대출거래약정 등의 무효에 따른 원상회복으로서 위 대출금 자체의 반환을 구할 수는 없더라도
현존 이익인 위 채권의 양도를 구할 수 있다고 본다(대법원 2009.1.15. 선고 2008다58367 판결).

(2) 책임능력(責任能力)

의사능력은 법률행위에 관한 개념인데 대하여 책임능력은 불법행위에 관한 개념이다. 의사능력을
책임이라는 면에서 보면 책임능력이 된다. 즉, 자기의 행위로 책임이 발생할 것인가를 판정할 수 있
는 정신적 능력이 책임능력 또는 불법행위능력이다. 물론 자기행위로 책임이 발생할 것을 인식하지
못한 자에게 책임을 추궁할 수는 없다. 따라서 책임제한능력자(유아, 정신병자 등)가 한 불법행위에
대해서는 친권자 등 그 감독자가 손해배상책임을 지게 된다.

(3) 행위능력(行爲能力)

① **의의** : 의사능력의 유무는 입증이 곤란하므로 민법은 정신능력이 부족한 자를 보호하기 위해 제한능
력제도를 두고 있다. 의사능력을 가진 자가 법률행위를 단독으로 할 수 있는 능력을 행위능력이라
고 한다. 우리민법은 만 19세가 된 성년자에게 행위능력을 부여하고 있다. 의사능력이 없는 자의 법
률행위는 무효이지만, 의사능력이 있더라도 행위능력이 없는 자의 법률행위는 취소될 수 있다. 물론
만 19세에 달한 자라고 하더라도 피한정후견개시 심판이나 피성년후견개시 심판을 받은 때에는 행
위능력이 제한받는다. 이처럼 행위능력여부의 판단은 실질적인 정신능력유무를 불문하고 객관적 기
준(연령, 법원의 선고)에 따라 획일적으로 정해지는 법정능력이다. 이는 통상인에게 갖추어져 있는 것
이 원칙이므로 부존재를 주장하는 자가 입증해야 한다. 법률행위의 당사자에게 의사능력과 행위능
력이 모두 없는 경우 표의자는 무효 또는 취소의 법률효과를 선택적으로 주장할 수 있다.

② **제한능력자제도의 기능** : 제한능력자제도는 미성년자 또는 법원으로부터 피성년후견개시 심판이나
피한정후견개시 심판을 받은 사람의 법률행위는 의사능력이 완전하지 않은 상태에서 행하여 졌
다는 증명이 없어도 이를 취소할 수 있게 함으로써 제한능력자 자신을 보호하려는 것이나, 다른
한편으로는 거래의 상대방이나 제3자로 하여금 객관적 기준에 따라 제한능력자임을 알고 경계함
으로써 이러한 자와 거래하는 상대방의 손해를 미연에 방지하고 거래의 안전을 꾀하려는 것이다.
이러한 제한능력자제도는 사적자치의 원칙의 대전제이다.

③ **강행규정성** : 개인이 의무를 부담하는 것은 개인의 자유로운 의사결정에 의해서만 가능하므로 그
렇지 못한 제한능력자를 보호하기 위한 제한능력자제도는 강행규정이며, 따라서 행위능력을 제한
하는 계약은 무효이다.

④ **적용범위** : 제한능력자제도는 합리적인 처리가 요구되는 재산거래에 관한 것이므로 본인의 의사를
존중하고 개개 행위의 진실성이 존중되어야 하는 가족법상의 행위나 유가증권거래, 사회 정형적
행위(자판기, 대중교통수단, 전기, 가스, 전화 등의 이용) 내지 단체법적 법률관계, 사실행위, 불
법행위에는 적용되지 않는다.

2. 제한능력자

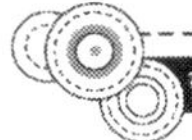

(1) 제한능력자(미성년자/피한정후견인/피성년후견인)의 법률행위 부분은 기본적으로 제도의 취지, 조문(제5조, 제10조, 제14조의 비교 · 대조)의 내용숙지가 관건이다.
(2) 제한능력자의 법률행위는 재산적 법률행위의 경우에는 미성년자 · 피성년후견인의 재산적 법률행위 방식(제5조, 제10조)과 피한정후견인의 재산적 법률행위방식(제13조)을 구별하여 비교, 정리하여야 할 것이다.
(3) 취소할 수 있는 법률행위의 일반적 효력에 관한 부분의 정리가 필요하다. 취소부분의 제140조 내지 146조 규정의 병행학습이 필요하다. 가장 중요한 것은 취소권 행사 여부에 따른 법률관계와 관련하여서는 취소권 행사한 경우의 법률관계이다. 즉 절대적 무효라는 점(선의 제3자 보호규정 없음 – 제109조 제2항, 제110조 제3항과 비교)의 정리가 필요하다.

(1) 미성년자

만 19세 미만자로 혼인하지 않은 자를 말한다. 연령을 계산할 때는 출생일을 산입하며 가족관계등록부 기재에 의하여 인정하는데 이는 사실상의 추정에 불과하므로 반증에 의해 번복할 수 있다. 미성년자의 행위능력의 제한에 대하여는 다음과 같은 미성년제도의 완화가 인정되고 있다.

(2) 성년의제

미성년자는 혼인에 의해 성년자가 된다〈제826조의2〉. 성년의제가 되기 위한 혼인은 법률혼에 한하고, 사실혼의 경우에는 적용하지 않는다. 혼인의 성립과 동시에 미성년자는 성년자와 같은 능력을 가진다. 성년으로 의제되면 친권은 상실하고 후견도 종료한다. 그러나 민사상 법률관계에 한하여서만 성년으로 보게 될 뿐 선거법 · 청소년보호법 · 근로기준법 등 공법상의 법률관계에서는 여전히 미성년자이다. 이러한 성년의제의 효과는 혼인이 취소되거나 이혼을 하는 경우에도 소멸하는 것은 아니어서 한번 성년으로 의제된 자는 계속 성년자로 취급된다.

(3) 미성년자의 행위능력

제5조(미성년자의 능력)
① 미성년자가 법률행위를 함에는 법정대리인의 동의를 얻어야 한다. 그러나 권리만을 얻거나 의무만을 면하는 행위는 그러하지 아니하다.
② 전항의 규정에 위반한 행위는 취소할 수 있다.

① 원칙 : 미성년자도 의사능력이 있으면 유효하게 법률행위를 할 수 있으나, 미성년자가 법률행위를 함에는 법정대리인의 동의를 얻어야 한다〈제5조 제1항〉. 법정대리인의 동의가 없는 경우는 미성년자 자신 또는 법정대리인이 취소할 수 있다〈제5조 제2항〉. 따라서 미성년자는 단독으로 법률

행위를 할 수 없음이 원칙이다. 일반적·포괄적·묵시적 동의도 유효하고, 거래 상대방에게 한 동의도 유효하다. 동의했더라도 행위 전에는 취소(철회)할 수 있다.

② **예외** : 다음과 같은 행위는 법정대리인의 동의 없이도 미성년자가 완전 유효하게 할 수 있다. 다만 이 경우도 의사능력은 있어야 한다.

　㉠ **단순히 권리만을 얻거나 의무만을 면하는 행위**〈제5조 제1항〉
　　• 부담 없는 증여계약의 수락
　　• 채무를 면제 받을 청약 또는 채무면제의 청약에 대한 승낙
　　• 미성년자의 친권자에 대한 부양료청구
　　• 서면에 의하지 않는 증여에 대한 해제
　　• 채무면제를 받는 계약의 체결 등

　㉡ **처분을 허락한 재산의 처분행위**〈제6조〉
　　• 법정대리인이 범위를 정하여 처분을 허락한 재산에 대해서는 미성년자는 임의로 처분할 수 있다.
　　• 처분은 사용·수익도 포함하는 넓은 의미로 법정대리인은 반드시 범위를 정하여 처분을 허락하여야 한다. 따라서 미성년자는 전 재산의 처분과 같은 포괄적인 처분을 할 수 없다.
　　• 범위를 정한다 함은 재산범위 즉, 가액의 범위를 정한 것을 말하므로 법정대리인이 사용목적을 정한 때에도 그 목적과 상관없이 임의로 처분할 수 있다.

　㉢ **허락된 영업에 관한 행위**〈제8조〉
　　• 여기서의 영업이란 상업에 한하지 않고 널리 영리를 목적으로 하는 독립적·계속적 사업을 말한다. 법정대리인은 영업의 종류를 특정하여 허락하여야 한다. 따라서 모든 영업을 허락하거나 하나의 영업 중 일부분만을 허락하는 것은 허용될 수 없다. 그러나 수종의 영업을 한정적으로 특정하여 허락하는 것은 허용된다.
　　• 영업의 허락을 받은 미성년자는 그 영업에 관하여 성년자와 동일한 행위능력이 있다. 영업에 직접·간접으로 필요한 행위 즉, 영업을 위한 차금행위, 점포의 구입행위가 포함되며, 이와 관련된 소송능력도 가진다(민사소송법 제51조 단서). 그리고 그 범위 내에서는 법정대리인의 대리권은 소멸한다.
　　• 허락했어도 행위 전에는 취소할 수 있고, 후견인은 후견감독인의 동의가 있어야 취소할 수 있다〈제945조〉. 허락의 취소나 제한은 선의의 제3자에 대항할 수 없다〈제8조 제2항 단서〉.

　㉣ **대리행위**〈제117조〉 제한능력자도 대리인이 될 수 있다. 즉 본인은 대리인의 제한능력을 이유로 대리행위를 취소할 수 없다.

　㉤ **유언행위**〈제1061조〉 – 만 17세에 달한 미성년자는 유효한 유언을 단독으로 할 수 있다.

　㉥ 미성년자 또는 피한정후견인이 법정대리인의 허락을 얻어 회사의 무한책임사원이 된 때에는 그 사원자격으로 인한 행위에는 능력자로 본다〈상법 제7조〉.

　㉦ 친권자나 후견인은 미성년자의 근로계약을 대리할 수 없다〈근로기준법 제67조 제1항〉. 따라서 법정대리인의 동의를 얻어 미성년자가 스스로 근로계약을 체결할 수 있다. 또한 미성년자는 독자적으로 임금을 청구할 수 있다〈근로기준법 제68조〉.

　㉧ **취소행위** 미성년자가 법정대리인의 동의를 얻지 않고 한 행위는 취소할 수 있는데, 민법 제140조에 의하면 미성년자도 미성년인 상태에서도 단독으로 취소행위를 할 수 있다.

③ 동의와 허락의 취소 또는 제한 : 법정대리인은 미성년자가 아직 법률행위를 하기 전에는 위의 동의나 허락을 취소하거나 제한할 수 있다. 이때의 취소는 철회의 성질을 지닌다. 취소는 동의나 허락을 받은 미성년자나 그 상대방에게 하여야 한다. 미성년자에게 한 경우에는 이를 가지고 선의의 상대방 기타 제3자에게 대항할 수 없다.

④ 법정대리인의 지위와 권한

　㉠ 법정대리인이 되는 자 : 1차적으로 친권자(제911조)이며, 2차적으로 후견인(제938조)이 된다.

　※ 보충학습
　　• 친권자 : 친권을 행사하는 부 또는 모는 1차적으로 미성년자의 법정대리인이 되며, 공동으로 친권을 행사한다.
　　• 후견인 : 후견인은 미성년자에 대하여 친권이 없거나, 친권자가 대리권 및 재산관리권을 행사할 수 없을 때에 두며, 후견인은 1인을 둔다.

　㉡ 법정대리인의 권한
　　• 동의권 : 법정대리인은 미성년자의 개별적 법률행위에 대하여 동의권(제5조 제1항)을 갖는다. 그러나 후견인이 영업, 차재, 부동산 기타 중요한 재산의 처분, 소송행위 등을 동의함에는 후견감독인의 동의를 얻어야 한다〈제950조〉.
　　• 대리권 : 법정대리인은 미성년자를 대리하여 재산상의 법률행위를 할 수 있다(제920조, 제949조). 대리권은 동의나 처분을 허락한 경우에도 행사할 수 있으나 영업을 허락한 경우에는 그 영업에 대해서는 대리권은 상실한다.
　　• 취소권 : 미성년자가 동의를 얻지 않고서 한 법률행위를 취소할 수 있다〈제5조, 제140조〉.
　　• 추인권 : 법정대리인은 미성년자가 동의를 얻지 않고서 한 법률행위를 추인할 수 있다〈제143조〉. 이는 취소권의 포기라고 할 수 있는데 추인에 의해서 취소할 수 있는 법률행위는 확정적으로 유효하게 된다.

🌾 법정대리인의 대리권이 제한되는 경우

1. 근로계약, 임금청구	법정대리인이 대리할 수 없으며, 임금의 청구도 대리할 수 없다.〈근로기준법 제67조 제1항, 제68조〉 할 수 있다.
2. 영업을 허락한 경우	허락한 그 영업에 관한 행위는 법정대리인의 대리권은 소멸한다.
3. 제한능력자 자신의 행위를 목적으로 하는 채무를 부담할 경우	이때에는 제한능력자 본인의 동의를 얻어야 한다〈제920조〉. 고용계약이나 도급계약 등이 이에 해당한다.
4. 후견인에 대한 제한	후견인은 법률이 정한 일정한 중요한 행위에 대하여 대리를 하려고 하는 경우에는 후견감독인의 동의를 요한다〈제950조〉.
5. 이해상반행위	제한능력자와 법정대리인 사이에 이익과 손해가 상반되는 법률행위는 법정대리인이 대리 할 수 없다. 가정법원이 선임한 특별대리인이 미성년자를 대리하여야 한다.
6. 증여재산에 관한 관리배제의사	제3자가 미성년자에게 무상으로 수여한 재산에 관하여 그 제3자가 법정대리인의 관리를 배제하는 의사를 표시한 때에는 대리권이 배제된다〈제918조, 제956조〉.

3. 성년후견개시와 한정후견개시

(1) 성년후견개시

> 제9조(성년후견개시의 심판)
> ① 가정법원은 질병, 장애, 노령, 그 밖의 사유로 인한 정신적 제약으로 사무를 처리할 능력이 지속적으로 결여된 사람에 대하여 본인, 배우자, 4촌 이내의 친족, 미성년후견인, 미성년후견감독인, 한정후견인, 한정후견감독인, 특정후견인, 특정후견감독인, 검사 또는 지방자치단체의 장의 청구에 의하여 성년후견개시의 심판을 한다.
> ② 가정법원은 성년후견개시의 심판을 할 때 본인의 의사를 고려하여야 한다.

① 의의 : 질병, 장애, 노령, 그 밖의 사유로 인한 정신적 제약으로 사무를 처리할 능력이 지속적으로 결여된 사람은 일정한자의 청구에 의하여 성년후견개시의 심판을 한다〈제9조〉.

② 요건

　㉠ 실질적 요건

　　• 가정법원은 질병, 장애, 노령, 그 밖의 사유로 인한 정신적 제약으로 사무를 처리할 능력이 지속적으로 결여된 사람에 대하여 일정한 자의 청구에 의해 성년후견개시의 심판을 한다. 종래민법은 심신상실과 같은 인간의 정신상태를 기준으로 금치산 선고 여부를 결정하였으나 개정민법은 정신적 제약으로 말미암아 사무를 처리할 능력이 결여되었는가라는 기능적 관점에서 성년후견의 개시여부를 결정한다.

　　• 지속적으로 결여되어 있다 함은 장차 상당한 기간 내에 그의 사무처리능력이 회복될 가능성이 없음을 의미 한다.

　　• 신체장애로 인해 사무를 처리할 능력이 지속적으로 결여된 경우에 성년후견개시의 심판은 부정하여야 하며, 다만 신체적 장애로 말미암아 정신적 제약이 초래되어 사무를 처리할 능력이 결여되기에 이르렀다면 성년후견이 개시될 수 있다.

　㉡ 형식적 요건

　　• 일정한 사람의 청구와 그에 기한 법원의 선고가 있어야 하며, 가정법원이 직권으로 절차를 개시하는 것은 인정되지 않는다.

　　• 청구권자 : 본인, 배우자, 4촌 이내의 친족, 미성년후견인, 미성년후견감독인, 한정후견인, 한정후견감독인, 특정후견인, 특정후견감독인, 검사 또는 지방자치단체의 장의 청구가 있어야한다(제9조). 본인의 청구는 그가 의사능력을 가지고 있는 동안에 행하여져야 한다. 배우자는 본인의 법률혼 배우자를 말하며, 사실상 이혼상태에 있는 배우자라도 성년후견개시의 심판을 청구할 수 있다.

※ • **미성년후견인** 또는 **미성년후견감독인** : 사무처리능력이 지속적으로 결여된 미성년자가 성년이 된 직후부터 실제로 성년후견개시심판이 내려질 때까지 보호의 공백 발생을 방지하는 차원에서 인정된다.

- **한정후견인 또는 특정후견인** : 본인에 대해 이미 한정후견 또는 특정후견이 개시되어 있는 경우 필요에 따라 이들은 성년후견개시심판을 청구할 수 있다.
- **한정후견감독인 또는 특정후견감독인** : 피한정후견인 또는 피특정후견인에게 성년후견개시사유가 발생하였음에도 불구하고, 한정후견인 또는 특정후견인이 성년후견개시심판을 청구하지 않은 때에 이들이 대신 청구할 수 있도록 청구권자의 범위를 확대하고 있다.
- **임의후견인 또는 임의후견감독인** : 제9조의 청구권자는 아니나, 제959조의 20 제1항은 본인의 이익을 위해 필요한 경우라면, 후견계약이 등기되어 있는 경우라도 임의후견인 또는 임의후견감독인의 청구에 의하여 가정법원이 성년후견을 개시할 수 있도록 하고 있다.

  © 성년후견개시의 심판
  - 성년후견개시의 심판을 할 수 있는 법원은 피후견인이 될 자의 주소지를 관할하는 가정법원이다.
  - 이상의 성년후견개시심판 청구가 있는 경우, 그 요건을 충족할 때에는 가정법원은 필수적으로 개시심판을 하여야 한다.
  - 가정법원은 성년후견개시 심판을 할 때 본인의 의사를 고려하여야 한다. 이는 피후견인이 될 자의 자기결정권을 최대한 보장하기 위함이다.

③ **피성년후견인의 행위능력**

> **제10조(피성년후견인의 행위와 취소)**
> ① 피성년후견인의 법률행위는 취소할 수 있다.
> ② 제1항에도 불구하고 가정법원은 취소할 수 없는 피성년후견인의 법률행위의 범위를 정할 수 있다.
> ③ 가정법원은 본인, 배우자, 4촌 이내의 친족, 성년후견인, 성년후견감독인, 검사 또는 지방자치단체의 장의 청구에 의하여 제2항의 범위를 변경할 수 있다.
> ④ 제1항에도 불구하고 일용품의 구입 등 일상생활에 필요하고 그 대가가 과도하지 아니한 법률행위는 성년후견인이 취소할 수 없다.

  ㉠ 원칙 : 피성년후견인의 법률행위는 언제나 취소할 수 있다. 성년후견인의 동의가 있었더라도 취소할 수 있으며, 취소권자는 피성년후견인 또는 성년후견인이다〈제141조〉.

  ㉡ 예외
  - 가정법원이 취소할 수 없는 피성년후견인의 법률행위의 범위를 정한 경우 그 한도에서 예외적으로 행위능력을 가진다. 취소할 수 없는 법률행위의 범위를 정하는 결정은 반드시 성년후견개시심판과 동시에 하여야 하는 것은 아니며, 성년후견개시심판 후 별도로 하는 것도 가능하다. 단, 제3항과의 균형상 성년후견개시심판 후 별도로 그 범위를 정하는 결정을 할 때는 제3항에서 정한 자의 청구가 있어야 한다.
  - 일용품의 구입 등 일상생활에 필요하고 그 대가가 과도하지 아니한 법률행위는 성년후견인이 취소할 수 없다(제4항). 일상적 법률행위의 범위는 피성년후견인의 직업, 자산, 당해 행위의 목적 등 제반사정을 동합하여 판단하고, 그 범위가 반드시 민법 일상가사대리권규정의 일상가사와 일치하는 것은 아니다.

④ 법정대리인

　　㉠ 피성년후견인의 법정대리인이 되는 자는 성년후견인이다〈제929조〉.

　　㉡ 성년후견인은 동의권을 가지지 않고, 대리권과 취소권을 가질 뿐이다.

⑤ 성년후견종료의 심판

> 제11조(성년후견종료의 심판)
> 성년후견개시의 원인이 소멸된 경우에는 가정법원은 본인, 배우자, 4촌 이내의 친족, 성년후견인, 성년후견감독인, 검사 또는 지방자치단체의 장의 청구에 의하여 성년후견종료의 심판을 한다.

　　㉠ 청구권자 : 성년후견의 원인이 소멸하면, 성년후견심판을 청구할 수 있는 자의 청구가 있으면 가정법원은 성년후견종료의 심판하여야 한다〈제11조〉.

　　㉡ 효과 : 피성년후견인은 심판전의 완전한 능력자로 복귀한다. 그리고 성년후견종료의 심판은 장래에 향하여 효력을 가진다. 소급효를 갖지 않는다.

⑥ 한정후견개시

> 제12조(한정후견개시의 심판)
> ① 가정법원은 질병, 장애, 노령, 그 밖의 사유로 인한 정신적 제약으로 사무를 처리할 능력이 부족한 사람에 대하여 본인, 배우자, 4촌 이내의 친족, 미성년후견인, 미성년후견감독인, 성년후견인, 성년후견감독인, 특정후견인, 특정후견감독인, 검사 또는 지방자치단체의 장의 청구에 의하여 한정후견개시의 심판을 한다.
> ② 한정후견개시의 경우에 제9조 제2항을 준용한다.

⑦ 피한정후견인의 의의 : 피한정후견인이란 질병, 장애, 노령, 그 밖의 사유로 인한 정신적 제약으로 사무를 처리할 능력이 부족한 사람으로서 일정한 자의 청구에 의하여 가정법원으로부터 한정후견개시의 심판을 받은 자를 말한다〈제12조〉.

⑧ 피한정후견개시의 요건

　　㉠ 실질적 요건

　　　• 질병, 장애, 노령, 그 밖의 사유로 인한 정신적 제약으로 사무를 처리할 능력이 부족한 사람이어야 한다. 정신적 제약으로 사무를 처리할 능력이 부족한 사람이라면 그 부족의 정도를 불문하고 누구나 이용할 수 있는 포괄적이고 탄력적인 보호의 유형이며, 그 사무처리 능력이 부족한 상태가 당분간 지속되어야 한다.

　　　• 성년후견의 대상이 되는 사람에 대해 한정후견개시심판의 청구가 가능한지에 대해서는 견해가 대립하나 제13조 제1항에 따른 동의유보결정의 범위를 포괄적으로 규정함으로써 충분한 보호를 제공할 수 있다면 인정하여야 할 것이다.

　　　• 낭비자에 대해서도 한정후견개시심판이 가능한지에 대해서는 견해가 대립한다.

ⓒ 형식적 요건
- 일정한 사람의 청구와 그에 기한 법원의 선고가 있어야 하며, 가정법원이 직권으로 절차를 개시하는 것은 인정되지 않는다.
- 청구권자 : 본인, 배우자, 4촌 이내의 친족, 미성년후견인, 미성년후견감독인, 성년후견인, 성년후견감독인, 특정후견인, 특정후견감독인, 검사 또는 지방자치단체의 장의 청구가 있어야 한다〈제9조〉.

ⓒ 한정후견개시의 심판
- 한정후견개시의 심판을 할 수 있는 법원은 피후견인이 될 자의 주소지를 관할하는 가정법원이다.
- 이상의 한정후견개시심판 청구가 있는 경우, 그 요건을 충족할 때에는 가정법원은 필수적으로 개시심판을 하여야 한다.
- 가정법원은 한정후견개시 심판을 할 때 본인의 의사를 고려하여야 한다. 이는 피후견인이 될 자의 자기결정권을 최대한 보장하기 위함이다.

⑨ 피한정후견인의 행위능력

제13조(피한정후견인의 행위와 동의)
① 가정법원은 피한정후견인이 한정후견인의 동의를 받아야 하는 행위의 범위를 정할 수 있다.
② 가정법원은 본인, 배우자, 4촌 이내의 친족, 한정후견인, 한정후견감독인, 검사 또는 지방자치단체의 장의 청구에 의하여 제1항에 따른 한정후견인의 동의를 받아야만 할 수 있는 행위의 범위를 변경할 수 있다.
③ 한정후견인의 동의를 필요로 하는 행위에 대하여 한정후견인이 피한정후견인의 이익이 침해될 염려가 있음에도 그 동의를 하지 아니하는 때에는 가정법원은 피한정후견인의 청구에 의하여 한정후견인의 동의를 갈음하는 허가를 할 수 있다.
④ 한정후견인의 동의가 필요한 법률행위를 피한정후견인이 한정후견인의 동의 없이 하였을 때에는 그 법률행위를 취소할 수 있다. 다만, 일용품의 구입 등 일상생활에 필요하고 그 대가가 과도하지 아니한 법률행위에 대하여는 그러하지 아니하다.

㉠ 원칙 : 피한정후견인은 행위능력을 가진다. 즉, 그는 단독으로 유효한 법률행위를 할 수 있다.
㉡ 예외
- 동의유보결정 가정법원이 피한정후견인으로 하여금 한정후견인의 동의를 받아야 할 행위의 범위를 정한 경우에는 피한정후견인의 행위능력이 제한된다.
- 가정법원이 동의유보결정을 내릴 수 있는 피한정후견인의 행위는 법률행위 또는 준법률행위에 한정한다.
- 가족법상의 법률행위에 대해 동의유보결정을 내릴 수는 없다.
- 가정법원은 일정한 자의 청구에 의해 동의를 받아야만 할 수 있는 행위의 범위 변경을 할 수 있다.

• 가정법원의 한정후견인의 동의에 갈음하는 허가를 할 수 있다. 가정법원이 동의유보결정을 내리는 한도에서 피한정후견인은 행위능력이 제한된다. 즉 동의유보결정의 범위 내에서 한정후견인은 동의권을 갖는다. 이러한 동의권은 피한정후견인의 복리에 부합되게 행사되어야 하므로 한정후견인이 피한정후견인의 이익이 침해될 염려가 있음에도 그 동의를 하지 않을 경우에 대비한 조문이다.

ⓒ 한정후견인의 동의가 필요한 법률행위를 피한정후견인이 한정후견인의 동의 없이 하였을 때에는 그 법률행위를 취소할 수 있다. 다만, 일용품의 구입 등 일상생활에 필요하고 그 대가가 과도하지 아니한 법률행위는 취소할 수 없다.

ⓓ **피한정후견인의 친족법상 행위능력**: 개정민법도 친족편에서 약혼, 혼인, 협의이혼, 입양, 협의파양 등에 관하여 미성년자와 피성년후견인에 대해서만 특별히 규정하고, 피한정후견인에 대하여는 규정을 두고 있지 않으나, 개정 전에도 피한정후견인의 가족법상의 행위에 관하여는 피한정후견인을 완전한 능력자로 파악하여 피한정후견인은 그러한 행위는 단독으로 유효하게 할 수 있다는 견해가 지배적이었다. 이러한 입장은 개정민법의 피한정후견인의 능력을 파악하는 데에 그대로 적용된다.

⑩ 법정대리인

ⓐ 피한정후견인의 법정대리인이 되는 자는 한정후견인이다〈제959조의2〉.

ⓑ 한정후견인은 동의권과 대리권, 취소권을 가진다.

⑪ 한정후견종료의 심판

제14조 (한정후견종료의 심판)
한정후견개시의 원인이 소멸된 경우에는 가정법원은 본인, 배우자, 4촌 이내의 친족, 한정후견인, 한정후견감독인, 검사 또는 지방자치단체의 장의 청구에 의하여 한정후견종료의 심판을 한다.

ⓐ 한정후견개시 원인이 소멸된 경우 가정법원은 일정한 자의 청구에 의하여 한정후견종료의 심판을 한다. 한정후견종료의 심판도 그 요건이 갖추어지면 반드시 심판을 행하여져야 한다.

ⓑ 성년후견을 개시하는 것이 피후견인의 복리에 더욱 부합하는 경우에도 한정후견을 종료하여야 하며, 이 경우 한정후견의 종료와 별도로 성년후견개시심판을 하기 위해서는 제9조에 따른 청구가 있어야 한다.

ⓒ 피한정후견인에 대하여 제9조에 따른 성년후견개시심판이 있는 때에는 한정후견종료의 심판의 청구권자에 의해 청구가 없더라도 직권에 의해 종전의 한정후견인에 대해 종료심판을 하여야 한다〈제14조의 3 제1항〉.

ⓓ 한정후견종료심판은 소급효를 갖지 않는다. 따라서 한정후견종료심판이 있기 전에 행하여진 동의를 요하는 법률행위는 동의가 없었음을 이유로 취소될 수 있다.

4. 피특정후견인

제14조의 2 (특정후견의 심판)
① 가정법원은 질병, 장애, 노령, 그 밖의 사유로 인한 정신적 제약으로 일시적 후원 또는 특정한
사무에 관한 후원이 필요한 사람에 대하여 본인, 배우자, 4촌 이내의 친족, 미성년후견인, 미성
년후견감독인, 검사 또는 지방자치단체의 장의 청구에 의하여 특정후견의 심판을 한다.
② 특정후견은 본인의 의사에 반하여 할 수 없다.
③ 특정후견의 심판을 하는 경우에는 특정후견의 기간 또는 사무의 범위를 정하여야 한다.

(1) 피특정후견인의 의의

① 질병, 장애, 노령, 그 밖의 사유로 인한 정신적 제약으로 일시적 후원 또는 특정한 사무에 관한
후원이 필요한 사람에 대하여 일정한자의 청구에 의하여 특정후견의 심판을 받은 자이다.

② 특정후견은 일시적 기간에 한하여 또는 특정한 사무에 한정하여 피후견인에 대한 후원이 가능하
도록 함으로써 피후견인에 대한 필요한 보호를 제공하면서도 성년후견 또는 한정후견과 같은 지
속적 · 포괄적 후견의 개시를 최대한 억지하는 일회적 · 특정적 구제수단으로서의 성격을 갖는다.

(2) 실질적 요건

① 질병, 장애, 노령, 그 밖의 사유로 인한 정신적 제약으로 일시적 후원 또는 특정한 사무에 관한
후원이 필요한 사람이어야 한다.
  ㉠ 정신적 제약으로 인하여 반드시 그의 사무처리 능력이 부족해 질 것을 요하는 것은 아니고
  미약한 정도의 정신적 제약이 있는 것만으로도 특정후견 개시가 가능하다.
  ㉡ 질병, 장애, 노령, 그 밖의 사유로 인한 정신적 제약으로 인해 사무처리 능력이 지속적으로
  결여되어 있는 사람 또는 그 능력이 부족한 사람의 경우라도 후원이 필요한 경우라면 특정후
  견의 대상이 된다. 성년후견 또는 한정후견개시원인에 해당하는 사유가 존재함에도 불구하고
  그와 같은 제도의 도움을 받지 못하고 있는 사람이라면 누구나 특정후견제도를 이용할 수 있다.

② 성년후견 또는 한정후견이 개시되어 있는 사람에 대해 특정후견심판은 별도의 후원이 필요하지
아니하므로 불가능하며, 임의후견이 개시되어 있는 사람에 대해서는 특정후견 심판이 가능하다
할 것이다.

(3) 형식적요건

① 청구권자 : 본인, 배우자, 4촌 이내의 친족, 미성년후견인, 미성년후견감독인, 검사 또는 지방자치
단체의 장의 청구가 있어야 한다.

② 내용 : 성년후견인, 성년후견감독인, 한정후견인, 한정후견감독인은 청구권자가 아니며 임의후견인
또는 임의후견감독인은 특정후견심판을 청구할 수 있다〈제959조의20 제1항〉.

(4) 가정법원의 특정후견심판의 내용과 보호조치

① 가정법원의 심판
  ㉠ 특정후견의 심판을 할 때에는 반드시 피특정후견인이 될 사람의 진술을 들어야 한다.
  ㉡ 특정후견만으로 피후견인을 위한 적절한 보호를 제공할 수 없는 경우에도 특정후견심판의 청
    구에도 불구하고 성년후견 또는 한정후견개시심판을 하는 것은 허용되지 않는다.

② **보호조치**: 특정후견의 심판을 하는 경우에는 특정후견의 기간 또는 사무의 범위를 정해야하며, 그
  기간이 도과하거나 정해진 사무가 종료됨과 동시에 특정후견심판도 당연히 효력을 상실한다. 별
  도의 특정후견종료심판을 청구할 수 없다.

⑤ 피특정후견인의 행위능력
  ㉠ 특정후견인 심판이 있어도 피특정후견인의 행위능력은 제한되지 않는다. 일시적인 또는 특정
    사무에 관하여 후원을 받을 뿐이다. 특정한 법률행위를 위하여 특정후견인이 선임되고 법정
    대리권이 부여된 경우에도, 피특정후견인은 완전한 행위능력자이며, 특정후견인의 동의 또는
    대리에 의하지 않고 자유롭게 법률행위를 할 수 있다.
  ㉡ 특정후견인은 취소권 및 동의권을 가지지 않는다.

5. 심판사이의 관계

제14조의 3 (심판 사이의 관계)
  ① 가정법원이 피한정후견인 또는 피특정후견인에 대하여 성년후견개시의 심판을 할 때에는 종전의
    한정후견 또는 특정후견의 종료 심판을 한다.
  ② 가정법원이 피성년후견인 또는 피특정후견인에 대하여 한정후견개시의 심판을 할 때에는 종전의
    성년후견 또는 특정후견의 종료 심판을 한다.

(1) 피한정후견인 또는 피특정후견인에 대하여 성년후견개시의 심판을 할 때

동일인에 대하여 성년후견과 한정후견 또는 특정후견이 중복하여 개시되는 일이 발생하지 않도록
직권으로 기존의 후견을 종료시킨다.

(2) 피성년후견인 또는 피특정후견인에 대하여 한정후견개시의 심판을 할 때

종전의 성년후견 또는 특정후견의 종료 심판을 한다. 후견의 중복 이용을 방지함으로써 절차를
명확하게 하기 위함이다.

6. 제한능력자의 상대방 보호

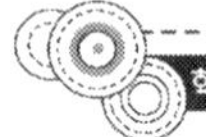

자연인의 행위능력 파트에서 가장 많이 출제되는 쟁점이다. 미성년자의 능력 일반과 상대방의 확답촉구의 효과, 속임수와 취소권의 배제에 관해 정리하길 바란다.

(1) 상대방 보호의 필요성과 보호제도

제한능력자가 단독으로 법률행위를 한 경우에는 제한능력자측(본인 또는 법정대리인)에 의하여 언제 취소될는지 알 수 없으므로, 제한능력자와 거래한 상대방은 극히 불안한 상태에 놓이게 된다. 그러므로 제한능력자의 상대방을 보호하고 나아가서 거래의 안전을 위한 대책이 필요하다. 따라서 민법은 상대방 보호를 위한 대책으로 다음과 같은 제도를 마련해 놓고 있다.

① 일반적인 제도 : 민법은 일반적으로 "취소권은 추인할 수 있는 날로부터 3년 내에, 법률행위를 한 날로부터 10년 내에 행사하여야 한다."는 단기소멸제도(제146조)와 일정한 사유가 있는 때에는 추인한 것으로 보는 법정추인제도(제145조)를 두어 취소할 수 있는 행위를 빨리 안정시키려고 하고 있다. 하지만 이것만으로는 부족하므로 다음과 같은 특별제도를 규정해서 상대방을 보호하고 있다.

② 제한능력자의 상대방을 위한 특유한 제도 : 그리하여 특별히 제한능력자와 거래한 상대방을 보호하고, 나아가서 일반사회의 거래관계의 불안을 제거할 필요가 있다. 민법은 이와 같은 필요에 따라서 제한능력자의 상대방 보호를 위한 특유한 제도로서, 확답촉구권·철회권·거절권·취소권의 배제에 관한 규정을 두고 있다.

(2) 상대방의 확답을 촉구할 권리

제15조 (제한능력자의 상대방의 확답을 촉구할 권리)
① 제한능력자의 상대방은 제한능력자가 능력자가 된 후에 그에게 1개월 이상의 기간을 정하여 그 취소할 수 있는 행위를 추인할 것인지 여부의 확답을 촉구할 수 있다. 능력자로 된 사람이 그 기간 내에 확답을 발송하지 아니하면 그 행위를 추인한 것으로 본다.
② 제한능력자가 아직 능력자가 되지 못한 경우에는 그의 법정대리인에게 제1항의 촉구를 할 수 있고, 법정대리인이 그 정하여진 기간 내에 확답을 발송하지 아니한 경우에는 그 행위를 추인한 것으로 본다.
③ 특별한 절차가 필요한 행위는 그 정하여진 기간 내에 그 절차를 밟은 확답을 발송하지 아니하면 취소한 것으로 본다.

① 의의

　　㉠ 제한능력자의 상대방이 제한능력자측에 대하여 그 법률행위를 추인하겠느냐의 여부를 확답하
　　　도록 요구하는 것을 확답을 촉구할 권리라 한다. 민법의 확답을 촉구할 권리제도는 제한능력
　　　자측에서 확답의 촉구를 받고도 아무런 확답이 없는 경우에 법률상 추인 또는 취소로 볼 수
　　　있게 함으로써 상대방을 불안정한 지위로부터 해방시키는 데 그 의의가 있다.

　　㉡ 확답을 촉구할 권리는 형성권이며, 확답촉구는 준법률행위 중 의사통지(意思通知)이다.

② **요건** : 제한능력자의 상대방은 제한능력자가 능력자가 된 후에는 그에 대하여, 또 제한능력자가
　　아직 능력자가 되지 못한 때에는 법정대리인에 대하여 1월 이상의 유예기간을 정하여 그 취소할
　　수 있는 행위의 추인여부의 확답을 최고할 수 있다.

확답촉구요건으로서의 유예기간

> ① 제한능력자의 상대방이 확답촉구를 할 때는 1월 이상의 유예기산을 두어야 하는 데 반하여, 무권
> 　대리(無勸代理)의 상대방이 본인에 대하여 하는 확답촉구에는 상당한 기간의 유예기간을 두어야
> 　한다.
> ② 확답촉구 시에 유예기간을 두지 아니하거나 1월 또는 상당한 기간에 미달될 때는 확답촉구의 효
> 　력이 발생하지 아니한다.
> ③ 유예기간은 확답촉구가 상대방에게 도달했을 때부터 기산되며(도달주의), 확답촉구에 대한 추인
> 　여부에 대한 확답은 그 기간 내에 발송하기만 하면 된다(발신주의).

③ **효과** : 확답촉구기간 내에 본인 또는 법정대리인의 확답이 없는 경우에 확답촉구의 효과가 발생한다.

　　㉠ 확답촉구를 받은 자가 단독으로 추인할 수 있는 경우에 유예기간 내에 확답을 발하지 않으면
　　　문제된 행위를 추인한 것으로 본다(제15조 제1항·제2항).

　　㉡ 확답촉구를 받은 자가 법정대리인이지만 그가 단독으로 추인할 수 없고, 특별한 절차를 밟아
　　　야 확답을 하는 경우에 그 절차를 밟은 확답을 발하지 않으면 문제된 행위를 취소한 것으로
　　　본다(제15조 제3항). 여기서 '특별한 절차'란 제950조의 후견감독인의 동의를 요하는 경우 등
　　　을 말한다.

(3) 상대방의 철회권과 거절권

제16조 (제한능력자의 상대방의 철회권과 거절권)

① 제한능력자가 맺은 계약은 추인이 있을 때까지 상대방이 그 의사표시를 철회할 수 있다. 다만, 상대방이 계약 당시에 제한능력자임을 알았을 경우에는 그러하지 아니하다.

② 제한능력자의 단독행위는 추인이 있을 때까지 상대방이 거절할 수 있다.

③ 제1항의 철회나 제2항의 거절의 의사표시는 제한능력자에게도 할 수 있다.

제한능력자의 상대방은 제한능력자와 한 법률행위에 대하여 철회권(撤回權)과 거절권(拒絕權)이 있다. 이것은 제한능력자의 상대방이 당해 법률행위의 효력발생을 스스로 부인함으로써 법률관계를 빨리 확정하는 제도이다.

철회는 제한능력자와 체결한 계약의 효력을 부인하는 것이고, 거절은 제한능력자가 한 단독행위의 효력을 부인하는 것인데, 이것은 모두 제한능력자 측에서 추인하기 전에만 할 수 있다.

① **철회권** : 제한능력자의 계약은 추인이 있을 때까지 상대방이 그 의사표시를 철회할 수 있다. 그러나 계약당시에 제한능력자임을 알았을 때는 그렇지 못하다(제16조 제1항).

② **거절권** : 제한능력자의 단독행위(상대방 있는 단독행위)는 추인이 있을 때까지 상대방(선·악 불문)이 거절할 수 있다(제16조 제2항).

③ 이 철회나 거절의 의사표시는 법정대리인에게 뿐만 아니라 제한능력자 본인에게도 할 수 있다(제16조 제3항).

(4) 취소권의 배제

제17조 (제한능력자의 속임수)

① 제한능력자가 속임수로써 자기를 능력자로 믿게 한 경우에는 그 행위를 취소할 수 없다.

② 미성년자나 피한정후견인이 속임수로써 법정대리인의 동의가 있는 것으로 믿게 한 경우에도 제1항과 같다.

① **의의** : 제한능력자가 속임수로써 능력자로 믿게 하거나, 미성년자나 피한정후견인이 법정대리인의 동의가 있는 것으로 믿게 한 때에는 제한능력자가 그 행위를 취소할 수 없다(제17조). 이러한 경우에는 제한능력자를 보호할 필요가 없고, 오히려 기망당한 상대방을 보호하여야 할 것이기 때문에 제한능력자의 취소권을 박탈하는 것이다.

② 요건
  ㉠ 제한능력자가 상대방에게 자신을 능력자로 믿게 하거나, 법정대리인의 동의가 있는 것으로 믿게 하였을 것
    • 그러나 피성년후견인이 법정대리인의 동의가 있는 것으로 믿게 한 때라도 취소권은 배제되지 않는다. 피성년후견인으로서는 법정대리인의 동의가 있어도 단독으로 유효한 법률행위를 하지 못하기 때문이다.
  ㉡ **속임수를 썼을 것**
    • 여기서 '속임수'란 타인을 기망하기 위한 수단을 말하는데, 과연 어느 정도의 기망수단을 사술로 볼 것인가에 관하여 학설의 대립이 있다. 판례(소수설)는 적극적인 기망수단을 속임수라고 보며, 피성년후견인 또는 피한정후견인이 후견개시와 관련된 등기사항증명서 또는 법정대리인의 동의서 위조를 가장 중요한 예로 삼고 있으며, 단순히 능력자라고 칭하는 것은 속임수로 취급하지 아니한다. 반면, 다수설은 기망수단의 적극성까지 요구하지 아니하며 소극적 기망수단도 속임수로 취급한다. 따라서 능력자라고 칭하는 것도, 또한 침묵하는 것도 경우에 따라서는 속임수가 될 수 있다.
  ㉢ 제한능력자의 속임수에 의하여 상대방이 능력자로 믿거나 또는 법정대리인의 동의(허락)가 있는 것으로 믿어야 한다. 즉, 제한능력자의 속임수와 상대방의 오신 사이에 인과관계가 있음을 필요로 한다. 이 경우에 상대방의 과실은 그 요건이 아니다. 즉, 상대방에게 과실이 있어도 제한능력자의 취소권은 박탈된다.
  ㉣ 상대방이 그러한 오신으로 말미암아 제한능력자와 법률행위를 하였을 것
③ **효과** : 이상과 같은 요건을 갖추었을 때에는 그 행위는 취소할 수 없게 된다. 따라서 제한능력자 자신뿐만 아니라 법정대리인도 취소권을 행사할 수 없다. 한편 속임수가 제110조(사기, 강박에 의한 의사표시)의 요건을 충족시킨다면 상대방 측에서 사기를 이유로 취소할 수도 있고, 불법행위로 인한 손해배상을 청구할 수도 있다.

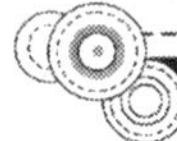

3 주소

주소파트는 주소의 결정과 관련된 입법주의와 우리 민법의 태도를 간단히 정리하고 주소의 민법
상 효과와 관련된 조문(제22조 이하)을 중심으로 간략히 정리하길 바란다.

1. 주소의 개념

제18조(주소)
① 생활의 근거되는 곳을 주소로 한다.
② 주소는 동시에 두 곳 이상 있을 수 있다.

주소란 사람의 생활의 근거가 되는 곳을 말한다(제18조 제1항).

2. 주소의 결정

(1) 실질주의와 형식주의

주소를 정하는 기준에 관하여, 형식적 표준에 의하여 획일적으로 정하는 형식주의와 생활의 실질적
관계에 따라 구체적으로 정하는 실질주의가 있는데, 민법은 "생활의 근거되는 곳"을 주소라고 하여
실질주의에 입각하고 있다.

(2) 객관주의와 의사주의

주소의 설정 또는 변경에 관하여, 정주(定住)의 사실만 있으면 된다는 객관주의와 정주의 사실 외
에 정주의 의사도 필요하다는 의사주의가 있다. 의사제한능력자를 위한 법정주소를 두고 있지 않으
며 주소의 표준에 관하여 실질주의를 취하는 점을 고려한다면, 민법은 객관주의를 전제하고 있다.

(3) 복수주의와 단일주의

주소의 개수에 관하여, 1개만을 인정하는 단일주의도 있지만, 민법은 "주소는 동시에 두 곳 이상
있을 수 있다"고 하여 복수주의를 택하고 있다(제18조 제2항).

3. 주소의 효과

① 민법상 주소는 부재와 실종의 표준이고(제22조·제27조), 변제장소를 정하는 표준이 되며(제467조), 상속의 개시지(제998조)이다.

② 민법 외의 사법관계에서 주소는 어음·수표행위의 장소(어음법 제2조·수표법 제8조), 재판관할의 표준(민사소송법 제2조, 가사소송법 제13조·제22조·제26조 등) 및 민사소송법상의 부가기간의 표준(동법 제172조)이 된다.

③ 그 밖에 공법상으로 주소는 귀화 및 국적회복의 요건이고(국적법 제5조 내지 제7조), 주민등록의 요건이며(주민등록법 제6조 제1항), 징세의 기준이 된다(국세기본법 제8조, 국세징수법 제12조·제13조, 소득세법 제9조).

4. 거소, 현재지, 가주소

(1) 거소(居所)

> 제19조(거소)
> 주소를 알 수 없으면 거소를 주소로 본다.
>
> 제20조(거소)
> 국내에 주소 없는 자에 대하여는 국내에 있는 거소를 주소로 본다.

사람이 상당한 기간 계속하여 거주하는 장소로, 장소적 밀접도가 주소에 미치지 못하는 곳을 말한다. 민법은 어느 사람의 주소를 알 수 없거나 국내에 주소가 없는 경우에 거소를 주소로 본다(제19조, 제20조).

(2) 현재지(現在地)

장소적 관계가 거소보다 희박한 곳을 말한다(예 : 지방출장 중에 투숙한 호텔). 이에 대하여 민법이 따로 정하고 있지 않지만, 경우에 따라 현재지가 거소에 포함될 수도 있을 것이다.

(3) 가주소(假住所)

> 제21조(가주소)
> 어느 행위에 있어서 가주소를 정한 때에는 그 행위에 관하여는 이를 주소로 본다.

당사자가 어떤 거래에 관하여 일정한 장소를 선정하여 그 거래관계에 관하여 주소로서의 법적 기능을 부여한 장소를 말한다(제21조). 즉 가주소는 당사자의 의사에 의하여 설정되며, 당해 거래관계에 한하여 주소로서의 효과를 가진다. 이 경우 원칙적으로 주소는 배제되는 것으로 본다.

4 부재와 실종

1. 총설

우리 민법은 어떤 사람이 종래의 주소나 거소를 떠나 당분간 돌아올 가망이 없는 경우에 생존하고 있는 것으로 추정하여 부재자가 돌아오기를 기다리며 그의 잔류재산을 관리하다가(부재자의 재산관리), 부재자의 생사불명 상태가 일정기간 계속되어 생존가능성이 적게 되면 일정한 절차에 따라 그가 사망한 것으로 보아 법률관계를 정리한다(실종선고).

2. 부재자의 재산관리

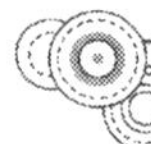

- 부재자의 재산관리에 관한 영역은 부재자재산관리인에 관해 해당 이론과 판례 및 조문의 단순한 내용을 묻는 문제로 다양하게 출제예상 된다.
- 부재와 관련된 판례들은 나름 중요한 판례들로 언제든지 출제될 수 있고, 실종선고와 연계해서 사례문제 출제의 가능성도 높으므로 정확히 정리하고 있어야 한다. 나아가 기타 부재자와 관련해서는 이해관계인에 친권자는 포함되지 않는다는 사실(친권자는 미성년자인 부재자의 법정대리인으로 따로 재산관리인 선임의 필요가 없다.)과 법조문, 그리고 민법 제118조와 관련한 부재자의 권한은 정리하고 있어야 한다.
- 부재자 재산관리인의 권한과 범위의 소멸에 대한 부분은 출제 예상되고 있으므로 부재자 재산관리인의 선임요건, 권한, 그 소멸 등을 숙지해야 한다. 또한 재산관리인이 있는 중에 실종신고가 된 경우에 실종선고의 효과와 관련된 문제도 숙지해야 한다.

(1) 부재자의 의의

부재자란 종래의 주소나 거소를 떠나 당분간 돌아올 가망이 없는 자를 말하며, 반드시 생사불명이어야 하는 것은 아니다. 당분간 돌아올 가망이 없더라도 잔류재산을 가령 대리인을 통하여 관리하고 있는 자(예컨대 해외지사 근무자)를 부재자라고 하여 그의 재산관리에 법이 관여하는 것은 적절하지 않다(대판 1960.4.21. 4292민상252 참조).

부재자는 그 성질상 자연인에 한한다(대판 1965.2.9. 64민상9 참조).

(2) 잔류재산의 관리

① 부재자 자신이 재산관리인을 둔 경우

  ㉠ 원칙적 불간섭 : 부재자가 재산관리인을 둔 경우에, 그 관리인은 부재자의 수임인이며 또한 임의대리인이다. 따라서 관리인의 권한과 관리의 방법 등은 부재자와 관리인 사이의 계약 및 제118조(대리권의 범위)에 의하여 결정된다.

  ㉡ 부재자가 재산관리인을 둔 경우라도 ⓐ 재산관리인의 권한이 본인의 부재 중 소멸하면, 관리인을 두지 않은 경우에서와 같은 조치를 취한다(제22조 제1항 후문). 또한 ⓑ 부재자의 생사가 분명하지 않게 되면, 가정법원은 재산관리인, 이해관계인 또는 검사의 청구에 의하여 재산관리인을 개임할 수 있고(제23조. 위임에 기한 재산관리권은 개임에 의하여 소멸하며, 종전의 수임인이 재산관리인으로 되었더라도 법원의 허가가 없으면 제118조를 초과하는 처분행위를 하지 못한다. 대판 1977.3.22. 76다1437 참조), 개임하지 않고 감독만 할 수도 있다.

판례

부재자가 선임한 재산관리인의 지위

부재자가 스스로 위임한 재산관리인이 있는 경우에는, 그 재산관리인의 권한은 그 위임의 내용에 따라 결정될 것이며 그 위임관리인에게 재산처분권까지 위임된 경우에는 그 재산관리인이 그 재산을 처분함에 있어 법원의 허가를 요하는 것은 아니라 할 것이니, 이 사건에 있어 위 주복임이 법원의 허가를 얻음이 없이 이 사건 부동산을 처분하였다 하여도 무효라고는 볼 수 없는 것이다(대법원 1973.7.24. 선고 72다2136 판결).

② 부재자 자신이 재산관리인을 두지 않은 경우

  ㉠ 재산관리에 필요한 처분의 명령 : 부재자에게 재산관리인이 없고 법정대리인도 없는 경우에, 가정법원은 이해관계인(부재자의 재산관리에 대하여 법률상의 이해관계를 가지는 자(예 : 추정상속인, 채권자, 보증인 등) 또는 검사의 청구가 있으면 재산관리에 필요한 처분을 하여야 한다(제22조 제1항). 재산관리에 필요한 처분으로 재산관리인의 선임과 잔류재산의 봉인ㆍ매각 등이 있으나, 일반적인 방법은 재산관리인의 선임이다.

  ㉡ 재산관리인

    • 법적지위 : 가정법원에 의하여 선임된 재산관리인은 일종의 법정대리인이다. 선임된 재산관리인은 언제든지 사임할 수 있고, 법원도 언제든지 개임할 수 있다.

- 권한 : 재산관리인은 부재자의 재산에 관하여 제118조 소정의 관리행위를 자유롭게 할 수 있으나, 이를 초과하는 처분행위를 하기 위하여 가정법원의 허가를 받아야 한다(제25조 전단). 허가 없이 한 또는 허가범위를 넘는 처분행위는 무권대리행위로서 무효이고, 법원의 허가를 받은 처분행위이더라도 그 처분권은 부재자를 위한 범위에 한정된다. 그러나 일단 법원의 처분허가를 받았다면 재산관리인이 그 처분방법을 임의로 정할 수 있고, 나중에 허가가 취소되더라도 처분은 유효하다. 한편 재산관리인의 처분행위에 대한 법원의 허가는 장래의 처분행위에 대하여 뿐만 아니라 과거의 처분행위에 대한 추인을 위해서도 할 수 있다(대판 2000.12.26. 99다19278).

재산관리인의 관리행위와 처분행위

법원의 선임에 의한 부재자 재산관리인이 권한을 초과하여서 체결한 부동산 매매계약에 관하여 허가신청절차를 이행할 것을 약정하는 것은 관리권한행위에 해당한다고 할 것이고, 이러한 약정을 이행하지 아니하는 경우 매수인으로서는 재산관리인을 상대로 하여 그 이행을 소구할 수 있다. 또한 부재자 재산관리인의 부재자 소유 부동산에 대한 매매계약에 관하여 부재자 재산관리인이 권한을 초과하여서 체결한 것으로 법원의 허가를 받지 아니하여 무효라는 이유로 소유권이전등기절차의 이행 청구가 기각되어 확정되었다고 하더라도, 패소판결의 확정 후에 위 권한초과행위에 대하여 법원의 허가를 받게 되면 다시 위 매매계약에 기한 소유권이전등기청구의 소를 제기할 수 있다(대법원 2002.1.11. 선고 2001다41971 판결).

부재자를 위한 행위

부재자 재산관리인이 법원의 매각처분허가를 얻었다 하더라도 부재자와 아무런 관계가 없는 남의 채무의 담보만을 위하여 부재자 재산에 근저당권을 설정하는 행위는 통상의 경우 객관적으로 부재자를 위한 처분행위로서 당연하다고는 경험칙상 볼 수 없다(대법원 1976.12.21. 자 75마551 결정).

- 의무 : 부재자의 재산관리인은 관리할 재산의 목록작성(제24조 제1항), 재산의 보전을 위하여 가정법원이 명하는 처분(가령 재산의 봉인, 보존등기)의 수행(동조 제2항), 재산의 관리 및 반환에 관한 – 부재자를 위한 – 상당한 담보의 제공(제26조 제1항) 등의 의무를 진다. 관리인은 선량한 관리자의 주의로 직무를 처리하여야 하고, 부재자가 사망한 경우에도 일정기간까지 직무를 수행하여야 한다.
- 권리 : 부재자의 재산관리인은 보수청구권을 가지며(제26조 제2항), 재산관리를 위하여 지출한 필요비와 그 이자 및 과실 없이 입은 손해의 배상을 청구할 수 있다.

ⓒ 재산관리의 종료

- 사유
- 본인 스스로 재산관리를 할 수 있게 된 경우
- 부재자가 후에 스스로 재산관리인을 둔 경우
- 본인의 사망이 분명하게 되거나 실종선고가 있는 경우
- 청구에 의한 취소 : 본인 또는 재산관리인·검사·이해관계인의 청구에 의하여 가정법원은 종전의 처분명령을 취소하여야 한다(제22조 제2항).

• 효과 : 가정법원의 처분허가 취소의 효력은 소급하지 않는다. 따라서 재산관리인이 선임결정
  후 그 취소 전에 자기의 권한범위 내에서 한 행위는 그의 선·악의를 불문하고 유효하다. 재
  산관리인이 부재자의 사망을 확인하였더라도 법원에 의하여 재산관리인 선임결정이 취소되지
  않는 한 재산관리인은 계속하여 권한을 행사할 수 있다.

판례

선임결정의 취소 전의 처분행위

사망한 것으로 간주된 자가 그 이전에 생사불명의 부재자로서 그 재산관리에 관하여 법원으로부터 재산관리인이 선임되
어 있었다면 재산관리인은 그 부재자의 사망을 확인했다고 하더라도 선임결정이 취소되지 아니하는 한 계속하여 권한을
행사할 수 있다 할 것이므로 재산관리인에 대한 선임결정이 취소되기 전에 재산관리인의 처분행위에 기하여 경료 된
등기는 법원의 처분허가 등 모든 절차를 거쳐 적법하게 경료 된 것으로 추정된다(대법원 1991.11.26. 선고 91다1810
판결).
부재자 재산관리인으로서 권한초과행위의 허가를 받고 그 선임결정이 취소되기 전에 위 권한에 의하여 이루어진 행위는
부재자에 대한 실종선고기간이 만료된 뒤에 이루어졌다고 하더라도 유효하다(대법원 1981.7.28. 선고 80다2668 판결).

3. 실종선고

(1) 실종선고의 의의

제27조(실종의 선고)

① 부재자의 생사가 5년간 분명하지 아니한 때에는 법원은 이해관계인이나 검사의 청구에 의하여 실
  종선고를 하여야 한다.

② 전지에 임한 자, 침몰한 선박 중에 있던 자, 추락한 항공기 중에 있던 자 기타 사망의 원인이 될
  위난을 당한 자의 생사가 전쟁종지 후 또는 선박의 침몰, 항공기의 추락 기타 위난이 종료한 후
  1년간 분명하지 아니한 때에도 제1항과 같다.

부재자의 생사불명상태가 일정기간 계속된 경우에 가정법원의 선고에 의하여 부재자를 사망한 것으로
으로 보고, 종래의 주소나 거소를 중심으로 한 법률관계를 확정하는 제도를 실종선고라고 한다.

(2) 실종선고의 요건

실종선고의 요건과 관련해서는 실질적 요건과 절차적 요건으로 나누어 정리하고 특히 절차적 요
건과 관련해서는 청구권자로서 "이해관계인"의 의미와 관련하여 1순위의 상속인 즉, 자식이 있는
경우에는 다음 순위의 상속인들은 이해관계인에 해당하지 않는다(대결 1980.9.8. 80스27; 대결
1992.4.14. 92스 4,5,6)는 판례와, 이해관계인은 법률상 직접적인 이해관계를 가져야 한다는 의미
에 대한 판례(대결 1980.9.8. 80스27)의 숙지가 필요하다.

① 실질적 요건

　㉠ 생사불명 : 생사불명이란 생존의 증명도 사망의 증명도 없는 상태를 말하며, 청구권자와 가정
　　법원에 부재자의 생사 여부가 불분명하면 된다. 가족관계등록부상 이미 사망한 것으로 기재
　　되어 있는 자에 대해서는 가족관계등록부의 추정력 때문에 실종선고를 할 수 없다고 한다(대
　　결 1997.11.27. 97스4).

　㉡ 실종기간의 경과

　　• 부재자의 생사불명이 일정기간 계속되어야 한다. 실종기간의 경과는 실종선고의 요건일 뿐만
　　　아니라 동시에 실종선고 청구의 요건이다.

　　• 보통실종의 실종기간은 5년이며, 부재자의 생존을 증명할 수 있는 최후의 시기(가령 최후의
　　　소식이 있은 때)를 그 기산점으로 한다(제27조 제1항).

　　• 특별실종의 실종기간은 1년이다(제27조 제2항). 그런데 특별실종의 기산점은 각 유형에 따라
　　　법정되어 있다. 전쟁실종은 전쟁이 종료한 때부터, 선박실종은 선박이 침몰한 때부터, 항공기
　　　실종은 항공기가 추락한 때부터 각각 기산하며, 기타 사망의 개연성이 높은 위난(예 : 지진,
　　　홍수)을 당한 자(위난실종)의 실종기간은 위난이 종료한 때부터 기산한다.

판례

민법 제27조 제2항에서 정하는 "사망의 원인이 될 위난"의 의미

[1] 민법 제27조의 문언이나 규정의 체계 및 취지 등에 비추어, 그 제2항에서 정하는 "사망의 원인이 될 위난"이라고
함은 화재 · 홍수 · 지진 · 화산 폭발 등과 같이 <u>일반적 · 객관적으로 사람의 생명에 명백한 위험을 야기하여 사망의
결과를 발생시킬 가능성이 현저히 높은 외부적 사태 또는 상황을 가리킨다.</u>

[2] <u>甲이 잠수장비를 착용한 채 바다에 입수하였다가 부상하지 아니한 채 행방불명되었다 하더라도, 이는 "사망의 원인
이 될 위난"이라고 할 수 없다는 원심판단이 정당하다고 한 사례(대결 2011. 1.31.2010스165).</u>

② 절차적 요건

　㉠ 이해관계인 또는 검사의 청구 : 이해관계인이란, 실종선고로 인하여 권리를 얻거나 의무를 면하는
　　등 신분상 또는 재산상의 이해관계를 가지는 자, 즉 실종선고에 대하여 법률상의 이해관계를
　　가지는 자를 말하며, 부재자의 배우자, 상속인, 재산관리인 등이 그 예이다. 그리고 가령 이
　　해관계인인 상속인이 여러 명이라면, 선순위 상속인만이 실종선고를 청구할 수 있다(대결
　　1992.4.14. 92스4 · 5 · 6. 후순위 상속인은 선순위자의 존재 때문에 부재자의 사망에 관하여
　　직접적인 이해관계를 가지지 않기 때문이다).

판례

이해관계인에 해당하지 않는 경우

실종선고를 청구할 수 있는 이해관계인이라 함은 법률상 뿐 만 아니라 경제적, 신분적 이해관계인이어야 할 것이므로
부재자의 제1순위 재산상속인이 있는 경우에 제4순위의 재산상속인은 위 부재자에 대한 실종선고를 청구할 이해관계인
이 될 수 없다(출처 : 대법원 1980.9.8. 자 80스27 결정).

　㉡ 공시최고 : 실종선고의 청구를 받은 가정법원은 가사소송규칙 제53조 이하의 규정에 따라 부재자
　　자신 또는 부재자의 생사를 알고 있는 자에 대하여 신고하도록 6월 이상 공고하여야 한다. 공시
　　최고기간이 지나도록 신고가 없으면 가정법원은 반드시 실종선고를 하여야 한다(제27조 제1항).

(3) 실종선고의 효과

실종선고의 효과와 관련해서는 사망의 "간주"라는 점, 사망의 효과가 생기는 시기, 사망의 효과가 미치는 범위 등을 꼼꼼히 정리할 필요가 있다.

① 사망의 간주
  ㉠ 실종선고가 확정되면 실종선고를 받은 자는 사망한 것으로 본다(제28조). 그에 따라 상속이 일어나고, 혼인이 해소되어 실종자의 배우자는 재혼할 수 있다. 이러한 효과는 청구인에 대하여 뿐만 아니라 모든 사람에 대하여 발생한다.
  ㉡ 실종선고를 받은 자는 사망한 것으로 "간주"되므로, 사망한 것으로 추정되는 경우에서와 달리, 실종자의 생존 기타 반대증거를 들어 선고의 효과를 다투지 못하며, 사망의 효과를 저지하려면 실종선고를 취소하여야 한다. 따라서 실종선고가 가정법원에 의하여 취소되지 않는 한 사망의 효과는 그대로 존속한다. 가령 실종선고에 기하여 상속이 개시된 경우에, 그 후 실종기간 만료 시와 다른 시기에 실종자가 사망한 사실이 확인되었더라도, 실종선고가 취소되지 않는 한 이미 개시된 상속을 부정하고 그와 다른 상속관계를 인정할 수 없다.

② 사망의 효과가 생기는 시기
  ㉠ 실종선고에 의하여 사망한 것으로 간주되는 시기에 관하여 다양한 입법례가 있으나, 민법은 실종기간 만료 시에 사망한 것으로 본다(제28조).
  ㉡ 실종선고가 있는 경우에 실종자는 실종기간이 만료된 때 사망한 것으로 간주되며, 그 때까지 그는 생존하는 것으로 추정된다고 할 것이다.

판례

실종선고가 없는 경우의 효과
- 부재자는 법원의 실종선고가 없는 한 사망자로 간주되지 아니한다(대판 1960.9.8. 4292민상885).
- 오늘날에 있어서 사람이 95세까지 생존한다는 것이 매우 희귀한 예에 속한다고도 할 수 없는 것이어서, 특별한 사정이 없는 한 현재 생존하고 있는 것으로 추정된다 할 것이고, 오히려 그가 사망하였다는 점은 상대방이 이를 적극적으로 입증하여야 한다(대법원 1995.7.28. 선고 94다42679 판결).
- 오늘날 그 나이가 될 때까지 생존한다는 것이 매우 희귀한 예에 속한다고도 할 수 없는 것이어서 생존하였을 가능성이 극히 희박하다고 할 정도는 아닌 것으로 인정되는 이상 특별한 사정이 없는 한 그 피대위자는 현재 생존하고 있는 것으로 추정되고, 오히려 그가 사망하였다는 점을 피고가 적극적으로 입증하여야 하겠지만, 사람이 110세까지 생존한다는 것은 매우 희귀한 예에 속하므로 위와 같은 사실에 제반 사정을 종합하여 피대위자 또는 피고가 소 제기 이전에 이미 사망하였을 것으로 쉽게 짐작되는 경우에는 그 사망 사실을 추인할 수 있다(대법원 2002.4.26. 선고 2002다5873 판결).

③ 사망의 효과가 미치는 범위

㉠ 실종선고는 종래의 주소나 거소를 중심으로 한 부재자의 법률관계의 불확정으로 인하여 이해
관계인에게 발생할 수 있는 불이익을 제거하기 위한 제도이므로 실종자의 종래의 주소 또는
거소를 중심으로 하는 사법적 법률관계만을 종료케 한다. 즉 실종선고가 실종자로부터 권리
능력을 빼앗는 것은 아니다. 가령 실종자가 다른 곳에 살고 있다면 그는 실종선고와 무관하
게 계속 권리능력을 가지며, 그가 종래의 주소 또는 거소로 돌아온 후의 사법적 법률관계에
도 영향을 미치지 않는다.

㉡ 실종선고의 효과는 원칙적으로 선거권 등의 공법상의 법률관계에도 영향을 미치지 않는다.

(4) 실종선고의 취소

가장 중요한 실종선고의 취소와 관련된 쟁점은 법조문을 중심으로 관련 논점을 정리하면 될 것이
다. 실종선고 취소의 효과와 관련하여 소급효의 제한과 관련된 실종선고 후 그 취소 전에 선의로
한 행위의 효력에 관한 문제는 결론을 정리하고, 직접이해관계인과 전득자 등 제3자와의 각각의
관계를 연결하여 선·악에 따른 효과 등을 정확히 정리하여야 한다. 또한 제3자 외에 실종선고를
직접원인으로 이해관계를 가진 자에 대한 제29조 제2항에 대한 정확한 이해가 필요하다.

① 의의

> 제29조(실종선고의 취소)
> ① 실종자의 생존한 사실 또는 전조의 규정과 상이한 때에 사망한 사실의 증명이 있으면 법원은 본
> 인, 이해관계인 또는 검사의 청구에 의하여 실종선고를 취소하여야 한다. 그러나 실종선고 후 그
> 취소 전에 선의로 한 행위의 효력에 영향을 미치지 아니한다.
> ② 실종선고의 취소가 있을 때에 실종의 선고를 직접원인으로 하여 재산을 취득한 자가 선의인 경우
> 에는 그 받은 이익이 현존하는 한도에서 반환할 의무가 있고 악의인 경우에는 그 받은 이익에 이
> 자를 붙여서 반환하고 손해가 있으면 이를 배상하여야 한다.

앞에서 본 바와 같이 실종선고에 의하여 실종자는 사망한 것으로 간주된다. 따라서 실종자가 살
아서 돌아오거나 실종기간 만료 시와 다른 시기에 사망하였다는 확증이 있더라도, 이를 들어 설종선
고의 효과를 다투지 못하며, 사망이라는 효과 자체 또는 그 시기를 바로 잡으려면 실종선고를 취소
여야 한다.

관례

실종선고취소의 의미

실종선고를 받은 자는 실종기간이 만료한 때에 사망한 것으로 간주되는 것이므로, 실종선고로 인하여 실종기간 만료시
를 기준으로 하여 상속이 개시된 이상 설사 이후 실종선고가 취소되어야 할 사유가 생겼다고 하더라도 실제로 실종선
고가 취소되지 아니하는 한, 임의로 실종기간이 만료하여 사망한 때로 간주되는 시점과는 달리 사망시점을 정하여 이미
개시된 상속을 부정하고 이와 다른 상속관계를 인정할 수는 없다(대법원 1994.9.27. 선고 94다21542 판결).

② 실종선고 취소의 요건 및 절차
  ㉠ 실질적 요건
    • 실종자가 생존하고 있다는 사실
    • 실종기간 만료 시와 다른 시기에 실종자가 사망한 사실
    • 실종기간의 기산점 후의 어느 시기에 실종자가 생존하고 있었다는 사실이 있어야 한다.
  ㉡ 형식적 요건 : 본인, 이해관계인 또는 검사의 청구가 있어야 한다.
  ㉢ 절차 : 공시최고는 요하지 않으며 요건을 갖추면 법원은 반드시 취소하여야 한다.
③ 실종선고 취소의 효과
  ㉠ 원칙 : 소급효가 발생한다. 실종선고가 취소되면 실종선고가 소급적으로 무효로 되어, 종래의 주소나 거소를 중심으로 한 실종자의 사법적 법률관계는 선고 전의 상태로 돌아간다.
  ㉡ 소급효의 제한 : 실종선고 후 그 취소 전에 선의로 한 행위
    • 서언(緒言)
    - 법은 설종선고를 신뢰한 자를 보호하기 위하여 일정한 예외를 인정하고 있다. 즉 실종선고 후 그 취소 전에 선의로 한 법률행위는 유효하다.
    - 재산취득자에게 선의취득(제249조)이나 취득시효의 완성(제245조 이하)과 같은 별개의 권리 취득사유가 있는 경우에 실종선고의 취소에 의한 영향을 받지 않고 제29조 제1항 단서 소정의 시간적 제약이 적용되지 않는다는 점에 주의할 것이다.
  ㉢ 실종선고를 직접원인으로 하여 재산을 취득한 자의 반환의무
    • 반환의무자 : 실종선고를 직접원인으로 하여 재산을 취득한 자(예 : 상속인, 생명보험의 수익자)를 말하며, 상속인의 상속인이나 상속인으로부터 상속재산을 매수한 전득자는 이에 포함되지 않는다.
    • 반환범위 : 실종선고를 직접 원인으로 하여 재산을 취득한 자가 선의라면 그 받은 이익이 현존하는 한도에서 이익을 반환할 의무가 있고, 악의인 경우에는 그 받은 이익에 이자를 붙여 반환하고 손해가 있으면 손해를 배상하여야 한다(제29조 제2항).
    • 반환의무의 성질 : 직접수익자의 이득반환의무의 법적 성질은 부당이득반환의무이며, 그 반환의 범위는 부당이득에서 수익자의 그것과 같다(제748조 참조).
    • 제29조 제2항의 이득반환의무는 실종선고 취소 시부터 10년의 소멸시효에 걸린다.

5. 법인

제1관 서설

1. 법인의 개념 및 존재이유

(1) 법인의 개념

법인이란 자연인 이외의 권리 주체로, 법률에 의하여 권리능력이 부여된 법적 주체를 말한다. 즉, 법인이란 일정한 사단 또는 재단에 법인격을 부여하여 법률상 권리·의무의 주체가 될 수 있도록 한 것을 말한다.

(2) 존재이유

사단법인제도는 단체로부터 생기는 재산적 법률관계를 단순화하여 처리하기 위한 법률적 기술이고, 재단법인은 대규모 사업 등의 영속성을 위해 자연인의 유한성을 극복하고 권리능력을 시간적·공간적으로 확장하기 위해 고안해 낸 법적 장치이다.

(3) 법인격의 부인

판례

법인격의 남용

선박회사인 갑, 을, 병이 외형상 별개의 회사로 되어 있지만 갑회사 및 을회사는 선박의 실제상 소유자인 병회사가 자신에 소속된 국가와는 별도의 국가에 해운기업상의 편의를 위하여 형식적으로 설립한 회사들로서 그 명의로 선박의 적을 두고 있고 (이른바 편의치적.(편의치적)), 실제로는 사무실과 경영진 등이 동일하다면 이러한 지위에 있는 갑회사가 법률의 적용을 회피하기 위하여 병회사가 갑회사와는 별개의 법인격을 가지는 회사라는 주장을 내세우는 것은 신의성실의 원칙에 위반하거나 법인격을 남용하는 것으로 허용될 수 없다(대법원 1988.11.22. 선고 87다카1671).

2. 법인의 본질

학습Guide

법인의 본질론에 관한 영역은 출제가능성이 다소 낮지만 그래도 간단하게나마 정리하길 바란다. 구체적으로 실재설과 의제설에 대한 비교정리가 필요하다. 즉 권리능력 범위, 불법행위 능력, 행위능력, 법인의 점유 인정 여부, 비법인사단·재단의 인정여부에 관해서 도표로 만들어 비교정리가 필요한 부분이다.

법인이 실재하는가의 여부에 대한 논의를 법인 본질론이라 한다. 이를 논의하는 이유는 법인 자신의 행위능력, 특히 불법행위능력을 인정할 수 있는가 하는 점에 있다.

(1) 학설

① **법인의제설** : 권리주체는 자연인에 한하고 의사를 가질 수 없는 단체가 법인격을 가지는 것은 자연인에 의제한 것이라고 보는 견해이다. 법인에 대한 허가주의·특허주의의 이론적 근거가 되었다. 이 학설에 의하면 법인은 국가 또는 법률이 인정하는 경우에만 성립할 수 있다.

② **법인부인설** : 법인의 본체를 법인을 구성하는 개인이나 재산에서 찾으려는 입장인데 이를 통틀어 법인부인설이라고 한다.

③ **법인실재설** : 법인은 공허물이 아니라 권리주체로서의 실질을 가지고 있고 개인의사에 비견되는 단체의사와 독자적 생명을 가지는 실체로서 당연히 법인격이 인정되어야 한다는 견해이다. 법인 설립 자유주의·준칙주의의 이론적 기초를 제공하였다. 법인은 독자적인 사회적 작용을 하고, 권리능력을 가지는데 적합한 사회적 가치를 가진다고 설명하는 사회적 가치설이 다수설이다.

(2) 법인의 본질론에 따른 차이점

구분	법인의제설	법인실재설
권리능력의 범위	법률이 인정하는 범위 내지 사항에 대해서만 인정된다.	목적달성에 필요한 범위까지 확장하여 인정한다.
대표자(이사)의 지위	대리인	법인의 기관
행위능력	법인은 행위능력이 없고 따라서 이사의 행위는 대리인의 행위이다.	이사의 행위는 법인 자신의 행위이다.
불법행위능력	법인은 불법행위능력이 없고 불법행위는 이사 개인의 행위이므로 이사 개인의 책임은 당연히 긍정된다. 반면 법인은 원칙적으로 책임이 없다. 법인도 책임져야 하는 제35조 제1항 제1문은 정책적 규정이다.	법인도 불법행위 능력이 있고 대표기관의 불법행위는 법인 자신의 불법행위이므로 법인 스스로 불법행위 책임을 진다. 반면에 대표기관은 별도로 책임지지 않는 것이 원칙이다. 따라서 대표기관도 책임을 진다는 제35조 제1항 제2문은 정책적 규정이다.
이사개인의 불법행위책임	인정	원칙적으로 부정

3. 법인의 종류

(1) 사법인과 공법인

국가의 공권력의 작용·목적에 관여하는 것을 공법인이라 한다. 사법인이란 사익을 위하여 설립한 사적 조직체를 가지는 법인격자이며, 민법상의 법인·상법상의 회사가 이에 속한다. 사법인, 공법인을 구별하는 실익은 쟁송의 관할(민사소송, 행정소송), 구성원의 범죄, 책임문제(민법상 불법행위책임, 국가배상법상 배상책임)등에서 그 효과가 달라진다는 점에 있다.

※ **중간법인(특수법인)** : 한국은행, 대한석탄공사, 한국토지주택공사 등

(2) 영리법인과 비영리법인

① 영리법인이란 영리를 목적으로 하는 법인으로 구성원의 이익을 꾀하고 법인의 이익을 구성원에게 분배한다. 영리법인은 전부가 사단법인이다.

② 비영리법인은 학술·종교·자선·기예 기타의 영리 아닌 사업을 목적으로 하는 법인이다. 다만, 비영리사업의 목적을 달성하는 데 필요하고 본질에 반하지 않을 정도의 영리행위를 하는 것은 상관없지만 구성원에게 이익을 분배하지는 않는다. 비영리법인에는 사단법인 또는 재단법인이 있다. 재단법인은 모두 비영리법인이다.

③ 사단법인과 재단법인
  ㉠ 사단법인은 다수인이 공동목적의 사업을 하기 위하여 결합한 사람의 단체에 대하여 법인격을 인정한 것을 말한다. 단체의사에 기하여 자율적으로 활동한다.
  ㉡ 재단법인은 일정한 목적을 위하여 출연된 재산에 대하여 법인격이 인정된 것을 말한다. 설립자의 의사에 구속되어 타율적으로 활동한다.

4. 권리능력 없는 사단과 재단

(1) 권리능력 없는 사단

- 비법인사단과 재단에 관한 부분은 아무리 강조해도 지나치지 않는 영역이다. 이 파트는 비법인사단과 재단에 관한 부분만 독자적으로 출제되지 않고 문제되는 관련논점과 결합한 종합형 문제가 출제예상되고 있다.
- 비법인사단과 관련하여 정리하여야 할 부분은 비법인사단에 민법규정의 유추적용여부(제35조 제1항, 제60조, 제62조, 제75조 제1항 등의 유추적용 문제), 비법인사단의 종류, 비법인사단의 재산형태인 총유와 그 총유물의 처분절차 등이 문제된다. 특히 비법인사단에 대표권제한 규정이 준용되는지가 주된 쟁점이고, 기타 대표권 제한과 남용 등에 대하여도 같이 정리하여야 한다. 이때 대표권 제한(비진의표시유추적용설 등)과 대표권유월(강행법규 위반시 제35조 적용설 등)을 비교학습을 해서 정확히 이해해야 한다. 한편 비법인사단인 종중(여성종원, 규약, 총회 등) 및 교회(분열 등 – ① 교회의 재산적 법률분쟁에 적용될 이론적 근거, ② 교회분열의 허용여부, ③ 소속 교단에서의 탈퇴 내지 소속 교단의 변경요건, ④ 교회의 교인들이 집단적으로 탈퇴한 경우의 법률관계 등), 총유물에 대한 보전행위의 방법 등은 항상 출제가 가능한 분야이다.

① 의의 및 발생이유

　　㉠ 권리능력 없는 사단(법인격 없는 사단 또는 비법인 사단이라고도 한다)이란 사단의 실질을 가지고 있지만 아직 권리능력(법인격)을 취득하지 못한 것을 말한다.

판례

권리능력 없는 사단과 조합

민법상의 조합과 법인격은 없으나 사단성이 인정되는 비법인사단을 구별함에 있어서는 일반적으로 그 단체성의 강약을 기준으로 판단하여야 하는바, 조합은 2인 이상이 상호간에 금전 기타 재산 또는 노무를 출자하여 공동사업을 경영할 것을 약정하는 계약관계에 의하여 성립하므로 어느 정도 단체성에서 오는 제약을 받게 되는 것이지만 구성원의 개인성이 강하게 드러나는 인적 결합체인 데 비하여 비법인사단은 구성원의 개인성과는 별개로 권리·의무의 주체가 될 수 있는 독자적 존재로서의 단체적 조직을 가지는 특성이 있다 하겠는데, 어떤 단체가 고유의 목적을 가지고 사단적 성격을 가지는 규약을 만들어 이에 근거하여 의사결정기관 및 집행기관인 대표자를 두는 등의 조직을 갖추고 있고, 기관의 의결이나 업무집행방법이 다수결의 원칙에 의하여 행하여지며, 구성원의 가입, 탈퇴 등으로 인한 변경에 관계없이 단체 그 자체가 존속되고, 그 조직에 의하여 대표의 방법, 총회나 이사회 등의 운영, 자본의 구성, 재산의 관리 기타 단체로서의 주요사항이 확정되어 있는 경우에는 비법인사단으로서의 실체를 가진다고 할 것이다(대법원 1999.4.23. 선고 99다4504 판결).

　　㉡ 사단의 실체를 가지고 있음에도 불구하고 법인격을 취득하지 못한 권리능력 없는 사단이 발생하는 이유는, 주무관청의 허가(제32조)를 받지 못하였거나 행정관청의 감독 기타 규제를 받기를 원하지 않기 때문이다(민법은 법인설립에 관하여 강제주의를 채택하고 있지 않다).

② 권리능력 없는 사단의 예

　　㉠ 종중

　　㉡ 교회

　　㉢ 재단법인 성균관의 설립 이전부터 존재하던 성균관(대판 2004.11.12. 2002다46423).

　　㉣ 아파트입주자대표회의(대판 1991.4.23. 91다4478).

　　㉤ 주택건설촉진법에 의하여 설립된 재건축조합(대판 2001.5.29. 2000다10246).

　　㉥ 연합주택조합

　　• 연합주택조합의 설립경위와 목적, 그 구성원과 조직, 사업추진의 경과와 그 내용 및 각 분양계약의 체결경위 등에 비추어 보면, 연합주택조합이 수개의 직장주택조합 내지 지역주택조합의 단순한 업무집행기관으로 볼 수는 없고 독립한 비법인 사단으로서 각 분양계약에 관한 당사자 본인으로서의 지위를 가진다고 할 것이나, 한편 연합주택조합은 위 각 조합의 규모가 영세하여 각 조합이 각자 단독으로 조합아파트 건설사업을 추진하기가 어려워 오로지 위 각 조합이 공동으로 그 사업을 추진하기 위한 목적으로 설립된 것이고 그 구성원도 위 각 조합의 조합원 전원이며 그 임원진도 위 각 조합의 조합장 및 총무로 구성되어 있는 점, 이에 위 각 조합은 연합주택조합에게 아파트의 건축과 조합원분 아파트의 배정, 비조합원분 아파트의 분양 등 일체의 업무를 담당하도록 한 점, 다만 주택건설촉진법상 인가받은 조합은 위 각 조합이므로 연합주택조합은 사업계획승인이나 건축허가 등을 신청함에 있어 그 명의자는 위 각 조합으로 하였고 따라서 준공된 아파트에 대한 소유권보존등기도 건축허가명의자인 위 각 조합 명의로 경료되게 되는 점 등에 비추어 보면, 연합주택조합은 분양계약을 체결함에 있어서 당

사자 본인으로서의 지위를 가짐과 동시에 보존등기명의자가 될 위 각 조합의 대리인으로서의 지위도 함께 가진다(대법원 2002.9.10. 선고 2000다96).

- 洞·里나 자연부락 : 어떤 토지가 토지조사령에 의한 사정 당시 "학장동"의 명의로 사정되었다면 달리 특별한 사정이 없는 한 그 학장동은 단순한 행정구역인 학장동이 아니라, 그 행정구역내에 거주하는 주민들로 구성된 법인 아닌 사단으로서 행정구역과 같은 명칭을 사용하는 주민공동체를 가리킨다고 보아야 하고, 그 뒤 사회적 여건의 변화 등으로 그와 같은 법인 아닌 사단으로서의 주민공동체의 의사결정기관이나 업무집행기관 및 대표자가 없어져버려 법인 아닌 사단으로서의 실체로 인정할 만한 것이 현실적으로 남아 있지 않게 되었다고 하더라도, 여전히 그 공동체의 명의로 특정한 재산을 소유하고 있는 것으로 토지대장에 기재되어 있다면 그 재산관계의 청산에 관한 한 그 공동체가 그대로 법인 아닌 사단으로 존속하고 있는 것으로서 당사자능력을 가지고 있다고 보아야 한다(대법원 1990.12.7. 선고 90다카25895).
- 어촌계 : 법인 아닌 어촌계가 취득한 어업권은 어촌계의 총유이고, 그 어업권의 소멸로 인한 보상금도 어촌계의 총유에 속하므로 총유물인 손실보상금의 처분은 원칙적으로 계원총회의 결의에 의하여 결정되어야 한다(대법원 2003.6.27. 선고 2002다68034). 비법인 사단인 어촌계의 구성원은 총유재산에 대하여 특정된 지분을 가지고 있는 것이 아니라 사단의 구성원이라는 지위에서 총유재산의 관리 및 처분에 참여하고 있는 것에 불과하고, 그 신분을 상실하면 총유재산에 대하여 아무런 권리를 주장할 수 없는 것이므로, 비록 그가 어촌계의 계원으로 있을 당시 어촌계가 취득한 보상금이라 하더라도 그 분배결의 당시 계원의 신분을 상실하였다면 그 결의의 효력을 다툴 법률상의 이해관계가 없다고 보아야 할 것이다(대법원 2000.5.12. 선고 99다71931).
- 사찰 : 그 실체에 따라 통상 권리능력 없는 사단이거나(가령 대판 1997.12.9. 94다41249), 권리능력 없는 재단이지만(가령 대판 1994.12.13. 93다43545), 그 밖에 사단도 재단도 아닌 순수한 개인사찰, 즉 사설사찰도 있고, 이러한 사찰의 재산은 사찰의 소유자인 개인에 속한다(대판 1997.4.25. 96다46484).

③ **성립요건** : 권리능력 없는 사단은 사단의 실체를 가져야 하므로, 별도의 조직행위를 요하지는 않더라도, 대표자와 총회 등 사단으로서의 조직을 갖추어야 하고 구성원의 변경과 관계없이 존속하여야 한다. 그 밖에 사단법인의 정관에 상응하는 것이 있어야 하는지가 문제되는데, 반드시 「성문」의 규약이 아니더라도 사단법인의 정관에 상응하는 것(그 명칭이 정관이어야 하는 것은 아니다)은 있어야 할 것이다.

④ **법률관계**
  ㉠ 내부관계 : 권리능력 없는 사단의 내부관계에 대하여 사적자치의 한 내용인 단체자치의 원칙에 따라 우선 정관을 적용하고, 정관에 규정이 없으면 사단법인의 내부관계에 관한 민법규정(예 : 사원총회, 이사)을 유추적용 하여야 한다(대판 2006.7.4. 2004다7408).

※ 판례에 비추어 법인에 대한 민법규정이 비법인사단에 유추 또는 준용될 수 있는 경우
ⓐ 제82조 제1항(청산법인규정)을 유추하여 그 선임된 자가 청산인으로서 청산 중의 비법인사단을 대표하여 청산업무를 수행하게 된다(대판 2003.11.14. 2001다32687).
ⓑ 민법 제35조 제1항(법인의 불법행위능력규정)을 유추적용하여 비법인사단의 경우 대표자의 행위가 직무에 관한 행위에 해당하지 아니함을 피해자 자신이 알았거나 또는 중대한 과실로 인하여 알지 못한 경우에는 비법인사단에게 손해배상책임을 물을 수 없다(대판 2003.7.25. 2002다27088).
ⓒ 이사의 대리인 선임 규정(제62조)(대판 1996.9.6. 94다18522).

※ 판례에 비추어 법인에 대한 민법규정이 비법인사단에 유추 또는 준용될 수 없는 경우
대표자의 대표권 제한에 관하여 등기할 방법이 없어 민법 제60조의 규정을 준용할 수 없고(대판 2003.7.22. 2002다64780), 법인에 관한 민법 제64조(특별대리인의 선임)의 규정은 준용할 수 없다(대판 1961.11.16. 4293민재항431)

ⓛ 외부관계 : 권리능력 없는 사단의 외부관계에 대해서도 사단법인의 외부관계에 관한 민법규정(예 : 대표기관의 권한과 그 권한의 행사방법, 대표자의 불법행위에 대한 책임)을 유추적용 하여야 한다.
ⓒ 재산관계 : 제275조는 "법인이 아닌 사단의 사원이 집합체로서 물건을 소유할 때에는 총유로 한다."고 하여 권리능력 없는 사단의 재산귀속형태를 규정하고 있다(권리능력 없는 사단의 채무도 그 구성원들의 총유에 속하며, 그 결과 단체의 재산만이 그에 대하여 책임을 지고, 각 구성원이 고유재산으로 책임을 지지는 않는다).
ⓔ 그 밖에 민사소송법 제52조가 권리능력 없는 사단에 당사자능력(소송의 주체가 될 수 있는 일반적 능력, 소송상의 권리능력)을 부여하고 있어서, 권리능력 없는 사단도 소송에서 원고 또는 피고(강제집행에서 채권자 또는 채무자)가 될 수 있다. 그리고 부동산등기법 제26조는 권리능력 없는 사단에 등기능력을 부여하여 권리능력 없는 사단의 재산귀속을 공시할 수 있는 길을 열어두고 있다.

판례

비법인사단의 대표자가 사단의 제반 업무처리를 타인에게 포괄적으로 위임할 수 없고, 위 대표자가 타인에게 한 포괄적 위임과 그에 따른 포괄적 수임인의 대행행위가 비법인사단에 효력이 미치는지의 여부

[1] 비법인사단에 대하여는 사단법인에 관한 민법 규정 가운데 법인격을 전제로 하는 것을 제외하고는 이를 유추적용하여야 하는데, 민법 제62조에 비추어 보면 비법인사단의 대표자는 정관 또는 총회의 결의로 금지하지 아니한 사항에 한하여 타인으로 하여금 특정한 행위를 대리하게 할 수 있을 뿐 비법인사단의 제반 업무처리를 포괄적으로 위임할 수는 없으므로 비법인사단 대표자가 행한 타인에 대한 업무의 포괄적 위임과 그에 따른 포괄적 수임인의 대행행위는 민법 제62조를 위반한 것이어서 비법인사단에 대하여 그 효력이 미치지 않는다.

[2] 甲 주택조합 등 다수의 주택조합을 설립한 乙이 甲 주택조합 대표자에게서 권한을 위임받아 甲 주택조합의 업무를 수행하면서 분양대행회사와 조합원모집대행계약을 체결하였고, 그에 따라 丙 등이 분양대행회사를 통해 조합원가입계약을 체결하였는데, 계약서에는 계약당사자로 甲 주택조합 등 위 다수의 주택조합을 통칭하는 명칭으로 사용되는 丁 주택조합이 기재되어 있는 사안에서, 비록 계약서에 丁 주택조합이라고 기재되어 있더라도 丙 등과 분양대행회사 사이에는 계약당사자를 甲 주택조합으로 보는 의사합치가 있었으므로 위 조합원가입계약의 계약당사자는 甲 주

택조합이고, 다만 甲 주택조합의 대표자가 甲 주택조합 대표자로서의 모든 권한을 乙에게 포괄적으로 위임한 것은 민법 제62조에 위반한 것이어서 위 조합원가입계약이 甲 주택조합에 효력이 없다고 한 사례(대판 2011.4.28. 2008다5438).

⑤ 대표적인 권리능력 없는 사단으로서 종중과 교회

　　㉠ 종중의 개념 : 종중이란 공동선조의 분묘수호 및 봉제사와 후손 상호간의 친목을 목적으로 형성되는 자연발생적인 종족단체로, 선조의 사망과 동시에 후손에 의하여 성립하는 것을 말하며, 종중의 규약이나 관습에 따라 선출된 대표자 등에 의하여 대표되는 정도로 조직을 갖추고 지속적 활동을 하고 있다면 비법인사단으로서의 단체성이 인정된다(대판 1994.9.30. 93다27703). 그리고 종중은 공동선조를 정하는 방법에 따라 대종중과 소종중 또는 지파종중 등 다층적으로 성립될 수 있다.

　　　• 그런데 공동선조의 후손 중 특정지역 거주자나 지파 소속 종중원만으로 조직체를 구성하여 활동하고 있다면, 이는 본래의 의미의 종중으로 볼 수 없고(대판 1992.9.22. 92다15048은 특정지역 내에 거주하는 종중원에 한하여 의결권을 주는 종중규약은 종중의 본질에 반하여 무효라고 하였다), 종중 유사의 권리능력 없는 사단이 될 수 있을 뿐이다(대판 1996.10.11. 95다34330). 그리고 자연발생적으로 존재하여 온 종중 소유의 토지는 여전히 봉사대상인 공동선조의 후손 전원이 종중원인 종중의 소유로 존속하는 것이지, 특정지역 거주 종원들만으로 구성된 종중 유사단체의 소유가 될 수 없다(가령 대판 1996.2.13. 95다34842).

　　㉡ 종중 구성원의 자격

종중 구성원의 자격

1. [다수의견] 종중 구성원의 자격을 성년 남자만으로 제한하는 종래의 관습법은 이제 더 이상 법적 효력을 가질 수 없게 되었다.

2. 대법원이 '공동선조와 성과 본을 같이 하는 후손은 성별의 구별 없이 성년이 되면 당연히 그 구성원이 된다.'고 종중 구성원의 자격에 관한 종래의 견해를 변경하는 것은 결국 종래 관습법의 효력을 배제하여 당해 사건을 재판하도록 하려는 데에 그 취지가 있고, 원고들이 자신들의 권리를 구제받기 위하여 종래 관습법의 효력을 다투면서 자신들이 피고 종회의 회원(종원) 자격이 있음을 주장하고 있는 이 사건에 대하여도 위와 같이 변경된 견해가 적용되지 않는다면, 이는 구체적인 사건에 있어서 당사자의 권리구제를 목적으로 하는 사법작용의 본질에 어긋날 뿐만 아니라 현저히 정의에 반하게 되므로, 원고들이 피고 종회의 회원(종원) 지위의 확인을 구하는 이 사건 청구에 한하여는 위와 같이 변경된 견해가 소급하여 적용되어야 할 것이다(대법원 2005.7.21. 선고 2002다1178 전원합의체 판결).

3. 인위적인 조직행위를 거쳐 성립된 종중 유사단체의 회칙 등에서 공동선조의 후손 중 남성만으로 구성원을 한정하고 있는 경우, 그러한 사정만으로 회칙 등이 무효로 되는지는 않는다. … 종중 유사단체는 비록 그 목적이나 기능이 고유한 의미의 종중과 별다른 차이가 없다 하더라도 공동선조의 후손 중 일부에 의하여 인위적인 조직행위를 거쳐 성립된 경우에는 사적 임의단체라는 점에서 자연발생적인 종족집단인 고유한 의미의 종중과 그 성질을 달리하므로, 그러한 경우에는 사적 자치의 원칙 내지 결사의 자유에 따라 그 구성원의 자격이나 가입조건을 자유롭게 정할 수 있음이 원칙이다. 따라서 그러한 종중 유사단체의 회칙이나 규약에서 공동선조의 후손 중 남성만으로 그 구성원을 한정하고 있다 하더라도 특별한 사정이 없는 한 이는 사적 자치의 원칙 내지 결사의 자유의 보장범위에 포함되고, 위 사정만으로 그 회칙이나 규약이 양성평등 원칙을 정한 헌법 제11조 및 민법 제103조를 위반하여 무효라고 볼 수는 없다(대판 2011.2.24. 2009다7783).

4. 여성이 연고항존자가 될 수 있다. … 헌법을 최상위 규범으로 하는 우리의 전체 법질서는 개인의 존엄과 양성의 평등을 기초로 한 가족생활을 보장하고, 가족 내의 실질적인 권리와 의무에 있어서 남녀의 차별을 두지 아니하며, 정치·경제·사회·문화 등 모든 영역에서 여성에 대한 차별을 철폐하고 남녀평등을 실현하는 방향으로 변화되어 왔으며, 앞으로도 이러한 남녀평등의 원칙은 더욱 강화될 것이라는 점과 대법원 2005.7.21. 선고 2002다1178 전원합의체 판결 선고 이후부터는 공동선조와 성과 본을 같이 하는 후손은 성별의 구별 없이 성년이 되면 당연히 종중의 구성원이 되는 점, 연고항존자는 종중의 대표자가 선임되어 있지 아니하고 그 선임에 관한 규약이나 관례가 없을 경우 대표자 선임을 위한 종중총회의 소집권을 가지는 데 불과하므로 여성이 연고항존자가 된다고 하더라도 이러한 종중사무의 집행에 특별한 어려움이 있다고는 보이지 아니하는 점 등을 종합하여 보면, 위 <u>전원합의체 판결 선고일인 2005.7.21. 이후에 대표자를 선임하기 위하여 개최되는</u> 종중총회의 소집권을 가지는 연고항존자를 확정함에 있어서 여성을 제외할 아무런 이유가 없으므로, 여성을 포함한 전체 종원 중 항렬이 가장 높고 나이가 가장 많은 사람이 연고항존자가 된다 할 것이다. 다만 이러한 연고항존자는 족보 등의 자료에 의하여 형식적·객관적으로 정하여지는 것이지만 이에 따라 정하여지는 연고항존자의 생사가 불명한 경우나 연락이 되지 아니한 경우도 있으므로, 사회통념상 가능하다고 인정되는 방법으로 생사 여부나 연락처를 파악하여 연락이 가능한 범위 내에서 종중총회의 소집권을 행사할 연고항존자를 특정하면 충분하다(대판 2010.12.9. 2009다26596).

ⓒ 종중의 재산관계 : 종중 소유의 재산(가령 공동선조의 분묘유지와 봉제사 등에 필요한 위토)은 종중원의 총유에 속하므로(제275조), 규약에 정한 바 없으면 그 관리 및 처분은 종중총회의 결의에 의하여야 하고, 그 결의가 없으면 무효이다(가령 대판 2000.10.27. 2000다22881).

⑥ 교회의 법률관계 : 권리능력 없는 사단의 또 다른 예는 (개신교의) 교회이다(천주교회는 권리능력 없는 사단이 아니다). 교회는 성금 기타 수입과 교회 건물로 구성되는 교회재산을 가지고 있으며, 그 재산의 귀속형태는 총유이다. 문제는 교인들 중 일부가 집단적으로 탈퇴하는(개별적으로 탈퇴하면 사원자격의 상실이 문제될 뿐이다) 경우(가령 일부 교인들은 종전 교단에 계속 남아있고, 나머지 교인들은 소속교단 변경을 결의하여 새로운 교단에 가입한 경우)의 법률관계인바, 종전의 판례는 교회의 분열을 인정하고 종전 교회의 재산은 분열 당시 교인들의 총유에 속하며, 교회의 소속교단의 변경은 교인 전원의 의사에 의하여서만 가능하다고 하였다. 그러나 대판(전) 2006.4.20. 2004다37775의 다수의견은 다음과 같이 입장을 변경하였다.

교인들이 집단적으로 탈퇴한 경우의 법률관계

[1] [다수의견] 우리 민법이 사단법인에 있어서 구성원의 탈퇴나 해산은 인정하지만 사단법인의 구성원들이 2개의 법인으로 나뉘어 각각 독립한 법인으로 존속하면서 종전 사단법인에게 귀속되었던 재산을 소유하는 방식의 사단법인의 분열은 인정하지 아니한다. 그 법리는 법인 아닌 사단에 대하여도 동일하게 적용되며, 법인 아닌 사단의 구성원들의 집단적 탈퇴로써 사단이 2개로 분열되고 분열되기 전 사단의 재산이 분열된 각 사단들의 구성원들에게 각각 총유적으로 귀속되는 결과를 초래하는 형태의 법인 아닌 사단의 분열은 허용되지 않는다. 교회가 법인 아닌 사단으로서 존재하는 이상, 그 법률관계를 둘러싼 분쟁을 소송적인 방법으로 해결함에 있어서는 법인 아닌 사단에 관한 민법의 일반 이론에 따라 교회의 실체를 파악하고 교회의 재산 귀속에 대하여 판단하여야 하고, 이에 따라 법인 아닌 사단의 재산관계와 그 재산에 대한 구성원의 권리 및 구성원 탈퇴, 특히 집단적인 탈퇴의 효과 등에 관한 법리는 교회에 대하여도 동일하게 적용되어야 한다. 따라서 교인들은 교회 재산을 총유의 형태로 소유하면서 사용·수익할 것인데, 일부 교인들이 교회를 탈퇴하여 그 교회 교인으로서의 지위를 상실하게 되면 탈퇴가 개별적인 것이든 집단적인 것이든 이와 더불어 종전 교회의 총유 재산의 관리처분에 관한 의결에 참가할 수 있는 지위나 그 재산에 대한 사용·수익권을 상실하고, 종전 교회는 잔존 교인들을 구성원으로 하여 실체의 동일성을 유지하면서 존속하며 종전

교회의 재산은 그 교회에 소속된 잔존 교인들의 총유로 귀속됨이 원칙이다. 그리고 교단에 소속되어 있던 지교회의 교인들의 일부가 소속 교단을 탈퇴하기로 결의한 다음 종전 교회를 나가 별도의 교회를 설립하여 별도의 대표자를 선정하고 나아가 다른 교단에 가입한 경우, 그 교회는 종전 교회에서 집단적으로 이탈한 교인들에 의하여 새로이 법인 아닌 사단의 요건을 갖추어 설립된 신설 교회라 할 것이어서, 그 교회 소속 교인들은 더 이상 종전 교회의 재산에 대한 권리를 보유할 수 없게 된다.

[2] [다수의견] 특정 교단에 가입한 지교회가 교단이 정한 헌법을 지교회 자신의 자치규범으로 받아들였다고 인정되는 경우에는 소속 교단의 변경은 실질적으로 지교회 자신의 규약에 해당하는 자치규범을 변경하는 결과를 초래하고, 만약 지교회 자신의 규약을 갖춘 경우에는 교단변경으로 인하여 지교회의 명칭이나 목적 등 지교회의 규약에 포함된 사항의 변경까지 수반하기 때문에, 소속 교단에서의 탈퇴 내지 소속 교단의 변경은 사단법인 정관변경에 준하여 의결권을 가진 교인 2/3 이상의 찬성에 의한 결의를 필요로 하고, 그 결의요건을 갖추어 소속 교단을 탈퇴하거나 다른 교단으로 변경한 경우에 종전 교회의 실체는 이와 같이 교단을 탈퇴한 교회로서 존속하고 종전 교회 재산은 위 탈퇴한 교회 소속 교인들의 총유로 귀속된다(대법원 2006.4.20. 선고 2004다37775 전원합의체 판결).

(2) 권리능력 없는 재단

① 의의 : 권리능력 없는 재단이란 재단법인의 실질을 갖추어 목적재산과 조직은 존재하지만 아직 등기를 하지 아니하여 법인격을 취득하지 못한 재단을 말한다.

② 권리능력 없는 재단의 예
- ㉠ 육영회
- ㉡ 유치원
- ㉢ 종교재단

③ 법률관계
- ㉠ 내부관계에 대해서는 재단법인의 규정이 유추적용 된다.
- ㉡ 민사소송법상의 당사자능력과 부동산등기법상의 등기능력이 있다.
- ㉢ 재산권의 귀속관계는 관리자 개인명의로 하는 수밖에 없다. 그밖에 재단법인에 관한 규정 중 법인격을 전제로 하는 것을 제외하고는 이를 유추적용할 수 있다.

판례

비법인재단의 요건

유치원이 어린이 보육을 위하여 원사를 신축하고 관계당국으로부터 개원허가를 받았으며 한편으로 교육법에 따른 원칙을 제정하여 계속 운영하여 왔다면 이는 법인 아닌 재단이라 할 것이고 설립자가 관리인으로서 당사자능력이 있다고 할 것이므로 유치원에 당사자능력을 인정한 조치는 정당하다(대법원 1968.4.30. 선고 65다1651 제2부 판결).

1. 법인설립의 입법주의

(1) 법인설립에 관한 입법주의

① **자유설립주의** : 아무런 제한 없이 법인으로서의 실체만 갖추면 법인격을 인정하는 주의로 민법은 거래안전상 자유설립주의를 명문으로 배제한다(제31조).

② **준칙주의** : 법률이 정한 요건을 구비하면 당연히 법인이 성립하는 주의로 영리법인, 노동조합 등에 채택하고 있다.

③ **인가주의(구속허가주의)** : 법률이 요구하는 일정한 요건(조직)을 갖추면 인가권자는 반드시 인가해야 하는 주의이다. 법무법인, 변호사회, 의료단체중앙회, 각종 협동조합, 상공회의소 등에 채택하고 있다.

④ **허가주의** : 주무관청의 자유재량에 의한 허가를 필요로 하는 주의이다. 법률이 정하는 요건을 구비하여도 허가를 주느냐 안 주느냐가 오로지 관청의 자유재량에 달려 있는 주의이다. 비영리법인(제32조), 사립학교법인 등에 채택하고 있다.

⑤ **특허주의** : 법인의 설립을 위하여 특별법의 제정을 필요로 하는 주의이며 각종 공사, 특수(국책)은행, 금고, 기금 등에 채택하고 있다.

⑥ **강제주의** : 법인의 설립을 국가가 강제하는 주의로 변호사회, 의사회, 약사회, 수의사회, 상공회의소 등에 채택하고 있다.

(2) 민법상 원칙

> 제32조(비영리법인의 설립과 허가)
> 학술, 종교, 자선, 기예, 사교 기타 영리 아닌 사업을 목적으로 하는 사단 또는 재단은 주무관청의 허가를 얻어 이를 법인으로 할 수 있다.

　우리 민법은 법인의 설립에 관하여 행정관청의 자유재량에 의한 허가를 요건으로 한다고 규정하여(제32조), 비영리법인에 관하여 허가주의를 취한다.

🌾 법인설립에 관한 입법주의

입법주의	의의	법인
자유설립주의	아무런 제한 없이 법인으로서의 실체만 갖추면 법인격을 인정하는 주의	우리 민법은 불인정(제31조) 스위스 민법의 비영리사단법인
준칙주의	법률이 정한 요건을 구비하면 당연히 법인이 성립하는 주의	민사회사(제39조), 상사회사, 노동조합 등
인가주의	법률이 정한 요건을 구비하고, 주무관청은 인가에 의하여 법인의 설립을 인정하는 주의(구속허가주의)	변호사회, 의사회, 약사회, 한의사회, 간호사회
		농업협동조합, 중소기업협동조합, 수산업협동조합, 자동차운수사업조합, 수출조합, 해운조합
		법무법인, 상공회의소
허가주의	주무관청의 자유재량에 의한 허가를 필요로 하는 주의	비영리법인(제32조), 학교법인, 증권거래소
특허주의	법인의 설립을 위하여 특별법의 제정을 필요로 하는 주의	한국은행, 한국산업은행, 한국수출입은행, 중소기업은행
		대한석탄공사, 한국토지주택공사, 한국조폐공사, 한국관광공사, 한국방송공사, 대한무역투자진흥공사, 한국도로공사, 한국전력공사
		한국과학기술원, 대한교원공제회, 한국마사회
강제주의	법인의 설립을 국가가 강제하는 주의	변호사회, 약사회, 수의사회, 의사회, 대한상공회의소

2. 비영리 사단법인의 설립

 학습 Guide

설립의 요건과 관련해서는 설립행위의 법적 성질을 정리해야 할 것이다. 설립 중의 사단법인과 관련해서는 발기인조합 또는 발기인 개인 명의로 취득한 권리나 부담한 의무의 설립 후의 사단법인에의 귀속여부에 대한 판례와 설립 중의 법인이 취득한 재산의 설립 후 사단법인의 재산으로 귀속에 관한 동일성설에 관한 쟁점을 간략히 정리하면 될 것이다.

(1) 설립의 요건

① 목적의 비영리성 : 민법상의 법인은 학술, 종교, 자선, 기예 기타 영리 아닌 사업을 목적으로 하여야 한다(제32조). 그러나 반드시 공익을 목적으로 할 필요는 없고, 영리사업을 하더라도 그것이 목적을 달성하기 위한 수단에 불과한 것이라면 문제되지 않는다(예컨대, 입장료를 징수하는 전람회 등).

② 설립행위(정관의 작성)

　㉠ 사단법인을 설립하려면 먼저 2인 이상의 설립자가 법인의 근본규칙을 정하여 이를 서면에 기재하고 기명날인하여야 하는데(제40조), 이 서면을 정관(형식적 정관)이라 하기도 하고, 법인의 근본규칙 그 자체를 정관이라고 하기도 한다(실질적 정관). 그리고 사단법인에 있어서는 형식적 정관을 작성하는 행위를 설립행위라 한다. 설립자들의 기명날인이 없는 정관의 작성은 설립행위가 될 수 없다.

　㉡ 사단법인 설립행위의 법적 성질

　　• 요식행위 : 서면에 의하는 요식행위에 해당한다.

　　• 법인 설립행위의 법률적 성질 : 사단법인 설립행위의 법률적 성질에 관하여 견해가 대립하나 설립자간의 법인설립의 공동목적을 가진 합동행위(협동행위)라고 본다(다수설). 그리고 합동행위에는 제124조(자기계약, 쌍방대리)와 제108조(통정한 허위의 의사표시)가 적용되지 않는다.

　㉢ 정관의 기재사항

제40조(사단법인의 정관)

사단법인의 설립자는 다음 각 호의 사항을 기재한 정관을 작성하여 기명날인하여야 한다.

1. 목적
2. 명칭
3. 사무소의 소재지
4. 자산에 관한 규정
5. 이사의 임면에 관한 규정
6. 사원자격의 득실에 관한 규정
7. 존립시기나 해산사유를 정하는 때에는 그 시기 또는 사유

- **필요적 기재사항** : 정관에 반드시 기재하여야 하는 사항이며, 그 어느 하나만 기재하지 아니하면 그 정관은 무효이다.
  - 목적
  - 명칭
  - 사무소 소재지
  - 자산에 관한 규정
  - 이사의 임면에 관한 규정
  - 사원자격의 득실에 관한 규정
  - 존립시기나 해산사유를 정한 경우 그 시기 또는 사유
- **임의적 기재사항** : 정관의 필요적 기재사항은 아니지만 이를 일단 기재한 때에는 필요적 기재사항과 동일한 효력을 가지는 사항이다.
  - 총회의 소집절차
  - 임원회의 조직에 관한 사항
  - 감사의 임면에 관한 사항 등

③ **주무관청의 허가** : 사단법인을 설립하려면 주무관청의 허가를 얻어야 한다(제32조). 이 허가는 주무관청의 자유재량에 속하므로 거절하여도 위법은 아니다. 실제에 있어서도 이 허가는 매우 신중히 하고 있다. 주무관청이라 함은 법인이 목적으로 하는 사업을 주관하는 중앙행정관청을 의미한다(예 : 학술에 관한 법인은 교육부장관, 종교에 관한 법인은 문화체육관광부장관). 만약 사단법인의 목적사업이 수개의 행정관청에 속할 때에는 각각 그 허가를 얻어야 한다.

④ **설립등기** : "법인은 그 주된 사무소의 소재지에서 설립등기를 함으로써 성립한다."고 하였으므로 설립등기는 법인의 성립요건이다(제33조).

사단법인 정관의 법적 성질과 그 해석방법
사단법인의 정관은 이를 작성한 사원뿐만 아니라 그 후에 가입한 사원이나 사단법인의 기관 등도 구속하는 점에 비추어 보면 그 법적 성질은 계약이 아니라 자치법규로 보는 것이 타당하므로, 이는 어디까지나 객관적인 기준에 따라 그 규범적인 의미 내용을 확정하는 법규해석의 방법으로 해석되어야 하는 것이지, 작성자의 주관이나 해석 당시의 사원의 다수결에 의한 방법으로 자의적으로 해석될 수는 없다 할 것이어서, 어느 시점의 사단법인의 사원들이 정관의 규범적인 의미 내용과 다른 해석을 사원총회의 결의라는 방법으로 표명하였다 하더라도 그 결의에 의한 해석은 그 사단법인의 구성원인 사원들이나 법원을 구속하는 효력이 없다(대법원 2000.11.24. 선고 99다12437 판결).

(2) 설립중인 사단법인의 법적 성질

① **법인의 성립** : 제1단계에서 설립자 상호간의 법인설립을 목적으로 하는 법률관계가 성립하고, 제2단계에서 그 이행으로서의 정관의 작성, 구성원의 결정 등 법인설정의 제 요건의 충족, 제3단계에서 법인이 성립하는데, 여기서 제1단계가 '설립자(발기인) 조합', 제2단계에 있는 것을 '설립중의 법인'이라 하는데 이들의 성질과 법률관계가 문제된다.

② 설립자 조합

　㉠ 설립자(발기인) 조합은 민법상 조합으로 본다(통설).

　㉡ 법인설립의 준비행위이며 설립중의 법인 행위와 구별하여 조합 자체의 책임으로 해석한다.

③ 설립중의 법인

　㉠ 학설

　　• 법인 성립의 전신이나 법인격이 인정되지 않으므로 '권리능력 없는 사단'이라 한다(통설).

　　• 설립중의 법인의 행위는 당연히 성립 후 법인에 귀속하는 것으로 본다(통설).

　㉡ 판례 : 설립중의 법인의 행위에 대하여 설립된 후 법인이 책임을 지는 것은 그 법인의 '설립 자체를 위한 행위'에 한한 것이라 본다(대판 1965.4.13. 64다1940).

3. 비영리 재단법인의 설립

재단법인의 설립요건도 ① 목적의 비영리성, ② 설립행위, ③ 주무관청의 허가, ④ 설립등기가 있어야 하는데, 이 중 설립행위가 사단법인의 경우와 다를 뿐 나머지 세 요건은 모두 사단법인의 경우와 동일하므로 여기에서는 재단법인의 설립행위에 관하여서만 설명하기로 한다.

(1) 재단법인 설립행위의 의의

① 재단법인의 설립행위라 함은 설립자가 일정한 목적을 위하여 재산을 출연하고, 그 운영에 필요한 근본규칙인 정관을 작성하는 것을 말한다.

② 재단법인의 설립행위에는 반드시 일정한 재산의 출연이 있어야 한다는 점에서 사단법인의 설립행위와 근본적으로 다르다.

③ 1인이 단독으로 하는 것이 보통이지만 수인이 공동으로 할 수도 있다. 또 생전행위로는 물론 유언으로도 가능하다.

(2) 정관의 작성 및 법적 성질

① 정관의 작성 : 재단법인을 설립할 때에도 정관을 작성하여야 하는데, 설립자가 서면으로 작성하고 기명날인하여야 한다(제43조). 유언에 의한 경우에는 유언 그 자체의 방식에 따라 유언서를 작성하여야 한다(제1065조 이하). 재단법인의 정관에도 필요적 기재사항과 임의적 기재사항이 있다.

② 정관의 기재사항 : 비영리 사단법인의 경우와 대체로 비슷하나, 다만 사단법인에서와 달리 재단법인에서는 사원이 없으므로 사원자격의 득실에 관한 규정은 필요적 기재사항에서 제외된다.

③ 재단법인 설립행위의 법률적 성질 : 재단법인 설립자 1인이 설립하는 때에는 단독행위이나, 2인 이상이 설립하는 때에는 견해가 대립된다.

학설	주요내용
단독행위경합설 (다수설)	재단법인의 설립은 성질상 합동행위에 의하여야 할 것은 아니고, 소수설이 주장하는 임의적 합동행위라는 것은 결국 설립행위가 본질적으로 단독행위라는 것을 의미하는 것이라고 한다.
합동행위설 (소수설)	재단법인의 설립도 2인 이상이 설립하는 대에는 일종의 합동행위이나, 다만 재단법인의 설립은 합동행위이어야 하는 것은 아니므로 그것은 이른바 '임의적 합동행위'이며, 이 점에서 사단법인의 설립행위와는 성질이 다르다고 본다.
결어(통설)	재단법인 설립행위의 법률적 성질이 임의적 합동행위라 함은 그 설립에 2인 이상을 요하지 아니한다는 데 있고, 만일 2인 이상이 설립하는 때에는 문제가 되나 그 설립에 필요한 사항은 합동행위에 의한다고 하더라도 재단법인의 실체인 재산의 출연은 가자 단독으로 할 것이므로 이 점에서 보면 단독행위의 경합이라고 본다.

④ **정관의 보충** : 재단법인의 정관은 그 필요적 기재사항을 모두 기재하여야만 유효하다. 즉 그 중 어느 하나라도 빠지면 정관으로서의 효력은 생기지 않는다. 그러나 재단법인의 설립자가 가장 중요한 목적과 자산만을 정하고 사망한 때에는 명칭, 사무소, 이사의 임면과 같은 비교적 가벼운 점을 정하지 않았다 하여 재단법인의 성립을 부인하는 것보다는 이를 보충하여 사자(死者) 의 의사를 달성케 하는 것이 이익이므로 민법은 이해관계인 또는 검사의 청구에 의하여 법원이 이들 사항을 정하여 정관에 보충함으로써 법인이 성립할 수 있도록 규정하고 있다(제44조).

(3) 재산의 출연

설립행위에는 무상으로 일정한 재산을 출연하는 행위가 포함되어야 한다. 이에는 증여(생전 행위로 하는 경우) 또는 유증(유언으로 하는 경우)에 관한 규정이 준용된다(제47조). 출연재산의 종류는 묻지 않으며 확실한 것이면 채권이라도 무방하다.

판례

재단법인의 설립행위에 증여규정이 적용되는 범위

민법 제47조 제1항에 의하여 생전처분으로 재단법인을 설립하는 때에 준용되는 민법 제555조는 "증여의 의사가 서면으로 표시되지 아니한 경우에는 각 당사자는 이를 해제할 수 있다."고 함으로써 서면에 의한 증여(출연)의 해제를 제한하고 있으나, 그 해제는 민법 총칙상의 취소와는 요건과 효과가 다르므로 서면에 의한 출연이더라도 민법 총칙규정에 따라 출연자가 착오에 기한 의사표시라는 이유로 출연의 의사표시를 취소할 수 있고, 상대방 없는 단독행위인 재단법인에 대한 출연행위라고 하여 달리 볼 것은 아니다(대법원 1999.7.9. 선고 98다9045 판결).

① 출연재산의 귀속시기

제48조 (출연재산의 귀속시기)
① 생전처분으로 재단법인을 설립하는 때에는 출연재산은 법인이 성립된 때로부터 법인의 재산이 된다.
② 유언으로 재단법인을 설립하는 때에는 출연재산은 유언의 효력이 발생한 때로부터 법인에 귀속한 것으로 본다.

㉠ 서설 : 설립자가 출연한 재산의 귀속시기를 제48조가 규정하고 있다. 그에 의하면 재단법인을 설립하기 위하여 출연된 재산은, 생전행위로 설립하는 경우에 재단법인이 설립된 때(즉 설립등기를 한 때), 유언으로 설립하는 경우에는 유언의 효력이 발생한 때(즉 설립자의 사망 시) 재단법인에 귀속된다.

그런데 제48조는 권리변동에 관한 현행법의 원칙 규정들(가령 제186조)과 조화되지 않는다. 이를 어떻게 해결할 것인가? 경우를 나누어 살펴보기로 한다.

② 출연재산이 물권인 경우

㉠ 서언(緖言) : 재단법인에서 출연재산의 귀속시기는 출연재산이 물권인 경우에 특히 문제된다. 이하에서는 실제로 자주 문제되는 부동산을 중심으로 살펴보기로 한다.

㉡ 학설

- 다수설은 제48조가 재단법인의 재산적 기초를 충실하게 하기 위한 특칙으로서 제187조 소정의 "기타 법률의 규정"에 해당하므로, 등기가 없더라도 출연 부동산은 제48조에서 정한 시기(즉 설립등기를 마친 때 또는 출연자의 사망 시)에 재단법인에 귀속된다고 한다.
- 소수설은 재단법인의 설립행위로 인한 부동산물권의 이전은 법률행위에 의한 물권변동이므로 제186조에 따라 등기하여야 출연 부동산이 재단법인에 귀속된다고 한다.

㉢ 판례는 출연자와 법인의 관계에서는 제187조가, 제3자에 대한 관계에서는 제186조가 적용된다는 (절충적) 입장을 취하고 있다.

판례

재단법인 출연 부동산의 귀속시기

출연재산은 출연자와 법인과의 관계에 있어서 그 출연행위에 터 잡아 법인이 성립되면 그로써 출연재산은 민법의 위 조항에 의하여 법인 성립 시에 법인에게 귀속되어 법인의 재산이 되는 것이고, 출연재산이 부동산인 경우에 있어서도 위 양당사자간의 관계에 있어서는 위 요건(법인의 성립) 외에 등기를 필요로 하는 것이 아니나, 제3자에 대한 관계에 있어서는 출연행위가 법률행위이므로 출연재산의 법인에의 귀속에는 부동산의 권리에 관해서는 법인성립 외에 등기를 필요로 한다(대법원 1993.9.14. 선고 93다8054).

③ 출연재산이 채권인 경우

㉠ 그 채권이 지명채권이라면, 제48조가 정하는 시기에 그 채권이 재단법인에 귀속된다.

㉡ 그러나 지시채권이나 무기명채권인 경우에, 물권의 경우에서 본 학설의 대립이 그대로 유지된다. 즉 다수설은 지시채권의 배서 및 교부(제508조)나 무기명채권의 교부(제523조)가 없더라도 제48조가 정하는 시기에 채권이 재단법인에 귀속된다고 하는 반면, 소수설은 제48조의 규정에도 불구하고 위의 요건이 충족되어야 비로소 채권이 재단법인에 귀속된다고 한다.

(4) 설립 중의 재단법인

설립자가 재산을 출연하여 정관을 작성하면 설립 중의 재단법인이 되며, 이는 권리능력 없는 재단이다. 그리고 설립 중의 사단법인에서 본 바와 같이 설립 중의 법인의 행위의 효과는 당연히 설립 후의 재단법인에 미친다고 할 것이다.

4. 법인의 능력

법인 본질론에 따른 법인의 능력

	권리능력	행위능력	불법행위능력
의제설	○	×	×
부인설	×	×	×
실재설	○	○	○

(1) 법인의 권리능력

학습Guide

법인의 권리능력은 법률의 규정과 정관으로 정한 목적 범위 내에서 인정됨을 알고, 법인의 권리능력 제한과 관련해서는 '목적에 의한 제한'과 관련하여 "목적의 범위 내"의 의미에 관한 학설(광의설, 협의설)과 판례의 입장을 정리 하여야 할 것이다.

① 의의

제34조(법인의 권리능력)
법인은 법률의 규정에 좇아 정관으로 정한 목적의 범위내에서 권리와 의무의 주체가 된다.

법인은 법률의 규정에 좇아 정관으로 정한 목적 범위 내에서 권리능력을 가지며, 따라서 법인은 일반적으로 성질·법률·목적에 의한 제한을 받는 범위에서 권리·의무를 누릴 수 있다. 법인의 권리능력에 관한 규정은 강행규정이다.

판례

법인의 명예가 훼손된 경우의 손해배상청구권 등

민법 제764조에서 말하는 명예라 함은 사람의 품성, 덕행, 명예, 신용 등 세상으로부터 받는 객관적인 평가를 말하는 것이고 특히 법인의 경우에는 그 사회적 명예, 신용을 가리키는 데 다름없는 것으로 명예를 훼손한다는 것은 그 사회적 평가를 침해하는 것을 말하고 이와 같은 법인의 명예가 훼손된 경우에 그 법인은 상대방에 대하여 불법행위로 인한 손해배상과 함께 명예 회복에 적당한 처분을 청구할 수 있고, 종중과 같이 소송상 당사자능력이 있는 비법인사단 역시 마찬가지이다(대법원 1997.10.24. 선고 96다17851 판결).

② 권리능력의 제한

　　㉠ 성질에 의한 제한 : 법인은 성이나 친족관계와 같은 자연인 본래의 성질을 전제로 하는 권리, 예컨대 인격권 · 친족권 · 생명권 · 정조권 · 육체상의 자유권 그리고 재산 상속권과 같은 권리는 향유할 수 없다. 그러나 법인도 유증을 받거나, 재산권을 취득하거나 정신적 자유권(명예권, 신용권, 성명권 등)은 누릴 수 있다.

　　㉡ 법률에 의한 제한 : 법인은 법률에 의하여 권리능력이 인정되므로 법률에 의하여 권리능력의 범위가 제한된다. 개별적인 규정이 있을 뿐 법인의 권리능력을 일반적으로 제한하는 법률은 없다. 민법 제81조(해산한 법인은 청산의 목적범위 내에서만 권리의무가 있다)나 상법 제173조(회사는 다른 회사의 무한책임사원이 되지 못한다) 등이 이에 해당한다.

　　㉢ 목적에 의한 제한 : 정관으로 정한 목적에 의하여 법인의 권리능력은 제한된다. '목적 범위 내'의 의미에 대하여 다수설은 목적에 위반되지 않는 범위 내라고 하여 넓게 새기는 반면 판례는 법률이나 정관에 명시된 목적자체에 국한되는 것이 아니라 그 목적을 수행하는데 있어서 직접, 간접으로 필요한 행위는 모두 포함한다고 한다(대판 2004도1632). 학설과 판례는 외견상 대립하고 있으나 결과에 있어서는 큰 차이가 없다.

회사의 권리능력을 제한하는 '회사의 정관상의 목적범위 내의 행위'의 의미와 판단 기준

회사의 권리능력은 회사의 설립근거가 된 법률과 회사의 정관상의 목적에 의하여 제한되나 그 목적범위 내의 행위라 함은 정관에 명시된 목적 자체에 국한되는 것이 아니라 그 목적을 수행하는 데 있어 직접, 간접으로 필요한 행위는 모두 포함되고 목적수행에 필요한지의 여부는 행위의 객관적 성질에 따라 판단할 것이고 행위자의 주관적, 구체적 의사에 따라 판단할 것은 아니다(대판 2009.12.10. 2009다63236).

(2) 법인의 행위능력

① 의의 : 법인실제설에 의하면 법인은 독자적으로 행위하며 따라서 대표기관의 행위는 법인 자체의 행위가 된다. 법인의 행위능력의 문제는 누가 어떠한 형식으로, 어느 범위에서 법인의 행위를 할 수 있는가에 관한 것이다.

② 법인의 대표기관의 행위 : 대표기관의 행위만이 법인의 행위로 된다. 대표기관은 이사 · 직무대행자(제60조의2) · 임시이사(제63조) · 특별대리인(제64조) · 청산인(제82 · 83조)이 있다. 대표관계는 대리관계와 유사하여 법인의 대표에 관하여는 대리에 관한 규정을 준용한다(제59조 제2항).

③ 행위능력의 범위 : 법인의 행위능력의 범위는 권리능력의 범위와 일치한다.

④ 대표권남용이론

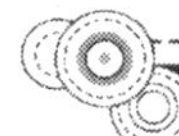

> 대표권 남용의 문제는 원칙적으로 법인의 계약상의 책임이 인정되고 다만 법인이 대표권 남용의
> 법리에 의해 항변할 수 있다는 구조를 우선 이해해야 할 것이다. 아울러 대표권 유월의 문제와도
> 비교 학습이 필요하다. 무엇보다도 중요한 것은 대표권 남용이 인정되어 법률행위의 효력이 발생
> 하지 않는 경우의 상대방의 구제책이다. 즉 대표권 남용이 인정되어 계약책임불성립 시, 이사 개
> 인의 불법행위책임 외에 제35조의 법인의 불법행위책임성립여부에 관한 법률관계를 정리하길 바
> 란다.

㉠ 의의 : 법인의 대표기관이 외형적·형식적으로는 대표권의 범위 내에서, 실질적으로는 자기 또
는 제3자의 이익을 위해서 대표행위를 하는 것을 말한다.

㉡ 학설
- 민법 제107조 제1항 단서 유추적용설(심리유보설) : 외형이 유사한 비진의표시의 규정을 유추
하여 상대방이 알았거나 알 수 있었을 경우에는 무효로 보는 견해이다.
- 권리남용설(신의칙설) : 대리인의 권한남용에 따른 법률행위의 효과를 본인과 상대방 가운데
누구에게 분배하는가의 문제로 보아 상대방이 안 경우(또는 중과실이 있는 경우), 무효로 보
는 견해이다.

㉢ 판례 : 주류적인 태도는 심리유보설의 입장(대판 86다카371 등)이나 주식회사의 대표이사의 대
표권 남용에 대해서 신의칙설을 취한 판례도 있다.

판례

대표권남용에 관하여 신의칙설을 따른 예

주식회사의 대표이사가 그 대표권의 범위 내에서 한 행위는 설사 대표이사가 회사의 영리목적과 관계없이 자기 또는
제3자의 이익을 도모할 목적으로 그 권한을 남용한 것이라 할지라도 일은 회사의 행위로서 유효하고 다만 그 행위의
상대방이 그와 같은 정을 알았던 경우에는 그로 인하여 취득한 권리를 회사에 대하여 주장하는 것이 신의칙에 반하므
로 회사는 상대방의 악의를 입증하여 그 행위의 효과를 부인할 수 있을 뿐이다(대법원 1987.10.13. 선고 86다카522
판결).

(3) 법인의 불법행위능력

제35조 (법인의 불법행위능력)

① 법인은 이사 기타 대표자가 그 직무에 관하여 타인에게 가한 손해를 배상할 책임이 있다. 이사
기타 대표자는 이로 인하여 자기의 손해배상책임을 면하지 못한다.

② 법인의 목적범위 외의 행위로 인하여 타인에게 손해를 가한 때에는 그 사항의 의결에 찬성하거나
그 의결을 집행한 사원, 이사 및 기타 대표자가 연대하여 배상하여야 한다.

법인의 불법행위능력에 관한 부분은 법인관련 사례의 논점으로 자주 등장하는 부분이다. 법인의 불법행위 성립요건과 관련해서는 (1) 대표기관의 행위일 것, (2) 직무에 관한 행위일 것, (3) 대표기관의 불법행일 것, (4) 상대방의 손해가 발생하였을 것 등이다. 이와 관련하여 (2)의 직무관련성 판단기준으로서의 외형이론과 손해가 발생하였을 것 등이다. 이와 관련하여 (2)의 직무관련성 판단기준으로서의 외형이론과 그 한계에 관련된 내용을 정리하고, (4)의 상대방의 손해와 관련해서는 직접손해만을 의미하고 간접손해는 손해의 개념에 포함되지 않는다는 점을 정리하고 있어야 할 것이다.

① **의의** : 법인실재설은 대표기관의 행위가 법인행위로 인정되는 범위 내에서 그 대표기관의 행위가 불법행위의 요건을 충족한 때에는 법인 자신의 불법행위가 된다고 한다. 즉, 제35조는 당연규정이 되는 것이다. 법인의 불법행위책임의 근거는 제35조이고 제750조나 제756조가 아니다.

② **요건**

　　㉠ 법인 대표기관의 행위 : 법인의 대표기관은 이사 · 직무대행자(제60조의2) · 임시이사(제63조) · 특별대리인(제64조) · 청산인(제82 · 83조)이다. 그러나 대표기관이 아닌 사원총회와 지배인(상법 제11조), 감사 · 이사의 특정한 법률행위를 대리하는 대리인(임의대리인)의 행위에 대해서 법인은 사용자로서 책임을 질 뿐 이다(제756조).

판례

민법 제35조 제1항에서 정한 '법인의 대표자'에 당해 법인을 실질적으로 운영하면서 법인을 사실상 대표하여 법인의 사무를 집행하는 사람도 포함되며, 그러한 사람에 해당하는지 여부의 판단 기준

[1] 민법 제35조 제1항은 "법인은 이사 기타 대표자가 그 직무에 관하여 타인에게 가한 손해를 배상할 책임이 있다"라고 정한다. 여기서 '법인의 대표자'에는 그 명칭이나 직위 여하, 또는 대표자로 등기되었는지 여부를 불문하고 당해 법인을 실질적으로 운영하면서 법인을 사실상 대표하여 법인의 사무를 집행하는 사람을 포함한다고 해석함이 상당하다. 구체적인 사안에서 이러한 사람에 해당하는지는 법인과의 관계에서 그 지위와 역할, 법인의 사무 집행 절차와 방법, 대내적 · 대외적 명칭을 비롯하여 법인 내부자와 거래 상대방에게 법인의 대표행위로 인식되는지 여부, 공부상 대표자와의 관계 및 공부상 대표자가 법인의 사무를 집행하는지 여부 등 제반 사정을 종합적으로 고려하여 판단하여야 한다. 그리고 이러한 법리는 주택조합과 같은 비법인사단에도 마찬가지로 적용된다.

[2] 甲 주택조합의 대표자가 乙에게 대표자의 모든 권한을 포괄적으로 위임하여 乙이 그 조합의 사무를 집행하던 중 불법행위로 타인에게 손해를 발생시킨 데 대하여 불법행위 피해자가 甲 주택조합을 상대로 민법 제35조에서 정한 법인의 불법행위책임에 따른 손해배상청구를 한 사안에서, 甲 주택조합의 등기부상 대표자는 조합 설립 시부터 乙에게 대표자로서의 모든 권한을 일임하여 乙이 조합의 도장, 대표자의 신분증 등으로 소지하면서 조합 대표자로서 사무를 집행한 점, 甲 주택조합의 등기부상 대표자는 乙로부터 월급을 받는 직원에 지나지 아니하여 乙의 사무집행에 관여할 지위에 있지 않았고, 실제로도 일절 대표자로서의 사무를 집행하지 않은 점 등 여러 사정에 비추어 볼 때, 乙은 甲 주택조합을 실질적으로 운영하면서 법인을 사실상 대표하여 법인의 사무를 집행하는 사람으로서 민법 제35조에서 정한 '대표자'에 해당한다고 보아야 함에도, 乙이 甲 주택조합의 적법한 대표자 또는 대표기관이라고 볼 수 없다는 이유로 甲 주택조합에 대한 법인의 불법행위에 따른 손해배상청구를 배척한 원심판결에는 법리오해의 위법이 있다고 한 사례(대판 2011.4.28. 2008다15438).

ⓛ 직무에 관한 행위
- **'직무에 관하여'의 의미**
  - 행위의 외형상 기관의 직무수행행위라고 볼 수 있는 행위는 물론이고, 그 자체로서는 본래 직무행위에 속하지 않으나 직무행위와 사회관념상 상당한 견련성을 가지는 행위를 포함한다.
  - 나아가 판례는 대표권의 남용이나 대표권 유월의 경우에도 직무관련성을 인정한다.
  - 대표자의 행위가 직무에 관한 행위에 해당하지 아니함을 피해자 자신이 알았거나 또는 중대한 과실로 인하여 알지 못한 경우에는 사단에게 손해배상책임을 물을 수 없다(비법인사단의 경우 : 2002다27088 참조). 행위의 외형상 직무행위라고 인정되는 것은 대표이사가 회사재산에 대한 압류를 불능케 하여 채권자에게 손해를 입힌 경우처럼 비록 부당하게 행해진 경우에도 포함된다. 직무행위와 적당한 견련관계에 서는 행위도 직무에 포함되며, 대표기관의 직무에 속하는 행위는 대표기관의 주관적인 의도와 관계없이, 그리고 부당하게 행해진 경우에도 직무관련성이 인정된다.
- **강행법규에 위반한 행위** : 법령에 의하여 원시적으로 제한되고 있는 대표권한을 일탈하여 거래행위를 하고 그 대가를 개인용도로 사용한 경우에 그 거래행위는 강행법규 위반으로 무효가 된다. 이때 상대방은 법인에 대하여 계약의 이행을 청구할 수 없기 때문에 손해를 입는다. 이에 판례는 법령의 규정에 위반한 경우에도 행위의 외형상 대표기관의 직무행위라고 인정할 수 있는 경우에는 제35조(법인의 불법행위책임)를 적용해야 한다고 하고 있다.

> **판례**

1. 법령위반행위에 대한 직무행위 여부의 판단

재단법인의 이사가 개인사업자금에 쓸 목적으로 원고 학교법인의 이사회결의를 거쳐 피고가 이 사건 예치금에 대하여 발행한 약속어음들을 담보로 하여 원고 학교법인의 명의로 금 239,000,000원을 차용하였으나 위 차용행위는 감독청의 허가를 받지 아니하여 무효이므로 이로 인하여 피고는 동액상당의 손해를 입게 되었고, 또한 위 차용행위는 학교법인의 직무상 행위로서 제3자에 대하여 불법행위를 구성한다고 할 것이므로 학교법인은 제3자에게 그로 인한 손해를 배상할 책임이 있다(대법원 1987.4.28. 선고 86다카2534 판결).

2. 사원총회의 결의를 거치지 않은 직무행위

법인이 그 대표자의 불법행위로 인하여 손해배상의무를 지는 것은 그 대표자의 직무에 관한 행위로 인하여 손해가 발생한 것임을 요한다 할 것이나, 그 직무에 관한 것이라는 의미는 행위의 외형상 법인의 대표자의 직무행위라고 인정할 수 있는 것이라면 설사 그것이 대표자 개인의 사리를 도모하기 위한 것이었거나 혹은 법령의 규정에 위배된 것이었다 하더라도 위의 직무에 관한 행위에 해당한다고 보아야 한다(대법원 2004.2.27. 선고 2003다15280 판결).

ⓒ 불법행위에 관한 일반적 성립요건을 갖출 것 : 제35조 1항은 제750조에 대한 특별규정이므로 일반불법행위의 성립요건을 갖추어야 한다. 즉 ㉠고의 또는 과실로 인한 가해행위 ㉡가해행위의 위법성 ㉢손해발생 ㉣가해행위와 손해사이의 인과관계가 있어야 한다.

③ 효과

불법행위의 효과와 관련해서는 대표기관의 책임과 법인의 책임과의 관계(제35조 제1항)와 법인의 불법행위가 성립하지 않는 경우(제35조 제2항)를 정리하고, 마지막으로 제35조의 적용범위와 관련된 쟁점으로 권리능력 없는 사단·재단에의 유추적용문제도 아울러 정리하길 바란다.

- ㉠ 원칙 : 법인의 불법행위가 성립되면 법인은 피해자에 대하여 손해배상책임을 진다(제35조 제1항).
- ㉡ 기관 개인의 책임 : 불법행위를 한 당해 기관도 개인의 자격으로 불법행위책임을 지는바 양자의 책임은 부진정연대의 관계에 선다. 다만 법인이 피해자에게 배상하면 법인은 기관 개인에 대하여 선관주의의무 위반을 이유로 구상권을 행사할 수 있다(제65조).

④ 법인의 불법행위가 성립하지 않는 경우 : 법인의 불법행위가 되지 않는 경우에 원칙적으로 행위를 한 대표기관만이 제750조에 기한 손해배상책임을 진다. 그러나 피해자를 두텁게 보호하기 위하여 제35조 제2항은 그 사항의 의결에 찬성하거나 그 의결을 집행한 사원, 이사 및 대표자가 연대하여 책임을 진다.

판례

법인 내부의 사원총회 등에서 의결에 참여한 사원 등이 불법행위책임을 부담하는지 여부의 판단 기준

법인의 대표자가 그 직무에 관하여 타인에게 손해를 가함으로써 법인에 손해배상책임이 인정되는 경우에, 대표자의 행위가 제3자에 대한 불법행위를 구성한다면 그 대표자도 제3자에 대하여 손해배상책임을 면하지 못하며(민법 제35조 제1항), 또한 사원도 위 대표자와 공동으로 불법행위를 저질렀거나 이에 가담하였다고 볼 만한 사정이 있으면 제3자에 대하여 위 대표자와 연대하여 손해배상책임을 진다. 그러나 사원총회, 대의원 총회, 이사회의 의결은 원칙적으로 법인의 내부행위에 불과하므로 특별한 사정이 없는 한 그 사항의 의결에 찬성하였다는 이유만으로 제3자의 채권을 침해한다거나 대표자의 행위에 가공 또는 방조한 자로서 제3자에 대하여 불법행위책임을 부담한다고 할 수는 없다. 이 때 의결에 참여한 사원 등이 대표자와 공동으로 불법행위를 저질렀거나 이에 가담하였다고 볼 수 있는지 여부는, 그 의결에 참여한 법인의 기관이 당해 사항에 관하여 의사결정권한이 있는지 여부 및 대표자의 집행을 견제할 위치에 있는지 여부, 그 사원이 의결과정에서 대표자의 불법적인 집행행위를 적극적으로 요구하거나 유도하였는지 여부 및 그 의결이 대표자의 업무 집행에 구체적으로 미친 영향력의 정도, 침해되는 권리의 내용, 의결 내용, 의결행위의 태양을 비롯한 위법성의 정도를 종합적으로 평가하여 법인 내부행위를 벗어나 제3자에 대한 관계에서 사회상규에 반하는 위법한 행위라고 인정될 수 있는 정도에 이르러야 한다(대판 2009.1.30. 2006다37465).

법인의 불법행위 성립요건

대표기관의 행위	직무에 관한 행위	불법행위에 관한 일반요건
이사, 직무대행자, 임시이사, 특별대리인, 청산인	• 외형상 직무행위 • 법령에 위반한 경우도 직무행위에 해당한다(판례). • 법률행위, 사실행위, 재판상·재판외 행위 불문	고의, 과실, 책임능력, 위법성, 손해

불법행위책임(35조)과 사용자책임(756조)과의 관계

	법인의 불법행위책임(제35조)	사용자책임(제756조)
행위자	법인의 대표기관	대표기관 아닌 자, 피용자
행위	직무에 관하여(외형이론)	사무집행에 관하여(외형이론)
법인의 책임	법인 자체의 불법행위책임	사용자인 법인의 사용자책임
기타의 책임	대표기관·법인의 부진정연대책임	행위자·법인의 부진정연대책임
면책 규정	면책규정 無	면책규정 有

제4관 법인의 기관

1. 총설

① 독립된 권리주체이지만 그 자체가 자연인처럼 행동할 수 없는 법인이 목적사업을 수행하기 위해서는, 부득이 하게 일정한 자연인의 행위를 필요로 한다. 즉 자연인에 의하여 구성되는 기관이 법인의 의사를 결정하고 내부적으로 법인의 사무를 처리하며 외부적으로 법인을 대표하게 된다.

② 사단법인의 기관으로 필요기관인 이사와 사원총회 그리고 임의기관인 감사가 있다. 반면 재단법인의 기관으로 이사(필요기관)와 감사(임의기관)가 있으며 성질상 사원총회는 있을 수 없다(재단법인에 의하여 이익을 얻는 수익자, 가령 양로원의 노인들이나 고아원의 고아들은 재단법인의 기관도 구성원도 아니다).

2. 이사

최근 들어 이사의 임면과 관련하여 임기만료된 법인 대표자의 업무수행권 관련 판례들이 상당한
정도로 집적되어 가고 있는 추세에 비추어 출제가 예상되므로 정리가 필요한 부분이다.

(1) 의의

① 서설 : 이사는 대외적으로 법인을 대표하고(대표기관) 대내적으로 법인의 사무를 집행하는(업무집
행기관) 상설의 필수기관이다(제57조). 이사의 수와 임기에 대한 제한은 없고(제58조 제2항 참조),
정관에서 임의로 정할 수 있다(제40조, 제43조). 그리고 이사는 자연인에 한하며(통설), 자격상
실이나 자격정지의 형을 받은 자는 이사가 될 수 없다(형법 제43조 제1항 제4호).

② 이사의 임면
  ㉠ 이사의 임면에 관한 사항은 정관의 필요적 기재사항이다(제40조 제5호).
  ㉡ 이사를 선임하는 행위는 법인과 이사 사이의 위임과 유사한 계약이다(권리능력 없는 사단과
     대표기관의 관계도 마찬가지이다).
  ㉢ 이사의 해임 및 퇴임은 정관에 따라야 하지만, 정관에 규정이 없거나 있더라도 불충분하다면
     대리와 위임에 관한 규정을 준용하여야 한다(제127조 및 제689조 참조).
  ㉣ 이사의 성명과 주소는 등기사항이다(제49조 제2항). 그리고 이사의 변경등기는 제3자에 대한
     대항요건이다(제54조 제1항, 제52조). 따라서 이사의 선임, 해임 또는 퇴임은 등기하지 않으
     면 제3자에게 대항할 수 없다. 반면 변경등기가 경료되기 전이라도 가령 새로 선임된 이사가
     한 집무집행행위는 법인에 대하여 유효하다.
  ㉤ 이사의 직무집행이 부적당하여 직무대행자를 선임하는 가처분이 있었다면 그 직무대행자는
     가처분명령에 다른 정함이 없는 한 법원의 허가 없이 법인의 통상업무에 속하지 않는 행위를
     하지 못한다. 직무대행자가 이에 위반하는 행위를 한 경우에 법인은 선의의 제3자에 대하여
     책임을 진다.

판례

법인과 이사의 법률관계

1. 권리능력 없는 사단인 재건축주택조합과 그 대표기관과의 관계는 위임인과 수임인의 법률관계와 같은 것으로서 임기
   가 만료되면 일단 그 위임관계는 종료되는 것이 원칙이고, 다만 그 후임자가 선임될 때까지 대표자가 존재하지 않는
   다면 대표기관에 의하여 행위를 할 수밖에 없는 재건축주택조합은 당장 정상적인 활동을 중단하지 않을 수 없는 상
   태에 처하게 되므로, 민법 제691조의 규정을 유추하여 구 대표자로 하여금 조합의 업무를 수행케 함이 부적당하다고
   인정할 만한 특별한 사정이 없고 종전의 직무를 구 대표자로 하여금 처리하게 할 필요가 있는 경우에 한하여 후임
   대표자가 선임될 때까지 임기만료 된 구 대표자에게 대표자의 직무를 수행할 수 있는 업무수행권이 인정된다(대법원
   2003.7.8. 선고 2002다74817 판결).

2. 학교법인의 이사는 법인에 대한 일방적인 사임의 의사표시에 의하여 법률관계를 종료시킬 수 있고, 그 의사표시는
   수령권한 있는 기관에 도달됨으로써 바로 효력을 발생하는 것이며, 그 효력발생을 위하여 이사회의 결의나 관할관청
   의 승인이 있어야 하는 것은 아니다(대법원 2003.1.10. 선고 2001다1171 판결).

(2) 이사의 직무권한

이사의 직무권한과 관련해서는 특히 이사의 대표권 제한에 관해 철저한 대비가 필요하다. 특히 권리 능력 없는 사단의 대표자의 대표권 제한에 관한 문제(민법상 대표권 제한에 대한 제60조 유추 적용여부, 상대방의 악의와 과실의 입증책임)은 각별한 주의가 요망된다.

① 대외적 권한 : 법인의 대표

  ㉠ **원칙** : 이사는 법인의 사무에 관하여 각자 법인을 대표한다(제59조 제1항 ; 각자대표). 이사는 원칙적으로 법인의 권리능력에 속하는 모든 사항에 관하여 법인을 대표할 수 있다.

  ㉡ **적용법리** : 대표기관이 법인을 대표하여 어떤 행위를 하면, 그 행위는 법인의 행위로 되어 법인이 그로 인한 권리를 취득하고 의무를 부담한다. 제59조 제2항은 대표에 대하여 대리에 관한 규정을 준용한다. 따라서 대표행위를 함에는 법인을 위한 것임을 표시하여야 하며(제114조), 무권대리(광의)에 관한 규정도 준용된다.

  ㉢ **대표권의 제한**

   • 정관에 의한 제한

    – 원칙 : 이사의 대표권은 정관에 의하여 제한될 수 있지만(제59조 제1항 단서), 이 제한을 등기하지 않으면 제3자에게 대항하지 못한다(제60조). 이사의 대표권이 정관에 의하여 제한되고 등기되어 있음에도 이사가 그를 위반하여 법인을 대표한 경우에, 그 행위는 무권대표행위로서 법인에 대하여 무효이다.

    – 제3자의 범위 : 제60조의 "제3자"의 범위에 관하여 학설은 악의의 제3자를 보호할 이유가 없으므로 선의의 제3자로 한정되고, 따라서 등기되어 있지 않더라도 악의의 제3자에게 대항할 수 있다는 제한설과 선·악의를 불문하며, 따라서 악의의 제3자에게 대항하기 위해서도 이사의 대표권에 대한 제한이 등기되어 있어야 한다는 무제한설이 대립한다. 판례는 무제한설을 따르고 있다.

판례

이사의 대표권 제한의 대항범위
법인의 정관에 법인 대표권의 제한에 관한 규정이 있으나 그와 같은 취지가 등기되어 있지 않다면 법인은 그와 같은 정관의 규정에 대하여 선의냐 악의냐에 관계없이 제3자에 대하여 대항할 수 없다.(대법원 1992.2.14. 선고 91다24564)

   • 사원총회의 의결에 의한 제한 : 제59조 제1항 단서 후단을 근거로, 학설은 일반적으로 사단법인 이사의 대표권이 사원총회의 의결에 의하여 제한될 수 있다고 한다.

- 이익상반의 경우 : 이사가 법인의 재산을 양수하는 경우에서와 같이 법인의 이익과 이사의 이익이 상반되는 사항에 관하여 이사에게는 대표권이 없으며, 이해관계인 또는 검사의 청구에 의하여 법원이 선임한 특별대리인이 법인을 대표한다(제64조). 특별대리인은 법인의 일시적인 대표기관이다.
- 포괄적 복임권의 제한 : 법인의 기관으로서 이사는 원칙적으로 자신이 대표권을 행사하여야 하지만, 가령 이사가 직접 법인을 대표하는 것이 불가능하거나 부적당한 경우에 대리인을 선임할 수 있어야 한다. 그러나 이사는 정관 또는 사원총회의 결의에 의하여 금지되지 않은 사항에 한하여 타인으로 하여금 특정한 행위(가령 법인 소유의 건물을 관리하는 행위)를 대리하게 할 수 있다. 이사에 의하여 선임된 대리인은 법인의 기관이 아니고, 법인의 대리인일 뿐이다. 그리고 이사는 이러한 대리인의 선임 · 감독에 관하여 책임을 진다(제121조 제1항).

② **대내적 권한 : 법인의 사무집행**

㉠ 이사는 대내적으로 법인의 모든 사무를 집행한다(제58조 제1항). 그리고 이사가 수인인 경우에, 정관에 다른 규정이 없으면, 법인의 사무집행은 이사의 과반수로써 결정한다.(제58조 제2항).

㉡ 이사의 사무집행권의 내용은 다음과 같다.
- 재산목록의 작성 및 비치(제55조 제1항)
- 사원명부의 작성, 관리 및 비치(동조 제2항)
- 사원총회의 소집(제69조, 제70조)
- 사원총회 의사록의 작성(제76조)
- 파산신청(제79조)
- 청산인이 되는 것(제82조)
- 각종의 등기

(3) 이사회, 직무대행자, 임시이사 및 특별대리인

① 이사회 : 이사회란 법인의 사무집행을 결정하기 위하여 이사 전원으로 구성된 의결기관을 말한다. 민법상 법인에서 이사회는 필수기관이 아니다. 이사회에 관하여 정관에 특별한 정함이 없으면 사원총회에 관한 규정을 준용할 것이다.

[판례]

민법상 법인의 이사회에서 결의사항에 이해관계가 있는 이사가 의결권을 갖지 않으며, 그 이사의 수가 의사정족수에 포함된다.

민법 제74조는 사단법인과 어느 사원과의 관계사항을 의결하는 경우 그 사원은 의결권이 없다고 규정하고 있으므로, 민법 제74조의 유추해석상 민법상 법인의 이사회에서 법인과 어느 이사와의 관계사항을 의결하는 경우에는 그 이사는 의결권이 없다. 이 때 의결권이 없다는 의미는 상법 제368조 제4항, 제371조 제2항의 유추해석상 이해관계 있는 이사는 이사회에서 의결권을 행사할 수는 없으나 의사정족수 산정의 기초가 되는 이사의 수에는 포함되고, 다만 결의 성립에 필요한 출석이사에는 산입되지 아니한다고 풀이함이 상당하다(대판 2009.4.9. 2008다1521).

② 직무대행자

제60조의2(직무대행자의 권한)
① 제52조의2의 직무대행자는 가처분명령에 다른 정함이 있는 경우 외에는 법인의 통상사무에 속하지
아니한 행위를 하지 못한다. 다만, 법원의 허가를 얻은 경우에는 그러하지 아니하다.
② 직무대행자가 제1항의 규정에 위반한 행위를 한 경우에도 법인은 선의의 제3자에 대하여 책임을
진다.

이사의 직무집행을 정지하거나 직무대행자를 선임하는 가처분을 하거나 그 가처분을 변경·취소
하는 경우에는 주사무소와 분사무소가 있는 곳의 등기소에서 이를 등기하여야 한다. 또한 직무대행
자는 가처분명령에 다른 정함이 있는 경우와 법원의 허가를 얻은 경우를 제외하고는 법인의 통상사
무에 속하지 아니한 행위를 하지 못한다. 특히 직무대행자가 이 규정을 위반하여 행위를 한 경우에
도 법인은 선의의 제3자에게 책임을 진다.

판례

직무대행자의 직무권한

민사소송법 제714조 제2항의 임시의 지위를 정하는 가처분은 권리관계에 다툼이 있는 경우에 권리자가 당하는 위험을
제거하거나 방지하기 위한 잠정적이고 임시적인 조치로서 그 분쟁의 종국적인 판단을 받을 때까지 잠정적으로 법적 평
화를 유지하기 위한 비상수단에 불과한 것으로, 가처분결정에 의하여 재단법인의 이사의 직무를 대행하는 자를 선임한
경우에 그 직무대행자는 단지 피대행자의 직무를 대행할 수 있는 임시의 지위에 놓여 있음에 불과하므로, 그 법인을 종
전과 같이 그대로 유지하면서 관리하는 한도 내의 통상업무에 속하는 사무만을 행할 수 있다고 하여야 할 것이고, 그
가처분결정에 다른 정함이 있는 경우 외에는 재단법인의 근간인 이사회의 구성 자체를 변경하는 것과 같은 법인의 통
상업무에 속하지 아니한 행위를 하는 것은 이러한 가처분의 본질에 반한다(대법원 2000.2.11. 선고 99다30039 판결).

③ 임시이사
　㉠ 법인이 성립한 후에 일시적으로 이사가 없게 되거나 결원(정관 소정의 이사의 정원수에 부족
　　이 있는 경우)이 생기더라도 법인의 존립에는 원칙적으로 영향이 없다. 그러나 이사가 없거나
　　결원이 있고, 그로 인하여 손해가 생길 염려가 있는 경우에, 법원은 이해관계인이나 검사의
　　청구에 의하여 임시이사를 선임하여야 한다(제63조).
　㉡ 임시이사는 이사가 선임될 때까지 한시적으로 이사와 동일한 권한을 가지며, 이사가 선임되면
　　그 권한은 당연히 소멸한다.

판례

제63조의 임시이사의 선임요건

[1] 민법 제63조는 법인의 조직과 활동에 관한 것으로서 법인격을 전제로 하는 조항이 아니고, 법인 아닌 사단이나 재
　단의 경우에도 이사가 없거나 결원이 생길 수 있으며, 통상의 절차에 따른 새로운 이사의 선임이 극히 곤란하고 종
　전 이사의 긴급처리권도 인정되지 아니하는 경우에는 사단이나 재단 또는 타인에게 손해가 생길 염려가 있을 수 있
　으므로, 민법 제63조는 법인 아닌 사단이나 재단에도 유추 적용할 수 있다.
[2] 임시이사의 선임을 신청할 수 있는 '이해관계인'이라 함은 임시이사가 선임되는 것에 관하여 법률상의 이해관계가
　있는 자로서 그 법인의 다른 이사, 사원 및 채권자 등을 포함한다.

[3] 민법 제63조에서 임시이사 선임의 요건으로 정하고 있는 '이사가 없거나 결원이 있는 경우'라 함은 이사가 전혀 없거나 정관에서 정한 인원수에 부족이 있는 경우를 말하고, '이로 인하여 손해가 생길 염려가 있는 때'라 함은 통상의 이사선임절차에 따라 이사가 선임되기를 기다릴 때에 법인이나 제3자에게 손해가 생길 우려가 있는 것을 의미한다(대법원 2009.11.19. 자 2008마699 전원합의체 결정).

④ 특별대리인 : 법인의 이익과 이사의 이익이 상반되는 사항에 관하여 이사에게는 대표권이 없으며, 이해관계인 또는 검사의 청구에 의하여 법원이 선임한 특별대리인이 법인을 대표한다(제64조). 특별대리인은 법인의 일시적인 대표기관이다.

3. 감사와 사원총회

(1) 감사

① 서설
　㉠ 민법상 법인에서 감사는 이사의 사무집행을 감독하는 기관으로, 정관 또는 사원총회의 결의로 둘 수도 있고 안 둘 수도 있는 임의기관이다(제66조).
　㉡ 감사의 선임방법, 자격, 수, 임기 등은 정관 또는 총회의 의결에 의하여 결정된다.

② 감사의 직무권한

> 제67조(감사의 직무)
> 감사의 직무는 다음과 같다.
> 1. 법인의 재산상황을 감사하는 일
> 2. 이사의 업무집행의 상황을 감사하는 일
> 3. 재산상황 또는 업무집행에 관하여 부정, 불비한 것이 있음을 발견한 때에는 이를 총회 또는 주무관청에 보고하는 일
> 4. 전호의 보고를 하기 위하여 필요있는 때에는 총회를 소집하는 일

　㉠ 감사는 내부적으로 이사의 사무집행을 감독할 권한을 가지지만, 외부에 대하여 법인을 대표할 권한은 없다.
　㉡ 감사의 중요한 직무권한
　　• 법인의 재산상황을 감사하는 일
　　• 이사의 업무집행 상황을 감사하는 일
　　• 재산상황 또는 업무집행에 관하여 부정, 불비한 것이 있음을 발견한 경우에 이를 총회 또는 주무관청에 보고하는 일
　　• 위의 보고를 위하여 필요한 경우에 총회를 소집하는 일. 그런데 동조에 열거된 사항은 예시적이며, 직무상 필요하다면 감사는 그 밖의 행위도 할 수 있다.

(2) 사원총회

① 의의

> **제68조(총회의 권한)**
> 사단법인의 사무는 정관으로 이사 또는 기타 임원에게 위임한 사항 외에는 총회의 결의에 의하여야
> 한다.

　사원총회란, 모든 사원으로 구성되는 사단법인의 최고 의사결정기관으로, 정관의 규정에 의하더라
도 두지 않거나 폐지할 수 없는 필요기관이다. 한편 사원이 없는 재단법인에는 성질상 사원총회가
있을 수 없고, 재단법인의 최고의사는 정관에서 정하여진다.

② 사원총회의 종류와 소집절차
　㉠ 종류

> **제69조(통상총회)**
> 사단법인의 이사는 매년 1회 이상 통상총회를 소집하여야 한다.
>
> **제70조(임시총회)**
> ① 사단법인의 이사는 필요하다고 인정한 때에는 임시총회를 소집할 수 있다.
> ② 총사원의 5분의 1 이상으로부터 회의의 목적사항을 제시하여 청구한 때에는 이사는 임시총회를
> 　 소집하여야 한다. 이 정수는 정관으로 증감할 수 있다.
> ③ 전항의 청구 있는 후 2주간 내에 이사가 총회소집의 절차를 밟지 아니한 때에는 청구한 사원은
> 　 법원의 허가를 얻어 이를 소집할 수 있다.

　통상총회와 임시총회가 있다. 통상총회는 적어도 1년에 1회 이상 정관에 정한 시기에 소집되고(제
69조) 임시총회는 특별한 필요에 따라 임시로 소집된다. 임시총회는 ① 이사가 필요하다고 인정하는
때(제70조 제1항), ② 감사가 필요하다고 인정하는 때(제67조 제4호), ③ 총사원 5분의 1 이상이 회
의의 목적사항을 제시하여 청구하는 때(제70조 제2항 전단) 소집된다. 이 중 ③과 관련하여 사원총
회의 소집정족수는 정관에 의하여 증감할 수 있으나(동항 후단), 소수사원의 총회소집권(소수사원권)
을 완전히 박탈하지는 못한다. 그리고 소수사원권으로부터 임시총회 소집의 청구가 있은 후 2주 내
에 이사가 사원총회 소집의 절차를 밟지 않으면 청구한 사원은 법원의 허가를 얻어 스스로 사원총
회를 소집할 수 있다(제70조 제3항).
　㉡ 소집절차 및 그 위반의 효과
　　• 사원총회의 소집은 이사나 소수사원 등 적법한 소집권자가 1주 전에 그 회의의 목적사항을 기
　　　재한 통지(그 법적성질은 관념의 통지이다)를 발하고, 기타 정관에 정한 방법에 의하여야 한
　　　다(제71조). 1주의 기간을 정관으로 단축할 수 없지만, 연장하는 것은 가능하다.
　　• 소집절차가 법률 또는 정관에 위반하여 하자가 있는 경우에 사원총회의 결의는 무효라고 할
　　　것이다.

총회소집의 철회·취소

[1] 법인이나 법인 아닌 사단의 총회에 있어서, 소집된 총회가 개최되기 전에 당초 그 총회의 소집이 필요하거나 가능하였던 기초 사정에 변경이 생겼을 경우에는, 특별한 사정이 없는 한 그 소집권자는 소집된 총회의 개최를 연기하거나 소집을 철회·취소할 수 있다.

[2] 법인이나 법인 아닌 사단의 총회에 있어서 총회의 소집권자가 총회의 소집을 철회·취소하는 경우에는 반드시 총회의 소집과 동일한 방식으로 그 철회·취소를 총회 구성원들에게 통지하여야 할 필요는 없고, 총회 구성원들에게 소집의 철회·취소결정이 있었음이 알려질 수 있는 적절한 조치가 취하여지는 것으로써 충분히 그 소집 철회·취소의 효력이 발생한다(대법원 2007.4.12. 선고 2006다77593 판결).

③ 총회의 권한

    ㉠ 정관으로 이사 기타 임원에게 위임한 사항을 제외한 나머지 사항은 모두 사단법인의 최고 의사결정기관인 사원총회의 결의에 의하여 결정된다(제68조). 특히 정관의 변경(제42조)과 임의해산(제77조 제2항)은 중요한 문제이므로 반드시 사원총회의 결의로 결정하여야 한다. 정관에 의해서도 박탈할 수 없다.

    ㉡ 사원총회의 결의로 사원의 권리를 제한 또는 박탈할 수 있는지가 문제되는데, 소수사원권과 같은 사원의 고유권은 그 사원의 동의 없이는 정관의 규정 또는 총회의 결의에 의하더라도 제한하거나 박탈할 수 없는 권리이다.

④ 사원총회의 결의

> **제72조(총회의 결의사항)**
> 총회는 전조의 규정에 의하여 통지한 사항에 관하여서만 결의할 수 있다. 그러나 정관에 다른 규정이 있는 때에는 그 규정에 의한다.
>
> **제73조(사원의 결의권)**
> ① 각사원의 결의권은 평등으로 한다.
> ② 사원은 서면이나 대리인으로 결의권을 행사할 수 있다.
> ③ 전2항의 규정은 정관에 다른 규정이 있는 때에는 적용하지 아니한다.

    ㉠ 사원총회의 결의사항은 정관에 다른 규정이 없으면 총회를 소집할 때 미리 통지한 사항에 한한다(제72조).

    ㉡ 각 사원은 원칙적으로 평등한 결의권을 가지지만, 정관으로 달리 정할 수 있다. 정관에 달리 정함이 없으면, 사원은 서면 또는 대리인에 의하여 결의권을 행사할 수 있다.

    ㉢ 민법이나 정관에 달리 정함이 없으면, 결의의 성립에 필요한 의결정족수는 사원 과반수의 출석과 출석사원의 결의권의 과반수이다(제75조).

    ㉣ 의사록의 작성 및 비치를 제76조가 규정한다.

⑤ 사원권

　㉠ 의의 : 사단법인의 사원이 사원이라는 지위에 기하여 사단법인에 대하여 가지는 권리와 의무를 포괄하여 사원권이라고 한다.

　㉡ 종류 : 사원권은 사단법인의 관리·운영에 참여할 수 있는 共益權(예 : 결의권, 소수사원권)과 사원 자신의 이익의 향수를 내용으로 하는 自益權(예 : 법인의 시설이용권, 영리법인에서의 이익배당청구권)의 둘로 나뉜다. 한편 사원은 사단법인에 대하여 회비납부의무 등의 일반적 의무와 본인의 동의를 전제로 하는 특별의무를 부담한다.

　㉢ 양도 상속금지 : 비영리법인의 사원권은 양도 또는 상속의 대상으로 되지 않는다(제56조). 그러나 정관으로 달리 정할 수 있다.

판례

정관 등에 의한 사원권의 양도·상속

사단법인의 사원의 지위는 양도 또는 상속할 수 없다고 규정한 민법 제56조의 규정은 강행규정이라고 할 수 없으므로, 비법인사단에서도 사원의 지위는 규약이나 관행에 의하여 양도 또는 상속될 수 있다(대법원 1997. 9. 26. 선고 95다6205 판결).

　㉣ 소멸 : 사원의 지위는 사원의 사망·탈퇴, 총회의 결의, 정관에 정하는 사유에 의하여 소멸한다.

제5관　법인의 소멸

학습Guide

법인의 소멸파트는 만약을 대비해 간략하게 사단법인과 재단법인의 해산사유의 차이, 청산법인의 능력(제81조), 파산과의 관계, 민법상의 청산사무와 청산절차규정의 내용을 숙지하고, 가장 중요한 잔여재산의 인도와 관련해서는 (1) 정관으로 지정한 자→(2) 주무관청허가 얻어 법인 유사 목적 처분→(3) 국고귀속의 순서에 유의하길 바란다.

1. 의의

법인의 소멸이라 함은 법인의 해산과 청산의 일정한 절차에 의하여 권리능력이 상실되는 것을 말하다. 법인은 해산 후 청산종결 시까지 제한된 범위에서 권리능력을 가진다.

2. 법인의 해산

(1) 의의

해산이란 법인이 본래의 목적달성을 위한 적극적 활동을 정지하고 청산절차에 들어가는 것을 말한다. 해산으로 인하여 법인은 청산의 단계로 이행한다.

(2) 해산사유

① **사단법인과 재단법인의 공통 해산사유** : 존립기간의 만료 기타 정관에 정한 해산사유 발생, 법인의 목적달성 또는 달성불능, 파산, 설립허가 취소 등이다. 파산이란 법인의 채무초과상태를 말하는 것으로 이때 이사는 지체 없이 파산을 신청하여야 한다(제79조).

② **사단법인에만 특유한 해산사유** : 사단법인은 사원이 없게 된 때(한 사람도 없게 된 경우) 또는 사원 총회의 해산결의에 의하여 해산한다(제78조). 정관에 다른 규정이 없는 한 총 사원 4분의 3 이상의 동의가 있어야 한다.

사단법인과 재단법인의 해산사유

구분	사단법인	재단법인
공통의 해산사유	① 존립기간의 만료 ② 법인의 목적의 달성 또는 달성의 불능 기타 정관에 정한 해산사유의 발생 ③ 파산 ④ 설립허가의 취소	
특유한 해산사유	① 사원이 없게 된 때 ② 사원총회의 해산결의(총사원 4분의 3 이상의 동의	×

(3) 법인의 청산

① **의의** : 해산한 법인이 잔무를 처리하고 재산관계를 정리하여 완전히 소멸할 때까지의 절차를 말한다. 청산법인의 권리능력과 행위능력은 청산의 목적범위 내로 제한된다(제81조). 청산에 관한 규정은 제3자의 이해관계에 중대한 영향을 미치므로 강행규정이다.

② **청산법인의 기관** : 해산으로 인하여 이사는 당연히 그 지위를 상실하고 청산인이 취임한다. 다만 파산한 경우에는 파산관재인이 취임한다. 청산인은 대외적으로 청산법인을 대표하고, 대내적으로 청산사무를 집행한다. 청산인이 될 수 있는 자는 우선적으로 정관에서 정한 자 또는 총회의 결의로 선임한 자, 그리고 여기에 해당하는 자가 없을 때에는 이사, 이에도 해당하는 자가 없으면 법원의 선임에 의한 청산인의 순이다(제82조).

③ **청산사무**
  ㉠ 해산의 등기 및 주무관청에 신고(제85조, 제86조)
  ㉡ **현존사무의 종결과 채권의 추심**(제87조) : 해산 전부터 계속적으로 행하던 업무를 완결시키고 이미 결정된 것이라도 아직 착수하지 않은 것은 개시하지 못한다.
  ㉢ **채무의 변제**
    • 채권신고의 최고 : 청산인은 취임 2개월 내에 3회 이상의 공고로 일반채권자에게 자신의 채권을 신고할 것을 최고하여야 한다. 미신고시 청산에서 제외됨을 표시해야 하며 신고기간은 2개월 이상으로 정하여야 한다(제88조). 청산인이 알고 있는 채권자에게는 개별적으로 채권을 신고할 것을 최고하여야 하며(제89조) 미신고시에도 청산에서 제외할 수 없다.

- 변제 : 청산인은 채권신고기간 내에는 채권자에게 변제할 수 없으며(제90조 본문), 변제기가 이미 도래한 채권자의 채권에 대하여는 지연손해배상을 하여야 한다(제90조 단서). 그러나 청산 중의 법인은 변제기가 도래하지 않은 채권에 대하여도 변제할 수 있다(제91조 제1항).
  - ㄹ 잔여재산의 인도 : 잔여재산은 ①정관에서 정한 자에게 귀속시키거나(제80조 제1항), ②그렇지 않은 경우에는 이사 또는 청산인은 주무관청의 허가를 얻어 그 법인의 목적에 비슷한 목적을 위하여 해산 전에는 이사가, 해산 후에는 청산인이 처분할 수 있다. 최종적으로는 국고에 귀속한다(제80조 제3항).

강행규정인 민법 제80조와 다른 정관의 효력

민법 제80조 제1항과 제2항의 각 규정 내용을 대비하여 보면, 법인 해산 시 잔여재산의 귀속권리자를 직접 지정하지 아니하고 사원총회나 이사회의 결의에 따라 이를 정하도록 하는 등 간접적으로 그 귀속권리자의 지정방법을 정해 놓은 정관 규정도 유효하다(대법원 1995.2.10. 선고 94다13473 판결).

잔여재산귀속자에 대한 재산이전행위의 성질

해산한 법인이 해산 시 잔여재산이 지정한 자에게 귀속한다는 정관 규정에 따라 구체적으로 확정된 잔여재산이전의무의 이행으로서 잔여재산인 토지를 그 귀속권리자에게 이전하는 것은 채무의 이행에 불과하므로 그 귀속권리자의 대표자를 겸하고 있던 해산한 법인의 대표청산인에 의하여 잔여재산 토지에 관한 소유권이전등기가 그 귀속권리자에게 경료 되었다고 하더라도 이는 쌍방대리금지 원칙에 반하지 않는다(대법원 2000.12.8. 선고 98두5279 판결)

  - ㅁ 파산신청 : 청산중에 법인의 재산이 채무완제에 부족한 것이 분명하게 되면 청산인은 지체 없이 파산선고를 신청하고 이를 공고하여야 한다(제93조 제1항). 법인의 파산으로 파산관재인이 정하여지면 청산인은 파산관재인에게 그 사무를 인계하여야 한다(제93조 제2항).
  - ㅂ 청산종결의 등기와 신고 : 청산이 종결하면 청산인은 3주간 내에 이를 등기하고 주무관청에 신고하여야 한다(제94조). 청산등기가 경료 된 경우이더라도 실제로 청산사무가 종결된 때 법인이 소멸한다는 것이 판례이다.

제6관 법인에 관한 기타의 규정

1. 정관의 보충 및 변경

(1) 정관의 보충

① 의의
  - ㄱ 정관의 보충이란 법인설립의 필요적 기재사항을 누락한 경우 일정자 또는 일정한 절차에 의하여 정관을 보충하여 법인설립의 요건을 충족시키는 것을 말한다.
  - ㄴ 정관의 보충가능성 여부는 사단법인·재단법인에 따라 보충의 가능성 여하가 달라진다.

② 사단법인의 정관보충

　　㉠ **정관보충의 자유** : 사단법인은 사원을 구성단위로 하는 자율적 법인이므로 법인설립 당시 정관의 필요적 기재사항을 누락한 경우 그 설립 발기인의 의사로 언제나 정관에 누락된 사항을 정하여 보충할 수 있다.

　　㉡ 사단법인의 자율성에 근거하여 정관의 보충이 가능하게 된다.

③ 재단법인의 정관보충

　　㉠ **정관보충의 원칙적 제한** : 재단법인은 일정한 목적에 바쳐진 재산을 실체로 하는 법인이므로 설립자의 의도에 의하고, 설립자가 설립행위로 정관에 필요적 기재사항을 누락한 때에는 그 정관의 보충이 불가능함이 원칙이다.

　　㉡ **정관보충의 제한적 허용** : 재단법인은 타율적 법인이므로 정관보충이 불가능함이 원칙이지만, 다만 재단법인의 비영리성 또는 공익성에 바탕하여 법인의 본질에 관계없는 사항에 관하여는 예외적으로 이해관계인·검사의 청구에 의하여 법원이 이들 사항을 보충하여 법인성립을 인정한다(제44조).

　　　　• 법인의 본질에 관계되는 목적·자산에 관한 사항 : 보충이 불가능

　　　　• 명칭, 사무소 소재지, 이사의 임면방법 등 경미한 사항 : 법원의 보충가능

(2) 정관의 변경

　　사단법인의 정관변경과 관련해서는 정관변경의 요건과 관련 법조문(제42조 제1항·제2항)과 정관변경의 허용범위에 관한 내용을 정리하고, 재단법인의 정관변경에 관해서는 원칙적으로 변경불가이나, 예외적으로 변경 허용 요건에 관한 조문(제45조·46조)과 기본재산의 변동(처분/새로 편입), 기본재산이 아닌 경우, 주무관청의 허가 시기, 허가 없는 기본재산 처분행위의 효력에 관한 내용들을 꼼꼼하게 정리하길 바란다.

① **의의** : 정관의 변경이라 함은 법인이 그 동일성을 유지하면서 그 목적이나 조직을 변경하는 것을 말한다. 정관의 변경이 가능 하느냐의 여부는 사단법인과 재단법인에 있어서 사정을 달리한다. 사단법인은 자주적 의사결정을 하는 자율적 법인이므로 원칙적으로 정관을 변경할 수 있다. 그러나 재단법인에 있어서는 자주적 의사결정기관이 없고 정관에 따라 움직이는 타율적 법인이므로 정관의 변경이 원칙적으로 허용되지 않고 부득이한 경우에만 인정된다.

② 사단법인의 정관변경

　　㉠ **사원총회의 결의** : 사단법인의 정관은 총사원 3분의 2 이상의 동의로 변경할 수 있다. 그러나 이 정수는 정관으로 다르게 규정할 수 있다(제42조 제1항). 목적의 변경도 가능 하느냐에 대하여는 문제가 있으나, 통설은 비영리목적을 영리목적으로 변경하지 않는 한 가능하다고 한다. 또 정관에서 정관의 변경을 금하는 경우에도 총사원의 동의가 있으면 변경이 가능하다는 것이 통설이다.

ⓛ 주무관청의 허가 : 정관의 변경은 주무관청의 허가를 얻어야만 그 효력이 발생하며(제42조 제2항), 또한 변경사항이 등기사항인 때에는 주무관청의 허가 외에 그 변경을 등기해야 제3자에게 대항할 수 있다(제54조).

사단법인에 있어서 정관변경의 한계

종원 일부만이 참석한 종중회합에서 종중원의 일부를 종원으로 취급하지도 않고 또 일부 종원에 대하여는 영원히 종원으로서의 자격을 박탈하는 것으로 규약을 개정한 것은 종중의 원래의 설립목적과 종중으로서의 본질에 반하는 것으로서 그 규약개정의 한계를 넘어 무효이다(대법원 1978.9.26. 선고 78다1435 판결).

③ 재단법인의 정관변경 : 재단법인은 타율적 법인이므로 원칙적으로 정관의 변경이 불가능하다. 다만, 다음과 같은 예외가 있다.

　㉠ 설립자가 정관에서 정관의 변경방법을 정하고 있는 때에는 그 변경이 가능하다(제45조 제1항).

　ⓛ 정관에서 그 변경방법을 정하고 있지 않은 경우에도 재단법인의 목적달성 또는 재산의 보전을 위하여 적당한 때에는 그 명칭이나 사무소의 소재지를 변경할 수 있다(제45조 제2항). 이것은 법인의 본질과 관계가 적은 것이기 때문에 허용하는 것이다.

　ⓒ 재단법인의 목적을 달성할 수 없는 때에는 설립자나 이사는 설립의 취지를 참작하여 그 목적 기타의 규정을 변경할 수 있다(제46조). 재단법인의 경우에도 위와 같은 때에는 정관변경이 허용되는데, 어느 경우에나 주무관청의 허가를 얻어야 효력이 있고(제45조 제3항, 제46조), 등사가항의 변경은 등기하여야 제3자에게 대항할 수 있다(제54조).

　ⓔ 기본재산의 처분·편입과 정관의 변경 : 재단법인을 설립하기 위해 출연한 기본재산은 재단법인의 실체를 이루며, 이것은 정관의 필요적 기재사항이다(제43조). 따라서 재단법인의 기본재산을 처분하거나 또는 추가로 기본재산에 편입시키는 것은 모두 정관의 변경사항이 된다. 그 결과 기본재산을 감소시키는 것은 물론 이를 증가시키는 경우에도 주무관청의 허가를 얻어야 그 효력이 발생하고, 그 허가 없이 한 처분행위는 무효가 된다.

1. 재단법인의 기본재산처분은 정관변경행위이므로 주무관청의 허가를 받지 아니하면 그 효력이 없고 재단의 채권자가 그 기본재산에 대하여 강제집행을 실시하여 경락이 된 경우도 동일하다고 하여야 할 것이다(대판 1965.5.18. 65다114).

2. 재단법인의 기본재산이 아닌 재산의 매각은 정관의 변경을 초래하는 것이 아니므로 주무관청의 허가를 필요로 하는 것이 아니다(대판 1967.12.19. 67다337).

3. 재단법인 기본재산 처분에 대한 주무관청의 허가는 반드시 사전에 받아야 하는 것이 아니라 이를 처분할 때까지 받으면 족하므로, 소유권이전등기청구소송의 경우에는 늦어도 사실심변론종결시까지 허가를 받아야 한다(대판 1974.4.23. 73다544).

4. 재단법인의 기본재산에 관한 사항은 정관의 기재사항으로서 기본재산의 변경은 정관의 변경을 초래하기 때문에 주무부장관의 허가를 받아야 하고 따라서 기존의 기본재산을 처분하는 행위는 물론 새로이 기본재산으로 편입하는 행위도 주무부장관의 허가가 있어야만 유효하다 할 것이므로 재단법인 명의로 소유권이전등기가 경료된 부동산이 재단법인의 기본재산에 편입되었다고 인정하기 위해서는 그 편입에 관한 주무부장관의 허가가 있었음이 먼저 입증되어야 한다(대판 1982.9.28. 82다카499).

5. 학교법인이 사립학교법 제47조 제1항에 의한 해산명령을 받아 해산되고 고등교육법 제62조 제1항에 의한 학교폐쇄 처분을 받아 사실상 학교법인으로서 실체를 상실하고 기능을 수행할 수 없게 된 경우에도 사립학교법 제28조 제1항 이 여전히 적용되어 그 기본재산을 처분하고자 할 때에는 관할청의 허가를 받아야 한다고 해석함이 상당하다(대판 2010.4.8. 2009다93329).

6. 재단법인의 기본재산의 처분은 정관변경을 요하는 것이므로 주무관청의 허가가 없으면 그 처분행위는 물권계약으로 무효일 뿐 아니라 채권계약으로서도 무효이다(대판 1974.6.11. 73다1975).

7. [1] 구 사립학교법(1990.4.7. 법률 제4226호로 개정되기 전의 것) 제28조 제1항의 취지는 학교법인의 기본재산에 관한 거래계약 자체를 규제하려는 것이 아니라 사립학교를 설치·운영하는 학교법인의 재정적 기초가 되는 기본재산을 유지·보전하기 위하여 감독청의 허가 없이 그 기본재산에 관하여 타인 앞으로 권리이전되거나 담보권·임차권이 설정되는 것을 규제하려는 것이라고 할 것이므로, 반드시 기본재산의 매매 등 계약 성립 전에 감독청의 허가를 받아야만 하는 것은 아니고, 매매 등 계약 성립 후에라도 감독청의 허가를 받으면 그 매매 등 계약이 유효하게 된다.

   [2] 학교법인이 감독청의 허가 없이 기본재산인 부동산에 관한 매매계약을 체결하는 한편 그 부동산에서 운영하던 학교를 당국의 인가를 받아 신축교사로 이전하고 준공검사까지 마친 경우, 위 매매계약이 감독청의 허가 없이 체결되어 아직은 효력이 없다고 하더라도 위 매매계약에 기한 소유권이전등기절차이행청구권의 기초가 되는 법률관계는 이미 존재한다고 볼 수 있고 장차 감독청의 허가에 따라 그 청구권이 발생할 개연성 또한 충분하므로, 매수인으로서는 미리 그 청구를 할 필요가 있는 한, 감독청의 허가를 조건으로 그 부동산에 관한 소유권이전등기절차의 이행을 청구할 수 있다(대판 1998.7.24. 96다27988).

2. 법인의 주소와 등기 및 감독

(1) 법인의 주소

① 법인의 법률관계에 있어서도 자연인과 마찬가지로 일정한 장소를 그 기준으로 정하여 둘 필요가 있다.

② 민법은 '주된 사무소의 소재지'를 법인의 주소로 하였다(제36조). 또한 법인설립에 있어서는 주된 사무소의 소재지에서 등기하여야 하고(제49조 제1항), 사무소를 이전한 경우에는 이를 등기하여야만 제3자에게 대항할 수 있다(제54조 제1항). 사무소가 여러 개 있을 때에는 그 중추가 되는 사무소가 그 주된 사무소이다.

(2) 법인의 등기

① 의의 : 법인은 자연인과 같이 형체를 가진 존재가 아니면서 사회적 활동을 하고 있다. 그러므로 그 조직내용을 일반에게 주지시키지 않으면 그와 거래를 한 자에게 불측의 손해를 줄 우려가 있다. 이에 민법은 법인의 조직이나 내용을 등기하여 공시하게 함으로써 거래의 안전을 도모하였다.

② 종류 : 법인등기에는 설립등기, 분사무소설치 및 사무소이전등기, 변경등기, 해산등기가 있는데, 설립등기는 설립요건(효력발생요건)이고 기타의 등기사항은 대항요건이다.

㉠ 설립등기

제49조(법인의 등기사항)
① 법인설립의 허가가 있는 때에는 3주간 내에 주된 사무소 소재지에서 설립등기를 하여야 한다.
② 전항의 등기사항은 다음과 같다.
1. 목적
2. 명칭
3. 사무소
4. 설립허가의 연월일
5. 존립시기나 해산사유를 정한 때에는 그 시기 또는 사유
6. 자산의 총액
7. 출자의 방법을 정한 때에는 그 방법
8. 이사의 성명, 주소
9. 이사의 대표권을 제한한 때에는 그 제한

- 설립등기를 함으로써 법인은 비로소 성립한다. 행정관청의 허가만으로는 아직 법인격이 부여되지 않는다. 설립등기는 법인설립의 허가서가 도달된 날로부터 3주 이내에 주된 사무소의 소재지에서 하여야 한다.
- 등기사항
  - 목적
  - 명칭
  - 사무소
  - 설립허가의 연월일
  - 자산의 총액
  - 출자방법을 정한 때에는 그 방법
  - 이사의 성명 · 주소
  - 이사의 대표권을 제한한 때에는 그 제한
  - 존립시기나 해산사유를 정한 때에는 그 시기 또는 사유

㉡ 분사무소설치 및 사무소이전등기 : 법인이 분사무소를 설치한 때에는 일정한 사항을 3주간 내에 등기하여야 하고(제50조), 사무소를 이전하는 때에도 일정한 사항을 3주간 내에 등기하여야 한다(제51조).

㉢ 변경등기 : 등기사항에 변경이 있을 경우에 행하여지는 등기이다(제52조). 이사의 변경, 재임이나 행정구획 변경으로 인한 토지의 명칭에 변경이 생겼을 때 등도 등기사항의 변경이다. 등기기간은 변경사유 발생일로부터 3주간 내이다.

㉣ 해산등기 : 법인이 해산하였을 때 행하여지는 등기이다. 청산인은 파산의 경우를 제외하고는 그 취임 후 3주간 내에 해산의 사유 및 연월일, 청산인의 성명 및 주소와 그 대표권을 제한한 때에는 그 제한을 주된 사무소 및 분사무소 소재지에 등기하여야 한다(제85조).

(3) 법인의 감독과 벌칙

① **법인의 감독** : 법인의 활동은 사회에 영향을 미치는 바가 크므로 법률은 그의 성립에서부터 청산에 이르기까지 국가의 감독을 받게 하고 있다. 국가의 감독은 2단계로 나누어지는바 ① 성립에서 해산 시까지 사무의 검사와 감독은 설립허가를 한 주무관청이 하고(제37조), ② 해산 후 청산의 종결 시까지의 감독은 법원이 이를 한다(제95조).

② **벌칙** : 법인의 이사·감사 또는 청산인이 다음 각 호에 해당하는 행위를 한 때에는 500만원 이하의 과태료에 처한다(제97조).

　㉠ 법인에 관한 등기를 해태한 때

　㉡ 재산목록 또는 사원명부의 작성·비치에 관한 의무(제55조)에 위반하거나 또는 부정기재를 한 때

　㉢ 주무관청 또는 법원의 검사·감독을 방해한 때(제37조, 제95조)

　㉣ 주무관청 또는 총회에 대하여 사실 아닌 신고를 하거나 사실을 은폐한 때

　㉤ 총회 의사록의 작성·비치의무(제76조)에 위반하거나 또는 청산인이 채권신고기간 내에 변제한 때(제90조)

　㉥ 파산선고의 신청을 해태한 때(제79조, 제93조)

　㉦ 청산인이 채권신고의 공고(제88조)나 또는 파산선고신청의 공고(제93조 제1항)를 해태하거나 부정공고를 한 때

02 기출문제분석

1 법인에 관한 설명 중 옳지 않은 것은? (다툼이 있는 경우 판례에 의함)

① 사단법인의 정관에 그 정관을 변경할 수 없다는 규정이 있더라도 총사원의 동의로 정관을 변경할 수 있다.

② 재단법인의 기본재산의 변경은 정관의 변경을 초래하기 때문에 주무관청의 허가를 받아야 하는데, 기존의 기본재산을 처분하는 행위는 물론 새로이 기본재산으로 편입하는 행위도 주무관청의 허가가 있어야 유효하다.

③ 총유재산의 보존행위로서 소를 제기하는 경우, 법인 아닌 사단의 구성원 중 1인에 불과한 甲은 설령 그가 사단의 대표자이거나 사원총회의 결의를 거쳤더라도 그 소송의 당사자가 될 수 없다.

④ 설립자가 그 소유의 부동산을 출연하여 재단법인을 설립하는 경우, 설립등기가 경료 되었더라도 그 부동산에 관하여 재단법인 명의의 등기가 경료되기 전이라면, 설립자의 채권자가 그 부동산에 관하여 신청한 강제집행에 대하여 재단법인은 제3자 이의의 소를 제기할 수 없다.

⑤ 법인 아닌 사단에서 이사의 대표권에 대한 제한이 정관에 기재되어 있는 경우, 그 대표권의 제한은 악의의 제3자에 대해서는 대항할 수 있지만, 선의의 제3자에 대해서는 그에게 과실이 있더라도 대항할 수 없다.

> **ADVICE** 》 법인의 정관에 법인 대표권의 제한에 관한 규정이 있으나 그와 같은 취지가 등기되어 있지 않다면 법인은 그와 같은 정관의 규정에 대하여 선의냐 악의냐에 관계없이 제3자에 대하여 대항할 수 없다(대법원 1992.2.14. 선고 91다24564 판결).

2 미성년자와 피한정후견인의 행위능력을 비교한 설명으로 가장 옳지 않은 것은? (단, 다수설과 판례에 의함)

① 미성년자와 피한정후견인은 원칙적으로 재산행위능력에 차이가 있다.

② 미성년자와 피한정후견인은 타인의 대리인이 될 수 있다는 점에서 능력의 차이가 없다.

③ 미성년자와 피한정후견인은 불법행위에 대한 책임능력에 차이가 없다.

④ 미성년자와 피한정후견인은 신분행위능력에 차이가 있다.

3 다음 중 법정대리권의 소멸사유가 아닌 것은? (다툼이 있는 경우 판례에 의함)

① 본인의 사망
② 본인의 행위능력 취득 또는 회복
③ 대리인의 사망
④ 본인과 법정대리인 간의 이익상반행위
⑤ 성년후견인의 개시

4 부재자의 재산관리인에 관한 설명으로서 가장 옳은 것은? (단, 다수설과 판례에 의함)

① 재산관리인은 자기 자신의 재산과 동일한 주의로 부재자의 재산을 관리하여야 한다.
② 법원이 선임한 재산관리인은 일종의 임의대리인으로서 재산관리에 관하여 포괄적인 권한을 가진다.
③ 재산관리인은 재산관리를 위하여 그의 과실 없이 손해를 받은 때에는 손해의 배상을 청구할 수 있다.
④ 법원이 선임한 재산관리인은 부재자 재산의 관리 및 반환을 위하여 반드시 상당한 담보를 제공하여야 한다.
⑤ 어떤 경우이든 법원은 이미 행하여진 재산관리인의 처분행위를 추인할 목적으로 사후에 이를 허가할 수 없다.

5 실종선고에 관한 설명 중 가장 옳지 않은 것은? (단, 다수설에 의함)

① 실종선고를 받은 사람은 실종기간이 만료한 때에 사망한 것으로 간주한다.
② 실종선고의 취소는 실종선고 후 선의로 한 행위의 효력에 영향을 미치지 아니한다.
③ 실종선고가 있은 후 실종자의 생존이 확인되면 선고의 효과가 번복된다.
④ 부재자의 생사불명의 상태가 일정 기간 계속되면 법원은 이해관계인 또는 검사의 청구에 의하여 실종선고를 할 수 있다.
⑤ 서울에 주소를 둔 甲이 실종선고를 받았으나 대전에 주소를 두고 컴퓨터 매매계약을 체결했다면 그 계약은 유효하다.

> **ADVICE** 》 ③ 실종선고가 있은 후 실종자의 생존이 확인되면 실종선고를 취소함으로써 실종선고로 인한 법률관계는 원상회복 또는 재조정된다.

6 甲은 1995년 7월 4일에 위난이 아닌 사유로 행방불명이 되고 2000년 7월 9일에 실종선고가 신청되어 2000년 9월 25일에 실종선고가 되었다. 甲은 어느 시기에 사망한 것으로 보는가?

① 2000년 7월 4일 24시
② 1996년 7월 4일 24시
③ 2000년 7월 5일 24시
④ 1996년 7월 5일 24시
⑤ 2000년 9월 25일 24시

> **ADVICE** 》 실종기간은 보통실종기간 5년으로 해석하여, 행방불명시인 1995년 7월 4일에서 초일은 산입하지 아니하고 7월 5일부터 기산하여 2000년 7월 4일에 만료하므로 동일 24시가 사망시기가 된다.

7 법인의 불법행위에 관한 다음 설명 중 가장 옳지 않은 것은? (단, 다수설과 판례에 의함)

① 법인의 불법행위가 성립하는 경우 가해행위를 한 대표기관 개인은 책임을 지지 않는다.
② 법인실재설에 의하면 법인은 당연히 불법행위능력을 가지므로 불법행위책임을 진다.
③ 법인의 불법행위가 성립하려면 대표기관의 행위가 불법행위의 일반적 요건을 갖추어야 한다.
④ 법인의 불법행위가 성립하지 않는 경우에도 그 사항의 의결에 찬성하거나 그 의결을 집행한 사원, 이사 기타 대표자는 연대하여 배상하여야 한다.
⑤ 직무행위에 해당하는지 여부는 행위의 외형을 기준으로 판단한다.

　　㉠ 법인은 이사 기타 대표자가 그 직무에 관하여 타인에게 가한 손해를 배상할 책임이 있다. 이사 기타 대표자는 이로 인하여 자기의 손해배상책임을 면하지 못한다.
　　㉡ 법인의 목적범위 외의 행위로 인하여 타인에게 손해를 가한 때에는 그 사항의 의결에 찬성하거나 그 의결을 집행한 사원, 이사 및 기타 대표자가 연대하여 배상하여야 한다.

8 권리능력 없는 사단에 관한 설명으로 가장 옳은 것은? (단, 다수설과 판례에 의함)

① 대표자가 있는 사단의 부동산은 부동산등기법에 따라 대표자명의로 등기하여야 한다.
② 권리능력 없는 사단은 권리와 의무의 주체가 될 수 없으므로 당연히 소송당사자능력이 없다.
③ 이미 성립한 종중은 종중규약을 작성하면서 일부 종원의 자격을 임의로 제한하거나 확장할 수 있다.
④ 현재 대법원은 교회는 권리능력 없는 사단이며, 그 재산귀속 형태는 총유라고 한다.
⑤ 권리능력 없는 재단은 법인이 아니므로 법인에 관한 민법의 규정이 유추적용될 수 없다.

9 다음 중 법원의 허가를 받아야 유효한 행위가 되는 것은?

① 사단법인의 해산결의행위
② 재단법인의 정관변경행위
③ 부재자의 생사가 불분명한 경우에 부재자가 정한 재산관리인의 권한을 넘는 행위
④ 미성년자가 자신의 노무제공에 따른 임금을 청구하는 행위
⑤ 친권자가 미성년자인 자(子)의 행위를 목적으로 하는 채무를 부담하는 행위

10 태아의 권리능력에 관한 다음 설명 중 틀린 것은? (단, 다툼이 있는 경우에는 판례에 의함)

① 어느 학설에 의하든 태아가 살아서 출생하기만 하면, 문제된 시점에서부터 권리능력이 있었던 것으로 취급된다.
② 어느 학설에 의하든 태아가 사산되면, 태아의 권리능력은 인정되지 아니한다.
③ 태아가 교통사고의 충격으로 조산되고 그로 인하여 출생 후 얼마 안 되어 사망한 경우, 죽은 아이의 생명침해로 인한 손해배상청구권도 인정된다.
④ 모체와 같이 사망한 경우에도 태아의 불법행위에 기한 손해배상청구권은 인정된다.
⑤ 유증의 경우에는 태아의 권리능력이 인정되나, 사인증여의 경우에는 태아의 권리능력이 인정되지 아니한다.

ADVICE 》 이미 태아가 사망한 경우에는 어떤 학설 및 판례에 따르더라도 불법행위에 기한 손해배상청구권은 인정되지 않는다.

11 제한능력자의 상대방을 보호하기 위한 제도의 설명으로 잘못된 것은?

① 제한능력자가 적극적으로 기망수단을 쓴 경우에 무능력을 이유로 취소할 수 없다.
② 제한능력자와 계약을 맺은 상대방은 추인이 있기 전까지 법정대리인이나 제한능력자에게 철회의 의사표시를 할 수 있다.
③ 상대방은 제한능력자에게나 법정대리인에게 추인 여부의 확답을 촉구할 수 있다.
④ 미성년자가 친권자의 동의가 있었다고 하는 사술을 쓴 경우에는 미성년자나 친권자는 취소할 수 없다.
⑤ 제한능력자의 단독행위는 추인이 있을 때까지 상대방이 거절할 수 있다.

ADVICE 》 ③ 제한능력자 자신에게 추인 여부를 확답촉구할 수 없으며, 그 제한능력자가 능력자로 된 경우 또는 법정대리인에게 추인 여부의 확답을 촉구할 수 있다.

12 미성년자에 관한 다음 설명 중 틀린 것은?

① 다수설에 의하면, 중학생이 부모로부터 받은 학용품값으로 오락기를 구입한 경우에는 매매계약을 취소하지 못한다.
② 18세인 자는 단독으로 유언을 할 수 있다.
③ 미성년자의 법정대리인은 그가 행한 영업허락을 취소할 수 있으며, 그 취소가 있으면 처음부터 영업허락이 없었던 것으로 된다.
④ 미성년자에 대하여 법정대리인이 영업을 허락한 경우에는 미성년자는 그 영업에 관하여는 성년자와 동일한 행위능력을 가진다.
⑤ 미성년자는 단독으로 상속을 승인하는 행위를 하지 못한다.

13 실종선고에 관한 설명 중 옳은 것은?

① 부재자의 직계비속이 있는 경우에 직계존속은 실종선고를 청구하지 못한다.

② 특별실종의 실종기간은 3년이다.

③ 실종선고가 내려지면 실종자는 모든 법률관계에서 사망한 경우로 다루어진다.

④ 실종선고를 취소하려면 공시최고가 있어야 한다.

⑤ 통설에 의하면 실종선고가 취소된 경우에 실종기간 만료 후 신고 전에 행한 행위가 선의로 행하여졌으면 그대로 유효하다.

14 법인 아닌 사단에 관한 설명 중 맞는 내용인 것은?

① 법인 아닌 사단의 사원이 집합체로서 물건을 소유할 때에는 합유로 본다.

② 자연부락이 부락주민을 구성원으로 하여 고유목적을 가지고 의사결정기관과 집행기관인 대표자를 두어 독자적인 활동을 하는 사회조직체로 인정되면 법인 아닌 사단으로 될 수 있다.

③ 법인 아닌 사단을 인정하는 것은 법인의 설립에 있어서 자유설립주의에 근거를 둔다.

④ 법인 아닌 사단의 내부관계에 관하여는 일차적으로 그 사단의 정관이 적용되고, 정관의 규정이 없는 경우에는 민법의 조합에 관한 규정이 유추적용된다.

⑤ 법인 아닌 사단의 대표자가 있더라도 소송에서 당사자능력이 인정되지 아니한다.

15 법인에 관한 다음 설명 중 옳은 것은?

① 이사가 수인인 경우에 정관에 다른 규정이 없으면 사무집행은 각 이사가 단독으로 결정한다.

② 사원은 서면이나 대리인으로 결의권을 행사할 수 있다.

③ 이사는 자연인은 물론 법인도 될 수 있다.

④ 이사에 의하여 선임된 대리인은 법인의 대리인이 아니라 법인의 기관이다.

⑤ 재단법인의 설립자가 정관의 필요적 기재사항을 모두 기재하지 아니하고 사망한 때에는 재단법인은 성립될 수 없다.

> **ADVICE** » ① 이사가 수인인 경우 정관에 달리 정한 바가 없으면, 이사의 과반수로 결정한다.
> ③ 이사는 오로지 자연인만이 가능하다.
> ④ 이사에 의하여 선임된 특정대리인은 법인의 기관이 아니다.
> ⑤ 재단법인의 경우 정관보충이 가능하다.

16 다음 중 부재자의 재산관리에 필요한 처분을 가정법원에 신청할 수 없는 자는?

① 검사
② 보증인
③ 연대채무자
④ 친권자
⑤ 배우자

> **ADVICE** » 종래의 주소나 거소를 떠난 자가 재산관리인을 정하지 아니한 때에는 법원은 이해관계인(배우자, 상속인, 보증인, 채권자, 부양청구권자 등)이나 검사의 청구에 의하여 재산관리에 관하여 필요한 처분을 명하여야 한다〈제22조 제1항〉.

17 다음 내용 중 옳지 않은 것은?

① 민법은 자연인에 대한 권리능력을 인정함에 있어서 언제나 출생할 것을 전제하는 것은 아니다.

② 사망함으로써 자연인의 권리능력은 소멸하는데 그 사망을 인정하는 시기에 대하여 민법은 규정을 두고 있지 않다.

③ 민법은 태아의 권리능력에 대하여 일반규정을 두고 있지 않다.

④ 민법은 외국인의 권리능력에 대하여 특별한 규정을 두고 있지 않지만 특별법에서 이들의 권리능력이 부정 또는 제한되는 경우가 있다.

⑤ 민법은 사망의 선후가 법률적으로 의미있는 사람들이 동일한 위난에서 영좌하는 경우에 그 시기가 동일한 것으로 추정하고 있으며 이와 다른 주장을 하는 자에게 그 입증책임을 부과하고 있다.

18 다음 내용 중 옳지 않은 것은?

① 우리 민법은 행위능력의 인정 여부를 연령 또는 법원의 선고라는 객관적인 기준으로 결정한다.

② 우리 민법상 피성년후견인의 재산법적 법률행위에 대하여 그 법정대리인은 동의권이 없다.

③ 우리 민법상 제한능력자의 법률행위에 대하여 그 법정대리인은 대리권을 갖는다.

④ 피성년후견인으로 선고하는 요건은 그 자가 항상 심신상실의 상태에 있어야 하며 의사능력을 간헐적으로 회복하는 경우에는 피한정후견인이 선고되어야 한다.

⑤ 행위무능력으로 인한 법률행위의 취소를 허용하는 것이 제한능력자의 상대방에게 그 책임이 있기 때문이 아니므로 민법은 상대방의 보호를 위한 특별규정을 두고 있다.

19 다음 내용 중 옳지 않은 것은?

① 법인의 이사 기타 대표자가 법인의 대표기관으로서 행한 행위과정에서 발생한 불법행위에 대하여 법인이 그로 인한 손해배상책임을 항상 지는 것은 아니다.

② 사단법인의 최고 의사결정기관인 사원총회는 정관변경에 대한 결정권을 가지나, 설립시의 정관으로 이 권한을 이사회에 부여할 수 있다.

③ 재단법인은 설립 이후에 정관을 변경하는 것은 원칙적으로 허용되지 않지만 예외적으로 허용되는 경우에도 주무관청의 허가를 받아야 그 변경의 효력이 발생한다.

④ 법인은 해산사유가 발생한 경우에도 일정한 기간 청산의 목적범위 내에서 존속한다.

⑤ 청산인은 채권신고의 공고를 하여야 하며 이 신고기간 중에 이행기가 도래한 채무를 신고기한 만료시까지는 이행을 하여서는 안 되며 그렇다고 하여 그로 인한 지연배상이 면제되는 것은 아니다.

20 다음 중 사단법인의 필요적 기재사항이 아닌 것은?

① 명칭
② 이사의 임면
③ 존립시기가 있는 경우 그 시기
④ 총회
⑤ 사원의 입사·퇴사·제명 등에 관한 사항

> **ADVICE** 》 **사단법인의 정관**〈제40조〉 … 사단법인의 설립자는 다음의 사항을 기재한 정관을 작성하여 기명·날인하여야 한다.
> ㉠ 목적
> ㉡ 명칭
> ㉢ 사무소의 소재지
> ㉣ 자산에 관한 규정
> ㉤ 이사의 임면에 관한 규정
> ㉥ 사원자격의 득실에 관한 규정
> ㉦ 존립시기나 해산사유를 정하는 때에는 그 시기 또는 사유

21 다음 중 외국인의 권리능력에 대한 설명으로 틀린 것은?

① 원칙적으로 내외국민 평등주의가 적용된다.
② 상호주의에 의하여 제한되는 경우가 있다.
③ 외국인은 공증인이 될 수 있다.
④ 외국인은 토지를 취득할 권리능력이 없다.
⑤ 외국인은 항공기를 등록할 수 없다.

> **ADVICE** 》 ④ 군사시설보호구역·문화재보호구역·생태·경관보전지역·특별보호구역 등의 일부 지역에 한하여는 시장·군수 또는 구청장의 허가를 받도록 하고, 그 외의 지역은 토지취득계약을 체결한 후 시장·군수 또는 구청장에게 신고만 하면 토지를 취득할 수 있다〈외국인토지법 제4조〉.

22 제한능력자의 상대방보호제도가 아닌 것은?

① 법정추인제도
② 취소권의 단기소멸시효제도
③ 제한능력자의 법정대리인의 취소권행사제도
④ 속임수(速林藪)를 쓴 제한능력자의 취소권배제제도
⑤ 상대방의 확답촉구권

    ㉠ **확답촉구권** : 상대방은 제한능력자의 법정대리인 또는 능력회복 후의 본인에게 1월 이상의 유예기간을 주어 당해 행위의 취소 또는 추인 여부를 확답하도록 촉구 할 수 있다.

    ㉡ **철회권** : 계약의 경우 제한능력자의 상대방은 제한능력자임을 알지 못한 때에는 추인이 있을 때까지 그 의사표시를 철회할 수 있다.

    ㉢ **거절권** : 제한능력자의 단독행위의 경우 제한능력자측에서 추인하기 전에 이를 거절할 수 있다.

    ㉣ **취소권의 배제** : 제한능력자가 능력자인 것처럼 속임수를 써서 상대방을 속이고 법률행위를 한 경우에는 제한능력자측의 취소권은 박탈된다.

23 법인에 관한 설명으로 옳은 것은?

① 우리 민법은 법인의제설에 의하여 법인의 권리능력을 규정하므로 법인의 실체만 갖추면 권리 · 의무의 주체가 된다.

② 법인의 본질은 법인의 불법행위능력의 인정 여부와는 무관한 논쟁이다.

③ 법인의 감사가 업무집행 중 타인에게 손해를 준 경우에도 법인의 불법행위능력은 인정된다.

④ 임시이사 · 청산인도 법인의 대표기관이다.

⑤ 법인이 해산되어 청산절차가 시작되면 기존의 감사업무는 종료된다.

ADVICE 》 ① 법인이 권리 · 의무의 주체가 되기 위해서는 법인의 실체를 갖추고 주무관청의 허가와 설립등기를 해야 한다.

    ② 법인의제설에 의하면 법인의 불법행위능력은 부정되나, 법인실재설에 의하면 인정된다.

    ③ 감사는 법인의 대표기관이 아니므로 사용자책임은 별도로 하고 법인의 불법행위능력은 인정되지 않는다.

    ⑤ 법인이 해산되어도 청산인의 업무를 제외한 나머지에 관한 감사, 사원총회 등의 업무는 계속된다.

24 주소에 관한 다음 설명 중 틀린 것은?

① 우리 민법은 주소에 관해 실질주의를 취하고 있다.

② 우리 민법상 주소는 동시에 여러 곳에 있을 수 없다.

③ 가주소가 주소의 역할을 하는 경우도 있다.

④ 주소를 알 수 없으면 거소를 주소로 본다.

⑤ 우리 민법은 주소에 관해 객관주의를 취하고 있다.

ADVICE 》 ② 주소는 동시에 두 곳 이상 있을 수 있다〈제18조 제2항〉.

Answer　20.④　21.④　22.③　23.④　24.②

25 甲은 자기 자동차로 임산부 乙을 치었는데, 후에 아기 丙이 그 결과 뇌손상을 입고 태어났다. 판례의 태도를 따를 때 丙이 甲에게 취할 수 있는 것은?

① 태아인 동안에도 丙은 법정대리인을 통하여 甲에게 손해배상을 청구할 수 있다.

② 태어난 후에 손해배상을 청구할 수 있다.

③ 태아인 동안에도 乙은 태아의 손해를 자기의 손해로 하여 손해배상을 청구할 수 있다.

④ 丙이 태어난 후라 하더라도 그의 권리능력이 없을 때 사고가 발생하였으므로 손해배상을 청구할 수 없다.

⑤ 태아에게는 일반적으로 권리능력이 인정되지 않으므로 손해배상청구권을 논할 여지가 없다.

> **ADVICE** 》 판례는 정지조건설을 취하므로 태아의 법정대리인은 인정되지 않으며, 살아서 출생할 경우 법률원인이 발생한 때로부터 소급하여 태아에게 권리능력이 인정된다.

26 다음 중 옳지 않은 것은?

① 혼인을 한 미성년자 甲이 단독으로 자기소유의 토지를 매각한 경우에는 甲은 제한능력자임을 이유로 매매계약을 취소할 수 있다.

② 가정법원이 피한정후견인으로 하여금 한정후견인의 동의를 받아야 할 행위의 범위를 정한 경우에는 피한정후견인의 행위능력이 제한된다.

③ 피성년후견인 甲이 상실의 상태로부터 벗어난 사이에 단독으로 상속포기를 하여도 甲은 제한능력자임을 이유로 상속의 포기를 취소할 수 있다.

④ 미성년자 甲이 단독으로 채무의 변제를 수령한 경우에 甲은 제한능력을 이유로 변제의 수령을 취소할 수 있다.

⑤ 미성년자 甲이 법정대리인으로부터 허락받은 경우에는 영업행위와 관련된 일체의 행위를 단독으로 할 수 있다.

> **ADVICE** 》 ① 미성년자가 혼인을 한 때에는 성년으로 의제된다. 따라서 혼인한 미성년자는 친권에 복종하지 않을 뿐 아니라 성년과 동일한 행위능력을 취득하므로 제한능력자임을 이유로 취소할 수 없다.

27 법인의 설립주의에 관한 설명으로 옳은 것은?

① 한국은행은 특허주의에 의한다.
② 비영리법인은 인가주의에 의한다.
③ 재단법인은 준칙주의에 의한다.
④ 상법상 회사는 강제주의에 의한다.
⑤ 변호사회는 허가주의에 의한다.

> **ADVICE** 》 법인의 설립주의
> ㉠ **자유설립주의** : 우리나라의 법에서는 채택하고 있지 않다.
> ㉡ **준칙주의** : 법률이 정한 요건만 갖추면 당연히 법인격을 부여하는 주의로 영리법인, 노동조합이 이에 해당한다.
> ㉢ **허가주의** : 주무관청의 자유재량에 따른 허가로 법인격을 취득하는 주의로 비영리법인이 이에 해당한다.
> ㉣ **인가주의** : 요건만 갖추면 주무관청이 반드시 인가해야 하는 주의로 각종 조합이 이에 해당한다.
> ㉤ **특허주의** : 특별법을 제정하여 법인격을 부여하는 주의로 한국은행, 조폐공사, 한국토지주택공사 등이 이에 해당한다.
> ㉥ **강제주의** : 법인격 취득을 강제하는 주의로 변호사회, 약사회 등이 이에 해당한다.

28 미성년자는 법정대리인으로부터 특정의 영업을 허락받은 경우 그 영업에 관한 행위를 독자적으로 할 수 있다. 이에 관한 설명으로 옳지 않은 것은?

① 미성년자가 영업에 관하여 행위능력이 인정되는 범위에서는 법정대리인의 대리권도 소멸된다.
② 영업은 상업에 한하지 않고 영리를 목적으로 하는 독립적이고 계속적인 사업을 의미한다.
③ 영업을 특정하는 데는 반드시 영업의 종류를 정해야 한다.
④ 하나의 단위가 되는 영업에 대하여 그 일부만을 허락하거나 제한할 수 있다.
⑤ 법정대리인의 영업허락의 취소와 제한은 선의의 제3자에게 대항하지 못한다.

> **ADVICE** 》 ① 동의의 경우에는 동의한 부분에 대하여도 대리권을 행사할 수 있으나 영업의 허락의 경우에는 그 범위에서 성년과 동일한 행위능력을 지니므로 대리권은 소멸한다.
> ② 통설이다.
> ③ 종류를 특정하지 않은 허락은 미성년자를 보호한다는 취지에 어긋나므로 옳은 설명이다.
> ④ 서점을 허락하면서 1만원 이하의 거래만 허락하는 등 하나의 단위가 되는 영업의 일부만 허락하거나 제한해서는 아니된다.
> ⑤ 제8조 제2항

29 법인의 능력에 관한 설명으로 옳지 않은 것은?

① 우리 민법에는 법인의 권리능력에 관한 규정이 있으나 행위능력에 관한 규정은 없다.
② 법인은 법률의 규정에 의해서만 권리능력의 제한을 받는다.
③ 법인의 불법행위가 성립되는 경우 법인의 책임과 기관 개인의 책임은 부진정 연대채무로 본다.
④ 청산법인이나 청산인이 청산법인의 목적범위 외의 행위를 한 경우에 그 행위는 무효이다.
⑤ 법인에 있어서 의사능력은 의미가 없다.

ADVICE 》 ② 법인의 권리능력은 그 성질·목적·법률에 의해 제한을 받는다.

30 법인의 설립등기에 관한 설명으로 옳은 것은?

① 비영리법인에 있어서는 대항요건이다.
② 영리법인에 있어서는 대항요건이다.
③ 재단법인과 사단법인에 있어서 모두 성립요건이다.
④ 재단법인에서는 대항요건이지만 사단법인에서는 성립요건이다.
⑤ 재단법인과 사단법인에 있어서 모두 대항요건이다.

ADVICE 》 법인의 등기는 성립요건이다.

31 다음 중 실종선고에 관한 설명으로 가장 옳은 것은?

① 실종선고를 받은 자가 생존하고 있는 것으로 판명되어 취소된 경우 실종선고의 효력은 소급적으로 소멸된다.
② 실종선고는 가정법원이 직권으로 취소할 수 있다.
③ 실종선고의 심판이 확정된 자는 공법상의 권리도 소멸된다.
④ 실종선고를 받은 자가 사망한 것으로 간주되는 시기는 최후의 소식이 있는 때이다.
⑤ 실종선고를 원인으로 하여 재산을 취득한 자가 악의의 경우에는 받은 이익이 현존하는 한도에서 반환할 의무가 있다.

ADVICE 》 ①② 실종선고의 취소는 실질적 요건으로서 실종선고를 받은 자가 생존하고 있는 사실 또는 선고에 기하여 사망한 것으로 보게 되는 시기와 다른 시기에 사망한 사실 또는 실종기간의 기산점 이후의 어느 시기에 생존하고 있었던 사실 중의 하나가 증명되고, 절차상의 요건으로서 본인, 이해관계인 또는 검사의 청구가 있어야 한다.
③ 실종선고는 실종자의 종래의 주소를 중심으로 한 사법적 법률관계만을 종료케하는 것이다.
④ 실종선고를 받은 자가 사망한 것으로 간주되는 시기는 실종기간의 만료일이다.
⑤ 그 받은 이익에 이자를 붙혀서 반환하고 손해가 있으면 이를 배상해야 한다.

32 다음 중 미성년자가 단독으로 유효하게 할 수 없는 행위는?

① 근로임금의 청구
② 채무의 변제를 받는 행위
③ 채무면제에 대한 승낙
④ 부담없는 증여를 받는 행위
⑤ 타인의 대리인으로서 하는 매매행위

> **ADVICE »** ② 기존채권에 관한 변제를 받는 것은 한편으로 채권을 잃게 되므로 법정대리인의 동의가 필요하다.
>
> ※ **미성년자 단독으로 할 수 있는 법률행위**
> ㉠ 단순히 권리만을 얻거나(예 : 부담없는 증여를 받는 것) 의무만을 면하는 행위(예 : 채무면제에 대한 승낙)
> ㉡ 처분이 허락된 재산의 처분행위
> ㉢ 영업이 허락된 미성년자의 그 영업에 관한 행위
> ㉣ 혼인을 한 미성년자의 행위
> ㉤ 대리행위
> ㉥ 유언행위(만 17세에 달한 미성년자의 경우)
> ㉦ 법정대리인의 허락을 얻어 회사의 무한책임사원이 된 미성년자가 그 사원자격에 기하여 행하는 행위
> ㉧ 근로계약의 체결 및 임금의 청구행위

33 재단법인의 설립시에 출연재산의 법인에 귀속하는 시기는?

① 출연시
② 재단법인의 설립시
③ 주무관청의 허가시
④ 물권적 합의를 한 때
⑤ 재단명의로 등기를 이전한 때

> **ADVICE »** 출연재산의 귀속시기에 관한 민법 제48조의 규정(생전처분 : 재단법인이 성립하는 때, 유언 : 유언의 효력이 발생하는 때)은 물권변동에 있어서 형식주의를 취하는 제186조, 제188조와 충돌하여 곤란한 해석문제를 남긴다. 즉, 제186조, 제188조는 물권행위만으로 물권변동이 생기지 아니하고, 부동산에 관하여는 등기, 동산에 있어서는 인도를 각각 그 효력발생요인으로 하고 있다. 최근의 판례는 출연자와 법인 사이에는 등기가 없어도 출연부동산은 법인설립과 동시에 법인에 귀속하지만, 법인이 취득한 부동산으로써 제3자에 대항하려면 제186조의 원칙에 따라 등기를 요한다고 판시하였다.

34 다음의 내용 중 사단법인과 재단법인의 공통된 해산사유가 아닌 것은?

① 설립허가의 취소   ② 파산

③ 총회의 결의   ④ 존립기간의 만료

⑤ 법인의 목적달성 또는 불능

> **ADVICE** » 사단법인과 재단법인의 공통된 해산사유는 존립기간의 만료, 기타 정관이 정한 해산사유의
> 발생, 법인의 목적달성 또는 달성의 불능, 파산, 설립허가의 취소 등이다.
> ③ 총회의 결의에 의한 해산은 임의해산이라 하는데 이에는 사원총회의 3/4 이상의 동의를
> 요하며, 재단법인에는 사원총회가 없으므로 사단법인만의 해산사유이다.

35 다음 중 법인의 불법행위능력에 관한 설명으로 틀린 것은?

① 대표기관이 직무에 관하여 타인에게 손해를 가해야 한다.

② 법인의 불법행위가 성립하더라도 대표기관은 책임을 면하지 못한다.

③ 감사의 불법행위도 법인의 불법행위가 된다.

④ 대표기관은 책임능력자여야 한다.

⑤ 법인의 불법행위능력도 자기책임이다.

> **ADVICE** » 법인의 불법행위가 성립하기 위하여는 행위주체에 있어 법인의 대표기관의 행위여야 한다.
> 사원총회, 감사, 지배인, 특정행위에 대한 임의대리인 등의 행위(법인의 사용자책임은 별도로
> 하고)는 대표기관의 행위가 아니므로 불법행위책임은 성립하지 않는다.

36 다음 중 법인의 감사에 관한 설명으로 옳지 않은 것은?

① 정관 또는 총회의 결의로 1인 또는 수인의 감사를 둘 수 있다.

② 감사의 성명, 주소는 등기하여야 한다.

③ 선량한 관리자로서의 주의의무를 진다.

④ 수인의 경우에는 각자 단독으로 업무를 수행한다.

⑤ 감사결과 부정 또는 불비한 것이 있을시에는 총회 또는 주무관청에 보고한다.

> **ADVICE** » 법인의 감독기관인 감사는 정관 또는 총회의 결의로 둘 수 있는 임의기관으로 그 자격, 선임
> 방법, 선임행위의 성질, 해임, 퇴임 등은 이사의 경우와 같다. 그러나 감사의 성명, 주소는
> 등기할 사항이 아니다.

37 다음 중 실종선고에 대한 설명으로 옳지 않은 것은?

① 실종선고는 실종자의 사법적 법률관계에만 관한 것이므로 공법관계는 영향이 없다.

② 보통실종의 실종기간은 5년이다.

③ 특별실종의 실종기간은 1년이다.

④ 실종기간이 만료한 때에 사망한 것으로 추정한다.

⑤ 실종선고가 취소되면 실종선고로 생긴 법률관계는 소급적으로 무효가 된다.

> **ADVICE** 》 ④ 실종선고를 받은 자는 실종기간이 만료한 때에 사망한 것으로 간주된다. 즉, 사망한 것으로 본다는 것이다.

38 다음 중 권리·의무능력에 관한 설명으로 옳은 것은?

① 권리·의무능력이란 실제로 권리를 얻거나 의무를 지는 능력이다.

② 권리·의무능력의 시기는 자연인에 있어서는 출생이고 법인에 있어서는 설립등기한 때이다.

③ 법인의 권리·의무능력 종기는 해산시이다.

④ 실종선고는 권리·의무능력을 탈취하는 것이다.

⑤ 태아에게도 일반적으로 권리·의무능력이 인정된다.

> **ADVICE** 》 ① 권리능력은 단순히 권리·의무의 주체가 될 수 있다는 가능성에 불과하고 실제로 권리를 얻거나 의무를 질 수 있는가는 별개의 문제이다.
> ③ 법인은 해산에 의하여 즉시 권리능력이 소멸하는 것이 아니라 청산의 종결로 완전히 소멸한다.
> ④ 실종선고는 권리능력을 소멸시키는 것이 아니라 종래의 주소를 중심으로 하는 사법관계에서만 사망한 것으로 본다.
> ⑤ 민법 제3조에 의하면 사람의 권리능력의 시기는 출생할 때이므로 태아는 권리능력을 취득하지 못함이 원칙이나 불법행위로 인한 손해배상의 청구, 재산상속, 재산상속에 있어서의 대습상속, 사인증여, 유류분에 있어 예외적으로 권리능력이 인정된다.

02 핵심예상문제

1 사단법인은 총회의 결의에 의하여 해산할 수도 있다. 다음 설명 중 틀린 것은?

① 조건부 해산결의도 할 수 있다.
② 총회 이외의 다른 기관이 해산결의를 할 수 있다는 정관의 규정은 무효이다.
③ 해산결의는 총 사원 4분의 3 이상의 동의를 요한다.
④ 해산결의의 정수는 정관에서 다르게 정할 수 있다.
⑤ 총회의 의결에 의한 해산은 사단법인만의 특유의 해산사유이다.

> **ADVICE** » ① 제3자를 해할 우려가 있는 기한부 또는 조건부 해산은 할 수 없다는 것이 통설의 견해이다.

2 일반적으로 말하는 '능력'이란 무엇을 가리키는 것인가?

① 의사능력 ② 권리능력
③ 행위능력 ④ 책임능력
⑤ 판단능력

> **ADVICE** » 일반적으로 능력이라 할 때 이는 행위능력을 말하며, 제한능력이라고 하는 것은 행위제한능력을 말한다.

3 다음 중 권리능력에 관한 설명으로 옳은 것은?

① 권리능력이 있는 자는 모두 행위능력자이다.
② 권리능력에 관한 규정은 강행규정이다.
③ 법인이 해산하면 권리능력을 잃는다.
④ 실종선고로 자연인은 권리능력을 잃는다.
⑤ 법인이 아닌 사단은 권리능력이 없다.

> **ADVICE** » 권리능력에 관한 규정은 강행규정으로 개인의 의사로써 그 적용을 배제하는 것은 인정되지 아니한다.

4 다음 중 피성년후견인선고에 대한 설명으로 틀린 것은?

① 피성년후견인선고에 대한 불복신청이 인정되면 피성년후견인선고는 취소되는데, 이 취소는 소급효를 갖지 않는다.

② 피성년후견인선고에 관하여 불복의 소가 있어도 그 확정을 기다리지 않고 피성년후견인선고 한 결정은 피성년후견인의 법정대리인이 그 송달을 받은 날로부터 효력이 생긴다.

③ 일정한 자는 피성년후견인선고에 대해 1주일 이내의 즉시항고로써 불복신청을 할 수 있다.

④ 법원은 피성년후견인선고의 요건이 구비된 때에는 결정으로 피성년후견인선고를 하여야 한다.

⑤ 피성년후견인선고를 받은 자는 제한능력자가 되고 후견인은 대리행위를 할 수 있다.

> **ADVICE** » ① 피성년후견인선고의 결정에 대한 불복신청으로 그 결정이 취소되면 선고의 효력은 소급효를 가진다. 단, 피성년후견인선고의 원인이 소멸한 때에는 피성년후견인선고의 취소는 소(訴)에 의하여 해야 하며 이때의 효과는 소급하지 않는다.

5 다음 중 부재자를 위하여 법원이 선임한 재산관리인의 권리·의무에 관한 설명으로 틀린 것은?

① 부재자 재산관리인은 보수청구권이 없다.

② 부재자 재산관리인은 과실 없이 받은 손해의 배상을 청구할 수 있다.

③ 부재자 재산관리인은 선량한 관리자의 주의의무가 있다.

④ 부재자 재산관리인은 관리할 재산의 목록을 작성해야 한다.

⑤ 법원은 부재자 재산관리인에게 상당한 담보의 제공을 명할 수 있다.

> **ADVICE** » ① 법원은 그 선임한 재산관리인에 대하여 부재자의 재산으로 상당한 보수를 지급할 수 있다〈제26조 제2항〉. 이 조항에 의하여 부재자 재산관리인은 보수청구권을 가지고 있다고 할 수 있다.

6 주소에 관한 설명으로 틀린 것은?

① 주소는 본적과 다르다. ② 법인도 주소를 갖는다.

③ 가주소도 있을 수 있다. ④ 주소는 한 곳밖에 없다.

⑤ 주소는 부재자제도의 표준이 된다.

> **ADVICE** » ④ 주소는 동시에 두 곳 이상 있을 수 있다〈제18조 제2항〉.

Answer 1.① 2.③ 3.② 4.① 5.① 6.④

7 **권리능력에 대한 설명으로 옳은 것은?**

① 권리능력에 관한 민법의 규정은 임의규정이다.

② 사람은 사람이기 때문에 당연히 권리능력을 가진다.

③ 법인이라는 개념이 생기기 전에도 단체가 일정한 범위 내에서 권리·의무의 주체가 되는 일이 있었다.

④ 민법에서의 단순히 능력이라고 하면 권리능력을 가리킨다.

⑤ 권리능력평등의 원칙은 근대 이전에 이미 확립되어 있었다.

> **ADVICE** 》 ① 권리능력 및 행위능력에 관한 규정은 그 시대의 사회사상을 기초로 하고 있는 것일 뿐만 아니라 사회의 거래관계에 직접 영향을 미치는 것이므로 모두 강행규정이다. 따라서, 권리능력 또는 행위능력은 개인의 의사로 좌우할 수 없다.
> ② 모든 사람에게 권리능력이 인정되는 것은 어디까지나 법에 의한 것이다.
> ④ 행위능력을 가리킨다.
> ⑤ 권리능력평등의 원칙은 근대에 이르러 비로소 확립되었다.

8 **다음 설명 중 옳은 것은?**

① 5세 된 유아가 체결한 매매계약은 법률상 효력이 없다.

② 피성년후견인의 법률행위는 무효이나, 미성년자 및 피한정후견인의 법률행위는 취소할 수 있을 뿐이다.

③ 피한정후견인이나 미성년자가 단독으로 한 법률행위는 취소할 수 있을 뿐이며, 의사무능력을 이유로 무효를 주장할 수는 없다.

④ 의사제한능력자도 법정대리인의 동의를 얻어서 스스로 유효한 법률행위를 할 수 있다.

⑤ 의사제한능력자가 행한 법률행위는 취소할 수 있다.

> **ADVICE** 》 ② 피성년후견인의 법률행위는 취소할 수 있다〈제10조〉.
> ③ 피한정후견인과 미성년자와 같은 행위제한능력자의 법률행위는 그의 행위능력 없음을 이유로 취소할 수도 있으나, 의사능력이 없음을 이유로 무효를 주장할 수도 있다.
> ④ 의사제한능력자는 법정대리인의 동의를 얻어도 유효한 법률행위를 할 수 없으며, 법정대리인의 대리에 의하는 수밖에 없다.
> ⑤ 의사제한능력자가 행한 법률행위는 무효이다.

9 다음 중 옳은 것은?

① 미성년자는 타인의 대리인이 될 수 없다.
② 미성년자가 혼인하면 행위능력자가 된다.
③ 미성년자는 근로계약과 임금의 청구권도 법정대리인의 동의가 있어야 한다.
④ 우리나라 민법에는 성년선고제도가 있다.
⑤ 미성년자는 언제나 유언능력이 없다.

> **ADVICE** » ① 대리인은 행위능력자임을 요하지 아니한다〈제117조〉고 규정하고 있으므로, 미성년자도 타인의 대리인이 될 수 있다.
> ③ 미성년자는 단독으로 유효하게 근로계약의 체결 및 임금의 청구를 할 수 있다〈근로기준법 제67조, 제68조〉
> ④ 성년선고제도란 만 18세 이상이 된 미성년자에 대하여 법원이 본인과 부모의 동의하에 성년을 선고할 수 있는 제도를 말한다. 이 제도는 스위스 및 독일민법이 규정하고 있는데 우리 민법은 이를 채용하지 않는다.
> ⑤ 미성년자도 만 17세에 달하면 단독으로 유효한 유언을 할 수 있다〈제1061조〉.

10 다음 중 피성년후견인에 관한 설명으로 옳은 것은?

① 피성년후견인은 부모 또는 후견인의 동의를 얻어서 스스로 약혼을 할 수 있다.
② 피성년후견인이 후견인의 동의를 얻고 한 법률행위는 취소할 수 없다.
③ 피성년후견인에게는 법정대리인으로 친권자와 후견인이 있다.
④ 피성년후견인의 법률행위는 무효이다.
⑤ 피성년후견인의 법정대리인은 원칙적으로 대리권과 동의권을 갖는다.

> **ADVICE** » ② 피성년후견인의 법률행위는 취소할 수 있다〈제10조〉.
> ③ 피성년후견인의 법정대리인으로는 후견인만이 있다.
> ④ 피성년후견인의 법률행위는 무효가 아니고 취소할 수 있다.
> ⑤ 피성년후견인의 법정대리인은 원칙적으로 대리권과 취소권을 갖는다.

11 다음 설명 중 옳은 것은?

① 피한정후견인은 후견인의 동의를 얻어도 유효한 법률행위를 할 수 없다.
② 18세의 혼인한 미성년자의 법률행위는 유효하다.
③ 의사능력 없는 자의 법률행위는 취소할 수 있다.
④ 미성년자는 불법행위에 관하여는 언제나 책임능력이 있다.
⑤ 의사능력이 회복된 피성년후견인이 후견인의 동의를 얻어서 한 재산상의 법률행위는 취소하지 못한다.

> **ADVICE** 》 ① 피한정후견인은 원칙적으로 행위능력을 가지며 예외적인 경우에 미성년자와 같이 후견인의 동의를 얻어 유효한 법률행위를 할 수 있다.
> ③ 무효이다.
> ④ 구체적인 경우에 있어서 책임능력의 유무를 판정한다.
> ⑤ 피성년후견인의 재산상 법률행위는 후견인의 동의 유무를 묻지 아니하고 언제나 취소할 수 있다.

12 미성년자에 관한 설명으로 틀린 것은?

① 미성년자는 법정대리인의 동의를 얻어서 법률행위를 할 수 있다.
② 미성년자가 법정대리인으로부터 허락을 얻은 특정한 영업에 관해서는 성년자와 동일한 행위능력이 있다.
③ 법정대리인의 묵시적인 동의도 유효하다.
④ 미성년자가 혼인을 한 때에는 성년자로 본다.
⑤ 법정대리인의 동의는 반드시 미성년자와 거래하는 상대방에게 해야 한다.

> **ADVICE** 》 ⑤ 동의는 미성년자에게 주어도 되고, 미성년자와 거래하는 상대방에 대하여 주어도 된다.

13 다음 중 권리능력이 없는 것은?

① 민법상의 조합
② 주식회사
③ 합명회사
④ 유한회사
⑤ 특별법에 의하여 설립된 조합

> **ADVICE** 》 ① 민법상의 조합은 권리능력이 있는 법인이 아니며 계약관계에 불과하다.

14 법인의 대표권에 관한 설명으로 틀린 것은?

① 이사의 대표권 제한은 등기를 하여야 제3자에게 대항할 수 있다.
② 대표에 관하여 표현대리에 관한 규정은 적용되지 않는다.
③ 대표권의 행사를 포괄적으로 타인에게 위임할 수는 없다.
④ 법인과 이사의 이익이 상반하는 사항에 관하여는 이사의 대표권이 없다.
⑤ 이사의 대표권을 극도로 제한하는 정관의 규정은 사회질서에 위배되어 무효이다.

ADVICE » ② 법인의 대표에 관하여는 무권대리·표현대리를 포함한 대리에 관한 규정을 준용한다〈제59조 제2항〉.

15 다음 중 법인의 불법행위로 인정되지 않는 것은?

① 이사의 불법행위 ② 청산인의 불법행위
③ 임의대리인의 불법행위 ④ 임시이사의 불법행위
⑤ 특별대리인의 불법행위

ADVICE » 법인의 불법행위가 성립되려면 이사, 임시이사, 특별대리인, 청산인 등 대표기관의 행위가 있어야 한다. 사원총회, 감사, 지배인, 특정행위에 관한 임의대리인 등의 행위는 법인의 불법행위를 성립시키지 못한다.

16 다음 중 법인의 청산에 대한 설명으로 틀린 것은?

① 청산법인은 해산 전의 법인과는 별개의 인격자이다.
② 청산법인이 해산 전의 본래의 적극적인 사업을 행하는 것은 그의 권리능력의 범위를 벗어나는 것이 된다.
③ 청산법인은 청산의 목적범위 내에서만 권리가 있고 의무를 부담한다.
④ 법인의 청산은 법원이 감독한다.
⑤ 청산 중 법인의 재산이 그 채무를 완제하기에 부족한 것이 분명하게 된 때에는 청산인은 지체 없이 파산선고를 신청하고 이를 공고하여야 한다.

ADVICE » ① 청산법인은 해산 전의 법인과 별개의 인격자가 아니며, 그것과 동일성을 가진다.

17 다음 중 태아의 권리능력이 인정되지 않는 것은?

① 유증
② 손해배상의 청구
③ 유류분
④ 대습상속
⑤ 증여계약에 있어서의 수증

> **ADVICE** 》 우리 민법은 개별적 보호주의를 취하여 불법행위로 인한 손해배상청구권·상속·대습상속·
> 유증·유류분에 관하여는 예외적으로 태아에게 권리능력을 인정한다.

18 이사의 대표에 관하여 틀린 것은?

① 이사가 수인 있는 경우 사무집행은 과반수로써 결정함을 원칙으로 한다.
② 이사는 타인으로 하여금 특정한 행위를 대리하게 할 수 있다.
③ 이사가 수인 있는 경우에는 공동대표가 원칙이다.
④ 법인과 이사와의 이익이 상반하는 경우에는 대표권이 없다.
⑤ 이사의 대표권에 가한 제한은 등기하지 않으면 제3자에 대항하지 못한다.

> **ADVICE** 》 ③ 이사는 법인의 사무에 관하여 각자 법인을 대표한다〈제59조 제1항〉. 즉, 이사의 대표권은
> 단독대표를 원칙으로 한다.

19 다음은 사단법인의 정관변경과 재단법인의 정관변경의 공통점이다. 틀린 것은?

① 목적변경이 가능하다.
② 정관변경 절차가 같다.
③ 변경사항이 등기사항인 경우에는 그 변경을 등기하여 제3자에게 대항할 수 있다.
④ 정관변경에 주무관청의 허가를 얻어야 한다.
⑤ 목적을 변경하는 경우에도 영리법인으로의 목적변경은 불가능하다.

> **ADVICE** 》 ② 사단법인과 재단법인의 정관변경 절차의 두드러진 차이는 사단법인에 있어서는 정관변경에
> 사원총회의 결의가 반드시 필요한 반면에, 재단법인에 있어서는 사원총회 자체가 존재하지도
> 않는다는 점이다.

20 태아에게 인정되지 않는 것은?

① 부양청구를 할 수 있는 지위
② 대습상속인이 될 수 있는 지위
③ 재산상속인이 될 수 있는 지위
④ 유증을 받을 수 있는 지위
⑤ 불법행위로 인한 손해배상을 청구할 수 있는 지위

> **ADVICE ≫** 민법은 개별적 보호주의를 취하여 불법행위로 인한 손해배상청구권, 상속, 대습상속, 유증, 유류분(遺留分)에 관하여는 예외적으로 태아에게 권리능력을 인정한다.

21 다음 설명 중 틀린 것은?

① 자연인의 행위능력은 의사능력을 전제로 하여 주어진다.
② 권리능력자가 반드시 행위능력자는 아니다.
③ 의사능력을 가진 자만이 책임능력이 있다.
④ 의사능력이 있는 자는 모두 행위능력자이다.
⑤ 모든 사람은 모두 권리능력이 있다.

> **ADVICE ≫** 행위능력은 의사능력을 전제로 하기 때문에, 의사능력 없는 행위능력자는 존재하지 않는다. 그러나 행위능력제도가 의사능력을 일정한 기준에 의하여 획일화하여 그 기준에 해당하는 자는 의사능력의 유무를 불문하고 일률적으로 행위제한능력자로 하는 것이기 때문에, 의사능력이 있다 하더라도 그 기준에 해당하는 한 행위능력자로 될 수가 없다. 즉, 의사능력이 있다 하여 모두 행위능력자인 것은 아니며, 그 가운데에는 행위능력이 없는 자도 있다.

22 법인에 관한 다음 학설 중 법인실재설은?

① 수익자주체설　　　　　　　　② 관리자주체설
③ 무주재산설　　　　　　　　　④ 조직체설
⑤ 법인의제설

> **ADVICE ≫** 법인실재설 … 법인이 권리능력의 주체가 되는 것은 개인이 권리능력의 주체가 되는 것과 마찬가지로 사회생활의 단위로서 실체를 갖기 때문이라는 설로 법인실재설에는 유기체설, 조직체설, 사회적 가치설(사회적 작용설) 등이 있다.

23 다음 중 권리능력에 관한 설명으로 옳은 것은?

① 자연인의 권리능력은 사망 및 실종선고에 의하여 소멸한다.
② 법인은 재산권 외에 인격권도 향유할 수 있다.
③ 법인은 해산으로 권리능력을 상실한다.
④ 일반적으로 능력이라 하면 권리능력을 가리킨다.
⑤ 태아에게는 전혀 권리능력이 인정되지 않는다.

ADVICE 》 ① 자연인의 권리능력은 사망에 의하여서만 소멸한다.
③ 법인의 해산으로 법인의 권리능력이 소멸하지 않으며, 청산에 필요한 한도로 제한될 뿐이다.
④ 단순히 능력이라고 하면 행위능력을 가리킨다.
⑤ 민법상 일정한 사항에 한하여 태아의 권리능력이 예외적으로 인정된다.

24 다음 중 피한정후견인선고에 관한 설명으로 틀린 것은?

① 검사도 피한정후견인심판을 청구할 수 있다.
② 법원이 사건을 심판하는 경우에는 반드시 본인의 심신상태에 관하여 의사에게 감정을 시켜야 하나, 반드시 감정의견에 따라야 하는 것은 아니다.
③ 교육 · 종교 · 자선 등을 위하여 재산을 소비하는 자는 낭비자가될 수 있으며, 현행법에서도 한정후견개시심판대상이다.
④ 본인도 피한정후견인심판을 청구할 수 있다.
⑤ 피한정후견인심판을 가정법원의 관할에 속한다.

ADVICE 》 ③ 견해가 대립한다.

25 이사의 집행사무가 아닌 것은?

① 총회소집
② 파산선고의 청구
③ 사원명부의 작성
④ 청산인이 되는 일
⑤ 총회 또는 주무관청에의 보고

ADVICE 》 ⑤ 감사의 직무이다.
※ **이사의 집행사무** … 재산목록의 작성, 사원명부의 작성, 사원총회의 소집, 총회의사록의 작성, 파산신청, 청산인이 되는 것, 등록 등을 들 수 있다.

26 제한능력자 상대방의 확답촉구권에 대한 설명으로 틀린 것은?

① 법정대리인이 특별한 절차를 밟아야 하는 경우에 유예기간 내에 그 특별절차를 밟은 확답을 하지 않으면 그 행위를 취소한 것으로 본다.

② 법정대리인이 특별한 절차를 밟지 않고서 단독으로 추인할 수 있는 경우의 유예기간 내에 최고에 대한 확답을 하지 않으면 추인한 것으로 본다.

③ 미성년자가 성년자로 된 후에 최고를 받고서 유예기간 내에 확답을 하지 아니하면 취소한 것으로 본다.

④ 최고를 받은 자의 확답은 유예기간 내에 발송하는 것으로 족하다.

⑤ 제한능력자였던 자도 능력자로 된 후에는 확답촉구의 상대방이 될 수 있다.

> **ADVICE »** ③ 미성년자가 성년자로 된 후에 최고를 받고서 유예기간 내에 확답을 하지 아니하면 그 행위를 추인한 것으로 본다.

27 다음 중 청산인에 관한 설명으로 옳지 않은 것은?

① 법인이 해산한 경우 청산인이 있는 때에는 법원이 청산인을 선임할 수 없다.

② 법인이 해산하면 이사는 그의 지위를 잃는다.

③ 정관 또는 총회의 결의로 청산인을 달리 정한 바가 없으면, 해산 당시의 이사가 청산인으로 된다.

④ 청산인은 청산법인의 집행기관이다.

⑤ 중요한 사유가 있을 때에는 법원은 직권으로 또는 이해관계인이나 검사의 청구에 의하여 청산인을 해임할 수 있다.

> **ADVICE »** ① 청산인이 있더라도 후에 결원이 생겨 손해가 발생할 염려가 있는 때에는 법원은 직권으로 또는 이해관계인이나 검사의 청구에 의하여 청산인을 선임할 수 있다.

28 사단법인의 정관의 필요적 기재사항이 아닌 것은?

① 목적　　　　　　　　② 존립시기
③ 명칭　　　　　　　　④ 이사
⑤ 사무소 소재지

> **ADVICE »** 사단법인의 정관의 필요적 기재사항〈제40조〉… 목적 · 명칭 · 사무소의 소재지 · 자산에 관한 규정 · 이사의 임면에 관한 규정 · 사원자격의 득실에 관한 규정 · 존립시기나 해산의 사유를 정하는 때에는 그 시기나 사유 등이다.

Answer　　23.② 24.③ 25.⑤ 26.③ 27.① 28.④

29 인격 없는 사단에 대한 설명이다. 틀린 것은?

① 각 구성원은 부담금을 포함한 모든 개인재산으로써 책임을 진다.
② 단체의 조직은 갖추고 있다.
③ 대표의 방법·총회의 운영 등 사단으로서의 성격이 정관에 의해 확정되어 있어야 한다.
④ 사단의 명의로 등기할 수 있다.
⑤ 사원 각자는 총회를 통하여 그 관리에 참여할 수 있다.

> **ADVICE** » ① 사단의 채무도 총 사원에게 총유적으로 귀속하므로 그 채무에 대하여 채무를 지는 것은 사단뿐이며, 각 구성원은 부담금 이외의 개인재산으로써 책임을 지지 않는다.

30 다음 중 재단법인의 출연재산의 귀속시기에 관한 설명으로 틀린 것은?

① 출연재산의 종류는 불문하며 확실한 것이면 족하다.
② 생전처분으로 재단법인을 설립하는 때에는 출연재산의 귀속시기는 법인의 성립시기에 법인의 재산으로 본다.
③ 유언으로 재단법인을 설립하는 때에는 유언의 효력이 발생한 때로부터 법인에 귀속한다.
④ 민법 제48조를 동법 제187조의 '기타의 법률의 규정'으로 보아 등기나 인도 없이 물권은 당연히 설립등기를 한 때 또는 설립자의 사망시에 법인에 귀속한다 함이 판례의 태도이다.
⑤ 대법원 판례는 재산출연자와 법인간에 있어서는 등기를 필요로 하지 않고 법인과 제3자의 관계에 있어서는 민법 제186조의 원칙으로 돌아가 등기가 법인 앞으로 이전되어야만 제3자에 대항할 수 있다고 판시하였다.

> **ADVICE** » ④ 다수설의 태도이다.

31 법인의 기관에 관한 설명으로 옳지 않은 것은?

① 이사는 법인의 필수상설기관이다.
② 이사는 법인사무에 관하여 단독대표를 원칙으로 한다.
③ 감사는 반드시 두어야 하는 것이 아니다.
④ 사단법인의 최고 의사결정기관은 이사이다.
⑤ 특별대리인은 법원이 선임한다.

> **ADVICE** » ④ 사단법인의 최고 의사결정기관은 이사가 아니고 사원총회이다.

32 권한이 불분명한 부재자의 재산관리인이 할 수 없는 것은?

① 가옥의 수선
② 기한이 도래한 채무의 변제
③ 가옥의 매각
④ 부패하기 쉬운 물건의 매각
⑤ 무이자의 금전대여를 이자부로 하는 행위

> **ADVICE** » 권한이 불분명한 부재자의 재산관리인이 할 수 있는 행위는 보존행위, 이동행위, 권한이 도래한 채무의 변제, 부패하기 쉬운 물건의 처분 등이 있으며 처분행위는 하지 못한다.

33 다음 중 법인의 적용법규에 관한 내용으로 틀린 것은?

① 민법의 법인에 관한 규정이 주로 그 대상으로 하는 것은 비영리법인이다.
② 비영리사단법인과 비영리재단법인에 대하여는 민법이 적용된다.
③ 민사회사는 비영리법인이다.
④ 민사회사에 대해서는 주로 상법이 적용된다.
⑤ 상사회사에 대해서는 상법의 회사에 관한 규정이 적용된다.

> **ADVICE** » ③ 민사회사는 영리행위를 목적으로 하는 영리사단법인이다.

34 다음 중 연결이 잘못된 것은?

① 변호사회 – 강제주의
② 중소기업협동조합 – 허가주의
③ 의사회 – 인가주의
④ 중소기업은행 – 특허주의
⑤ 노동조합 – 준칙주의

> **ADVICE** » ② 중소기업협동조합, 변호사회, 의사회, 약사회, 상공회의소, 농업협동조합, 수산업협동조합 등은 인가주의에 의하여 설립된 법인이다(변호사회와 약사회는 강제주의적 성격도 동시에 지님).

35 사원총회에 관한 설명으로 틀린 것은?

① 사원으로 구성되는 최고 의사결정기관이다.
② 사원총회는 임시총회와 통상총회가 있다.
③ 이사는 임시사원총회를 소집할 수 있다.
④ 감사는 사원총회를 소집하지 못한다.
⑤ 사원총회는 사단법인의 근본적 의사를 결정하는 기관이다.

> **ADVICE** 》 ④ 감사도 이사와 같이 필요하다고 인정하는 때에는 사원총회(임시총회)를 소집할 수 있다
> 〈제67조〉.

36 다음 중 법인의 이사에 관한 설명으로 옳은 것은?

① 법인은 이사를 둘 수 있다.
② 이사는 항상 타인으로 하여금 특정한 행위를 대리하게 할 수 있다.
③ 임시이사는 이사가 결원이 생긴 경우에만 선임할 수 있다.
④ 법인과 이사의 이익이 상반하는 경우에는 이해관계인 또는 검사의 청구에 의하여 특별
대리인을 선임하여야 한다.
⑤ 법인의 대표는 대리와는 다르므로 대리에 관한 규정을 준용할 수 없다.

> **ADVICE** 》 ① 법인은 이사를 반드시 두어야 한다.
> ② 정관 또는 총회의 결의로 금지하지 않은 사항에 한하여 대리하게 할 수 있다〈제62조〉.
> ③ 임시이사는 이사에 결원이 생긴 경우 외에 이사가 전혀 없게 된 경우에도 선임할 수 있다.
> ⑤ 법인의 대표에 관하여는 대리에 관한 규정을 준용한다〈제59조 제2항〉.

37 다음 중 법인의 해산에 관한 설명으로 옳은 것은?

① 법인이 파산으로 되려면, 지급불능을 요한다.
② 민법은 파산신청권자로서 감사와 대리권자를 규정하고 있다.
③ 목적의 달성이 불능한 경우라도 정관을 변경함으로써 법인이 재생할 수 있다.
④ 법인의 설립허가가 취소되면 법인은 소급적으로 권리능력을 상실한다.
⑤ 사단법인은 이사회의 결의에 의하여 해산할 수 있다.

> **ADVICE** 》 ① 법인의 파산원인은 채무초과를 요한다.
> ② 민법은 파산신청자로서 이사만을 규정하고 있다.
> ④ 법인의 설립허가취소는 소급효가 없다.
> ⑤ 사단법인은 총회의 결의에 의하여 해산할 수 있다.

38 다음 중 설명이 틀린 것은?

① 권리능력과 행위능력에 관한 규정은 강행규정이다.
② 권리능력이 있는 자는 자연인과 법률에서 인정한 법인뿐이다.
③ 태아에게는 원칙적으로 권리능력이 없다.
④ 자연인의 권리능력은 사망에 의해서만 소멸되고, 이에 대해서는 예외가 없다.
⑤ 해석상 불법행위의 책임은 의사능력 없이는 발생하지 않는다고 해석되고 있다.

> **ADVICE** 》 ② 권리능력이 있는 자는 자연인과 법인뿐만 아니라 법률에서 정한 범위 내의 태아도 포함된다.

39 법인에 대한 설명으로 틀린 것은?

① 사원총회는 사단법인에서는 필수기관이지만, 재단법인에서는 임의기관이다.
② 민법상의 법인에 있어서 감사는 임의기관이다.
③ 재단법인이나 사단법인은 모두 이사를 두어야 한다.
④ 법인실재설은 기관을 법인의 구성부분으로 본다.
⑤ 법인의제설은 이사 기타 법인의 임원을 법인의 외부에서 법인을 대리하는 자로 본다.

> **ADVICE** 》 ① 사단법인에서는 이사와 사원총회가, 재단법인에서는 이사가 필수기관이며 재단법인에는
> 사원이 없으므로 사원총회가 있을 수 없다.

40 다음 중 사단법인의 해산사유가 아닌 것은?

① 파산
② 목적의 달성
③ 법인의 설립허가가 취소된 경우
④ 사원이 한 사람도 존재하지 않게 된 경우
⑤ 총회에서 총 사원의 3분의 2 이상으로써 해산의 결의를 한 경우

> **ADVICE** 》 ⑤ 사단법인은 총 사원 4분의 3 이상의 동의가 없으면 해산을 결의하지 못한다. 그러나 정관에
> 다른 규정이 있을 때에는 그 규정에 의한다〈제78조〉.

Answer   35.④ 36.④ 37.③ 38.② 39.① 40.⑤

41 다음 중 실종선고가 취소된 경우의 내용으로 틀린 것은?

① 실종선고로 인하여 상속을 받은 자가 선의인 경우에는 그 재산을 반환할 의무가 없다.
② 실종선고로 인하여 직접 취득한 재산에 관하여 시효취득의 요건을 갖추었으면 악의의 경우라도 반환할 의무가 없다.
③ 취소의 효과는 원칙적으로 실종선고시로 소급한다.
④ 취소의 효과는 모든 사람에 대하여 발생한다.
⑤ 실종선고 후 그 취소 전에 선의로 한 행위의 효력에는 영향을 미치지 아니한다.

> **ADVICE** » ① 실종선고가 취소되면 실종선고를 직접원인으로 하여 재산을 취득한 자는 선의의 경우에는 그 받은 이익의 현존하는 한도 내에서 반환해야 한다. 그러나 악의인 경우에는 그 받은 이익에 이자를 붙여서 반환해야 하고 그 밖에 손해가 있으면 그것도 배상해야 한다〈제29조 제2항〉.

42 제한능력자 상대방의 철회권·거절권에 대한 설명으로 틀린 것은?

① 거절권을 행사할 수 있는 단독행위에 상대방 없는 단독행위는 포함되지 않는다.
② 다수설은 제한능력자의 상대방이 단독행위의 의사표시를 수령할 때 표의자가 제한능력자임을 알고 있었을 때에도 상대방이 거절권을 행사할 수 있다고 해석한다.
③ 제한능력자의 상대방이 계약 당시에 제한능력자임을 알았을 때에는 철회권은 인정되지 않는다.
④ 제한능력자의 단독행위에 있어서 제한능력자의 상대방은 제한능력자측에서 추인을 한 후에도 거절할 수 있다.
⑤ 제한능력자와 체결한 계약에 있어서 제한능력자의 상대방이 그의 의사표시를 철회할 수 있는 것은 제한능력자측에서 추인을 하기 전에 한한다.

> **ADVICE** » ④ 제한능력자측의 추인이 있기 전에 한하여 거절할 수 있을 뿐이다〈제16조 제2항〉.

43 미성년자가 법정대리인의 동의 없이 단독으로 유효한 행위를 할 수 없는 경우는?

① 증여를 받는 일
② 법정대리인이 학비로 쓰라고 준 금전으로 책을 사는 일
③ 법정대리인의 허락을 얻어 문방구점을 경영하면서 점포로 사용할 건물을 임차하는 일
④ 법정대리인이 범위를 정하여 준 금전을 가지고 여행하는 일
⑤ 채무를 면제하는 청약을 승낙하는 일

> **ADVICE** » ① 증여 중 부담있는 증여를 받는 행위는 미성년자가 단독으로 유효하게 하지 못한다.

44 제한능력자와 거래한 상대방이 제한능력자측에 대하여 행할 수 있는 '확답촉구'는 법률사실의 용태상의 분류로서 다음 어떠한 것과 유사한가?

① 가공
② 무주물선점
③ 소유의 의사
④ 채권양도의 통지
⑤ 제한능력자의 단독행위에 대한 거절

ADVICE 》 ⑤ 제한능력자의 단독행위에 대한 거절은 준법률행위 중 의사의 통지이다.

45 다음 중 제한능력자의 행위의 취소에 대한 설명으로 틀린 것은?

① 제한능력자 자신도 법정대리인의 동의 없이 한 행위를 스스로 취소할 수 있다.
② 제한능력자의 행위는 선의의 제3자에게는 대항할 수 없다.
③ 제한능력자가 한 법률행위를 취소한 경우에 이미 이행한 부분은 부당이득으로 반환하여야 한다.
④ 제한능력자의 법률행위가 취소되면 그 효력은 소급적으로 소멸된다.
⑤ 제한능력자가 한 법률행위를 취소한 경우에는 제한능력자측은 언제나 현존이익만 반환하면 된다.

ADVICE 》 ② 제한능력자의 법률행위 취소의 효과는 절대적이며 선의의 제3자에 대해서도 대항할 수 있다.

46 다음 중 피성년후견인이 의사능력을 회복한 이상 단독으로 할 수 있는 것은?

① 약혼
② 유언
③ 협의이혼
④ 협의파양
⑤ 부동산매매계약

ADVICE 》 만 17세 이상이면 유언을 할 수 있으며〈제1061조〉, 피한정후견인과 피성년후견인도 유언에 관하여는 법정대리인의 동의가 필요없다〈제1062조〉.

47 주소의 효과에 관한 설명으로 틀린 것은?

① 상속의 개시지
② 어음행위의 장소
③ 부재자 및 실종의 표준
④ 채무의 변제지
⑤ 출생신고지

> **ADVICE** 》 주소의 법률적 효과는 ①②③④ 이외에 재판관할의 표준, 국제사법의 준거법 결정표준, 귀화 및 국적회복의 요건 등이 있다.

48 법인의 이사에 관한 설명으로 틀린 것은?

① 이사는 선량한 관리자의 주의의무를 진다.
② 자연인뿐만 아니라 법인도 이사가 될 수 있다.
③ 이사의 대표권은 단독대표를 원칙으로 한다.
④ 사단법인의 이사가 수인인 경우 법인의 사무집행은 과반수로 정한다.
⑤ 법인과 이사의 이익이 상반하는 경우에는 이사는 대표권을 가지지 않으며 특별대리인을 선임하여야 한다.

> **ADVICE** 》 ② 이사가 될 수 있는 것은 성질상 자연인에 한하며, 법인은 이사가 될 수 없다.

49 다음 중 권리능력에 대한 설명으로 옳지 않은 것은?

① 사자는 권리능력이 없다.
② 태아의 권리능력은 예외적으로 인정된다.
③ 출생의 시기에 관하여 진통설이 통설이다.
④ 사람은 생존하는 동안 권리능력을 갖는다.
⑤ 외국인의 권리능력은 모든 면에서 내국인과 평등한 대우를 받는 것이 원칙이다.

> **ADVICE** 》 ③ 사람의 출생시기에 관하여 형법에서는 진통설이 통설이나 민법에서는 전부노출설이 통설이다.

50 능력에 관한 설명으로 옳지 않은 것은?

① 책임능력과 불법행위능력은 동질의 것이다.
② 권리능력과 의무능력은 이질의 것이다.
③ 보통 무능력이라고 하는 경우는 행위무능력을 가리킨다.
④ 의사능력과 책임능력은 동질의 것이다.
⑤ 권리능력과 행위능력이 동일할 수는 없다.

> **ADVICE** 》 ①④ 의사능력이란 사물에 대한 정신적인 변별능력, 판단능력을 의미한다. 이는 개개의 행위를 함에 있어서 자신의 행위의 의미나 결과를 정상적이고 합리적으로 판단할 수 있는 지적 능력을 말하며 이를 책임의 면에서 바라본 개념이 책임능력, 불법행위능력이다.
> ② 권리능력은 일반적으로 의무능력을 뜻하기 때문에 권리능력과 의무능력은 동질의 것이다.

51 甲은 운전과실로 임산부 乙을 치어 임신 7개월 된 태아가 사산되고 말았다. 이 경우 태아가 입은 손해에 대한 甲의 배상책임에 대하여 다음 중 가장 타당한 것은?

① 정지조건설에 의한 경우에 한하여 甲은 배상책임을 지게 된다.
② 문제의 사실이 생긴 때로부터 태아는 권리능력을 갖는다는 해제조건설에 의한 경우에 甲은 배상책임을 지게 된다.
③ 우리 민법상 태아에게 불법행위로 인한 손해배상청구권은 인정되지 않으므로 甲은 배상책임을 지지 않는다.
④ 어느 견해를 취하든 태아가 사산된 경우에는 태아의 권리능력이 발생할 여지가 없으므로 甲은 태아가 입은 손해에 대하여 배상책임을 지지 않는다.
⑤ 어느 견해를 취하든 우리 민법은 불법행위로 인한 손해배상청구권에 관하여는 태아가 이미 출생한 것으로 보므로 甲은 태아가 입은 손해에 대하여 배상책임을 진다.

> **ADVICE** 》 판례의 입장인 정지조건설에 의하면, 살아서 출생할 경우 법률원인이 발생한 때로부터 소급하여 태아에게 권리능력이 인정되며, 다수설인 해제조건설에 의하면, 법률원인 발생시부터 태아는 권리능력을 취득하지만 사산일 경우에 한하여 권리능력이 소멸한다. 설문의 경우에는 어느 견해를 취하든 사산된 것이므로 권리능력을 취득하는 것이 아니고, 따라서 甲은 배상책임이 없다.

52 제한능력자제도에 관한 다음 설명 중 옳지 않은 것은?

① 제한능력자의 보호에 주된 목적이 있다.
② 신분상의 행위에는 원칙적으로 적용되지 않는다.
③ 불법행위에 대해서도 인정된다.
④ 제한능력자제도에 관한 규정은 강행규정이다.
⑤ 민법은 제한능력자에 관한 규정과 제한능력자의 상대방을 보호하기 위한 방법을 규정하고 있다.

> **ADVICE** 》 제한능력자제도는 재산법 관계에만 적용되며 공법상 행위에도 적용이 없다. 따라서 가족법상 신분행위나 불법행위 등에는 적용되지 않는다.

53 제한능력자의 법정대리인에 관한 설명으로 옳지 않은 것은?

① 법정대리인의 수는 언제나 1인이다.
② 피성년후견인의 법정대리인도 취소권을 갖는다.
③ 피한정후견인의 법정대리인은 동의권 행사가 인정되지 않는 경우가 있다.
④ 법정대리인은 그 동의에 대한 철회권을 갖는다.
⑤ 미성년자가 법률행위를 함에는 법정대리인의 동의를 얻어야 한다.

> **ADVICE** 》 ① 미성년자의 법정대리인은 제1차로 친권자이다. 이때 부모가 공동의 대리인이 된다. 따라서 대리인의 수는 언제나 1인인 것은 아니다.
> ② 피성년후견인의 법정대리인은 동의권은 갖지 못하나, 피성년후견인의 법률행위를 언제나 취소할 수 있다.
> ③ 피한정후견인의 행위능력은 미성년자의 행위능력과 동일하다. 따라서 특정의 행위는 이를 단독으로 할 수 있으므로, 이 범위에서 그의 법정대리인의 동의권 행사는 인정되지 않는다.
> ④ 법정대리인은 미성년자가 아직 법률행위를 하기 전에는 그가 미성년자의 법률행위에 대하여 해준 동의나 재산처분의 허락을 취소(철회)할 수 있다〈제7조〉.
> ⑤ 제5조의 내용이다.

54 부재자를 위하여 법원이 선임한 재산관리인의 권리의무에 관한 설명 중 옳지 않은 것은?

① 부재자 재산관리인은 선량한 관리자의 의무가 있다.
② 부재자 재산관리인은 과실 없이 받은 손해배상을 청구할 수 있다.
③ 부재자 재산관리인은 재산목록을 작성할 의무를 진다.
④ 법원은 그 선임한 재산관리인에 대하여 부재자의 재산을 보호하기 위하여 필요한 처분을 명할 수 없다.
⑤ 부재자 재산관리인은 보수청구권이 있다.

ADVICE 》 ④ 법원은 그 선임한 재산관리인에 대하여 부재자의 재산을 보존하기 위하여 필요한 처분을 명할 수 있다〈제24조 제2항〉.

55 甲은 1981년 5월 31일자로 행방불명되었고, 35세된 甲의 장남 乙이 1999년 5월 1일에 실종선고를 청구하여 2000년 1월 5일에 가정법원이 실종선고를 하였다. 乙은 10억대의 토지를 상속하여 사업하다가 무일푼이 되었다. 이 경우의 법률관계에 대한 설명 중 옳은 것은?

① 甲은 1986년 6월 2일에 사망으로 추정된다.
② 실종선고청구를 극력 반대하는 甲의 부모 몰래 乙이 실종선고를 청구하였는 바, 선고의 효과는 甲의 부모에게도 발생한다.
③ 甲의 자매가 있는 경우, 그도 법률상 이해관계인으로 실종선고 청구권자이다.
④ 甲이 생환하여 실종선고를 취소하면 취소의 효과는 소급효를 가지므로 乙은 상속한 10억원을 반환하여야 한다.
⑤ 甲이 생환하여 실종선고를 취소한 경우, 상속한 토지가 상속인 乙에게서 다시 丙에게로 이전되면 丙은 선·악 불문하고, 소유권을 취득한다.

ADVICE 》 ① 甲은 1986년 5월 31일 24시에 사망으로 간주된다.
③ 甲의 자매는 법률상 이해관계인에 해당되지 않는다.
④ 乙이 선의인 경우에는 현존이익만을 반환하면 되고, 악의인 경우에는 받은 이익에 이자를 붙여서 반환하고 손해가 있으면 이를 배상하여야 한다.
⑤ 실종선고를 간접원인으로 하여 재산을 취득한 丙에 대해서는 소유권 취득에 있어서 학설의 대립이 있다. 다수설인 쌍방선의설에 의할 경우 乙이 선의이고 丙 역시 선의이면 丙은 소유권을 취득할 수 있는 반면에, 乙이 악의이면 丙의 선·악을 불문하고 丙은 소유권을 취득할 수 없다는 견해가 있다.

Answer   52.③ 53.① 54.④ 55.②

56 다음 중 부재자에 관한 설명으로 옳지 않은 것은?

① 외국에 유학하고 있으나 그의 재산을 국내에 있는 사람을 통하여 직접 관리하는 자는 부재자가 아니다.

② 부재자는 명백히 생존하고 있는 자만을 가리키며, 생사불명자는 실종선고의 대상이 될 뿐이다.

③ 법인에게는 부재자에 관한 규정이 적용되지 않는다.

④ 부재자의 재산관리에 관한 사항은 가정법원이 관할한다.

⑤ 부재자의 재산관리인 선임심판이 취소됨으로써 관리인의 신분을 상실하게 된다 할지라도 그 취소가 있을 때까지는 그 관리인이 한 행위는 유효하다.

> **ADVICE** 》 ① 판례는 부재자는 종래의 주소지를 떠나서 당분간 귀환가능성이 없는 자를 말하지만, 이때 실질적으로는 그 종래 주소지의 재산이 제대로 관리되지 못하고 있다는 요건이 존재하여야 하므로 외국에 유학하고 있더라도 그의 소유재산을 국내에 있는 사람을 통하여 직접 관리하고 있는 사실이 인정되는 때에는 부재자라고 할 수 없다고 판시하였다.
> ② 부재자이기 위하여는 생사불명을 요하지 않으므로 생존하고 있는 것이 명백한 자도 부재자일 수 있으나, 생사불명의 자라도 실종선고를 받을 때까지는 부재자이다.
> ⑤ 대판 1966.10.4, 66다1587

57 동시사망에 관한 설명으로 옳은 것은?

① 동일한 위난이란 반드시 동일한 장소의 위난일 것을 요한다.

② 동시에 사망한 것으로 추정한다.

③ 사망시기가 확인된다 해도 반증으로 번복할 수 없다.

④ 동시사망을 추정받기 위하여는 이해관계인 또는 검사의 청구에 의한 법원의 선고가 필요하다.

⑤ 연령이 높은 순서로 사망한 것으로 간주한다.

> **ADVICE** 》 ① 반드시 동일한 장소의 위난일 필요는 없고 시간적으로 동일함을 의미한다고 해석함이 일반적이다.
> ③ 사망의 시기가 판명되면 반증으로 동시사망 추정은 번복된다.
> ④ 실종선고와는 달리 이해관계인 등의 청구도 필요없고 법원의 선고에 의하여 추정되는 것도 아니다.
> ⑤ 연령에 관계없이 동시에 사망한 것으로 추정된다.

58 실종선고취소의 효과에 관한 설명 중 옳지 않은 것은?

① 실종선고가 취소되면 실종선고로 생긴 법률관계는 소급적으로 무효가 된다.
② 실종선고 후 그 취소 전에 선의로 한 상속인의 재산처분행위는 실종선고가 취소되어도 유효하다.
③ 여기서의 선의는 통설·판례에 의하여 당사자 쌍방 모두 선의인 것을 의미한다.
④ 실종선고의 취소가 있을 때 실종의 선고를 직접원인으로 하여 재산을 취득하는 자가 선의인 경우에는 반환 의무가 없다.
⑤ 취득시효의 방식으로 실종자의 재산상 권리를 취득한 자는 실종선고취소로 인하여 그 권리를 반환할 의무가 없다.

ADVICE » ④ 실종선고의 취소가 있을 때 실종의 선고를 직접원인으로 하여 재산을 취득하는 자가 선의인 경우에는 그 받은 이익이 현존하는 한도에서 반환할 의무가 있다〈제29조 제2항〉.

59 실종선고를 취소한 경우에 관한 설명 중 옳지 않은 것은?

① 취소의 효과는 모든 사람에 대하여 발생한다.
② 취소의 효과는 원칙적으로 실종선고에 소급한다.
③ 실종선고 후 그 취소 전에 선의로 한 행위는 취소로 인하여 그 효력에 영향을 받지 않는다.
④ 실종선고 후 그 취소 전에 한 상속인의 재산처분행위는 실종선고가 취소되면 무효가 된다.
⑤ 재산취득자에게 취득시효 등 다른 권리취득의 원인이 있을 때에는 실종선고가 취소되더라도 영향이 없다.

ADVICE » ④ 실종선고 후 그 취소 전에 선의로 한 행위(재혼행위, 상속재산처분행위)는 실종선고의 취소로 영향을 받지 않는다.

60 실종기간의 기산점에 관한 설명 중 옳지 않은 것은?

① 보통실종의 경우는 부재자의 최후의 소식이 있었을 때
② 선박실종의 경우는 선박이 침몰한 때
③ 위난실종은 위난이 종료한 때
④ 전쟁실종은 강화조약이 체결된 때
⑤ 항공기실종은 항공기가 추락한 때

> **ADVICE** 》 ④ 전쟁실종의 기산점은 강화조약의 체결시가 아니라 사실상 전쟁이 끝나는 때, 즉 항복선언
> 이나 정전 또는 휴전선언이 있는 때를 표준으로 한다(통설).

61 권리능력 없는 사단에 관한 설명으로 틀린 것은?

① 권리능력 없는 사단의 사원의 권리와 의무는 사원의 지위를 취득·상실함에 따라 취
득·상실된다.
② 종중의 법적 성격이 권리능력 없는 사단인 이상 어떤 종중이 종중으로서 존재하려면
사단의 실체를 갖추어야 하므로 종중규약이나 대표자가 없는 종중은 종중유사의 단체
일지언정 고유의미의 종중은 아니다.
③ 권리능력 없는 사단도 사회적으로 독립한 존재이므로 명예권, 성명권, 재산권을 향유할 수
있다.
④ 하나의 교회가 2개의 교회로 분열된 경우, 특별한 사정이 없으면 교회의 법률적 성질이
권리능력 없는 사단이므로 종전의 교회재산은 분열 당시 교인들의 총유에 속하기 때문에
분열 후 각 교회의 교인들은 모두 각자 종전의 교회건물을 사용·수익할 수 있다.
⑤ 소집절차에 하자가 있어 그 효력을 인정할 수 없는 종중총회의 결의라도 후에 적법하게
소집된 종중총회에서 이를 추인하면 처음부터 유효하다.

> **ADVICE** 》 ② 종중은 종족의 자연적 집단이므로 특별한 조직행위를 요하는 것이 아니고 종중규약이나
> 독자적인 족보가 있어야 하는 것은 아니나 특별한 규약에 의하여 선임된 대표자 또는 관습에
> 따라 종중에 의하여 소집된 종중회의에서 선출된 대표자 등에 의하여 대표되는 정도로 현저
> 한 조직을 갖추고 지속적인 활동을 하고 있다면, 비법인사단으로서 단체성이 있다(대판 1983.
> 4.12, 83도195).

62 법인에 관한 다음 설명 중 옳은 것은?

① 사단법인과 재단법인의 이사는 사원이다.

② 재단법인에는 재산이 출연되지만, 사단법인에는 재산이 출연될 수 없다.

③ 사단법인은 비영리법인이나 재단법인은 영리법인이다.

④ 재단법인과 사단법인의 설립과정에는 공히 2인 이상의 설립자가 정관을 작성하여야 한다.

⑤ 재단법인과 사단법인의 성립시기는 공히 설립등기시이다.

> **ADVICE 》** ① 이사는 법인의 상설적 필수기관이다.
> ② 재단법인의 경우 재산의 출연이 필수적이지만, 사단법인의 경우에는 그러하지 아니하다.
> ③ 영리법인은 본질적으로 사단법인이어야 하고 비영리법인은 사단법인과 재단법인 둘다 가능하다.
> ④ 재단법인의 경우 단독으로 설립하는 것이 가능하다.

63 법인실재설과 법인의제설의 차이점에 관한 설명으로 옳지 않은 것은?

① 실재설은 법인 자신의 불법행위를 인정하지만, 의제설은 이를 부정한다.

② 실재설에서는 우리 민법 제35조를 당연한 규정으로 보나, 의제설은 이를 예외규정 · 정책규정으로 본다.

③ 실재설은 법인의 불법행위에 관하여 이사 개인의 배상책임을 부인하고, 의제설에서는 이를 긍정한다.

④ 실재설은 법인의 이사를 법인의 기관이라 하고, 의제설은 법인의 대리인이라 한다.

⑤ 실재설은 비법인을 적극적으로 인정하지만, 의제설은 소극적으로 인정한다.

> **ADVICE 》** ③ 실재설이나 의제설이나 법인과 이사의 책임을 함께 묻는데 있어서는 아무런 차이도 존재하지 않는다. 즉, 이사 개인에 대한 책임을 인정하는데 아무런 제한이 없으며 실재설에 있어서도 이사 개인의 배상책임은 부정되지 않는다.

64 다음 중 판례상 권리능력 없는 사단에 해당하지 않는 것은?

① 종중

② 교회

③ 천주교회

④ 사찰

⑤ 자연부락

> **ADVICE** 》 권리능력 없는 사단… 비영리법인으로서 실체는 있으나 주무관청의 허가나 법인등기를 하지 않아 법인격이 없는 단체를 말한다. 문중, 종중, 교회, 자연부락, 종단에 사찰 등록을 마친 일반 사찰 등이 이에 해당한다.
> ③ 대판 1967.12.26, 67다591

65 재단법인의 설립에 관한 설명 중 옳지 않은 것은?

① 생전처분으로 재단법인을 설립하는 때는 증여에 관한 규정을 준용한다.

② 유언으로 재단법인을 설립하는 때는 유언의 방식에 따라야 한다.

③ 재단법인 설립행위는 불요식행위이다.

④ 유언으로 재단법인을 설립하는 때는 출연재산은 유언의 효력이 발생한 때로부터 법인에 귀속한 것으로 본다.

⑤ 2인 이상의 재단법인의 설립행위는 단독행위의 경합으로 보는 것이 다수설이다.

> **ADVICE** 》 ③ 재단법인을 설립하고자 할 때에는 일정한 재산을 출연하고 정관을 작성하여야 하므로 요식행위라고 볼 수 있다.

66 법인의 정관변경에 관한 설명으로 옳지 않은 것은?

① 사단법인의 정관은 총사원 3분의 2 이상의 동의가 있는 때에 한하여 이를 변경할 수 있다.

② 비영리법인을 영리법인으로 변경할 수 있다.

③ 정관의 변경은 주무관청의 허가를 얻지 아니하면 그 효력이 없다.

④ 재단법인의 정관은 그 변경방법을 정관에 정한 때에 한하여 변경할 수 있다.

⑤ 재단법인의 목적달성 또는 그 재산의 보전을 위하여 적당한 때에는 명칭 또는 사무소의 소재지를 변경할 수 있다.

> **ADVICE** 》 ② 비영리법인을 영리법인으로 변경하는 것은 동일성을 벗어난 것이므로 무효이다.

67 법인의 불법행위에 대한 설명 중 옳은 것은?

① 피해자는 법인에 대해서만 손해배상청구권이 있고, 법인은 가해이사에 대해 청구권을 가진다.
② 이사의 행위는 곧 법인의 행위로서 이사의 책임은 민법의 책임 속에 포함되므로 가해이사에게는 책임을 물을 수 없다.
③ 피해자는 가해이사 또는 법인에 대하여 선택적으로 손해배상청구권을 행사할 수 있다.
④ 가해이사의 배상능력의 결여를 조건으로 피해자는 법인에게 배상을 청구할 수 있다.
⑤ 감사의 행위로 타인에게 손해를 끼친 경우 법인의 불법행위는 성립한다.

ADVICE » ③ 법인의 기관과 법인에게 선택적으로 청구할 수 있다고 보는 것이 통설이다.

68 다음 사원권의 내용 중 공익권이 아닌 것은?

① 설비이용권　　　　　　② 결의권
③ 소수사원권　　　　　　④ 업무집행권
⑤ 감독권

ADVICE » 사원권
　　　　㉠ 공익권 : 결의권, 소수사원권, 업무집행권, 감독권 등
　　　　㉡ 자익권 : 이익배당청구권, 잔여재산분배청구권, 설비이용권 등

69 사단법인의 사원총회에 관한 설명으로 옳지 않은 것은?

① 사원은 대리인으로 하여금 결의권을 행사할 수 있다.
② 결의권평등의 원칙은 정관으로서도 이를 변경할 수 없다.
③ 사원총회의 전권사항은 정관변경과 임의해산이다.
④ 소수사원권은 사단법인의 근본질서에 관한 규정으로서 총회의 결의로서도 박탈할 수 없다.
⑤ 사원총회는 사단법인에게만 있는 최고 의결기관이다.

ADVICE » 제73조(사원의 결의권) … 각 사원의 결의권은 평등으로 한다〈제1항〉. 사원은 서면이나 대리인으로 결의권을 행사할 수 있다〈제2항〉. 전2항의 규정은 정관에 다른 규정이 있는 때에는 적용하지 아니한다〈제3항〉.

70 법인의 감독에 관한 설명 중 옳은 것은?

① 업무감독은 설립허가를 준 주무관청이, 해산과 청산은 법원이 각각 담당한다.
② 업무감독뿐만 아니라 해산과 청산 모두 주무관청이 담당한다.
③ 업무감독은 설립허가를 준 주무관청이 하고, 해산과 청산은 따로 감독하지 않는다.
④ 업무감독뿐만 아니라 해산과 청산 모두 감독법원이 담당한다.
⑤ 법인의 이사 또는 청산인이 주무관청이나 법원의 감독을 방해한 경우에는 300만원 이하의 과태료에 처한다.

> **ADVICE 》** **법인의 감독** … 법인이 설립된 이후에 법인의 사무는 주무관청의 검사 · 감독을 받도록 하고 있으며, 법인의 해산 및 청산은 법원이 검사 · 감독한다.
> ⑤ 법인의 이사, 감사 또는 청산인이 주무관청이나 법원의 검사 · 감독을 방해한 경우에는 500만원 이하의 과태료에 처한다.

71 청산인에 관한 설명으로 옳지 않은 것은?

① 청산인은 타인으로 하여금 특정한 행위를 대리하게 할 수 있다.
② 청산인의 직무로는 현존사무의 종결, 채권의 추심 및 채무의 변제, 잔여재산의 인도 등이 있다.
③ 법인이 해산한 때에는 파산의 경우를 제하고는 이사가 청산인이 된다.
④ 청산인은 알고 있는 채권자를 청산으로부터 제외할 수 있다.
⑤ 청산 중에 파산한 경우 청산인은 파산관재인에게 그 사무를 인계함으로써 그 임무가 종료한다.

> **ADVICE 》** ④ 청산인은 알고 있는 채권자에게 대하여는 각각 그 채권신고를 최고하여야 한다. 알고 있는 채권자는 청산으로부터 제외하지 못한다〈제89조〉.

72 다음 설명 중 옳지 않은 것은 모두 몇 개인가?

> ㉠ 영리법인은 항상 사단법인이고 그 설립은 준칙주의에 의한다.
>
> ㉡ 권리능력 없는 사단에는 종중, 교회, 동, 리 등을 들 수 있다.
>
> ㉢ 법인도 재산권을 취득할 수 있으므로 재산상속은 가능하다.
>
> ㉣ 노동조합, 협동조합, 수리조합은 법인이 아니다.
>
> ㉤ 특별대리인은 이사의 대리인이다.
>
> ㉥ 법인은 해산으로 권리능력을 상실한다.

① 1개   ② 2개

③ 3개   ④ 4개

⑤ 5개

ADVICE » ㉢ 상속은 자연인만이 가능하다.
㉣ 모두 사단법인의 성질을 갖는다.
㉤ 특별대리인은 법인의 기관이다.
㉥ 법인의 해산은 권리능력을 상실시키는 것이 아니라 청산의 범위 내로 제한된다.

권리의 객체

1. 총설

(1) 권리객체의 의의

① 권리는 일정한 이익을 누릴 수 있도록 법에 의하여 주어진 힘인바, 그러한 힘(이익발생)의 대상을 권리의 객체라고 한다.

② 권리의 객체는 권리의 종류에 따라 다르다. 물권의 객체는 물건이고, 채권의 객체는 채무자의 일정한 행위(급부)이며, 형성권에서는 법률관계 자체가 그 객체이고, 친족권에서는 친족법상의 지위, 상속권에서는 상속재산이 개체이다.

(2) 물건

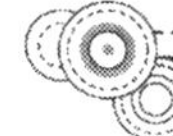
학습Guide

물건에 관하여는 특히 물건의 요건 부분이 중요하다 즉, (1) 유체물 또는 관리 가능한 자연력 일 것, (2) 외계의 일부일 것, (3) 독립한 물건일 것이다. 이중 (3)과 관련하여 건물의 의미와 독립된 건물인지 여부 및 개수의 판단기준에 관한 내용정리가 무엇보다도 중요하고, 일물일권주의와 관련하여 물건의 일부나 구성부분 또는 집합물이 하나의 독립된 물권의 객체로 될 수 있느냐 하는 것이 중요하다.

① 개념 : 민법에서 물건이란 "유체물 및 전기 기타 관리할 수 있는 자연력"을 말한다(제98조).

　㉠ 유체물 또는 관리할 수 있는 자연력

　　• 물건은 형체를 가지고 공간의 일부를 차지하며 사람의 오감에 의하여 지각될 수 있는 유체물(고체, 액체, 기체)과 형체가 없는 무체물(가령 전기, 열, 빛, 음향)로 나뉜다.

　　• 물건이 유체물에 한정되느냐 아니면 무체물도 포함하느냐에 관하여 입법례가 나뉘지만, 민법은 유체물뿐만 아니라 무체물 중 "관리할 수 있는 자연력"(전기는 그 대표적인 예이다)도 물건으로 하고 있다.

　㉡ 외계의 일부일 것 : 인격절대주의는 개인 인격에 절대적 가치를 인정하여, 인간을 권리의 주체로 파악할 뿐 물권의 객체로 파악하지 않는다. 즉 물권(특히 소유권)의 객체로서 물건이기 위하여 외계의 일부이어야 하고, 살아 있는 사람의 신체나 그 일부에 대하여 물건에 관한 규정을 적용할 수 없다. 가령 의치나 의족과 같이 인위적으로 인체에 부착된 것은 부착되어 있는 한 물건이 아니며, 반대로 모발이나 혈액과 같이 절단 또는 분리된 신체의 일부는 물건으로 다루어진다.

유체·유골이 물건인지 여부

[다수의견] 사람의 유체·유골은 매장·관리·제사·공양의 대상이 될 수 있는 유체물로서, 분묘에 안치되어 있는 선조의 유체·유골은 민법 제1008조의3 소정의 제사용 재산인 분묘와 함께 그 제사주재자에게 승계되고, 피상속인 자신의 유체·유골 역시 위 제사용 재산에 준하여 그 제사주재자에게 승계된다(대법원 2008.11.20. 선고 2007다27670 전원합의체 판결).

    ⓒ 독립한 물건일 것

- 물건의 객체인 물건은, 배타적 지배의 대상이 되기 위하여 독립한 존재를 가지고 있어야 하고, 따라서 물건의 일부나 구성부분 또는 여러 개의 물건의 집합은 원칙적으로 하나의 물건으로 인정되지 않는다(물건의 독립성). 물건이 독립한 것인가는 사회통념에 따라 판단된다.
- 물건의 일부 또는 물건의 집합은 원칙적으로 물권의 객체로 되지 못한다(일물일권주의).

② 단일물, 합성물, 집합물

    ㉠ 단일물 : 형체상 단일한 일체를 이루고 각 구성부분이 개성을 잃고 있는 물건을 말한다(가령 책1권). 단일물은 하나의 물건이다.

    ㉡ 합성물 : 여러 개의 물건이 각각 개성을 잃지 않고 결합하여 단일한 형태를 이루는 물건을 말한다(예 : 보석반지). 합성물도 법률상 하나의 물건이다.

    ㉢ 집합물 : 다수의 물건이 집합하여 경제적으로 단일한 가치를 가지며 거래상 일체로 다루어지는 것을 말한다(예 : 공장의 설비, 양어장에 있는 고기 전체). 그런데 일물일권주의의 요청 때문에 집합물 위에 하나의 물권이 성립할 수 없지만, 집합물을 법률상 하나의 물건으로 인정하는 특별법(가령 공장 및 광업재단 저당법)에 의하여 예외가 인정된다. 판례는 특정성이 있으면 집합물을 하나의 물건으로 보아 이에 대한 양도담보가 유효하다고 한다(대판 1988.10.25. 85누941, 1988.12.27. 87누1043). 성장을 계속하는 어류일지라도 특정 양만장 내의 뱀장어 등 어류 전부에 대한 양도담보계약은 그 담보목적물이 특정되었으므로 유효하게 성립하였다고 할 것이다(대법원 1990.12.26. 선고 88다카20224).

(3) 물건의 강학상 분류

① 융통물과 불융통물

    ㉠ 융통물(融通物)은 사법상 거래의 객체가 될 수 있는 물건이다. 그렇지 못한 물건이 불융통물(不融通物)이다. 불융통물로는 국가·공공단체의 소유로서 공적 목적에 사용되는 공용물(公用物)(예 : 관공서의 건물), 일반공중의 사용에 제공되는 공공용물(公共用物)(예 : 도로, 하천), 법령에 의하여 거래가 금지되는 금제물(禁制物)(지정문화재와 같이 거래가 금지 또는 제한되는 것과 아편 등과 같이 거래, 소유 및 소지가 금지되는 것이 있다)이 있다.

    ㉡ 이 구별은 물건의 거래 객체로서의 적격성과 관련된 것인데, 공용물과 공공용물도 공용폐지가 있은 후에는 융통물이 될 수 있다.

② 가분물과 불가분물
　㉠ 가분물(可分物)은 물건의 성질 또는 가치를 현저하게 손상시키지 않고도 분할할 수 있는 물건
(예 : 금전, 곡물)이고, 그렇지 않은 것이 불가분물(不可分物)(예 : 건물)이다. 가분물과 불가분
물은 물건의 객관적 성질에 의하여 결정되지만, 당사자의 의사표시에 의하여 가분물을 불가
분물로 할 수도 있다(제409조 참조).
　㉡ 이 구별은 공유물의 분할(제269조)과 다수당사자의 채권관계(제408조 이하)에 관하여 차이가
있다.

③ 대체물과 부대체물
　㉠ 대체물이란 거래상 개성이 중시되지 않아서 대체성이 있는 물건, 즉 동종, 동질, 동량의 물건
으로 바꾸더라도 영향이 없는 물건(예 : 금전, 곡물)을 말하고, 부대체물이란 대체성 없는 물
건(예 : 골동품, 유명화가의 작품)을 말한다. 대체물이냐 부대체물이냐는 물건의 개성이라는
객관적 기준에 의하여 구별된다.
　㉡ 이 구별은 소비대차(제598조), 소비임치(제702조) 등에서 차이가 있다.

④ 특정물과 불특정물
　㉠ 특정물(特定物)은 급부의 목적물이 개별적으로 지정된 것을 말하고, 불특정물(不特定物)은 급
부의 목적물이 종류로만 지정된 것을 말한다. 대체물·부대체물의 구별과는 달리, 이 구별은
당사자의 의사에 따른 주관적인 것이다.
　㉡ 이 구별은 특정물의 보관의무(제374조, 제462조), 변제의 장소(제467조), 매도인의 담보책임
(제580조, 제581조) 등과 관련하여 차이가 있다.

⑤ 소비물과 비소비물
　㉠ 소비물이란 한 번 사용하면 동일한 용도로 다시 사용할 수 없는 물건(예 : 금전, 식료품)을 말
하고, 비소비물은 반복하여 사용·수익할 수 있는 물건(예 : 건물, 토지)을 말한다. 이 구별은
물건의 성질에 따른 객관적인 것이다.
　㉡ 이 구별은 소비대차(제598조)와 사용대차(제609조)·임대차(제618조)의 목적물과 관련하여 실
익이 있다.

2. 동산과 부동산

제99조(부동산, 동산)
① 토지 및 그 정착물은 부동산이다.
② 부동산이외의 물건은 동산이다.

---

(1) 서설

① 민법은 "토지와 그 정착물"을 부동산이라 하고, 그 밖의 물건을 동산이라고 한다(제99조).

② 동산과 부동산을 구별하는 이유로, 양자가 가지는 재산적 가치의 차이를 들기도 하지만, 양자의 공시방법이 다르다는 점이 주된 것이다(가령 선박이나 자동차와 같이 동산이지만 등기나 등록에 의하여 공시되는 것이 늘어가고 있음에 주의할 것).

동산과 부동산의 민법상 중요한 차이

구별	부동산	동산
의의	토지 및 그 정착물	부동산이외의 물건
공시방법	등기	점유
공신력	부정	인정(선의취득)
물권의 대상	점유권, 소유권, 지상권, 지역권, 전세권, 유치권, 저당권 등	점유권, 소유권, 유치권, 질권 등
무주물선점	부정(무주의 부동산은 국유)	인정
환매기간	5년	3년

(2) 부동산

토지와 그 정착물을 부동산이라고 한다(제99조 제1항).

① **토지**

  ㉠ 토지란 일정한 범위의 지표면을 말한다.

  ㉡ 토지의 소유권은 정당한 이익이 있는 범위 내에서 토지의 상하에 미치므로(제212조), 가령 암석이나 토사와 같은 토지의 구성부분에도 미치며, 지하수의 일종인 온천수도 토지의 구성부분이다(대판 1972.8.29. 72다1243 : 온천에 관한 권리는 관습법상의 물권이나 준물권이라 할 수 없고 온천수는 공용수 또는 생활상 필요한 용수에 해당하지 않는다). 다만 지하에 매장되어 있는 미채굴의 광물은 광업권 또는 조광권의 객체이므로(광업법 제2조, 제5조), 이에는 토지 소유권이 미치지 않는다(미채굴의 광물의 법적 성질에 관하여, 국유에 속하는 독립한 부동산이라는 견해와 국가의 배타적인 채굴취득허가권의 객체라는 견해가 대립한다). 한편 바다에 대한 사소유권은 부정되며(어업권 등은 성립할 수 있다), 하천은 국유 또는 공유이므로 역시 사소유권의 객체가 아니지만 관리청의 허가를 얻어 하천구역을 점용할 수 있다.

② **토지의 정착물**

  ㉠ 개설 : 토지의 정착물이란 토지에 고정되어 쉽게 이동할 수 없는 물건으로, 그 상태대로 사용하는 것이 그 물건의 거래상의 속성으로 인정되는 것을 말한다(예 : 건물, 수목, 교량). 따라서 가건물이나 가식 중인 수목은 토지의 정착물이 아니다.

  ⓛ 건물

- 토지의 정착물 중 가장 중요한 건물은 토지로부터 독립한 별개의 부동산으로, 건물등기부에 의하여 공시된다(부동산등기법 제14조, 제15조).
- 건축 중이거나 철거 중인 건물이 독립성을 가지느냐가 중요한 의미를 가진다(건물신축의 경우에 독립성을 가지게 되는 시점에 소유권이 원시취득 되는 반면, 건물철거의 경우에는 독립성을 잃게 되는 시점에 소유권이 소멸한다). 이 점은 거래관념에 의하여 판단되어야 하는 데(토지와 달리 등기에 의하여 비로소 독립성을 가지는 것은 아니다), 판례에 의하면 최소한의 기둥과 지붕 그리고 주벽이 갖추어지면 된다.
  - ⓒ 건물의 개수는 건물의 물리적 구조뿐만 아니라 거래관념을 고려하여 결정하여야 한다.

③ 입목에 관한 법률에 따라 등기된 입목
  - ㉠ 수목은 토지와 분리되면 동산으로 되지만, 토지로부터 분리되지 않은 상태에서는 원칙적으로 토지의 구성부분으로 토지의 일부일 뿐, 독립한 물건이 아닌 것으로 취급된다. 따라서 토지소유권의 효력은 그 지상에 생육하고 있거나 식재된 입목까지 미친다고 보는 것이 일물일권주의와 부동산부합의 이론(제256조) 등에 따른 당연한 귀결이다.
  - ㉡ 그러나 입목에 관한 법률에 의하여 입목등기를 한 경우에 입목은 토지와 별개의 독립한 부동산으로 다루어진다(동법 제3조). 동법에 의하여 입목은 소유권과 저당권의 객체가 될 수 있을 뿐이다(해석상 양도담보권의 성립이 인정될 수 있다).

④ 명인방법을 갖춘 수목이나 그 집단 또는 미분리 과실
  - ㉠ 입목에 관한 법률에 의한 입목등기를 하지 않은 수목이더라도 명인방법을 갖추면 토지와 독립된 부동산으로서 거래의 객체로 된다.
  - ㉡ 명인방법은 수목이나 그 집단 또는 미분리 과실의 현재 소유자가 누구라는 것을 제3자가 명백하게 인식할 수 있도록 하는 방법(예 : 표찰을 붙이는 것)으로 관습법에 의하여 인정되는 공시방법이다. 명인방법이 인정되는 물권은 소유권과 양도담보권뿐이다.

⑤ 농작물 : 토지에서 경작 · 재배되는 농작물은 토지의 일부이지만, 임차권과 같이 정당한 권원에 기하여 타인의 토지에 경작 · 재배한 농작물은 토지와 별개의 독립한 물건으로 다루어진다(제256조 단서). 아무 권원 없이 심지어 위법하게(즉 타인의 토지를 이용할 권원이 없음을 알고 있더라도) 타인의 토지에 농작물을 경작 · 재배한 경우에도 그 농작물이 성숙하여 독립한 물건으로서의 존재를 갖추었다면 그 농작물의 소유권이 언제나 경작자에게 속한다고 하는데(대판 1979.8.28. 79다784), 명인방법을 갖추었는지 여부는 문제되지 않는다(명인방법을 갖춘 경우에 독립한 소유권의 객체로 됨은 당연하다).

(3) 동산

① 개설 : 부동산 외의 물건은 모두 동산이다(제99조 제2항). 따라서 관리할 수 있는 자연력도 동산이다.

② 금전의 특수성

　㉠ 금전 역시 동산이지만, 일반적으로 금전의 물성 자체는 중요하지 않고, 본래의 용법에 따른 사용이 양도에 한정되는 소비재이며, 소유와 점유가 분리되지 않고, 수량으로 표시된 일정한 화폐가치(즉 화폐의 구매력)가 중요시되는 점에 그 특색이 있다.

　㉡ 금전채무자는 채권자에게 일정한 화폐가치를 이전할 의무를 질뿐이어서 채무불이행에 관한 특칙이 인정되고(제397조), 타인의 점유에 들어간 금전에 대해서는 물권적 청구권이 인정되지 않고 부당이득이 문제될 뿐이며, 선의취득에 관하여도 특수성이 인정된다(제250조 단서).

3. 주물과 종물

권리의 객체 파트에서 가장 중요한 쟁점 중의 하나가 아닌가 싶다. 우선 종물의 요건과 관련된 내용의 정리가 중요하다.

(1) 의의

제100조(주물, 종물)
① 물건의 소유자가 그 물건의 상용에 공하기 위하여 자기소유인 다른 물건을 이에 부속하게 한 때에는 그 부속물은 종물이다.
② 종물은 주물의 처분에 따른다.

① 물건의 소유자가 그 물건의 상용에 이바지(供)하기 위하여 자기 소유의 다른 물건을 이에 부속되게 한 경우에, 그 물건을 주물(主物)이라 하고 주물에 부속된 다른 물건을 종물(從物)이라고 한다(제100조 제1항). 주유소 건물과 주유기, 백화점 건물과 지하에 설치된 전화교환설비, 횟집과 수족관 등이 주물과 종물의 예이다.

② 종물은 주물의 경제적 효용을 높이는 관계에 있으므로 종물이 주물과 법률적 운명을 같이한다는 점(제100조 제2항)에 이 구별의 의미가 있다.

(2) 종물의 요건

① 주물의 상용에 공할 것 : 사회관념상 계속하여 주물 자체의 경제적 효용을 높이는 관계에 있다는 것을 의미한다. 따라서 주물의 소유자나 이용자의 상용에 공여되고 있더라도 주물 자체의 효용과 직접적으로 관계되지 않는 물건은 종물이 아니다. 나아가 가령 난로와 같이 일시적으로 어떤 물건(가령 사무실)의 효용을 돕고 있을 뿐인 것은 종물이 아니다. 상용에 이바지하는지 여부는 객관적으로 결정되며, 법에 규정이 없으나 주물과 종물 사이에 밀접한 장소적 관련성이 있어야 한다.

종물은 주물의 상용에 이바지하는 관계에 있어야 하고, 주물의 상용에 이바지한다 함은 주물 그 자체의 경제적 효용을 다하게 하는 것을 말하는 것으로서 주물의 소유자나 이용자의 상용에 공여되고 있더라도 주물 그 자체의 효용과 직접 관계가 없는 물건은 종물이 아니다(신, 구폐수처리시설이 그 기능면에서는 전체적으로 결합하여 유기적으로 작용함으로써 하나의 폐수처리장을 형성하고 있지만, 신폐수처리시설이 구폐수처리시설 그 자체의 경제적 효용을 다하게 하는 시설이라고 할 수 없으므로 종물이 아니라고 한 사례)(대법원 1997.10.10. 선고 97다3750 판결).

② 장소의 밀접성 : 주물에 부속시킨 정도의 장소적 관계가 있어야 한다. 그러나 일시적으로 분리한다고 종물성을 상실하는 것은 아니다.

③ 독립한 물건 : 종물은 독립한 물건이어야 한다. 즉 주물의 구성부분이 아니어야 한다. 그리고 독립한 물건이면 동산이든 부동산이든 관계없다(대판 1991.5.14. 91다2779는 연탄창고와 공동변소를 본체인 건물의 종물로 보았다. 반면 대판 1993.12.10. 93다42399는 정화조가 건물의 구성부분이라고 하였다).

④ 주물과 종물이 모두 동일한 소유자에게 속할 것 : 종물이 제3자의 소유임에도 제100조 제2항에 따라 주물과 종물이 법률적 운명을 같이 한다면 제3자의 권리가 침해되므로 주물과 종물은 동일한 소유자에 속하여야 한다. 그러나 학설은 제3자의 권리를 침해하지 않는 범위 내에서 제100조 제1항을 확장해석하여 다른 소유자에게 속하는 물건이라도 종물이 될 수 있다고 한다.

주물의 소유자가 아닌 사람 소유인 물건이 종물이 될 수 있는 지 여부(소극)

[1] 부동산에 부합된 물건이 사실상 분리복구가 불가능하여 거래상 독립한 권리의 객체성을 상실하고 그 부동산과 일체를 이루는 부동산의 구성부분이 된 경우에는 타인이 권원에 의하여 이를 부합시켰더라도 그 물건의 소유권은 부동산의 소유자에게 귀속된다.

[2] 종물은 물건의 소유자가 그 물건의 상용에 공하기 위하여 자기 소유인 다른 물건을 이에 부속하게 한 것을 말하므로(민법 제100조 제1항) 주물과 다른 사람의 소유에 속하는 물건은 종물이 될 수 없다.

[3] 저당권의 실행으로 부동산이 경매된 경우에 그 부동산에 부합된 물건은 그것이 부합될 당시에 누구의 소유이었는지를 가릴 것 없이 그 부동산을 낙찰받은 사람이 소유권을 취득하지만, 그 부동산의 상용에 공하여진 물건일지라도 그 물건이 부동산의 소유자가 아닌 다른 사람의 소유인 때에는 이를 종물이라고 할 수 없으므로 부동산에 대한 저당권의 효력에 미칠 수 없어 부동산의 낙찰자가 당연히 그 소유권을 취득하는 것은 아니며, 나아가 부동산의 낙찰자가 그 물건을 선의취득하였다고 할 수 있으려면 그 물건이 경매의 목적물로 되었고 낙찰자가 선의이며 과실 없이 그 물건을 점유하는 등으로 선의취득의 요건을 구비하여야 한다(대법원 2008.5.8. 선고 2007다36933,36940).

(3) 종물의 효과

① 종물은 주물의 처분에 따른다(제100조 제2항). 즉 종물은 주물과 법률적 운명을 같이한다. 따라서 주물인 부동산의 등기에 의하여 주물과 법률적 운명을 같이하는 종물도 공시되는 것으로 볼 것이다. 특히 제358조는 주물에 저당권이 설정된 경우에, 그 저당권의 효력이 저당권 설정 후의 종물에도 미친다고 규정한다.

② 제100조 제2항은 임의규정이다. 따라서 주물과 종물의 법률적 운명을 달리하는 약정은 유효하다(가령 컴퓨터 매매에서의 모니터 별매).

(4) 종물이론의 확장

주물과 종물에 관한 제100조는 물건 상호간의 관계에 관한 것이지만, 권리 상호간의 관계에도 유추적용 된다. 가령 경락에서 주된 권리인 건물소유권과 그에 종된 권리인 토지임차권은 법률적 운명을 같이 한다.

4. 원물과 과실

과실수취권자와 관련해서는 민법상의 제 규정들을 숙지하고 꼼꼼히 정독하기 바란다. 과실 수취권의 귀속에 관한 부분은 특히 제102조 제2항 "법정과실은 수취할 권리의 존속기간 일수의 비율로 취득한다"는 규정을 숙지해 두기 바란다.

(1) 의의

제101조(천연과실, 법정과실)
① 물건의 용법에 의하여 수취하는 산출물은 천연과실이다.
② 물건의 사용대가로 받는 금전 기타의 물건은 법정과실로 한다.

① 물건으로부터 생기는 경제적 수익을 과실이라 하고, 과실을 생기게 하는 물건을 원물이라고 한다. 민법은 물건의 과실만을 인정하고, 권리의 과실(예 : 특허권의 사용료)을 인정하지 않는다.

② 민법은 과실을 천연과실과 법정과실로 나누는데, 이는 과실이 발생할 때까지 그 수익권자에 변동이 생긴 경우에 대비하기 위한 것이다(즉 과실의 귀속에 관한 규정이다).

(2) 천연과실

① 의의
   ⊙ 물건의 용법에 의하여 수취하는 산출물을 천연과실이라고 한다(제101조 제1항). 여기서 "물건의 용법에 의한다"는 것은 원물의 경제적 용도에 따른다는 의미이고, 산출물은 천연적·유기적으로 생산되는 것(예 : 과실의 열매, 가축의 새끼)뿐만 아니라 인공적·무기적으로 수취되는 것(예 : 토사나 석재)도 포함한다.
   ⓒ 미분리 과실은 독립한 물건이 아니므로 일반적으로 독립한 물권의 객체로 되지 못하지만, 명인방법을 갖추면 독립한 소유권의 객체로 된다.

② **귀속**
- ㉠ 천연과실은 원물로부터 분리되는 때의 수취권자에게 귀속된다(제102조 제1항). 이 규정은 임의규정이다. 그리고 분리는 자연적이든 인위적이든 가리지 않는다.
- ㉡ 과실수취권자는 원칙적으로 소유자(제211조)이지만, 예외적으로 선의의 점유자(제201조), 지상권자(제279조), 전세권자(제303조), 유치권자(제323조), 질권자(제343조, 제323조), 목적물을 인도하지 않은 매도인(제587조), 사용차주(제609조), 임차인(제618조), 친권자(제923조), 수유자(제1079조) 등도 수취권을 가진다.

천연과실의 수취권이 있는 자	천연과실의 수취권이 없는 자
① 원물의 소유자(원칙적)	사무관리자
② 선의의 점유자	악의의 점유자
③ 지상권자	지상권설정자
④ 전세권자	전세권설정자
⑤ 유치권자	채무자(유치물의 소유자)
⑥ 질권자	질권설정자
⑦ 목적물을 압류한 후의 저당권자	목적물을 압류 후의 저당권설정자
⑧ 인도 전의 매도인	인도 전의 매수인
⑨ 사용차주	사용대주
⑩ 임차인	임대인
⑪ 임치인	수치인
⑫ 친권자	미성년자
⑬ 수유자	유증의무자(상속인, 상속재산관리인 등)

③ 하나의 원물에 관하여 위에서 언급한 과실수취권자 수인이 경합하는 경우에, 그 성질상 선의의 점유자가 우선하고(제201조 제1항 참조), 소유권자와 용익권자가 경합하면 용익권자가 우선 한다.

(3) 법정과실

① **의의** : 법정과실이란 물건의 사용대가로 받는 금전 기타 물건을 말한다(제101조 제2항). 가령 임료, 지료, 이자 등이 법정과실이다. 원물과 과실은 물건이어야 하므로 노동의대가인 임금, 권리사용대가인 주식배당금, 지연이자, 특허권사용료 등은 과실이 아니다.

② **귀속** : 법정과실은 수취할 권리의 존속기간 일수의 비율로 취득한다(제102조 제2항). 이 규정 역시 임의규정이다. 법정과실과 구별되는 것으로 물건을 사용하거나 권리를 보유함으로써 얻는 이익인 사용이익이 있다. 그런데 이는 과실에 준하여 처리하면 될 것이다.

03 기출문제분석

1 물건에 관한 설명으로 가장 옳지 않은 것은? (단, 다수설과 판례에 의함)

① 민법은 물건을 유체물로 제한하지 않고 관리가능한 자연력도 물건으로 정의한다.
② 권리의 객체와 물건은 동일한 법률개념이라고 할 수 없다.
③ 판례에 의하면, 적법한 권원이 없이 타인소유의 토지에 경작물을 재배한 경우 이에 대한 소유권은 경작자에게 속한다.
④ 수목의 집단은 원칙적으로 토지의 구성부분이나, 독립된 공시방법을 갖춘 경우에는 독립된 부동산이 된다.
⑤ 집합물은 특별한 사정이 없으면 법률상 일체의 물건으로 취급된다.

ADVICE » ⑤ 집합물은 특별법에 의해 공시방법이 인정되는 경우와 특별법이 없더라도 경제저 독립성이 있고 공시방법이 갖추어진 경우를 제외하고는 일물일권주의 원칙상 하나의 권리의 객체가 될 수 없다.

2 주물과 종물, 원물과 과실에 관한 설명으로 옳지 않은 것은?

① 종물을 주물의 처분에 따르도록 한 민법의 규정은 강행규정이다.
② 물건의 용법에 의하여 수취하는 산출물은 천연과실이다.
③ 주물과 종물의 법리는 권리 상호간에도 유추적용 될 수 있다.
④ 주물 소유자의 사용을 도울 뿐, 주물 자체의 경제적 효용과는 무관한 물건은 종물이 아니다.
⑤ 매매목적물이 매도인의 이행지체로 인도되지 않고 있고, 그에 따라 매수인이 대금을 완제하지 않고 있다면 특별한 사정이 없는 한 과실은 매도인에게 귀속한다.

ADVICE » ① 종물을 주물의 처분에 따르도록 한 민법규정은 임의규정이다.

Answer 1.⑤ 2.①

3 다음 중 동산만으로 모인 조합으로 바른 것은?

㉠ 승차권	㉡ 타인의 논에 심은 성숙한 입목
㉢ 항공기	㉣ 선박
㉤ 전기	㉥ 이식된 심장
㉦ 상품권	㉧ 금전

① ㉠㉦㉧
② ㉡㉢㉧
③ ㉢㉣㉤㉦
④ ㉢㉣㉤㉧
⑤ ㉤㉧

> **ADVICE** 》 ㉠ 유가증권 ㉡ 부동산 ㉥ 신체의 일부 ㉦ 유가증권

4 주물 · 종물에 관한 설명으로 옳은 것은?

① 종물은 주물의 구성부분이 되어 독립성을 상실한다.
② 종물은 주물의 처분에 따라야 하고 당사자간의 반대특약은 무효이다.
③ 일시적으로 어떤 물건의 효용을 돕는 물건도 종물이다.
④ 종물은 동산이어야 하고, 부동산은 될 수 없다.
⑤ 주유소의 주유기는 주유소 건물의 종물이라는 것이 판례이다.

> **ADVICE** 》 ① 종물은 주물의 구성부분에서 독립되어 있어야 한다.
> ② 종물은 주물의 처분에 따른다는 규정은 임의규정으로 특약이 있으면 그 특약에 따른다.
> ③ 종물과 주물관계는 상용에 이바지하고 있어야 하므로 항상 효용을 돕는 것이어야 한다.
> ④ 주물이든 종물이든 모두 부동산일 경우도 있다.
> ⑤ 대판 2000.10.28, 2000마5527

5 다음 중 법정과실인 것은?

① 노동의 대가인 임금
② 물건의 매매대금
③ 특허권의 사용료
④ 임대주택의 차임
⑤ 의사의 진료비

> **ADVICE** 》 법정과실 … 물건의 사용대가로 받은 금전 기타의 물건을 말한다.

6 다음 중 주물과 종물관계로 볼 수 없는 것은?

① 자물쇠와 열쇠
② 주유소와 그 지하에 매설된 유류저장탱크
③ 주유소와 주유기
④ 시계와 시계줄
⑤ 백화점 건물과 그 건물 내의 전화교환설비

> **ADVICE** » ② 토지 지하에 설치된 유류저장탱크는 토지의 부합물에 해당한다(대판 2000.10.28, 2000마5527).

7 다음 중 물건에 관한 설명으로 옳지 않은 것은?

① 지하수는 부동산의 일부이다.
② 과수원의 과수는 천연과실이다.
③ 헌혈자에게 채취한 혈액은 물건이다.
④ 타인에게 이식받은 심장은 물건이다.
⑤ 합성물은 법률상 하나의 물건으로 다루어진다.

> **ADVICE** » ④ 생체에서 분리된 경우에는 물건으로 취급될 여지가 있으나 이식 후에는 인공적으로 신체의 일부가 된 것이라도 물건이 아니다.

8 다음 중 토지와 분리하여 독립된 부동산으로 볼 수 있는 것은?

① 가식된 수목
② 석벽
③ 교량
④ 콘크리트 하수구
⑤ 콘크리트 싸일로

> **ADVICE** » ① 토지의 정착물이 아니므로 동산이다.
> ②③④ 물건의 일부분으로 독립된 물건이 아니다.

9 현행 민법상 동산과 부동산의 법률상의 취급에 관한 차이를 설명한 것으로 틀린 것은?

① 물권변동에 관하여 양자 모두 공신의 원칙이 적용된다.
② 공시방법으로 전자는 인도를, 후자는 등기를 필요로 한다.
③ 전자는 질권설정의 목적물이 되지만, 후자는 그러하지 않다.
④ 무주물일 경우 전자는 점유자에게 귀속하지만, 후자는 국가에 귀속한다.
⑤ 전자는 용익물권의 설정대상이 될 수 없지만, 후자는 그러하지 않다.

> **ADVICE** ≫ ① 부동산의 등기는 공신의 원칙이 인정되지 않는다. 즉, 실체적 무권리자의 등기는 무효이고,
> 이 무권리자의 등기를 믿고 이전등기를 하더라도 무효이다.

10 다음의 사례에 대한 판례의 태도로 맞는 것은?

> 甲은 채무를 담보하기 위하여 그의 소유인 소 20마리의 소유권을 乙에게 양도하되, 甲이 무상
> 으로 계속 점유하여 관리·사육하는 양도담보계약을 체결하였다. 그 후 송아지 5마리가 증식되었
> 다. 한편, 甲에게 금전채권을 갖고 있는 丙이 위의 소를 모두 압류하였다.

① 송아지 5마리는 甲의 소유이다.　② 송아지 5마리는 乙의 소유이다.
③ 송아지 5마리는 丙의 소유이다.　④ 송아지 5마리는 甲과 乙의 공유이다.
⑤ 송아지 5마리는 乙과 丙의 합유이다.

> **ADVICE** ≫ 양도담보 … 채권의 담보를 위하여 소유권이전의 형식을 취하고, 채무이행시 채권자가 소유자
> 에게 반환하는 비전형담보의 한 유형이다.

11 甲은 乙소유의 토지에 권한 없이 양파·고추를 경작하여 수확하기에 이르렀다. 판례에 의
할 때 이 농작물의 소유권자는?

① 甲　　　　　　　　　　　② 甲과 乙의 공유
③ 乙　　　　　　　　　　　④ 甲과 乙의 합유
⑤ 甲과 乙의 총유

> **ADVICE** ≫ 판례는 경작자가 위법하게 토지점유자나 소유자를 배제하여 경작한 경우에도 그 농작물의 소
> 유권은 경작자에게 있다고 한다.

12 다음 중 천연과실을 수취할 수 없는 자는?

① 원물의 소유자　　　　　　　　② 선의의 점유자
③ 매수인　　　　　　　　　　　　④ 전세권자
⑤ 사용차주

ADVICE 》 ③ 매수인은 물건을 인도받기 전의 자로 인도 후에는 소유자가 된다. 그러므로 이 경우의 과실수취권자는 매도인이 된다.

※ 천연과실의 수취권자

구분	내용
원칙적인 수취권자	원물의 소유자
우선적인 수취권자	• 지상권자〈제279조〉　　• 전세권자〈제303조〉 • 임차인〈제618조〉　　　• 사용차주〈제609조〉 • 선의의 점유자〈제201조〉　• 친권자〈제923조〉 • 수유자〈제1079조〉　　• 인도 전의 매도인〈제587조〉
예외적인 수취권자	유치권자〈제323조〉, 질권자〈제343조〉, 저당권자〈제359조〉 등은 자기채권의 변제에 충당하기 위한 과실수취권자이다.

13 다음 중 동산으로 볼 수 없는 것은?

① 금전　　　　　　　　　　　　② 자동차
③ 승차권　　　　　　　　　　　④ 선박
⑤ 전기

ADVICE 》 ③ 무기명채권(상품권·입장권·관람권·승차권)은 동산이 아니다.

14 다음 중 법정과실은?

① 과수의 열매　　　　　　　　② 이익배당금
③ 가축의 새끼　　　　　　　　④ 집세
⑤ 근로자의 임금

ADVICE 》 ①③ 천연과실에 해당한다.
②⑤ 원물과 과실은 모두 물건이어야 하므로 원물이 없는 노동의 대가, 물건이 아닌 권리의 사용대가 또는 원물의 사용대가를 받을 수 있는 권리(차임청구권, 이자청구권)는 과실이 아니다.

핵심예상문제

03

1 물건의 분류에 대한 설명으로 옳은 것은?

① 가분물·불가분물의 구별에 있어 당사자의 의사에 의하여 가분물을 불가분물로 다루게 되는 경우는 없다.
② 대체물·부대체물은 당사자의 의사에 기한 주관적인 구별이다.
③ 특정물·불특정물의 구별은 물건의 구별이라기보다는 거래방법의 구별이라고 할 수 있다.
④ 불융통물이 융통물로 될 수는 없다.
⑤ 금전은 반복해서 사용할 수 있으므로 비소비물이다.

> **ADVICE** » ① 당사자의 의사에 의하여 가분물을 불가분물로 다루게 되는 경우도 있다.
> ② 대체물·부대체물은 일반거래상 물건의 개성이 중요시되느냐의 여부에 의한 일반적·객관적 구별이다.
> ④ 불융통물 가운데 공용물·공공용물은 공용폐지 후에는 융통물로 된다.
> ⑤ 금전은 한 번 사용하면 그 주체에 변경이 생겨 전 사용자가 다시 사용할 수 없기 때문에 소비물로 다루어진다.

2 다음 중 주물·종물에 대한 설명으로 옳은 것은?

① 부동산은 종물이 될 수 없다.
② 종물은 주물의 처분에 따른다는 법 제100조 제2항의 규정은 강행규정이다.
③ 일시적으로 어떤 물건의 효용을 돕고 있는 것도 종물이 된다.
④ 종물도 물건이다.
⑤ 주물 그 자체의 효용과 직접적인 관계가 없는 물건도 종물이 될 수 있다.

> **ADVICE** » ① 우리 민법은 종물을 동산에 한정하지 않았으므로, 부동산도 종물이 될 수 있다.
> ② 제100조 제2항의 규정은 임의규정으로 당사자의 특약에 의해 배제할 수 있다.
> ③ 종물은 주물의 상용에 공하는 것, 즉 사회관념상 계속하여 주물의 경제적 효용을 다하게 하는 작용을 하는 것이어야 한다.
> ⑤ 주물의 소유자의 사용에 공여되고 있더라도 주물 그 자체의 효용과 직접적인 관계가 없는 물건은 종물이 아니다.

3 종물의 요건에 관한 내용으로 틀린 것은?

① 종물이 되려면 주물에 부속된다고 인정되는 정도의 장소적 관계에 있어야 한다.
② 동산뿐만 아니라 부동산도 종물이 될 수 있다.
③ 주물과 종물은 독립된 물건이 아니라도 무방하다.
④ 종물은 주물의 상용에 공하여야 한다.
⑤ 주물과 종물은 동일한 소유자에게 속하는 것이어야 한다.

> **ADVICE »** ③ 종물은 주물의 구성부분이 아니며 주물의 경제적 효용을 돕기 위하여 경제적으로 부속되어 있는 것에 불과하므로, 법률상 독립한 물건이어야 한다.

4 민법상 물건인 것은?

① 인체에 부착된 의수 ② 시체
③ 공기 ④ 저작물의 이익
⑤ 공기 속의 방송전파

> **ADVICE »** ① 의치 · 의수 등도 신체에 부착되어 있는 한 신체의 일부이며, 물건이 아니다.
> ③ 공기와 같이 누구나 자유롭게 지배 · 이용할 수 있는 것은 물건이 아니다.
> ④ 발명 · 저작 등의 비유체적 이익은 물건에 포함되지 못한다.
> ⑤ 대기 속에 방송되어 있는 전파는 무체의 자연력이나 배타적 지배가능성이 없으므로 물건이 아니다.

5 다음 중 주물과 종물의 관계에 있는 것은?

① 건물과 난로 ② 공장과 공장 내 석유
③ 가옥과 책상 ④ 농장과 농기구
⑤ 시계와 타인의 시계줄

> **ADVICE »** ①③ 난로와 책상은 가옥 또는 건물 자체의 효용과는 직접적인 관계가 없다.
> ② 석유는 공장의 일시적인 효용을 돕는 것에 불과하다.
> ⑤ 시계와 타인의 시계줄의 경우 동일인의 소유가 아니므로 주물 · 종물의 관계가 아니다.

Answer   1.③ 2.④ 3.③ 4.② 5.④

6 다음 중 민법상 물건이 아닌 것은?

① 에너지
② 원자력
③ 권리
④ 분리된 치아
⑤ 전기

> ADVICE » 물건의 요건
> ㉠ 유체물이거나 관리가능한 자연력이어야 한다.
> ㉡ 배타적 지배가 가능하여야 한다.

7 권리의 객체에 대한 설명 중 틀린 것은?

① 사람은 어느 경우에도 권리의 객체가 될 수 없다.
② 민법총칙은 권리의 객체로서 물건에 관하여만 통칙적 규정을 두고 있다.
③ 권리의 객체는 권리의 종류에 따라 다르다.
④ 권리의 객체란 권리의 대상이 되는 것을 의미한다.
⑤ 권리가 권리의 객체로 되는 경우도 있다.

> ADVICE » ① 인격권에 있어서는 권리주체 자신이, 친권에 있어서는 친권에 복종하는 자녀가, 그리고 후견권에 있어서는 피후견인이 객체가 된다. 즉, 사람도 경우에 따라서 권리의 객체가 된다.

8 물건에 관한 설명 중 틀린 것은?

① 일정한 집합물은 특별법에 의하여 하나의 물건으로 다루어진다.
② 집합물 위에 하나의 물권이 성립할 수 없음이 원칙이다.
③ 합성물은 법률상 수 개의 물건으로 다루어진다.
④ 단일물은 하나의 물건으로서 권리의 객체가 된다.
⑤ 물건의 일부가 권리의 객체로 되는 경우도 있다.

> ADVICE » ③ 합성물은 법률상 하나의 물건으로 다루어진다.

9 양자가 모두 합성물인 것과 동시에 부대체물인 것을 고른다면?

① 상품과 토지
② 담장과 입목
③ 주류와 금전
④ 주택과 창고
⑤ 의복과 쌀

10 부동산에 관한 설명으로 옳은 것은?

① 미분리의 과실은 수목의 일부에 지나지 않기 때문에 토지의 정착물로서 언제나 그 독립성이 부정된다.

② 건물의 일부도 소유권의 객체가 될 수 있다.

③ 토지의 일부도 양도할 수 있다.

④ 토지와 건물은 독립된 부동산이 아니다.

⑤ 가식 중의 수목은 부동산이다.

11 천연과실로 보기가 어려운 것은?

① 종돈의 새끼

② 광산에서 채굴된 광물

③ 젖소의 우유

④ 승마전용의 말의 새끼

⑤ 산림으로부터 골라서 벌채한 재목

Answer 　6.③　7.①　8.③　9.④　10.②　11.④

12 다음 중 옳은 것은?

① 종물은 동산에 한하여 인정된다.
② 타인소유의 종물도 주물의 처분에 따르는 것이 원칙이다.
③ 모든 금제물은 소유권의 목적이 될 수 없다.
④ 입목은 독립된 부동산으로서 그 소유권보존의 등기를 할 수 있다.
⑤ 무기명채권은 동산의 일종이다.

> **ADVICE** » ① 종물은 반드시 동산이어야 하는 것은 아니다.
> ② 타인소유의 물건간에는 원칙적으로 주물·종물의 관계를 인정하지 않는다.
> ③ 금제물 가운데에는 국보·지정문화재와 같이 소유·소지를 인정하는 것이 있다.
> ⑤ 무기명채권(상표권·승차권·입장권·무기명국채)은 구 민법하에서는 동산이었으나, 현행 민법은 그러한 규정을 두지 않고 채권편에서 따로 규정하고 있다.

13 다음 중 연결이 잘못된 것은?

① 불융통물 – 아편
② 합성물 – 가옥
③ 동산 – 극장관람권
④ 부동산 – 명인방법을 쓴 입목
⑤ 천연과실 – 일정한 광구에서 채굴된 광물

> **ADVICE** » ③ 극장관람권과 같은 무기명채권은 동산이 아니다.

14 다음 중 법정과실에 해당하지 않는 것은?

① 지료
② 사용료
③ 소작료
④ 지연이자
⑤ 대가의 가임(家賃)

> **ADVICE** » ④ 연체이자의 법률상의 성질은 손해배상이지 이자가 아니다.

15 다음 중 설명이 틀린 것은?

① 수목의 집단은 등기하면 독립된 부동산으로 본다.
② 종물은 주물의 처분에 따른다.
③ 금리는 법정과실이다.
④ 승차권은 동산이다.
⑤ 주물과 종물은 동일소유자에게 속한 물건이어야 한다.

> **ADVICE** 》 ④ 승차권은 무기명채권의 일종으로 동산이 아니고, 증권적 채권의 일종인 특별한 채권이다.

16 다음 중 주물과 종물관계에 있는 것은?

① 가옥과 열쇠
② 주택과 별채의 광
③ 책상과 서랍
④ 과목과 그 과목에 달린 과실
⑤ 공장과 그 공장의 설비물

> **ADVICE** 》 ① 주물 자체의 효용과 직접적이 관계가 없는 물건은 종물이 아니다.
> ③ 서랍은 책상의 일부이며, 독립한 물건이 아니다.
> ④ 과목과 그 과목에 달린 과실은 원물·과실의 관계에 있다.
> ⑤ 공장설비물은 공장의 일부로서 종물로 취급되지 않는다.

17 다음 중 틀린 것은?

① 자동차·선박 등은 합성물이다.
② 금전은 대체물이며, 언제나 불특정물이지만 한 번 사용하고 나면 그 주체에 변동이 생기므로 소비물로 다루어진다.
③ 동산은 그 위에 권리의 변동을 공시하는데 적합하지 않지만, 부동산에 있어서는 그 공시가 용이하다는 점이 동산과 부동산을 분류하는 주된 근거이다.
④ 음란한 문서나 아편은 금제물이며, 또한 그것은 불융통물이다.
⑤ 천연과실은 원물에서 분리하는 때의 수취권자에게 속한다.

> **ADVICE** 》 ② 금전은 대체물이고 또한 소비물이지만 항상 불특정물인 것은 아니다. 예를 들어 금전·유가증권과 같은 대체물도 번호를 정하여 거래하는 때에는 특정물이 되며, 우마와 같이 비대체물로 다루어지는 것도 특히 대량으로 거래되는 때에는 불특정물이 되기 때문이다.

18 다음 중 동산과 부동산의 공통점은?

① 공시의 원칙을 채용   ② 부합의 경우의 법률효과
③ 무주물선점의 경우의 법률효과   ④ 공신의 원칙을 채용
⑤ 강제집행의 절차와 방법

> **ADVICE** 》 공시의 원칙 … 공시방법을 갖추지 않으면 물권변동의 효과가 부인된다는 원칙인데, 민법은 부동산과 동산 모두에 관하여 공시의 원칙을 채용하고 있다.

19 다음 중 물건에 관한 설명으로 틀린 것은?

① 과실은 원물로부터 생기는 수익이다.
② 천연과실은 물건의 용법에 의하여 수취하는 산출물이다.
③ 법정과실은 물건의 사용대가로 받는 금전 기타의 물건이다.
④ 법정과실은 수취할 권리의 존속기간 일수의 비율로 취득한다.
⑤ 천연과실은 언제나 그 원물로부터 분리하는 때의 소유권자에게 귀속한다.

> **ADVICE** 》 ⑤ 천연과실은 그 원물로부터 분리하는 때에 이를 수취할 권리자에게 속한다.

20 천연과실을 취득할 수 없는 자는?

① 임차권자   ② 유치권자
③ 지상권자   ④ 악의의 점유자
⑤ 원물의 소유자

> **ADVICE** 》 ④ 악의의 점유자는 수취한 과실을 반환하여야 하며 소비하였거나 과실로 인하여 훼손 또는 수취하지 못한 경우에는 그 과실의 대가를 보상하여야 한다〈제201조 제2항〉.

21 부동산에 대한 설명으로 틀린 것은?

① 전세권은 1필의 토지나 1동의 건물의 일부에 대하여도 설정할 수 있다.
② 1동의 건물의 일부는 구분 또는 분할의 등기절차를 밟지 않고도 처분할 수 있다.
③ 건물의 개수는 물리적 구조가 아니고 사회통념에 따라서 결정하여야 한다.
④ 토지의 일부는 분필절차를 밟기 전에는 양도할 수 없다.
⑤ 토지의 정착물은 모두 부동산이다.

> **ADVICE** 》 ② 1동의 건물의 일부는 구분 또는 분할의 등기절차를 밟기 전에는 처분할 수 없다.

22 과실에 대한 설명으로 틀린 것은?

① 과실의 귀속에 관한 법 제102조는 강행규정이다.
② 천연과실의 귀속에 관하여는 생산주의와 분리주의가 대립되는데, 민법은 후자를 취하고 있다.
③ 원칙적으로 천연과실은 원물로부터 분리되기 전에는 독립한 물건이 아니다.
④ 민법상 권리의 과실이라는 개념은 인정되지 않는다.
⑤ 과실에는 법정과실과 천연과실의 두 가지가 있다.

ADVICE 》 ① 과실의 귀속에 관한 민법 제102조는 임의규정이다.

23 다음 중 부동산과 동산의 법률상의 취급에 관한 설명으로 틀린 것은?

① 양자는 공시방법이 다르다.
② 양자는 시효취득의 요건을 달리한다.
③ 부동산에는 공시의 원칙을 인정하지 않는다.
④ 양자는 제한물권의 성립에 차이가 있다.
⑤ 임대차에 있어서의 양자의 차이는 없다.

ADVICE 》 ③ 부동산에는 공신의 원칙은 인정되지 않으나, 공시의 원칙은 인정된다.

24 주물 · 종물에 관한 설명으로 틀린 것은?

① 종물은 주물로부터 독립된 물건이어야 한다.
② 주물과 종물은 법률적 운명을 함께 한다.
③ 타인소유의 종물이라도 선의취득의 요건을 갖추면 주물과 함께 물권취득의 객체가 된다.
④ 저당권이 설정된 후에 부속된 종물에 대하여는 저당권의 효력이 미치지 않는다.
⑤ 종물은 주물의 구성성분이 아니다.

ADVICE 》 ④ 종물은 주물의 처분에 따른다. 즉, 종물과 주물은 그 법률적 운명을 함께 한다.

25 금리(金利)는 민법상 어디에 속하는가?

① 주물
② 종물
③ 천연과실
④ 법정과실
⑤ 원물

> **ADVICE** » 물건의 대차에 있어서의 사용료, 금전대차에 있어서의 이자와 같이 물건의 사용대가로 받는 금전 기타의 물건을 법정과실이라고 한다.

26 다음 중 틀린 것은?

① 동산점유에는 공신력이 인정된다.
② 전세권은 부동산에만 설정한다.
③ 유치권은 동산에만 성립한다.
④ 지역권은 토지에만 설정된다.
⑤ 자동차는 등록하면 부동산처럼 취급한다.

> **ADVICE** » ③ 유치권은 동산 외에 부동산에도 성립할 수 있다.

27 다음 중 천연과실이 아닌 것은?

① 양털
② 야채
③ 쌀
④ 화분목의 열매
⑤ 사과

> **ADVICE** » ④ 화분목은 열매의 수취를 목적으로 하는 것이 아니기 때문에 그 열매는 물건의 용법에 의하여 취소되는 것이 아니므로 천연과실이 아니다.

28 다음 중 종물의 요건으로 틀린 것은?

① 동산만이 종물이 될 수 있다.
② 주물과 종물은 모두 독립적인 물건이어야 한다.
③ 종물은 주물의 상용에 공하여야 한다.
④ 주물과 종물은 동일한 소유자에게 속하는 것이어야 한다.
⑤ 종물이 되려면 주물에 부속한다고 인정되는 정도의 장소적 관계에 있어야 한다.

> **ADVICE** » **종물과 주물** ··· 물건의 소유자가 그 물건의 상용에 공하기 위하여 자기소유인 다른 물건을 부속하게 한 경우에, 본래의 물건을 주물이라 하고 주물에 부속된 다른 물건을 종물이라고 한다. 종물은 독립한 물건이면 되고, 동산이든 부동산이든 상관없다.

29 다음 중 천연과실을 수취할 수 없는 자는?

① 원물의 소유자 ② 지상권설정자
③ 선의의 점유자 ④ 유치권자
⑤ 임차인

> **ADVICE** » ② 지상권설정자는 지상권을 설정한 후에는 지상권자가 천연과실의 수취권을 가지기 때문에
> 지상권설정자의 수취권은 인정되지 않는다.

30 다음 중 특정물과 불특정물의 구별실익을 기술한 것으로 이에 해당하지 않는 것은?

① 채무변제의 장소
② 소멸시효의 기간
③ 채권의 목적물 보관의무
④ 매도인의 담보책임
⑤ 계약의 원시적 불능

> **ADVICE** » ⑤ 특정물의 매매의 경우에는 원시적 불능의 문제가 있을 수 있으나 불특정물의 매매의 경우는
> 원시적 불능이란 있을 수 없다.
> ※ 특정물과 불특정물의 구별실익
> ㉠ 채권의 목적물 보관의무
> ㉡ 채무변제의 장소
> ㉢ 매도인의 담보책임

31 다음 중 언제나 토지와 별개의 부동산으로 취급되는 것은?

① 입목 ② 돌담
③ 건물 ④ 구거(構渠)
⑤ 다리

> **ADVICE** » ① 입목은 입목에 관한 법률에 의하여 소유권보존등기를 받은 경우에만 완전히 독립된 부동
> 산이 되며, 명인방법을 갖춘 경우에는 토지와 독립하여 양도는 가능하나 저당권설정은 사
> 실상 불가능하다.
> ②④⑤ 토지의 일부에 지나지 않는 정착물이다.

32 다음 내용 중 틀린 것은?

① 가옥사용의 대가는 과실이다.
② 금전사용의 대가는 과실이다.
③ 노동의 대가는 과실이 아니다.
④ 권리남용의 대가는 과실이 아니다.
⑤ 명인방법을 갖춘 수목의 집단은 독립된 동산으로서 거래의 객체가 될 수 있다.

> **ADVICE** 》 ⑤ 독립된 부동산으로 거래의 객체가 된다.

33 다음 설명 중 틀린 것은?

① 근대민법은 모든 토지 외의 건물은 토지의 일부로 본다.
② 분필절차를 밟기 전에는 1필의 토지 일부를 양도할 수 없다.
③ 전세권은 분필절차를 밟지 않고서도 1필의 토지의 일부 위에 설정할 수 있다.
④ 지중의 암석은 독립한 부동산이다.
⑤ 물권변동에 관하여는 성립요건주의를 취하고 있다.

> **ADVICE** 》 ④ 지중의 암석·토사·지하수 등은 토지의 구성성분으로서 토지의 일부를 이룬다.

34 다음 중 동산이 아닌 것은?

① 자동차   ② 항공기
③ 등기된 선박   ④ 가식 중의 수목
⑤ 토지에 정착시킨 기계

> **ADVICE** 》 ①②③ 원칙적으로 동산이며 법률상 부동산과 같은 취급을 받는 경우가 있다.
> ④ 동산이다.
> ⑤ 토지에 정착시킨 기계 등은 토지의 정착물이므로 부동산이다.

35 다음 중 동산에 해당하는 것은?

① 교량   ② 수목
③ 전기   ④ 기차승차권
⑤ 창고

> **ADVICE** 》 물건은 동산과 부동산으로 나누는데 토지 및 그 정착물 외 유체물 및 전기 기타 관리할 수 있는 자연력은 동산이다.

36 다음은 과실을 열거한 것이다. 틀린 것은?

① 사채의 이자
② 암송아지가 출산한 송아지
③ 공장의 사용료
④ 주식의 배당금
⑤ 건물의 임대료

> **ADVICE** 》 ④ 원물과 과실은 모두 물건이어야 하므로 권리의 과실(주식의 배당, 특허권의 사용료)은 인정되지 않는다.

37 다음 설명 중 옳지 않은 것은?

① 물건의 객체는 하나의 물건으로 생각하는 독립물이어야 하고 물건의 일부나 구성부분, 또는 물건의 집단은 원칙적으로 하나의 물권의 객체가 되지 못한다.
② 부동산의 일부는 용익물권의 객체가 될 수 없다.
③ 미분리의 천연과실 및 수목의 집난은 명인방법을 갖추면 소유권의 객체가 될 수 있다.
④ 농작물은 언제나 토지와는 독립한 물건으로 취급한다는 것이 우리 판례의 입장이다.
⑤ 상속권에 있어서 상속의 객체는 상속재산이다.

> **ADVICE** 》 ② 부동산의 일부는 용익물권(지상권, 지역권, 전세권)의 대상이 된다.

38 다음 중 원칙상 비대체물이 아닌 것은?

① 금전
② 토지
③ 골동품
④ 건물
⑤ 그림

> **ADVICE** 》 비대체물 … 거래상 그 물건의 개성이 중요시되어 다른 것으로 바꿀 수 없는 물건을 말하며 그림, 골동품, 토지, 건물 등이 이에 해당한다.
> ① 금전, 곡물 등은 원칙상 대체물이다.

39 다음 중 공용물인 것은?

① 항만   ② 하천

③ 도로   ④ 관공서의 건물

⑤ 지정문화재

> **ADVICE** 》 **공용물** … 국가 · 공공단체의 소유에 속하며 국가나 공공단체에 의하여 공적 목적에 사용되는 물건을 말한다.
> ①②③ 대다수 국민이 함께 사용하는 공물로서 공용물과 함께 공공용물이라 한다. 공공용물은 일종의 불용통물로서 원칙상 사적 거래의 대상에서 제외된다.
> ⑤ 소유 및 소지는 할 수 있으나 거래가 금지되는 물건인 금제물에 해당한다.

40 다음 설명 중 옳지 않은 것은?

① 가분물과 불가분물의 구별실익은 다수당사자 성립 여부이다.
② 대체물과 부대체물의 구별실익은 소비 · 사용대차, 임대차 성립 여부이다.
③ 특정물과 불특정물의 구별실익은 채무변제의 장소를 정함에 있다.
④ 합성물과 집합물은 양자 모두 개개의 물건으로 거래될 수 없다는 것이 공통이다.
⑤ 불특정물이라도 당사자의 선택에 의하여 특정물로 될 수 있다.

> **ADVICE** 》 ④ 합성물은 하나의 물건으로 취급되어 개개의 물건으로 거래될 수 없으나, 집합물은 개개의 물건으로 취급되는 것이 원칙이다.

41 동산과 부동산의 차이점에 관한 설명 중 옳지 않은 것은?

① 동산이든 부동산이든 모두 공시의 원칙은 지키고 있다.
② 부동산은 용익물권의 객체가 될 수 있으나 동산은 불가능하다.
③ 동산의 인도는 공신력이 인정되나 부동산의 등기는 공신력이 부인된다.
④ 동산이든 부동산이든 무주물선점의 대상이 된다.
⑤ 부동산은 선의취득 여부가 인정되지 않으나 동산은 인정된다.

> **ADVICE** 》 ④ 동산은 무주물선점이 가능하나 무주(無主)의 부동산은 국가에 귀속된다.

42 다음 중 권리의 객체에 관련된 판례의 태도와 부합하지 않는 것은?

① 일정 토지 위에 있는 자연석을 깎아 불상을 만들었다면 그 토지로부터 독립된 객체로 된다.

② 횟집으로 사용할 점포건물에 붙여서 생선을 보관하기 위하여 신축한 수족관 건물은 점포건물의 종류에 해당한다.

③ 건물이라고 함은 최소한의 기둥과 지붕 그리고 주벽이 이루어지면 이를 법률상 건물이라 할 것이다.

④ 기존건물의 종물이라고 볼 수 없는 독립건물이라도 종물로 보고서 기존건물과 함께 경매를 진행하여 경락까지 된 이상 그 경락인은 위 독립건물에 대한 소유권을 취득한다.

⑤ 주유소의 주유기는 주유소 건물의 종물에 해당한다.

> **ADVICE** 》 ① 대판 1970.9.22, 70다1494
> ② 대판 1993.2.12, 92도3234
> ③ 대판 1986.11.11, 86누173
> ④ 독립된 건물에 대한 경락은 그 자체가 당연무효로서 경락인은 기존건물과 함께 경락된 독립된 건물에 대한 소유권을 취득할 수 없다(대판 1988.2.23, 87다카600).
> ⑤ 대판 2000.10.28, 2000미5527

43 다음 중 과실에 대한 설명으로 옳지 않은 것은?

① 물건의 용법에 의하여 수취하는 산출물은 천연과실이다.

② 임금은 법정과실이다.

③ 천연과실은 원물로부터 분리할 때에 수취할 권리자에게 귀속한다.

④ 법정과실은 수취할 권리의 존속기간 일수의 비율로 취득한다.

⑤ 우리 민법은 천연과실의 귀속에 관하여 로마법주의를 취하고 있다.

> **ADVICE** 》 ② 법정과실이란 물건의 사용대가로 받는 금전 기타의 물건이므로 노동의 대가인 임금은 과실이 아니다.

권리의 변동

1 권리의 변동 일반

1. 권리변동의 의의

사람의 사회생활 중에서 법에 의하여 규율되는 생활관계를 '법률관계'라 하며, 내용상으로 법률관계는 권리·의무관계로 나타난다. 또 이것은 권리중심으로 파악하게 되면 '권리의 변동', 즉 권리의 발생·변경·소멸의 형태로 나타난다. 이것을 주체 입장에서 보면 '권리의 취득·변경·상실의 모습이 된다. 이러한 법률관계의 변동원인이 되는 것을 '법률요건'이라 하며, 법률요건을 이루는 개개의 구성사실의 총체를 '법률사실'이라 한다. 한편 법률요건에 의해 발생하게 되는 권리변동의 결과를 '법률효과'라 한다.

2. 권리변동의 모습과 원인

(1) 권리변동의 모습

권리변동은 권리의 발생·변경·소멸을 모두 포함하는 개념으로 이를 권리행사의 주체측에서 보면 권리의 취득·변경·상실이 되는데, 이를 줄여서 '권리의 득실변경'이라고 한다. 근대법체계는 권리 본위로 구성되어 있으므로 법률관계의 효과는 모두 '권리변동'의 모습으로 나타난다.

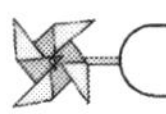
보충**학습**

원시취득과 승계취득의 차이점	원시취득은 타인의 권리에 기한 것이 아닌 데 대하여, 승계취득은 타인의 권리에 기한 것이므로 다음과 같은 근본적인 차이점을 보인다. 즉 무권리자로부터 권리를 원시취득 하는 것은 가능하나(예 : 선의취득), 승계취득 하는 것은 불가능하다. 또 승계취득한 권리는 전(前)권리의 제한 및 하자를 승계하나, 원시취득은 그러하지 아니하다.
특정승계와 포괄승계의 차이점	특정승계는 매매와 같이 개개의 원인에 의해서 단일의 권리가 취득되는 것을 말하며, 포괄승계는 상속, 회사의 합병과 같이 하나의 권리변동원인에 의해 다수의 권리가 포괄해서 취득되는 경우를 말한다.

(2) 권리변동의 원인(법률요건과 법률사실)

법적 보장이 있는 효과가 법률효과이며, 이 법률효과가 생기기 위한 요건이 '법률요건'이다. 그리고 법률요건을 이루는 구성요소가 '법률사실'이다. 그리고 법률요건에 있어서 법률효과가 생기는 생활관계가 법률관계인데 법률효과는 보통 권리이므로 법률관계는 권리관계라 할 수 있다.

법률관계는 하나의 법률사실로서 이루어지는 경우도 있다. 예컨대, 유언·동의·추인 등은 하나의 의사표시로 이루어진다. 여러 개의 법률사실이 합쳐져서 이루어지는 경우도 있다. 예컨대, 계약이라는 법률행위는 청약과 승낙이라는 2개의 의사표시가 합쳐져서 이루어진다. 법률사실에는 다음과 같이 여러 가지가 있는데 그 중에서 가장 중한 것이 의사표시이다.

① **법률요건**(法律要件) : '법률효과'를 발생케 하는 원인이 되는 사실의 총체로서 법률효과를 발생시키는 최종적인 단위로는 법률행위, 준법률행위, 사무관리, 부당이득, 불법행위, 사건 등이 있는데 이들을 법률요건이라 한다. 법률요건 중에서 가장 중요한 것은 매매, 저당권 설정, 혼인, 금전소비대차 등 법률행위이며, 이는 행위자가 의욕하는 대로 법률효과를 발생케 하는 법률요건으로서 사적 자치를 이루는 중요한 수단이 된다. 한편, 불법행위는 손해배상청구권을 발생시키는 법률요건이며, 부당이득은 반환청구권을 발생시키는 법률요건이고, 사무관리는 비용상환청구권을 발생시키는 법률요건이 된다.

② **법률사실**

  ㉠ **의의** : 법률요건을 구성하는 개개의 분자를 법률사실이라 하며, 법률요건은 하나의 법률사실로 성립되는 경우(단독행위)도 있고, 수개의 법률사실의 결합으로 이루어지는 경우(계약·합동행위)도 있다.

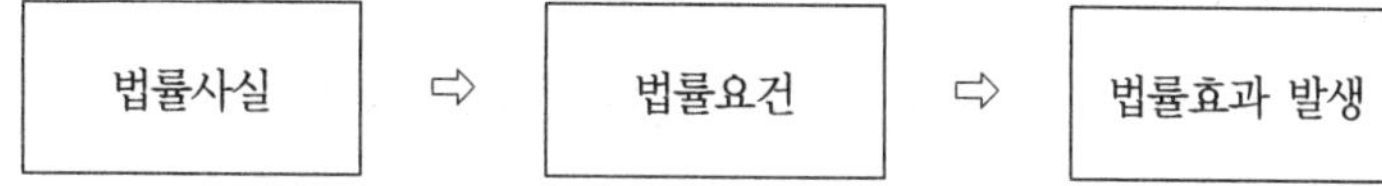

  ㉡ **법률사실의 분류** : 법률사실은 크게 사람의 정신작용에 기한 사실인 용태(容態)와 그렇지 않은 사실인 사건(事件)으로 분류된다.
  • 의사의 통지와 관념의 통지

의사의 통지(각종 최고, 거절)	관념의 통지(각종 통지, 승낙)
• 제한능력자의 상대방의 확답 촉구(제15조 제1항)	• 사원총회소집통지(제71조)
• 무권대리인의 상대방의 최고(제131조)	• 대리권수여통지(제125조)
• 채권신고의 최고(제88조)	• 채권양도통지(제450조)
• 시효중단사유로서의 최고(제174조)	• 공탁통지(제488조 제3항)
• 선택채권자의 선택의 최고(제381조)	• 승낙연착통지(제528조)
• 채무이행의 최고(제387조)	• 채권양도 승낙(제450조)
• 해제권 행사여부의 최고(제552조 제1항)	• 사무처리 상황 보고(제683조)
• 제한능력자의 상대방의 거절(제16조 제2항)	• 인지(제855조)
• 무권대리에 있어서 본인의 추인거절(제132조)	
• 변제수령의 거절(제460조, 제487조)	

• 법률행위와 준법률행위

법률행위	준법률행위
행위자가 의욕하는 바대로 법률효과(권리 · 의무)가 발생(예 : 매매라는 법률행위에 있어서 청약과 승낙이라는 의사표시대로 효과발생)	행위자의 의욕과는 무관하게 법률이 정하는 바에 의해 일정한 효과가 발생

2 법률행위

제1관 법률행위의 개념 및 요건

1. 의의

법률행위란 "일정한 법률효과의 발생을 목적으로 한 개 또는 수개의 의사표시를 필수불가결의 요소로 하는 법률요건이다. 따라서 법률행위는 당사자가 의욕하는 바에 따라 법률효과를 불러일으키는 사적 자치의 중요수단이 된다.

① 법률행위는 '하나 또는 여러 개'의 의사표시를 불가결의 요소로 한다.

② 법률행위는 사적 자치의 법률상 수단이 되는 법률요건이다.

③ 법률행위는 표의자가 원하는 대로 일정한 사법상의 효과를 발생시킨다.

④ 그러나 의사표시 = 법률행위는 아니다.

⑤ 의사표시에 무효 · 취소사유가 있으면 법률행위 전체에 영향이 있다.

⑥ 법률행위는 의사표시만을 요소로 하는 경우와 의사표시와 다른 법률사실을 요소로 하는 경우가 있으며 전자는 다시 1개의 의사표시만으로 구성된 단독행위와 수개의 의사표시를 요소로 하는 계약 · 합동행위가 있다.

참고

① **사적자치의 원칙** : 근대 민법의 3대 기본원리의 내용으로서 사인간의 법률관계는 개인의 자유로운 의사에 의해 법률관계를 이루도록 보장한다는 원칙으로서 '법률행위자유의 원칙'이라고도 한다.

② **법률행위자유의 원칙(계약자유의 원칙)의 내용**
　　㉠ 계약체결상의 자유　　　　㉡ 계약내용 결정의 자유
　　㉢ 상대방 선택의 자유　　　　㉣ 방식의 자유

2. 법률행위의 성립요건과 효력요건

우선 법률행위의 유·무효와 취소의 문제를 판단하기 전에 법률행위의 성립·불성립의 문제를 우선판단 한다는 점에 유의하고, 성립요건(일반/특별 – 설립등기나 유언에서의 방식)과 효력요건(일반/특별 – 대리권, 조건의 성취, 기한도래, 토지거래허가 등)의 중요한 예들을 정리하고 입증책임의 면에서도 정리해두길 바란다.

법률행위는 의사표시를 필수적 요소로 하는 법률요건으로서 행위자가 원하는 바대로 법률효과를 발생케 한다. 이러한 법률행위가 완전유효하게 법률효과를 발생하려면 다음과 같은 성립요건과 효력요건을 갖추어야 한다.

(1) 성립요건

법률행위의 실질적인 유효여부를 불문하고 최소한 외형상으로 존재하기 위하여 갖추어야 할 요건을 말한다.

① **일반적 성립요건** : 모든 법률행위에 요구되는 요건으로서 다음 세 가지 요건이 존재가 필요히다.

　㉠ 당사자가 있을 것

　㉡ 목적이 있을 것

　㉢ 의사표시가 있을 것

② **특별 성립요건** : 법률의 규정에 의하여 정하여지며, 각개의 법률행위에 관하여 그의 성립에 필요한 요건으로서 ① 질권설정에서의 인도, ② 혼인·입양의 신고, ③ 유언에 있어서의 일정한 방식, ④ 수표행위상의 방식, ⑤ 대물변제에 있어서의 급부, ⑥ 현상광고계약에 있어서의 광고에 정한 행위 등이 이에 해당된다.

(2) 효력요건(유효요건)

이는 성립요건을 갖춤으로써 이미 성립한 법률행위가 법률상의 효력을 발생하는 데 필요로 하는 요건을 말하며, 이 요건의 결여 시에는 무효 또는 취소사유가 된다.

① **일반적 효력요건** : 모든 법률행위에 요구되는 요건으로서 어떠한 법률행위도 이들 요건을 결하면 효력이 발생하지 않는다.

　㉠ 당사자가 능력자일 것(권리능력, 의사능력, 행위능력 등을 갖출 것)

　㉡ 법률행위의 목적이 확정, 가능, 적법, 공정, 사회적 타당성이 있을 것

　㉢ 의사표시에 있어서 내심의 효과의사결정에 하자가 없고 또 의사와 표시가 일치할 것

② **특별 효력요건** : 각개의 특수한 법률행위의 효력요건으로 ① 대리행위에서 대리권의 존재, ② 조건·기한부 법률행위에서 조건의 성취, 기한의 도래, ③ 유언에서 유언자의 사망, ④ 의사표시가 상대방에 도달할 것(도달주의) 등을 말한다.

인간의 생활관계가 복잡한 만큼 법률행위 또한 다양한 양식이 있게 되며, 여러 기준에 의해 법률행위를 분류함으로써 법률행위의 모습을 명확히 인식할 수 있고, 법률행위에 따라 서로 다른 법리가 적용됨을 알 수 있다.

1. 법률행위의 요소인 의사표시의 태양을 기준

구분	내용		구체적인 예
단독행위	상대방 있는 단독행위	의사표시가 상대방에 도달함으로써 그 효력이 발생한다.	상계, 면제, 동의, 취소, 해제, 해지, 철회, 추인 등
	상대방 없는 단독행위	의사표시가 상대방에 도달할 필요가 없는 단독행위이다.	재단법인 설립행위, 유언, 권리의 포기 등
계약	서로 대립하는 두 개 이상의 의사표시가 합치하여 성립하는 법률행위이다. ① 전형계약 ② 비전형계약		① **전형계약** : 민법은 증여, 매매, 교환, 소비대차, 사용대차, 임대차, 고용, 도급, 여행계약, 현상광고, 위임, 임치, 조합, 종신정기금, 화해 등 15종을 규정하고 있다. ② **비전형계약** : 혼합계약 등
합동행위	방향을 같이 하는 두 개 이상의 의사표시가 결합하여 성립되는 법률행위이다.		사단법인 설립행위(계약설 有) 등 ※ 합성행위(사원총회의 의사결정)도 합동행위의 일종으로 보는 설도 있다.

2. 법률효과의 종류를 기준

(1) 채권행위

채권발생을 목적으로 하는 행위로서 장래 이행의 문제를 남긴다(예 : 매매, 교환, 임대차, 증여 등 15종의 계약행위 전부).

(2) 물권행위

물권변동을 직접 목적으로 하는 의사표시를 요소로 하여 성립하는 법률행위로서 이행이라는 문제를 남기지 않는다(예 : 소유권이전, 지상권, 전세권, 저당권 설정행위 등).

(3) 준물권행위

물권 이외의 권리(예 : 채권, 무체재산권 등)변동을 목적으로 하는 법률행위로서 물권행위에 준하는 법률행위이다(예 : 채권양도, 무체재산권 양도, 채무면제, 사채의 양도 등).

※ 처분행위 : 물권행위와 준물권행위는 이행이라는 문제를 남기지 않으므로 양자를 합해 처분행위라 한다.

3. 방식여부를 기준

(1) 요식행위

의사표시에 일정한 방식을 요하는 행위로서 예외적으로 인정되는 법률행위이다(예 : 혼인, 법인설립행위, 유언, 어음수표행위, 입양, 물권변동행위 등).

(2) 불요식행위

의사표시에 방식을 요하지 않는 행위로서 계약자유의 원칙상 불요식행위를 원칙으로 한다(예 : 매매, 교환, 임대차 등 대부분의 계약행위).

4. 효력발생시기를 기준

(1) 생전행위

사람의 생존 중에 법률행위의 효력이 발생하게 되는 행위로서 대부분의 법률행위의 경우는 생전행위이다.

(2) 사후행위(사인행위)

행위자의 사망으로 인하여 비로소 법률행위의 효력이 발생하도록 되어 있는 법률행위를 말한다(예 : 유언, 유증, 사인증여 등).

5. 타인의 재산을 증가케 하는지 여부를 기준

(1) 출연행위

자기 재산을 감소시키고 타인의 재산을 증가케 하는 효과를 발생시키는 행위로서 일반적인 법률행위이다(예 : 증여, 매매, 소유권 등).

① 대가여부를 기준으로
　　㉠ 유상행위 : 매매, 교환, 임대차, 고용 등 상대방으로부터 대가를 받는 행위
　　㉡ 무상행위 : 증여, 사용대차 등 재산을 출연하는 데 있어서 대가를 받지 않는 행위

② 유인성(有因性) 여부를 기준으로

　　㉠ 유인행위 : 원인된 법률행위(출연의 목적)효력의 무효·유효에 의해 영향을 받는 법률행위로서 처분행위는 원칙적으로 유인행위이며, 출연을 하는 일정한 목적 또는 이유가 존재해야 출연 자체가 유효하다. 즉 대금채무를 변제할 목적으로 금전을 이전하는 경우가 그것이다.

　　㉡ 무인행위 : 원인이 존재하지 않거나 무효라 해도 출연 자체는 독자적으로 효력이 생기는 행위로서 예외로 거래의 안전을 위해 인정된다(예 : 어음행위, 수표행위 등).

③ 신탁적 이전여부를 기준으로

　　㉠ 신탁행위 : 양도담보, 명의신탁, 신탁법상 신탁행위 등 재산을 출연하면서 상대방에게 신탁적으로 권리를 이전하는 행위를 말한다.

　　㉡ 비신탁행위 : 진정한 의도로 재산권을 출연하는 일반적 소유권 이전행위로서 보통의 매매, 증여행위가 이에 해당된다.

(2) 비출연행위

타인의 재산을 증가케 함이 없이 자기 재산을 감소시키거나(예 : 소유권 포기, 물건의 파괴, 소비행위 등), 또는 직접 재산의 증감을 일어나게 하지 않는 행위(예 : 대리권 수여행위, 동의 등)를 말한다.

6. 독립성 여부를 기준

(1) 독립행위

직접적으로 실질적인 법률관계의 변동을 가져오는 통상의 법률행위로서 보조행위 이외의 모든 법률행위를 말한다.

(2) 보조행위

다른 법률행위 효과를 형식적으로 보충·확인하는 행위를 의미한다(예 : 동의, 추인, 허가, 수여행위 등).

7. 타행위에의 종속여부에 따라

(1) 주된 행위

채권행위, 혼인행위 등과 같이 종된 법률행위의 전제가 되는 법률행위가 주된 법률행위이다.

(2) 종된 행위

담보계약, 부부재산계약, 보증계약과 같이 다른 법률행위의 존재를 전제로 하여 이에 부수적으로 성립되는 법률행위의 형식을 말한다.

신탁이란 경제적 목적을 넘는 권리를 주고 그 목적범위 내에서만 그 권리를 행사케 하는 행위를 말하는데, 신탁법상에서는 위탁자(신탁을 설정하는 자)와 수탁자(신탁을 인수하는 자) 간의 신임관계에 기하여 위탁자가 수탁자에게 특정의 재산(영업이나 저작재산권의 일부를 포함한다)을 이전하거나 담보권의 설정 또는 그 밖의 처분을 하고 수탁자로 하여금 일정한 자(수익자)의 이익 또는 특정의 목적을 위하여 그 재산의 관리, 처분, 운용, 개발, 그 밖에 신탁 목적의 달성을 위하여 필요한 행위를 하게 하는 법률관계를 말한다.

제3관 법률행위의 목적

1. 총설

법률행위의 목적이란 법률행위를 하는 자가 그 행위에 의하여 발생시키려고 하는 법률효과를 말한다(법률행위의 목적물과 혼동해서는 안 된다). 법률행위가 유효하기 위하여 목적이 확정(가능)성, 가능성, 적법성 및 사회적 타당성의 요건을 갖추어야 한다.

2. 목적의 확정

학습 Guide

목적의 확정과 관련해서는 성립당시에 확정될 필요는 없고, 이행기까지 확정될 수 있으면 되고, 이는 법률행위 해석을 통해 이루어지며 해석을 통해서도 목적의 확정이 불가능해지면 무효가 됨을 기억하자. 특히 매매목적물과 대금의 계약체결당시 반드시 구체적으로 확정되어야 하는가와 관련된 판례는 반드시 기억해야 할 것이다.

(1) 법률행위가 유효하기 위하여 무엇보다도 먼저 법의 조력(즉 소구가능성과 강제집행가능성)을 받기 위한 전제로 법률행위 당시 법률행위의 목적이 확정되어 있거나 적어도 확정 가능한 것이어야 한다. 해석을 통하여 목적의 확정(가능)성이 없는 것으로 드러난 법률행위는 무효이다. 즉 효력이 없다.

매매계약에서 계약목적의 확정성

특별한 사정이 없는 한 부실기업 인수를 위한 주식 매매계약의 체결시 '주식 및 경영권 양도 가계약서'와 '주식매매계약서'에 인수 회사의 대표이사가 각 서명날인한 행위는 주식 매수의 의사표시(청약)이고, 부실기업의 대표이사가 이들에 각 서명날인한 행위는 주식 매도의 의사표시(승낙)로서 두 개의 의사표시가 합치됨으로써 그 주식 매매계약은 성립하고, 이 경우 매매 목적물과 대금은 반드시 그 계약 체결 당시에 구체적으로 확정하여야 하는 것은 아니고 이를 사후에라도 구체적으로 확정할 수 있는 방법과 기준이 정하여져 있으면 족하다(대법원 1996.4.26. 선고 94다34432 판결).

3. 목적의 가능

목적의 가능 부분은 특히 채권법과 많은 관련성을 지니기 때문에 원시적 불능으로 구분하여 각각의 경우 채권법과의 연결고리를 도식화하여 암기하기 바란다.

(1) 서설

① 법률행위가 유효하기 위하여 목적의 실현이 가능하여야 한다. 따라서 목적이 불능인 법률행위는 효력이 없다. 여기서의 불능은 원시적 불능에 한정된다(대판 1994.10.25. 94다18232).

② 목적의 불능은 물리적 불능(예 : 매매목적물의 멸실)이나 법률적 불능(예 : 매매목적물의 압류)뿐만 아니라 사회관념상의 불능(예 : 매매의 목적인 반지가 바다에 빠진 경우)도 포함된다.

(2) 불능의 종류

① 불능은 여러 기준에 의하여 분류된다. 즉 불능사유의 발생시점에 따라 원시적 불능과 후발적 불능으로, 불능의 범위에 따라 전부불능과 일부불능으로, 불능의 종국성에 따라 종국적 불능과 일시적 불능으로 나누어진다.

② 법률행위 성립 당시 이미 그 목적이 불능인 경우가 원시적 불능이고, 법률행위가 성립한 후에 그 목적이 불능으로 된 경우가 후발적 불능이다. 그런데 원시적 불능의 경우에 원칙적으로 법률행위가 무효이지만, 계약체결상의 과실책임(제535조)이 문제될 수 있고, 특히 원시적 일부불능의 경우에 가령 매도인은 담보책임을 질 수도 있다. 반면 후발적 불능은 주로 채권관계에서 문제되는데, 채무자에게 책임 있는 사유로 인한 경우에 이행불능으로서 손해배상(제390조), 계약해제(제546조) 등이, 채무자에게 책임 없는 사유로 인한 경우에 대상청구권과 위험부담(제537조, 제538조)이 문제된다.

③ 전부불능과 일부불능 : 법률행위의 내용의 전부가 불가능한 경우가 전부불능이고 그 일부만이 불가능한 경우가 일부불능이다. 전부불능인 경우에는 법률행위 전부가 무효로 되고 일부불능인 경우에는 일부무효의 법리에 따라 처리되어야 한다.

구분		내용
원시적 불능	전부불능	무효 : 계약체결상과실책임이 문제 된다.
	일부불능	일부무효의 법리 매도인의 담보책임
후발적불능		유효 채무불이행(이행불능) 위험부담

4. 목적의 적법

목적의 적법 파트는 최근 들어 모든 시험에서 비중 있게 다루어지는 부분이다. 이 부분의 전형적인 출제경향과 학습 포인트는 강행규정과 단속법규에 해당되는지에 관한 판례의 단순한 결론에 대한 문제가 출제 예상된다. 아울러 강행규정 위반의 효과와 관련된 문제(선의의 제3자 대항 여부, 추인, 표현대리, 일부무효의 법리, § 741, § 746) 등을 비중 있게 정리하여야 할 것이다.

(1) 서설

① 법률행위가 유효하기 위하여 그 목적이 적법하여야 한다. 즉 강행규정에 위반되는 법률행위는 무효이다(이점을 제105조가 임의규정과 관련하여 간접적으로 규정하고 있다). 가령 자본시장과 금융투자업에 관한 법률 제49조는 증권회사 또는 그 임·직원의 부당권유행위를 금지하고 있는데, 이를 위반하여 투자수익을 보장하거나 투자손실을 전보하기로 하는 약정은 무효이다.

② 법률행위의 유효요건으로 목적의 적법을 요구하는 것은 법률행위의 효력근거로서의 사적자치 외에 법질서의 승인과 관련된다. 결국 강행규정은 사적자치의 한계를 이룬다.

(2) 강행규정

① 개념

　㉠ 의의 : 강행규정은 법령 중의 선량한 풍속 기타 사회질서에 관계있는 규정을 말하며(제105조 참조), 당사자의 의사에 의하여 그 적용을 배제할 수 없다(신의칙 또는 표현대리의 법리에 의해서도 배제되지 않는다). 반면 법령 중의 선량한 풍속 기타 사회질서에 관계없는 규정을 임의규정이라고 하는데 당사자의 의사에 의하여 그 적용이 배제될 수 있다.

　㉡ 단속규정과의 관계 : 다수설과 판례는 그에 위반되는 행위의 사법상 효과가 부정되는 효력규정뿐만 아니라 단속규정도 강행규정에 포함되며, 단속규정은 일정한 행위를 금지 또는 제한하지만, 그 위반이 당연히 법률행위의 효력에 영향을 미치지 못하는 단순한 행정상의 금지법규라고 한다. 단속규정과 효력규정의 구별에 관한 일반적인 기준은 없지만, 보통 당해 규정의

입법취지가 어떤 행위의 효력의 발생(내용 자체의 실현)을 금지하는지 아니면 단순히 그러한
행위만을 금지하는지에 따라 판단한다. 그런데 판례에 의하면 중간생략등기를 금지하는 부동
산특별조치법 제2조 제2항(대판 1993.1.26. 92다39112), 비실명금융거래를 금지하는 금융실
명거래 및 비밀보장에 관한 법률 제3조 제1항(대판 2001.12.28. 2001다17565), 투자일임매매
약정을 제한하는 증권거래법 제107조(대판 1996.8.23. 94다38199. 대판 2002.3.29. 2001다
49128은 묵시적인 의사표시에 의한 포괄적인 매매임도 유효하다고 하였다), 외국환관리법
상의 제한규정(대판 1975.4.22. 72다2161. 종래 효력규정으로 보던 입장을 변경하였다), 신용
협동조합의 업무를 조합원으로부터의 예탁금, 적금의 수납 등에 한정하고 있는 구 신용협동
조합법 제39조 제1항 제1호 가목 및 제40조 제1항(대판 2001.6.12. 2001다18940 : 비조합원
의 신용협동조합에 대한 예탁행위가 유효인 이상 구 예금자보호법상의 예금에 해당하므로,
예금보험공사는 위 조합의 지급정지로 예탁금을 지급받지 못한 비조합원들에게 예탁금 상당
액을 보험금으로 지급할 의무가 있다고 한 사례) 등이 그 위반행위의 사법상 효력에 영향을
미치지 않는 단속규정이다.

② **강행규정**(다수설에 의하면 효력규정) 판단의 기준 및 예

　㉠ 민법 중 물권법과 가족법의 규정들은 대부분 강행규정인 반면, 채권법의 규정은 대체로 임의
규정이다. 그런데 어떤 규정이 강행규정인가 아니면 임의규정인가는 그에 관한 명문규정(예 :
제289조, 제608조, 제652조)이 없으면 당해 규정의 취지와 성질, 사회경제적 영향 등을 고려
하여 판단하여야 한다.

　㉡ 일반적으로 강행규정으로 이해되는 것은 다음의 것들이다 : ㉠ 법질서의 기본구조에 관한 규정(예
: 능력에 관한 규정, 법인제도), ㉡ 제3자 내지 사회일반의 이해에 직접 영향을 미치는 규정
(대부분의 물권법규정), ㉢ 거래의 안전을 위한 규정(가령 유가증권제도), ㉣ 경제적 약자를 보
호하기 위한 사회정책적 규정(예 : 제104조, 제608조, 제652조, 주택임대차보호법 등 대부분
의 민사특별법), ㉤ 가족관계의 질서에 관한 규정(대부분의 가족법규정) 등.

　㉢ 판례에 나타난 강행규정의 예들 중에서 실생활과 관련하여 중요한 것으로 다음의 것들을 들 수 있
다 : 변호사 아닌 자의 법률상담 등의 행위를 금지하는 변호사법 제109조(대판 1990. 5.11. 89
다카10514), 의료인이나 의료법인 등 비영리법인 아닌 자의 의료기관 개설을 금지하는 의료
법 제30조 제2항(대판 2003.4.22. 2003다2390 · 2406), 부동산수수료의 상한을 정한 공인중
개사의 업무 및 부동산거래신고에 관한 법률 제32조와 관련규정(대판 2002.9.4. 2000다
54406 · 54413), 공인중개사 자격이 없는 자가 중개사무소 개설등록을 하지 아니한 채 부동
산중개업을 하면서 체결한 중개수수료 지급약정의 효력(무효)(대판 2010.12.23. 2008다
75119), 증권회사 등의 부당한 권유행위를 금지하는 증권거래법 제52조(대판 2003.1.24.
2001다2129 ; "증권회사 직원이 과거 자신의 잘못으로 고객의 계좌에 발생한 손해를 보전하여
주기 위한 방법으로 고객에게 향후 증권거래 계좌 운용에서 일정한 최소한의 수익을 보장할
것을 약정한 것은 공정한 증권거래질서의 확보를 위하여 구 증권거래법(2000.1.21. 법률 제
6176호로 개정되기 전의 것) 제52조 제1호 및 제3호에서 금지하고 있는 것에 해당하여 무효
라고 할 것이고, 손실보전약정이 유효함을 전제로 일정기간동안 법적 조치 등을 취하지 않기
로 하는 약정도 당연히 무효로 된다.")

③ 강행규정(다수설에 의하면 효력규정) 위반의 효과
  ㉠ 강행규정을 위반하는 법률행위는 무효이다. 이때 추인에 의하여 유효로 될 수 없고, 표현대리의 규정에 의하여 유효로 될 수도 없다.
  ㉡ 법률행위의 일부가 강행규정에 위반되는 경우에, 일부무효의 법리(제137조)가 적용된다.
  ㉢ 강행규정을 위반함에 따른 무효는 절대적이어서 선의의 제3자에게도 대항할 수 있다.
  ㉣ 법률행위가 강행규정 위반 때문에 무효인 경우에, 그에 기한 이행이 있기 전이라면 이행할 필요가 없다. 반면 이미 이행이 있었다면 급부한 것이 부당이득에 해당하여 그 반환을 청구할 수 있는데(제741조), 판례에 의하면 이때 원칙적으로 제746조가 적용되지 않는다고 한다.

(3) 탈법행위

① 의의 : 탈법행위란 강행규정의 간접적 위반, 즉 강행규정을 직접 위반하지 않지만 회피수단을 통하여 강행규정이 금지하는 결과를 실질적으로 실현하는 행위를 말한다. 가령 공무원연금의 수급권은 대통령령으로 정하는 금융기관의 담보에 공여할 수 있으나 그 밖의 경우에 이를 담보로 제공하지 못하는데(공무원연금법 제32조), 이러한 담보제공 금지규정을 회피하기 위하여 채권자에게 연금이 입금되는 예금통장과 인장을 교부하여 연금추심의 대리권을 수여하면서, 원금과 이자의 완제가 있을 때까지 추심위임을 해제하지 않는다는 특약을 함으로써 연금수급권을 담보로 제공하는 것과 동일한 결과를 거둘 수 있다.

② 효과 : 학설은 일반적으로 탈법행위가 원칙적으로 무효라고 한다. 그러나 탈법행위가 언제나 무효라고 할 것은 아니며, 강행규정의 취지에 따라 그 효력을 판단하여야 할 것이다. 즉 강행규정이 「특정의 수단·형식」을 금지하느냐 아니면 「특정한 결과」를 금지하느냐에 따라, 전자의 경우에 탈법행위가 유효라고 할 것인 반면, 후자의 경우라면 무효라고 하여야 한다.

> **판례**

무효인 탈법행위의 예
- 구 국유재산법(1976.12.31. 법률 제2950호로 개정되기 전의 것) 제7조가 같은 법 제1조의 입법 취지에 따라 국유재산 처분사무의 공정성을 도모하기 위하여 관련 사무에 종사하는 직원에 대하여 부정한 행위로 의심받을 수 있는 가장 현저한 행위를 적시하여 이를 엄격히 금지하는 한편, 그 금지에 위반한 행위의 사법상 효력에 관하여 이를 무효로 한다고 명문으로 규정하고 있는 점 등을 종합하여 보면, 국유재산에 관한 사무에 종사하는 직원이 타인의 명의로 국유재산을 취득하는 행위는 강행법규인 같은 법 규정들의 적용을 잠탈하기 위한 탈법행위로서 무효이고, 나아가 같은 법이 거래 안전의 보호 등을 위하여 그 무효를 주장할 수 있는 상대방을 제한하는 규정을 따로 두고 있지 아니한 이상 그 무효는 원칙적으로 누구에 대하여서나 주장할 수 있으므로, 그 규정들에 위반하여 취득한 국유재산을 제3자가 전득하는 행위 또한 당연무효이다(대법원 1996.4.26. 선고 94다43207).
- 광업권자인 갑이 조광권자나 광업대리인이 아닌 을에게 채굴의 권리및 광업의 관리를 일임하여 광물을 채굴수익하게 하는 계약은 을이 그의 자녀라거나 그 수익의 분배비율이나 임대차 여부 등에 관계없이 본래의 광업권자가 광업의 관리경영에 참여하지 아니하는 이상 광업자영주의를 규정한 강행법규인 광업법 제11조에 위배되어 무효이고, 나아가 위와 같은 목적을 위한 탈법적인 방법으로 광업권자와 채굴자의 공동명의로 광업권등록을 하기로 하는약정도 역시 무효이다(대법원 1995.5.23. 선고 94다23500 판결).

5. 목적의 사회적 타당성

법률행위의 목적과 관련해서는 사회적 타당성 부분이 가장 중요한 핵심영역이다. 이 부분에서 출제가 예상 된다. 따라서 사회질서 위반의 모습을 유형화 시키고 해당 영역의 내용을 정리하고 사회질서 위반행위의 효과와 관련된 구체적 법률관계를 정리하면 될 것이다.

(1) 서설

제103조(반사회질서의 법률행위)
선량한 풍속 기타 사회질서에 위반한 사항을 내용으로 하는 법률행위는 무효로 한다.

① 강행규정을 위반하지 않더라도, 법률행위가 "선량한 풍속 기타 사회질서"에 반하면 무효이다(제103조). 목적의 사회적 타당성은 앞에서 본 강행규정과 더불어 사적자치의 한계를 이루며, 양자 공히 선량한 풍속 기타 사회질서와 관련되지만, 강행규정은 개개의 특정행위의 효력을 부인하는 반면, 목적의 사회적 타당성은 일반적·포괄적인 법의 근본이념에 의한 통제라는 점에서 차이가 있다고 할 것이다.

② 공서양속이라고도 불리는 이 요건은 사회의 기초적 윤리규범에 반하는 법률행위의 효력을 부인하려는 것이다(계약내용의 자유에 대한 제한). 구체적으로 무엇이 이에 해당하는지 하는 것은 그 시대, 그 사회의 지배적 윤리의식에 따라 정하여진다.

(2) 선량한 풍속 기타 사회질서의 의의

① 선량한 풍속이란 사회의 건전한 도덕관념을 말하는바, 공정하게 사고하는 자의 도덕관념을 기준으로 판단되어야 한다. 반면 사회질서란 공공적인 질서를 말한다.

② 선량한 풍속과 사회질서의 관계에 관하여, 다수설은 사회질서가 상위개념으로서 제103조의 중심개념이라고 한다.

(3) 사회질서 위반의 요건

① 주관적 인식의 요부 : 법률행위의 내용 자체가 사회질서에 반하는 경우에 당사자의 인식을 문제 삼을 필요가 없다.

② 사회질서 위반의 판단의 기준시기 : 어느 법률행위가 사회질서에 반하는지 여부는 원칙적으로 법률행위 당시를 기준으로 판단할 것이다. 판례의 입장도 같다(대판 2001.11.9. 2001다44987은 "매매계약체결 당시에 정당한 대가를 지급하고 목적물을 매수하는 계약을 체결하였다면, 비록 그 후 목적물이 범죄행위로 취득된 것을 알게 되었다고 하더라도, 계약의 이행을 구하는 것 자체가 선

량한 풍속 기타 사회질서에 위반하는 것으로 볼 만한 특별한 사정이 없는 한, 그러한 사유만으로 당초의 매매계약에 기하여 목적물에 대한 소유권이전등기를 구하는 것이 민법 제103조의 공서양속에 반하는 행위라고 단정할 수 없다."고 하였다).

(4) 사회질서 위반행위의 유형화

① 서언 : 제103조는 법의 이념의 일반적 · 추상적 내용을 규정하는 이른바 일반조항이고, 따라서 법적 안정성을 확보하기 위하여 구체화 · 유형화되어야 한다.

② 시회질서 위반의 모습

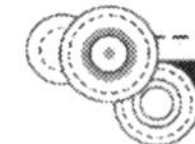

> 일반적인 사회절서 위반의 모습(목적의 반사회성, 법률적 강제, 금전적 대가와 결부, 사회질서에 반하는 조건 등)을 정리하고, 각각의 사회질서 위반의 모습과 관련된 주요쟁점들을 관련 판례와 같이 학습하길 바란다. 동기의 불법과 관련해서는 출제 될 수 있으므로 이에 대한 대비가 필요하다. 이중 매매와 관련해서는 제2매매가 무효로 되는 경우와 유효인 경우로 나누어 각각의 쟁점구조를 파악하고 정리하길 바란다.

- ㉠ 일반론 : 시회질서 위반의 모습으로 ㉠ 법률행위의 중심 목적이 반사회성을 띠는 경우 ㉡ 법률적으로 강제됨으로써 사회질서에 반하게 되는 경우 ㉢ 금전적 이익과 관련됨으로써 사회질서에 반하게 되는 경우 ㉣ 사회질서에 반하는 조건 ㉤ 표시된 동기의 불법 등이 있다. 이 중 동기의 불법에 관하여는 따로 살펴보기로 한다.
- ㉡ 동기의 불법
  - 서언(緒言) : 법률행위의 내용 자체는 사회질서에 반하지 않지만, 동기, 즉 의사표시를 하게 된 연유로 의사표시에 선행하는 심리과정에 반사회적인 요소가 포함되어 있는 경우에 법률행위의 효력은 어떻게 되는가?
  - 학설 및 판례의 태도 : 동기의 불법에 관하여, 다수설은 동기의 착오에서와 마찬가지로 동기가 표시되거나 상대방에게 알려진 경우에 한하여 제103조가 적용된다고 한다. 판례는 동기가 표시되거나 상대방에게 알려진 경우에 제103조를 적용한다.

판례

동기의 불법

민법 제103조에 의하여 무효로 되는 반사회질서 행위는 법률행위의 목적인 권리의무의 내용이 선량한 풍속 기타 사회질서에 위배되는 경우뿐만 아니라, 그 내용 자체는 반사회질서적인 것이 아니라고 하여도 법률적으로 이를 강제하거나 법률행위에 반사회질서적인 조건 또는 금전적인 대가가 결부됨으로써 반사회질서적 성질을 띠게 되는 경우 및 표시되거나 상대방에게 알려진 법률행위의 동기가 반사회질서적인 경우를 포함한다(대법원 2010.5.27. 선고 2009다2580 판결).

③ 판례의 유형화

  ㉠ 정의에 반하는 행위

  • 일반론

    - 범죄 기타 부정행위를 유발하거나 조장하는 행위는 무효이다. 나아가 가령 수사기관에서 참고인으로 자신이 잘 알지 못하는 내용에 대하여 허위의 진술을 하는 경우에, 허위진술의 대가로 작성된 각서에 기한 급부의 약정은 그 급부의 상당성 여부와 관계없이 사회질서에 반한다.

> **판례**
>
> • 수사기관에서 참고인으로 진술하면서 자신이 잘 알지 못하는 내용에 대하여 허위의 진술을 하는 경우에 그 허위 진술행위가 범죄행위를 구성하지 않는다고 하여도 이러한 행위 자체는 국가사회의 일반적인 도덕관념이나 국가사회의 공공질서이익에 반하는 행위라고 볼 것이니, 그 급부의 상당성 여부를 판단할 필요 없이 허위 진술의 대가로 작성된 각서에 기한 급부의 약정은 민법 제103조 소정의 반사회적질서행위로 무효이다(대판 2001.4.24. 2000다71999).
>
> • 행정기관에 진정서를 제출하여 상대방을 궁지에 빠뜨린 다음 이를 취하하는 조건으로 거액의 급부를 제공받기로 약정한 경우, 민법 제103조 소정의 반사회질서의 법률행위에 해당한다(대판 2000.2.11. 99다56833).

    - 동거생활의 종료를 해제조건으로 하는 증여계약은 부첩관계를 유지시키고 부첩관계의 종료에 지장을 주는 조건이 붙은 행위로서 사회질서에 반하므로 무효이다. 반면 부첩관계의 단절을 정지조건으로 하는 위로금지급계약은 유효하다.

> **판례**
>
> • 첩계약은 언제나 무효이다. 처의 동의가 있어도 무효이다. 또한 부첩관계를 맺음에 있어서 처의 사망 또는 이혼이 있을 경우에 첩과 혼인한다는 부수적 약정도 공서양속에 위반되어 무효가 된다(대판 1955.7.14. 4288민상156)
>
> • 부첩관계의 종료를 해제조건으로 하는 증여계약은 조건만이 무효인 것이 아니라 증여계약 자체가 무효이다(대판 1966.6.21. 66다530).

    - 불법적인 대가지급약속도 사회질서에 반한다. 공무원의 직무에 관하여 청탁하고 그 보수로 돈을 지급할 것을 내용으로 한 약정은 사회질서에 반하여 무효이다.

> **판례**
>
> 당사자의 일방이 상대방에게 공무원의 직무에 관한 사항에 관하여 특별한 청탁을 하게하고 그에 대한 보수로 돈을 지급할 것을 내용으로 한 약정은 사회질서에 반하는 무효의 계약이라고 할 것이다(대판 1971.10.11. 71다1645).

  • 이중양도의 경우

    - 이중양도가 반사회적인 것으로 평가되기 위하여 우선 양도인이 제1양도행위에 기한 구속으로부터 벗어날 수 없어야 한다. 제1양도행위가 계약이라면 계약금의 배액상환에 의한 제1양도행위의 해소가 불가능하게 된 상태에 이르러야 한다.

    - 이중양도가 사회질서에 반하여 무효로 되기 위하여 보통 제2양수인이 양도인의 배임행위에 적극 가담하여야 한다. 여기서 "적극가담"이란 목적물이 다른 사람에게 양도된 사실을 제2양수인이 안다는 것만으로 부족하고 양도인의 배임행위에 공모 내지 협력하거나 양도사실(즉 소유권이전의무의 존재사실)을 알면서 제2양도행위를 요청하거나 유도하여 계약에 이르게 하는 정도가 되어야 한다.

적극가담의 정도

- 이미 매도된 부동산에 관하여 체결한 저당권설정계약이 반사회적 법률행위로 무효가 되기 위하여는 매도인의 배임행위와 저당권자가 매도인의 배임행위에 적극 가담한 행위로 이루어진 것으로서, 그 적극 가담하는 행위는 저당권자가 다른 사람에게 목적물이 매도된 것을 안다는 것만으로는 부족하고, 적어도 매도사실을 알고도 저당권설정을 요청하거나 유도하여 계약에 이르는 정도가 되어야 한다. 따라서 저당권자가, 저당권설정자가 임의로 선정한 아파트의 등기부등본만 확인하고 직접 아파트를 확인하지 않은 채 금원을 대여하고 아파트에 관하여 근저당권설정등기를 경료한 경우, 저당권자가 근저당권설정계약 당시에 아파트의 분양이 끝나 입주자들이 곧 입주할 예정으로 되어 있는 사정을 알고 있었다고 쉽게 추정할 수는 없을 뿐 아니라 가사 저당권자들이 이를 알고 있었다고 하더라도 저당권설정자의 배임행위에 적극 가담하여 근저당권설정을 요청하거나 유도하는 등의 행위가 없었다면 근저당권설정계약이 반사회적 법률행위로 무효로 볼 수는 없다(대법원 1997.7.25. 선고 97다362 판결).

- 어떠한 부동산에 관하여 소유자가 양도의 원인이 되는 매매 기타의 계약을 하여 일단 소유권 양도의 의무를 짐에도 다시 제3자에게 매도하는 등으로 같은 부동산에 관하여 소유권 양도의 의무를 이중으로 부담하고 나아가 그 의무의 이행으로, 그러나 제1의 양도채권자에 대한 양도의무에 반하여, 소유권의 이전에 관한 등기를 그 제3자 앞으로 경료함으로써 이를 처분한 경우에, 소유자의 그러한 제2의 소유권양도의무를 발생시키는 원인이 되는 매매 등의 계약이 소유자의 위와 같은 의무위반행위를 유발시키는 계기가 된다는 것만을 이유로 이를 공서양속에 반하여 무효라고 할 것이 아님은 물론이다. 그것이 공서양속에 반한다고 하려면, 다른 특별한 사정이 없는 한 상대방에게도 그러한 무효의 제재, 보다 실질적으로 말하면 나아가 그가 의도한 권리취득 자체의 좌절을 정당화할 만한 책임귀속사유가 있어야 한다. 제2의 양도채권자에게 그와 같은 사유가 있는지를 판단함에 있어서는, 그가 당해 계약의 성립과 내용에 어떠한 방식으로 관여하였는지(당원의 많은 재판례가 이 문제와 관련하여 제시한 "소유자의 배임행위에 적극 가담하였는지" 여부라는 기준은 대체로 이를 의미한다)를 일차적으로 고려할 것이고, 나아가 계약에 이른 경위, 약정된 대가 등 계약 내용의 상당성 또는 특수성, 그와 소유자의 인적 관계 또는 종전의 거래상태, 부동산의 종류 및 용도, 제1양도채권자의 점유 여부 및 그 기간의 장단과 같은 이용현황, 관련 법규정의 취지·내용 등과 같이 법률행위가 공서양속에 반하는지 여부의 판단에서 일반적으로 참작되는 제반 사정을 여기서도 종합적으로 살펴보아야 할 것이다. 그리고 법률행위로 인한 부동산물권변동에 등기를 요구하는 민법 제186조의 입법취지 등에 비추어 보면, 제2의 양도채권자가 소유자가 같은 부동산에 대하여 이미 다른 사람에 대하여 소유권양도의무를 지고 있음을 그 채권 발생의 원인이 되는 계약 당시에 알고 있었다는 것만으로 당연히 위와 같은 책임귀속이 정당화될 수는 없다(대법원 2009.9.10. 선고 2009다23283 판결).

  - 이중양도로서 문제되는 것은 대부분 이중매매이지만, 그 밖에 매도된 부동산을 증여받은 경우, 매도된 부동산 위에 근저당권을 설정받은 경우, 채무담보를 위한 가등기 및 본등기를 경료받은 경우, 상속재산의 협의분할 등도 이에 해당한다.
  - 이중양도의 법리는 명의수탁자가 명의신탁계약상의 의무를 위반하여 신탁재산을 처분하였는데 양수인이 수탁자의 횡령에 적극 가담한 경우에도 적용된다. 또한 부동산의 점유취득시효가 완성된 후에 그 부동산의 소유권이 이전된 경우에도 적용된다.

ⓛ 혼인 기타 가족질서에 반하는 행위

- 가령 부첩계약이나 장래의 부첩관계를 승인하는 합의 등과 같이 인륜에 반하는 행위는 사회질서에 반한다.

- 첩의 생활유지와 자녀의 양육 또는 불륜관계의 단절을 목적으로 한 금전지급은 유효하다. 나아가 부정행위를 용서받는 대가로 손해를 배상함과 아울러 가정에 충실하겠다는 서약의 취지에서 처에게 부동산을 양도하되 부부관계가 유지되는 동안에는 처가 임의로 처분할 수 없다는 제한을 붙인 약정은 사회질서에 반하는 것이라고 할 수 없다.

> **판례**
>
> - 부정행위를 용서받는 대가로 손해를 배상함과 아울러 가정에 충실하겠다는 서약의 취지에서 처에게 부동산을 양도하되, 부부관계가 유지되는 동안에는 처가 임의로 처분할 수 없다는 제한을 붙인 약정은 선량한 풍속 기타 사회질서에 위반되는 것이라고 볼 수 없다(대판 1992.10.27. 92므204,211).
> - 피고가 원고와의 부첩관계를 해소하기로 하는 마당에 그동안 원고가 피고를 위하여 바친 노력과 비용등의 희생을 배상 내지 위자하고 또 원고의 장래 생활대책을 마련해 준다는 뜻에서 금원을 지급하기로 약정한 것이라면 부첩관계를 해소하는 마당에 위와 같은 의미의 금전지급약정은 공서양속에 반하지 않는다고 보는 것이 상당하다(대판 1980.6.24. 80다458).

  ⓒ 개인의 정신적·신체적 자유를 심하게 제한하여 인격의 발전을 막는 행위
- 어떠한 일이 있어도 이혼하지 않겠다는 각서를 써 주는 경우에서와 같이 신분상의 의사결정을 구속하는 내용의 의사표시는 무효이다(대판 1969.8.19. 69므18).
- 해외연수 후 일정기간 동안 회사에 근무하여야 한다는 사규나 약정은 제103조나 제104조에 위반되지 않는다(대판 1982.6.22. 82다카90).
- 당사자의 일방이 그의 독점적 지위 내지 우월한 지위를 악용하여 자기는 부당한 이득을 얻고 상대방에게는 과도한 반대급부 또는 기타의 부당한 부담을 과하는 법률행위는 반사회적인 것으로서 무효라고 할 것이다(대판 1996.4.26. 94다34432).

  ⓓ 생존의 기초가 되는 재산의 처분행위 : 가령 사찰이 그 존립에 필요불가결한 재산을 증여하는 행위는 제103조에 반하여 무효이다.

> **판례**
>
> 사찰의 주지이었던 사람이 사찰에 출입하기 위하여서는 통과하여야만 하고 사찰에 있어서 꼭 필요한 불교재산리법 소정의 경내지이며 자고로 소유하여 왔던 사찰의 가장 중요한 재산인 임야를 학교법인에 증여한 행위가 그 사찰의 목적수행을 불가능케 하고 그 존립자체를 위태롭게 하는 정도의 것인 경우에는 설사 그 증여에 대한 관할청인 문교부장관의 허가를 얻었다 하더라도 그 증여는 당연무효이다(대판 1976.4.13. 75다2234; 1970.3.31. 69다2293).

  ⓔ 폭리행위 : 이에 관하여는 불공정한 법률행위에서 따로 설명하기로 한다.
  ⓕ 지나치게 사행적인 행위 : 도박과 같이 지나치게 사행적인 행위도 사회질서에 반한다. 그러나 복권과 같이 법률이 허용하는 경우에는 사회질서에 반하지 않는다. 가령 도박자금에 제공할 목적으로 금전을 대여하는 행위(1973.5.22. 72다2249)나 노름빚을 변제하기로 하는 계약(1966.2.22. 65다2567) 등은 무효이다. 나아가 생명보험계약이 이득편취의 수단으로 악용되는 경우에도 판례는 반사회성을 인정한다.

보험계약자가 다수의 보험계약을 통하여 보험금을 부정취득할 목적으로 보험계약을 체결한 경우, 이러한 목적으로 체결된 보험계약에 의하여 보험금을 지급하게 하는 것은 보험계약을 악용하여 부정한 이득을 얻고자 하는 사행심을 조장함으로써 사회적 상당성을 일탈하게 될 뿐만 아니라, 또한 합리적인 위험의 분산이라는 보험제도의 목적을 해치고 위험발생의 우발성을 파괴하며 다수의 선량한 보험가입자들의 희생을 초래하여 보험제도의 근간을 해치게 되므로, 이와 같은 보험계약은 민법 제103조 소정의 선량한 풍속 기타 사회질서에 반하여 무효라고 할 것이다(대판 2009.5.28. 2009다12115).

  ⓧ 기타

- 법률행위의 성립과정에 강박이 사용된 경우에 그것이 제103조 위반으로 무효로 되느냐에 관하여, 판례는 "단지 법률행위의 성립과정에서 불법적인 방법이 사용된 데 불과한 때에는 그 불법이 의사표시의 형성에 영향을 미친 경우에는 의사표시의 하자를 이유로 그 효력을 논의할 수는 있을지언정, 반사회질서의 법률행위로서 무효라고 할 수는 없다"고 하였다(대판 2002. 9.10. 2002다21509).

- "주택매매계약에 있어서 매도인으로 하여금 주택의 보유기간이 3년 이상으로 되게 함으로써 양도소득세를 부과 받지 않게 할 목적으로 매매를 원인으로 한 소유권이전등기는 3년 후에 넘겨받기로 특약을 하였다고 하더라도, 그와 같은 목적은 위 특약의 연유나 동기에 불과한 것이어서 위 특약 자체가 사회질서나 신의칙에 위반한 것이라고는 볼 수 없다(대판 1991.5.14, 91다6627)."고 하였다. 나아가 대판 2004.3.12. 2002도5090은, 식품접객업 영업허가명의 및 사업자등록명의의 대여가 사회질서에 반하는 것은 아니라고 하였다.

정리▶ 이중매매

- **이중매매법리의 적용 범위(判)**
  ① 제1법률행위가 매매 뿐 아니라 (명의)신탁에 의해 양도받은 경우나 양도담보권을 취득한 경우도 포함한다.
  ② 제2법률행위도 매매 뿐 아니라 증여, 강제경매에 따른 경락, 매도담보 설정, 취득시효 완성사실을 알고도 제3자에게 처분한 경우 등을 포함한다.
- **제2매수인이 선의 또는 단순 악의인 경우**
  ① 이중매매 유효.
  ② 제2매수인이 등기 시 소유권 취득.
  ③ 매도인의 제1매수인에 대한 책임
    – 이행불능에 기한 채무불이행책임 추궁 가능하다.
  ④ 제2매수인에 대한 채권자대위권 행사
    – 피대위채권이 없으므로 부정.
  ⑤ 제2매수인에 대한 채권자취소권 행사
    – 매도인에 대한 소유권이전등기청구권이나 손해배상청구권 모두 피보전채권이 될 수 없으므로 부정(多·判).
  ⑥ 제3자 채권침해 주장
    – 판례에 따르면 위법성이 없어 불법행위책임도 문제되지 않음.

- 제2매수인이 적극 가담한 경우
  ① 제103조 위반으로 무효.
  ② 제2매수인은 소유권 취득 못함.
  ③ 매도인의 제1매수인에 대한 책임
    - 제2매수인의 등기를 말소할 수 있으므로 매도인의 소유권이전등기의무는 이행불능 아니다.
  ④ 제2매수인에 대한 채권자대위권 행사
    - 매도인을 대위하여 제2매수인에게 등기 말소청구 가능.
  ⑤ 제2매수인에 대한 채권자취소권 행사
    - 피보전채권이 없어 부정.
  ⑥ 제3자 채권침해 주장
    - 제2매수인에게 불법행위에 기한 손해배상청구는 가능.

(5) 사회질서 위반행위의 효과

> 사회질서 위반행위의 효과와 관련해서는 법률행위가 무효임을 알고 이와 관련된 구체적 법률관계(절대적 무효)를 정리하고, 특히 반사회성에 따른 무효의 범위와 관련하여 도박채무부담행위 및 그 변제약정과 이에 따른 부동산 처분에 관한 대리권 수여행위 부분에 관한 내용은 출제가능하다.

① 법률행위의 무효
  ㉠ 사회질서에 반하는 사항을 내용으로 하는 법률행위는 무효이다(제103조). 즉 당사자가 그 법률행위에 의하여 발생시키려고 한 법률효과의 발생이 부정된다.
  ㉡ 법률행위의 일부만이 사회질서에 반하는 경우에 일부무효의 법리(제137조)에 의하여 그 효과가 결정되어야 할 것이다.

판례

반사회성에 따른 무효의 범위

도박채무의 변제를 위하여 채무자로부터 부동산의 처분을 위임받은 채권자가 그 부동산을 제3자에게 매도한 경우, 도박채무 부담행위 및 그 변제약정이 민법 제103조의 선량한 풍속 기타 사회질서에 위반되어 무효라 하더라도, 그 무효는 변제약정의 이행행위에 해당하는 위 부동산을 제3자에게 처분한 대금으로 도박채무의 변제에 충당한 부분에 한정되고, 위 변제약정의 이행행위에 직접 해당하지 아니하는 부동산 처분에 관한 대리권을 도박 채권자에게 수여한 행위 부분까지 무효라고 볼 수는 없으므로, 위와 같은 사정을 알지 못하는 거래 상대방인 제3자가 도박 채무자부터 그 대리인인 도박 채권자를 통하여 위 부동산을 매수한 행위까지 무효가 된다고 할 수는 없다(대법원 1995.7.14. 선고 94다40147).

  ㉢ 사회질서에 반함에 따른 무효는 절대적이어서, 선의의 제3자에게도 대항 할 수 있다. 가령 부동산의 이중매매가 사회질서에 반하는 경우에 그 계약은 절대적으로 무효이므로 그 부동산을 제2매수인으로부터 다시 취득한 제3자는 설사 제2매수인이 당해 부동산의 소유권을 유효하게 취득한 것으로 믿었더라도, 이중매매약이 유효라고 주장할 수 없다. 이러한 경우에 그 제3자는 제2매수인에 대하여 타인의 권리를 매도한자로서의 담보책임을 물을 수 있을 뿐이다(제570조). 다만 그가 부동산을 시효취득 하는 것은 별개의 문제이다.

② 법률행위가 사회질서에 반하여 무효인 경우에 추인의 법리가 적용될 수 없다(대판 1973.5.22. 72다2249).

② **무효에 따른 법률관계**

㉠ 법률행위가 사회질서에 반하여 무효인 경우에, 그에 기한 이행이 있기 전이라면 이행할 필요가 없다.

㉡ 반면 이미 이행이 있었다면 이행한 자는 원칙적으로 급부한 것을 부당이득(급부이득)으로 반환청구 할 수 있지만(제741조), 제103조 위반으로 인한 무효의 경우에 제746조에 의하여 반환청구가 배제된다. 그런데 판례의 태도에 따르면 제746조는 부당이득의 반환만을 제한하는 것이 아니라, 제103조와 함께 사법의 기본이념으로서 결국 사회적 타당성이 없는 행위를 한 사람은 스스로 불법한 행위를 주장하여 복구를 그 형식 여하에 불구하고 소구할 수 없다는 이상을 표현한 것이므로 급여를 한 사람은 그 원인행위가 법률상 무효라고 하여 상대방에게 부당이득반환청구를 할 수 없음은 물론, 급여한 물건의 소유권이 여전히 자기에게 있다고 하여 소유권에 기한 반환청구도 할 수 없고, 따라서 급여한 물건의 소유권은 반사적으로 급여를 받은 상대방에게 귀속된다.

(6) 불공정한 법률행위(폭리행위)

학습 Guide

불공정한 법률행위 영역도 출제 예상범위에 들어간다. 따라서 요건(주·객관적 요건)의 정리와 요건의 판단기준 및 시기, 입증책임의 문제, 불공정 법률행위의 효과 등을 정리하고, 특히 적용범위와 관련된 쟁점(단독행위/무상행위 – 증여/경매 등 적용여부)을 정리하길 바란다.

① **의의**

> 제104조(불공정한 법률행위)
> 당사자의 궁박, 경솔 또는 무경험으로 인하여 현저하게 공정을 잃은 법률행위는 무효로 한다.

㉠ 상대방의 궁박, 경솔 또는 무경험을 이용하여 자기의 급부에 비하여 현저하게 균형을 잃은 반대급부를 하게 함으로써 부당한 재산적 이익을 얻는 행위를 불공정한 법률행위(또는 폭리행위)라 한다(제104조).

㉡ 통설·판례는 제104조는 제103조의 예시규정에 불과하다고 본다. 따라서 제104조 요건을 갖추지 못한 경우에도 제103조에 의하여 무효로 될 수는 있다고 할 것이다.

② **적용범위**

㉠ 증여와 같이 대가적 의미의 출연이 없는 무상행위에는 제104조의 적용이 없다고 할 것이다(대판 2000.2.11. 99다56833).

ⓛ 단독행위에도 제104조가 적용된다고 하는 견해가 있으며, 대판 1975.5.13. 75다92가 조건부 채권의 포기와 같은 단독행위에도 제104조가 적용된다는 듯한 판시를 하고 있다.

ⓒ 경매에 의한 재산권의 이전에는 제104조가 적용되지 않는다(대결 1980.3.21. 80마77).

③ 요건

ⓐ **급부와 반대급부 사이의 현저한 불균형**(객관적 요건)

- 급부와 반대급부 사이에 어느 정도의 차이가 있어야 현저한 불균형이 존재하느냐 하는 것은 개개의 사례에서 법관에 의하여 결정된다. 판례가 현저한 불균형이 있다고 본 예로, 정상적으로 받을 수 있는 손해배상액의 8분의 1만 받고 합의서를 작성하여준 경우, 시가 700만원 상당의 가옥을 267만원에 매도한 경우, 1,300만원 이상의 채권이 있었음에도 이것과 현금 45만원 및 부채 216만원을 인수시키고 그 나머지 1,000만원 이상의 채권을 포기하는 약정을 맺은 경우 및 시가 2억 2,000만원 상당인 임야에 대하여 더 이상 권리주장을 하지 않는 대가로 7억 5,000만원을 받기로 약정한 경우 등을 들 수 있다.

- 현저한 불균형이 존재하는지 여부의 판단시기 : 통설은 변제기가 아니라 법률행위시를 기준으로 하여야 한다. 판례는 대물변제예약에 기한 양도담보의 경우에 대물변제의 효력이 발생할 변제기를 기준으로 하고(대판 1965.6.15. 65다610), 환매권 양도약정의 경우에는 법률행위시를 기준으로 판단하였다(대판 1984.4.10. 81가239).

ⓑ **피해당사자의 궁박, 경솔 또는 무경험의 이용**(주관적 요건)

- 몹시 곤궁함을 의미하는 궁박은 경제적 궁박에 한정되지 않으며, 가령 정신적 또는 신체적 원인에 기인하는 것을 포함한다. 경솔은 신중함의 결여를 의미한다. 그리고 무경험이란 일반적인 생활경험이 부족한 것을 말한다(대판 2002.10.22. 2002다38927). 그리고 이들 중 어느 하나만 갖추어지면 충분하다(대판 1993.10.12. 93다19924).

- 대리인에 의한 법률행위에서 경솔과 무경험은 대리인을 기준으로 판단하지만, 궁박상태에 있었는지 여부는 본인을 기준으로 판단하여야 한다(대판 2002.10.22. 2002다38927).

- 제104조는 약자적 지위에 있는 자의 궁박, 경솔 또는 무경험을 이용한 폭리행위를 규제하려는 데 그 목적이 있으므로, 피해자가 궁박, 경솔 또는 무경험의 상태에 있음을 폭리행위자가 알고 이를 이용하여야 한다(대판 1991.7.9. 91다5907).

ⓒ **증명책임** : 폭리행위에 대한 주장 및 증명책임은 그 무효를 주장하는 자에게 있다. 그런데 급부와 반대급부 사이에 현저한 불균형이 있다고 하여 곧바로 당사자의 궁박, 경솔 또는 무경험에 기인하는 것으로 추정되지 않는다.

④ 효과

ⓐ 위의 요건이 구비되면 그 행위는 무효이다. 추인에 의해서도 그 법률행위가 유효로 될 수 없다(대판 1994.6.24. 94다10900).

ⓑ 앞에서 본 제103조 위반의 경우에서와 마찬가지로 폭리행위에 해당하여 법률행위가 무효로 된 경우에 아직 이행이 없었다면 이행할 필요가 없다. 그러나 이미 이행을 한 경우에 불법원인이 폭리행위자측에 있으므로 피해자는 제746조 단서에 의하여 급부한 것의 반환을 청구할 수 있는 반면, 폭리행위자는 제746조 본문에 의하여 급부한 것의 반환을 청구할 수 없다(통설).

1. 불공정의료행위의 효력과 그 내용

의료기관 또는 의사가 환자를 치료하고 그 치료비를 청구함에 있어서 그 치료행위와 그에 대한 일반의료수가 사이에 현저한 불균형이 존재하고 그와 같은 불균형이 피해 당사자의 궁박, 경솔 또는 무경험에 의하여 이루어진 경우에는 민법 제104조의 불공정한 법률행위에 해당하여 무효이므로 그 지급을 청구할 수 없다(대법원 1995.12.8. 선고 95다3282 판결).

2. 불공정한 법률행위의 추인 여부

불공정한 법률행위로서 무효인 경우에는 추인에 의하여 그 무효인 법률행위가 유효로 될 수 없다고 할 것이므로, 같은 취지에서 법정추인규정이 적용될 여지도 없다(대법원 1994.6.24. 선고 94다10900 판결).

3. [1] 민법 제104조의 불공정한 법률행위는 피해 당사자가 궁박, 경솔 또는 무경험의 상태에 있고 상대방 당사자가 그와 같은 피해 당사자 측의 사정을 알면서 이를 이용하려는 폭리행위의 악의를 가지고 객관적으로 급부와 반대급부 사이에 현저한 불균형이 존재하는 법률행위를 한 경우에 성립한다. 여기서 '궁박'이란 '급박한 곤궁'을 의미하고, 당사자가 궁박 상태에 있었는지 여부는 당사자의 신분과 상호관계, 피해 당사자가 처한 상황의 절박성의 정도, 계약의 체결을 둘러싼 협상과정 및 거래를 통한 피해 당사자의 이익, 피해 당사자가 그 거래를 통해 추구하고자 한 목적을 달성하기 위한 다른 적절한 대안의 존재 여부 등 여러 상황을 종합하여 구체적으로 판단하여야 한다. 또한 급부와 반대급부 사이의 '현저한 불균형'은 단순히 시가와의 차액 또는 시가와의 배율로 판단할 수 있는 것은 아니고 구체적·개별적 사안에 있어서 일반인의 사회통념에 따라 결정하여야 한다. 그 판단에 있어서는 피해 당사자의 궁박·경솔·무경험의 정도가 아울러 고려되어야 하고, 당사자의 주관적 가치가 아닌 거래상의 객관적 가치에 의하여야 한다.

[2] 매매계약이 약정된 매매대금의 과다로 말미암아 민법 제104조에서 정하는 '불공정한 법률행위'에 해당하여 무효인 경우에도 무효행위의 전환에 관한 민법 제138조가 적용될 수 있다. 따라서 당사자 쌍방이 위와 같은 무효를 알았더라면 대금을 다른 액으로 정하여 매매계약에 합의하였을 것이라고 예외적으로 인정되는 경우에는, 그 대금액을 내용으로 하는 매매계약이 유효하게 성립한다. 이때 당사자의 의사는 매매계약이 무효임을 계약 당시에 알았다면 의욕하였을 가정적(가정적) 효과의사로서, 당사자 본인이 계약 체결 시와 같은 구체적 사정 아래 있다고 상정하는 경우에 거래관행을 고려하여 신의성실의 원칙에 비추어 결단하였을 바를 의미한다. 이와 같이 여기서는 어디까지나 당해 사건의 제반 사정 아래서 각각의 당사자가 결단하였을 바가 탐구되어야 하는 것이므로, 계약 당시의 시가와 같은 객관적 지표는 그러한 가정적 의사의 인정에 있어서 하나의 참고자료로 삼을 수는 있을지언정 그것이 일응의 기준이 된다고도 쉽사리 말할 수 없다. 이와 같이 가정적 의사에 기한 계약의 성립 여부 및 그 내용을 발굴·구성하여 제시하게 되는 법원으로서는 그 '가정적 의사'를 함부로 추단하여 당사자가 의욕하지 아니하는 법률효과를 그에게 또는 그들에게 계약의 이름으로 불합리하게 강요하는 것이 되지 아니하도록 신중을 기하여야 한다(대법원 2010.7.15. 선고 2009다50308 판결).

1. 의의

법률행위의 목적이나 내용을 명확히 밝히는 것을 말한다. 법률행위의 해석은 표시행위의 객관적 의미를 밝히는 것으로서, 법적인 가치판단에 속하는 것으로 보아야 한다. 따라서 법률행위의 해석은 사실문제가 아니라 법률문제라고 보아야 하며 상고이유가 된다. 해석은 법률행위의 성립과 그 유효 여부를 판단하는데 있어 선결사항이다.

2. 대상

법률행위의 해석은 당사자가 그 표시행위에 부여한 객관적 의미를 명백하게 확정하는 것이므로 표시상의 효과의사가 해석의 대상이다(대판 1988.12.27. 88누10060).

3. 방법

법률행위 해석의 방법과 관련해서는 자연적 해석, 규범적 해석, 보충적 해석과 관련된 각각의 내용을 정리하길 바란다.

(1) 자연적 해석(표의자의 시각)

① 의의 : 표의자의 진의, 즉 내심적 효과의사를 추구하는 해석방법이다.

② 적용 예
　㉠ 상대방 없는 단독행위(유언 등)나, 신분행위는 자연적 해석방법의 전형적인 적용례이다.
　㉡ 오표시무해(吳表示無害)의 원칙(falsa demonstratio non nocet)이 **적용되는 경우** : 상대방이 이미 표의자의 내심적 효과의사를 안 경우 잘못 행하여진 표시는 오표시에 불과하고 상대방이 실제로 이해한 의미대로 성립한다는 원칙이다. 예컨대, 원을 의미하는 뜻으로 냥이라는 단어를 사용하여 만냥에 매도한다는 계약서가 작성되었다면 양당사자가 이해한 의미대로 만원에 효력이 발생한다.

쌍방에 공통하는 지번의 착오

부동산의 매매계약에 있어 쌍방당사자가 모두 특정의 갑 토지를 계약의 목적물로 삼았으나 그 목적물의 지번 등에 관하여 착오를 일으켜 계약을 체결함에 있어서는 계약서상 그 목적물을 갑 토지와는 별개인 을 토지로 표시하였다 하여도 갑 토지에 관하여 이를 매매의 목적물로 한다는 쌍방당사자의 의사합치가 있은 이상 위 매매계약은 갑 토지에 관하여 성립한 것으로 보아야 할 것이고 을 토지에 관하여 매매계약이 체결된 것으로 보아서는 안 될 것이며, 만일 을 토지에 관하여 위 매매계약을 원인으로 하여 매수인 명의로 소유권이전등기가 경료 되었다면 이는 원인이 없이 경료된 것으로서 무효이다(대법원 1993.10.26. 선고 93다2629,2636(병합).

(2) 규범적 해석(상대방의 시각)

규범적 해석과 관련해서는 규범적 해석에 입각하고 있는 판례들을 정리하고, 특히 행위자가 타인 명의로 계약을 체결한 경우 계약 당사자의 확정방법과 관련된 내용이 출제 가능하므로 이에 대한 대비가 필요하겠다.

① 의의 : 상대방의 시각에서 표시행위에 따라 법률행위의 내용을 정하는 해석을 말한다. 이는 표시행위로부터 추단되는 가상적 의사를 탐구하는 해석방법이다. 상대방의 입장에서 표시행위로부터 추단되는 효과의사(표시상의 효과의사)를 밝히는 것이다.

② 적용 예 : 상대방 없는 단독행위, 상대방이 표의자의 내심적 효과의사를 안 경우, 신분행위 이외의 경우에는 규범적 해석을 통해 표시행위의 객관적 의미를 밝힌다.

1. 행위자가 타인의 이름으로 계약을 체결한 경우, 계약당사자의 확정 방법

[1] 계약을 체결하는 행위자가 타인의 이름으로 법률행위를 한 경우에 행위자 또는 명의인 가운데 누구를 계약의 당사자로 볼 것인가에 관하여는, <u>우선 행위자와 상대방의 의사가 일치한 경우에는 그 일치한 의사대로 행위자 또는 명의인을 계약의 당사자로 확정해야 하고, 행위자와 상대방의 의사가 일치하지 않는 경우에는</u> 그 계약의 성질·내용·목적·체결 경위 등 그 계약 체결 전후의 구체적인 제반 사정을 토대로 <u>상대방이 합리적인 사람이라면 행위자와 명의자 중 누구를 계약 당사자로 이해할 것인가에 의하여 당사자를 결정하여야 한다.</u>

[2] 종중이 명의신탁한 부동산에 관하여 종중 및 수인의 명의수탁자를 매도인으로 하여 매매계약이 체결된 사안에서, 매매계약서 기재 내용대로 명의수탁자들이 종중과 함께 공동매도인의 지위에 있다고 판단한 사례(대판 2011.2.10. 2010다83199,83205).

2. 어떠한 의무를 부담하는 내용의 기재가 있는 문면에 "최대한 노력 하겠습니다" 또는 "협조를 최대로 한다."라고 기재되어 있는 경우, 특별한 사정이 없는 한 당사자가 그와 같은 문구를 기재한 객관적인 의미는 문면 그 자체로 볼 때 그러한 의무를 법적으로 부담할 수는 없지만 사정이 허락하는 한 그 이행을 사실상 하겠다는 취지로 해석함이 상당하다(대법원 1994.3.25. 선고 93다32668).

3. 채권자가 채무자로부터 36만원을 수령하면서 실제는 더 받을 금원이 있는데도 36만원이라도 우선 받기 위해 영수증에 "총완결"이라고 써준 경우, 총완결이라는 문언이 부기된 영수증에 있어서 동 영수증작성경위가 그렇게 쓰지 아니하면 돈을 주지 않겠다고 하기에 당시 궁박한 사정에 비추어 우선 돈받기 위하여 거짓 기재한 것이라는 이유만으로는 총완결이란 의사표시가 당연무효라고 할 수 없다(대법원 1969.7.8. 선고 69다563).

불공정한 법률행위로서 무효인 경우에는 추인에 의하여 그 무효인 법률행위가 유효로 될 수 없다고 할 것이므로, 같은 취지에서 법정추인규정이 적용될 여지도 없다(대법원 1994.6.24. 선고 94다10900 판결).

(3) 보충적 해석(제3자의 시각)

보충적 해석은 자연적·규범적 해석에 의하여 법률행위의 성립이 긍정된 후에 보충적 해석이 행해지며, 특히 금융실명제하에서 출연자와 금융기관 사이에 예금명의인이 아닌 출연자에게 예금반환채권을 귀속시키기로 하는 특별한 약정이 있는 경우 예금계약상의 예금주(=출연자)가 된다는 판례는 출제가 예상되는 판례이므로 각별한 주의를 요한다.

① 의의 : 자연적 해석과 규범적 해석에 의하여 법률행위의 유효한 성립이 인정되지만 일정한 점에 관하여 법률행위의 내용에 공백이 있는 경우에 당사자의 의사를 보충하는 것이다.

② 적용 및 한계 : 보충적 해석은 자연적 해석이나 규범적 해석에 의하여 법률행위가 유효하게 성립한 후에 행하여진다. 보충적 해석은 주로 계약에서 문제된다.

판례

금융실명제하에서 예금계약의 당사자 확정 방법 및 예금명의자가 아닌 제3자를 예금계약의 당사자로 볼 수 있는 예외적인 경우와 그 인정 방법

금융실명거래 및 비밀보장에 관한 법률에 따라 실명확인 절차를 거쳐 예금계약을 체결하고 실명확인 사실이 예금계약서 등에 명확히 기재되어 있는 경우에는, 일반적으로 예금계약서에 예금주로 기재된 예금명의자나 그를 대리한 행위자 및 금융기관의 의사는 예금명의자를 예금계약의 당사자로 보려는 것이라고 해석하는 것이 경험법칙에 합당하고, 예금계약의 당사자에 관한 법률관계를 명확히 할 수 있어 합리적이다. 그리고 이와 같은 예금계약 당사자의 해석에 관한 법리는, 예금명의자 본인이 금융기관에 출석하여 예금계약을 체결한 경우나 그의 위임에 의하여 자금 출연자 등의 제3자(이하 '출연자 등'이라 한다)가 대리인으로서 예금계약을 체결한 경우 모두 마찬가지로 적용된다고 보아야 한다. 따라서 본인인 예금명의자의 의사에 따라 그의 실명확인 절차가 이루어지고 그를 예금주로 하여 예금계약서를 작성하였음에도, 위에서 본 바와 달리 예금명의자가 아닌 출연자 등을 예금계약의 당사자라고 볼 수 있는 경우는, 금융기관과 출연자 등 사이에 실명확인 절차를 거쳐 서면으로 이루어진 예금명의자와의 예금계약을 부정하여 그의 예금반환청구권을 배제하고, 출연자 등과 예금계약을 체결하여 그에게 예금반환청구권을 귀속시키겠다는 명확한 의사의 합치가 있는 극히 예외적인 경우로 제한되어야 하고, 이러한 의사의 합치는 위 법률에 따라 실명확인 절차를 거쳐 작성된 예금계약서 등의 증명력을 번복하기에 충분할 정도의 명확한 증명력을 가진 구체적이고 객관적인 증거에 의하여 매우 엄격하게 인정하여야 한다(대판 2011.5.13. 2009도5386).

4. 표준

당사자가 기도하는 목적, 사실인 관습(제106조), 임의법규(제105조), 신의성실의 원칙(조리) 등에 따라 해석해야 한다.

(1) 당사자가 기도하는 목적

당사자가 기도하는 목적이란 당사자가 그 법률행위에 의하여 달성하고자 하는 사실상·경제상의 목적을 말한다. 법률행위의 해석은 가능하면 당사자의 의도가 달성될 수 있도록 해석하여야 한다.

(2) 사실인 관습

> 제106조(사실인 관습)
> 법령 중의 선량한 풍속 기타 사회질서에 관계없는 규정과 다른 관습이 있는 경우에 당사자의 의사가 명확하지 아니한 때에는 그 관습에 의한다.

관습이 사회질서에 반하지 않으면 사실인 관습과 다른 임의법규가 있더라도 사실인 관습은 임의법규에 우선하여 법률행위해석의 표준이 된다.

① 관행이 존재할 것

② 선량한 풍속 기타 사회질서에 반하지 않을 것

③ 당사자 의사가 명확하지 않을 것

판례

사실인 관습

1. 사실인 관습의 요건

   기업의 내부에 존재하는 특정의 관행이 근로계약의 내용을 이루고 있다고 하기 위하여는 그러한 관행이 기업 사회에서 일반적으로 근로관계를 규율하는 규범적인 사실로서 명확히 승인되거나 기업의 구성원에 의하여 일반적으로 아무도 이의를 제기하지 아니한 채 당연한 것으로 받아들여져서 기업 내에서 사실상의 제도로서 확립되어 있다고 할 수 있을 정도의 규범의식에 의하여 지지되고 있어야 한다(대법원 2002. 4. 23. 선고 2000다50701 판결).

2. 법률행위해석기준으로서 사실인 관습의 의미

   부동산임대용역의 공급에 관하여 누가 부가가치세를 부담할 것인가에 관하여 계약체결 시 명시적인 약정이 없으면 임대인이 부담하기로 하는 것이 관행이고, 임대계약 시에 부가가치세의 부담을 누가 질 것인가에 관하여 아무런 논의가 없었던 것은 위 관행에 따라 임대인이 부가가치세를 부담하려는 묵시적 특약이 있었다고 할 수 있다(대법원 1986.10.28. 선고 86다카745 판결).

구분	사실인 관습	관습법
의의	관행	관행 + 법적확신 내지 법적인식
근거조문	민법 제106조	민법 제1조
본질	사실	법
기능	법률행위 해석기준	법원
범위	법률행위에만 관계	민법 전반에 관계
임의법규와 관계	임의법규에 우선하여 당사자의 의사를 보충	임의법규에 우선해서 적용될 수 없음
입증책임	당사자가 주장 입증	법원이 직권조사

(3) 임의법규

> 제105조(임의규정)
> 법률행위의 당사자가 법령 중의 선량한 풍속 기타 사회질서에 관계없는 규정과 다른 의사를 표시한 때에는 그 의사에 의한다.

법령 중 선량한 풍속 기타 사회질서에 관계없는 규정을 임의규정이라고 한다. 임의규정은 특별한 의사의 표시가 없는 경우 또는 의사표시가 분명하지 않은 경우에 있어서 법률행위의 해석의 기준이 된다.

(4) 신의칙(조리)

위의 표준에 의하여 당사자의 의사표시를 확정할 수 없을 경우에 신의성실의 원칙 또는 조리에 따라 해석하여야 한다. 이러한 해석기준이 특히 문제가 되는 것은 예문해석에서이다. 예문이란 사업자가 일방적으로 작성해 놓은 약관이나 금전소비대차 등의 계약에 있어서 일반적으로 사용되는 서식·조항과 같이 경제적 강자에게 일방적으로 유리하게 작성된 조항을 말한다. 판례는 당사자가 예문에 구속될 의사가 없다는 것을 이유로 그 구속력을 부정한다.

「**해석**」

대상	표시행위의 객관적 의미
표준	① 당사자가 기도한 목적 → ② 사실인 관습(제106조) → ③ 임의법규(제105조) → ④ 신의성실의 원칙(조리) = 판례는 부당한 내용의 계약조항을 예문이라고 하여 무효화하는 이른바 예문해석을 인정하고 있다.
방법	자연적 해석 → 규범적 해석 → 보충적 해석
법률문제인지 여부	법률행위의 해석은 법률문제로서 상고이유가 된다.
착오와의 관계	해석은 법률행위의 성립과 그 유효여부를 판단하는데 있어 선결사항이다. ("해석은 착오에 앞선다.") 규범적 해석을 한 경우에만 착오 문제가 발생한다.

3. 의사표시

제1관 의사표시 일반

1. 의의 및 구성요소

(1) 의의

의사표시(意思表示)라 함은 일정한 사법상의 법률효과 발생을 의욕하는 의사의 표시로서, 법률행위를 이루는 필수불가결의 구성요소인 법률사실(法律事實)이다. 예컨대, 계약에 있어서는 청약과 승낙이라는 2개의 의사표시의 합치로 법률행위가 이루어지며 단독행위는 1개의 의사표시로도 법률행위가 성립하게 된다. 따라서 법률행위에 있어서 그 법률효과를 불러일으키는 종극적인 구성요소는 의사표시인 것이다.

(2) 의사표시의 구성요소

의사표시의 성립과정을 심리적으로 분석해 보면, 먼저 어떤 동기(動機)에 의하여 일정한 효과발생을 목적으로 하는 의사를 결정하고[효과의사(效果意思)], 다음에 이 의사를 외부(타인)에 알리기 위하여 발표하겠다고 하는 의사[표시의사(表示意思)]에 매개되어 일정한 행위로써 외부에 표현된다[표시행위(表示行爲)]. 예컨대 甲이 乙의 물건을 사고자 할 때 사려고 하는 의욕적 의사를 가지고 이를 乙에게 알리는 표시행위를 함으로써 청약(請約)이라는 의사표시가 주어지게 된다. 의사표시는 그것이 성립하는 심리적 과정에 따라서 다음과 같은 3요소로 나눌 수 있다.

① 효과의사(效果意思) : 일정한 법률효과를 원하는 내심(內心)의 의사(意思)를 효과의사라 한다. 예컨 대, 매매에 있어서 대금(代金)을 지급하는 대신에 목적물의 소유권을 취득하겠다는 의사가 효과 의사이다.

② 표시의사(表示意思) : 효과의사를 외부에 발표하려는 의사이다. 다수설은 의사표시의 요소로 보지 않고 있다.

③ 표시행위(表示行爲) : 의사표시로서의 가치를 가진 적극적·소극적인 모든 외형적 행위(언어·문자· 거동, 때로는 침묵 등)를 말한다. 이와 같이 의사표시는 개인이 먼저 어떤 동기에 의하여 일정한 법률효과의 발생을 목적으로 하는 의사를 결정하고[효과의사의 결정], 다음에 이 의사를 외부, 즉 타인에게 알리기 위하여 발표하려는 의사[표시의사]에 매개되어서, 일정한 행위가 되어 외부 에 나타나는[표시행위] 심리적 3단계를 거쳐 성립하는 것이다.

| 의사표시 | = | 효과의사의 결정 | ⇨ | 표시의사 | ⇨ | 표시행위 |

『의사표시의 유형(표시행위의 방법)』

1. 표시행위의 개념
   의사표시라 함은 일정한 법률효과를 발생케 하고자 하는 표의자의 의사를 표시하는 것으로서 이 러한 표시의미를 갖는 모든 방법이 행위적 요소로서 '표시행위'이다. 이러한 표시행위는 언어, 문 자 이외에 머리 끄덕이는 거동은 물론 침묵도 표시행위가 될 수 있다.

2. 표시행위의 방법
   (1) 명시적 의사표시
       표의자의 의사가 언어나 문자 등에 의해 법률행위과정상 분명히 나타난 의사표시를 말한다. 예컨대, 甲이 乙에게 A건물을 2억원에 팔겠다는 청약을 하였다면 명시적 의사표시로서 표시 행위가 나타나게 된다.
   (2) 묵시적 의사표시
       거동에 의해 행하여지는 의사표시, 다른 행위에 포함되어 행하여지는 포함적 의사표시, 전혀 외부적 표시는 없으나 주위사정에 의해 인정되는 의사표시 등 다양한 뜻으로 사용된다.
       ① 침묵에 의한 의사표시 : 일정한 사정 하에서 침묵이 의사표시내용인 표시행위로 되려면 침 묵 그 자체만으로는 부족하고 '특별한 상황'이 있어야 한다. 예컨대, 생사확인서면에 대하 여 상당기간 당사자가 침묵을 하면 이에 대한 동의로써 효력을 발생시키는 경우라든가, 계속적인 법률관계에 있어서 반복되는 청약에 대하여 침묵하는 것은 승낙의 의사표시로 취급되는 것과 같은 특별한 상황이 전제되어야 한다.
       ② 포함적(包含的) 의사표시
           ㉠ 개념 : 행위자가 어떤 이행행위나 이행의 수령행위를 하면서 이에 의하여 어떤 법률관계가 형성된다는 사실을 인식하는 경우에 성립하는 의사표시를 어떤 실행행위에 포함된 의사표 시라 한다. 포함적 의사표시를 '간접적 의사표시'라고도 한다. 포함적 의사표시는 추단된 의사표시로서 유료주차장에 자동차를 세움으로써 계약이 성립된다든가, 취소할 수 있는 법률행위의 법정추인이 인정되는 경우와 같이 '행위자가 어떤 이행행위 또는 이행의 수령 행위를 하면서 이에 의하여 어떠한 법률관계가 형성된다고 하는 사실을 인식하는 때'에 성 립된다. 따라서 TV를 구입하여 코드에 접지하는 행위(사실행위)로써 곧 방송국과 시청계 약을 이룬다는 의사가 포함되어 있다고 보게 된다. 포함적 의사표시는 '침묵에 의한 의사 표시'와 유사하나 실행행위 내지 이행행위가 내포되어 있다는 점에서 이들과 구별된다.

ⓒ 유형 : 포함적 의사표시는 유상으로 제공된 급부를 수령하는 경우로서 유료주차장에 자동차를 주차하거나, 시내버스에 승차하는 것이 있고, 취소할 수 있는 법률행위를 추인하는 경우(제145조) 및 청구권 행사에 필요한 행위를 소송제기에 의하여 하는 경우 등 그 형태가 다양하다. 특히 우리 민법상 임대차의 묵시적 갱신(제639조)이나 법정추인제도(제145조) 및 청구권 행사에 필요한 행위를 소송제기에 의하여 하는 경우 등 그 형태가 다양하다. 특히 우리 민법상 임대차의 묵시적 갱신(제639조)이나 법정추인제도(제145조) 등은 우리 민법상 임대차의 묵시적 갱신(제639)이나 법정추인제도(제145조) 등은 포함적 의사표시이론에 뿌리박고 있는 것이다.

ⓒ 이의(異議)의 보류 : 포함적 의사표시에 있어서는 이의를 보류함으로써(제145조 단서) 포함적 의사표시에 의한 법률행위의 성립을 저지할 수 있는데, 다만 이의의 보류는 제2차적 행위와 모순이 없어야 한다, 예컨대, 유료주차장에 주차하면서 주차료를 내지 않겠다는 이의의 보류는 법률상 '모순되는 이의의 보류'로서 타당성(정당성)이 결여되므로 이의의 보류는 효력이 없게 되며, 따라서 포함적 의사표시에 의해 계약은 당연 성립된다.

③ 의사실현에 의한 의사표시 : 청약에 대한 당사자 간의 승낙의 의사표시가 없더라도 의사표시로 인정될 수 있는 객관적인 실현사실이 있는 경우 그 의사실현이 있을 때 계약이 성립된다(제532조). 예컨대, 청약과 더불어 송부해 온 물건을 사용개시하거나 처분행위를 하였다면 그 의사실현이 승낙으로 간주되어 계약이 성립하게 된다.

④ **법률이 의제하는 의사표시** : 제한능력자의 상대방이 최고(催告)하거나, 무권대리인의 상대방이 최고하는 경우 제한능력자 측이나 무권대리인 측에서 일정기간 내에 확답을 하지 않는 때에 추인 또는 취소의 의사표시가 있는 것으로 의제(간주)되는 경우(제15조) 등도 묵시적 의사표시로 볼 수 있다.

2. 의사주의와 표시주의

외형상 나타난 의사표시가 내심의 효과의사와 표시행위가 일치하지 않을 때에는 어느 쪽에 비중을 두고 법률효과를 부여할 것인가에 대해 다음과 같은 견해대립이 있게 된다.

(1) 의사주의(意思主義)

사적자치(私的自治)에 보다 충실하여 표의자(表意者)를 보호하기 위해 의사표시의 본체(本體)를 당사자의 내심적 효과의사라고 보아 의사의 흠결(欠缺)의 경우에는 무효로 해야 한다는 입법주의를 말한다. 주로 신분법(身分法)관계에서 적용된다.

(2) 표시주의(表示主義)

거래의 안전에 보다 충실하기 위하여 의사표시의 본체를 표시행위라고 보아 의사의 흠결의 경우에도 표시된 대로 효력이 발생(유효)한다고 보는 주의로서 주로 재산법(財産法)관계에서 적용된다.

(3) 절충주의(折衷主義) : 우리 민법의 입장

의사주의에 의하면 거래의 안전을 해하게 되고, 표시주의에 의하면 표의자의 이익을 해하게 될 염려가 있으므로 이 양자를 적당히 조화하려는 주의이다. 주의할 것은 표시주의는 행위의 외형을 신뢰한 상대방을 보호하고 거래의 안전을 중시하는 것이므로 주로 재산법관계에서 문제되고, 당사자의 진의(眞意)를 존중하는 가족법관계에서는 주로 의사주의를 적용하게 된다.

제2관　비정상적인 의사표시

제107조 (진의 아닌 의사표시)
① 의사표시는 표의자가 진의아님을 알고한 것이라도 그 효력이 있다. 그러나 상대방이 표의자의 진의아님을 알았거나 이를 알 수 있었을 경우에는 무효로 한다.
② 전항의 의사표시의 무효는 선의의 제삼자에게 대항하지 못한다.

제108조 (통정한 허위의 의사표시)
① 상대방과 통정한 허위의 의사표시는 무효로 한다.
② 전항의 의사표시의 무효는 선의의 제3자에게 대항하지 못한다.

제109조 (착오로 인한 의사표시)
① 의사표시는 법률행위의 내용의 중요부분에 착오가 있는 때에는 취소할 수 있다. 그러나 그 착오가 표의자의 중대한 과실로 인한 때에는 취소하지 못한다.
② 전항의 의사표시의 취소는 선의의 제3자에게 대항하지 못한다.

제110조 (사기, 강박에 의한 의사표시)
① 사기나 강박에 의한 의사표시는 취소할 수 있다.
② 상대방 있는 의사표시에 관하여 제삼자가 사기나 강박을 행한 경우에는 상대방이 그 사실을 알았거나 알 수 있었을 경우에 한하여 그 의사표시를 취소할 수 있다.
③ 전2항의 의사표시의 취소는 선의의 제3자에게 대항하지 못한다.

---

1. 총설

(1) 의의

법률행위가 유효하기 위하여, 의사표시에서 의사와 표시가 일치하여야 하고, 의사형성과정에 하자가 있어서는 안 된다. 따라서 의사와 표시가 일치하지 않거나 의사형성과정에 흠이 있으면, 법률행위의 효력이 발생할 수 없다.

(2) 유형

① **의사와 표시의 불일치** : 비진의 표시, 통정허위표시, 착오에 의한 의사표시의 3가지 유형이 있다.

② **하자 있는 의사표시** : 의사표시가 타인의 부당한 간섭에 의해 자유롭지 못한 상태에서 행하여진 경우를 말한다. 이에는 사기 또는 강박에 의한 의사표시가 있다.

2. 진의 아닌 의사표시

> 진의 아닌 의사표시에 관하여는 판례의 정확한 숙지가 우선적으로 요구된다. 우선 진의의 의미에 관한 판례를 정리하고, 요건과 관련해서는 대출 절차상 편의를 위하여 제3자가 채무자에게 명의를 빌려준 행위가 비진의 표시로서 무효인지 여부에 관한 판례를 정리하고, 특히 고용관계에서 사직서 제출이나 의원면직처분과 관련된 문제를 판례를 통하여 정리하고, 제107조의 적용범위를 함께 학습하여야 한다.

(1) 의의

농담이나 거짓말에서와 같이 자기의 진의와 다른 의사표시를 표의자 스스로 알면서 하는 경우를 진의 아닌 의사표시(비진의 의사표시 또는 심리유보라고도 한다)라고 한다(제107조). 상대방과의 통정이 없다는 점에서 허위표시와 구별되며, 표시가 진의와 다름을 표의자가 알고 있다는 점에서 착오와 구별된다.

① 사용자가 사직의 의사 없는 근로자로 하여금 어쩔 수 없이 사직서를 작성·제출하게 한 후, 이를 수리하는 이른바 의원면직의 형식을 취하여 근로계약관계를 종료시키는 경우에, 그 의사표시는 비진의표시 또는 허위표시에 해당하므로 무효이고, 그러한 사직서의 수리는 실질적으로 사용자의 일방적 의사에 의하여 근로계약관계를 종료시키는 해고에 해당한다(대판 2001.1.19. 2000다 51919·51926)

② 퇴직금 지급률에 관한 제도변경, 기업구조조정으로 인한 근로자 재배치, 기업의 일부 영업양도 등으로 기존 근로자들이 일단 퇴직하고 재입사하는 절차를 거쳐 계속 근무하는 중간퇴직의 경우에, 그 사직의 의사표시가 근로자의 자의에 의한 것이라면 유효하지만(대판 1996.4.26. 95다 2562·2579 등), 자의에 의한 것이 아니라 사용자측의 경영방침 등에 의한 일방적 결정에 의한 것이라면 비진의표시 또는 허위표시로서 무효이다(대판 1999.6.11. 98다18353 등).

(2) 요건

① 의사표시의 존재 : 진의 아닌 의사표시로 되기 위하여 우선 일정한 효과의사를 추단할 만한 행위가 있어야 한다. 가령 배우가 무대 위에서 한 대사에서와 같이 당사자가 법률효과의 발생을 원하지 않음이 명백한 경우에는 의사표시 자체가 존재하지 않는다. 그러나 상대방 또는 제3자가 진의 아님을 이해하리라는 기대 하에 하는 의사표시, 즉 희언(戱言)도 하나의 의사표시임에 주의하여야 한다(통설).

② 표시와 진의의 불일치 : 표시행위의 의미에 대응하는 표의자의 의사, 즉 진의가 존재하지 않아야 한다.

판례

비진의표시에서 진의의 의미

- 진의 아닌 의사표시에 있어서의 '진의'란 특정한 내용의 의사표시를 하고자 하는 표의자의 생각을 말하는 것이지 표의자가 진정으로 마음 속에서 바라는 사항을 뜻하는 것은 아니므로 표의자가 의사표시의 내용을 진정으로 마음 속에서 바라지는 아니하였다고 하더라도 당시의 상황에서는 그것이 최선이라고 판단하여 그 의사표시를 하였을 경우에는 이를 내심의 효과의사가 결여된 진의 아닌 의사표시라고 할 수 없다(대법원 2003.4.25. 선고 2002다11458).
- 비진의의사표시에 있어서의 진의란 특정한 내용의 의사표시를 하고자 하는 표의자의 생각을 말하는 것이지 표의자가 진정으로 마음속에서 바라는 사항을 뜻하는 것은 아니라고 할 것이므로, 비록 재산을 강제로 빼긴다는 것이 표의자의 본심으로 잠재되어 있었다 하여도 표의자가 강박에 의하여서나마 증여를 하기로 하고 그에 따른 증여의 의사표시를 한 이상 증여의 내심의 효과의사가 결여된 것이라고 할 수는 없다(대법원 1993.7.16. 선고 92다41528,92다41535(병합) 판결).

③ 표의자가 그러한 사실을 알고 있을 것 : 이 점에서 진의 아닌 의사표시는 착오와 구별된다. 그런데 진의 아닌 의사표시를 하게 된 이유나 동기는 불문한다.

(3) 효과

① 원칙 : 보통 표시 상대방은 표의자에게 표시에 상응하는 진의 없음을 알지 못하였을 것이므로, 자기책임적 효력에 따라 진의 아닌 의사표시이더라도 원칙적으로 유효라고 할 것이다. 제107조 제1항 본문도 이러한 취지에서 진의 아닌 의사표시를 유효라고 한다.

② 예외
　　㉠ 예외적으로 상대방이 표의자의 진의 아님을 알았거나 알 수 있었을 경우에는, 그 상대방의 보호가치가 부정되므로, 그 의사표시는 무효이다(제107조 제1항 단서).

제3자가 자기를 대리하여 대출을 받도록 한 경우와 비진의 표시

제3자가 채무자로 하여금 제3자를 대리하여 금융기관으로부터 대출을 받도록 하여 그 대출금을 채무자가 부동산의 매수자금으로 사용하는 것을 승낙하였을 뿐이라고 볼 수 있는 경우, 제3자의 의사는 특별한 사정이 없는 한 대출에 따른 경제적인 효과는 채무자에게 귀속시킬지라도 법률상의 효과는 자신에게 귀속시킴으로써 대출금채무에 대한 주채무자로서의 책임을 지겠다는 것으로 보아야 할 것이므로, 제3자가 대출을 받음에 있어서 한 표시행위의 의미가 제3자의 진의와는 다르다고 할 수 없고, 가사 제3자의 내심의 의사가 대출에 따른 법률상의 효과마저도 채무자에게 귀속시키고 자신은 책임을 지지 않을 의사였다고 하여도, 상대방인 금융기관이 제3자의 이와 같은 의사를 알았거나 알 수 있었을 경우라야 비로소 그 의사표시는 무효로 되는 것인데, 채무자의 금융기관에 대한 개인대출한도가 초과되어 채무자 명의로는 대출이 되지 않아 금융기관의 감사의 권유로 제3자의 명의로 대출신청을 하고 그 대출금은 제3자가 아니라 채무자가 사용하기로 하였다고 하여도 금융기관이 제3자의 내심의 의사마저 알았거나 알 수 있었다고 볼 수는 없다(대법원 1997.7.25. 선고 97다8403).

    ⓒ 진의 아닌 의사표시의 무효는 선의의 제3자에게 대항하지 못한다(제107조 제2항).

      • 제3자가 보호되기 위해서는 무과실일 필요는 없다.

      • 제3자의 선의는 추정되므로 무효를 주장하는 자기 입증해야 한다.

      • 비진의표시의 직접 상대방이 선의이고 무과실이면 제3자는 선·악의 불문하고 보호된다.

(4) 적용범위

① 계약은 물론 상대방 있는 단독행위에도 적용된다는 점에 대하여 의문의 여지가 없다. 상대방 없는 의사표시는 항상 유효하다는 것이 다수의 견해이다.

② 가족법상의 행위(본인의 의사가 절대적으로 존중되어야 한다)와 공법상의 의사표시 및 거래의 안전이 중시되는 주식인수의 청약(상법 제302조 제3항) 등에 대하여는 제107조가 적용되지 않는다.

공법행위에 대한 제107조의 적용 여부

공무원이 사직의 의사표시를 하여 의원면직처분을 하는 경우 그 사직의 의사표시는 그 법률관계의 특수성에 비추어 외부적·객관적으로 표시된 바를 존중하여야 할 것이므로, 비록 사직원제출자의 내심의 의사가 사직할 뜻이 아니었다고 하더라도 진의 아닌 의사표시에 관한 민법 제107조는 그 성질상 사직의 의사표시와 같은 사인의 공법행위에는 준용되지 아니하므로 그 의사가 외부에 표시된 이상 그 의사는 표시된 대로 효력을 발한다(대법원 1997. 12. 12. 선고 97누13962 판결).

3. 통정한 허위의 의사표시

학습 Guide

흠 있는 의사표시 파트에서 가장 출제가능성이 높은 부분이 통정한 허위의 의사표시 영역이다. 특히 통정허위표시에서 문제가 출제될 경우 통정허위표시에 관한 내용을 묻고 있는데 특히 제3자의 요건을 제대로 파악하고 있는지가 주 평가의 대상이다. 권리의 변동 전부분에 걸쳐 제3자의 범위는 중요하다. 제3자의 범위에 관한 논점은 통정허위표시 부분에서 가장 중요하게 학습하여야 한다.

(1) 의의

① 개념 : 가령 강제집행을 면하기 위하여 친구와 짜고 자기 소유의 부동산에 대한 소유권을 그 친구에게 넘긴 경우에서와 같이 상대방과 통정하여 하는, 자기의 진의와 다른 의사표시를 허위표시라고 한다. 그리고 허위표시를 요소로 하는 법률행위를 가장행위(假裝行爲)라고 한다.

판례

허위표시의 예

임대차는 임차인으로 하여금 목적물을 사용·수익하게 하는 것이 계약의 기본 내용이므로, 채권자가 주택임대차보호법상의 대항력을 취득하는 방법으로 기존 채권을 우선변제 받을 목적으로 주택임대차계약의 형식을 빌려 기존 채권을 임대차보증금으로 하기로 하고 주택의 인도와 주민등록을 마침으로써 주택임대차로서의 대항력을 취득한 것처럼 외관을 만들었을 뿐 실제 주택을 주거용으로 사용·수익할 목적을 갖지 아니 한 계약은 주택임대차계약으로서는 통정허위표시에 해당되어 무효라고 할 것이므로 이에 주택임대차보호법이 정하고 있는 대항력을 부여할 수는 없다(대법원 2002.3.12. 선고 2000다24184,24191).

② 구별개념

　　㉠ 은닉행위(隱匿行爲) : 당사자가 가장행위를 하는 목적 내지 형태로 크게 보아, 단순히 일정한 외관을 작출하기 위한 경우와 어떤 내용을 은폐하기 위한 경우의 2가지가 있을 수 있다. 이 중 후자에서와 같이 가장행위 속에 실제로 다른 행위를 할 의사가 감추어진 경우(가령 증여를 매매로 가장한 경우)에, 그 감추어진 행위를 은닉행위라고 한다. 그런데 은닉행위(위의 예에서 증여)의 효력에 대하여 그 행위 자체에 관한 규정(즉 증여에 관한 규정)이 적용되어야 할 것이다. 따라서 가장행위인 매매가 무효이더라도, 은닉행위인 증여는 유효다.

판례

은닉행위의 효력

매도인이 경영하던 기업이 부도가 나서 그가 주식을 매도할 경우 매매대금이 모두 채권자은행에 귀속될 상황에 처하자 이러한 사정을 잘 아는 매수인이 매매계약서상의 매매대금은 형식상 금 8,000원으로 하고 나머지 실질적인 매매대금은 매도인의 처와 상의하여 그에게 적절히 지급하겠다고 하여 매도인이 그와 같은 주식매매계약을 체결한 경우, 매매계약상의 대금 8,000원이 적극적 은닉행위를 수반하는 허위표시라 하더라도 실지 지급하여야 할 매매대금의 약정이 있는 이상 위 매매대금에 관한 외형행위가 아닌 내면적 은닉행위는 유효하고 따라서 실지매매대금에 의한 위 매매계약은 유효하다(대법원 1993.8.27. 선고 93다2930).

　　㉡ 신탁행위 : 신탁행위의 경우에, 권리를 이전하려는 신탁자의 진의가 존재하므로, 허위표시가 아니다. 따라서 (명의)신탁관계에 기하여 새로운 이해관계를 가진 자는 악의이더라도 보호된다.

판례

1. 양도담보의 허위표시 여부

　채권을 담보할 목적으로 동산·부동산매매의 형식을 취하여 채권자에게 인도 내지 소유권이전등기를 하여주는 법률행위는 허위표시가 아니다(대판1964.6.16, 64다38).

2. 명의신탁의 보장책으로서 가등기의 합의와 허위표시의 여부

　명의신탁 부동산을 명의수탁자가 임의로 처분할 경우에 대비하여 명의신탁자가 명의수탁자와 합의하여 자신의 명의로, 혹은 명의신탁자 이외의 다른 사람 명의로 소유권이전등기청구권 보전을 위한 가등기를 경료한 것이라면 비록 그 가등기의 등기원인을 매매예약으로 하고 있으며 명의신탁자와 명의수탁자 사이에 그와 같은 매매예약이 체결된 바 없다 하더라도 그와 같은 가등기를 하기로 하는 명의신탁자와 명의수탁자의 합의가 통정허위표시로서 무효라고 할 수 없다(대법원 1997.9.30. 선고 95다39526 판결).

ⓒ 허수아비행위 : 계약당사자가 전면에 나서는 것을 꺼려 다른 사람(이른바 허수아비)을 내세워 법률행위를 하되 대내적으로 이에 따른 권리·의무를 자기에게 귀속시키는 행위를 허수아비행위라고 한다(이러한 유형은 가령 건설회사가 토지를 매입하면서 많이 이용한다). 그런데 이는 일종의 간접대리이며, 허수아비가 법률상 당사자로 그의 의사에 따라 대외적으로 권리를 취득하고 의무를 부담하므로, 허위표시로 볼 것은 아니다. 그리고 부동산거래에서의 허수아비행위는 이른바 계약명의신탁에 해당하고 부동산 실권리자명의 등기에 관한 법률 제4조 제2항 단서에 의하여 그 효력이 정하여진다.

(2) 요건

① 의사표시의 존재 : 진의 아닌 의사표시에서와 마찬가지로 허위표시에서도 의사표시가 존재하여야 한다. 그런데 허위표시는 당연히 상대방 있는 의사표시이어야 한다.

② 표시와 진의의 불일치 : 허위표시가 되려면 표시행위의 의미에 대응하는 표의자의 의사가 존재하지 않아야 한다. 당사자에게 표시행위의 의미에 대응하는 의사가 존재하는 한, 설령 의사표시의 법률적 효과가 그것에 의하여 달성하려는 경제적 목적이 서로 상이하더라도 허위표시가 되는 것은 아니다.

［판례］

불일치의 의미

통정허위표시가 성립하기 위하여는 의사표시의 진의와 표시가 일치하지 아니하고, 그 불일치에 관하여 상대방과 사이에 합의가 있어야 하는바, 제3자가 은행을 직접 방문하여 금전소비대차약정서에 주채무자로서 서명·날인하였다면 제3자는 자신이 당해 소비대차계약의 주채무자임을 은행에 대하여 표시한 셈이고, 제3자가 은행이 정한 동일인에 대한 여신한도 제한을 회피하여 타인으로 하여금 제3자 명의로 대출을 받아 이를 사용하도록 할 의도가 있었다거나 그 원리금을 타인의 부담으로 상환하기로 하였더라도, 특별한 사정이 없는 한 이는 소비대차계약에 따른 경제적 효과를 타인에게 귀속시키려는 의사에 불과할 뿐, 그 법률상의 효과까지도 타인에게 귀속시키려는 의사로 볼 수는 없으므로 제3자의 진의와 표시에 불일치가 있다고 보기는 어렵다(대법원 1998.9.4. 선고 98다17909 판결).

③ 진의와 다른 표시를 하는데 대하여 상대방과의 통정이 있을 것

ⓐ 진의와 다른 표시를 하는데 대하여 표의자가 알고 있어야 할 뿐만 아니라 상대방과 통정하여야 한다. 여기서 통정이란 상대방과의 합의를 의미하고, 상대방이 단순히 이를 인식하고 있는 것만으로는 부족하다.

［판례］

통정허위표시

동일인에 대한 대출액 한도를 제한한 구 상호신용금고법(1995.1.5. 법률 제4867호로 개정되기 전의 것) 제12조의 적용을 회피하기 위하여 실질적인 주채무자가 실제 대출받고자 하는 채무액에 대하여 제3자를 형식상의 주채무자로 내세우고, 상호신용금고도 이를 양해하여 제3자에 대하여는 채무자로서의 책임을 지우지 않을 의도하에 제3자 명의로 대출관계서류를 작성받은 경우에는, 제3자는 형식상의 명의만을 빌려 준 자에 불과하고 그 대출계약의 실질적인 당사자는 상호신용금고와 실질적 주채무자이므로, 제3자 명의로 되어 있는 대출약정은 상호신용금고의 양해하에 그에 따른 채무부담 의사 없이 형식적으로 이루어진 것에 불과하여 통정허위표시에 해당하는 무효의 법률행위이다(대판 2001.2.23. 2000다65864).

ⓛ 이 요건은 허위표시의 무효를 주장하는 자가 증명하여야 한다. 판례는 부부간의 부동산매매를 특단의 사정이 없는 한 허위표시로 보았다(대판 1978.4.25. 78다226).
ⓒ 대리인이 대리권의 범위 안에서 본인의 이름으로 의사표시를 함에 있어서 상대방과 통정하여 진의와 다른 표시를 한 경우에, 그 의사표시는 허위표시로서 무효이고(제116조 제1항), 본인은 제3자에 해당하지 않기 때문에 제108조 제2항에 의한 보호를 받지 못한다.
ⓔ 허위 표시의 이유나 동기는 불문한다.

가장 임대차와 허위표시

채권자가 채무자 소유의 주택에 관하여 채무자와 임대차계약을 체결하고 전입신고를 마친 다음 그곳에 거주하여 형식적으로 주택임대차로서의 대항력을 취득한 외관을 갖추었다고 하더라도 임대차계약의 주된 목적이 주택을 사용수익하려는 것에 있는 것이 아니고, 실제적으로는 대항력 있는 임차인으로 보호받아 후순위권리자 기타 채권자보다 우선하여 채권을 회수하려는 것에 있었던 경우에는 그러한 임차인에게 주택임대차보호법이 정하고 있는 대항력을 부여할 수 없다(대판 2007.12.13. 2007다55088).

(3) 효과

① 당사자 간의 효과
ⓖ **무효** : 허위표시를 한 표의자뿐만 아니라 처음부터 그 의사표시가 진의 아님을 알고 통정한 상대방 역시 보호가치 없으므로, 원칙으로 돌아가 진의와 일치하지 않은 표시에 따른 효과가 발생하지 않는다. 원칙적으로 누구든지 그 무효를 주장할 수 있다. 가장행위에 의하여 의무를 부담할 경우에 이를 이행할 필요가 없으며, 이미 그에 기하여 가령 등기와 같은 권리변동의 요건이 갖추어졌더라도 그 권리변동은 무효다.

통정허위표시의 무효와 그로 인한 손해발생여부

[1] 통정한 허위의 의사표시는 허위표시의 당사자와 포괄승계인 이외의 자로서 그 허위표시에 의하여 외형상 형성된 법률관계를 토대로 실질적으로 새로운 법률상 이해관계를 맺은 선의의 제3자를 제외한 누구에 대하여서나 무효이고, 또한 누구든지 그 무효를 주장할 수 있다.

[2] 무효인 법률행위는 그 법률행위가 성립한 당초부터 당연히 효력이 발생하지 않는 것이므로, 무효인 법률행위에 따른 법률효과를 침해하는 것처럼 보이는 위법행위나 채무불이행이 있다고 하여도 법률효과의 침해에 따른 손해는 없는 것이므로 그 손해배상을 청구할 수는 없다(대판 2003. 3.28. 2002다72125).

ⓛ **제746조와의 관계** : 가장행위에 의하여 급부한 당사자는 부당이득 또는 소유권에 기하여 그 반환을 청구할 수 있으며, 허위표시 자체가 반사회적행위는 아니기 때문에(대판 2004.5.28. 2003다70041도 "강제집행을 면할 목적으로 부동산에 허위의 근저당권설정등기를 경료 하는 행위는 민법 제103조의 선량한 풍속 기타 사회질서에 위반한 사항을 내용으로 하는 법률행위로 볼 수 없다."고 하였다), 제746조는 적용되지 않는다(통설).

ⓒ **채권자취소권** : 제406조의 요건을 갖춘 경우에 허위표시를 한 채무자의 채권자가 채권자취소권을 행사할 수 있느냐에 관하여, 통설과 판례(대판 1998.2.27. 97다50985)는 채권자취소권을 행사할 수 있다고 한다.

허위표시와 채권자취소권

채무자의 법률행위가 통정허위표시인 경우에도 채권자취소권의 대상이 되고, 한편 채권자취소권의 대상으로 된 채무자의 법률행위라도 통정허위표시의 요건을 갖춘 경우에는 무효라고 할 것이다(대법원 1998.2.27. 선고 97다50985).

  ⓐ 허위표시의 철회 : 허위표시는 당사자의 합의에 의하여 철회될 수 있다고 할 것이다(허위표시가 무효이지만 제3자에 대한 관계에서 유효하게 다루어질 수 있음을 근거로 한다. 반대 : 이은영, 505). 그러나 철회를 선의의 제3자에게 대항할 수 없다고 할 것이고, 선의의 제3자에는 철회 후 외형의 제거 전에 이해관계를 맺은 자도 포함된다.

② 제3자에 대한 관계

  ㉠ 서언 : 허위표시의 무효가 당사자 사이에서는 언제나, 그리고 제3자에 대해서도 원칙적으로 타당하지만, 거래의 안전을 위하여 법은 허위표시의 무효를 선의의 제3자에게 대항할 수 없도록 하고 있다(제108조 제2항). 즉 가장행위의 외관을 신뢰한 선의의 제3자에 대하여는 허위표시의 당사자뿐만 아니라 그 누구도 허위표시의 무효를 대항하지 못한다. 이 규정은, 동산이나 유가증권의 거래에서와 같이 선의취득이 인정되는 경우에 의미가 크지 않지만, 부동산거래에서와 같이 공신의 원칙이 인정되지 않는 경우에 그에 갈음하여 거래의 안전을 보호한다는 의미를 가진다.

  ㉡ 제3자

  • 일반적으로 제3자란 당사자와 그의 포괄승계인 외의 자를 말하지만, 허위표시를 기초로 하여 별개의 법률원인에 의하여 고유한 법률상의 이익을 갖는 법률관계에 들어간 자를 보호한다는 취지에 따라, 제108조 제2항의 제3자는 위와 같은 제3자중 「허위표시에 의하여 외형상 형성된 법률관계를 토대로 실질적으로 새로운 법률상 이해관계를 맺은 자」로 한정된다는 것이 통설과 판례의 입장이다.

제108조 제2항 소정의 제3자

• 상대방과 통정한 허위의 의사표시는 무효이고 누구든지 그 무효를 주장할 수 있는 것이 원칙이나, 허위표시의 당사자와 포괄승계인 이외의 자로서 허위표시에 의하여 외형상 형성된 법률관계를 토대로 실질적으로 새로운 법률상 이해관계를 맺은 선의의 제3자에 대하여는 허위표시의 당사자뿐만 아니라 그 누구도 허위표시의 무효를 대항하지 못하는 것인바, 허위표시를 선의의 제3자에게 대항하지 못하게 한 취지는 이를 기초로 하여 별개의 법률원인에 의하여 고유한 법률상의 이익을 갖는 법률관계에 들어간 자를 보호하기 위한 것이므로, 제3자의 범위는 권리관계에 기초하여 형식적으로만 파악할 것이 아니라 허위표시행위를 기초로 하여 새로운 법률상 이해관계를 맺었는지 여부에 따라 실질적으로 파악하여야 한다(대법원 2000.7.6. 선고 99다51258).

• 한국자산관리공사가 금융기관이 보유하는 부실자산의 정리촉진과 부실징후기업의 경영정상화 등을 효율적으로 지원하기 위한 공익적 목적에서 금융기관의 부실채권 등을 인수하였다고 하더라도 거래의 안전을 위하여 보호하여야 할 가치나 필요가 없는 제3자라고 할 수는 없다(대법원 2004.1.15. 선고 2002다31537).

제3자에 해당하는 경우	제3자에 해당하지 않는 경우
• 가장매매의 매수인으로부터 목적 부동산을 매수한 자(전득자 포함) • 부동산에 대한 전세권을 가장포기한 후에 그 부동산에 대하여 저당권을 설정받은 사람 • 가장매매의 매수인으로부터 저당권을 설정 받은 자 • 가장매매의 매수인에 대한 압류채권자 • 가장저당권의 설정행위에 기한 저당권의 실행으로 경락을 받은 자 • 가장매매(가장 소비대차)에 기한 대금채권(채권)의 양수인(가장채권의 양수인) • 허위표시에 의한 취득자가 파산한 경우에 파산관재인 • 가장 매매의 매수인으로부터 가등기를 취득한 자 • 부동산에 대한 전세권의 가장 포기가 있은 후 그 부동산을 부담없는 상태로 양도 받은 자 • 허위의 주채무를 보증한 보증인이 보증채무를 이행한 경우 그 보증인(주채무자가 채권자에 대하여 부담하는 통정허위의 채무에 대해 보증인이 채권자와 보증계약을 체결하고 보증채무를 이행한 경우, 그 보증인)	• 가장매매에 기한 손해배상청구권의 양수인 • 채권을 가장양도한 경우에 있어서 채무자 • A가 B로부터 금전을 차용하고 그 담보로 A소유의 부동산에 가등기를 하기로 약정한 후, 채권자들의 강제집행을 우려하여 C에게 가장양도하고 이를 B 앞으로 가등기를 해 준 경우의 B • 허위표시의 원계약 당사자로부터 계약이전을 받은 자 • 채권의 가장양수인으로부터 추심을 위하여 채권을 양수한자 • 가장매매의 매수인으로부터 그 지위의 상속을 받은 자 • 주식이 가장 양도되어 양수인 앞으로 명의개서된 경우의 그 회사

    ⓒ 제108조 제2항 소정의 제3자라는 사실은 제3자가 주장하고 증명하여야 한다.

③ 제3자의 선의

    ㉠ 제108조 제2항의 "선의"는 당해 의사표시가 허위표시임을 알지 못하는 것을 말한다. 그런데 제3자가 보호되기 위하여 선의이면 족하고, 무과실까지 요구되지는 않는다.

    ㉡ 제3자의 선·악의를 결정하는 표준이 되는 시기는 법률상 새로운 이해관계를 맺은 때이다.

    ㉢ 통설은 제3자의 선의가 추정되므로 무효를 주장하는 측이 제3자의 악의를 증명하여야 한다고 하면서, 판례도 같은 입장이라고 한다. 그리고 판례는, 허위의 매매에 의한 매수인으로부터 부동산상의 권리를 취득한 제3자는 특별한 사정이 없는 한 선의로 추정할 것이므로 허위표시를 한 부동산양도인이 제3자에 대하여 소유권을 주장하려면 그 제3자의 악의임을 입증하여야 한다고 판시하였다(대판 1970.09.29. 70다466).

    ㉣ 선의의 제3자로부터 다시 권리를 전득한 자가 전득 시 악의였더라도, 거래안전의 보호라는 제108조 제2항의 입법취지에 비추어, 선의의 제3자의 개입에 의하여 허위표시의 하자는 이미 치유되었다고 보아야 할 것이고, 따라서 선의의 제3자의 지위가 그대로 승계된다고 할 것이다.

허위표시에서 선의의 의미 및 증명책임

[1] 민법 제108조 제1항에서 상대방과 통정한 허위의 의사표시를 무효로 규정하고, 제2항에서 그 의사표시의 무효는 선의의 제3자에게 대항하지 못한다고 규정하고 있는데, 여기에서 제3자는 특별한 사정이 없는 한 선의로 추정할 것이므로, 제3자가 악의라는 사실에 관한 주장·입증책임은 그 허위표시의 무효를 주장하는 자에게 있다.

[2] 민법 제108조 제2항에 규정된 통정허위표시에 있어서의 제3자는 그 선의 여부가 문제이지 이에 관한 과실 유무를 따질 것이 아니다(대법원 2006.3.10. 선고 2002다1321).

가장소비대차의 대주(貸主)가 파산선고를 받은 경우 파산관재인의 제3자성 및 그 선의성의 판단기준

파산관재인이 민법 제108조 제2항의 경우 등에 있어 제3자에 해당된다고 한 것(대법원 2003.6.24. 선고 2002다48214 판결, 대법원 2005.7.22. 선고 2005다4383 판결 등 참조)은 파산관재인은 파산채권자 전체의 공동의 이익을 위하여 선량한 관리자의 주의로써 그 직무를 행하여야 하는 지위에 있기 때문에 인정되는 것이므로, 그 선의·악의도 파산관재인 개인의 선의·악의를 기준으로 할 수는 없고 총파산채권자를 기준으로 하여 파산채권자 모두가 악의로 되지 않는 한 파산관재인은 선의의 제3자라고 할 수밖에 없다(대판 2006.11.10. 2004다10299).

④ "대항하지 못한다."

　㉠ 제108조 제2항에서 "대항하지 못한다."는 것은 허위표시의 무효를 주장할 수 없다는 뜻이다. 즉 허위표시는 무효이지만, 선외의 제3자에 대한 판세에서 표시된 대로의 효력이 생긴다(상대적 무효). 선의의 제3자 또는 그의 전득자에 대하여 허위표시의 무효를 주장하지 못하는 것은 당사자 및 그의 포괄승계인뿐만 아니라 당사자의 채권자 또는 특정승계인도 마찬가지이다.

　㉡ 선의의 제3자가 무효를 주장할 수 있는가에 관하여, 학설은 선의의 제3자는 스스로 허위표시의 무효를 주장할 수 있다고 한다(통설).

가장양도인으로부터의 양수인과 가장양수인으로부터의 양수인의 대립

통정 허위표시를 원인으로 한 부동산에 관한 가등기 및 그 가등기에 기한 본등기로 인하여 갑의 소유권이전등기가 말소된 후 다시 그 본등기에 터잡아 을이 부동산을 양수하여 소유권이전등기를 마친 경우, 을이 통정 허위표시자로부터 실질적으로 부동산을 양수하고 또 이를 양수함에 있어 통정 허위표시자 명의의 각 가등기 및 이에 기한 본등기의 원인이 된 각 의사표시가 허위표시임을 알지 못하였다면, 갑은 선의의 제3자인 을에 대하여는 그 각 가등기 및 본등기의 원인이 된 각 허위표시가 무효임을 주장할 수 없고, 따라서 을에 대한 관계에서는 그 각 허위표시가 유효한 것이 되므로 그 각 허위표시를 원인으로 한 각 가등기 및 본등기와 이를 바탕으로 그 후에 이루어진 을 명의의 소유권이전등기도 유효하다(대법원 1996.4.26. 선고 94다12074).

통정허위표시 선의의 제3자 보호규정의 유추적용 여부

B가 A로부터 A를 대리하여 제3자로부터 금원을 차용하고 본건 부동산에 관한 담보권설정의 대리권을 수여받고 권리증, 인감증명서 등을 교부받았음에도 자기 앞으로 소유권을 이전하여 자신의 이름으로 C에게 담보권을 설정하여 주고 금원을 차용하여 이를 유용한 경우에는 C가 B에게 금원을 대여하고 그 부동산에 담보권을 설정한 것은 B를 진실한 소유자로 믿고 한 것이지 B를 A의 대리인이라고 믿고 한 것이 아니고, B가 그 명의로 소유권이전등기함에 있어 A가 이를 통정 용인하였거나 이를 알고도 방치(허위의 소유권이전등기라는 외관형성에 관여)하였다고 할 수 없으므로 민법 제126조, 제108조를 유추하여서 C명의의 위 담보권을 유효하다고 할 수 없다(대판 1981.12.22. 80다475; 동지 1991.12.27. 91다3208).

(4) 적용범위

① 허위표시란 상대방과 통정하여 이루어진 것이므로, 제108조는 상대방 있는 법률행위에만 적용된다. 즉 상대방 없는 단독행위나 합동행위에는 (유추)적용되지 않는다. 특히 상속의 포기와 같이 관청의 수령을 요하는 의사표시(상대방 없는 단독행위)에 동조는 적용되지 않는다.

② 본인의 의사가 절대적으로 존중되는 가족법상의 행위(가령 혼인)에 대하여 제108조가 적용되지 않는다. 그러나 가장의 혼인신고나 입양신고는 제815조 제1호와 제883조 제1호에 의하여 각 무효로 된다.

③ 소송행위나 공법행위에 대하여도 제108조가 적용되지 않는다.

4. 착오로 인한 의사표시

착오로 인한 의사표시의 경우에는 허위표시와 더불어 의사표시 분야 중 가장 판례가 많고 여러 가지 쟁점이 많은 분야이므로 출제가 유력시 되는 파트다. 우선 착오에서는 착오의 종류와 관련된 표시상의 착오, 동기의 착오, 그리고 최근에 중요한 서명날인의 착오 등이 문제된다. 그 다음에 착오취소의 요건인 중요부분(중요부분의 착오에 관한 판례의 유형화), 무중과실(중대한 과실과 관련하여 판례에 나타난 구체적 사례들을 정리할 것)과 착오취소에 따른 효과와 신뢰이익배상의 문제 등이 중요 쟁점이 되므로 다양한 판례들을 정리하여야 한다. 또한 착오취소와 다른 제도와의 관계에서 최근의 서명날인의 착오와 관련된 사기와 착오의 문제, 착오와 담보책임의 문제, 착오와 해제의 문제 등이 중요하다.

(1) 서론

① **의의** : 의사표시를 함에 있어서 착오 때문에 표시가 표의자의 진의와 일치하지 않더라도, 일단 표의자는 그 의사표시에 구속된다. 즉 잠정적 유효이다. 민법은, 일정한 요건 하에 표의자가 취소를 통하여 착오에 기한 의사표시를 소급적으로 무효화함으로써, 의사표시의 구속으로부터 벗어날 수 있는 가능성을 열어 놓고 있다.

② **적용범위**

　　㉠ **사법상의 의사표시**

- 제109조는 원칙적으로 모든 사법상의 의사표시에 적용된다. 나아가 제109조는 준법률행위 중 의사의 통지, 관념의 통지 및 감정의 표시에 대해서도 원칙적으로 적용(또는 유추적용)된다. 반면 사실행위에는 적용되지 않는다.
- 예외
  - 먼저 가족법상의 행위에 대하여 예외가 인정된다. 통설은 당사자의 의사가 절대적으로 존중되어야 하기 때문에, 착오에 기한 혼인 또는 입양은 무효이고, 따라서 제109조가 적용되지 않는다고 하며, 그에 앞서 제816조 제2호, 제884조 제2호 등의 특칙이 적용된다고 한다.

- 화해의 경우에도 제733조의 특칙이 존재한다. 즉 그 계약의 특수성으로 말미암아 화해당사자에게 화해의 목적인 분쟁에 관하여 착오가 있더라도 취소할 수 없다. 다만 화해당사자의 자격 또는 화해의 목적인 분쟁이외의 사항에 착오가 있는 때에는 취소할 수 있다(제733조).

ⓛ 공법상의 행위 등
- 공법상의 행위에 대하여 원칙적으로 제109조가 적용되지 않는다.
- 소송행위에 대하여는, 그 내용의 중요부분에 착오가 있더라도, 제109조가 적용되지 않는다(대판 1997.10.24. 95다11740).

(2) 착오의 의의

① 착오의 개념 : 착오란 표시상의 효과의사와 내심의 효과의사가 일치하지 않는 의사표시로서 그 불일치를 표의자가 알지 못하는 것을 말한다(다수설).

② 착오의 유형

㉠ 표시상의 착오 : 표의자가 표시하려 하지 않았던 것이 외부적으로 나타난 경우에 이 유형의 착오가 존재한다. (예 : 오기)

㉡ 내용의 착오 : 표의자는 자기가 표시하려는 바를 표시하였지만, 표시의 의미를 오해한 경우이다. 영국의 파운드화와 미국의 달러화를 동일한 가치의 경우로 오인한 경우가 이에 해당한다.

㉢ 동기의 착오

- 개념 : 동기의 착오는 표시에 대응하는 내심의 의사가 존재하지만, 그 내심의 의사를 결정할 때의 동기 내지 내심의 의사를 결정하는 과정에 착오가 있는 경우이다(이와 달리 법률행위의 내용의 중요부분에 관한 것이 아니어서 취소권을 발생시키지 않는 착오를 동기의 착오라고 하는 판례도 적지 않음에 주의할 것). 이러한 동기의 착오는 의사형성과정에서의 착오로 의사결정에 영향을 준다. 판례상 문제된 동기의 착오의 예로, 양돈단지조성을 위하여 임야매매계약이 이루어졌으나 구 국토이용관리법상의 제약 때문에 양돈단지조성이 불가능하게 된 경우(대판 1996.11.8. 96다35309), 공법상의 허가를 받기 위한 기부채납(대판 1995.6.13. 94다56883), 사고로 인한 입원치료비채무에 대한 연대보증에서 사고경위(대판 1979.3.27. 78다2493)에 관하여 착오를 일으킨 경우 등을 들 수 있다.

정리 ▶ **1. 학설**

(1) **동기 표시설**
동기가 표시되어 상대방이 안 경우 법률행위의 내용이 되고 취소 가능

(2) **동기 배제설**
동기의 착오는 원칙적으로 민법의 착오가 아니라는 입장에서 동기의 착오를 이유로 취소할 수는 없음. 다만 동기가 상대방에 의해 유발된 경우 또는 법률행위의 조건이 되는 경우 취소 가능

2. 판례

① 동기 표시설(대판 2000.5.12. 2000다12259) : 동기에 착오를 일으켜서 계약을 체결한 경우에는 당사자 사이에 특히 그 동기를 계약의 내용으로 삼은 때에 한하여 이를 이유로 계약을 취소할 수 있다.

② 그러나 귀속재산이 아닌데도 공무원이 귀속재산이라고 하여 토지소유자가 토지를 국가에 증여한 경우처럼 유발된 동기의 착오에 관해서는 표시되지 않아도 취소가 가능하다는 입장(대판 1978.7.11. 78다719).

- 고려의 요건 : 판례에 의하면, 동기의 착오를 이유로 의사표시를 취소하기 위하여 먼저 그 동기를 당해 의사표시의 내용으로 삼을 것을 상대방에게 표시하여 의사표시의 해석상 동기가 법률행위의 내용으로 되어야 한다. 따라서 먼저 동기가 법률행위의 내용으로 되어야 하지만, 동기가 법률행위의 내용으로 되기만 하면 충분하고, 당사자들 사이에 별도로 그 동기를 의사표시의 내용으로 삼기로 하는 합의까지 있어야 하는 것은 아니다.

판례

동기의 착오가 고려되기 위한 요건

[1] 동기의 착오가 법률행위의 내용의 중요부분의 착오에 해당함을 이유로 표의자가 법률행위를 취소하려면 그 동기를 당해 의사표시의 내용으로 삼을 것을 상대방에게 표시하고 의사표시의 해석상 법률행위의 내용으로 되어 있다고 인정되면 충분하고 당사자들 사이에 별도로 그 동기를 의사표시의 내용으로 삼기로 하는 합의까지 이루어질 필요는 없지만, 그 법률행위의 내용의 착오는 보통 일반인이 표의자의 입장에 섰더라면 그와 같은 의사표시를 하지 아니하였으리라고 여겨질 정도로 그 착오가 중요한 부분에 관한 것이어야 한다.

[2] 매매대상 토지 중 20~30평 가량만 도로에 편입될 것이라는 중개인의 말을 믿고 주택 신축을 위하여 토지를 매수하였고 그와 같은 사정이 계약 체결 과정에서 현출되어 매도인도 이를 알고 있었는데 실제로는 전체 면적의 약 30%에 해당하는 197평이 도로에 편입된 경우, 동기의 착오를 이유로 매매계약의 취소를 인정한 사례.

[3] 착오에 의한 의사표시에서 취소할 수 없는 표의자의 '중대한 과실'이라 함은 표의자의 직업, 행위의 종류, 목적 등에 비추어 보통 요구되는 주의를 현저히 결여하는 것을 의미한다(대법원 2000.5.12. 선고 2000다12259).

이러한 원칙에 대한 예외도 있다. 즉 타인의 기망행위로 인한 동기의 착오의 경우(대판 1985.4.9. 85도167. 이 판결에서는 사기에 의한 취소가 인정되었음에 주의 할 것) 또는 동기가 상대방에 의하여 제공되었거나 유발된 경우에는, 동기의 표시 여부와 무관하게 취소가 인정된다(가령 대판 1997.8.26. 97다6063).

1. **표시기관의 착오**

   표시기관의 착오란, 표의자가 보조자 또는 기계를 통하여 의사표시를 하는데 그 중개적 표시기관이 잘못하여 표의자의 진의와 다른 의사표시를 한 경우를 말하며, 사자의 착오라고도 한다. 표시상의 착오와 같이 취급 한다.

2. **전달기관의 착오**

   이미 완성되어 있는 의사표시를 단순히 전달하는 자가 의사표시를 잘못 전달한 경우인데 이는 의사표시의 부도달에 해당하고 착오의 문제는 아니다.

3. **성질의 착오**

   (1) 성질의 착오(또는 性狀의 錯誤)란 법률행위에 관계되는 사람 또는 물건의 성질에 관한 착오를 말한다. 여기서 사람의 성질은 연령, 성별과 같은 신체 주변적 상황도 포함한다. 물건의 성질도 질료(質料), 진품성 등 물건이 가지고 있는 자연적 속성뿐만 아니라 건축관련법규에 의한 토지의 건축가능성과 같이 그 물건의 사용가능성 또는 가치에 영향을 미치는 사실적 또는 법률적 관계도 포함한다.

   (2) 성질의 착오는 원칙적으로 동기의 착오로 분류되어야 하며, 따라서 동기의 착오를 고려하기 위한 요건을 갖춘 경우에 의사표시를 취소할 수 있다고 할 것이다.

4. **법률의 착오**

   (1) 법률의 착오란 법률상태, 즉 법률규정의 유무 또는 그 의미에 관한 착오를 말하며, 의사표시의 내용을 이루는 법률효과에 관한 착오인 법률효과의 착오와 구별된다.

   (2) 법률의 착오에 관하여, 학설은 일반적으로 착오의 일반이론에 따라 해결되어야 할 것이라고 한다. 판례(대판 1994.6.10. 93다24810)는 법률의 착오에 대해서도 제109조를 적용한다.

5. **계산의 착오**

   (1) 계산의 착오란, 가령 매매대금이나 공사대금을 계산함에 있어서 표의자가 계산 내지 계산의 기초가 된 사정에 관하여 착오한 경우를 말한다.

   (2) 표의자가 계산의 기초를 표시하지 않고 단지 총액, 즉 계산 결과만을 표시하였다면 계산의 착오를 동기의 착오라고 할 것이다.

③ **착오의 한계**

　㉠ **법률행위의 해석** : 언제나 해석이 착오에 우선한다. 즉 가령 표시상대방이 표의자의 진의를 알고 있었기 때문에, 비록 그 진의가 의사표시에 명확하게 표현되지 않았더라도, 표시된 바가 아니라 의욕된 바가 의사표시의 내용이라는 점이 해석을 통하여 밝혀진다면, 착오가 부존재하고, 따라서 취소권은 배제된다.

　㉡ **불합의** : 계약의 성립에는 합의가 필요하며 청약과 승낙의 의사표시가 그 내용에서 일치하지 않으면 계약은 성립하지 않는다. 착오가 개재된 법률행위가 계약인 경우에 착오를 논하기에 앞서 계약의 성립여부를 조사하여야 한다. 왜냐하면 당사자의 공통된 이해도 존재하지 않으며 또한 양표시의 사회적 의미도 일치하지 않는 경우에 불합의가 존재할 뿐 착오는 문제될 여지가 없기 때문이다.

ⓒ 담보책임 : 통설은 매도인의 하자담보책임이 성립하는 경우 제109조의 적용을 배제한다.

ⓔ 사기에 의한 의사표시의 취소 : 타인의 기망에 의하여 법률행위내용이 중요부분에 착오가 발생한
경우 통설, 판례는 양자를 선택적으로 주장 가능하다고 본다. 사기에 의하여 한 의사표시는
법률행위의 중요부분에 착오가 없다고 하더라도 이를 취소할 수 있다(대판 1969.6.24. 68다1749).

ⓜ 기타

- 강행규정 또는 사회질서에 반하는 행위는 확정적으로 무효이기 때문에, 그에 대하여 제109조
가 적용될 수 없다. 다만 이른바 유동적 무효인 경우에 취소사유(가령 착오나 사기)의 주장은
거래허가신청협력에 대한 거절의사를 명백히 하는 의미를 가질 수 있다.

- 판례는, 매도인이 매수인의 중도금 지급채무 불이행을 이유로 매매계약을 적법하게 해제한 후
라도 매수인으로서는 상대방이 한 계약해제의 효과로서 발생하는 손해배상책임을 지거나 매매
계약에 따른 계약금의 반환을 받을 수 없는 불이익을 면하기 위하여 착오를 이유로 한 취소권
을 행사하여 매매계약 전체를 무효로 돌리게 할 수 있다고 하였다(대판 1996.12.06. 95다
24982).

- 서면에 의한 증여의 경우에 제 555조에 의하여 해제가 제한되지만, 착오를 이유로 한 취소는
별개의 문제이다.

판례

[1] 민법 제47조 제1항에 의하여 생전처분으로 재단법인을 설립하는 때에 준용되는 민법 제555조는 "증여의 의사가 서
면으로 표시되지 아니한 경우에는 각 당사자는 이를 해제할 수 있다."고 함으로써 서면에 의한 증여(출연)의 해제를
제한하고 있으나, 그 해제는 민법 총칙상의 취소와는 요건과 효과가 다르므로 서면에 의한 출연이더라도 민법 총칙
규정에 따라 출연자가 착오에 기한 의사표시라는 이유로 출연의 의사표시를 취소할 수 있고, 상대방 없는 단독행위
인 재단법인에 대한 출연행위라고 하여 달리 볼 것은 아니다.

[2] 재단법인에 대한 출연자와 법인과의 관계에 있어서 그 출연행위에 터잡아 법인이 성립되면 그로써 출연재산은 민법
제48조에 의하여 법인 성립시에 법인에게 귀속되어 법인의 재산이 되는 것이고, 출연재산이 부동산인 경우에 있어
서도 위 양당사자 간의 관계에 있어서는 법인의 성립 외에 등기를 필요로 하는 것은 아니라 할지라도, 재단법인의
출연자가 착오를 원인으로 취소를 한 경우에는 출연자는 재단법인의 성립 여부나 출연된 재산의 기본재산인 여부와
관계없이 그 의사표시를 취소할 수 있다(대판 1999.7.9. 98다9045).

(3) 착오취소의 요건

① 의사표시에서 착오의 존재

ⓐ 우선 의사표시가 존재하고, 그 의사표시를 함에 있어서 표의자의 착오가 있어야 한다.

ⓑ 착오가 존재하는지 여부의 판단시점은 의사표시 당시이다.

ⓒ (동기)착오의 대상에는 현재의 사실뿐만 아니라 장래의 불확실한 사실도 포함된다(장차 납부
하여야 할 양도소득세액에 관한 착오).

ⓔ 대리인에 의한 계약 체결에서 착오의 유무는 대리인을 표준으로 판단하여야 한다(제116조).

② "법률행위의 내용의 중요부분"에 관한 착오

  ㉠ "법률행위의 내용"에 관한 착오 : 원래 법률행위의 내용이란 법률행위의 목적, 즉 당사자가 그 법률행위를 통하여 발생시키려고 하는 법률효과를 의미한다. 그런데 그 법률행위를 하게 된 사회적·경제적 목적, 즉 동기나 연유는 원칙적으로 법률행위의 내용으로 되지 않으며, 따라서 비록 그러한 점에 착오가 있더라도 제109조에 기하여 취소할 수 없다. 다만 동기가 객관화되었다면 이른바 확장된 내용으로 되어, 동기에 관한 착오도 내용에 관한 착오로 다루어진다.

  ㉡ "법률행위 내용의 중요부분"의 개념 및 판단기준

- 법률행위의 내용의 중요부분에 착오가 있다고 함은 의사표시에 의하여 달성하려고 한 법적 효과의 중요부분에 착오가 있는 것을 말한다.
- 법률행위의 내용의 중요부분에 관한 착오가 존재하기 위하여, 표의자의 주관적 의도와 일반인의 객관적 기준이라는 두 기준의 충족이 되어야 한다(대판 1999.4.23. 98다45546).
  - 주관적으로 그러한 착오가 없었다면 표의자가 그 의사표시를 하지 않았으리라고 인정되어야 한다.
  - 객관적으로 표의자의 입장에 섰더라면 일반인(또는 합리적으로 판단하는 제3자)도 그러한 의사표시를 하지 않았으리라고 인정될 정도로 중요한 것이어야 한다. 이는 착오가 객관적으로 현저하여야 한다는 의미이다(대판 1999.2.23. 98다47924는 "착오가 법률행위 내용의 중요 부분에 있다고 하기 위하여는 표의자에 의하여 추구된 목적을 고려하여 합리적으로 판단하여 볼 때 표시와 의사의 불일치가 객관적으로 현저하여야 하고, 만일 그 착오로 인하여 표의자가 무슨 경제적인 불이익을 입은 것이 아니라고 한다면 이를 법률행위 내용의 중요 부분의 착오라고 할 수 없다"고 하였다).
- 판례는, 법률행위의 내용의 중요부분에 착오가 있는지 여부가 그 행위에 관하여 주관적·객관적 표준을 좇아 구체적 사정에 따라 가려져야 할 것이고, 추상적·일률적으로 이를 가릴 수 없다고 한다(대판 1985.4.23. 84다카890).

  ㉢ 중요부분의 착오에 관한 판례의 유형화

- 사람에 관한 착오
- 동일성에 관한 착오
  - 사람의 동일성에 관한 착오는, 그 사람이 누구인가를 중시하는 법률행위(예 : 증여, 임대차, 고용)에서만 중요부분의 착오로 된다. 반면 현실매매에서와 같이 상대방이 누구인가를 중요시 하지 않는 경우에, 동일성의 착오는 중요부분의 착오가 아니다.
  - 근저당권설정계약에서 채무자가 누구인가에 관한 착오는 일반적으로 법률행위 내용의 중요부분에 관한 착오이다(대판 1995.12.22. 95다37087).
- 성질에 관한 착오
  - 실무상 많이 문제되는 것은 보증계약에서 주채무자의 신용상태에 관한 착오이다. 그런데 원칙적으로 보증계약에서 주채무자의 신용 유무는 보증행위의 중요부분이라고 할 수 없다. 보증인이 주채무자의 변제력 또는 다른 담보의 가치에 관하여 착오하였더라도(동기의 착오), 보증의사표시를 취소할 수 없다고 할 것이다(대판 1998.7.24. 97다35276도 참조). 그러나 (신용)보증계약에서 주채무자의 신용상태에 대한 착오에 관한 판례의 「주류」는 보증인의 착오를 이유로 보증의사표시의 취소를 용인하였다.

신용보증과 착오취소

[1] 신용보증기금법 제1조는 신용보증기금을 설립하여 담보능력이 미약한 기업의 채무를 보증하게 하여 기업의 자금융통을 원활히 하고, 신용정보의 효율적인 관리·운영을 통하여 건전한 신용질서를 확립함으로써 균형 있는 국민경제의 발전에 기여함을 목적으로 한다라고 규정하고 있고, 이러한 목적을 위하여 같은 법 제6조는 신용보증기금의 기본재산 조성을 정부, 금융기관, 기업 등의 출연으로 할 것을 규정하고, 같은 법 제2조 제2항은 신용보증기금의 신용보증 대상 채무를 일정한 경우로 국한하도록 규정하고 있으며, 같은 법 제24조에 기하여 작성된 신용보증기금의 업무방법서 제10조 제1항 제3호 는 전국은행연합회의 '금융기관의 신용정보교환 및 관리규약에 의한 금융부실거래자에 대한 신규보증을 금지하도록 규정함으로써 신용보증의 대상기업을 신용 있는 기업으로 제한하고 있는 등의 취지에 비추어 본다면, 신용보증기금의 신용보증에 있어서 기업의 신용 유무는 그 절대적인 전제사유로서 신용보증의사표시의 중요 부분을 구성한다.

[2] 기업의 실질적 경영주가 '금융기관의 신용정보교환 및 관리규약'에 따라 금융부실거래자로 규제되어 있어서 자기의 이름으로는 금융기관의 대출이나 신용보증기금의 신용보증을 받을 수 없음을 알고 타인의 명의로 사업자등록을 한 후 그의 명의로 신용보증을 신청하고, 신용보증기금은 신청명의인을 보증대상기업의 경영주로 오인하고 그에 대한 신용조사를 하여 그에게 신용불량사유가 없음을 확인한 다음 신용보증을 한 경우, 신용보증기금이 보증대상기업의 실제 경영주가 신청명의인이 아니고 금융부실거래자로 규제되고 있는 자라는 사실을 알았더라면 위 신용보증을 체결하지 아니하였을 것이 분명하고, 신용보증기금은 위 기업의 경영주가 금융기관대출에 있어서 신용 있는 자임을 착각하고 위 신용보증을 하게 된 것으로서 이는 법률행위의 중요 부분에 착오가 있는 경우에 해당한다고 한 원심의 판단을 수긍한 사례(대법원 2005.5.12. 선고 2005다6228).

- 일정한 자격을 갖추었는지 여부도 경우에 따라 중요부분의 착오로 될 수 있다. 재건축조합이 건축사자격 없이 건축연구소를 개설한 건축학교수에게 건축사자격이 없다는 것을 알았더라면, 재건축조합뿐만 아니라 일반인으로서도 이와 같은 설계용역계약을 체결하지 않았을 것으로 보인다는 점을 근거로, 재건축조합측의 착오가 중요부분의 착오에 해당한다고 하였다(대판 2003.4.11. 2002다70884).
- 상대방의 권원 또는 권한에 관한 착오에 관하여, 온천여관의 매매에서 온천공의 단독사용권을 가졌는지 여부는 특단의 사정이 없는 한, 매매계약의 중요부분이라고 할 수 없다고 하였다(대판 1987.4.14. 86다카1065).
- 법률행위의 객체에 관한 착오
- 동일성에 관한 착오 : 판례는 매매목적물인 점포를 다른 점포로 오인한 것은 동기의 착오가 아니라 내용의 착오 중 목적물의 동일성에 관한 착오로 중요부분의 착오에 해당한다고 하였다.
- 성질에 관한 착오
- 법령상의 제한 등에 대한 착오 : 일정한 사용목적을 위하여 토지를 매입하였는데 법령상의 제한으로 인하여 그 토지를 의도한 목적대로 사용할 수 없게 된 경우에, 그러한 목적은 동기를 이룰 뿐이어서 매수인의 착오는 동기의 착오에 불과하다는 것이 판례의 입장이다(대판 1990.5.22. 90다카7026).
- 토지의 현황·경계의 관한 착오 : 토지의 현황·경계에 관한 착오가 있는 경우에 매매계약의 중요부분의 착오로 인정한 예가 있다. 가령 농지인 줄 알고 매입하였으나 상당부분이 하천을 이루고 있거나(대판 1968.3.26. 67다2160), 하천부지인 경우(대판 1974.4.23. 74다54)에 그렇다.

- 목적물의 수량 등 : 지적의 부족이 있는 경우에는 일반적으로 중요부분의 착오가 인정되지 않는다. 지나치다면 결론이 달라 질 수 있을 것이다.
- 상대방이 유발한 착오 : 의사표시의 상대방이 부정한 방법으로 표의자의 착오를 유발한 경우 (동기의 착오가 상대방에 의하여 제공된 경우에도 같다)에, 판례의 주류는 – 비록 동기의 착오라 할지라도 표시 여부를 불문하고 – 이를 이유로 취소할 수 있다고 한다.
- 동기의 착오
- 물건의 성상에 관한 착오 : 대판 1991.8.27. 91다11308은, 무허가건물과 그 대지인 시유지를 점유하고 있음을 근거로 장차 이를 불하받을 것을 기대하여 이른바 연고권을 매수한 사안에서, 원고가 이 사건 부동산을 매수한 것은 시유지 전부를 불하받을 목적에서였고 매매가격 역시 그 부동산을 모두 불하받을 수 있으리라는 전제 하에 결정되었는데, 무허가건물 등의 점유를 근거로 국유재산법 등에 따라 국유지 등을 불하받기 위하여 지상건물에 대한 올바른 지번의 등기가 필요하며, 불하받을 수 있는 면적은 당해 건물바닥 면적의 2배까지를 한도로 하고 있으므로, 실제로 등기부상의 지번과 건물지번이 상이하여 불하받기 어렵거나 불하받더라도 그 일부분(171평 중 많아야 60평)에 그친다는 것을 원고가 알았다면 이를 매수하지 않았으리라는 것은 쉽사리 짐작할 수 있고, 이러한 원고의 의사는 매매계약 당시 표시되어 피고도 이를 알고 있었으므로, 위와 같은 착오는 계약의 중요부분의 착오에 해당한다고 하였다.
- 기부채납 또는 증여 : 기부채납 또는 증여의 동기에 착오가 있는 경우에도 취소가 용인된 재판례가 있는데, 이는 상대방에 의하여 유발된 (동기)착오의 하부유형을 파악할 수 있을 것이다. 대판 1990.7.10. 90다카7460은, 시(市)로부터 공원휴게소 설치시행허가를 받음에 있어 담당공무원이 법규를 오해하여 잘못 회시한 공문에 따라 동기의 착오를 일으켜 법률상 기부채납의무 없는, 휴게소부지의 16배나 되는 토지 전부와 휴게소건물을 시에 증여한 사안에서 "원고가 위와 같은 착오를 일으키게 된 그 동기를 제공한 것이 피고이고 그러한 동기의 제공이 없었더라면 위 휴게소시설과는 무관한 위 잔여토지까지를 선뜻 피고에게 증여하지는 않았을 것이므로 위 착오의 동기는 위 잔여토지에 관한 증여행위의 중요한 부분을 이룬다고 할 것이고, 따라서 그 중요부분에 착오가 있었다 할 것"이라고 하였다. 대판 1997.8.26. 97다6063은, 경계선을 침범하였다는 상대방의 강력한 주장에 의하여 착오로 그동안의 경계침범에 대한 보상금 내지 위로금 명목으로 금원을 지급한 경우에 "진정한 경계선에 관한 착오는 원고가 위 금원지급약정을 하게 된 동기의 착오라 할 것임 … 그와 같은 동기의 착오는 피고측의 강력한 주장에 의하여 생긴 것으로서 이 사건 약정의 체결에 있어서 원고는 그 동기를 의사표시의 내용으로 표시하였다고 보아야 하고, 또한 원고로서는 그와 같은 착오가 없었더라면 그 의사표시를 하지 아니하였으리라고 생각될 정도로 중요한 것이고, 보통 일반인도 원고의 처지에 섰더라면 그러한 의사표시를 하지 아니하였으리라고 생각될 정도로 중요한 것이라고 볼 수 있으므로 원고의 귀 금원지급의사표시는 그 내용의 중요부분에 착오가 있는 것이 되어 원고는 이를 취소할 수 있다"고 하였다. 대판 1999.2.23. 98다47924는 기부채납한 시설물의 부지의 소유권 귀속에 대한 착오가 기부채납의 중요부분에 관한 착오라고 볼 수 없다고 하였다.
- 협의매수 또는 매매 : 대판 1991.3.27. 90다카27440은, 시(市)가 산업기지개발사업을 실시함에 있어 일부가 그 사업대상토지에 편입된 토지는 무조건 잔여지를 포함한 전체토지를 협의

매수하기로 하고, 지주들에게 잔여지가 발생한 사실 및 잔여지에 대하여 지주의 수용청구가 있어야만 사업시행자가 취득할 수 있다는 사실 등을 알리지 않고 매수협의를 진행하였고, 이러한 과정에 지주들은 그들 소유 토지 전부가 사업대상에 편입된 것이거나 가사 일부가 편입되어 있지 않더라도 토지 전부를 매도하여야 하는 것으로 잘못 판단하고 시의 협의매수에 응한 것은 상대방에 의하여 유발된 (동기)착오의 하부유형으로 파악될 수 있을 것이다.

- 시가 등에 관한 착오 : 부동산매매에서 시가에 관한 착오는 그 부동산을 매매하려는 의사를 결정함에 있어서의 동기의 착오에 불과할 뿐, 법률행위의 중요부분에 관한 착오라고 할 수 없다고 한다(대판 1992.10.23. 92다29337). 환율의 착오도 판례는 동기의 착오로 다룬다(대판 1990.11.23. 90다카3659).
- 법률상태에 대한 착오 : 동기의 착오에 불과하므로 그와 같은 동기를 매매계약의 내용으로 삼았다는 특별한 사정이 없는 한 이를 이유로 매매계약을 취소할 수 없다"고 하였다.
- 합의(화해)에 있어서의 착오 : 화해당사자의 자격 또는 화해의 목적인 분쟁 이외의 사항에 착오가 있는 경우를 제외하고 화해계약은 착오를 이유로 취소하지 못한다.

③ 표의자에게 "중대한 과실"이 없을 것

㉠ 의의

- "중대한 과실"이란 표의자의 직업, 행위의 종류, 목적 등에 비추어 당해 행위에 일반적으로 요구되는 주의를 현저하게 결여한 것을 말한다(가령 대판 2000.5.12. 2000다12259). 중대한 과실의 유무는 구체적 사실관계에서 보통인이 베풀어야 할 주의를 표준으로 객관적으로 판단되어야 한다(추상적 중과실).
- 상대방이 표의자의 착오를 알면서 이를 이용한 경우에, 표의자에게 중대한 과실이 있더라도, 표의자는 그 의사표시를 취소할 수 있다고 할 것이다(대판 2014.11.27. 2013다49794).

㉡ 판례에 나타난 구체적 사례들

- 중대한 과실이 인정된 예 : 대판 1993.6.29. 92다38881은, 건물을 임차하여 공장을 경영하던 甲이 매출액 및 종업원의 수가 증가함에 따라 그 공장이 협소하게 되어 새로운 공장을 설립할 목적으로 토지를 매수하게 된 경우에, 甲으로서는 먼저 그 토지에 자신이 설립하고자 하는 공장을 건축할 수 있는지 여부를 관할관청에 알아보아야 할 주의의무가 있고, 또 알아보았다면 甲이 의도한 공장의 건축이 불가능함을 쉽게 할 수 있었다고 보이므로, 甲이 이러한 주의의무를 다하지 않은 채 매매계약을 체결한 것에 중대한 과실이 있다고 하였고, 대판 2000.5.12. 99다64995도, 신용보증기금의 신용보증서를 담보로 금융채권자금을 대출하여 준 금융기관에 위 대출자금이 모두 상환되지 않았음에도 신용보증기금에게 신용보증서 담보설정 해지를 통지한 경우에, 그 해지의 의사표시는 중대한 과실에 기한 것이라고 하였다.
- 중대한 과실이 부정된 예 : 대판 1997.8.22. 96다26657은, 고려청자로 알고 매수한 도자기가 진품이 아닌 것으로 밝혀진 경우에, 매수인이 도자기를 매수하면서 자신의 골동품 식별능력과 매매를 소개한 자를 과신한 나머지 고려청자 진품으로 믿고, 소장자를 만나 그 출처를 물어보지 않고 전문적 감정인의 감정을 거치지 않은 채 그 도자기를 고가로 매수하고 진품이 아닐 경우를 대비하여 필요한 조치를 강구하지 않은 잘못이 있더라도, 그와 같은 사정만으로 매수인이 매매계약 체결시 요구되는 통상의 주의의무를 현저하게 결여하였다고 보기 어렵다고 하

였고, 대판 1997.11.28. 97다32772·32789는, 거래당사자 사이의 권리의 득실변경에 관한 행위의 알선을 業으로 삼고 있어 고도의 직업적인 주의의무를 부담하고 있는 부동산중개업자의 지위나 중개행위를 함에 있어 고의 또는 과실로 거래당사자에게 재산상의 손해를 받게 하였다면 그 손해를 배상하도록 한 공인중개사의 업무 및 부동산 거래신고에 관한 법률 제30조의 규정에 비추어 보면, 부동산중개업자에게 중개를 의뢰하여 매매 등의 계약을 체결하는 일반인으로서는 부동산중개업자가 전문적 지식과 경험을 가진 것으로 신뢰하고 그의 개입에 의한 거래조건의 지시·설명에 과오가 없을 것으로 믿고 거래하는 것이라는 점, 매수인이 중개업자의 말을 믿어 착오에 빠지게 되었지만 중개업자가 착오에 빠지게 된 과정에 명확하게 당해 점포를 지적하지 않았던 매도인의 잘못도 개입되어 있는 점, 중개인을 통하여 하는 부동산매매거래에서 언제나 매수인측에서 매매목적물을 현장에 확인하여야 할 의무까지 있다고 할 수 없을 뿐만 아니라 매매당사자에게 중개업자가 매매목적물을 혼동한 상태에 있는지 여부까지 미리 확인하거나 주의를 촉구할 의무까지 없다고 할 것인 점 등 매매중개와 계약 체결의 경위 및 부동산매매중개업의 제반 성질에 비추어 본다면, 매수인이 다른 점포를 매매계약의 목적물이라고 오인한 과실이 중대한 과실이라고 단정하기 어렵고, 매수인과 매도인 쌍방을 위하여 중개행위를 한 중개업자 스스로 매매계약의 목적물을 다른 점포로 오인한 채 매수인에게 알려준 과실을 바로 매수인 자신의 중대한 과실이라고 평가할 수 없다고 하였다. 대판 2003.4.11 2002다70884는, 설계용역계약 체결을 전후하여 건축사자격이 없다는 것을 묵비한 채 자신이 미국에서 공부한 건축학교수이고 'ㅇㅇㅇ건축연구소'라는 상호로 사업자등록까지 마치고 건축설계업을 하며 상당한 실적까지 올린 사람이라고 소개한 경우에, 일반인의 입장에서는 그에게 당연히 건축사자격이 있는 것으로 믿을 수밖에 없었을 것이므로, 재건축조합측이 그를 무자격자로 의심하여 건축사자격증의 제시를 요구한다거나 건축사단체에 자격 유무를 조회하여 이를 확인하여야 할 주의의무가 있다고 볼 수는 없다고 보아, 재건축조합의 착오가 중대한 과실로 인한 것이 아니라고 하였다.

④ 착오취소 배제사유의 부존재

　㉠ 취소권 배제의 합의, 취소권의 포기 또는 실효

　• 계약당사자들이 착오를 이유로 한 취소권을 배제할 것을 합의한 경우에, 임의규정인 제109조의 적용이 배제된다.

　• 착오를 인식한 후 추인함으로써 취소권을 포기할 수 있다(제143조, 제144조). 또한 실효의 법리에 따라 취소권이 소멸하게 되는 경우도 있을 수 있다.

　㉡ 증명책임 : 적극요건인 착오의 존재 및 그 착오가 법률행위의 내용의 중요부분에 관한 것이라는 점에 대한 증명책임은 '취소를 주장하는 표의자'가 진다. 반면 소극요건인 중대한 과실이 있다는 점에 대한 증명책임은 착오를 이유로 의사표시를 취소하고자 하는 표의자의 상대방이 부담한다(통설).

착오를 이유로 의사표시를 취소하는 자가 증명해야 할 사항

착오를 이유로 의사표시를 취소하는 자는 법률행위의 내용에 착오가 있었다는 사실과 함께 그 착오가 의사표시에 결정적인 영향을 미쳤다는 점, 즉 만약 그 착오가 없었더라면 의사표시를 하지 않았을 것이라는 점을 증명하여야 한다(대법원 2008.1.17. 선고 2007다74188 판결).

(4) 착오취소의 효과

① 법률행위의 소급적 무효

　㉠ 원칙 : 착오를 이유로 의사표시가 적법하게 취소되면, 그 의사표시를 요소로 하는 법률행위가 처음부터 무효인 것으로 간주된다(제141조 본문).

　㉡ 일부착오의 경우

　　• 착오자는 취소에 의하여 그 의사표시를 요소로 하는 법률행위를 폐기할 수 있을 뿐이고, 수정하지 못한다. 따라서 가분적 법률행위의 일부에 관하여 착오가 있는 경우에도, 그 법률행위가 수정되는 것이 아니라, 착오에 기하여 취소된 부분이 무효로 된다고 할 것이다.

　　• 판례는, 하나의 법률행위의 일부에만 취소사유가 있는 경우에, 그 법률행위가 가분적이거나 그 목적물의 일부가 특정될 수 있고 나머지 부분만이라도 유지하려는 당사자의 가정적 의사가 인정되면, 그 일부만의 취소도 가능하다고 할 것이고, 그 일부의 취소는 법률행위의 일부에 관하여 효력이 생긴다고 한다(대판 1998.2.10. 97다44737. 이 판결은 가격차이가 극심한 경우에 관한 것이다).

② 선의의 제3자

　㉠ 제109조 제2항은 "전항의 의사표시의 취소는 선의의 제3자에게 대항하지 못한다"고 하여 착오취소에서 거래의 안전을 꾀하고 있다.

　㉡ 여기서 "제3자"란, 착오에 기한 의사표시의 당사자와 그의 포괄승계인 외의 자로서, 착오에 의한 의사표시로 인하여 생긴 법률관계를 토대로 새로운 이해관계를 가지게 된 자를 말한다. 또한 법률행위 취소 이후라도 그러한 사정을 모르는 자도 포함된다고 해석하는 것이 통설의 견해이다.

　㉢ "선의"란 착오에 의한 의사표시임을(따라서 취소할 수 있음을) 알지 못하는 것을 말하는바, 착오에 기한 외관을 신뢰하였어야 한다.

③ 취소자의 신뢰이익 배상책임

　㉠ 법은 제109조 제2항에서 제3자에 대한 고려만을 하고 있을 뿐, 상대방 보호에 대하여 침묵하고 있다.

　㉡ 판례는 부정한다.

④ 화해계약에 있어서 착오의 문제 : 당사자가 서로 양보하여 분쟁을 끝낼 것을 약정함으로써 효력이 생기는 화해계약은 착오를 이유로 이를 취소할 수 없다. 그러나 화해당사자의 자격 또는 화해의 목적인 분쟁 이외의 사항에 착오가 있는 경우에는 착오를 이유로 취소할 수 있다.

화해의 목적인 분쟁 이외의 사항에 관한 착오와 그 취소

화해계약이 사기로 인하여 이루어진 경우에는 화해의 목적인 분쟁에 관한 사항에 착오가 있더라도 민법 제110조에 따라 이를 취소할 수 있는지 여부(적극) … 민법 제733조의 규정에 의하면, 화해계약은 화해당사자의 자격 또는 화해의 목적인 분쟁 이외의 사항에 착오가 있는 경우를 제외하고는 착오를 이유로 취소하지 못하지만, 화해계약이 사기로 인하여 이루어진 경우에는 화해의 목적인 분쟁에 관한 사항에 착오가 있는 때에도 민법 제110조에 따라 이를 취소할 수 있다고 할 것이다(대판 2008.9.11. 2008다15278).

5. 사기 · 강박에 의한 의사표시

사기 · 강박에 의한 의사표시에 관한 부분은 조문과 판례의 태도를 묻는 전형적인 문제가 출제예상된다. 서명날인착오와 관련해서는 착오취소와 사기취소의 구체적 차이를 정확히 학습하길 바란다. 그리고 제3자의 사기, 강박은 중요한 논점이 되고 있다. 한편, 사기와 강박의 위법성 판단의 문제, 사기 취소와 제3자(취소 전 및 후의 제3자 확대 법리)의 문제 등도 여전히 중요한 분야이므로 반복학습을 통해서 숙지하여야 한다.

(1) 의의

① 개념 : 사기나 강박이란 남을 속이거나 위협하여 그로 하여금 의사표시를 하게 하는 것을 말한다. 이와 같이 불법한 수단에 기하여 행하여진 의사표시는 표의자의 자기결정에 기한 것으로 볼 수 없으므로(달리 말하면 : 표의자의 의사결정의 자유가 침해되었으므로), 의사표시를 한 자가 취소할 수 있다(제110조 제1항).

② 한계 및 적용범위
  ㉠ 불법행위와의 관계 : 사기나 강박에 의한 의사표시가 불법행위의 성립요건을 충족하면 표의자의 취소권과 손해배상청구권(제750조)이 경합한다.

불법행위책임과 사기에 의한 의사표시

법률행위가 사기에 의한 것으로서 취소되는 경우에 그 법률행위가 동시에 불법행위를 구성하는 때에는 취소의 효과로 생기는 부당이득반환청구권과 불법행위로 인한 손해배상청구권은 경합하여 병존하는 것이므로, 채권자는 어느 것이라도 선택하여 행사할 수 있지만 중첩적으로 행사할 수는 없다(대법원 1993.4.27. 선고 92다56087 판결).

ⓛ 착오취소와의 관계
- 사기에 의한 의사표시는 타인의 기망행위에 의하여 표의자가 착오에 빠진 상태에서 한 의사표시이므로 그 의사표시에 착오가 개재되며, 따라서 착오취소와의 경합이 문제될 수 있다. 그런데 착오와 사기는 그 인정근거 및 요건이 서로 다른 별개의 제도이므로 표의자는 어느 쪽이든 그 요건을 증명하여 의사표시를 취소할 수 있다는 것이 판례(가령 대판 1985.4.9. 85도167)의 태도이자 통설의 입장이다.
- 그런데 대판 2005.5.27. 2004다43824는 "사기에 의한 의사표시란 타인의 기망행위로 말미암아 착오에 빠지게 된 결과 어떠한 의사표시를 하게 되는 경우이므로 거기에는 의사와 표시의 불일치가 있을 수 없고, 단지 의사의 형성과정 즉 의사표시의 동기에 착오가 있는 것에 불과하며, 이 점에서 고유한 의미의 착오에 의한 의사표시와 구분되는데, 신원보증서류에 서명날인한다는 착각에 빠진 상태로 연대보증의 서면에 서명날인한 경우, 결국 위와 같은 행위는 강학상 기명날인의 착오(또는 서명의 착오), 즉 어떤 사람이 자신의 의사와 다른 법률효과를 발생시키는 내용의 서면에, 그것을 읽지 않거나 올바르게 이해하지 못한 채 기명날인을 하는 이른바 표시상의 착오에 해당하므로, 비록 위와 같은 착오가 제3자의 기망행위에 의하여 일어난 것이라 하더라도 그에 관하여는 사기에 의한 의사표시에 관한 법리, 특히 상대방이 그러한 제3자의 기망행위 사실을 알았거나 알 수 있었을 경우가 아닌 한 의사표시자가 취소권을 행사할 수 없다는 민법 제110조 제2항의 규정을 적용할 것이 아니라, 착오에 의한 의사표시에 관한 법리만을 적용하여 취소권 행사의 가부를 가려야 한다."고 함으로써, 마치 제3자의 기망행위에 의하여 표시상의 착오가 유발된 경우에 착오취소가 사기취소를 배제하는 듯한 판시를 하고 있다. 그러나 표시상의 착오가 상대방 또는 제3자의 기망행위에 의하여 유발된 경우에 표의자가 제109조에 의해 취소하는 외에 제110조에 의하여 취소하는 것을 배제할 이유는 없다고 할 것이다.

③ 담보책임과의 관계 : 매매목적물에 흠이 있음에도 불구하고 이를 속이고 매도한 경우에 사기에 의한 의사표시와 매도인의 하자담보책임이 문제되는바, 매수인 겸 피기망자는 양자를 자유롭게 행사할 수 있다. 다만 피기망자가 의사표시를 취소하였다면 더 이상 (매매계약의 유효를 전제로 하는)담보책임을 물을 수 없다고 할 것이다.

> **판례**
>
> **담보책임과 사기에 의한 의사표시**
> 민법 569조가 타인의 권리의 매매를 유효로 규정한 것은 선의의 매수인의 신뢰이익을 보호하기 위한 것이므로, 매수인이 매도인의 기망에 의하여 타인의 물건을 매도인의 것으로 알고 매수한다는 의사표시를 한 것은 만일 타인의 물건인 줄 알았더라면 매수하지 아니하였을 사정이 있는 경우에는 매수인은 민법 110조에 의하여 매수의 의사표시를 취소할 수 있다고 해석해야 할 것이다(대판 1973.10.23. 73다268).

④ 적용범위 : 가족행위에 대하여 제110조가 적용되지 않으며, 오히려 가족법에 특칙이 규정되어 있다 (제816조 제3호, 제823조 등). 나아가 제110조는 소송행위에 적용되지 않는다(대판 1997.10.10. 96다35484).

(2) 사기·강박에 의한 의사표시의 요건

① 사기에 의한 의사표시

  ⊙ 사기자의 고의(2단의 고의) : 표의자를 기망하여 착오에 빠지게 하려는 고의와 착오에 기하여 의사표시를 하게 하려는 고의, 즉 2단계의 고의가 있어야 한다. 이들 중 어느 한 쪽에 고의가 아니라 과실이 개재되었다면 사기에 의한 의사표시가 성립하지 않는다.

  ⓛ 기망행위 : 기망행위란 표의자에게 사실과 다른 그릇된 관념을 가지게 하거나 이를 유지 또는 강화하게 하는 일체의 행위를 말한다. 그리고 작위에 의한 적극적 기망행위뿐만 아니라 부작위, 특히 침묵도 기망행위를 구성할 수 있다.

판례

부작위에 의한 기망행위

리스회사가 리스물건 공급자와 사이에 당해 리스물건에 관하여 체결하는 매매계약은 리스회사와 리스이용자 사이에 리스계약이 체결된 후 그 계약상의 의무를 이행하기 위하여 체결하는 것으로 그 목적이 리스이용자가 선정한 특정 물건을 그로 하여금 사용, 수익할 수 있도록 리스물건 공급자로부터 이를 구입하는 데에 있으므로 통상의 매매계약과 다르며, 특히 매매 목적물의 기종, 물질, 성능, 규격, 명세뿐만 아니라 매매대금 및 그 지급 조건까지도 미리 공급자와 리스이용자 사이에서 협,결정되고 리스회사는 그에 따라 공급자와 사이에 매매계약을 체결하는 것이 통례이나, 리스물건의 소유권은 처음부터 리스회사에 귀속되어 최종적으로는 그 취득 자금의 회수 기타 손해에 대한 담보로서의 기능을 가지므로 리스회사로서도 그 매매가격의 적정선에 대하여 어느 정도 실질적인 이해관계를 가진다고 할 것이어서, 만일 리스이용자와 공급자 사이에서 미리 결정된 매매가격이 거래관념상 극히 고가로 이례적인 것이어서 리스회사에게 불측의 손해를 가할 염려가 있는 경우와 같은 특별한 사정이 있는 경우에는, 리스물건 공급자는 리스회사에게 그 매매가격의 내역을 고지하여 승낙을 받을 신의칙상의 주의의무를 부담하며 리스회사는 이를 고지받지 못한 경우 위 부작위에 의한 기망을 이유로 매매계약을 취소할 수 있다(대법원 1997.11.28. 선고 97다26098 판결).

  ⓒ 기망행위의 위법성 : 자본주의사회에서 상대방의 부지 또는 착오를 이용하여 어느 정도 이득을 취하는 것이 원칙적으로 금지되지 않는다. 그러나 신의칙 및 거래관념에 비추어 용인될 수 있는 범위를 넘는 기망행위는 위법한 것으로 평가된다. 기망행위의 위법성은 개별적·구체적으로 판단되어야 한다.

판례

1. 기망행위로서 과장분양광고의 위법성

상품의 선전 광고에 있어서 거래의 중요한 사항에 관하여 구체적 사실을 신의성실의 의무에 비추어 비난받을 정도의 방법으로 허위로 고지한 경우에는 기망행위에 해당한다고 할 것이나, 그 선전 광고에 다소의 과장 허위가 수반되는 것은 그것이 일반 상거래의 관행과 신의칙에 비추어 시인될 수 있는 한 기망성이 결여된다고 할 것이고, 또한 용도가 특정된 특수시설을 분양받을 경우 그 운영을 어떻게 하고, 그 수익은 얼마나 될 것인지와 같은 사항은 투자자들의 책임과 판단하에 결정될 성질의 것이므로, 상가를 분양하면서 그 곳에 첨단 오락타운을 조성하고 전문경영인에 의한 위탁경영을 통하여 일정 수익을 보장한다는 취지의 광고를 하였다고 하여 이로써 상대방을 기망하여 분양계약을 체결하게 하였다거나 상대방이 계약의 중요부분에 관하여 착오를 일으켜 분양계약을 체결하게 된 것이라 볼 수 없다(대법원 2001.5.29. 선고 99다55601,55618 판결).

2. 상품의 허위·과장 광고가 기망행위에 해당하기 위한 요건

[1] 상품의 선전 광고에서 거래의 중요한 사항에 관하여 구체적 사실을 신의성실의 의무에 비추어 비난받을 정도의 방법으로 허위로 고지한 경우에는 기망행위에 해당하지만, 그 선전 광고에 다소의 과장 허위가 수반되는 것은 그것이 일반 상거래의 관행과 신의칙에 비추어 시인될 수 있는 한 기망성이 결여된다.

[2] 상가분양계약을 체결하면서 수분양자들이 "분양계약서의 내용 외 분양상담 시 분양요원과 구두 또는 서면상으로 이루어진 특약은 어떠한 내용이라도 효력을 주장할 수 없음을 인정한다"는 내용이 포함된 서면을 서명 날인하여 분양자에게 제출한 사실 등에 비추어 볼 때, 분양광고나 분양상담에서 언급되었던 분양 점포의 전용면적 등의 내용은 분양계약의 내용에 포함되지 않는다(대판 2009. 3.16. 2008다1842).

3. 기망행위로서 변칙세일행위의 위법성여부

현대산업화 사회에 있어 소비자가 갖는 상품의 품질이나 가격등에 대한 정보는 대부분 생산자 및 유통업자의 광고에 의존할 수밖에 없는 것이므로, 이 사건 백화점들과 같은 대형유통업체의 매장에서 판매되는 상품의 품질과 가격에 대한 소비자들의 신뢰나 기대는 백화점들 스스로의 대대적인 광고에 의하여 창출된 것으로서 특히 크고 이는 보호되어야 할 것이다. 위와 같은 변칙세일은 물품구매동기에 있어서 중요한 요소인 가격조건에 관하여 기망이 이루어진 것으로서 그 사술의 정도가 사회적으로 용인될 수 있는 상술의 정도를 넘은 것이어서 위법성이 있다(대법원 1993.8.13. 선고 92다52665 판결).

    ㄹ) 인과관계의 존재 : 기망행위와 착오 사이에 그리고 착오와 의사표시 사이에 인과관계가 존재하여야 한다. 그런데 여기의 인과관계는 주관적인 것으로 족하다. 즉 피기망자의 인식을 기준으로, 원인·결과의 관계가 있으면 된다.

교환계약에서 시가에 대한 묵비와 기망의 위법성

일반적으로 교환계약을 체결하려는 당사자는 서로 자기가 소유하는 교환 목적물은 고가로 평가하고 상대방이 소유하는 목적물은 염가로 평가하여 보다 유리한 조건으로 교환계약을 체결하기를 희망하는 이해 상반의 지위에 있고 각자가 자신의 지식과 경험을 이용하여 최대한으로 자신의 이익을 도모할 것이 예상되기 때문에, 당사자 일방이 알고 있는 정보를 상대방에게 사실대로 고지하여야 할 신의칙상의 주의의무가 인정된다고 볼 만한 특별한 사정이 없는 한, 어느 일방이 교환 목적물의 시가나 그 가액 결정의 기초가 되는 사항에 관하여 상대방에게 설명 내지 고지를 할 주의의무를 부담한다고 할 수 없고, 일방 당사자가 자기가 소유하는 목적물의 시가를 묵비하여 상대방에게 고지하지 아니하거나 혹은 허위로 시가보다 높은 가액을 시가라고 고지하였다 하더라도 이는 상대방의 의사결정에 불법적인 간섭을 한 것이라고 볼 수 없다(대법원 2002.9.4. 선고 2000다54406,54413).

② 강박에 의한 의사표시

    ㉠ 강박자의 고의 : 기망자의 고의에서와 마찬가지로 2단계의 고의가 있어야 한다.

    ㉡ 강박행위 : 강박행위란, 장차 해악이 초래될 것임을 고지하여 공포심을 일으키게 하는 행위를 말한다. 여기서 해악이란 피강박자에게 불리한 것을 말하며, 그 종류나 방법은 불문한다(예 : 고소하겠다는 것). 해악은 비재산적 법익(가령 생명이나 신체)에 대한 것일 수 있다. 그러나 의사표시자로 하여금 의사결정을 스스로 할 수 있는 여지를 완전히 박탈한 상태에서 의사표시가 이루어져 단지 법률행위의 외형만이 만들어진 것에 불과한 정도의 것인 때에는 무효이다(대판 2003.5.13. 2002다73708).

    ㉢ 인과관계의 존재 : 강박행위와 외포 사이에 그리고 외포와 의사표시 사이에 인과관계가 존재하여야 한다(대판 2003.5.13. 2002다73708·73715 : "강박에 의한 의사표시라고 하려면 상대방이 불법으로 어떤 해악을 고지함으로 말미암아 공포를 느끼고 의사표시를 한 것이어야 한다.").

② 강박행위의 위법성 : 강박의 수단이 위법하거나 강박행위에 의하여 추구하는 목적이 위법하면, 강박행위의 위법성이 인정된다. 그러나 부정행위에 대한 고소·고발은 그것이 부정한 이익을 목적으로 하는 것이 아니라면 정당한 권리행사가 되어 위법하다고 할 수 없다(대판 1997.3.25. 96다47951. 간통으로 고소하지 않기로 하는 등의 대가로 1억 7,000만원의 합의금을 받게 된 경우에 상간자의 배우자가 부정한 이익을 목적으로 위법한 강박행위를 한 것으로 볼 수 없다고 하였다).

> **판례**

강박행위에 있어서 위법성의 판단기준 : 목적 또는 수단의 부당성

일반적으로 부정행위에 대한 고소, 고발은 그것이 부정한 이익을 목적으로 하는 것이 아닌 때에는 정당한 권리행사가 되어 위법하다고 할 수 없으나, 부정한 이익의 취득을 목적으로 하는 경우에는 위법한 강박행위가 되는 경우가 있고 목적이 정당하다 하더라도 행위나 수단 등이 부당한 때에는 위법성이 있는 경우가 있을 수 있다(대법원 1992.12.24. 선고 92다25120 판결). 결국 어떤 해악을 고지하는 강박행위가 위법하다고 하기 위하여는, 강박행위 당시의 거래관념과 제반 사정에 비추어 해악의 고지로써 추구하는 이익이 정당하지 아니하거나 강박의 수단으로 상대방에게 고지하는 해악의 내용이 법질서에 위배된 경우 또는 어떤 해악의 고지가 거래관념상 그 해악의 고지로써 추구하는 이익의 달성을 위한 수단으로 부적당한 경우 등에 해당하여야 한다(대법원 2000.3.23. 선고 99다64049 판결).

(3) 사기·강박에 의한 의사표시의 효과

① 취소권의 발생

㉠ 상대방의 사기·강박의 경우 : 의사표시의 상대방이 사기 또는 강박을 한 경우에 표의자는 그 의사표시를 취소할 수 있다(제110조 제1항).

㉡ 제3자의 사기·강박의 경우

- 상대방 있는 의사표시 : 상대방이 그러한 사실을 알았거나 알 수 있었을 경우에 표의자는 자기의 의사표시를 취소할 수 있다(제110조 제2항).

- 상대방 없는 의사표시 : 유언, 소유권의 포기 등 상대방 없는 의사표시는 언제든지 취소할 수 있다.

- 제3자는 원칙적으로 표의자와 상대방 외의 자를 말한다. 상대방의 대리인과 같이 상대방과 동일시할 수 있는 자의 기망 또는 강박에 대하여 상대방이 선의·무과실이더라도 제110조 제2항이 아니라 제1항을 적용하여야 한다(대판 1999.4.23. 98다60828). 단순히 상대방의 피용자에 지나지 않는 자는 상대방과 동일시 할 수 없다(대판 1998.1.23. 96다41496).

> **판례**

파산관재인이 제110조 제3항의 제3자에 해당하는지 여부

파산자가 상대방과 통정한 허위의 의사표시를 통하여 가장채권을 보유하고 있다가 파산이 선고된 경우 그 가장채권도 일단 파산재단에 속하게 되고, 파산선고에 따라 파산자와는 독립한 지위에서 파산채권자 전체의 공동의 이익을 위하여 직무를 행하게 된 파산관재인은 그 허위표시에 따라 외형상 형성된 법률관계를 토대로 실질적으로 새로운 법률상 이해관계를 가지게 된 민법 제108조 제2항의 제3자에 해당하고, 그 선의·악의도 파산관재인 개인의 선의·악의를 기준으로 할 수는 없고, 총파산채권자를 기준으로 하여 파산채권자 모두가 악의로 되지 않는 한 파산관재인은 선의의 제3자라고 할 수밖에 없다. 그리고 이와 같이 파산관재인이 제3자로서의 지위도 가지는 점 등에 비추어, 특별한 사정이 없는 한 파산관재인은 사기에 의한 의사표시에 따라 외형상 형성된 법률관계를 토대로 실질적으로 새로운 법률상 이해관계를 가지게 된 민법 제110조 제3항의 제3자에 해당하고, 파산채권자 모두가 악의로 되지 않는 한 파산관재인은 선의의 제3자라고 할 수밖에 없다(대판 2010.4.29. 2009다96083).

대출 등과 관련된 금융기관 직원의 기망과 제3자의 사기

1. 의사표시의 상대방이 아닌 자로서 기망행위를 하였으나 민법 제110조 제2항에서 정한 제3자에 해당되지 아니한다고 볼 수 있는 자란 그 의사표시에 관한 상대방의 대리인 등 상대방과 동일시할 수 있는 자만을 의미하고, 단순히 상대방의 피용자이거나 상대방이 사용자책임을 져야 할 관계에 있는 피용자에 지나지 않는 자는 상대방과 동일시할 수는 없어 이 규정에서 말하는 제3자에 해당한다(대판 1998.1.23. 96다41496; 1999.2.23. 98다60828).

2. 은행의 출장소장이 어음할인을 부탁받자 그 어음이 부도날 경우를 대비하여 담보조로 받아두는 것이라고 속이고 금전소비대차 및 연대보증 약정을 체결한 후 그 대출금을 자신이 인출하여 사용한 사안에서, 위 출장소장의 행위는 은행 또는 은행과 동일시할 수 있는 자의 사기일 뿐 제3자의 사기로 볼 수 없으므로, 은행이 그 사기사실을 알았거나 알 수 있었을 경우에 한하여 위 약정을 취소할 수 있는 것은 아니다(대판 1999.2.23. 98다60828·60835).

3. 금융기관에 있어서 대출이나 채무감면 등의 결정권한을 가지지 아니한 직원이 그 결정권한을 가진 임원 등에게 허위의 승인품의서를 올려 대출이나 채무감면 등을 하게 하였다면, 그 금융기관은 민법 제110조 제1항에 따라 그 대출이나 채무감면 등의 법률행위를 취소할 수 있다고 보아야 한다(대판 2002.6.14. 2002다14853).

② 취소의 효과

　　㉠ 사기·강박에 의한 의사표시가 취소되면 그 의사표시를 요소로 하는 법률행위가 소급적으로 무효로 된다(제141조).

　　㉡ 제3자에 대한 관계

　　　• 사기나 강박에 의한 의사표시의 취소는 선의의 제3자에게 대항하지 못한다(제110조 제3항).

　　　• 제100조 제3항의 제3자란 취소권이 행사되기 전에 표의자의 상대방과 법률행위를 한 제3자를 의미하는 것이 원칙이다. 단, 통설과 판례는 동적 거래안전을 위해서 취소한 후에 그 상대방과 법률행위를 한 제3자도 선의이면 보호된다고 한다(대판 1975.12.23. 75다533). 즉, 취소 전·후를 불문하고 사기 및 취소사실을 몰랐던 선의자라면 보호될 수 있다.

강박에 의한 소송행위의 취소여부

민법상의 법률행위에 관한 규정은 민사소송법상의 소송행위에는 특별한 규정 기타 특별한 사정이 없는 한 적용이 없는 것이므로 소송행위가 강박에 의하여 이루어진 것임을 이유로 취소할 수는 없다(대법원 1997.10.10. 선고 96다35484 판결).

제3관　　의사표시의 효력발생

1. 의의

의사표시는 표시행위의 완료로 성립하게 되지만 그 효력의 발생은 반드시 그 성립과 동시에 발생하지는 않는다. 여기서는 의사표시가 언제 효력을 발생하게 되는지를 '상대방 없는 의사표시'의 경우와 '상대방 있는 의사표시'의 경우로 나누어 살펴본다.

2. 의사표시의 효력발생시기

(1) 상대방 없는 의사표시

의사표시 가운데 특별규정을 두고 있는 경우가 아닌 한 원칙적으로 성립과 동시에 효력이 생긴다 (표백주의(表白主義) 적용). 단, 특별규정에 의해 별도로 효력발생시기를 두고 있는 경우로는 ① 법 인의 설립행위는 법인이 설립등기한 때, ② 유언행위는 유언자가 사망한 때 효력이 발생하게 된다.

(2) 상대방 있는 의사표시

① 의사표시의 효력발생시기에 관한 입법주의
   ㉠ 표백주의(表白主義) : 서면을 작성할 때 의사표시 효력이 발생한다는 입법주의이다.
   ㉡ 발신주의(發信主義) : 우리 민법상 예외로 인정되는 경우로서 의사표시를 발송할 때 효력이 발생 한다는 입법주의(서신을 우체통에 투입한 때 효력이 발생한다는 입장)이다.
   ㉢ 도달주의(到達主義) : 우리 민법에서 원칙적으로 인정되는 입법주의로 상대방에게 의사표시가 도 달한 때(즉 상대방의 지배권 내에 들어간 때) 효력이 발생한다는 입장이다.
   ㉣ 요지주의(了知主義) : 상대방이 의사표시 도달 후 내용을 체득했을 때 효력이 발생한다는 입법 주의이다.

② 도달주의의 원칙

제111조 (의사표시의 효력발생시기)
① 상대방이 있는 의사표시는 상대방에게 도달한 때에 그 효력이 생긴다.
② 의사표시자가 그 통지를 발송한 후 사망하거나 제한능력자가 되어도 의사표시의 효력에 영향을 미치지 아니한다.

   ㉠ 도달의 의미 : 도달이란 상대방의 지배권 내에 들어가 사회통념상 일반적으로 요지할 수 있는 객관적 상태가 생겼다고 인정되는 것이다. 따라서 수신함에 투입된 때, 또는 동거의 가족·친 척·고용인 등이 수령한 때에는 비록 그것을 요지하지 않았더라도 도달로 된다. 도달은 상대 방이 요지할 수 있는 상태가 되어야 하므로 슬그머니 수령자의 주머니 속에 넣거나, 쉽게 발 견될 수 없는 상태로 서류를 송부하는 경우는 도달이라 할 수 없다.

판례

도달이라 함은 사회관념상 채무자가 통지의 내용을 알 수 있는 객관적 상태에 놓여졌다고 인정되는 상태를 지칭한다고 해석되므로, 채무자가 이를 현실적으로 수령하였다거나 그 통지의 내용을 알았을 것까지는 필요로 하지 않는다(대판 1993.5.11. 92다2530; 1983.8.23. 82다카439; 1997.11.25. 97다31281).

   ㉡ 격지자와 대화자의 구분 및 적용범위 : 도달주의 원칙은 격지자간에서나 다화자간에서나 모두 적용된다. 여기서 격지자냐 대화자냐의 구별은 장소적·거리적 개념이 아니라 시간적 관념에 의한다는 것이다. 즉 거리적으로 아무리 떨어져 있어도(서울과 울릉도에 있는 사람끼리) 전화 통화가 가능하다면 대화자 사이의 의사표시로 취급한다.

우편물이 등기취급의 방법으로 발송된 경우 그 무렵 수취인에게 배달되었다고 볼 것이다.

우편물이 등기취급의 방법으로 발송된 경우에는 반송되는 등의 특별한 사정이 없는 한 그 무렵 수취인에게 배달되었다고 보아야 한다(대판 2007.12.27. 2007다51758).

〈비교〉 보통우편의 방법으로 우편물을 발송한 경우, 그 송달을 추정할 수 있는지 여부(소극)

통상우편의 방법으로 발송된 사실만으로는 발송일로부터 상당한 기간 내에 수취인에게 송달된 것으로 추정할 수 없고 송달의 효력을 주장하는 측에서 증거에 의하여 도달사실을 입증하여야 한다. 따라서 공제료 납입최고 및 해지예고 안내서를 통상우편방법으로 발송한 경우 통상의 도달 소요기간이 경과한 때에 도달한 것으로 보도록 한 약관은 무효이다(대판 2002.7.26. 2000다25002 ; 2002.2.5. 2001다70559).

　　　ⓒ 도달주의 원칙상의 효과
　　　　• 의사표시가 불착, 연착한 때에는 표의자의 불이익이 된다. 즉 표의자는 의사표시의 도달을 주장하지 못한다.
　　　　• 의사표시의 철회 : 철회의 의사표시는 늦어도 먼저 발신한 의사표시와 동시에 도달해야 한다.
　　　　• 발신 후의 사정변화 : 표의자가 그 통지를 발한 후 사망하거나 제한능력자가 되어도 그 의사표시효력에는 영향을 끼치지 않는다. 또한 대리행위를 한 후 대리권이 상실된 경우도 의사표시의 효력에는 영향이 없다.

③ 예외 : 민법은 다음과 같은 경우에는 발신주의를 취하고 있다.
　　ⓐ 제한능력자의 상대방의 확답촉구에 대한 본인의 확답(제15조)
　　ⓑ 무권대리인의 상대방의 최고에 대한 본인의 확답(제131조)
　　ⓒ 채권자의 채무인수에 대한 승낙의 표시(제455조)
　　ⓓ 격지자간의 계약승낙의 통지(제531조)
　　ⓔ 사원총회 소집의 통지(제71조)
　　ⓕ 연착한 승낙의 도달 전에 지연의 통지 발송(제528조 제2항)

도달의 의미 및 요건

[1] 채권양도의 통지와 같은 준법률행위의 도달은 의사표시와 마찬가지로 사회관념상 채무자가 통지의 내용을 알 수 있는 객관적 상태에 놓였을 때를 지칭하고, 그 통지를 채무자가 현실적으로 수령하였거나 그 통지의 내용을 알았을 것까지는 필요하지 않다.

[2] 채권양도의 통지서가 들어 있는 우편물을 채무자의 가정부가 수령한 직후 한집에 거주하고 있는 통지인인 채권자가 그 우편물을 바로 회수해 버렸다면 그 우편물의 내용이 무엇인지를 그 가정부가 알고 있었다는 등의 특별한 사정이 없었던 이상 그 채권양도의 통지는 사회관념상 채무자가 그 통지내용을 알 수 있는 객관적 상태에 놓여 있는 것이라고 볼 수 없으므로 그 통지는 피고에게 도달되었다고 볼 수 없을 것이다(대법원 1983.8.23. 선고 82다카439).

(3) 의사표시의 공시송달(公示送達)

> 113조(의사표시의 공시송달)
> 표의자가 과실 없이 상대방을 알지 못하거나 상대방의 소재를 알지 못하는 경우에는 의사표시는 민사소송법공시송달의 규정에 의하여 송달할 수 있다.

의사표시는 도달에 의하여 효력을 발생하므로 상대방이 사망하여 그 상속인이 누구인지 알지 못하거나, 상대방이 누구인지는 알고 있으나 행방불명된 경우와 같은 때에는 의사표시의 효력을 발생시킬 수 없게 된다. 이러한 불편을 제거하기 위하여 인정되고 있는 것이 공시송달의 방법이다.

① 요건
　　㉠ 표의자가 과실 없이 상대방을 알지 못하거나 상대방의 주소를 알지 못하는 경우에 할 수 있다.
　　㉡ 상대방이 사망하여 상속인이 누구인지 모르거나 상대방의 행방불명 시에 인정된다.
　　㉢ 법원서기관 등이 송달할 서류를 보관하고 그 사유를 법원 게시판에 게시하거나, 그 밖에 대법원규칙이 정하는 방법에 따라서 하여야 한다.
　　㉣ 재판장은 소송의 지연을 피하기 위하여 필요하다고 인정하는 때에는 공시송달을 명할 수 있다.
　　㉤ 재판장은 직권으로 또는 신청에 따라 법원사무관 등의 공시송달처분을 취소할 수 있다.

② 효과
　　㉠ 공고와 게시한 날로부터 2주일 경과 시 상대방에게 도달한 것으로 '간주'한다.
　　㉡ 외국에서 할 공시송달의 경우에는 2월 경과 시 효력이 발생한다.

(4) 의사표시의 수령능력(受領能力)

> 제112조 (제한능력자에 대한 의사표시의 효력)
> 의사표시의 상대방이 의사표시를 받은 때에 제한능력자인 경우에는 의사표시자는 그 의사표시로써 대항할 수 없다. 다만, 그 상대방의 법정대리인이 의사표시가 도달한 사실을 안 후에는 그러하지 아니하다.

의사표시의 도달을 표의자의 상대방 쪽에서 보면 수령이 된다. 그런데 의사표시가 그 의미를 가지려면 상대방이 그것을 이해할 만한 능력이 있어야 한다. 이를 '의사표시의 수령능력'이라 한다. 민법은 이에 관하여 "의사표시의 상대방이 이를 받은 때에 제한능력자인 경우에는 그 의사표시로써 대항하지 못한다."고 규정하여(제112조 본문), 행위능력자만이 수령능력이 있는 것으로 하였다.

① 수령제한능력자 : 의사제한능력자 및 제한능력자는 의사표시의 수령제한능력자가 된다.

② 수령제한능력자에 대한 의사표시의 효력
　　㉠ 수령제한능력자에 대한 송달은 무효가 아니라 표의자가 효력을 주장할 수 없을 뿐이다. 즉, 대항할 수 없을 뿐이기 때문에 제한능력자가 도달을 주장하는 것은 무방하다. 단, 표의자는 법정대리인이 의사표시의 도달을 안 때에는 그 도달을 주장할 수 있다. 이 때 그 효력발생 시기는 법정대리인이 그 도달을 안 때이지, 도달한 때로 소급하는 것은 아니다.
　　㉡ 미성년자나 피한정후견인에게 행위능력이 인정되는 사항이라면 수령능력도 당연히 인정됨을 주의한다(제5조 제1항 단서, 제6조, 제8조, 제10조, 대리행위 등).

기출문제분석

1 불공정한 법률행위의 효과에 관한 다수설 및 판례의 태도로서 가장 옳지 않은 것은?

① 불공정한 법률행위는 선량한 풍속 기타 사회질서에 반하는 법률행위의 일종이다.
② 객관적으로 급부와 반대급부간에 현저한 불균형이 있어야 하는 불공정한 법률행위는 당연히 대가관계 있는 법률행위에만 적용될 수 있다.
③ 급부와 반대급부간에 현저한 불균형이 있으면 피해당사자의 무경험, 경솔, 궁박을 이용하려는 폭리행위의 악의가 추정된다.
④ 궁박은 급박한 곤궁으로서 경제적, 정신적, 심리적 원인을 망라한다.
⑤ 대리인에 의한 법률행위의 경우 대리행위가 불공정한 법률행위인가를 판단함에는 경솔·무경험은 그 대리인을 기준으로 하여야 하고, 궁박상태에 있었는지의 여부는 본인의 입장에서 판단하여야 한다.

> **ADVICE** 》 ③ 급부와 반대급부간에 현저한 불균형이 있다고 하여 피해당사자의 궁박, 경솔, 무경험이 추정되지는 않는다(대판 1969.12.30, 69나1873).

2 다음의 의사표시에 관한 설명 중 옳은 것은?

① 진의 아닌 의사표시는 상대방 없는 단독행위의 경우 항상 유효하다.
② 진의 아닌 의사표시는 단독행위에서만 가능하고, 통정허위표시는 계약에서만 가능하다.
③ 진의 아닌 의사표시가 무효로 되는 경우 그 무효는 선의의 제3자에게 대항할 수 있다.
④ 착오에 의한 의사표시는 무효이다.
⑤ 사기에 의한 의사표시는 무효이다.

> **ADVICE** 》 ② 진의 아닌 의사표시는 상대방 있는 법률행위, 상대방 없는 법률행위, 준법률행위 모두에 적용되며 통정허위표시는 계약과 상대방 있는 단독행위에 적용된다.
> ③ 진의 아닌 의사표시가 예외적으로 무효로 되는 경우 선의의 제3자에게 대항할 수 없다.
> ④ 착오에 의한 의사표시는 취소할 수 있다.
> ⑤ 사기에 의한 의사표시는 취소할 수 있다.

3 의사표시에 해당하는 법률사실로 가장 타당한 것은? (단, 다수설에 의함)

① 시효를 중단시키기 위한 채무의 승인
② 채권양도의 통지
③ 채무이행의 최고
④ 취소할 수 있는 행위의 추인
⑤ 사무관리

ADVICE » ①② 관념의 통지   ③ 의사의 통지   ⑤ 사실행위

4 반사회질서의 법률행위에 관한 설명으로 가장 옳지 않은 것은? (단, 다수설 및 판례에 의함)

① 반사회질서행위에는 법률행위의 목적인 권리·의무의 내용이 선량한 풍속 기타 사회질서에 위반하는 경우뿐만 아니라 그 내용 자체는 그러하지 않더라도 법률상 이를 강제하거나 그 법률행위에 반사회질서적인 조건이나 대가가 결부됨으로써 반사회질서적인 경우도 포함한다.
② 법률행위의 성립과정에서 불법적인 방법이 사용된 데 불과한 때에는 이는 의사표시의 하자문제는 될 수 있으나 반사회질서행위에 해당하지 않는다.
③ 법률행위의 동기는 표시되거나 상대방에게 알려진 경우에도 반사회질서행위가 될 수 없다.
④ 강박에 의한 의사표시도 반사회질서행위로서 무효가 될 수 있다.
⑤ 반사회질서행위는 불법원인급여의 원인이 되는 행위이므로 이러한 행위를 한 자는 급여한 재산이나 제공한 노무로 인한 이익의 반환을 청구하지 못한다.

ADVICE » ③ 동기가 표시된 경우에 한하여 사회질서의 위반을 이유로 무효가 된다는 견해(다수설)와 동기가 표시된 경우는 물론이고 표시되지 않았더라도 상대방이 그 동기를 알았거나 알 수 있었을 때에는 무효가 된다는 견해(주관설)가 있다.

5 다음 중 의사표시에 해당하는 것은?

① 승낙
② 취소 여부의 최고
③ 이행의 청구
④ 치료행위의 동의
⑤ 채권양도의 통지

ADVICE » ②③ 의사의 통지   ④ 감정의 표시   ⑤ 관념의 통지

Answer   1.③ 2.① 3.④ 4.③ 5.①

6 법률행위의 개념에 관한 설명으로 옳은 것은?

① 법률행위란 의사표시 그 자체이다.
② 법률행위란 법률효과이다.
③ 법률행위란 의사표시를 요소로 하는 법률요건이다.
④ 법률행위가 되려면 적어도 두 개 이상의 법률사실이 필요하다.
⑤ 법률행위의 법률효과는 법률규정에 의하여 발생한다.

> **ADVICE 》** ① 법률행위란 의사표시를 필수요소로 할 뿐, 의사표시 그 자체는 아니다.
> ② 법률행위는 법률요건이다.
> ④ 하나의 법률사실로 법률행위가 성립되는 경우도 있다.
> ⑤ 법률행위의 법률효과는 당사자의 의사표시대로 발생한다.

7 의사표시의 효력발생시기에 관한 설명 중 옳지 않은 것은?

① 제한능력자는 의사표시의 도달을 주장할 수 없다.
② 발신자는 의사표시의 발신 후에도 도달 전에는 임의로 의사표시를 철회할 수 있다.
③ 상대방 있는 의사표시는 표시행위가 상대방에 도달한 때부터 그 효력이 생긴다.
④ 격지자간의 계약은 승낙의 통지를 발송한 때 성립한다.
⑤ 민법상 도달주의 원칙은 특별한 규정이나 행위의 성질에 반하지 않는 한 상대방 있는 공법행위에도 적용된다.

> **ADVICE 》** ① 제한능력자측에서 의사표시의 도달을 주장할 수는 있다.

8 의사표시와 관련된 설명으로 옳지 않은 것은?

① 동기는 의사결정에 선행하여 그 원인이 된 심리적인 과정이므로 법률적인 의미가 없다고 한다.
② 표시의사는 의사표시의 성립요소가 아니라고 해석하는 것이 우리나라의 다수설이다.
③ 효과의사를 다시 표시상의 효과의사와 내심적 효과의사로 나누어 설명하기도 한다.
④ 효력주의의 이론은 의사와 표시의 이원적 구별을 배척하고 일체로서 파악한다.
⑤ 의사주의 입장에서는 착오는 원칙적으로 유효하다고 한다.

> **ADVICE 》** ⑤ 의사주의에 따를 경우 착오는 원칙적으로 무효이다.

9 민법 제109조의 착오에 관한 설명 중 옳은 것은?

① 1,000원을 1,000천원으로 표시한 것은 동기의 착오이다.
② 1,000원을 100원으로 표시한 것은 내용의 착오이다.
③ 토지의 시가에 대한 착오는 중요부분의 착오이다.
④ 토지의 현황, 경계에 관한 착오는 중요부분의 착오이다.
⑤ 서신을 다른 주소에 잘못 전달한 착오는 중요부분의 착오이다.

> **ADVICE** 》 ①② 표시의 착오에 해당한다.
> ③ 토지매매에 있어서 시가에 관한 착오는 토지를 매수하려는 의사를 결정함에 있어 그 동기의 착오에 불과할 뿐 법률행위의 중요부분에 관한 착오라 할 수 없다(대판 1985.4.23, 84다카890).
> ④ 토지의 현황, 경계에 관한 착오는 매매계약의 중요한 부분에 대한 착오이다(대판 1974.4.23, 74다54).
> ⑤ 착오가 아닌 부도달에 해당한다.

10 불공정한 법률행위의 내용으로 옳지 않은 것은?

① 궁박은 경제적인 곤궁뿐만 아니라 정신적 곤궁도 포함된다.
② 대리인에 의한 법률행위의 경우 궁박은 본인을 기준으로, 경솔과 무경험은 대리인을 기준으로 판단하여야 한다.
③ 궁박은 급박한 곤궁을 의미한다.
④ 급부와 반대급부 사이에 현저한 불균형이 존재한다고 해서 상대방의 궁박·경솔·무경험이 추정되는 것은 아니다.
⑤ 급부와 반대급부 사이에 현저한 불균형의 존재 여부는 당사자의 주관적인 가치를 고려하여 판단한다.

> **ADVICE** 》 ⑤ 민법 제104조에 규정된 불공정한 법률행위는 객관적으로 급부와 반대급부 사이에 현저한 불균형이 존재하고, 주관적으로 그와 같이 균형을 잃은 거래가 피해당사자의 궁박, 경솔 또는 무경험을 이용하여 이루어진 경우에 성립하는 것이다(대판 2002.9.4, 2000다54406).

11 다음 내용 중 옳지 않은 것은?

① 계약당사자의 일방이 미리 대가적인 출연을 하여야 비로소 계약이 성립하고 그로써 상대방이 대가적 채무를 부담하는 계약은 편무계약이지만 유상계약이다.

② 계약의 성립에 필요한 청약과 승낙의 합치는 두 의사표시가 갖는 사회적 표시가치를 기준으로 판단하여야 한다.

③ 약관이 당사자 사이에 구속력을 가질 수 있는 근거는 특별한 규정이 없는 한 이를 계약의 내용으로 포함시키기로 한다는 당사자 사이의 합의라고 하는 것이 판례의 태도이다.

④ 당사자가 청약과 승낙의 합치가 없었음에도 있다고 오인한 경우에는 착오의 법리가 적용된다.

⑤ 청약과 청약의 유인의 구별은 그것이 승낙으로 계약이 성립될 만한 충분한 내용을 포함하고 있는가의 여부가 중요한 기준이 된다.

> **ADVICE »** ④ 당사자의 일방 또는 쌍방이 실제로는 합의(계약)가 성립하지 않았음에도 합의가 성립했다고 오인하는 것을 '무의식적 불합의'라 하는데, 무의식적 불합의의 경우에는 계약 자체가 성립하지 않으므로 착오의 문제는 발생하지 않는다.

12 민법 제104조의 불공정한 법률행위에 대한 설명으로 옳지 않은 것은?

① 불공정한 법률행위로서 무효인 경우에는 추인에 의하여 그 무효인 법률행위가 유효가 될 수 없다.

② 이때의 무효는 절대적 전부무효로서 일부무효는 인정하지 않는 것이 판례이다.

③ 제104조의 폭리행위는 제103조의 반사회적 법률행위의 예시로 보는 것이 판례와 통설이다.

④ 불공정한 법률행위시 요건은 피해자의 궁박·경솔·무경험은 모두 구비되어야 하는 것이 아니라 어느 하나만 갖추면 된다.

⑤ 폭리자가 피해자의 궁박·경솔·무경험의 사정을 알고서 이용하려는 의사가 있어야 한다는 것이 판례이다.

> **ADVICE »** ② 판례는 민법 제104조의 불공정한 법률행위의 경우에도 일부무효가 인정될 수 있다고 본다.

13 乙은 甲소유 토지에 고속도로가 개설될 것으로 믿고(그러나 실제로는 고속도로의 예정지가 아니었음) 甲으로부터 그 토지를 매수하였다. 다수설에 따를 때 가장 타당한 것은?

① 표시에 대응하는 의사가 있으므로 乙은 원칙적으로 착오를 취소할 수 없다.
② 홍콩 달러가 미국 달러와 화폐가치가 같은 것으로 믿는 경우처럼 乙은 취소할 수 있다.
③ 전신기사가 본인이 전하려는 내용과 다른 내용을 타전한 경우처럼 乙은 취소할 수 있다.
④ 위의 매매는 투기라는 반사회적 법률행위로 乙의 의사와 관계없이 무효이다.
⑤ 위의 경우는 의사와 표시의 불일치를 본인이 모르는 전형적인 착오로서 취소할 수 있다.

> **ADVICE** 》 설문은 동기의 착오로서 다수설에 의할 경우 원칙적으로 동기의 착오를 이유로 의사표시를 취소할 수 없다.

14 다음 중 착오를 이유로 취소가능하다고 판례가 인정한 것은?

① 매매목적물의 가격에 관한 착오
② 매매목적부동산의 근소한 평수의 착오
③ 부동산 매매에서 양도소득세가 부과되지 않을 것이란 매수인의 설명을 믿고 한 매도인의 착오
④ 소송대리인의 의사에 반하여 그 사무원이 소를 취하한 착오
⑤ 부동산 매수인이 잔대금을 은행대출로 충당하려 했는데 대출이 불가능한 착오

> **ADVICE** 》 ③ 매도인의 대리인이, 매도인이 납부하여야 할 양도소득세 등의 세액이 매수인이 부담하기로 한 금액뿐이므로 매도인의 부담은 없을 것이라는 착오를 일으키지 않았더라면 매수인과 매매계약을 체결하지 않았거나 아니면 적어도 동일한 내용으로 계약을 체결하지는 않았을 것임이 명백하고, 나아가 매도인이 그와 같이 착오를 일으키게 된 계기를 제공한 원인이 매수인측에 있을 뿐만 아니라 매수인도 매도인이 납부하여야 할 세액에 관하여 매도인과 동일한 착오에 빠져 있었다면, 매도인의 위와 같은 착오는 매매계약의 내용의 중요부분에 관한 것에 해당한다(대판 1994.6.10, 93다24810).

15 다음 중 권리의 원시취득에 속하지 않는 것은?

> ㉠ 시효취득 ㉡ 선의취득
> ㉢ 무주물의 선점 ㉣ 전세권의 설정
> ㉤ 상속

① ㉠㉡㉢ ② ㉠㉣
③ ㉡㉣㉤ ④ ㉢㉣㉤
⑤ ㉣㉤

ADVICE 》 ㉣㉤ 승계취득이다.

※ 원시취득 … 타인의 권리에 기하지 않고 원시적으로 권리를 취득하는 것으로 ㉠㉡㉢ 외에
가옥의 신축, 유실물의 습득 등이 있다.

16 甲소유의 건물을 乙이 甲으로부터 임차하여 다시 丙에게 전대하였다. 다음 중 옳지 않은
것은?

① 甲이 전대차에 동의하지 않은 경우에 乙은 매매에서 매도인과 같이 담보책임을 진다.
② 丙이 甲으로부터 건물을 매수하여 임대인의 지위를 승계한 때에는 당연히 전차인으로
서의 지위는 상실한다.
③ 丙은 甲이 전대차에 동의하지 않고 건물의 명도청구를 하는 때에는 전대차계약을 해지
할 수 있다.
④ 甲은 전대차에 대하여 동의를 한 때에는 乙과 임대차를 합의해지하여도 丙에 대하여
건물의 명도를 청구할 수 없다.
⑤ 甲이 전대차에 대하여 동의한 경우에는 丙이 乙에게 차임을 지급하여도 甲에 대하여
대항하지 못한다.

ADVICE 》 ② 혼동으로 소멸하지 않는다.

17 다음 중 의사표시가 아닌 것은?

① 채권양도의 승낙 ② 계약의 청약
③ 유언 ④ 계약해지의 통지
⑤ 시효완성 후에 하는 채무의 승인

ADVICE 》 ① 준법률행위(표현행위) 중 관념의 통지(사실의 통지)이다. 관념의 통지는 표시된 의사의 내
용이 무엇을 의욕하는 것이 아니라, 어떤 객관적 사실에 관한 관념 또는 표상에 지나지 않는다.
※ 의사표시 … 청약 · 승낙 · 유언 등과 같이 일정한 법률효과를 의욕하는 의사의 표시행위이다.

18 의사주의와 표시주의에 대한 설명으로 옳지 않은 것은?

① 의사주의는 사적자치의 원칙을 철저히 고수한다.
② 의사주의는 내심적 효과의사를 의사표시의 중핵으로 파악하면서 진정권리자의 보호에 치중한다.
③ 민법상 진의 아닌 의사표시는 의사주의에 충실한 규정이다.
④ 표시주의는 표시행위에 중점을 두면서 거래의 동적 안전을 중요시한다.
⑤ 현행 민법은 의사주의의 요소와 표시주의의 요소를 적절히 가미하고 있다.

> **ADVICE** 》 ③ 진의 아닌 의사표시의 경우에 그 효과는 표시된 대로 효력을 발생한다〈제107조 제1항 본문〉.
> 즉, 표의자의 의사에 반하여 표시된 대로 효력이 발생한다.

19 침묵에 의한 의사표시에 관한 설명으로 틀린 것은?

① 침묵이 의사표시로 되는 근거는 침묵자에게 표시의사가 있기 때문이다.
② 침묵은 소극적인 의사표시행위로서 원칙적으로 침묵 자체만으로도 의사표시가 된다.
③ 약정에 의한 표시가치를 가지는 것은 침묵의 의사표시이다.
④ 침묵이 의사표시로 된다는 사정을 모르고 있으나 침묵이 의사표시로 인정된 경우에는 침묵자의 착오가 성립될 수 있다.
⑤ ④의 경우에 침묵자에게 과실이 있는 경우에는 손해배상의 책임을 인정하는 경우도 있다.

> **ADVICE** 》 ② 침묵은 특별한 정황에 따라 긍정을 의미하거나 부정을 의미하는 것이다. 따라서 특별한
> 정황과 관계없는 침묵은 의사표시로서 아무런 의미가 없다.

20 다음 중 연결이 잘못된 것은?

① 어음행위 – 무인행위
② 무권대리행위 – 무효
③ 미성년자의 법률행위 – 취소
④ 부담부증여 – 무상행위
⑤ 원시적 불능 – 계약체결상의 과실책임

> **ADVICE** 》 ④ 무상행위는 대가를 받지 않는 것으로 증여는 무상행위이나, 부담부증여는 유상행위이다.

21 격지자간의 계약이 성립하는 시기는?

① 승낙의 통지를 발송한 때
② 승낙의 통지가 도달된 때
③ 승낙의 통지를 수령한 때
④ 청약의 통지를 발송한 때
⑤ 청약의 통지가 도달된 때

ADVICE » 우리 민법은 의사표시의 효력발생시기에 대하여 원칙적으로 도달주의를 취하나 격지자간의
계약의 승낙의 통지 등 일부 경우에 예외적으로 발신주의가 인정된다.

22 다음 중 반사회적 법률행위가 아닌 것은?

① 부부재산계약
② 유질계약
③ 모자별거계약
④ 일생동안 독신으로 살겠다는 계약
⑤ 첩계약

ADVICE » ②는 불공정한 법률행위, ③⑤는 인륜에 반하는 행위, ④는 개인의 자유를 극도로 제한하는
행위로 반사회적 법률행위에 해당한다.

23 상대방 없는 단독행위에 해당하는 것은?

① 동의
② 재단법인 설립행위
③ 채무면제
④ 해제
⑤ 상계

ADVICE » 단독행위
㉠ 상대방 있는 단독행위 : 법정대리인의 동의, 채무면제, 상계, 취소, 해제 등
㉡ 상대방 없는 단독행위 : 유언, 권리의 포기, 재단법인 설립행위 등

24 甲을 본인으로 하는 대리인 乙이 상대방 丙과 통정하여 허위표시를 하였다. 이 경우 효과로서 옳은 것은?

① 甲만이 무효를 주장할 수 있다.
② 乙만이 무효를 주장할 수 있다.
③ 乙·丙만이 무효를 주장할 수 있다.
④ 甲·乙·丙 모두 무효를 주장할 수 있다.
⑤ 甲·丙만이 무효를 주장할 수 있다.

> **ADVICE** » 통정허위표시의 효과는 당사자 사이에 무효이다.

25 다음 중 요식행위가 아닌 것은?

① 증여　　　　　　　　② 법인설립행위
③ 유언　　　　　　　　④ 어음행위
⑤ 물권변동

> **ADVICE** » 요식행위 … 혼인, 인지, 법인설립행위, 유언, 물권변동, 어음행위, 수표행위, 입양 등이 이에 해당한다.
> ① 일정한 방식에 따라 의사표시를 해야 하는 행위가 아니다.

26 의사표시의 효력발생시기에 관해 우리 민법이 취하는 원칙적인 입장은?

① 표백주의　　　　　　② 발신주의
③ 도달주의　　　　　　④ 요지주의
⑤ 표시주의

> **ADVICE** » 우리 민법은 의사표시의 효력발생시기에 대하여 원칙적으로 도달주의를 취하나 격지자간의 계약의 승낙의 통지 등 일부 경우에 예외적으로 발신주의가 인정된다.

27 다음 중 법률행위가 아닌 것은?

① 甲이 乙에게 입학시험에 합격하면 학비를 주겠다고 한 약속
② 甲이 乙에게 방 하나를 무상으로 빌려주겠다고 한 약속
③ 친구 결혼식에 甲과 乙이 같이 참석하기로 한 약속
④ 甲이 乙을 위해 丙을 살해해 주고 2억원을 받기로 한 약속
⑤ 甲이 乙에게 바다 속 가라앉은 바늘 한 개를 건져주겠다고 한 약속

> **ADVICE** 》 ③ 친구와의 단순한 약속은 인간관계(도의관계)의 문제일 뿐이다.

28 甲은 丙의 기망(欺罔)에 의하여 토지를 乙에게 매도하고 乙은 토지를 丁에게 이전하였다. 이 경우 甲은 사기에 의한 의사표시와 취소를 누구에게 주장할 수 있는가?

① 丙
② 乙
③ 丁
④ 丙 · 丁
⑤ 乙 · 丙 · 丁

> **ADVICE** 》 법률행위에 있어서 취소의 의사표시는 반드시 취소할 수 있는 의사표시를 수령한 자에게만 하여야 한다.

29 법률행위의 해석에 관한 설명으로 틀린 것은?

① 법률행위의 해석은 의사표시의 유무 및 계약의 성립 여부의 판단, 법률행위의 확정을 위하여 필요하다.
② 당사자가 거래관행과 다른 내용의 의사표시를 한 경우에는 그 표시한 바가 기준이 된다.
③ 상대방 없는 단독행위의 경우에는 자연적 해석이 전형적으로 적용된다.
④ 법률행위의 착오의 문제는 보충적 해석과 밀접한 관련이 있다.
⑤ 자연적 해석과 규범적 해석 중 어느 것에 의할 것인가는 결국 표의자와 상대방의 이익을 어떻게 조화할 것인가에 의하여 정하여진다.

> **ADVICE** 》 ④ 법률행위의 착오문제는 규범적 해석과 밀접한 관련이 있다.

30 다음 중 착오를 이유로 취소할 수 없는 경우는?

① 토지가 매매대상에 포함되었다는 시(市) 공무원의 말만을 믿고 매매계약을 체결한 경우

② 위자료를 수령하면서 부동문자로 인쇄된 일체의 손해배상청구권 포기문구를 읽지 아니하고 날인한 경우

③ 甲채무의 보증인이 될 의사로 乙채무의 보증인이 된 경우

④ 채권자가 고리대금업자인 줄 모르고 금전소비대차계약을 체결한 경우

⑤ 귀속재산이 아닌 토지를 귀속재산인 줄 알고 그 토지를 국가에 증여한 경우

ADVICE » ④ 금전소비대차계약에서 상대방의 직업이 무엇인가가 중요시되지 않으므로 중요부분의 착오라 할 수 없다.

31 민법 제108조 제2항은 "통정허위표시는 무효이나 그 무효는 선의의 제3자에게 대항할 수 없다."고 규정하고 있다. 이 조항이 정하는 제3자에 포함되지 않는 것은?

① 가장매매에 기한 부동산 매수인으로부터 그 부동산을 다시 사고 소유권이전등기를 받은 사람

② 가장금전소비대차에 기한 반환채권을 양도받은 사람

③ 주식이 가장양도되어 양수인 앞으로 명의개서된 경우의 주식회사

④ 부동산에 대한 전세권의 가장포기가 있은 후 그 부동산을 부담없는 상태로 양도받은 사람

⑤ 가장저당권설정행위에 기한 저당권의 실행으로 경락받은 사람

ADVICE » 제108조 제2항의 '제3자'란 허위표시의 당사자와 그 포괄적 승계인이 아니고, 허위표시에 의한 법률행위의 존재를 전제로 새로운 이해관계에 선 자를 의미한다.
③의 경우는 새로운 이해관계에 선 자에 해당하지 않는다.

32 법률행위의 해석의 표준이라 할 수 없는 것은?

① 당사자의 목적　　　　　　　② 임의법규
③ 신의성실의 원칙　　　　　　④ 판례
⑤ 사실인 관습

> ADVICE 》 **법률행위 해석의 기준**
> ㉠ 당사자의 목적
> ㉡ 사실인 관습
> ㉢ 임의법규
> ㉣ 신의성실의 원칙

33 다음 중 의사표시의 착오에 관한 설명으로 옳지 않은 것은?

① 착오로 인한 의사표시는 언제나 취소할 수 있다.
② 착오로 인한 혼인은 무효이다.
③ 착오로 인한 취소는 선의의 제3자에 대항할 수 없다.
④ 주식의 인수에 관하여 착오의 규정은 적용되지 않는다.
⑤ 동기의 착오도 의사표시의 착오가 될 수 있다.

> ADVICE 》 ① 법률행위의 중요부분에 착오가 있고 표의자에게 중대한 과실이 없는 경우에 한하여 그 의
> 사표시를 취소할 수 있다. 즉, 원칙적으로는 취소할 수 없다.
> ※ **의사표시의 착오** … 표의자가 한 표시행위의 내용과 진의가 일치하지 않는 것을 표의자가
> 알지 못하는 것을 말한다.

34 다음의 연결 중 옳지 않은 것은?

① 요식행위 – 어음행위　　　　② 단독행위 – 유언
③ 무상행위 – 사용대차　　　　④ 합동행위 – 재단법인 설립행위
⑤ 계약 – 사인증여

> ADVICE 》 ④ 재단법인의 설립행위는 단독행위이다.

35 甲은 乙에게 자동차를 500만원에 사라고 청약하고 乙이 이를 승낙하면 매매계약이 성립하며, 甲에게는 매매대금지급청구권이, 乙에게는 소유권이전청구권이 발생한다. 다음 중 옳은 것은?

① 청약·승낙과 매매는 법률요건이며, 매매대금지급청구권과 소유권이전청구권은 법률효과이다.

② 청약·승낙과 매매는 법률사실이며, 매매대금지급청구권과 소유권이전청구권은 법률효과이다.

③ 청약·승낙은 법률사실이고 매매는 법률요건이며, 매매대금지급청구권과 소유권이전청구권은 법률효과이다.

④ 청약·승낙은 법률요건이고 매매는 법률사실이며, 매매대금지급청구권과 소유권이전청구권은 법률효과이다.

⑤ 청약·승낙과 매매는 법률요건이며, 매매대금지급청구권과 소유권이전청구권은 법률사실이다.

> **ADVICE ≫** 권리변동의 원인이 되는 것을 법률요건(매매)이라 하고, 법률요건은 각종의 법률사실(청약·승낙)로 구성된다. 법률요건에 의하여 발생되는 권리변동을 법률효과라고 한다.

36 다음 중 요식행위가 아닌 것은?

① 인지   ② 어음행위

③ 유언   ④ 대리권 수여행위

⑤ 법인설립행위

> **ADVICE ≫** 요식행위라 함은 의사표시가 일정한 형식을 갖추어야 되는 행위로서 ①②③⑤ 이외에 수표행위, 혼인, 입양 등이 있다.
> ④ 다른 법률행위를 보조하는 보조행위로 불요식행위이다.

37 다음 중 유효인 것은?

① 첩계약
② 도박에 기인한 채권
③ 인신매매계약
④ 무허가 음식점의 음식물 판매행위
⑤ 밀수입자금 마련을 위한 대차계약

> **ADVICE »** ①②③⑤ 강행법규를 위반한 행위로 무효이다.
> ④ 일정한 거래행위를 단속할 목적으로 그 행위를 금지하거나 관청의 허가를 얻도록 하는 한편,
> 그에 위반하여도 행위자가 단속상의 제재를 받을 뿐 그 행위 자체의 사법상의 효과에는
> 영향이 없는 단속규정(금지규정)에 해당한다.

38 외형상으로 보아 의사와 표시가 일치하고 있는 것은?

① 착오에 의한 의사표시
② 사기에 의한 의사표시
③ 가장행위
④ 통정한 허위표시
⑤ 심리유보의 경우

> **ADVICE »** 하자 있는 의사표시(사기 · 강박에 의한 의사표시)는 외부의 부당한 간섭으로 인하여 표의자의
> 자유로운 의사가 방해된 상태에서 행하여진 의사표시로 이는 외형상 의사와 표시가 일치되는
> 의사표시이다.
> ①③④⑤ 의사와 표시의 불일치(의사의 흠결)이다.

39 다음 중 법률요건에 관한 설명으로 틀린 것은?

① 법률요건은 법률행위의 성립요건이나 유효요건과 다른 개념이다.
② 일정한 법률효과를 발생케 하는 사실을 총괄해서 법률요건이라고 한다.
③ 법률요건으로서 가장 중요한 것은 법률행위이다.
④ 불법행위는 법률요건이 될 수 없다.
⑤ 준법률행위는 법률요건이다.

> **ADVICE »** **법률요건** … 법률효과를 발생케 하는 요인이 되는 것으로 가장 중요한 것이 법률행위이나 이에
> 한하는 것이 아니며, 준법률행위나 불법행위 · 부당이득 · 사무관리 등도 법률요건이다.

40 착오를 이유로 의사표시를 취소할 경우 법률행위 내용의 중요부분이 아닌 것은?

① 증여계약에서의 상대방의 동일성   ② 임대차계약에서의 상대방의 동일성

③ 현실매매에서의 상대방의 동일성   ④ 위임계약에서의 상대방의 동일성

⑤ 고용계약에서의 상대방의 동일성

> **ADVICE** » 주체(당사자)의 동일성에 관한 착오는 법률행위의 성질에 따라 다르다. 즉, 주체가 누구냐를 중요시하는 법률행위(예 : 증여, 신용매매, 임대차, 위임, 고용 등)에 있어서는 중요부분의 착오가 된다. 그러나 현실매매와 같이 상대방이 누구냐를 중요시하지 않는 경우에는 중요부분의 착오가 아니다.

41 사기에 의한 의사표시의 요건에 관한 다음의 설명으로 틀린 것은?

① 사기는 표의자의 상대방만이 할 수 있다.

② 사기자에게 고의가 있어야 한다.

③ 기망행위가 있어야 한다.

④ 기망행위는 위법한 것이어야 한다.

⑤ 표의자가 착오에 빠지고 그에 기초하여 의사표시를 하였어야 한다.

> **ADVICE** » ① 제3자의 사기 · 강박도 있다.
>
> ※ 사기에 의한 의사표시의 요건
> ㉠ 사기자에게 고의가 있어야 한다.
> ㉡ 기망행위가 있어야 한다.
> ㉢ 위법한 것이어야 한다.
> ㉣ 착오와 의사표시 사이에 인과관계가 있어야 한다.

42 다음 중 계약인 법률행위는?

① 상계   ② 해제

③ 면제   ④ 경개

⑤ 취소

> **ADVICE** » 계약(쌍방행위) … 두 사람 이상의 당사자의 청약과 승낙이라는 서로 대립하는 의사표시의 합치로써 성립하는 법률행위이다.
> ①②③⑤ 행위자 한 사람의 1개의 의사표시만으로 성립하는 단독행위인 법률행위이다.
> ④ 경개는 채무의 요소를 변경함으로써 새로운 채무를 성립시키는 동시에 구 채무를 소멸케 하는 계약이다.

43 다음 중 의사표시의 효력발생에 관한 설명으로 틀린 것은?

① 상대방 있는 의사표시의 효력발생시기는 원칙적으로 상대방에게 도달한 때이다.
② 의사표시가 도착하지 않는 불이익은 표의자가 입는다.
③ 발신 후 도달 전에 표의자가 사망하여도 의사표시의 효력에는 영향이 없다.
④ 발신 후라도 도달하기 전까지는 의사표시를 철회할 수 있다.
⑤ 의사표시를 수령하는 데는 능력을 필요로 하지 않는다.

> **ADVICE** 》 ⑤ 타인의 의사표시의 내용을 이해할 수 있는 능력을 의사표시의 수령능력이라 하고 의사표시의 수령에는 수령능력이 필요하다.

44 다음 내용 중 옳은 것은?

① 진의 아닌 의사표시는 언제나 그 행위의 효력에 영향이 없다.
② 통정한 허위의 의사표시에 있어서 표의자는 제3자에 대하여 무효로써 대항할 수 있다.
③ 착오로 인한 의사표시에 있어서 표의자에게 중대한 과실이 있는 경우에도 표의자는 그 의사표시를 취소할 수 있다.
④ 사기의 의사표시는 무효이다.
⑤ 강박에 의한 의사표시는 취소할 수 있으나 그 취소로써 선의의 제3자에게 대항할 수 없다.

> **ADVICE** 》 ① 진의 아닌 의사표시는 원칙적으로 표시한 대로 효력이 발생한다. 그러나 예외적으로 상대방이 표의자의 진의 아님을 알았거나 알 수 있었을 경우에는 무효가 되며 이 무효를 가지고 선의의 제3자에게 대항할 수 없다.
> ② 통정한 허위표시의 무효는 선의의 제3자에게 대항하지 못한다.
> ③ 법률행위 내용의 중요부분에 착오가 있는 경우에는 그 의사표시는 이를 취소할 수 있다. 그러나 예외적으로 표의자에게 중대한 과실이 있는 때에는 비록 내용의 중요부분의 착오일지라도 표의자는 착오를 이유로 취소하지 못한다.
> ④ 취소할 수 있다.

04 핵심예상문제

1 권리변동에 관한 내용으로 옳은 것은?

① 취득시효로 인한 권리의 취득은 이른바 권리의 상대적 취득(발생)이다.

② 상속으로 인한 권리의 취득은 이른바 승계취득 중의 특정승계이다.

③ 저당권의 취득은 이른바 권리의 이전적 취득이다.

④ 물건의 인도를 목적으로 하는 채권이 손해배상채권으로 변했다면 그것은 이른바 권리의 성질적 변경이다.

⑤ 권리의 주체가 변경되는 것은 권리의 절대적 소멸이라고 할 수 있다.

> **ADVICE** 》 ① 권리의 시효취득은 원시취득이다.
> ② 상속으로 인한 권리취득은 승계취득 중의 포괄승계취득이다.
> ③ 저당권의 취득은 승계취득 중 설정적 취득이다.
> ⑤ 권리의 주체가 변경되는 것은 권리의 상대적 소멸이다.

2 법률사실에 관한 설명으로 옳지 않은 것은?

① 소유의 의사는 의사적 용태이다.

② 용노(容恕)는 감정표시이다.

③ 의사표시는 법률행위이다.

④ 악의는 관념적 용태이다.

⑤ 상계는 채무자의 단독행위이다.

> **ADVICE** 》 ③ 의사표시는 그 자체가 법률행위가 아니라 이를 요인으로 하는 법률요건이 법률행위이다.

Answer 43.⑤ 44.⑤ / 1.④ 2.③

3 다음 설명 중 옳지 않은 것은?

① 공탁은 법률행위이다.
② 상계와 대물변제는 채무자만의 법률행위이다.
③ 혼동은 사건이다.
④ 면제는 채권자의 단독행위이다.
⑤ 변제는 준법률행위이나, 대물변제는 법률행위이다.

> **ADVICE** 》 ① 공탁은 계약으로 법률행위이다.
> ② 상계는 채무자만의 단독행위이나, 대물변제는 계약이다.

4 다음 설명 중 옳지 않은 것은?

① 변제수령의 거절은 의사의 통지이다.
② 대리권 수여의 표시는 관념의 통지이다.
③ 무주물선점은 혼합적 사실행위이다.
④ 시효이익의 포기는 의사표시이다.
⑤ 과실의 귀속에 관한 규정은 강행규정이다.

> **ADVICE** 》 ① 표의자의 의사와는 무관하게 또는 이와 독립하여 직접 법률규정 자체에 의하여 법적 효과가
> 발생하는 의사의 통지이다.
> ③ 외부적 결과의 발생뿐 아니라 그 밖에 어떤 의식과정을 수반하는 혼합적 사실행위이다.
> ④ 의사표시라 함은 표의자가 일정한 법률효과의 발생을 의욕하는 의사를 표시하고, 법률이
> 그 표의자가 의욕한 대로의 내용의 법률효과를 발생시킬 만한 것으로 인정함으로써 그 달
> 성을 위해 조력하는 것을 말한다. 그러므로 시효이익의 포기는 이에 해당한다.
> ⑤ 민법 제102조는 임의규정이다.

5 다음 중 법률행위자유의 원칙을 제한하는 것은?

① 사정변경의 원칙　　　　　　　　② 부합계약
③ 근로자의 단체협약권　　　　　　④ 개인주의
⑤ 사회적 타당성에 반하는 계약의 무효

> **ADVICE** 》 ② 부합계약이란 계약내용의 결정을 일방당사자가 정하고 그 타방은 그 계약내용에 따라야
> 하는 것으로 보험계약 등이 그 예이다. 이는 법률행위자유의 원칙의 중요한 제한이다.

6 다음 중 사건에 속하는 것은?

① 선의 　　　　　　　　　　② 용서
③ 물건의 멸실 　　　　　　　④ 불법행위
⑤ 소유의 의사

> **ADVICE** » 사건 … 사람의 정신작용에 기하지 않는 법률사실이며, 사람의 출생과 사망·실종·시간의 경과·물건의 자연적인 발생과 소멸 등이 이에 속한다.

7 다음 중 옳은 것은?

① 통정허위표시에 있어서 표의자는 제3자에 대하여 무효로써 대항할 수 있다.
② 착오로 인하여 의사표시를 한 경우에 표의자에게 중대한 과실이 있을 때에는 취소하지 못한다.
③ 비진의 의사표시는 언제나 그 행위의 효과에 영향이 없다.
④ 사기에 의한 의사표시는 무효이다.
⑤ 강박에 의한 의사표시는 취소할 수 있으며, 이 취소로써 선의의 제3자에게도 대항할 수 있다.

> **ADVICE** » ① 통정허위표시의 무효는 선의의 제3자에게 대항하지 못한다〈제108조 제2항〉.
> ③ 일정한 경우에는 무효가 된다〈제107조 제1항 단서〉.
> ④⑤ 사기·강박에 의한 의사표시는 취소할 수 있으며, 그러한 의사표시의 취소는 선의의 제3자에게 대항하지 못한다〈제110조〉.

8 법률행위의 착오에 관한 설명으로 틀린 것은?

① 착오는 의사의 흠결의 한 경우이다.
② 표시기관의 착오는 표의자 스스로 표시를 잘못한 착오와 마찬가지로 다룬다.
③ 동기의 착오는 그 동기가 표시된 경우에 한하여 취소할 수 있다.
④ 법률행위의 내용의 중요부분에 착오가 있는 경우에는 표의자는 취소할 수 있다.
⑤ 착오자의 상대방은 착오자가 취소한 경우에 그에 대한 손해배상은 어떠한 경우에도 인정되지 않는다.

> **ADVICE** » 우리나라 민법은 착오를 이유로 취소한 표의자(表意者)는 과실의 유무를 묻지 않고 신뢰이익을 배상하도록 하는 규정이 없다. 그러나 표의자에게 경과실(經過失)이 있는 경우에는 계약체결상의 과실책임에 관한 민법 제535조의 적용을 받을 수 있다.

Answer 　3.② 4.⑤ 5.② 6.③ 7.② 8.⑤

9 계약이 아닌 것은?

① 대물변제　　　　　　　　② 상계
③ 경개　　　　　　　　　　④ 증여
⑤ 임치

ADVICE 》 ② 민법상의 상계는 단독행위이다.

10 사회질서에 위배하여 무효가 되는 경우에 해당하지 않는 것은?

① 도박채무를 담보하기 위하여 가등기를 설정하는 행위
② 첩관계를 단절하기 위하여 매월 일정한 금액의 지급을 약속하는 행위
③ 혼인하여 임신하면 당연히 퇴사하는 것을 조건으로 하는 여비서채용계약
④ 매도인의 배임행위에 적극 가담하여 이미 매도된 부동산을 이중으로 양수하는 행위
⑤ 화폐위조를 위하여 자금을 대차하는 계약

ADVICE 》 법률행위의 목적이 강행법규에 위반하지 않더라도 선량한 풍속 기타 사회질서에 위반하는 때에는 그 법률행위는 무효이다. 그러나 불륜관계의 단절을 위하여 하는 금전급부계약은 유효하다.

11 권리의 원시취득이 아닌 것은?

① 시효취득　　　　　　　　② 습득
③ 선점(先占)　　　　　　　④ 선의취득
⑤ 회사의 합병

ADVICE 》 권리의 취득
　⊙ 원시취득 : 타인의 권리에 기하지 않고 원시적으로 취득하는 것으로 시효취득, 선점, 선의취득, 습득 등이 있다.
　ⓛ 승계취득 : 타인의 권리에 기하여 취득하는 것으로서 매매, 상속, 회사의 합병 등이 이에 속한다. 또한 소유권에 기하여 지상권, 저당권 등을 설정하는 경우에도 승계취득이 있다.

12 다음 내용 중 옳지 않은 것은?

① 사기에 의한 의사표시는 하자 있는 의사표시이며 취소할 수 있다.
② 강박에 의한 의사표시는 의사의 흠결의 한 경우이다.
③ 내용의 중요부분에 착오가 있는 의사표시도 취소할 수 있다.
④ 통정허위표시의 무효는 선의의 제3자에게 대항하지 못한다.
⑤ 비진의 의사표시는 의사의 흠결의 한 경우이며 원칙적으로 유효하다.

13 심리유보와 허위표시의 이동에 관하여 틀린 것은?

① 심리유보와 허위표시는 원칙적으로 모두 무효이지만 제3자에 대한 관계에 있어서 차이가 있다.

② 심리유보에 있어서 보통 속는 것은 표의자의 상대방인 데 반하여, 허위표시에서는 제3자이다.

③ 심리유보의 효과는 원칙적으로 유효인 데 반하여, 허위표시는 원칙적으로 무효이다.

④ 심리유보나 허위표시의 무효는 모두 선의의 제3자에게 대항하지 못한다.

⑤ 심리유보에 있어서 표의자는 진의 아닌 것을 상대방이 알거나 또는 모를 것이라고 기대하여 청약하는 데 반하여, 허위표시에서 표의자는 상대방이 알고 있는 것으로 생각하는 점에서 다르다.

14 착오에 관한 설명으로 틀린 것은?

① 표의자의 중대한 과실로 인한 착오는 취소할 수 없다.

② 2만원으로 적을 생각이었으나, 잘못하여 3만원으로 적은 것은 표시상의 착오이다.

③ 본인의 의사와 다른 의사표시에 의하여 대리인이 법률행위를 하더라도 이것은 착오의 문제가 아니다.

④ 착오로 인한 의사표시는 표시와 진의의 불일치를 표의자가 모르는 경우이다.

⑤ 동기의 착오는 어느 경우에나 법률행위에 아무런 영향을 미치지 않는다.

15 법률행위의 목적에 관한 설명으로 틀린 것은?

① 법률행위의 목적은 확정되어 있거나 또는 확정할 수 있는 것이어야 한다.
② 법률행위의 목적은 일명 법률행위의 내용이라고도 한다.
③ 법률행위가 유효하기 위하여는 그 목적이 적법한 것이어야 한다.
④ 확정된 목적의 실현이 불가능한 경우 그 법률행위는 언제나 취소할 수 있다.
⑤ 법률행위의 목적은 그 실현이 가능한 것이어야 한다.

> **ADVICE** 》 법률행위가 유효하려면 확정, 가능, 적법, 사회적 타당이라는 요건을 갖추어야 하는데 이 요
> 건을 갖추지 못하면 법률행위는 무효이다.

16 의사표시의 효력에 관하여 발신주의를 인정하지 않는 경우는?

① 채권자의 채무인수자에 대한 승인의 확답
② 무권대리인의 상대방의 최고에 대한 본인의 확답
③ 대화자간의 계약에 있어서 승인의 통지
④ 제한능력자의 상대방의 최고에 대한 법정대리인의 확답
⑤ 격지자간의 계약상의 승인의 통지

> **ADVICE** 》 발신주의에 의하는 경우는 ①②④⑤와 사원총회소집의 통지, 기타 특약이 있는 경우이다.
> ③ 대화자간의 계약에 있어서의 승낙의 통지는 민법의 원칙인 도달주의에 따라 도달할 때에
> 효력이 생긴다.

17 법률행위의 해석에 관한 설명으로 틀린 것은?

① 법률행위의 해석은 법률문제이다.
② 민법은 법률행위 해석기준에 관한 일반적 규정을 두고 있지 않다.
③ 법률행위의 해석은 당사자의 숨은 진의(내심적 효과의사)를 탐구하는 것이다.
④ 법률행위의 해석은 결국 의사표시의 해석이다.
⑤ 법률행위의 해석은 법률행위의 내용을 명확히 하는 것이다.

> **ADVICE** 》 ③ 법률행위의 해석은 당사자의 의사를 밝히는 것이기는 하나, 당사자의 숨은 진의(내심적 효
> 과의사)를 탐구하는 것이 아니며, 당사자의 의사의 객관적인 표현이라고 볼 수 있는 것, 즉
> 표시행위가 가지는 사회적 의미를 명백히 하는 것이다.

18 허위표시에 관한 설명으로 틀린 것은?

① 채무자가 자기소유의 부동산에 대한 채권자의 집행을 면하기 위하여 타인과 상의해서 그 자에게 매도한 것으로 하고 등기명의를 옮기는 경우는 허위표시로서 원칙적으로 무효이다.

② 거래의 외형을 신뢰한 자를 보호하고 있는 법제에 있어서는 제3자 보호규정이 필요하지 않다.

③ 가장소비대차에 기한 채권의 양수인은 제3자에 포함된다.

④ 허위표시는 당사자 사이에서 철회할 수 있으며, 철회를 한 경우에는 철회로써 선의의 제3자에게 대항할 수 있다.

⑤ 당사자는 허위표시의 무효를 선의의 제3자에 대하여 주장할 수 없다.

> **ADVICE** 》 ④ 허위표시는 당사자 사이에서 철회할 수 있으나, 철회를 하더라도 선의의 제3자에게 그것을 가지고 대항하지는 못한다(통설).

19 법률행위의 중요부분의 착오에 해당하지 않는 것은?

① 증여계약의 상대방을 잘못 안 경우

② 임대차를 사용대차로 안 경우

③ 소유자가 아닌 자를 소유자로 잘못 알고 매매계약을 한 경우

④ 甲토지를 乙토지로 잘못 알고 임대차계약을 한 경우

⑤ 연체보증을 통하여 보증으로 잘못 안 경우

> **ADVICE** 》 ③ 매매행위에 있어서는 상대방이 누구냐가 중요한 것은 아니므로 매매행위에 있어 상대방을 잘못 알았던 것은 중요부분의 착오가 아니다.

20 착오에 관한 설명 중 틀린 것은?

① 투함한 편지의 오달은 착오의 문제가 아니다.

② 사용대차를 임대차로 오신하면 이를 취소할 수 있다.

③ 표시된 동기의 착오를 이유로 법률행위를 취소할 수 있다.

④ 착오에 있어서 표의자에게 중과실이 있다는 입증책임은 표의자가 진다.

⑤ 착오에 관한 규정은 신분상의 행위에는 적용되지 않는다고 보는 것이 통설이다.

> **ADVICE** 》 ④ 착오에 있어서 중대한 과실의 입증책임은 표의자의 상대방이 부담한다.

Answer   15.④ 16.③ 17.③ 18.④ 19.③ 20.④

21 다음 중 틀린 것은?

① 법률행위의 취소권자는 항상 추인권을 가진다.
② 무효행위의 소급적 추인도 당사자간에는 유효하다는 것이 통설이다.
③ 법정추인행위는 취소권의 존재를 모르고 하여도 무방하다.
④ 취소할 수 있는 법률행위를 추인한 후에는 다시 취소하지 못한다.
⑤ 취소의 효과는 항상 원상회복의무를 발생하는 것은 아니다.

> **ADVICE** » ① 추인권자는 취소를 할 수 있는 자, 즉 취소권자이다. 그러나 취소권자가 항상 추인권을 가지는 것은 아니다. 왜냐하면 추인은 취소의 원인이 소멸된 후에 하지 않으면 효력이 없기 때문이다〈제144조 제1항〉.

22 외부적 용태에 해당하지 않는 것은?

① 의사표시　　　　　　② 준법률행위
③ 의사의 통지　　　　　④ 감정의 표시
⑤ 관념적 용태

> **ADVICE** » 외부적 용태(행위)는 적법행위와 위법행위로 구분되며, 적법행위는 법률행위와 준법률행위로 구분된다.
> ③④ 준법률행위　⑤ 내부적 용태(내심적 의식)

23 다음 중 의사적 용태에 속하는 것은?

① 소유의 의사　　　　　② 정당한 대리인이라는 신뢰
③ 채무의 승인　　　　　④ 대리권 수여의 통지
⑤ 선의 · 악의

> **ADVICE** » 내부적 용태
> ㉠ 의사적 용태 : 일정한 의사를 가지고 있느냐의 내심적 과정을 말하며 소유의 의사, 제3자의 변제에 있어서의 채무자의 허용 또는 불허용의 의사, 사무관리의 경우 본인의 의사 등이 그 예이다.
> ㉡ 관념적 용태 : 선의 · 악의, 정당한 대리인이라는 신뢰 등과 같이 일정한 사실에 관한 관념 또는 의식이 있느냐 없느냐의 내심적 의식을 말한다.

24 다음 내용 중 틀린 것은?

① 행위능력은 정신능력의 정형화의 현현(顯現)이라고 할 수 있다.
② 행위능력에 관한 민법상의 규정은 권리능력과는 달리 임의규정이다.
③ 자연인의 행위능력은 의사능력을 전제로 한다.
④ 권리능력자가 반드시 행위능력자인 것은 아니다.
⑤ 의사능력을 가진 자만이 책임능력이 있다.

> **ADVICE** 》 ② 행위능력에 관한 민법규정은 권리능력에 관한 규정과 마찬가지로 강행규정이다.

25 진의 아닌 의사표시에 대한 설명 중 틀린 것은?

① 표의자가 단독으로 한다.
② 진의 마음 속에 유보한 행위와 같다.
③ 상대방이 있는 경우에도 그와 통정하는 일이 없는 점에서 허위표시와 다르다.
④ 표의자가 의사와 표시의 불일치를 스스로 알고 있는 점에서 허위표시 및 착오에 의한
의사표시와 다르다.
⑤ 의사가 흠결된 경우 가운데 하나이다.

> **ADVICE** 》 ④ 진의 아닌 의사표시는 표의자가 의사와 표시의 불일치를 스스로 알고 있는 점에서 착오에
의한 의사표시와 다르며, 허위표시와 같다.

26 의사표시의 효력발생시기에 대한 설명으로 틀린 것은?

① 서신이 우편함에 투입되었을 때 효력이 발생하는 것으로 하는 입장은 표백주의이다.
② 요지주의는 상대방이 의사표시의 내용을 요지한 때에 의사표시가 효력을 발생한다는
주의이다.
③ 도달주의는 의사표시가 상대방에게 도달한 때에 효력이 생긴다는 주의이다.
④ 발신주의는 의사표시가 상대방에게 발신된 때에 효력이 생긴다는 주의이다.
⑤ 표백주의는 의사표시가 성립한 때에 효력이 생긴다는 주의이다.

> **ADVICE** 》 ① 서신이 우편함에 투입되었을 때 의사표시의 효력이 생기는 것으로 하는 입장은 발신주의
이다.

27 불공정한 법률행위에 대한 설명으로 틀린 것은?

① 폭리행위는 모든 재산상의 유상행위에 관하여 인정되지 않는다.

② 법률행위가 현저하게 공정을 잃는다고 해서 그것이 곧 궁박·경솔하게 이루어진 것으로 추정되지는 않는다.

③ 폭리자가 피해자의 궁박·경솔 또는 무경험을 이용하였어야 폭리행위가 성립한다.

④ 급부와 반대급부와의 사이에 현저한 불균형이 있어야 불공정한 법률행위가 성립한다.

⑤ 불공정한 법률행위는 반사회질서의 법률행위의 하나이다.

> **ADVICE** 》 **불공정한 법률행위(폭리행위)** … 자기의 급부에 비하여 현저하게 균형을 잃은 반대급부를 하게 하여 부당한 재산적 이익을 얻는 행위를 말한다.
> ① 폭리행위는 모든 재산상의 유상행위에 관하여 인정된다.

28 다음 중 내용이 틀린 것은?

① 비진의 의사표시는 취소할 수 있다.

② 통정허위표시는 무효이다.

③ 강박에 의한 의사표시의 취소는 선의의 제3자에게 대항하지 못한다.

④ 착오로 인한 의사표시의 취소는 선의의 제3자에게 대항하지 못한다.

⑤ 착오가 표의자의 중대한 과실로 인한 때에는 의사표시를 취소할 수 없다.

> **ADVICE** 》 ① 비진의 표시는 원칙적으로 유효하나, 일정한 경우에는 무효이다. 그러나 취소할 수 있는 것은 아니다.

29 우편으로 어떤 의사표시를 하는 경우 그 의사표시의 효력발생시기는 원칙적으로 언제부터인가?

① 의사표시를 서면으로 작성한 때

② 서면을 우체통에 투입한 때

③ 상대방 집에 우편이 도달할 때

④ 상대방이 우편을 손에 잡은 때

⑤ 상대방이 서면내용을 다 읽은 때

> **ADVICE** 》 우리나라는 도달주의를 채택하고 있다.

30 다음 중 순수사실행위인 것은?

① 가공　　　　　　　　　　　② 선점
③ 부부의 동거　　　　　　　　④ 점유
⑤ 사무관리

> **ADVICE** 》 사실행위 … 행위가 행하여져 있다는 것 또는 그 행위에 의하여 생긴 결과만이 법률상 의미가 있는 것으로 인정되는 행위이다.
> ㉠ **순수사실행위** : 주소의 설정 · 매장물의 발견 · 가공 등과 같이 외부적 결과의 발생만 있으면 법률이 일정한 효과를 주는 것이다.
> ㉡ **혼합사실행위** : 선점 · 물건의 인도 · 사무관리 · 부부의 동거 등과 같이 외부적 결과의 발생 외에 어떤 의식과정이 따라야 하는 것이다.

31 다음 설명 중 틀린 것은?

① 사기와 강박에 기인한 행위는 완전히 유효하지 않다.
② 허위표시가 당사자 사이에 유효로 되는 경우는 절대로 없다.
③ 내용의 중요부분에 착오가 있는 때에는 그 의사표시는 취소할 수 있지만 표의자에게 과실이 있는 때에는 취소하지 못한다.
④ 허위표시에 관하여서는 제3자로부터 당사자에 대하여 그 무효를 주장할 수 있다.
⑤ 진의 아닌 의사표시도 무효로 되는 경우가 있다.

> **ADVICE** 》 ③ 착오에 의한 의사표시는 표의자에게 중대한 과실이 있는 때에는 취소하지 못한다〈제109조 제1항 단서〉.

32 다음 중 착오에 대한 설명으로 틀린 것은?

① 고속전철이 부설된다고 믿고서 부동산 투기를 하는 것은 동기의 착오이다.
② 건축허가를 담당하는 자가 시공현장을 시찰하지 않은 채 건축허가를 내 준 것은 중대한 과실이다.
③ 착오에 있어서 중대한 과실은 추상적 과실이다.
④ 착오로 인한 의사의 흠결은 선의의 제3자에 대항할 수 있다.
⑤ 표의자는 경과실이 있는 경우에도 착오를 이유로 법률행위를 취소할 수 있다.

> **ADVICE** 》 ④ 선의의 제3자에게 대항하지 못한다〈제109조 제2항〉.

33 다음 중 사실인 관습에 관한 내용으로 틀린 것은?

① 사실인 관습은 관습법과는 달리 사회의 법적 확신에 의하여 지지될 필요가 없다.

② 사실인 관습은 당사자의 목적·임의법규·신의성실의 원칙 등과 아울러 법률행위 해석의 표준이 된다.

③ 재판에 있어서 사실인 관습의 존재는 관습법과는 달리 당사자가 입증하여야 한다.

④ 사실인 관습은 강행법규에 반하는 경우에는 당사자의 의사가 명확치 않을 때에도 해석의 표준이 될 수 없다.

⑤ 강행법규도 임의법규도 없는 사항에 관하여는 관습법은 해석의 표준이 될 수 있지만 사실인 관습은 될 수 없다.

> **ADVICE** ≫ ⑤ 강행법규나 임의법규 어느 것도 없는 사항에 관하여 관습이 있는 경우에는 역시 그 관습이 해석의 표준이 된다(통설).

34 다음 중 법률행위의 성립요건이 아닌 것은?

① 내용의 사회적 타당성 　　　　② 목적

③ 의사표시 　　　　④ 혼인에 있어서의 신고

⑤ 당사자

> **ADVICE** ≫ ① 법률행위의 효력요건(유효요건)이다.
> ※ **법률행위의 성립요건** … 법률행위라고 할 수 있을 만한 것이 있기 위하여 요구되는 최소한의 외형적·형식적인 요건을 의미한다. 성립요건은 모든 법률행위에 공통되는 요건인 일반적 성립요건과 특수한 법률행위에 관하여 필요한 요건인 특별성립요건으로 나누어지는데, 당사자·목적·의사표시는 전자이다. 한편, 요물계약에 있어서의 물건의 인도·혼인에 있어서의 신고 등은 특별성립요건의 예이다.

35 다음 중 법률행위의 목적에 관한 설명으로 틀린 것은?

① 법률행위의 목적은 확정되어 있거나 또는 확정할 수 있는 것이어야 한다.

② 법률행위의 목적은 실현가능한 것이어야 한다.

③ 법률행위가 유효하기 위해서는 그 목적이 적법하여야 한다.

④ 법률행위의 목적이 사회적으로 보아서 타당성을 결하고 있는 경우에는 취소할 수 있다.

⑤ 법률행위의 목적의 가능 여부는 결국 사회통념에 의하여 결정한다.

> **ADVICE** ≫ ④ 법률행위의 목적이 사회적 타당성이 없는 경우에는 법률행위 자체가 무효이다.

36 다음 행위 중 법률행위에 해당하는 것은?

① 변제
② 사무관리
③ 최고
④ 청약
⑤ 계약

> **ADVICE »** 법률행위는 의사표시를 불가결한 요소로 하는 법률요건이다. 그러므로 의사표시가 아닌 법률사실인 변제, 사무관리, 최고는 법률행위가 아니다. 청약은 또 하나의 의사표시인 승낙과 결합하여 계약이라는 하나의 법률행위로 되는 법률사실이다.

37 다음의 설명 중 틀린 것은?

① 권리가 이전된 경우 취소의 상대방은 전득자이다.
② 취소는 취소권자의 단독의 의사표시이다.
③ 상대방이 확정되어 있는 경우에는 그 취소는 상대방에 대한 의사표시로 한다.
④ 취소는 명시적이든 묵시적이든 상관없다.
⑤ 당사자의 무능력을 이유로 한 취소의 효력은 절대저으로 소급효가 인정된다.

> **ADVICE »** ① 법률행위에 의하여 취득된 권리가 이전되어 있더라도 취소는 원래의 상대방에 대하여 하여야 한다.

38 불공정한 법률행위에 관한 내용으로 틀린 것은?

① 불공정한 가옥의 매매는 무효이므로 그 가옥을 전매한 자도 그 가옥에 대한 소유권을 주장할 수 없다.
② 불공정한 법률행위는 사회질서에 반하는 법률행위의 일종이다.
③ 급부와 반대급부간에 현저한 불균형이 있는 때에는 그 법률행위는 궁박·경솔·무경험에 승(承)하였음이 추정되므로 무효를 주장하는 자가 이것을 일일이 입증할 필요는 없다.
④ 궁박은 경제적인 빈궁뿐 아니라 신체적·양심적 곤궁도 포함된다.
⑤ 대리에 의한 법률행위의 경우 궁박은 본인을 표준으로 하여 결정하고, 경솔·무경험은 대리인을 표준으로 하여 결정한다.

> **ADVICE »** ③ 법률행위가 현저하게 공정을 잃었다고 해서 그것이 궁박·경솔하게 이루어진 것으로 추정되지는 않는다. 따라서 불공정한 법률행위로서 무효를 주장하려면 그 주장자가 궁박·경솔 또는 무경험의 상태에 있었고, 상대방이 이 사실을 알았으며, 급부와 반대급부와의 사이에 현저한 불균형이 있음을 입증하여야 한다.

Answer 33.⑤ 34.① 35.④ 36.⑤ 37.① 38.③

39 다음 중 사람의 동일성에 관한 착오가 중요부분의 착오로 되지 않는 것은?

① 위임
② 현실매매
③ 임대차
④ 신용매매
⑤ 증여

> **ADVICE** 》 위임, 임대차, 신용매매, 증여, 고용 등과 같이 상대방이 누구냐가 중요시되는 법률이행에 있어서는 사람의 동일성에 관한 착오는 중요부분의 착오로 된다. 그러나 현실매매는 상대방이 누구냐가 중요시되지 않기 때문에 사람의 동일성에 관한 착오가 중요부분의 착오로 되지 않는다.

40 상대방 있는 의사표시의 효력발생시기는 원칙적으로 어느 때인가?

① 상대방에게 발신한 때
② 상대방에게 도달된 때
③ 상대방이 의사표시의 내용을 확실히 알게 되었을 때
④ 상대방이 의사표시를 수령하였다고 회신을 보낸 때
⑤ 의사표시가 서면으로 작성되어 봉함된 때

> **ADVICE** 》 상대방 있는 의사표시의 효력발생시기는 상대방에게 의사가 도달된 때로 하는 도달주의를 채택하고 있다.

41 법률행위의 취소에 대한 설명으로 틀린 것은?

① 토지소유자가 사기를 당하여 지상권을 설정한 후에 그 토지를 양도한 경우 그 토지의 양수인은 취소할 수 있다.
② 포괄승계인뿐만 아니라 특정승계인도 취소할 수 있다.
③ 임의대리에 있어서 대리인이 행한 행위에 취소원인이 있는 때에는 그 취소권은 직접 본인에게 귀속된다.
④ 착오에 의한 의사표시를 한 자도 취소권자이다.
⑤ 제한능력자가 행한 취소는 다시 취소할 수 있다.

> **ADVICE** 》 ⑤ 제한능력자의 취소는 취소할 수 있는 취소행위가 아니다.

42 다음 중 요식행위가 아닌 것은?

① 혼인
② 인지
③ 법인설립행위
④ 유언
⑤ 물권적 합의

> **ADVICE** » 법률행위는 불요식행위임을 원칙으로 한다. 그러나 때로는 일정한 방식을 요구하기도 하는데, 유언·혼인·인지·파양 등의 가족법상의 행위, 어음행위, 법인설립행위 등은 요식행위의 예이다.

43 의사표시에 관한 내용으로 다음 중 옳은 것은?

① 강박에 의한 의사표시의 취소도 선의의 제3자에게 대항하지 못한다.
② 허위표시는 당사자간에 있어서는 유효하다.
③ 착오의 경우 표의자에게 중대한 과실이 있는 경우에도 상대방이나 제3자는 취소할 수 있다.
④ 심리유보는 원칙적으로 무효이다.
⑤ 상대방 있는 의사표시에 관하여 제3자가 강박을 한 경우는 항상 취소할 수 있다.

> **ADVICE** » ② 무효이다.
> ③ 표의자 자신뿐 아니라 상대방이나 제3자도 취소하지 못한다고 해석해야 한다.
> ④ 유효이다.
> ⑤ 상대방이 강박의 사실을 알았거나 알 수 있었을 경우에 한하여 취소할 수 있다.

44 상대방 있는 단독행위가 아닌 것은?

① 유언
② 추인
③ 상계
④ 계약의 해제
⑤ 채무면제

> **ADVICE** » 단독행위
> ㉠ 상대방 있는 단독행위 : 동의, 채무면제, 상계, 추인, 취소, 해지, 해제 등의 행위로 의사표시가 상대방에게 도달해야 효력이 발생한다.
> ㉡ 상대방 없는 단독행위 : 유언, 권리의 포기, 재단법인의 설립행위 등으로 의사표시가 있으면 곧 효력이 발생한다.

45 다음 중 틀린 것은?

① 첩계약은 무효이다.
② 밀수입을 위한 자금의 대차는 무효이다.
③ 이중매매는 언제나 무효이다.
④ 일부일처제의 결혼질서에 반하는 행위는 무효이다.
⑤ 도박자금을 대여하는 행위는 무효이다.

> **ADVICE 》** ③ 이중매매는 원칙적으로 유효하나, 매수인이 매도인에게 이중매도를 적극 권유하여 이중매
> 매계약이 체결된 경우에 한하여 반사회적질서에 반하는 행위로서 무효로 된다.

46 의사표시에 대한 설명으로 옳은 것은?

① 묵시의 의사표시는 표시행위가 흠결한 것이므로, 의사표시로서의 효력이 없다.
② 강제에 의한 거동도 표시행위이다.
③ 도덕적·종교적인 구속을 발생시키려는 의사도 효과의사이다.
④ 표시의사를 의사표시의 요소라고 하면, 예컨대 택시운전사에게 손을 들어도 승차의 의
사를 표시하기 위한 것이 아닌 경우에는 그것은 표시행위가 되지 않는다.
⑤ 표시상의 효과의사와 내심적 효과의사가 일치하지 않는 경우에는 그 의사표시는 항상
무효이다.

> **ADVICE 》** ① 묵시의 의사표시에 있어서 요식행위의 경우를 제외하고는 명시의 의사표시와 효력에 있어
> 서 차이가 없다.
> ② 표시행위이기 위하여는 의식 있는 거동이어야 한다.
> ③ 효과의사는 법률효과의 발생을 의욕하는 의사이므로 단순히 도덕적·종교적 구속을 발생
> 시키려는 의사는 효과의사가 아니다.
> ⑤ 의사와 표시의 불일치의 경우 의사표시가 언제나 무효인 것은 아니며, 취소할 수 있거나
> 유효한 때도 있다.

47 상대방 있는 의사표시의 효력발생시기에 관한 민법의 일반원칙에 대한 설명으로 옳은 것은?

① 표의자가 발신 후 사망한 경우에는 의사표시는 취소할 수 있다.
② 상대방 자신에게 수교될 필요는 없고 친족·동거인 등에게 수교되면 그것으로써 족하다.
③ 우체통에 투입된 것만으로도 그 의사표시는 효력이 생긴다.
④ 도달주의는 격지자 사이에만 적용된다.
⑤ 의사표시는 상대방이 알아야 되는 것이므로 상대방이 표의자의 말을 듣지 않으려고 귀를
막고 있으면 도달하지 않는다.

48 의사표시의 효력발생에 대한 설명으로 틀린 것은?

① 관청의 행정처분도 상대방 있는 것인 경우에는 그 표시가 상대방에게 도달하여야 효력이
생긴다.

② 관청 또는 회사에 대한 의사표시의 경우에는 규칙상 수령권한 있는 자에게 교부되지
않는 한 도달이 되지 않는다.

③ 의사표시자가 통지를 발송한 후 사망하여도 의사표시의 효력에 영향을 미치지 아니한다.

④ 도달주의는 의사표시의 상대방이 대화자이거나 격지자이거나를 불문하고 모두 적용되는데,
여기서 격지자·대화자의 구별은 거리적·장소적 관념이 아니라 시간적 관념이다.

⑤ 대리인이 의사표시의 발신 후 대리권을 상실하더라도 그 의사표시의 효력에는 아무런
영향을 미치지 않는다.

49 법률행위의 무효에 관한 설명으로 틀린 것은?

① 무효에 관하여는 언제나, 즉 당사자 사이의 관계에 있어서도 소급적인 추인은 인정되지
않는다.

② 무효행위의 당사자가 그 행위가 무효임을 알고서 추인하였다고 하여 모든 행위가 유효
하게 되는 것은 아니다.

③ 무효행위는 당사자가 추인을 하여도 처음에 소급하여 효력을 발생하지 않는다.

④ 무효행위는 일부무효를 그 부분만 무효로 한다는 것을 명백히 규정하고 있는 경우도
있다.

⑤ 상대적 무효는 거래의 안전을 보호하기 위하여 예외적으로 인정된다.

Answer   45.③   46.④   47.②   48.②   49.①

50 의사표시의 효력발생에 대한 설명으로 틀린 것은?

① 민법은 비영리법인의 설립행위, 상속의 포기, 유언 등에는 효력발생시기에 관하여 특별히 규정하는 경우도 있다.

② 의사표시의 효력발생시기에 관하여 우리 민법은 도달주의만을 취하고 있다.

③ 의사표시의 수령능력은 상대방 있는 의사표시에서만 문제된다.

④ 상대방 있는 의사표시는 상대방에게 알린다는 것을 목적으로 하기 때문에 상대방 없는 의사표시에 있어서와 같이 다룰 수 없다.

⑤ 상대방 없는 의사표시는 원칙적으로 표시행위가 완료된 때에 효력을 발생하게 되며, 민법은 일반적 규정을 두고 있지 않다.

ADVICE 》 ② 민법은 일정한 경우에는 예외적으로 발신주의를 취하고 있다.

51 의사표시에 관하여 틀린 것은?

① 진의 없는 혼인은 상대방의 지 · 부지(知 · 否知)를 묻지 않고 무효이다.

② 강박으로 인한 혼인의 의사표시의 무효는 선의의 제3자에게 대항할 수 있다.

③ 통정허위표시로 인한 무효는 선의의 제3자에게 대항할 수 없다.

④ 착오로 인한 의사표시의 취소는 선의의 제3자에게 대항하지 못한다.

⑤ 화해계약은 착오를 이유로 취소하지 못함이 원칙이다.

ADVICE 》 ② 사기 · 강박으로 인하여 한 혼인의 의사표시는 무효가 아니고 취소할 수 있을 뿐이다. 단, 사기 · 강박으로 인한 혼인은 사기를 안 날 또는 강박을 면한 날로부터 3월이 경과한 때에는 취소를 청구하지 못한다.

52 하자 있는 의사표시의 효과에 대한 설명으로 옳지 않은 것은?

① 강박에 의한 의사표시의 취소는 선의의 제3자에게도 대항할 수 있다.

② 표의자의 상대방의 사기 또는 강박으로 의사표시를 한 때에는 표의자는 그 의사표시를 취소할 수 있다.

③ 상대방 없는 의사표시는 제3자의 사기나 강박으로 한 때에는 표의자는 언제든지 그 의사표시를 취소할 수 있다.

④ 제3자의 사기나 강박으로 상대방 있는 의사표시를 한 때에는 표의자는 그 의사표시의 상대방이 제3자에 의한 사기나 강박의 사실을 알고 있거나 또는 알 수 있었을 경우에 한하여 그 의사표시를 취소할 수 있다.

⑤ 사기에 의한 의사표시의 효과나 강박에 의한 의사표시의 효과는 동일하다.

ADVICE 》 ① 사기 · 강박에 의한 의사표시의 취소는 선의의 제3자에게 대항하지 못한다〈제110조 제3항〉.

53 착오의 효과에 대한 설명으로 틀린 것은?

① 현행 민법은 의사주의의 입장에서 착오를 규율하고 있다.

② 구 민법은 의사주의 쪽으로 기울어져 있었다.

③ 독일민법은 표시주의의 입장에서 착오를 규율하고 있다.

④ 의사표시에 관한 표시주의에 있어서는 표의자의 보호를 위한 조치가 필요하게 된다.

⑤ 의사표시에 관한 의사주의에 의한다면 착오는 언제나 무효라고 하여야 한다.

> **ADVICE** » ① 현행 민법은 중요부분에 착오가 있는 의사표시는 취소할 수 있다고 규정함으로써 표시주의
> 입장에 가깝고, 구 민법은 착오로 인한 법률행위는 무효로 하여 의사주의 쪽으로 기울어져
> 있었다.

54 법률행위로 인한 권리변동이 아닌 것은?

① 소멸통고로 인한 전세권의 소멸

② 경매로 인한 소유권의 취득

③ 저당권실징

④ 증여를 원인으로 한 소유권의 이전

⑤ 채권양도로 인한 채권의 이전

> **ADVICE** » ② 법률의 규정에 의한 권리의 변동으로 부동산에 관한 물권의 취득에 등기를 요하지 않는다.

55 다음 중 보조행위는?

① 추인   ② 해제

③ 취소   ④ 채권양도

⑤ 해지

> **ADVICE** » 직접적으로 실질적인 법률관계에 변동을 일어나게 하는 법률행위를 독립행위라 하고, 단순히
> 법률행위 효과를 형식적으로 보충하거나 확정하는 것에 불과한 법률행위를 보조행위라 한다.
> 보통의 법률행위는 독립행위이며, 동의 · 추인 · 대리권의 수여와 같은 수권행위는 보조행위에
> 속한다.

56 다음 중 불공정한 법률행위에 관한 설명으로 옳은 것은? (단, 판례에 의함)

① 불공정한 법률행위가 성립되기 위한 요건인 궁박, 경솔, 무경험은 모두 구비되어야 하고 어느 일부만으로는 불공정한 법률행위가 되지 아니한다.

② 증여계약과 같이 아무런 대가관계 없이 당사자 일방이 상대방에게 일방적인 급부를 하는 법률행위는 불공정한 법률행위에 해당될 수 없다.

③ 불공정한 법률행위의 요건으로서의 궁박은 경제적 원인에 기인한 경우만을 가리키고 정신적 또는 심리적 원인에 기인한 경우에는 궁박이 될 수 없다.

④ 불공정한 법률행위로서 무효인 경우에도 추인에 의하여 무효인 법률행위가 유효로 될 수 있다.

⑤ 피해당사자가 궁박, 경솔 또는 무경험의 상태에 있었으면 그 상대방 당사자에게 폭리행위의 악의가 없었더라도 불공정한 법률행위는 성립한다.

ADVICE 》 ① 불공정한 법률행위가 성립하기 위한 요건인 궁박, 경솔, 무경험은 모두 구비되어야 하는 요건이 아니라 그 중 일부만 갖추어져도 충분하다.

② 민법 제104조가 규정하는 현저히 공정을 잃은 법률행위라 함은 자기의 급부에 비하여 현저하게 균형을 잃은 반대급부를 하게 하여 부당한 재산적 이익을 얻는 행위를 의미하는 것이므로, 증여계약과 같이 아무런 대가관계 없이 당사자 일방이 상대방에게 일방적인 급부를 하는 법률행위는 그 공정성 여부를 논의할 수 있는 성질의 법률행위가 아니다(대판 2000.2.11, 99다56833).

③ 궁박은 급박한 곤궁을 의미하는 것으로서 경제적 원인에 기인할 수도 있고 정신적 또는 심리적 원인에 기인할 수도 있다.

④ 무효인 법률행위는 추인하여도 그 효력이 생기지 아니한다〈제139조〉.

⑤ 피해당사자가 궁박, 경솔 또는 무경험의 상태에 있었다고 하더라도 그 상대방 당사자에게 위와 같은 피해당사자측의 사정을 알면서 이를 이용하려는 의사, 즉 폭리행위의 악의가 없었다면 불공정 법률행위는 성립하지 않는다(대판 1997.7.25, 97다15371).

57 다음 중 강행규정이 아닌 것은?

① 상속순위에 관한 규정
② 행위능력에 관한 규정
③ 이자제한법에 관한 규정
④ 계약의 해제권에 관한 규정
⑤ 유가증권제도

58 의사표시에 관한 설명 중 옳은 것은?

① 판례는 비진의 표시에서의 진의란 표의자가 진정으로 마음 속에서 바라는 사항을 뜻한다고 본다.

② 양도담보나 추심을 위한 채권양도는 신탁행위로서 허위표시가 아니다.

③ 허위표시는 당사자 사이에 철회하면 선의의 제3자에 대하여 그것을 가지고 대항할 수 있다.

④ 법률행위의 내용의 중요부분에 착오가 있는 의사표시는 무효이다.

⑤ 허위표시는 당사자 사이에 추인하면 소급적으로 유효하다.

59 다음 설명 중 옳은 것은 모두 몇 개인가?

> ⊙ 의사표시는 법률행위가 됨으로써 비로소 법률효과가 발생하는 바, 1개의 의사표시만으로는 법
> 률행위가 될 수 없다.
> ⓛ 상대방 없는 단독행위는 유언, 권리포기, 유증, 재단법인 설립행위 등이다.
> ⓒ 처분권 없는 자가 한 처분행위는 유효하다.
> ② 법률행위가 유효하려면 법률행위 성립 당시에 확정되어 있어야 한다.
> ◎ 자(子)가 부모와 동거하지 않겠다는 계약은 무효이다.
> ⊎ 자연적 해석이 전형적으로 적용되는 예는 계약의 경우이다.

① 1개   ② 2개
③ 3개   ④ 4개
⑤ 5개

ADVICE » ⊙ 의사표시 하나만으로 성립될 수 있는 법률행위가 단독행위이다.
ⓒ 처분권 없는 자가 한 처분행위는 무효이다.
② 이행 당시를 기준으로 유·무효를 확정한다.
⊎ 자연적 해석방법은 상대방 없는 단독행위에 적용된다.

60 법률행위의 목적에 관한 설명 중 옳지 않은 것은?

> ⊙ 법률행위의 목적은 법률행위 성립시에 확정되어 있지 않으면 무효이다.
> ⓛ 원시적 불능인 법률행위는 무효이나, 계약체결상의 과실책임이 문제될 수 있다.
> ⓒ 당사자의 귀책사유 없이 후발적 불능이 된 법률행위는 무효이다.
> ② 일부불능인 법률행위는 원칙적으로 법률행위 전부가 무효이다.

① ⊙ⓛ   ② ⊙ⓒ
③ ⓛⓒ   ④ ⓛ②
⑤ ⊙ⓛⓒ②

ADVICE » ⊙ 법률행위는 그 내용인 목적실현시(이행시)까지만 확정되어 있으면 된다.
ⓒ 후발적 불능은 무효가 아니다.

61 진의 아닌 의사표시에 관한 다음 설명 중 옳지 않은 것은? (단, 다툼이 있으면 판례에 의함)

① 공무원의 사직의 의사표시와 같은 사인의 공법행위에도 진의 아닌 의사표시에 관한 규정이 준용된다.

② 진의 아닌 의사표시에서 진의는 특정한 내용의 의사표시를 하고자 하는 표의자의 생각을 말한다.

③ 진의 아닌 의사표시는 표시행위에 상응하는 내심의 효과의사가 없는 것이다.

④ 표의자가 증여를 하기로 하고 그에 따른 증여의 의사표시를 한 이상, 증여를 하는 자가 재산을 강제로 뺏기는 것이라고 생각하더라도 진의 아닌 의사표시는 성립하지 않는다.

⑤ 사용자가 사직의 의사 없는 근로자로 하여금 사직서를 작성·제출하게 한 후 이를 수리하여 근로계약관계를 종료시키는 경우 진의 아닌 의사표시가 성립할 수 있다.

> **ADVICE** » ① 공무원의 사직의 의사표시와 같은 공법상의 행위에는 진의 아닌 의사표시의 규정이 준용되지 않고, 외부에 표시된 대로 효력이 발생한다.

62 甲은 증여의 의사도 없이 乙에게 자기소유의 부동산을 증여하기로 약속한 후 그 이행으로 乙에게 위 부동산의 소유권을 이전해주었다. 다음 설명 중 옳은 것은?

① 甲에게는 증여의 진정한 의사가 없었으므로 위 계약은 乙의 선의, 악의에 관계없이 무효이다. 따라서 乙은 소유권을 취득할 수 없다.

② 乙이 계약체결시에 甲에게 증여의 의사가 없음을 모른 경우에는 증여계약은 유효하므로 乙은 위 부동산의 소유권을 취득한다.

③ 乙이 계약체결시에 증여의 의사가 없음을 알았더라도 증여계약은 유효하므로 乙은 부동산의 소유권을 취득한다.

④ 乙이 계약체결시 甲에게 증여의사가 없음을 알았다면 증여계약은 무효이므로 그 소유권을 선의의 제3자에게 넘길 경우에도 대항할 수 있다.

⑤ 乙의 선·악에 대한 입증책임은 乙 자신에게 있다.

> **ADVICE** » 민법 제107조(진의 아닌 의사표시)는 원칙적으로 유효하다. 그러나 상대방이 알았거나 알 수 있었을 경우에는 무효이며, 선의의 제3자에게는 대항할 수 없다.

63 다음 중 일반적으로 중요부분의 착오가 되지 않는 것은?

① 甲의 채무를 보증할 의사로 계약을 맺었는데 乙의 채무를 보증하는 계약으로 되어 있는 경우
② 기계의 성능에 관한 착오
③ 물건의 가격에 관한 착오
④ 제2심에서의 승소판결을 알지 못하여 화해를 한 경우
⑤ 토지의 현황, 경계에 관한 착오

> **ADVICE** 》 ③ 물건의 수량, 가격 등에 관한 착오는 일반적으로 중요부분의 착오가 되지 않는다. 다만 객관적인 가격 또는 예기된 수량과 상당히 큰 차이가 있는 경우에는 중요부분의 착오가 된다.

64 甲은 채권자들로부터 강제집행을 당할 것을 대비하여 친구인 乙과 짜고 자기소유의 부동산을 매도한 것처럼 乙에게 소유권이전등기를 해 두었다. 그런데 乙이 등기명의인이 된 것을 기화로 하여 이를 제3자에게 매도하고 소유권이전등기를 하여 주었다. 다음 설명 중 옳은 것은?

① 제3자가 가장매매라는 것을 알고 취득한 경우에도 가장매매를 한 당사자인 甲은 제3자에게 소유권 반환을 청구할 수 없다.
② 제3자가 선의로 매수하여 소유권이전등기를 한 경우에도 이후에 가장매매인 것을 알게 되면 제3자가 가장매매의 무효를 주장할 수 있다.
③ 제3자가 악의인 경우에도 甲의 채권자는 甲이 제3자에게 무효를 주장하여 등기명의를 회복하지 않는 한, 위 부동산에 대하여 아무런 권리행사를 하지 못한다.
④ 제3자가 선의인 경우에도 제3자로부터 부동산을 매수한 전득자가 악의이면 甲은 전득자에게 무효를 주장할 수 있다.
⑤ 甲과 乙 사이의 매매는 가장매매이므로 제3자의 소유권이전등기는 언제나 무효이다.

> **ADVICE** 》 통정허위표시의 무효를 선의의 제3자와 그 선의의 제3자로부터 권리를 취득한 악의의 전득자에게 주장할 수 없다. 그러나 악의의 제3자에게는 주장하여 소유권 반환을 청구할 수 있으며 제3자가 무효를 스스로 주장하는 것은 가능하다.

65 착오에 관한 설명 중 옳지 않은 것은?

① 착오자에게 과실이 있으면 취소할 수 없다. 이 경우 중대한 과실에 대한 입증책임은 착오자에게 있다.

② 甲이 "乙에게 750,000원에 팔겠다."는 내용을 전신기사 丙에게 타전토록 부탁하였으나 丙의 실수로 75,000원에 팔겠다는 내용이 타전된 경우에 甲은 그 의사표시를 취소할 수 있다.

③ 화해계약은 착오를 이유로 취소할 수 없는 것이 원칙이다.

④ 착오를 이유로 의사표시를 취소할 수 있는 자에 착오자의 상대방은 포함되지 않는다.

⑤ 연대보증을 일반보증으로 잘못 알았을 경우는 법률행위의 중요부분의 착오에 해당한다.

ADVICE » ① 민법 제109조의 착오에 의한 의사표시는 표의자에게 중대한 과실이 있을 경우 취소할 수 없는데, 중대한 과실의 입증은 취소를 배제하려는 상대방이 진다.

66 의사표시의 효력발생에 대한 도달주의의 효과를 설명한 것 중 옳지 않은 것은?

① 의사표시의 부도달 혹은 연착에 의한 불이익은 일반적으로 표의자에게 돌아간다.

② 발신 후 표의자가 사망하여도 도달만 하고 있으면 의사표시의 효력발생에는 아무런 영향이 없다.

③ 표의자가 상대방이나 상대방의 주소를 알지 못하는 경우에는 언제든지 공시송달을 할 수 있다.

④ 수령자가 제한능력자라 하더라도 수령사실을 제한능력자측에서 주장하는 것은 무방하다.

⑤ 발신 후 도달 전에는 그 의사표시를 철회할 수 있다.

ADVICE » ③ 공시송달을 하려면 상대방을 알지 못하거나 상대방의 소재를 알지 못할 뿐만 아니라 상대방 또는 그의 소재를 알지 못하는 데에 대하여 표의자에게 과실이 없어야 한다〈제113조〉.
④ 의사표시의 상대방이 이를 받은 때에 제한능력자인 경우에는 표의자는 그 의사표시로써 대항하지 못한다. 그러나 상대방이 제한능력자이더라도 제한능력자측에서 그 수령사실을 주장하는 것은 가능하다.

67 의사표시의 공시송달에 관한 설명 중 옳지 않은 것은?

① 의사표시를 공시송달하려면 표시자가 법원에 신청하여야 한다.

② 공시송달한 의사표시의 효과는 신청인이 법원에 신청한 날로부터 생긴다.

③ 표의자가 과실에 의하여 상대방의 소재를 알지 못하는 경우에는 공시송달은 효력이 생기지 않는다.

④ 상대방을 알지 못하거나 그의 소재를 알지 못하는 경우에는 의사표시를 공시송달시킬 수 있다.

⑤ 외국에서 할 송달에 대한 공시송달은 2월이 지나야 효력이 생긴다.

ADVICE 》 ② 첫 공시송달은 실시한 날부터 2주가 지나야 효력이 생긴다〈민사소송법 제196조〉.

68 강박에 의한 의사표시에 관한 설명 중 옳지 않은 것은?

① 판례에 의하면, 의사결정의 자유가 박탈된 상태에서 한 의사표시는 무효이다.

② 판례·통설에 의하면 고소하겠다고 위협하는 것은 부정한 이익의 취득을 목적으로 하는 때에만 위법하다.

③ 강박수단이 법질서에 위배된 경우 중에는 위법성이 없는 때도 있다.

④ 강박에 의한 의사표시의 취소도 선의의 제3자에게 대항하지 못한다.

⑤ 강박자에게 2단의 고의가 있어야 한다.

ADVICE 》 ③ 강박수단이 법질서에 위배된 경우라면 언제나 위법성이 없을 수 없다.

69 甲은 乙에게 의사표시를 발신한 후 법원에서 피성년후견개시심판을 받았는데, 이러한 사정을 알지 못하고 그 의사표시를 수령한 乙이 수령 당시 미성년자이었을 경우 의사표시의 효력에 관한 법률관계를 설명한 것으로 옳은 것은?

① 甲의 의사표시는 피성년후견인의 의사표시이므로 당연무효이다.

② 乙은 의사표시의 수령 당시 미성년자이므로 甲의 의사표시가 도달되어 유효하다는 주장을 할 수 없다.

③ 甲의 의사표시는 乙의 법정대리인인 丙이 도달을 안 때로부터 효력을 발생한다.

④ 甲이 피성년후견인으로 되었다는 사실을 乙이 알았을 경우에는 甲의 의사표시는 소급하여 효력을 상실한다.

⑤ 甲은 그의 의사표시를 제한능력을 이유로 취소할 수 있다.

> **ADVICE** 》 의사표시 발송 후 각종 사정변경은 의사표시, 즉 법률행위의 효력에 아무런 영향을 끼치지 아니하므로 그대로 효력을 발휘하는 것이 원칙이며, 미성년자는 수령능력이 없으므로 법정대리인이 그 도달을 안 때로부터 효력이 생긴다.

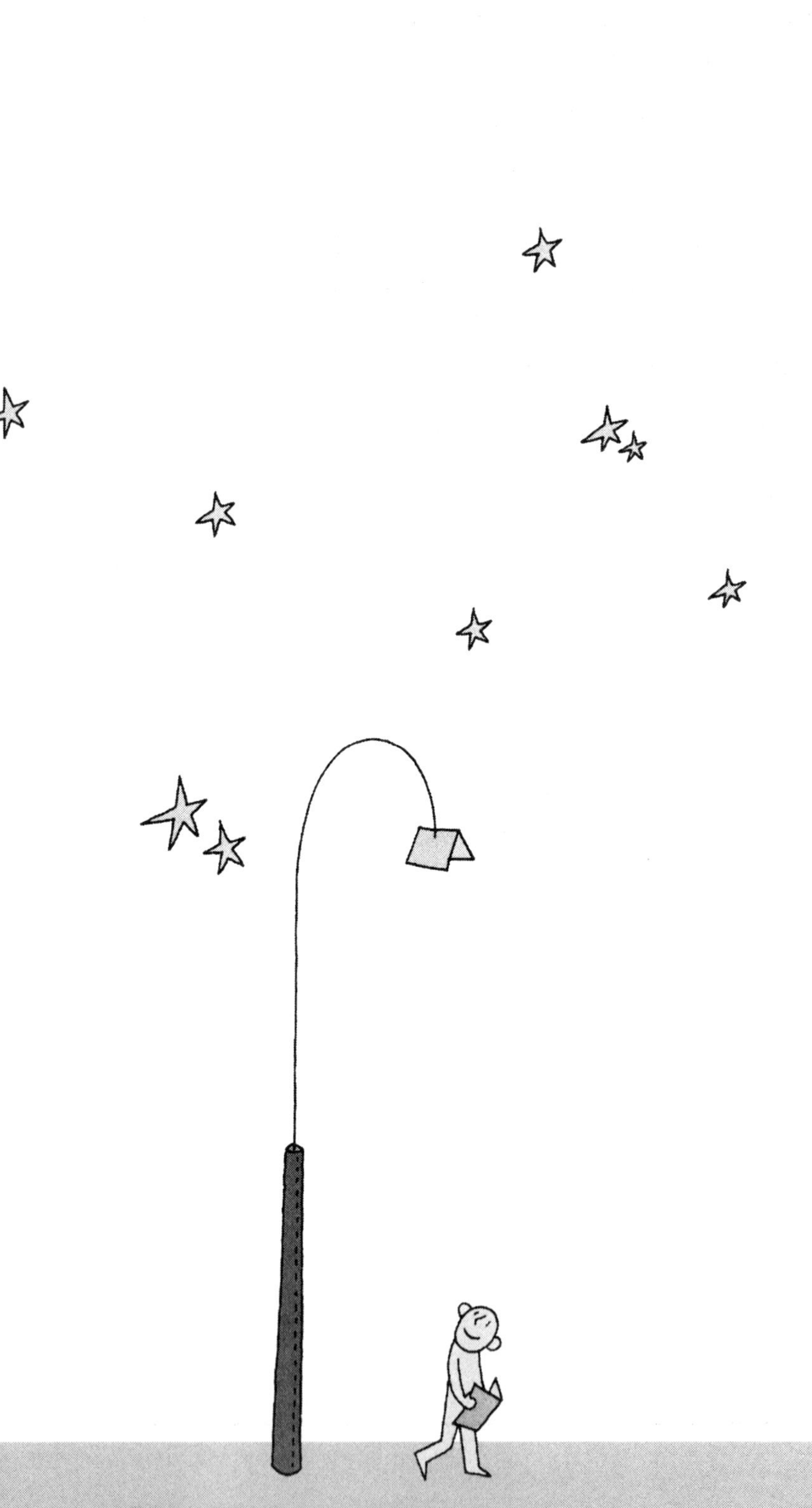

법률행위의 대리

총설

1 법률행위의 대리

제1관 대리제도 일반

> **학습Guide**
>
> 대리제도의 사회적 기능은 사적자치의 예외가 아니라 사적자치의 확장·보충이라는 점을 기억하고, 대리의 본질과 관련해서는 대리행위의 하자 결정과 관련하여 정리한다. 대리제도가 허용되는 범위와 관련해서는 준법률행위인 표현행위와 사실행위에 인정되는지 살펴보아야 한다.

1. 대리의 의의와 작용 권리의 변동

(1) 의의

> **제114조(대리행위의 효력)**
> ① 대리인이 그 권한 내에서 본인을 위한 것임을 표시한 의사표시는 직접본인에게 대하여 효력이 생긴다.
> ② 전항의 규정은 대리인에게 대한 제삼자의 의사표시에 준용한다.

일상생활관계에 있어서 법률행위를 수행하는 과정상 본인이 직접 행하지 않고 본인과는 독립한 타인(대리인)이 본인을 위하여 법률행위를 하고 그 행위의 효과는 직접 본인에게 귀속케 하는 제도가 '대리'(代理)이다. 예컨대, 甲이 주택을 사고 싶은데 거리상의 이유로 친척인 乙에게 대리권을 주어 주택을 매매할 수 있도록 하면, 乙(대리인)은 자신의 의사결정으로 주택소유자인 丙과 계약을 체결하고, 그에 따른 법률효과로써 매매계약에 따른 권리와 의무는 甲과 丙 사이에 생기게 된다.

(2) 대리의 사회적 작용 – 사적자치의 확장 및 보충기능

① 사적자치의 확장기능 : 위의 사례에 있어서 甲은 자신이 직접 법률행위를 할 수 없을 때 제3자(乙)를 통해 대신할 수 있고 甲자신은 다른 업무를 수행할 수 있는 점에서 사적자치의 영역을 확장시키는 기능을 하게 된다. 이것이 '임의대리'(任意代理)의 기능이다.

② 사적자치의 보충기능 : 어린이나 정신병자 등 의사능력이나 행위능력이 없는 자는 일정한 자(즉, 친권자나 후견인 등 법정대리인)을 통해 대신 법률행위를 행하게 하여 본인의 부족한 능력을 보충시키는 기능을 하게 하는 것이 '법정대리'(法定代理)이다.

2. 대리의 법률상 성질

(1) 대리의 본질

대리에 있어서 의사표시는 타인(대리인)이 하는데 그 효과는 본인(본)에게 귀속한다. 즉 표의자 이외의 자에게 법률효과가 귀속하는데 이것을 어떻게 설명할 것인가에 관해서는 학설이 나누어진다.

① 본인행위설 : 대리인은 본인의 기관이며, 행위의 당사자는 본인이고, 대리인의 행위는 본인의 행위로 의제되므로 본인에게 효과가 귀속한다고 설명한다. 따라서 대리행위에 있어서 하자의 유무는 본인을 기준으로 하여 판단하게 된다.

② 공동행위설 : 본인과 대리인의 공동행위로부터, 또는 본인의 대리인에 대한 의사와 대리인의 상대방에 대한 의사가 결합하여 본인에게 효력이 생긴다고 설명한다. 따라서 의사표시의 요건은 대리인이 그에 관련하는 정도에 따라서 일부분은 본인을, 그리고 다른 일부분은 대리인을 각각 표준으로 하여 결정하여야 한다고 한다.

③ 대리인행위설(대표설) : 대리행위의 당사자는 대리인이며, 대리인의 '본인을 위해서 하려는 효과의사'에 따라 법률이 그것을 인정함으로써 본인에게 효과가 귀속된다고 설명한다. 따라서 의사표시의 요건은 대리인을 표준으로 하여야 한다고 한다. 우리 민법도 대리행위의 하자는 대리인을 표준으로 해야 한다고 하여 이 설에 입각하고 있다.

④ 민법의 태도(대리행위의 하자) = 하자결정의 표준
　㉠ 원칙 : 대리인을 표준으로 결정함이 원칙이다(대리인행위설, 제116조 제1항).
　㉡ 예외(제한) : 특정위임대리에 있어서는 본인이 알고 있거나 알 수 있었을 사항에 대한 대리인의 부지(不知)를 주장하지 못한다(제126조 제1항). 따라서 대리행위에 미친 하자의 유무는 모두 대리인을 표준으로 정할 것이지만, 다만 과실·악의로서 본인이 악의인 경우에는 본인도 고려하여 정하므로 대리인이 선의이더라도 본인이 악의이면 그 법률행위는 악의로 다루어진다.

(2) 대리가 인정될 수 있는 범위

일반적으로 대리는 법률행위에 한하여 인정되고 불법행위나 사실행위에는 인정되지 않는다.

① 의사표시로써의 재산적 법률행위에 원칙적으로 인정된다.

② 준법률행위 중 의사통지나 관념통지에서는 대리가 가능하며, 또한 신분법상 행위이나 실질이 재산적 성질을 갖는 행위(예 : 부양료청구권)에도 대리가 가능하다.

🌿 대리와 친하지 않은 법률행위

---

1. 인정될 수 없는 행위
   ① **불법행위**(不法行爲) : 대리가 허용되지 않고 그 효과가 직접 대리인에게 발생한다.
   ② **사실행위** : 사실행위(事實行爲) 자체는 대리가 인정될 수 없으나, 단 사실행위 중 사실행위와 의사표시가 결합하여 법률행위를 이루는 경우(예 : 동산양도계약, 채권설정계약)에 대리원리가 적용될 수 있다.
   ③ **준법률행위** : 준법률행위(準法律行爲)는 원칙상 적용되지 않으나 표현행위 중 의사통지, 관념통지에는 일반적으로 적용이 인정된다.

2. 기타 적용되지 않는 경우
   ① **신분행위** : 혼인 · 입양 · 유언행위 등(단, 부양료청구권은 대리가 가능)
   ② **특별법상 제한** : 근로계약 · 임금청구 등에는 대리가 인정될 수 없다.

---

(3) 대리와 구별되는 제도

학습Guide

출제는 희박하지만 기초개념의 정립차원에서 구별개념으로서 간접대리, 사자, 제3자를 위한 계약, 부재자 재산관리인, 대표 등 관련 유사 제도를 정리해야 한다.

① 사자(使者)
   ㉠ 의의 : 사자란 자신은 의사결정능력이 없고 오로지 본인의 의사를 전달하거나 표시하는 데 불과한 자이므로 대리와는 구별된다.
   ㉡ 사자(使者)와 대리인(代理人)의 구별

구분	사자(使者)	대리인(代理人)
개념	본인이 결정한 내심적 효과의사를 표시하거나 (표시기관으로서의 사자) 또는 전달함으로써 (전달기관으로서의 사자) 표시행위의 완성에 협력하는 자이다. 전자는 자기의 입을 통하여 타인의 의사를 상대방에게 전하는 자이고, 후자는 편지를 전하는 자가 그 예인바, 대리와 비슷한 것은 전자이다.	본인과는 별개의 독립한 법률적 지위를 갖는 대리인 자신이 하거나 받는 의사표시에 기하여 본인을 위하여 한다는 효과의사에 따라 그 행위의 법률적 효과가 직접 본인에게 귀속하는 제도이다.

차이점	의사결정	의사결정자는 본인이다.	의사결정자는 대리인 자신이다.
	의사능력	본인의 의사능력을 필요로 한다(의사결정자가 본인).	본인이 반드시 의사능력자임을 필요로 하지 않는다. 다만, 본인은 권리능력만 있으면 족하다.
	의사의 흠결	본인의 의사와 사자의 표시를 비교하여 결정한다.	대리인의 의사와 표시를 비교하여 결정한다.
	사기·강박	사기·강박의 유무를 본인을 중심으로 결정한다.	사기·강박의 유무를 대리인을 중심으로 결정한다.
	기타	대리를 허용하지 않는 행위(예: 혼인·유언·인지 등)에도 사자는 허용될 수 있다.	

② **대표** : 법인기관의 행위가 법인의 행위로 간주되는 것이나 대리인은 본인과는 독립한 지위에 있으며, 대표는 사실행위나 불법행위에 관하여도 성립한다는 점에서 대리와 다르다.

③ **간접점유** : 직접점유자(전세권자)에 의하여 매개되어 하는 점유(전세권설정자)를 말한다. 그런데 점유는 의사표시가 아니므로 직접 의사표시를 수행하는 대리와는 구별된다.

④ **간접대리** : 대외적 법률행위는 직접 자신의 이름으로 수행하나, 내부적으로는 위임의 일종으로 타인의 계산으로 법률행위를 하며 후에 자신이 취득한 권리를 타인에게 이전시키는 법률행위형태를 간접대리라고 한다. 이것은 민법상의 대리가 아니라 상행위의 일종으로서 위탁매매업(상법 제101조)에 속한다.

⑤ **제3자를 위한 계약** : 제3자를 위한 계약이라 함은 계약당사자(요약자와 낙약자)가 아닌 제3자에게 당사자 사이의 법률효과를 직접 취득케 할 것을 내용으로 하는 계약을 말한다(제539조 이하).

3. 대리의 종류

(1) 임의대리 · 법정대리

① **의의** : 대리권이 본인의 의사에 기한 신임 또는 승인을 받아서 부여되는 것이 '임의대리'이고, 법률의 규정에 의하여 부여되는 것이 '법정대리'이다. 이 구별은 복임권(復任權)의 유무와 범위에 그 차이가 있다.

② **임의대리와 법정대리의 구별**

구분	법정대리	임의대리
사회적 작용 (기능)	① 사적 자치의 보충기능 ② 일정한 법률관계에 기해 당연히 생기는 대리관계	① 사적 자치의 확장기능 ② 거래를 중심으로 한 전적으로 수권관계에 의하여 발생하는 대리

대리권	발생원인	① 본인에 대하여 일정한 지위에 있는 자가 당연히 대리인이 되는 경우 : 친권자, 후견인 ② 본인 이외의 일정한 지정권자의 지정으로 대리인이 되는 경우 : 지정후견인 ③ 가정법원이 선임하는 자가 대리인이 되는 경우 : 부재자재산관리인, 상속재산관리인, 유언집행자	① 본인의 수권행위에 의해서 발생한다. ② 대리권 수여의 기초적 내부관계는 위임계약, 고용계약, 도급계약, 조합계약 등을 들 수 있다. 따라서 임의대리는 기초적 법률관계를 전제로 대리권이 수여된다.
	범위	① 법률규정의 해석에 따라 결정되나 법률에서 그 범위를 정한 경우도 있다(예컨대, 부재자의 재산관리 한정, 친권자의 子의 보호·양육권). 그러나 법정대리는 임의대리보다 대리권의 범위가 대체로 넓다. ② 자기계약 및 쌍방대리금지, 공동대리의 법리가 적용된다.	① 본인의 수권범위에서 결정되나 수권의 범위가 불명확한 때에는 관리권의 범위에 미친다. ② 자기계약 및 쌍방대리금지, 공동대리의 법리가 적용된다.
	소멸	공통소멸원인 외에 각각의 법률규정에 의해 소멸된다.	공통소멸원인 외에 원인된 법률관계의 종료, 수권행위의 철회 등에 의해 소멸된다.
대리행위		대리의사의 표시에 관한 현명주의(顯名主義) 원칙, 대리행위의 하자, 대리인의 능력에 관한 설명은 임의대리, 법정대리 쌍방에 모두 공통적으로 적용된다.	
대리효과		법률효과의 본인에의 귀속, 본인의 능력에 관한 설명은 임의대리, 법정대리 쌍방에 모두 공통적으로 적용된다.	
복임권 (復任權)		① 법정대리인은 언제든지 복임권이 있다. ② 복대리인의 행위에 관하여는 선임·감독에 있어서의 과실유무를 불문하고 전적으로 책임을 진다. 다만 부득이한 사유로 복대리인을 선임한 경우에는 그 책임이 경감된다.	① 임의대리인은 본인의 승낙이 있거나 부득이한 사유가 있을 때에 한하여 예외적으로 복임권을 가진다. ② 임의대리인이 복대리인을 선임한 때에는 본인에 대하여 그 선임 및 감독에 관한 책임을 져야한다. 그러나 본인의 지명에 따라 선임한 복대리인에 대하여는 그 부적임 또는 불성실함을 알고도 본인에 대한 통지나 그 해임을 태만한 때에 한하여 책임을 진다.
무권대리 (無權代理)		① 제125조의 표현대리 : 본조의 적용이 있는 것은 임의대리에 한하며 법정대리에는 그 적용이 없다. ② 제126조·제129조의 표현대리 : 본조를 임의대리·법정대리의 쌍방에 모두 적용되는 것으로 해석하는 데 이론이 없다. ③ 협의의 무권대리 : 임의대리·법정대리의 구별 없이 모두 적용된다.	

(2) 능동대리 · 수동대리

대리행위의 모습에 따른 분류로서 본인을 위하여 제3자에 대하여 의사표시를 하는 대리가 '능동대리'이며, 본인을 위하여 제3자의 의사표시를 수령하는 대리를 '수동대리'라 한다. 특별한 사정이 없는 한 대리인은 두 대리권을 모두 가진다.

(3) 유권대리 · 무권대리

대리인이 정당한 대리권을 가진 대리를 '유권대리', 그렇지 않은 경우의 대리를 '무권대리'라 한다. 무권대리는 다시 협의의 무권대리와 표현대리로 나누어진다.

1. 대리권의 의의 및 발생원인

(1) 대리권의 의의

대리권은 대리인이 본인을 위하여 의사표시를 하거나 또는 의사표시를 수령하여 직접 본인에게 법률효과를 발생시키는 법률상의 지위 또는 자격이다. 즉, 대리권의 성질을 본래 순수한 의미에 있어서의 권리라고 하지 않고, 법률상의 지위 또는 자격이라고 한다(자격설).

(2) 대리권의 발생원인

① 법정대리의 경우 : 법령의 규정에 의하여 발생한다.
　　㉠ 본인에 대하여 일정한 지위에 있는 자가 **법률상 당연히** 대리인이 되는 경우
　　　　예 : 친권자(제911조, 제920조), 후견인(제932조) 등
　　㉡ 본인 이외의 사인(지정권자)의 지정으로 대리인이 되는 경우
　　　　예 : 유언에 의한 지정후견인(제931조), 지정유언집행자(제1094조) 등
　　㉢ 법원이 선임하는 자가 대리인이 되는 경우
　　　　예 : 부재자재산관리인(제23조, 제24조), 성년후견인(제936조), 상속재산관리인(제1023조, 제1040조, 제1044조, 제1047조, 제1053조), 선임유언집행자(제1096조) 등
② 임의대리권의 발생원인(수권행위)

임의대리권의 발생원인과 관련해서는 수권행위의 법적성질이 중요하고, 특히 수권행위와 기초적 내부관계와 관련하여 기초적 내부관계를 발생시키는 행위가 소급적으로 실효되는 경우에 관한 쟁점이다. 수권행위의 하자와 관련하여 제107조 이하의 규정을 누구를 기준으로 규율하여야 하는가이다.

㉠ 임의대리권은 본인의 의사에 따라 그것을 수여하는 '수권행위'에 의하여 발생한다.

㉡ 수권행위의 법률적 성질

- 단독행위 : '수권행위'란 본인이 대리인에게 대리권을 수여하는 행위를 말하는데, 대리권 수여행위는 수령을 요하는 단독행위로 봄이 통설이다. 단, 무명계약(無名契約)으로 보는 견해도 있다(소수설).
- 내부적 법률관계와 구별 : 내부적 기초관계(원인관계)를 발생시키는 행위와는 이론상 · 관념상 별개의 독립된 행위이다. 그러나 수권행위는 불요식행위로서 실제로는 내부원인관계 설정과 합체되어 행해지는 것이 보통이다. 우리 민법도 대리의 원인된 법률관계(고용, 위임 등)와 대리권의 수여행위는 별개로 취급하고 있다. 따라서 원인된 법률관계의 무효 · 취소는 수권행위에 영향이 없다.
- 불요식행위 : 수권행위는 불요식행위이며 묵시적으로 할 수도 있다. 그러나 실제로는 위임장을 주는 것이 보통이다. 보통의 위임장은 위임계약이나 수권계약의 증서가 아니라 대리권을 수여하였다는 증거에 지나지 않는다고 이해하여야 한다. 이 경우 백지위임장도 무방하다.

2. 대리권의 범위와 그 제한

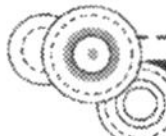

- 대리권의 범위와 관련해서는 법정대리권의 범위는 법규에 규정되어 있으므로 별로 문제될 것이 없으나, 임의대리권의 범위와 관련해서는 수권행위, 즉 수권행위의 해석에 의해 결정되며, 그 범위가 불분명한 경우에 제118조가 보충적(따라서, 수권행위의 해석상 대리권의 범위가 명백, 표현대리가 성립 시에는 적용 불가)으로 적용됨을 주의하자. 구체적으로 제118조의 의미와 관련된 이론이 중요하고, 아울러 대리권의 범위내인지 여부에 관한 판례를 숙지하여야 할 것이다.
- 대리권의 제한과 관련해서는 1) 자기계약 및 쌍방대리의 금지 파트는 예외적으로 허용되는 경우 (특히 채무의 이행)를 정리하고, 위반 시 효과 및 적용범위를 정리하고, 2) 공동대리와 관련해서는 공동의 의미와 위반의 효과, 수동대리에서는 공동대리의 문제를 정리하길 바란다.

(1) 대리권의 범위

① 의의 : 대리권의 범위란 대리인이 본인에 대하여 직접 법률효과를 귀속시키는 행위를 할 수 있는 범위를 말하는 것인데, '대리인의 권한' 또는 '대리권한'이라고도 한다. 법정대리권의 범위는 법률규정에 의하여 정하여지고(제25조), 임의대리권의 범위는 그 수권행위의 내용에 의하여 정하여지는 것이 원칙이다. 그러나 권한을 정하지 않은 대리인은 보존행위, 이용 · 개량행위 등 관리행위만을 할 수 있고 처분행위는 할 수 없다(제118조).

㉠ 수권행위의 통상의 내용으로서 임의대리권은, 그 권한에 부수하여 필요한 한도에서 상대방의 의사표시를 수령하는 이른바 수령대리권을 포함한다고 보아야 한다(대판 1994.2.8. 93다39379).

ⓛ 부동산의 소유자로부터 매매계약을 체결할 대리권을 수여받은 대리인은, 특별한 사정이 없는 한 그 매매계약에서 약정한 바에 따라 중도금이나 잔금을 수령할 수도 있다고 보아야 하고(대판 1994.2.8. 93다39379. 그러나 그 부동산을 처분할 대리권을 가지지 않음은 당연하다(대판 1991.2.12. 90다7364). 매매계약의 체결과 이행에 관하여 포괄적으로 대리권을 수여받은 대리인은 특별한 다른 사정이 없는 한 상대방에 대하여 약정된 매매대금지급기일을 연기하여 줄 권한도 가진다고 보아야 할 것이다(대판 1992.4.14. 91다43107).

ⓒ 예금계약의 체결을 위임받은 자가 가지는 대리권에 당연히 그 예금을 담보로 하여 대출을 받거나 이를 처분할 수 있는 대리권이 포함되어 있는 것은 아니라고 할 것이다(대판 1995.8.22. 94다59042).

ⓔ 특별한 사정이 없는 한, 본인을 대리하여 금전소비대차 내지 그를 위한 담보권설정계약을 체결할 권한을 수여받은 대리인에게 본래의 계약관계를 해제할 대리권까지 있다고 볼 수 없다(대판 1993.1.15. 92다39365).

⑤ 민법 제118조는 대리권은 있으나 그 범위가 분명하지 아니한 경우의 보충적 규정에 불과하고 대리권의 범위가 분명한 경우나 표현대리가 성립하는 경우에는 적용되지 않는다(대판 1964.12.8. 64다968).

정리 ▶ 임의대리권의 범위에 관한 판례

① 매매계약 체결의 대리권을 가진 자가 곧바로 그 매매계약의 해제권도 가지고 있는지 여부… 제3자의 행위에 의하여 매매계약에 대한 해제의 효과가 발생하려면 제3자가 부동산을 실질적으로 매수한 본인이거나 혹은 적어도 매수명의자로부터 그를 대리하여 매매계약을 해제할 수 있는 대리권을 부여받았음을 요한다 할 것인 바, 매매계약을 소개하고 매수인을 대리하여 매매계약을 체결하였다 하여 곧바로 그 제3자가 매수인을 대리하여 매매계약의 해제 등 일체의 처분권과 상대방의 의사를 수령할 권한까지 가지고 있다고 볼 수는 없다(대판 1987.4.28. 85다카971).

② 경매입찰 대리인의 대리권 범위… 대리권의 내용이 강제경매 절차에서 본인을 대리하여 경매입찰에 임하는 행위와 그에 부수된 권한이라고 되어 있다면 그 대리권의 범위는 본인을 대리하여 경매신청을 하는 행위와 그 밖에 본인이 경매 신청인의 지위에서 할 수 있는 행위에 한정된다고 봄이 상당하므로, 그 경우 대리권의 범위가 경락허가결정이 있은 후 경락인이 된 본인을 대리하여 채권자의 강제경매신청취하에 동의할 권한에까지 미치는 것으로 볼 수는 없다(대결 1983.12.2. 83마201).

③ 대여금의 영수권한만을 위임받은 대리인이 그 대여금 채무의 일부를 면제하기 위하여는 본인의 특별수권이 필요하다(대판 1981.6.23. 80다3221).

④ 소송상 화해나 청구의 포기에 관한 특별수권이 되어 있다면, 특별한 사정이 없는 한 그러한 소송행위에 대한 수권만이 아니라 그러한 소송행위의 전제가 되는 당해 소송물인 권리의 처분이나 포기에 대한 권한도 수여되어 있다고 봄이 상당하다(대판 2000.1.31. 99마6205).

② 권한이 분명하지 않은 대리인의 대리권의 범위

구분	범위	예
보존행위	무제한으로 가능	수선, 기한이 도래(미도래×)한 채무의 변제, 소멸시효의 중단, 미등기부동산의 등기, 부패하기 쉬운 물건의 처분 등. 그러나 대물변제나 경개 등은 새로운 이익의 교환을 하는 것이므로 보존행위에 해당하지 않는다.
이용행위	성질을 변하지 않게 하는 범위 내에서 가능	물건의 임대, 금전의 이자부대여 등은 이에 해당하나, 사용대차·무이자소비대차 등은 불가
개량행위	성질을 변하지 않게 하는 범위 내에서 가능	사용대차를 임대차로, 무이자소비대차를 이자부소비대차로 하는 행위 등은 가능하나, 전(田)을 대(垈)로 하거나 예금을 주식으로 하는 등은 불가
처분행위	불가	폐기, 매각, 담보설정 등

(2) 대리권의 제한

① 자기계약·쌍방대리의 금지

　㉠ 의의 : 자기계약이란 대리인이 한편으로는 자기 자신의 자격으로, 한편으로는 본인을 대리하여 자기 혼자서 본인·대리인과의 계약을 맺는 것을 말하며, '자기대리' 또는 '상대방대리'라고도 한다. 쌍방대리란 대리인이 한편으로는 본인을 대리하고, 다른 한편으로는 상대방을 대리하여 자기만으로 계약을 맺는 것을 말한다.

　㉡ 민법의 규정 : 자기계약과 쌍방대리는 금지된다(제124조). 대리권을 갖는 자도 자기대리나 쌍방대리에 처한 경우에는 임의로 대리행위를 행할 수 없음이 원칙이다.

　㉢ 예외적 허용 : 다음의 경우에는 예외로 자기계약과 쌍방대리가 허용된다.

　　• 본인이 미리 위임하거나 또는 대리권의 수여로 허락한 경우

　　• 이미 확정된 채무이행의 경우에는 자기계약이나 쌍방대리가 가능하다. 그러나 채무이행의 경우라도 다음의 경우에는 임의로 할 수 없다.

　　　- 대물변제의 이행

　　　- 기한 미도래의 채무이행

　　　- 다툼 있는 채무이행

　　　- 선택채무이행의 경우

　　　- 경개의 경우

　㉣ 제124조(자기계약·쌍방대리 금지규정)에 위반한 행위는 절대무효가 아니고 일종의 무권대리로 취급되므로 본인이 나중에 추인하면 완전 유효한 행위가 되어 처음부터 유효한 대리행위로 인정된다.

　㉤ 제124조 규정은 법정대리와 임의대리 양자에 적용된다.

자기계약, 쌍방대리가 금지되는 경우

민법 제124조는 "대리인은 본인의 허락이 없으면 본인을 위하여 자기와 법률행위를 하거나 동일한 법률행위에 관하여 당사자 쌍방을 대리하지 못한다."고 규정하고 있으므로 부동산 입찰절차에서 동일물건에 관하여 이해관계가 다른 2인 이상의 대리인이 된 경우에는 그 대리인이 한 입찰은 무효이다(대결 2004.2.13. 2003마44).

자기계약, 쌍방대리가 허용되는 경우

- 특정한 법률행위에 관하여 본인의 승낙이 있으면 당사자 쌍방을 대리할 수 있다(대판 1969.6.24. 69다571).
- 사채알선업자는 어느 일방만의 대리인이 아니고 채권자 쪽을 대할 때는 채무자 측의 대리인 역할을 하게 되는 것이고, 반대로 돌아서서 채무자 쪽을 대할 때에는 채권자 측의 대리인으로서 역할을 하게 된다(대판 1979.10.30. 79다425).

② 공동대리

　　㉠ 의의 : 법률 또는 수권행위로 수인이 공동으로만 하도록 제한하는 대리를 공동대리라고 하며, 이때 여러 사람의 대리인 중 1인이 단독으로 법률행위를 할 수 없으므로 대리권의 제한사유가 된다. 그리고 여기서의 공동이란 '의사결정의 공동'을 의미한다(통설).

　　㉡ 원칙 : 대리인이 수인인 경우에는 본인에 대한 각자대리가 원칙이다.

　　㉢ 적용범위 : 법정대리와 임의대리 모두에 적용된다.

　　㉣ 수동대리에 있어서 공동대리의 문제 : 견해의 대립이 있으나 다수설은 상대방보호와 거래의 편의를 들어 각자가 단독으로 의사표시를 수령할 수 있다고 한다.

　　㉤ 위반효과 : 공동대리 사항을 1인이 단독으로 법률행위를 하였을 때는 대외적으로 상대방에 대한 법률행위의 효력은 무권대리가 되며, 일종의 표현대리가 될 수 있다.

(3) 대리권의 소멸

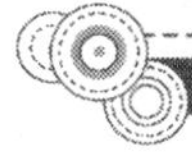
학습 Guide

대리권 소멸과 관련해서는 1) 법정대리권의 소멸의 경우에는 § 22② · § 23 등을 정리하고, 2) 임의 대리권 소멸과 관련해서는 공통된 소멸원인(§ 127)과 특유한 소멸원인(§ 128)을 중심으로 정리하길 바란다.

제127조 (대리권의 소멸사유)

대리권은 다음 각 호의 어느 하나에 해당하는 사유가 있으면 소멸된다.

1. 본인의 사망
2. 대리인의 사망, 성년후견의 개시 또는 파산

제128조(임의대리의 종료)

법률행위에 의하여 수여된 대리권은 전조의 경우 외에 그 원인된 법률관계의 종료에 의하여 소멸한다. 법률관계의 종료 전에 본인이 수권행위를 철회한 경우에도 같다.

대리권의 소멸원인에는 임의대리와 법정대리에 공통한 것과 양자의 어느 한 쪽에 특유한 것이 있다. 민법의 법정대리인에 특유한 것은 각각의 법정대리에 관하여 규정하고 있으며, 총칙에는 공통의 소멸원인과 임의대리에 특유한 소멸원인만을 규정하고 있다.

① 법정대리 · 임의대리의 공통소멸사유
  ㉠ 본인의 사망 : 원칙상 대리권이 당연 소멸하므로, 상속인을 위해서 대리할 수 없다. 그러나 예외적으로 ⅰ) 특약이 있거나(제127조 제1호는 임의규정이므로), ⅱ) 긴박한 사정이 있는 경우(제691조, 위임종료 시 긴급사무처리규정)에는 상속인을 위해서 대리권이 존속할 수 있다.
  ㉡ 대리인의 사망
  ㉢ 대리인의 성년후견의 개시 및 파산선고
  ※ 여기서 주의를 요하는 점은 '대리인의 한정후견의 개시'나 '본인의 한정후견의 개시 및 성년후견의 개시'는 대리권 소멸원인이 아니라는 것이다.

② 임의대리에 특유한 소멸사유
  ㉠ 원인된 법률관계의 종료, 단 대리권을 계속 수행하도록 본인의 의사로 특약할 때는 원인된 법률관계가 종료되어도 대리관계는 존속될 수 있다.
  ㉡ 수권행위 철회로 소멸된다.
  ㉢ 본인의 파산 : 본인이 파산한 경우에도 임의대리권의 소멸원인이 된다는 견해가 다수설이다.

제3관 대리행위(대리인과 상대방관계)

1. 현명주의(대리의사의 표시)

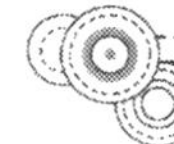

현명주의와 관련해서는 현명하지 않은 대리행위의 효과가 중요하다. 즉 제115조 본문과 단서의 구조를 잘 파악하여 법률관계(착오취소가부, 상대방의 본인에 대한 이행청구, 대리인에 대한 이행청구)와 수동대리에서의 §115의 적용여부 등을 정리하길 바란다. 특히 중요한 것은 반드시 대리인임을 표시하여야 하는지, 서명대리가 인정되는지, 본인처럼 행위 하는 경우 등을 반드시 숙지하길 바란다.

(1) 의의

대리인의 행위가 대리행위로서 성립하려면 '본인을 위한 것임'을 표시하여야 한다. 또 대리인으로서 상대방의 의사표시를 수령하는 때에는 상대방이 '본인을 위한 것임'을 표시하여야 한다. 이를 '현명주의(顯名主義)'라 한다. '본인을 위한다'는 것은 행위의 법률적 효과를 본인에게 귀속시키려는 의사이지 본인의 이익을 위하여라는 뜻은 아니다. 보통 대리인의 현명방법은 '甲의 대리인 乙'이라고 표시하나, 반드시 그러한 형식으로 본인의 성명을 명시하여야 하는 것은 아니다.

현명의 방식

- 대리인이 본인을 위한 것임을 표시하는 방식에는 아무 제한이 없으므로 서면으로 할 수도 있고 구술로도 할 수 있다 (대판 1946.2.1. 4287민상205).
- 대리인은 대리인임을 표시하여 의사표시를 하여야 하는 것이 아니고 본인 명의로도 할 수 있다(대판 1963.5.9. 63다67).

대리인이 본인의 이름으로 한 의사표시의 효력

甲이 부동산을 농업협동조합중앙회에 담보로 제공함에 있어 동업자인 乙에게 그에 관한 대리권을 주었다면 乙이 동 중앙회와의 사이에 그 부동산에 관하여 근저당권설정계약을 체결함에 있어 그 피담보채무를 동업관계의 채무로 특정하지 아니하고 또 대리관계를 표시함이 없이 마치 자신이 甲 본인인 양 행세하였다 하더라도 위 근저당권설정계약은 대리인인 위 乙이 그의 권한범위 안에서 한 것인 이상 그 효력은 본인인 甲에게 미친다 (대판 1987.6.23. 86다카1411).

(2) 현명하지 않은 경우의 효력

제115조(본인을 위한 것임을 표시하지 아니한 행위)
대리인이 본인을 위한 것임을 표시하지 아니한 때에는 그 의사표시는 자기를 위한 것으로 본다. 그러나 상대방이 대리인으로서 한 것임을 알았거나 알 수 있었을 때에는 전조 제1항의 규정을 준용한다.

대리인이 본인을 위한 것임을 표시하지 않고 한 행위, 즉 현명하지 아니한 의사표시는 자기를 위한 것으로 본다. 따라서 대리인은 그의 내심의 의사와 표시가 일치하지 않음을 이유로 착오를 주장하지 못한다.

그러나 상대방이 대리인으로서 한 것임을 알았거나 알 수 있었을 때에는 대리행위로서의 효력이 있다. 단, 상행위에 있어서는 현명주의 원칙이 적용되지 않는다. 즉 본인을 위한 것임을 표시하지 않아도 본인에 대하여 효력이 있다(상법 제48조).

현명을 하지 아니한 대리행위의 효력이 본인에게 미치는지 여부

대리에 있어 본인을 위한 것임을 표시하는 이른바 현명은 반드시 명시적으로만 할 필요는 없고 묵시적으로도 할 수 있는 것이고, 나아가 채권양도통지를 함에 있어 현명을 하지 아니한 경우라도 채권양도통지를 둘러싼 여러 사정에 비추어 양수인이 대리인으로서 통지한 것임을 상대방이 알았거나 알 수 있었을 때에는 민법 제115조 단서의 규정에 의하여 유효하다고 보아야 할 것이다(대법원 2004.2.13. 선고 2003다43490 판결).

2. 대리행위의 하자

대리행위의 하자와 관련해서는 우선 제116조가 중요하고, 관련문제로 본인의 제107조 이하의 선의 제3자 해당여부를 정리하고, 특히 상대방의 대리인 등 상대방과 동일시할 수 있는 자의 사기나 강박은 제3자의 사기·강박에 해당하지 않는다는 판례의 법리를 숙지하길 바란다.

(1) 대리행위의 하자 결정기준

> 제116조(대리행위의 하자)
> ① 의사표시의 효력이 의사의 흠결, 사기, 강박 또는 어느 사정을 알았거나 과실로 알지 못한 것으로 인하여 영향을 받을 경우에 그 사실의 유무는 대리인을 표준하여 결정한다.
> ② 특정한 법률행위를 위임한 경우에 대리인이 본인의 지시에 좇아 그 행위를 한 때에는 본인은 자기가 안 사정 또는 과실로 인하여 알지 못한 사정에 관하여 대리인의 부지를 주장하지 못한다.

대리에 있어서는 법률행위를 하는 자는 대리인 자신이므로, 의사표시의 효력이 의사의 흠결·사기·강박 또는 어떤 사정을 알았거나 과실로 알지 못한 것으로 인하여 영향을 받을 경우에 그 사실의 유무는 대리인을 표준으로 하여 결정한다(제116조). 그러나 이러한 대리행위의 하자에서 생기는 효과는 역시 본인에게 귀속한다.

판례

대리행위 하자의 표준(원칙-대리인 표준)

대리인에 의한 2중매매에서 매도인의 배임행위에 적극가담 여부는 대리인을 기준으로 판단하여야 하므로 본인이 배임행위에 적극가담하는 정을 몰랐다 하더라도 2중매매가 반사회적 법률행위라는 점에 지장을 주지 않는다(대판 1998.2.27. 97다45532).

판례

사자(使者)의 경우 하자의 표준

사자에 의한 의사표시의 경우는 물론 본인이 결정한 의사를 대리인으로 하여금 표시한 경우에는 그 의사표시는 대리행위가 아니므로 오로지 본인에 대하여서만 그 지·부지, 착오 등이 문제가 된다 할 것인 바, 본인이 기망당하였다 하더라도 대리인이 기망당한 일이 없으므로 본인이 의사표시로 취소할 수 없다고 판시하였음은 위와 같은 법리를 오해한 위법이 있다(대판 1967.4.18. 66다661).

(2) 본인의 책임

특정한 법률행위를 위임한 경우에, 대리인이 본인의 지시에 좇아 그 행위를 한 때에는 본인은 자기가 안 사정 또는 과실로 인하여 알지 못한 사정에 관해서 대리인의 부지(不知)를 주장하지 못한다(제116조 제2항). 예컨대, 본인의 지시에 따라 대리인이 물건을 매수하는 경우에 본인이 그 물건에 하자가 있는 것을 알고 있거나 알 수 있었으면 대리인이 그 하자를 몰라도 본인은 상대방에 대하여 매매에 따른 하자담보책임(제580조)을 물을 수 없다.

(3) 통정허위표시로서의 대리행위

대리인과 상대방이 통정허위표시(가장행위)를 하였을 때에도 당사자 간에는 물론 무효이고, 본인의 선의 · 악의를 불물하고 본인과 상대방관계에서도 당연무효이다.

3. 대리인과 본인의 능력

(1) 대리인의 능력(대리행위를 위한 능력)

대리인은 행위의 효과가 귀속하는 자가 아니므로 대리인은 행위능력자임을 요하지 않는다고 규정하고 있다(제117조). 원래 제한능력자제도는 제한능력자 자신을 보호하기 위한 제도이기 때문이다. 다만, 의사능력은 있어야 한다. 따라서 미성년자, 피한정후견인, 피성년후견인도 타인의 대리인이 될 수 있다. 제117조는 임의대리뿐만 아니라 법정대리에도 적용된다.

(2) 본인의 능력

본인은 스스로 법률행위 내지 의사표시를 하는 것이 아니므로 의사능력 및 행위능력을 가질 필요는 없으나, 대리행위의 효과가 직접 본인에게 귀속하는 것이기 때문에 권리능력은 반드시 가지고 있어야 한다.

1. 법률효과의 본인에의 귀속

제114조에 따라 적법한 대리행위에 기한 권리·의무는 직접 본인에게 귀속된다. 당사자가 원한 바의 효과 즉 효력뿐만 아니라 손해배상청구권이나 취소권 등도 본인에게 귀속된다. 대리인은 대리행위에 따른 권리를 취득하지도 않고 의무를 부담하지도 않는다.

2. 대리권의 남용

학습Guide

대리권 남용 영역도 대표권 남용과 마찬가지로 논의의 구조를 이해하고 대리권 남용의 효과와 관련해서는 무권대리가 되어 본인에게 대리효과가 귀속되지 않고, 표현대리가 성립되지 않음을 주의하여야 할 것이다. 참고로 대표권 남용사례에서 신의칙설을 취한 판례가 있으나 주류적 태도는 제107조 1항 단서 유추적용설임을 명심하자.

(1) 서설

① **개념** : 대리인이 대리권의 범위 안에서 본인을 위한 것임을 표시한 의사표시는 직접 본인에 대하여 그 효력이 생긴다(제114조 제1항). 그러나 대리인이 외형적·형식적으로 대리권의 범위 내에서 대리행위를 하였지만, 그 행위가 실질적으로는 오직 자신 또는 제3자의 이익을 꾀할 목적으로 행하여진 경우에도, 그 법률효과가 본인에게 귀속되는가, 즉 본인이 그 행위에 대하여 책임을 지는가 하는 것이 대리권남용의 문제이다.

② **쟁점** : 대리권이 남용되었더라도, 대리인의 행위가 객관적으로 대리권의 범위 내에 속하는 행위일 뿐만 아니라 "본인을 위하여 하는 의사", 즉 대리의사 자체는 존재하므로 일단 본인에게 그 효과가 귀속된다고 할 것이다. 문제는 대리권남용이 있는 경우에 배임적 대리행위의 효력을 부정함에 따른 본인의 보호와 거래의 안전을 어떻게 조화시킬 것인가 하는 것이다.

③ **법정대리의 경우** : 대리권남용이 종래 주로 임의대리와 관련하여 논의되어 왔지만, 그에 한정될 것은 아니다. 즉 대리권남용으로부터 본인을 보호하여야 할 필요성은 법정대리에서도 다르지 않으며, 특히 친권자의 법정대리권은 친권의 한 내용인데 친권 자체의 남용이 인정되는 상황에서 그 내포인 법정대리권의 남용이 부정될 이유가 없다. 따라서 법정대리에서도 대리권남용의 법리가 적용되어야 한다(판례도 법정대리권의 남용을 인정한다. 대판 1997.1.24. 96다43928).

(2) 학설 및 판례의 평가

① 제107조 제1항 단서 유추적용설(심리유보설) : 제107조 제1항 단서를 유추적용하여야 한다는 견해로 대리인이 사리를 도모할 목적으로 권한을 남용하여 배임행위를 하였더라도, 일단 대리의사는 존재하므로 대리행위로서 유효하게 성립하지만, 대리인의 배임적 의도를 상대방이 알았거나 알 수 있었다면, 제107조 제1항 단서를 유추하여 대리행위의 효력을 부정할 것이라고 한다. 판례는 이러한 입장을 따르고 있다.

판례

대리권남용에 관한 판례의 입장

1. 진의 아닌 의사표시가 대리인에 의하여 이루어지고 그 대리인의 진의가 본인의 이익이나 의사에 반하여 자기 또는 제3자의 이익을 위한 배임적인 것임을 그 상대방이 알았거나 알 수 있었을 경우에는, 민법 제107조 제1항 단서의 유추해석상 그 대리인의 행위는 본인의 대리행위로 성립할 수 없으므로 본인은 대리인의 행위에 대하여 아무런 책임이 없으며, 그 상대방이 대리인의 표시의사가 진의 아님을 알았거나 알 수 있었는가의 여부는 표의자인 대리인과 상대방 사이에 있었던 의사표시의 형성과정과 그 내용 및 그로 인하여 나타나는 효과 등을 객관적인 사정에 따라 합리적으로 판단하여야 한다(대판 1996.4.26. 94다29850).

2. 예금계약이 은행의 정규예금 금리보다 훨씬 높은 이자가 정기적으로 지급되고 은행의 많은 지점 가운데서도 오로지 하나의 지점에서만 이러한 예금이 가능할 뿐더러 예금을 할 때 암호가 사용되어야 하며 예금거래신청서의 금액란도 빈칸으로 한 채 통상의 방법이 아닌 수기식 통장이 교부되는 사정이라면 위 예금계약의 형성과정과 내용 및 그로 인하여 나타나는 효과 등에 비추어 적어도 예금자로서는 은행지점장 대리인의 표시의사가 진의가 아닌 것을 알았거나 중대한 과실로 이를 알 수 없었다고는 할 수 없을지라도 적어도 통상의 주의만 기울였던들 이를 알 수 있었을 것이라고 인정되는 점에서 볼 때 위 지점장 대리인의 의사는 본인인 은행의 의사나 이익에 반하여 자기 또는 제3자의 이익을 위하여 배임적인 의도로 한 것이고 예금자 역시 위 대리인의 예금계약 의사가 진의가 아님을 통상의 과실로 알지 못한 채 예금계약을 체결한 것이라고 할 것이므로 결국 이 사건 예금계약자체가 성립되지 아니하였다 할 것이니 위 예금자는 은행에 대하여 위 대리인의 사용자임을 이유로 그의 불법행위를 원인으로 한 책임을 묻는 것은 별문제로 하고 정당한 예금계약이 성립되었음을 전제로 하여 예금반환청구는 할 수 없다고 할 것이다(대판 1987.7.7. 86다카1004; 1987.11.10. 86다카371; 1997.12.26. 97다39421).

② **신의칙설(권리남용설)** : 대리권남용의 효과를 신의칙에 따라 판단하고자 하는 주장으로, 대리인은 통상 본인의 지배권·이익권에 속하기 때문에 그 위험은 원칙적으로 본인이 부담하여야 하지만, 상대방의 악의나 중과실 등 상대방의 권리행사가 신의칙에 반하는 사정이 있다면 상대방이 그러한 위험을 부담하여야 한다고 한다.

③ **대리권부인설** : 대리권이 남용된 경우에 대리권 자체를 부인 내지 제한하는 견해로, 대리권남용의 요건으로 ① 객관적으로 배임행위, 즉 대리인이 본인의 불이익으로 자기 또는 제3자의 이익을 도모하는 행위가 있어야 하며, ② 주관적으로 대리인과 법률행위를 한 상대방이 이러한 배임행위를 알았거나 "정당한 이유"(제126조 참조) 없이 알지 못한 경우라야 한다는 두 가지를 든다. 이러한 요건이 충족되면 대리권을 남용한 행위가 무권대리행위로 된다.

④ **결론** : 어느 학설에 의하든 대리권남용이 인정되어 대리행위의 효력이 부정되는 경우에 상대방의 보호가치 역시 부정되므로 표현대리가 성립할 수 없을 뿐만 아니라 무권대리인의 책임에 관한 제135조도 원칙적으로 적용되지 않는다고 할 것이다.

1. 의의 및 성질

학습 Guide

복대리와 관련해서는 우선 대리인이 그 권한 내에서 대리인 자신의 이름으로 선임한 본인의 대리인이라는 개념의 틀에서 법정대리인과 임의대리인의 각각의 경우 복임행위와 책임에 관해 정리하고, 아울러 복대리인의 지위와 소멸(제127조, 제128조 전단, 제128조 후단, 원대리권의 소멸, 복임행위의 하자 등)에 관해서 간략히 공부하면 될 것이다. 무엇보다도 복대리에 있어서의 표현대리를 인정한 판례를 숙지하길 바란다.

(1) 의의

복대리인이란 대리인이 그의 권한 내의 행위를 행하게 하기 위하여 대리인 자신의 이름으로 선임한 본인의 대리인이다. 복대리인을 선임할 수 있는 권한을 '복임권'이라 하고, 복대리인 선임행위를 '복임행위'라 한다.

(2) 복대리인의 법률적 성질

① 복대리인도 역시 대리인이므로 스스로 의사를 결정·표시할 수 있다.

② 복대리인은 '대리인이 자기의 이름'으로 선임한 자이다. 대리인이 본인의 이름으로 선임한 것이 아니다.

③ 복대리인은 '본인의 대리인'이고, 대리인의 대리인은 아니다. 따라서 복대리인은 언제나 임의대리인에 해당한다(법정대리인이 선임한 복대인도 임의대리인이다).

④ 복대리인을 선임한 뒤에도 대리인은 여전히 대리권을 보유한다.

⑤ 대리인의 감독 하에 대리행위를 행한다.

⑥ 대리인의 대리권범위 내에서 복대리권을 행사한다.

⑦ 대리인의 대리권 소멸로 복대리인의 대리권도 소멸한다.

⑧ 대리인·복대리인은 모두 본인을 대리한다.

2. 대리인의 복임권과 책임

복임권은 대리권에 기하여 대리인이 가지는 기능이라고 볼 수 있는바, 임의대리와 법정대리에 따라서 크게 다르다.

(1) 임의대리

① 복임권 : 임의대리인은 원칙적으로 복임권이 없고, 본인의 승낙이 있거나 부득이한 사유가 있을 때에만 복대리인을 선임할 수 있다. 여기서 '부득이한 사유가 있을 때'라 함은 본인의 소재불명으로 승낙을 받을 수 없거나 사임할 수 없는 사정이 있을 경우이다.

판례

복대리인의 선임과 본인의 승낙

임의대리인의 복대리인의 선임에 관하여 본인의 묵시적 승낙이 있다고 보아야 할 경우와 오피스텔 분양업무는 성질상 대리인 자신에 의한 처리가 필요한 경우에 해당된다고 한 사례… 대리의 목적인 법률행위의 성질상 대리인 자신에 의한 처리가 필요하지 아니한 경우에는 본인이 복대리 금지의 의사를 명시하지 아니하는 한 복대리인의 선임에 관하여 묵시적인 승낙이 있는 것으로 보는 것이 타당하다. 오피스텔의 분양업무는 그 성질상 분양을 위임받은 대리인이 광고를 내거나 그 직원 또는 주변의 부동산 중개인을 동원하여 분양사실을 널리 알리고, 분양사무실을 찾아온 사람들에게 오피스텔의 분양가격, 교통 등 입지조건, 오피스텔의 용도, 관리방법 등 분양에 필요한 제반 사항을 설명하고 청약을 유인함으로써 분양계약을 성사시키는 것으로서 대리인의 능력에 따라 본인의 분양사업의 성공 여부가 결정되는 것이므로, 사무처리의 주체가 별로 중요하지 아니한 경우에 해당한다고 보기 어렵다(대판 1996.1.26. 94다30690).

② 복임행위에 대한 책임 : 임의대리인은 복대리인의 선임 및 감독에 관하여 책임을 진다. 다만, 본인의 지명에 의해 복대리인을 선임한 경우에는 책임이 감경되어 부적임 또는 불성실함을 알고 본인에게 통지나 해임을 태만히 한 때에만 책임을 진다.

(2) 법정대리

① 복임권 : 법정대리인은 언제든지 복대리인을 선임할 수 있다.

② 복임행위에 대한 책임 : 법정대리인은 언제든지 복대리인을 선임할 수 있는 대신 복대리인의 선임·감독에 있어서의 과실유무에도 불구하고 전 책임을 진다. 다만, 부득이한 사유로 복대리인을 선임한 경우에는 그 책임이 감경되어 임의대리인의 책임과 같다.

✿ 대리인의 복임권과 책임

내용	임의대리인	법정대리인
복임권	① 본인의 승낙 ② 부득이한 사유	언제든지 선임가능
책임	① 본인의 승낙이나 부득이한 사유로 선임 : 선임감독상의 과실 책임 ② 본인의 지명에 의해 선임 : 고의 책임	① 원칙적으로 무과실 책임 ② 부득이한 사유로 선임 : 과실 책임

(3) 복대리인의 지위

① 대리인에 대한 관계 : 대리인의 감독을 받고, 대리인의 대리권의 범위 및 존재에 의존한다.

② 상대방에 대한 관계 : 상대방에 대하여 본인의 대리인으로서 대리인과 동일한 권리·의무가 있다.

③ 본인에 대한 관계 : 본인에 대하여 대리인과 동일한 권리·의무가 인정된다.

④ 복대리인의 복임권 : 임의대리인과 동일조건하에서 인정할 수 있다. 즉, 복대리인을 제한적으로 선임할 수 있다.

(4) 복대리와 표현대리

① 대리인이 대리권 소멸 후 직접 상대방과 사이에 대리행위를 하는 경우는 물론 대리인이 대리권 소멸 후 복대리인을 선임하여 복대리인으로 하여금 상대방과 사이에 대리행위를 하도록 한 경우에도, 상대방이 대리권 소멸 사실을 알지 못하여 복대리인에게 적법한 대리권이 있는 것으로 믿었고 그와 같이 믿은데 과실이 없다면 민법 제129조에 의한 표현대리가 성립할 수 있다(대판 1998.5.29. 97다55317).

② 민법 제120조는 본인과 대리인과의 위임관계가 불명확한 경우에 있어서의 임의대리인의 복임권에 관한 보충규정일 뿐 복임권 없는 대리인에 의하여 선임된 복대리인의 대리행위는 어떠한 경우를 막론하고 소위 초과행위(권한을 넘는 표현 대리)가 될 수 없는 성질의 행위라는 취지까지를 정한 것이 아니다(대판 1967.11.21. 66다2197).

> ☞ 즉, 판례는 표현대리의 규정(제125조, 제126조, 제129조)도 복임권 없는 대리인에 의하여 선임된 복대리인의 대리행위에 관하여도 적용된다고 본다.

(5) 복대리권의 소멸

① 복대리권은 일종의 대리권이므로 대리권의 공통적 소멸사유, 즉 본인의 사망, 복대리인의 사망, 성년후견의 개시, 파산선고로 인하여 소멸한다.

② 대리인과 복대리인 간의 수권관계가 소멸되면 역시 제128조(임의대리의 종료)가 적용되어 복대리권이 소멸한다.

③ 복대리권은 대리권의 존재를 전제로 하므로 그 모권이라 할 수 있는 대리권이 소멸하면 복대리권도 따라서 소멸한다.

기출문제분석

1 복대리에 관한 설명 중 옳지 않은 것은?

① 본인의 승낙이 있거나 부득이한 사유가 있어 임의대리인이 복대리인을 선임한 때에는 본인에게 대하여 그 선임감독에 관한 책임이 있다.

② 임의대리인이 본인의 지명에 의하여 복대리인을 선임하였다 하더라도 대리인의 책임이 경감되거나 면제되는 것은 아니다.

③ 법정대리에서의 복대리인은 임의대리인의 복임권과 같은 범위에서 복임권을 가진다.

④ 임의대리인과 달리 법정대리인은 그 책임으로 복대리인을 선임할 수 있다.

⑤ 복대리인은 본인의 대리인이다.

> **ADVICE »** 임의대리인이 본인의 지명에 의하여 복대리인을 선임한 경우 그 부적임 또는 불성실함을 알고 본인에게 통지나 그 해임을 태만한 때가 아니면 책임이 없다.

2 대리제도의 기능에 관한 다음 설명 중 타당하지 않은 것은?

① 법정대리는 법률행위에 의해서 수여된 대리권에 의한 대리를 말한다.

② 대리의 본질적 작용은 사적자치의 확장이라는 기능에서 찾을 수 있다.

③ 현대와 같이 복잡화·전문화된 거래사회에서는 개인의 모든 법률관계를 스스로 처리한다는 것이 불가능하며, 개인의 활동능력에도 한계가 있기 때문에 대리제도가 필요하다.

④ 대리제도의 기능 중 사적자치의 보충이라는 기능은 법정대리에서 강하게 나타난다.

⑤ 대리제도는 행위능력이 없기 때문에 자신의 법률관계를 형성할 능력을 갖지 못한 경우에도 그 자를 위하여 보호자가 대신하여 법률행위를 할 수 있는 제도이다.

> **ADVICE »** ① 법정대리는 법률규정에 의하여 대리권이 부여된 대리이다.

Answer   1.② 2.①

3 대리행위에 관한 다음 설명 중 옳지 않은 것은?

① 미성년자도 대리인이 될 수 있다.

② 대리인에게 의사능력은 필요하다.

③ 본인은 대리인의 제한능력을 이유로 대리행위를 취소할 수 있다.

④ 대리인이 제한능력자인 경우 본인과 대리인 사이의 기초적인 내부관계는 제한능력을 이유로 취소될 수 있다.

⑤ 피성년후견인도 대리인이 될 수 있다.

> **ADVICE** 》 ③ 대리인은 행위능력자임을 요하지 아니하며, 본인은 대리인의 제한능력을 이유로 대리행위를 취소할 수 없다.

4 대리권의 소멸사유가 아닌 것은?

① 대리인의 사망　　　　　　　② 대리인의 파산

③ 대리인의 성년후견의 개시　　④ 대리인의 한정후견의 개시

⑤ 본인의 사망

> **ADVICE** 》 대리권의 소멸사유
> 　　　　㉠ 본인의 사망
> 　　　　㉡ 대리인의 사망·성년후견의 개시·파산

5 다음 중 간접대리인 자는?

① 甲이 결정한 의사를 상대방에게 전달하는 자

② 甲의 계산으로 그러나 자기의 이름으로 법률행위를 하는 자

③ 甲을 위하여 甲의 이름으로 법률행위를 하는 자

④ 甲을 대신하여 법률행위를 甲에게 귀속시키는 행위를 하는 자

⑤ 甲의 이름으로 그러나 자신을 위하여 법률행위를 하는 자

> **ADVICE** 》 간접대리…위탁판매업과 같이 타인의 계산으로 그러나 행위자 스스로의 이름으로 법률행위를 하고 그 효과는 일단 행위자에게 귀속하였다가 본인에게 이전되는 것이다.

6 다음 내용 중 옳지 않은 것은?

① 법률행위의 대리제도에는 사적자치의 확장 및 그 보충의 의미가 있다.

② 대리행위의 하자는 대리인을 표준으로 함이 원칙이라는 점에서 절대다수설은 우리의 대리제도상 대리행위를 대리인행위로 본다.

③ 민법상 대리제도가 사실행위나 불법행위에는 인정되지 않지만 법인의 대표기관의 불법행위는 일정한 경우에 법인의 불법행위가 되므로 예외적으로 불법행위의 대리가 인정된다.

④ 법률행위는 자신의 이름으로 하고 그 효과도 자신에게 귀속시키되 그 계산은 타인의 이름으로 한다는 점에서 간접대리는 대리와 다른 제도이다.

⑤ 본인이 의사를 결정하여 이를 타인으로 하여금 표시하게 하는 경우에는 의사표시의 착오의 여부는 본인의 의사와 타인의 표시를 비교하여 판단한다.

> **ADVICE** 》 ③ 법인은 이사 기타 대표자가 그 직무에 관하여 타인에게 가한 손해를 배상할 책임이 있다〈제35조 제1항〉고 하나, 이는 대리인이 아닌 대표기관에 대한 규정으로 불법행위에 대하여는 대리가 적용되지 않는다.

7 甲은 피성년후견인 乙에게 주식매각에 관한 대리권을 수여하였다. 그런데 乙은 甲소유의 주식을 시가의 절반에도 미치지 못하는 가격으로 丙에게 매각하여 甲은 막대한 손해를 입게 되었다. 다음 중 옳은 것은?

① 乙은 매매계약을 무효로 주장할 수 있으나, 甲은 매매계약의 무효를 주장할 수 없다.

② 피성년후견인 乙의 행위는 당연무효이다.

③ 甲은 乙의 피성년후견을 이유로 매매계약을 취소할 수 없지만, 乙은 취소할 수 있다.

④ 乙의 피성년후견과 관계없이 매매계약은 유효하다.

⑤ 甲·乙간의 위임계약은 乙의 피성년후견인을 이유로 무효가 되며, 그 결과 대리권 자체가 소급적으로 소멸하므로 매매계약은 무효가 된다.

> **ADVICE** 》 제한능력자인 대리인의 대리행위는 그 제한능력을 이유로 취소하지 못한다〈제117조〉. 대리행위의 효과는 모두 본인에게 귀속되고 대리인 자신의 불이익이 되지 않기 때문이다.

---

8 다음 중 대리권의 남용에 관한 설명으로 옳은 것은?

① 대리권한을 유월하여 행사하는 것으로서 표현대리가 성립한다.

② 권리남용으로서 무효이다.

③ 판례는 민법 제107조 제1항 단서규정을 유추 적용한다.

④ 상대방이 대리권 남용을 안 경우에도 신의성실의 원칙 위반을 인정할 수 없다.

⑤ 피용인이 대리권을 남용한 경우에는 판례는 사용자책임의 성립을 부인한다.

> **ADVICE** » ① 대리권 남용의 경우 표현대리가 성립할 여지가 없다.
> ② 대리권 남용의 경우 본인이 대리권 남용에 대한 상대방의 악의 또는 과실을 입증하지 못하는 한 원칙적으로 유효하다.
> ③ 민법 제107조 제1항에서 규정하고 있는 진의 아닌 의사표시가 대리인에 의하여 이루어지고, 그 대리인의 진의가 본인의 이익이나 의사에 반하여 자기 또는 제3자의 이익을 위한 배임적인 것임을 그 상대방이 알았거나 알 수 있었을 경우에는 동항 단서의 유추해석상 그 대리인의 행위는 본인의 행위로 성립할 수 없으므로 본인은 대리인의 행위에 대하여 아무런 책임이 없다 할 것이며, 이때에 그 상대방이 대리인의 표시의사가 진의 아님을 알았거나 알 수 있었는가의 여부는 표의자인 대리인과 상대방 사이에 있었던 의사표시의 형성과정과 그 내용 및 그로 인하여 나타나는 효과 등을 객관적 사정에 따라 합리적으로 판단하여야 한다(대판 1987.11.10, 86다카371).
> ④ 상대방이 대리권 남용을 안 경우에는 신의칙 위반이 된다.
> ⑤ 판례는 사용자책임을 인정한다.

9 민법상 대리제도에 관한 설명으로 틀린 것은?

① 대리인에게 대리권이 없더라도 그 대리행위의 효력이 본인에게 미치는 경우가 전혀 없지 않다.

② 대리인은 본인의 허락이 없으면 본인을 대리하여 자기 자신과 법률행위를 할 수 없다.

③ 대리인이 제한능력자이더라도 그 대리행위의 효력에는 영향이 없다.

④ 대리인이 수인인 경우는 공동대리를 원칙으로 한다.

⑤ 대리제도는 사적자치를 보충하거나 확장하기 위한 제도이다.

> **ADVICE** » ④ 대리인이 수인인 때에는 각자가 본인을 대리한다. 그러나 법률 또는 수권행위에 다른 정한 바가 있는 때에는 그러하지 아니하다〈제119조〉.

10 대리에 관한 내용으로 옳은 것은?

① 대리는 모든 의사표시에 관하여 허용된다.
② 간접대리도 민법상의 대리의 한 모습이다.
③ 위임은 반드시 대리를 수반한다.
④ 불법행위와 사실행위에는 대리가 있을 수 없다.
⑤ 임의대리는 위임계약의 형식으로만 수여될 수 있다.

> **ADVICE 》** ① 신분상의 행위, 노동법상의 행위, 준법률행위 중 의사의 통지나 관념의 통지를 제외한 것은 대리와 친하지 않다.
> ② 간접대리는 행위의 효력이 일단 행위자에게 귀속된다는 점에서 대리와 다르다.
> ③ 대리는 위임을 수반하는 경우가 많으나 법률적 성질은 별개이다.
> ⑤ 임의대리에 있어서 대리권 수여의 형식은 불요식행위이므로 위임, 도급, 고용 등 어떠한 형식으로든 대리권이 수여될 수 있다.

11 권한을 정하지 않은 대리인이 할 수 없는 행위는?

① 가옥의 임대
② 기간이 도래한 채무의 변제
③ 예금의 주식전환
④ 채권의 추심
⑤ 무이자대금의 이자대금화

> **ADVICE 》** 권한을 정하지 않은 대리인은 보존행위와 대리의 목적인 물건이나 권리의 성질을 변하게 하지 아니하는 범위 내에서 이용·개량행위만을 할 수 있을 뿐이고, 처분행위는 하지 못한다.
> ③ 객체의 성질을 변하게 하는 처분행위이다.

12 甲을 본인으로 하는 대리인 乙이 상대방 丙과 통정하여 허위표시를 하였다. 이 경우의 법률효과로 옳은 것은?

① 甲, 乙, 丙은 모두 무효를 주장할 수 있다.
② 乙만이 무효를 주장할 수 있다.
③ 甲만이 무효를 주장할 수 있다.
④ 甲, 乙만이 무효를 주장할 수 있다.
⑤ 乙, 丙만이 무효를 주장할 수 있다.

> **ADVICE 》** 통정허위표시의 경우는 전혀 행위자를 보호할 필요가 없으므로 당사자 사이에서는 무효이다.

13 대리권의 제한에 관한 설명 중 옳지 않은 것은?

① 수인의 대리인이 있는 경우에는 원칙적으로 공동대리이다.
② 본인의 허락이 있는 경우에는 쌍방대리도 무방하다.
③ 채무의 이행은 자기계약으로도 할 수 있다.
④ 자기계약이나 쌍방대리는 절대무효가 아니라 무권대리가 된다.
⑤ 자기계약과 쌍방대리의 금지규정은 법정대리, 임의대리 양자에 적용된다.

> **ADVICE** 》 ① 대리인이 수인인 때에는 각자가 본인을 대리한다. 그러나 법률 또는 수권행위에 다른 정한 바가 있는 때에는 그러하지 아니하다〈제119조〉.

14 다음 중 법정 추인 사유가 아닌 것은?

① 경개 ② 이행의 청구
③ 담보의 제공 ④ 전부나 일부의 이행
⑤ 면제

> **ADVICE** 》 **법정추인**〈제145조〉…취소할 수 있는 법률행위에 관하여 일정한 행위(전부나 일부의 이행, 이행의 청구, 경개, 담보의 제공, 취소할 수 있는 행위로 취득한 권리의 전부나 일부의 양도, 강제집행)가 있으면 추인한 것으로 본다.

01 핵심예상문제

1 대리에 대한 설명 중 옳은 것은?

① 위임은 반드시 대리를 수반한다.
② 불법행위에는 대리가 있을 수 없다.
③ 간접대리도 민법상의 대리의 한 모습이다.
④ 대리권을 수여하려면 반드시 위임장을 주어야 한다.
⑤ 이사는 법인의 대리인이다.

> **ADVICE »** ① 본인·대리인 사이의 기초적 내부관계와 대리관계는 이론상 전혀 별개의 것이며, 또한 위임관계에는 대리관계가 따르는 것이 보통이기는 하지만 위임과 대리가 반드시 결합하는 것도 아니다.
> ③ 간접대리는 행위자의 이름으로 법률행위를 하고 그 효과가 행위자에게 생겨서 후에 타인에게 이전하게 되는 점에서, 본인의 이름으로 법률행위(의사표시)를 하고 그 법률효과가 직접 본인에게 귀속하는 대리(직접대리)와 다르다.
> ④ 대리권 수여행위, 즉 수권행위는 민법상 불요식행위이다. 보통의 위임장은 대리권을 수여했다는 증거에 불과하므로(통설) 위임장 없이도 수권하는 것이 가능하다.
> ⑤ 이사 기타 법인의 대표자는 법인의 대리인이 아니고 대표기관이다.

2 대리권의 범위를 정하지 아니할 경우에 대리인이 할 수 없는 것은?

① 소멸시효의 중단
② 가옥의 수선
③ 기한이 도래한 채무의 변제
④ 미등기부동산의 등기
⑤ 은행예금을 찾아 개인에게 대금하는 행위

> **ADVICE »** ①②③④는 보존행위이며, ⑤는 개량행위인데 객체의 성질을 변하게 하는 것이다.

Answer 13.① 14.⑤ / 1.② 2.⑤

3 다음 중 법정대리인이 아닌 것은?

① 친권자　　　　　　　　　　　② 후견인
③ 유언집행자　　　　　　　　　④ 부재자 재산관리인
⑤ 조합의 사무집행자

> **ADVICE** ≫ ⑤ 조합의 사무집행자는 임의대리인이다.
>
> ※ **법정대리**
> ㉠ 본인에 대하여 일정한 지위에 있는 자가 법률의 규정에 의해 대리인이 되는 경우(친권자, 후견인)
> ㉡ 본인 이외의 일정한 지정권자의 지정으로 대리인이 되는 경우(지정후견인, 지정유언집행자)
> ㉢ 법원이 선임하는 자가 대리인이 되는 경우(부재자의 재산관리인, 상속재산관리인, 유언집행자)

4 복대리에 관한 내용으로 옳은 것은?

① 복대리인은 본인의 명의로 선임한다.
② 대리인이 사망하면 복대리권은 소멸한다.
③ 복대리인을 선임한 뒤에는 대리인은 대리권을 잃는다.
④ 대리인의 복대리인 선임행위는 대리행위이다.
⑤ 복대리인은 대리인의 대리인이다.

> **ADVICE** ≫ ① 복대리인은 대리인이 자기의 이름으로 선임한 자이다.
> ③ 복대리인을 선임한 뒤에도 대리인은 대리권을 잃지 않는다.
> ④ 복대리인은 대리인이 본인의 이름으로써 선임한 자가 아니므로, 복대리인 선임행위는 대리행위가 아니다.
> ⑤ 복대리인은 본인의 대리인이다.

5 복대리인에 관하여 틀린 것은?

① 대리인은 복대리인을 선임하여도 대리권을 잃지 않는다.
② 복대리인은 그 권한 내에서 본인을 대리한다.
③ 복대리권은 대리인이 가지는 대리권의 소멸에 의하여 소멸한다.
④ 복대리인은 대리인이 본인의 이름으로 선임하고 그 권한 내의 행위를 시키는 본인의 대리인이다.
⑤ 복대리인은 본인의 대리인이므로 제3자에 대한 관계에서는 대리인과 같다.

6 　복대리인에 관한 설명으로 틀린 것은?

① 법정대리인은 복대리인을 부득이한 사유로 인하여 선임한 경우는 책임이 경감된다.
② 법정대리인은 복대리인의 행위에 관하여 원칙상 무과실책임을 진다.
③ 법정대리인은 복대리인을 원칙상 둘 수 있다.
④ 임의대리인은 자기의 책임으로 복대리인을 선임할 수 있다.
⑤ 임의대리인은 복대리인의 행위에 관하여 원칙상 과실책임을 진다.

7 　대리에 대한 다음 설명 중 틀린 것은?

① 임의대리에 있어서 대리는 사적자치의 확장이라는 기능을 한다.
② 대리의 본질적 작용은 어디까지나 사적자치의 보충이라는 기능이다.
③ 대리제도는 근대법에서 사적자치의 확장 외에 사적자치의 보충이라는 기능도 하고 있다.
④ 대리제도는 전적으로 근대사회의 소산이다.
⑤ 대리는 '법률효과 표의자 이외의 자에의 귀속'을 일어나게 한다.

8 대리인의 의무에 해당하는 사항이 아닌 것은?

① 충실의무 ② 담보제공의무
③ 선관주의의무 ④ 이익충돌의 금지의무
⑤ 법률효과취득의 금지의무

> **ADVICE** 》 ② 담보제공의무는 대리인의 일반적인 의무라고 할 수 없다. 다만, 법원은 그 선임한 재산관리인으로 하여금 재산의 관리 및 반환에 관하여 상당한 담보를 제공하게 할 수 있다〈제26조 제1항〉.

9 권한을 정하지 아니한 대리인이 할 수 없는 행위는?

① 가옥의 대여
② 전(田)을 답(畓)으로 개량하는 행위
③ 기한이 도래한 채무의 변제
④ 부패하기 쉬운 물건의 처분행위
⑤ 무이자의 금전대여를 이자부로 하는 행위

> **ADVICE** 》 대리권의 범위〈제118조〉 … 권한을 정하지 아니한 대리인은 다음의 행위만을 할 수 있다.
> ㉠ 보존행위
> ㉡ 대리의 목적인 물건이나 권리의 성질을 변하지 아니하는 범위에서 그 이용 또는 개량하는 행위

10 위임된 대리에 관한 설명으로 옳은 것은?

① 위임은 반드시 대리를 수반한다.
② 대리는 반드시 위임에 의하여 생긴다.
③ 대리권은 대리인이 본인에 대하여 부담하는 특정한 의무이다.
④ 하나의 법률행위로써 위임과 대리의 양자를 생기게 할 수 있다.
⑤ 위임계약에서는 위임이 수임인의 독립된 의사표시에 의하여 직접 그 법률효과를 받는다.

> **ADVICE** 》 ① 위임이 대리를 수반하는 것이 보통이기는 하나, 위임과 대리가 반드시 결합하는 것은 아니다.
> ② 고용계약 · 도급계약 · 조합계약 등은 위임이 아니지만 대리권이 수여되기도 한다.
> ③ 대리권은 대리인이 본인의 이름으로 의사표시를 하거나 또는 의사표시를 받음으로써 직접 본인에게 법률효과를 귀속시킬 수 있는 법률상의 지위 또는 자격이며, 본인에 대한 의무가 아니다.
> ⑤ 수임인에게 대리권이 수여된 경우에만 수임인의 독립한 의사표시에 의하여 위임인이 직접 그 법률효과를 받는다.

11 현명주의에 관하여 틀린 것은?

① 상행위에 관하여는 현명주의가 적용되지 않는다.

② 본인명의로 법률행위를 할 수 있는 권한까지도 위임된 때에는 대리인은 본인명의로 계약을 체결할 수 있다.

③ 현명하지 않은 대리행위의 효과는 대리인 자신을 위하여 한 것으로 간주되므로 대리인은 착오를 주장하지 못한다.

④ 수동대리에 있어서는 상대방이 본인에 대한 의사표시임을 표시하여야 한다.

⑤ 현명주의에 있어서 본인을 위한 것이라 함은 '본인의 이익을 위하여'라는 뜻이다.

> **ADVICE** » ⑤ '본인을 위한 것'이란 본인에게 효과를 귀속시키려는 의사, 즉 대리적 효과의사라는 뜻이며, '본인의 이익을 위하여'라는 의미는 아니다. 그것은 '본인의 이름으로'라는 표현과 같은 것이다.
>
> ※ 현명주의… 대리인의 행위가 대리인 자신이 아닌 본인에게 효과를 발생시키기 위해서는 대리인이 대리행위를 할 때에 반드시 대리의사, 즉 '본인을 위한 것임'을 표시하여야 한다. 또한, 대리인으로서 의사표시를 수령하는 데는 그 표의자 쪽에서 '본인을 위한 것임'을 표시하여야 한다.

12 대리인이 본인을 위한다는 것을 표시하지 아니하고 한 의사표시의 효력으로서 옳은 것은?

① 무효이다.

② 본인이 한 의사표시로 본다.

③ 본인과 대리인 모두 취소할 수 있다.

④ 대리인이 자기를 위하여 한 의사표시로 본다.

⑤ 본인은 취소할 수 있으나 대리인은 취소할 수 없다.

> **ADVICE** » 대리인이 본인을 위한 것임을 표시하지 아니한 때에는 그 의사표시는 자기를 위한 것으로 본다. 그러나 상대방이 대리인으로서 한 것임을 알았거나 알 수 있었을 때에는 직접 본인에게 대하여 효력이 생긴다〈제115조〉.

13 대리에 대한 설명으로 옳은 것은?

① 피성년후견인도 대리인이 될 수 있다.
② 대리인 개인을 중시하지 않는 거래에 있어서는 현명주의 예외를 인정하는 것이 통설이다.
③ 대리인은 의사무능력자이더라도 상관없다.
④ 본인이 지정한 물건을 매수하는 때에 본인이 그 물건에 하자가 있음을 알고 있더라도 대리인이 그 사실을 알지 못하는 한, 본인은 매도인에 대하여 하자담보의 책임을 물을 수 있다.
⑤ 대리행위의 하자에서 생기는 취소권 등은 본인에게 귀속하므로, 대리인은 어떤 경우에도 그 취소권 등을 행사할 수 없다.

> **ADVICE »** ② 대리인 개인을 중시하지 않는 거래에 있어서는 현명주의 예외를 인정하지 않는 것이 다수설이다.
> ③ 대리인은 행위무능력자이더라도 상관없으나, 의사능력만은 가지고 있어야 한다.
> ④ 특정한 법률행위를 위임한 경우에 대리인이 본인의 지시에 좇아 그 행위를 할 때에는 본인은 자기가 안 사정 또는 과실로 인하여 알지 못한 사정에 관하여 대리인의 부지(不知)를 주장하지 못한다〈제116조 제2항〉.
> ⑤ 대리인이 본인에게 귀속하는 취소권 등을 대리할 수 있는 경우도 있다.

14 대리인과 사자와의 차이에 관한 설명으로 틀린 것은?

① 대리인은 자기가 결정한 의사를 표시하지만, 사자는 타인이 결정한 의사를 표시하여 그 의사표시를 완성하는 것이다.
② 의사의 흠결에 대해서 대리는 대리인의 의사와 그 표시를 비교하여야 하지만, 사자의 경우에는 본인의 의사와 사자의 표시를 비교하여야 한다.
③ 의사표시의 하자에 관하여 그 유무를 대리에서는 대리인에 관하여, 사자에서는 본인에 관하여 이를 정한다.
④ 대리를 허용하지 않는 행위에도 사자는 허용하는 경우가 많다.
⑤ 대리인은 의사능력이 필요없고 권리능력만 있으면 되고, 사자는 본인에게 의사능력이 필요하다.

> **ADVICE »** ⑤ 대리인은 행위능력자임을 필요로 하지는 않으나 의사능력은 필요로 한다. 그런데 사자에 있어서는 본인에 관하여 일반원칙대로 의사능력과 행위능력을 필요로 하나, 사자에 관하여는 의사능력조차 필수의 요건이 아니다.

15 권한을 정하지 아니한 임의대리인이 어떤 경우에나 할 수 있는 것은?

① 처분행위　　　　　　　　　② 개량행위

③ 보존행위　　　　　　　　　④ 이용행위

⑤ 본인의 이익이 되는 이용행위

> **ADVICE** 》 권한을 정하지 아니한 대리인은 보존행위, 대리의 목적인 물건이나 권리의 성질을 변하지 아니하는 범위에서 그 이용 또는 개량하는 행위만을 할 수 있다〈제118조〉.

16 다음 중 법정대리에 관한 설명으로 옳은 것은?

① 법정대리인의 대리행위는 대리인이 그 책임을 진다.

② 법정대리인은 법원이 선임하며 그 대리행위의 효력은 본인에게 미친다.

③ 법정대리인의 대리권에는 제한이 없다.

④ 법정대리인의 동의는 요식행위이다.

⑤ 법정대리인은 언제든지 복임권이 있다.

> **ADVICE** 》 ① 법정대리인의 대리행위의 효력은 본인에게 미친다.
> ② 법정대리인은 법원에서 선임하는 경우도 있으나, 본인에 대하여 일정한 지위에 있는 자가 당연히 법정대리인이 되기도 하며, 일정한 지정권자의 지정으로 법정대리인이 되는 때도 있다.
> ③ 대리권 제한에 관한 규정인 제124조(자기계약 · 쌍방대리의 금지)는 법정대리에도 적용된다.
> ④ 법정대리인의 동의나 대리행위는 일정한 방식을 요하지 않는 불요식행위이다.

17 다음 내용 중 옳은 것은?

① 대리는 위임의 대외관계이다.

② 대리와 위임은 관념상 동일한 것이다.

③ 대리와 위임이 문제되는 것은 임의대리의 경우이다.

④ 법정대리의 경우에도 대리와 위임의 문제는 발생한다.

⑤ 대리관계와 그 기초적 관계인 내부관계는 이론상 동일한 것이다.

> **ADVICE** 》 ① 대리는 위임의 대외관계가 아니라는 것이 통설이다.
> ② 대리와 위임은 명확히 구별된다.
> ④ 법정대리는 법률의 규정, 지정권자의 지정, 법원의 선임행위에 의하여 발생하고, 임의대리는 본인의 의사에 기한 대리권 수여행위에 의하여 발생한다. 위임은 대리권 수여행위와 관계된다.
> ⑤ 대리관계와 기초적 내부관계는 이론상 전혀 별개이다.

Answer 　13.① 14.⑤ 15.③ 16.⑤ 17.③

18 대리에 대한 설명 중 옳지 않은 것은?

① 대리는 위임의 대외관계가 아니다.
② 친권자가 미성년 자녀의 가옥을 매도하는 것은 대리에 해당한다.
③ 법인의 이사가 법인의 사무를 처리하는 것은 대리가 아니다.
④ 특별한 사정이 없는 한, 대리인은 능동대리뿐만 아니라 수동대리에 관하여도 대리권을 가진다.
⑤ 대리인인 자가 제한능력으로 된 경우에도 대리권이 소멸하지는 않는다.

> **ADVICE** 》 ⑤ 행위능력자인 대리인이 후에 피성년후견인이 되는 경우에는 이에 관하여 대리권은 소멸한다.

19 대리권의 제한에 대한 설명으로 틀린 것은?

① 공동대리에 의한 제한이 있는 경우라도 수동대리에 있어서는 각 대리인이 단독으로 수령할 권한이 있다고 해석하는 것이 다수설이다.
② 대리인이 수인인 때에는 원칙적으로 각자가 본인을 대리한다.
③ 본인이 미리 자기계약·쌍방대리를 허락한 경우에는 그러한 대리는 유효하다.
④ 대리에 있어서 삼면관계가 생긴다는 것은 현실적으로 3인격자를 필요로 한다는 의미이므로, 이론적으로도 자기계약과 쌍방대리는 대리로서 성립할 수 없다.
⑤ 자기계약·쌍방대리를 원칙적으로 금지시킨 것은 본인의 이익을 보호하려는 이유에서이다.

> **ADVICE** 》 ④ 대리에 있어서 삼면관계가 생긴다는 것은 현실적으로 3인격자를 필요로 한다는 의미가 아니고, 법률상의 3주체를 필요로 한다는 의미이다.

20 복대리에 관한 설명 중 틀린 것은?

① 복대리인이 다시 복대리인을 선임할 수 있는가에 관하여 통설은 긍정한다.
② 복대리인이 선임되면 대리인·복대리인 모두가 본인을 대리하게 된다.
③ 복대리인은 제3자에 대하여는 대리인과 동일한 권리·의무가 있다.
④ 대리인이 수임인인 경우에는 복대리인도 본인에 대하여 수임인으로서의 권리·의무를 가지게 된다.
⑤ 복대리인은 본인의 대리인이므로, 대리인의 감독을 받지 않는다.

> **ADVICE** 》 ⑤ 복대리인은 대리인의 복임권에 기하여 선임된 자이므로 대리인의 감독을 받는다.

21 법정추인의 요건에 관한 내용으로 틀린 것은?

① 법정대리인이 취소의 원인이 소멸되기 전에 일정한 행위를 한 때에는 법정추인이 된다.

② 취소권자가 일정한 행위를 함에 있어서 이의를 보류하지 않았어야 한다.

③ 취소권자에게 추인의 의사가 있어야 한다.

④ 취소권의 존재를 알고 있을 필요는 없다.

⑤ 일정한 행위가 추인할 수 있은 후에 행해져야 한다.

> **ADVICE** » 추인
>
> ㉠ **추인의 요건** : 추인은 취소의 원인이 소멸된 후에 하여야만 효력이 있으며 이 규정은 법정 대리인 또는 후견인이 추인하는 경우에는 적용하지 않는다〈제144조〉.
> ㉡ **법정추인** : 취소할 수 있는 법률행위에 관하여 일정한 행위(전부나 일부의 이행, 이행의 청구, 경개, 담보의 제공, 취소할 수 있는 행위로 취득한 권리의 전부나 일부의 양도, 강제집행)가 있으면 추인한 것으로 본다. 그러나 이의를 보류한 때에는 그러하지 아니한다〈제145조〉. 취소권자에게 추인의 의사가 있어야 할 필요도 없고, 취소권의 존재를 알고 있을 필요도 없다.

22 다음 사항 중 틀린 것은?

① 대리인이 한 불법행위의 효과는 직접 본인에게 귀속하지 않는 것이 원칙이다.

② 본인은 그 법률관계가 종료하기 전에는 항상 대리권의 수권행위를 철회할 수 있다.

③ 간접대리의 효과는 직접 본인에게 귀속하지 않는다.

④ 법정대리인은 항상 본인과의 일정한 관계에 의하여 법률상 당연히 본인을 대리하는 자를 말한다.

⑤ 대리인이 수인일 때에는 각자가 본인을 대리한다.

> **ADVICE** » ④ 법정대리인에는 본인과의 일정한 관계에 의하여 법률상 당연히 본인을 대리하는 자뿐만 아니라 본인 이외의 일정한 지정권자의 지정에 의하여 대리인이 된 자와 법원의 선임행위에 의하여 대리인이 된 자도 있다.

23 다음 내용 중 옳은 것은?

① 소멸시효의 중단은 항상 당사자 및 그 승계인 사이에서만 효력을 미친다.

② 모든 기간계산에는 초일을 산입하지 않는다.

③ 복대리인은 어느 경우에나 임의대리인이다.

④ 이사 및 감사는 모두 법인의 필수기관이다.

⑤ 법률행위의 일부분이 무효인 때에는 일부무효를 원칙으로 한다.

> **ADVICE** 》 ① 소멸시효의 중단은 당사자 및 그 승계인 사이에서만 효력이 있는 것이 원칙이나, 지역권,
> 연대보증, 보증채무 등에서는 그 법률관계의 특수성으로 인해 예외가 인정된다.
> ② 연령계산이나 0시로부터 기산하는 경우에는 초일을 산입한다.
> ④ 감사는 임의기관이다.
> ⑤ 법률행위의 일부분이 무효이면 전부무효를 원칙으로 한다.

24 수권행위에 관한 설명으로 틀린 것은?

① 수권행위를 단독행위라고 할 경우 본인의 의사표시의 결점은 수권행위에 영향을 미치지 않게 된다.

② 수권행위가 계약인가 단독행위인가에 관하여는 견해가 대립되나, 다수설은 단독행위로 파악한다.

③ 수권행위는 본인과 대리인 사이의 내부관계를 발생케 하는 행위와는 독립하여 대리권의 발생만을 목적으로 하는 행위이다.

④ 수권행위가 유인행위인가 또는 무인행위인가에 관하여는 학설이 대립되는데, 무인행위로 새길 경우가 대리행위의 상대방을 두텁게 보호하고 또 거래의 안전을 확보하게 된다.

⑤ 수권행위를 위임장을 주는 방식으로만 행하여야 하는 것은 아니다.

> **ADVICE** 》 ① 수권행위를 단독행위로 여길 경우에는 수권에 있어서의 대리인의 의사표시에 흠이 있을
> 때 그것이 수권행위에 영향을 미치지 않는다. 그러나 본인의 의사표시의 결점은 수권행위에
> 영향을 주고 그 효력을 좌우하게 된다.

25 대리에 대한 설명 중 틀린 것은?

① 피한정후견인은 대리인이 될 수 없다.

② 대리인이 본인을 위한 것임을 표시하지 아니한 때에는 원칙적으로 그 의사표시는 자기를 위한 것으로 본다.

③ 대리인이 수인인 때에는 각자가 본인을 대리하는 것이 원칙이다.

④ 회사명 · 직명 등을 적는 경우에는 당해 회사를 위한 것으로 보아야 한다.

⑤ 대리행위의 하자에서 생기는 효과는 본인에게 귀속한다.

> **ADVICE** » ① 대리인은 행위능력자임을 요하지 아니하므로, 피한정후견인도 대리인이 될 수 있다.
> ④ 대리의사를 반드시 본인의 성명을 명시하는 형식으로 표시하여야 하는 것은 아니며, 주위의 사정으로 본인이 누구인지를 알 수 있으면 된다.

26 다음 중 본인, 그 대리인 및 복대리인 사이의 법률관계에 관한 설명으로 옳은 것은?

① 임의대리인은 언제든지 복대리인을 선임할 수 있으나, 법정대리인은 본인의 승낙이나 부득이한 사유가 있어야 복대리인을 선임할 수 있다.

② 복대리인은 대리인이 선임한 것이기 때문에 본인의 이름이 아닌 대리인의 이름으로 대리한다.

③ 복대리인이 대리인의 대리권의 범위를 초과한 행위를 한 경우에, 본인은 그 행위를 추인할 수 있다.

④ 대리인이 본인의 허락을 얻고 복대리인을 선임한 경우에, 대리인은 복대리인 선임에 대한 책임을 부담하지 아니한다.

⑤ 대리인은 원칙적으로 본인의 허락 없이도 본인을 위하여 자기와 법률행위를 하거나 동일한 법률행위에 관하여 당사자 쌍방을 대리할 수 있다.

> **ADVICE** » ① 임의대리인은 본인의 승낙이나 부득이한 사유가 있는 때에 복대리인을 선임할 수 있지만, 법정대리인은 복대리인을 선임함에 있어 자유롭다.
> ② 복대리인은 본인의 대리인으로서 본인과 대리인과의 모든 관계를 복대리인도 갖고 있으며, 본인의 이름으로 법률행위를 하고 그 효과도 본인에게 직접 귀속된다.
> ④ 대리인이 복대리인을 선임한 때에는 본인에게 대하여 그 선임감독에 관한 책임이 있다〈제121조 제1항〉.
> ⑤ 대리인은 본인의 허락이 없으면 본인을 위하여 자기와 법률행위를 하거나 동일한 법률행위에 관하여 당사자 쌍방을 대리하지 못한다. 그러나 채무의 이행은 할 수 있다〈제124조〉.

27 수동대리에 관한 설명 중 가장 옳은 것은?

① 수동대리에는 능동대리에 관한 법원칙이 부분적으로 준용된다.

② 수동대리인은 반드시 행위능력을 가져야 한다.

③ 수권행위로 공동대리를 정한 경우 수동대리도 공동으로 하여야 한다는 것이 통설의 입장이다.

④ 수동대리란 의사의 표시를 상대방에게 하는 경우의 대리를 말한다.

⑤ 수동대리에는 무권대리가 문제될 여지가 없다.

> **ADVICE** 》 ① 제114조 제2항
> ② 대리인은 행위능력자임을 요하지 아니한다〈제117조〉.
> ③ 공동대리는 능동대리에만 적용될 뿐, 수동대리에 있어서는 그 적용이 없다는 견해가 통설이다.
> ④ 수동대리란 상대방이 대리인에게 표시하는 경우를 말한다.
> ⑤ 수동대리에도 무권대리가 적용된다.

28 대리와 사자의 차이에 관한 설명 중 옳지 않은 것은?

① 대리와 사자의 구별은 법률행위의 효과의사를 누가 결정하느냐의 문제이다.

② 대리인은 자기가 결정한 의사를 표시하나, 사자는 본인이 결정한 의사를 표시한다.

③ 의사표시의 하자의 유무에 관하여, 대리에서는 대리인에 관하여 결정하고, 사자는 본인에 관하여 결정한다.

④ 의사의 흠결에 관하여, 대리에서는 대리인의 의사와 그 표시를 비교하지만, 사자에서는 본인의 의사와 사자의 표시를 비교한다.

⑤ 대리인에게는 의사능력이 필요없으나, 사자에게는 의사능력이 필요하다.

> **ADVICE** 》 본인의 의사표시를 단순히 전달하거나, 또는 본인이 결정한 의사를 상대방에게 그대로 표시함으로써 표시행위의 완성에 협력하는 자가 사자이다. 이 점에서 대리인 자신의 효과의사를 결정하는 대리와는 다르다. 그러므로 사자에 있어서는 본인이 행위능력을 가져야 하고, 또한 의사표시의 흠결 등은 본인을 기준으로 판단한다. 사자는 대리가 인정하지 않는 행위(예컨대 사실행위)에 있어서도 허용되는 경우가 많다.
> ⑤ 대리인은 의사능력이 있어야 하나, 사자에게는 의사능력이 필요없다.

29 수권행위 및 기초적 내부관계에 관한 설명 중 옳지 않은 것은?

① 수권행위와 기초적 행위가 합쳐져서 하나의 행위로 행하여질 수는 없다.

② 대리는 기초적 내부관계인 고용, 도급, 조합계약에서 생긴다.

③ 수권행위는 통설에 의하면 단독행위이다.

④ 수권행위와 그 원인이 되는 계약관계와의 관계에 관하여는 무인설이 다수설이다.

⑤ 수권행위는 의사표시 해석의 일반원칙에 따라 해석한다.

> **ADVICE** 》 ① 수권행위는 기초적 내부관계를 발생케 하는 행위(고용, 위임, 도급 등)와는 구별된다. 그
> 러나 이것이 수권행위와 기초적 행위가 언제나 독립한 별개의 행위라는 것은 아니며, 일
> 반적으로는 양자가 하나의 합체된 형태로 나타나는 경우가 많다.
> ③ 수권행위의 법률적 성질에 관하여는 계약설과 단독행위설이 대립하나, 단독행위설이 다수설
> 이다.
> ④ 수권행위의 성질에 관하여 무인설이 다수설이다. 따라서 기초적 내부관계에 무효 등의 사
> 유가 존재한다고 해서 수권행위가 당연히 무효가 되는 것은 아니다.

30 회사 사장의 축사를 부사장이 대독하는 행위의 성질은?

① 대표
② 대리
③ 표현대리
④ 사자
⑤ 간접대리

> **ADVICE** 》 사장이 결정한 의사를 부사장이 대신 표시하는 것에 불과하기 때문에 이는 사자로 보아야 한다.

31 다음 중 법정대리인이 아닌 자는?

① 위임관재인
② 각종 후견인
③ 파산관재인
④ 법원이 선임한 부재자의 재산관리인
⑤ 친권자

> **ADVICE** 》 ① 부재자 스스로 선임한 임의대리인이다.
> ※ 법정대리의 발생요인
> ㉠ 법률규정에 의한 일정한 자가 당연히 대리인이 되는 경우(친권자, 후견인)
> ㉡ 일정한 지정권자의 지정으로 대리인이 되는 경우(지정후견인, 지정유언집행자)
> ㉢ 가정법원이 선임하는 자가 대리인이 되는 경우(법원이 선임한 부재자의 재산관리인, 법
> 원이 선임한 상속재산관리인, 선임유언집행자)

Answer　27.① 28.⑤ 29.① 30.④ 31.①

32 임의대리와 법정대리를 구별하는 표준에 관한 설명 중 옳지 않은 것은?

① 대리권이 본인의 의사에 기인하여 수여되는 것이 임의대리이고, 법률의 규정으로 수여되는 것이 법정대리이다.
② 대리권의 범위가 수권행위에 의하여 정하여지는 것이 임의대리이고, 법률로서 정하여지는 것이 법정대리이다.
③ 대리인을 두는 것이 임의적인 것은 임의대리이고, 법률에 의하여 두는 것은 법정대리이다.
④ 대리인이 마음대로 대리인을 선임할 수 있는 것이 임의대리이고, 대리인을 마음대로 선임할 수 없는 것이 법정대리이다.
⑤ 양자의 구별실익은 대리인의 복임권 및 대리권의 소멸이다.

ADVICE ≫ ④ 법정대리는 복임권이 자유로운 데 반하여, 임의대리는 본인의 사전승낙이 존재하거나 부득이한 사유가 존재하는 경우에만 예외적으로 인정된다.

33 대리행위에 관한 설명 중 옳지 않은 것은?

① 대리인이 본인의 인장을 사용하여 본인명의의 증서를 작성하는 것은 대리의사가 표시되었다고 해석하는 것이 통설이다.
② 대리의사가 표시되지 않은 대리인의 의사표시는 대리인 자신을 위하여 한 것으로 본다.
③ 수동대리에 있어서는 상대방 쪽에서 본인에 대한 의사표시임을 표시해야 대리의 의사가 있는 것으로 된다.
④ 상행위의 대리에 있어서는 대리인이 본인을 위한 것임을 표시하지 아니하면 본인에 대하여 효력이 없다.
⑤ 대리인이 사익을 얻고자 권한을 남용하여 배임적 대리행위를 한 경우에도 대리행위로써 유효하게 성립된다는 것이 통설이다.

ADVICE ≫ ④ 상행위에 관해서는 현명주의가 적용되지 않는다. 따라서 상행위 대리에 있어서는 대리인이 본인을 위한 것임을 표시하지 아니하여도 본인에 대하여 효력이 있다.

34 우리 민법상 자기계약과 쌍방대리에 관한 설명 중 옳지 않은 것은?

① 부득이한 경우에는 자기계약, 쌍방대리는 허용된다.

② 본인이 미리 허락한 때에는 자기계약, 쌍방대리가 허용된다.

③ 채무이행에 관하여는 자기계약, 쌍방대리가 허용된다.

④ 본인의 허락 없이 한 자기계약, 쌍방대리는 전혀 무효가 아니라 무권대리행위이다.

⑤ 새로운 이해관계가 생기지 않는 경우에는 자기계약, 쌍방대리가 허용된다.

> **ADVICE** » 민법은 본인의 이익을 보호하기 위하여 자기계약과 쌍방대리를 원칙적으로 금지한다. 다만 본인의 이익을 해할 염려가 없는 경우에는 예외적으로 자기계약, 쌍방대리가 인정된다. 그리하여 본인이 미리 그것들을 허락한 경우와, 채무의 이행 및 채무이행과 동시(同視)할 수 있는 행위, 즉 새로운 이해관계를 생기게 하지 않는 행위에 관하여는 자기계약, 쌍방대리가 허용되지만 부득이한 경우에까지 확대되지는 않는다.

35 복임권(복대리인을 선임할 수 있는 권리)에 관한 설명 중 옳은 것은?

① 법정대리인은 항상 복임권을 갖는다.

② 임의대리인은 부득이한 사유가 있는 경우에 한하여 복임권을 갖는다.

③ 법정대리인은 법원이 부득이한 사유가 있다고 인정한 경우에 한하여 복임권을 갖는다.

④ 임의대리인은 본인이 승낙하고 또한 부득이한 사유가 있는 경우에 한하여 복임권을 갖는다.

⑤ 법정대리인은 부득이한 사유로 복대리인을 선임했을지라도 복대리인의 선임으로 인한 모든 책임을 진다.

> **ADVICE** » ② 임의대리인은 원칙적으로 복임권을 가지지 못하며, 본인의 승낙이 있거나 부득이한 사유가 있는 때에 한하여 예외적으로 복임권을 가질 뿐이다.
> ③ 법정대리인은 언제든지 복임권이 있다.
> ④ 임의대리인이 복임권을 갖는 것은 본인이 승낙하고 또한 부득이한 사유가 있는 경우가 아니고, 본인의 승낙이 있거나 부득이한 사유가 있는 경우이다.
> ⑤ 부득이한 사유로 복대리인을 선임한 경우에는 법정대리인은 선임·감독의 책임만을 진다.

36 대리행위에 관한 다음 설명 중 옳지 않은 것은 몇 개인가?

> ㉠ 대리인이 한 불법행위의 효과는 본인에게 귀속되지 아니한다.
> ㉡ 대리인의 제한능력을 이유로 그 대리행위를 본인이 취소할 수 있다.
> ㉢ 대리인은 행위능력자임을 요하지 않는다.
> ㉣ 대리인이 의사무능력자인 경우 그 대리행위는 항상 무효이다.
> ㉤ 대리인이 본인의 인장을 사용하여 본인명의의 증서를 작성하는 것은 대리의사가 표시되었다고 해석되는 것이 통설적 견해이다.

① 1개   ② 2개
③ 3개   ④ 4개
⑤ 5개

ADVICE 》 ㉡ 대리인은 행위능력자임을 요하지 아니하므로, 특약이 없는 한, 대리인의 행위제한능력을 이유로 그 대리행위를 취소할 수 없다.

37 다음 중 쌍방대리 또는 자기계약 금지의 예외라 할 수 있는 것은?

① 대물변제
② 선택채무의 이행
③ 부동산이전등기 신청
④ 다툼이 있는 채무의 변제
⑤ 항변권이 있는 채무

ADVICE 》 ③ 쌍방대리의 한 형태로 인정된다.

38 대리권의 범위가 분명하지 않을 경우라도 대리인이 할 수 있는 행위만으로 묶인 것은?

> ㉠ 건물 임대차계약체결 　　　　㉡ 건물시설의 보수행위
> ㉢ 저당권설정행위 　　　　　　　㉣ 미등기부동산의 보존등기
> ㉤ 밭을 논으로 개량하는 행위 　　㉥ 소멸시효 중단행위

① ㉠㉡㉢㉣
② ㉠㉡㉣㉥
③ ㉡㉢㉣㉤
④ ㉢㉣㉤㉥
⑤ ㉠㉡㉢㉣㉤㉥

ADVICE 》 대리권의 범위가 분명치 않을 경우에 대리인은 보존, 이용 및 개량 등 관리행위를 할 수 있는데〈제118조〉, 보존행위는 무제한 가능하나(㉡㉣㉥), 이용 및 개량행위는 성질이 변하지 않는 범위 내(㉠)에서 가능하다. 따라서 처분성을 갖는 저당권설정행위와 지목이 변하는 행위는 할 수 없다.

무권대리

1 무권대리(無勸代理)

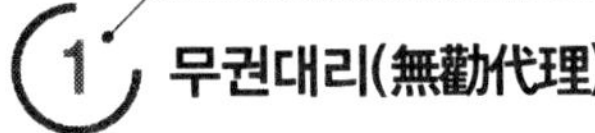

1. 총설

(1) 무권대리의 개념

① 대리권 없이 대리행위가 행하여진 경우를 "무권대리"라고 한다.

② 무권대리행위의 효과는 대리권의 부존재 때문에 본인에게 귀속될 수 없지만, 대리의사의 존재 때문에 대리인에게 귀속될 수도 없다. 이러한 결과는 대리권의 존재를 명확하게 확인할 수 없는 상대방에게 일방적으로 부담을 주게 된다. 그래서 민법은 무권대리를 본인의 이익과 상대방의 이익을 조화시키는 방향에서 규정한다.

   ㉠ 한편 무권대리행위를 확정적 무효로 하는 것이 아니라 본인의 추인에 의하여 대리의 효과가 발생될 여지를 남겨두고, 본인의 추인이 없으면 무권대리인에게 무거운 책임을 지운다(협의의 무권대리).

   ㉡ 다른 한편 무권대리인의 행위이지만, 대리권이 존재하는 듯한 외관이 존재하고 그러한 외관에 대하여 본인이 어느 정도 책임을 져야 하는 경우에, 상대방의 신뢰를 보호하기 위하여 대리권이 존재하는 경우에서와 마찬가지의 효과를 본인에게 귀속시킨다(표현대리).

(2) 협의의 무권대리와 표현대리

표현대리가 성립하는 경우에 상대방이 협의의 무권대리의 효과도 주장할 수 있는가? 문제되는 것은 상대방이 표현대리를 주장하지 않고 또 철회도 하지 않은 채 곧바로 제135조에 기하여 무권대리인의 책임을 물을 수 있는가 하는 점이다(가령 추인에 관한 제130조나 상대방의 철회권에 관한 제134조 등이 표현대리에 적용될 수 있음에 대하여는 이론(異論)이 없음에 주의할 것). 다수설은 표현대리가 성립하면 표현대리의 규정을 적용하여야 하고, 그와 별도로 무권대리인의 책임을 인정할 필요가 없지만, 표현대리가 성립하지 않는 경우에 2차적으로 협의의 무권대리의 규정을 적용할 수 있다고 한다.

2. 표현대리(表見代理)

제125조 (대리권수여의 표시에 의한 표현대리)
제3자에 대하여 타인에게 대리권을 수여함을 표시한 자는 그 대리권의 범위 내에서 행한 그 타인과 그 제3자간의 법률행위에 대하여 책임이 있다. 그러나 제3자가 대리권 없음을 알았거나 알 수 있었을 때에는 그러하지 아니하다.

제126조 (권한을 넘은 표현대리)
대리인이 그 권한 외의 법률행위를 한 경우에 제3자가 그 권한이 있다고 믿을 만한 정당한 이유가 있는 때에는 본인은 그 행위에 대하여 책임이 있다.

제129조 (대리권소멸후의 표현대리)
대리권의 소멸은 선의의 제3자에게 대항하지 못한다. 그러나 제3자가 과실로 인하여 그 사실을 알지 못한 때에는 그러하지 아니하다.

(1) 표현대리 총설

제130조~제135조의 적용여부 결정과 관련하여 표현대리의 본질을 이해해야 할 것이다. 관련 문제로서 1) 사자의 경우에도 표현대리 규정의 유추적용 여부, 2) 표현대리규정의 중복적용 여부, 3) 복대리에서의 표현대리 성립 여부, 4) 표현대리와 과실상계, 5) 강행법규위반의 경우 표현대리 법리 유추적용 여부에 관한 판례, 6) 소송상 표현대리의 주장 등이 출제예상되므로 각별한 주의를 요한다.

① 표현대리의 개념 및 유형
　㉠ 개념 : 표현대리란 대리인에게 대리권이 없음에도 불구하고 마치 그것이 있는 것과 같은 외관이 존재하고, 본인이 그러한 외관의 형성에 관여하였다든가 그 밖에 본인이 책임져야 할 사정이 있는 경우에 그 무권대리행위에 대하여 본인에게 책임을 지우는 제도이다.
　㉡ 유형 : 표현대리에 관하여 민법은 ① 제3자에 대하여 타인에게 대리권을 수여함을 표시한 자는 그 대리권의 범위 내에서 행한 그 타인과 그 제3자간의 법률행위에 대하여 책임이 있고(제125조), ② 대리인이 그 권한 외의 법률행위를 한 경우에 제3자가 그 권한이 있다고 믿을 만한 정당한 이유가 있으면 본인은 그 행위에 대하여 책임이 있으며(제126조. 월권대리), ③ 대리권 소멸은 선의의 제3자에게 대항하지 못한다(제129조)고 각 규정하고 있다(대판 1959.7.7. 4287민상366은 이상의 세 유형을 한정적으로 이해한다).

② 표현대리의 근거와 본질
- ㉠ 학설 : 표현대리는 원래 무권대리이지만 특별히 유권대리에 준하여 다루어지는바, 무권대리인 과 거래한 상대방을 보호함으로써 대리제도에 대한 신뢰를 유지하며 거래의 안전을 도모하는 데 표현대리제도의 존재이유가 있다. 대리인에게 대리권이 없음에도 불구하고 마치 존재하는 것과 같은 외관이 존재하고, 그러한 외관의 발생 또는 존재에 대하여 본인이 어느 정도의 원 인을 제공하고 있는 경우에 본인이 그 무권대리행위에 대하여 책임(법정책임)을 지게 함으로 써, 외관을 신뢰한 선의·무과실의 제3자를 보호하고 거래의 안전을 보장하며 대리제도의 신 용을 유지하려는 것이 표현대리제도이다.
- ㉡ 판례의 태도 : 표현대리에 있어서는 대리권이 없음에도 불구하고 법률이 특히 거래상대방 보호 와 거래안전유지를 위하여 본래 무효인 무권대리행위의 효과를 본인에게 미치게 한 것으로서 표현대리가 성립된다고 하여 무권대리의 성질이 유권대리로 전환되는 것은 아니"라고 판시하 여 표현대리가 무권대리임을 분명히 하였다(대판 1983.3.27. 83다카1489).

③ 표현대리의 일반적 성립요건과 효과

§ 125, § 126, § 129의 표현대리에 관한 학습방향은 각각의 표현대리의 성립요건을 특히 주관적 사유와 관련된 선의·무과실 또는 정당한 이유와 선의무과실이나 정당한 이유에 대한 증명책임을 통설과 판례의 견해로 나누어 정리하고, 표현대리 성립의 효과와 관련해서는 각 당사자들 간(본인 -상대방, 본인-대리인, 상대방-대리인) 구체적 법률관계를 공부하면 될 것이다.

- ㉠ 일반적 성립요건
  - 강행법규에 위반되는 행위에 대하여 표현대리의 법리가 적용될 여지가 없다(대판 1996.8.23. 94다38199). 표현대리규정에 의하여 본인이 대리행위의 구속을 받기 위해서는, 대리권의 부 존재를 제외하고 대리행위에 다른 장애사유가 있어서는 안 된다.
  - 소송에서 乙의「무권」대리인 丙과 계약을 체결한 甲이 계약의 효과가 乙에게 귀속되어야 한다 는 주장을 할 뿐 표현대리의 주장을 명백히 하지 않지만, 표현대리의 요건이 충족된 경우에 법원은 어떻게 처리하여야 하는가? 이에 관하여 유권대리의 주장에 표현대리의 주장이 포함 되었다는 견해(포함설)와 그렇지 않다는 견해(비포함설)가 대립하지만, 법원은 유권대리에 관 한 주장 가운데 무권대리에 속하는 표현대리의 주장이 포함되어 있다고 볼 수 없으며, 따로이 표현대리에 관한 주장이 없는 한 법원은 나아가 표현대리의 성립여부를 심리판단할 필요가 없 다"고 하여 비포함설을 따랐다(대판 1983.3.27. 83다카1489).

판례

변론주의와 유권대리, 표현대리의 주장책임 문제
- 민사소송에 있어서는 당사자가 변론에서 주장한 주요사실만이 심판의 대상이 되는 것으로서, 여기에 주요사실이라 함 은 법률효과를 발생시키는 실체상의 구성요건 해당사실을 말하는바, 대리권에 기한 대리와 본래 무권대리인 표현대리 는 그 구성요건 해당사실, 즉 주요사실이 서로 다르므로 유권대리에 관한 주장 가운데 무권대리에 속하는 표현대리의 주장이 포함되어 있다고 볼 수 없다(대판 1983.12.13. 83다카1489(전합)).

- 유권대리에 관한 주장 가운데 무권대리에 속하는 표현대리의 주장이 포함되어 있다고 볼 수 없으며, 따로 표현대리에 관한 주장이 없는 한 법원은 나아가 표현대리의 성립여부를 심리판단할 필요가 없음은 물론 당사자에게 표현대리에 관한 요건사실의 주장이나 입증을 촉구할 의무가 없다(대판 2001.3.23. 2001다126; 동지 1984.7.24. 83다카1819).
  - 표현대리는 상대방이 주장한 경우에 비로소 문제로 되는 것이지, 그 요건을 충족한다고 하여 상대방의 주장이 없음에도 당연히 그 효과가 생기는 것은 아니다. 따라서 본인이 표현대리를 주장하는 것은 불가능하지만 추인에 의하여 동일한 효과를 얻을 수 있다.
  - ⓛ 일반적 효과
  - 표현대리의 효과에 관하여, 제125조와 제126조는 "책임이 있다"고 하는 반면, 제129조는 "제3자에게 대항하지 못 한다."고 규정하고 있으나, 두 표현 사이에 차이는 없다. 즉 어느 경우에나 본인과 상대방 사이에 처음부터 대리권이 있은 경우에서와 마찬가지의 결과가 발생한다.
  - 표현대리가 성립하여 본인이 이행책임을 부담하는 경우에, 상대방에게 과실이 있더라도 과실상계의 법리를 적용할 수 없다(대판 1996.7.12. 95다49554 참조).
  - 표현대리가 성립함에 따라 본인에게 손해가 발생하였다면 본인은 기초적 내부관계에 기한 의무위반 또는 불법행위를 이유로 대리행위를 한 자에게 손해배상을 청구할 수 있다.

④ 관련문제들
  - ㉠ **사자(使者)** : 사자가 월권을 하여 대리인으로서 행동하거나 본인의 지시를 위반하여 지시받지 않은 사항을 (사자로서) 전달한 경우에, 표현대리규정(제126조)이 적용 내지 유추적용 될 수 있는가에 관하여, 긍정설이 다수설이다. 판례도 같은 입장이다.
  - ㉡ **표현대리규정의 중복적용** : 제129조와 제126조의 중복적용에 관하여, 판례는 "민법 제129조에 의하여 표현대리로 인정되는 경우에 그 표현대리의 권한을 넘는 대리행위가 있을 때에도 민법 제126조 소정의 표현대리가 성립할 수 있다"고 하여 긍정설을 취하고 있다.
  - ㉢ **복대리에서의 표현대리** : 복대리인의 대리행위에 관하여도 원칙적으로 표현대리의 규정이 적용된다. 그런데 복대리인의 대리권이 제126조의 기본대리권에 해당하므로, 복대리인이 복대리권의 범위를 넘어서 대리행위를 한 경우에 제126조의 표현대리가 성립하고, 대리인이 대리권 소멸 후에 선임한 복대리인이 대리행위를 한 경우에도 제129조의 표현대리가 성립할 수 있다.

(2) 대리권 수여표시에 의한 표현대리

§ 125. 표현대리에서의 학습 포인트는 1) 명의대여의 경우 제125조 적용여부, 2) 판례상 대리권 수여표시가 부정된 예(파출수납 판례 등)들을 정리하고, 3) 제125조 적용범위와 관련하여 법정대리, 복대리의 적용여부에 관한 논점에 중점을 두고 학습하기 바란다.

① **서설** : 제125조는 본인과 (무권)대리인 사이의 내부관계에서 대리권이 수여되지 않았음에도 불구하고, 본인이 제3자에 대하여 타인에게 대리권을 수여하였다는 취지를 표시(통지)함으로써 그 표시를 받은 제3자가 대리권의 수여가 있는 것으로 오신하여 그 타인과의 사이에 행위를 한 경우에 제3자를 보호하기 위하여 그 행위의 효과를 본인에게 귀속시킨다.

② 성립요건

　　㉠ 대리권 수여의 표시

　　　　• 수권표시의 법적 성질 : 수권표시의 법적 성질에 관하여 통설은 제125조의 대리권 수여의 표시를, 수권행위 그 자체는 아니고 수권행위가 있었다는 뜻의 이른바「관념의 통지」로 본다.

　　　　• 수권표시의 방법

　　　　－수권표시의 방법에는 제한이 없다. 따라서 서면으로 하든 구술로 하든, 특정인에 대한 것이든 신문광고에서와 같이 불특정인에 대한 것이든 문제될 바 없다. 그런데 대리인이라고 칭하는 자가 현실의 수권이 없는 상태에서 본인 작성의 위임장을 제시하여 타인과 거래하는 경우가 보통일 것이다.

　　　　－대리권의 수여표시가 반드시 대리권 또는 대리인이라는 말이나 문자를 사용한 경우에 한정되는 것은 아니고, 대리권을 추단케 하는 일정한 직함·명칭·상호 등의 사용의 허락 또는 묵인도 대리권 수여의 표시로 보는 것이 통설·판례의 입장이다.

［판례］

대리권수여를 표시하는 방법

1. 대리권 수여의 표시에 의한 표현대리는 본인과 대리행위를 한 자 사이의 기본적인 법률관계의 성질이나 그 효력의 유무와는 관계가 없이 어떤 자가 본인을 대리하여 제3자와 법률행위를 함에 있어 본인이 그 자에게 대리권을 수여하였다는 표시를 제3자에게 한 경우에 성립하는 것이고, 이때 서류를 교부하는 방법으로 민법 제125조 소정의 대리권 수여의 표시가 있었다고 하기 위하여는 본인을 대리한다고 하는 자가 제출하거나 소지하고 있는 서류의 내용과 그러한 서류가 작성되어 교부된 경위나 형태 및 대리행위라고 주장하는 행위의 종류와 성질 등을 종합하여 판단하여야 할 것이다(대법원 2001.8.21. 선고 2001다31264 판결).

2. 민법 제125조가 규정하는 대리권 수여의 표시에 의한 표현대리는 본인과 대리행위를 한 자 사이의 기본적인 법률관계의 성질이나 그 효력의 유무와는 직접적인 관계가 없이 어떤 자가 본인을 대리하여 제3자와 법률행위를 함에 있어 본인이 그 자에게 대리권을 수여하였다는 표시를 제3자에게 한 경우에는 성립될 수가 있고, 또 본인에 의한 대리권 수여의 표시는 반드시 대리권 또는 대리인이라는 말을 사용하여야 하는 것이 아니라 사회통념상 대리권을 추단할 수 있는 직함이나 명칭 등의 사용을 승낙 또는 묵인한 경우에도 대리권 수여의 표시가 있은 것으로 볼 수 있다. 따라서 호텔 등의 시설이용 우대회원 모집계약을 체결하면서 자신의 판매점, 총대리점 또는 연락사무소 등의 명칭을 사용하여 회원모집 안내를 하거나 입회계약을 체결하는 것을 승낙 또는 묵인하였다면 민법 제125조의 표현대리가 성립할 수 있다(대판 1998.6.12. 97다53762).

　　㉡ 표시된 대리권의 범위내의 행위일 것 : 표현대리인이 그 통지에서 수여한 것으로 표시된 대리권의 범위 내에서 대리행위를 하였어야 한다. 수권표시의 객관적인 범위를 넘는 행위가 있은 경우에 그 초과부분에 관하여는 제126조가 적용될 여지가 있다.

　　㉢ 대리행위의 상대방 : 대리행위의 상대방은 대리권 수여표시를 받은 자이어야 한다. 통지를 특정인에게 한 경우에 그 특정인만이 제125조의 보호를 받으며, 그러한 통지가 있음을 우연히 알게 된 제3자와의 사이에 대리행위가 행하여졌더라도 제125조의 적용은 없다. 반면 통지가 광고에 의하여 이루어졌다면, 그 광고를 본 모든 제3자가 보호될 수 있을 것이다.

ㄹ 제3자의 선의 · 무과실

- 선의 · 무과실의 의미 : 선의란 대리권 없음을 알지 못하는 것, 즉 대리권이 있는 것으로 오신하는 것을 말하고, 무과실이란 선의인데 과실이 없는 것, 즉 일반인의 주의를 기울였음에도 대리권 없음을 알지 못하는 것을 의미한다. 상대방의 과실 유무는 무권대리행위 당시의 제반 사정을 객관적으로 판단하여 결정하여야 한다.
- 증명책임 : 제125조의 책임을 면하려는 본인이 상대방의 악의 또는 과실에 대한 증명책임을 진다.

판례

제125조의 표현대리책임과 상대방의 과실

민법 제125조의 표현대리에 해당하기 위하여는 상대방은 선의 · 무과실이어야 하므로 상대방에게 과실이 있다면 제125조의 표현대리를 주장할 수 없다. 따라서 중개인이 본인인 회사에게 오피스텔의 분양 희망자를 중개하여 주고 그 대가로 회사로부터 수수료만을 지급받기로 하였고, 분양계약서의 작성 및 분양대금 수납은 회사에서 직접 관리하였으며, 중개인은 오피스텔을 분양받고자 하는 자가 있으면 그를 오피스텔 내에 있는 회사 분양사무소에 데리고 가서 분양대금을 지급하고 회사 명의의 계약서를 작성하여 받아오는 방식을 취하였고, 상대방의 매매계약서도 그러한 방식에 의하여 작성되었다면, 상대방이 중개인에게 지급한 매매대금에 대한 영수증이 회사의 명의로 발행되지 아니하고 중개인 명의로 발행된 경우, 오피스텔을 분양받으려는 상대방으로서는 본인에게 중개인의 대리권 유무를 확인하여 보았더라면 그가 단순한 중개인에 불과하고 오피스텔의 매매대금을 수령할 대리권이 없다는 점을 쉽게 알 수 있었을 것임에도 이를 게을리한 과실이 있고, 나아가 본인이 중개인에게 오피스텔의 분양중개를 부탁한 것을 가지고 오피스텔 분양에 관련한 어떤 대리권을 수여한 것이라고 볼 수도 없다고 보아 민법 제125조의 표현대리에 해당하지 않는다(대법원 1997.3.25. 선고 96다51271 판결).

- 법정대리에 대한 제125조의 부적용 : 제125조는 임의대리에만 적용되고 법정대리에는 적용되지 않는다는 것이 통설의 입장이다. 제125조의 법문이 "대리권을 수여함을 표시한"으로 되어 있고, 법정대리는 본인이 선임하는 것이 아니므로 본인이 어떤 자에게 법정대리권을 주었다는 뜻을 통지한다는 것은 무의미하기 때문이다.

(3) 권한을 넘은 표현대리

학습 Guide

제126조 표현대리는 표현대리 파트에서 가장 중요한 영역이다. 학습방향은 제125 · 129조의 표현대리와 조문을 중심으로, 특히 "기본대리권"과 "정당한 이유"에 관한 판례의 법리에 대한 철저한 학습이 필요하다. 무엇보다도 기본대리권으로서의 적격성이 문제되는 경우인 1) 복대리권과 표현대리의 문제, 2) 사실행위 또는 준법률행위에 관한 대리권을 기본대리권으로 하여 § 126 표현대리 성립 여부, 3) 법정대리에의 적용 여부, 특히 일상가사대리권을 기본대리권으로 하는 표현대리의 성부에 관한 문제, 4) 공법상의 대리권의 기본대리권성에 관한 문제가 중요하다. 정당한 이유와 관련해서는 정당한 이유의 의미, 판단시기, 정당한 이유의 입증책임, 특히 정당한 이유(일상가사대리와 표현대리에 관한 정당한 이유의 판단)에 관한 판례의 사안들을 공부할 필요가 있다.

① 서설
  ㉠ 제126조는 대리인이 대리권의 범위를 넘는 대리행위를 한 경우에, 일정한 요건 하에 대리권의 범위 안에서 대리행위를 한 경우에서와 같은 법률관계를 인정한다.
  ㉡ 제126조의 표현대리는 – 수여된 대리권의 범위가 불명확한 경우가 많기 때문에 – 실무상 표현대리유형 중 가장 많이 다루어지며, 따라서 표현대리유형 중에서 가장 대표적인 것이라고 할 것이다.

② 성립요건
  ㉠ 대리인에게 일정한 대리권(기본대리권)이 있을 것
  • 의미 : 제126조가 적용되기 위하여 실제로 행하여진 대리행위에 대한 대리권은 없지만 그 어떤 행위에 대해서는 대리권이 존재하여야 한다. 여기서 실제로 존재하는 그 어떤 행위에 대한 대리권을 기본대리권이라고 한다. 따라서 기본대리권조차 없는 자의 행위에 대해서는 비록 상대방뿐만 아니라 일반적으로 누구든지 대리권이 있다고 생각할 수 있는 경우(가령 훔친 인장으로 본인의 위임장을 위조하여 이를 제시하는 경우)라 하더라도, 제126조의 표현대리는 성립하지 않는다(대판 1974.5.14. 73다148 참조). 판례에 의하면, 단순히 타인의 인장을 보관하는 자가 타인 명의의 문서를 위조하여 소유권이전등기를 경료 한 경우에 대리권을 수반하는 것으로 볼 수 없지만, 본인과 대리인 사이에 특별한 관계가 있는 경우(가령 부부관계에 관한 대판 1967.3.28. 64다1798), 특정한 거래행위를 위임하면서 인장을 교부한 경우(가령 보증절차를 위임하면서 인감도장 및 인감증명서를 교부한 경우에 관한 대판 1994.11.8. 94다29560), 영업 등 포괄적인 행위와 관련하여 인장을 교부한 경우에 기본대리권이 긍정되었다.

판례

기본대리권의 존재

1. 기본적인 어떠한 대리권도 없는 자에 대하여 대리권한 유월 또는 소멸 후의 표현대리관계는 성립할 여지가 없다(대판 1984.10.10. 84다카780).

2. 민법 제126조에서 말하는 권한을 넘은 표현대리는 현재에 대리권을 가진 자가 그 권한을 넘은 경우에 성립하는 것이지, 현재에 아무런 대리권도 가지지 아니한 자가 본인을 위하여 한 어떤 대리행위가 과거에 이미 가졌던 대리권을 넘은 경우에까지 성립하는 것은 아니라고 할 것이고, 한편 과거에 가졌던 대리권이 소멸되어 민법 제129조에 의하여 표현대리로 인정되는 경우에 그 표현대리의 권한을 넘는 대리행위가 있을 때에는 민법 제126조에 의한 표현대리가 성립할 수 있다(대법원 2008.1.31. 선고 2007다74713 판결).

  • 기본대리권으로서의 적법성이 문제되는 경우들
  – 복대리권과 표현대리권 : 기본대리권에 복대리권도 포함된다(대판 1998.3.27. 97다48982). 나아가 제125조나 제129조의 표현대리가 성립한 경우 외관에 의하여 존재하는 것으로 다루어지는 (표현)대리권도 기본대리권으로서의 적격성을 가진다고 할 것이다.
  – 사실행위 또는 준법률행위에 관한 수권 : 기본대리권은 원래의 의미에서의 대리권, 즉 법률행위의 대리에 관한 수권에 한하는가 아니면 사실행위 또는 준법률행위에 관한 수권도 포함하는가? 판례는 기본적으로 기본대리권을 법률행위의 대리권에 한정하는 입장인 것으로 보인다(증권회사로부터 위임받은 고객의 유치, 투자상담 및 권유, 위탁매매약정실적의 제고 등의 업무는 사실행위에 불과하므로, 이를 기본대리권으로 하여서는 권한초과의 표현대리가 성립할 수 없다고 하였다).

사실행위와 기본대리권

1. 투자상담사 사례

증권회사의 직원이 아니면서도 사실상 투자상담사의 역할을 하는 자에게 유가증권 매매의 위탁 권유 등과 관련하여 증권회사를 대리하여 예탁금을 수령하거나 위탁매매계약을 체결할 권한이 있고 또 그것이 증권업계의 일반적인 관행이라고 볼 수 없다. 또한 민법 제126조의 표현대리가 성립하기 위하여는 무권대리인에게 법률행위에 관한 기본대리권이 있어야 하는바, 증권회사로부터 위임받은 고객의 유치, 투자상담 및 권유, 위탁매매약정실적의 제고 등의 업무는 사실행위에 불과하므로 이를 기본대리권으로 하여서는 권한초과의 표현대리가 성립할 수 없다(대판 1992.5.26. 91다32190).

2. 대리인이 사자 내지 임의로 선임한 복대리인을 통하여 권한 외의 법률행위를 한 경우, 민법 제126조의 적용에 있어 기본대리권의 흠결이 되는지 여부(소극)

대리인이 사자 내지 임의로 선임한 복대리인을 통하여 권한 외의 법률행위를 한 경우, 상대방이 그 행위자를 대리권을 가진 대리인으로 믿었고 또한 그렇게 믿는 데에 정당한 이유가 있는 때에는, 복대리인 선임권이 없는 대리인에 의하여 선임된 복대리인의 권한도 기본대리권이 될 수 있을 뿐만 아니라, 그 행위자가 사자라고 하더라도 대리행위의 주체가 되는 대리인이 별도로 있고 그들에게 본인으로부터 기본대리권이 수여된 이상, 민법 제126조를 적용함에 있어서 기본대리권의 흠결 문제는 생기지 않는다(대판 1998.3.27. 97다48982).

　－법정대리권 : 법정대리에서는 본인의 의사와 관계없이 대리권이 발생되기 때문에, 제126조를 법정대리에도 적용할 수 있는지가 문제된다. 판례는 긍정설을 따르고 있다.

민법 제126조의 법정대리에의 적용

민법 제126조 소정의 권한을 넘는 표현대리 규정은 거래의 안전을 도모하여 거래상대방의 이익을 보호하려는 데에 그 취지가 있으므로 법정대리라고 하여 임의대리와는 달리 그 적용이 없다고 할 수 없고, 따라서 피한정후견인의 후견인이 친족회의 동의를 얻지 않고 피후견인의 부동산을 처분하는 행위를 한 경우에도 상대방이 친족회의 동의가 있다고 믿은 데에 정당한 사유가 있는 때에는 본인인 피한정후견인에게 그 효력이 미친다(대판 1997.6.27. 97다3828).

　－일상가사대리권
　　• 의의 : 부부간에는 일정한 범위의 일상가사대리권이 인정된다(제827조 제1항). 여기서 일상가사란 부부의 공동생활에 필요한 통상의 사무를 말하며, 거액의 차재(借財), 타방 명의의 부동산의 매각이나 담보제공 등의 처분행위, 타인의 채무에 대한 연대보증행위 등은 그 범위 밖이라고 할 것이다. 일상가사에 속하지 않는 사항에 관하여 배우자를 대리하기 위해서는 별도의 수권행위가 있어야 하고, 가령 부부의 일방이 의식불명 상태에 있어 사회통념상 대리관계를 인정할 필요가 있다는 사정만으로, 그 배우자가 당연히 채무의 부담행위를 포함한 모든 법률행위에 관하여 대리권을 갖는다고 볼 것은 아니다.
　　• 일상가사대리권의 법적 성질 : 다수설은 일상가사대리권을 법규에 의하여 인정되는 일종의 법정대리권이라고 한다.
　　• 일상가사대리권을 기본대리권으로 하는 표현대리권의 성부 : 판례는 일상가사대리권이 기본대리권으로 될 수 있으나, 문제된 월권행위에 관하여 그 권한을 수여받았다고 믿을 만한 정당한 이유가 있을 경우에만 제126조의 표현대리가 성립된다는 입장이다. 또한 사실혼관계에 있는 부부 사이에서도 제126조의 표현대리의 성립가능성을 긍정한다.

- 정당한 이유의 유무 : 판례가 제126조 소정의 표현대리의 성부를 궁극적으로 "정당한 이유" 유무의 판단에 맡기고 있고, 일상가사대리권의 유월에서도 그 판단이 중요한데, 판례는 夫가 장기간 외국 또는 지방에 체류하면서 妻에게 살림 일체를 맡긴 경우에 정당한 이유를 긍정하지만, 그러한 특수한 사정이 없는 경우에 정당한 이유를 부정하였다.
  - 공법상의 대리권 : 공법상의 대리권이 제126조의 기본대리권으로 될 수 있는가에 관하여, 학설은 대체로 긍정한다. 판례도, 가령 등기신청에 대한 대리권을 수여받은 경우에, 기본대리권으로서의 적격성을 인정하고 있다.
- ㉡ 대리인이 기본대리권의 범위를 넘어 대리행위를 할 것
  - 대리인의 대리행위
    - 제126조가 적용되기 위하여 대리인의 대리행위가 있어야 하고, 대리행위로 인정될 만한 것이 없다면, 비록 상대방의 신뢰가 있더라도, 제126조가 적용될 여지는 없다(가령 대판 2001.1.19. 99다67598은 "종중으로부터 임야의 매각과 관련한 권한을 부여받은 갑이 임야의 일부를 실질적으로 자기가 매수하여 그 처분권한이 있다고 하면서 을로부터 금원을 차용하고 그 담보를 위하여 위 임야에 대하여 양도담보계약을 체결한 경우, 이는 종중을 위한 대리행위가 아니어서 그 효력이 종중에게 미치지 아니하고, 민법 제126조의 표현대리의 법리가 적용될 수도 없다"고 하였다).
    - 대리인이 현명하지 않은 채 본인인 것처럼 가장하여 월권행위를 한 경우에, 그 법률행위의 효력은 어떻게 될 것인가에 관하여, 학설은 일반적으로 제126조의 적용 내지 유추적용을 인정하고 있다. 판례는 원칙적으로 현명을 요구하지만, 특별한 사정이 있으면 현명이 없더라도 제126조의 유추적용을 긍정한다(대판 1993.2.23. 92다52436은 본인으로부터 아파트에 관한 임대 등 일체의 관리권을 위임받은 자가 본인으로 가장하여 아파트를 임대한 바 있고, 다시 자신을 본인으로 가장하여 임차인에게 아파트를 매도하는 법률행위를 한 경우에, 권한을 넘은 표현대리의 법리를 유추적용하여 그 행위자를 본인으로 믿을 만한 정당한 사유가 있는 때에는 본인에 대하여 그 행위의 효력이 미친다고 볼 수 있다고 하였다).

> **판례**

본인의 성명을 모용한 경우와 월권대리

[1] 민법 제126조의 표현대리는 대리인이 본인을 위한다는 의사를 명시 혹은 묵시적으로 표시하거나 대리의사를 가지고 권한 외의 행위를 하는 경우에 성립하고, 사술을 써서 위와 같은 대리행위의 표시를 하지 아니하고 단지 본인의 성명을 모용하여 자기가 마치 본인인 것처럼 기망하여 본인 명의로 직접 법률행위를 한 경우에는 특별한 사정이 없는 한 위 법조 소정의 표현대리는 성립될 수 없다.

[2] 처가 제3자를 남편으로 가장시켜 관련 서류를 위조하여 남편 소유의 부동산을 담보로 금원을 대출받은 경우, 남편에 대한 민법 제126조 소정의 표현대리책임을 부정한 사례(대판 2002.06.28. 2001다49814).

  - 월권행위
    - 권한을 넘는다는 것은 실제로 존재하는 대리권의 범위를 넘는 모든 경우를 말한다. 따라서 공동대리인의 한 사람이 단독으로 대리행위를 하였다면, 그것도 권한을 넘은 대리행위라고 할 것이므로, 이에 대하여 제126조가 적용될 수 있다. 나아가 대리행위에 제3자의 동의 등(친족회 또는 사원총회의 동의나 주무관청의 허가)이 필요한데 그것을 얻지 않고 한 행위는, 제한된 권한을 넘은 것이므로, 이 요건을 충족한다.

−기본대리권은 대리행위와 동종의 것이어야 하는가? 학설과 판례는 일치하여, 월권행위와 기본대리권이 동종 내지 유사할 것을 요하지 않는다고 한다. 따라서 전혀 별개의 행위를 한 경우에도 제126조는 적용된다.

판례

기본대리권과 대리행위의 종류의 유사성이 필요한지 여부

- 표현대리의 법리가 적용될 권한을 넘은 행위는 그 대리인이 가지고 있는 진실한 대리권과 동종임을 필요로 하지 않는다(대판 1963.8.31. 63다326; 1969.7.22. 69다548).
- 권한을 넘은 표현대리의 표현대리는 문제된 법률행위와 수여받은 대리권 사이에 아무런 관계가 없는 경우에도 적용이 있다(대판 1963.11.21. 63다418).

ⓒ 상대방이 대리인에게 대리권이 있다고 믿고 또한 그렇게 믿을 만한 정당한 이유가 있을 것

- 정당한 이유의 의미에 관한 학설과 판례 : 다수설과 판례는 정당한 이유는 상대방의 「선의 · 무과실」을 의미한다고 한다.
- 정당한 이유의 판단
- 판단의 기준시기 : 정당한 이유의 유무는 무권대리행위 당시의 사정을 기초로 하여 판단되어야 한다는 것이 통설의 입장이다. 판례도 정당한 이유의 판단에서 고려할 사항은 무권대리행위 당시 존재하였던 사정에 한한다고 한다(가령 사후의 사정을 고려해서는 안된다는 대판 1997.6.27. 97다3828).
- 정당한 이유의 유무를 판단함에 있어서는 계약성립 당시의 제반사정을 객관적으로 판단하여 결정하여야 한다.

판례

1. 정당한 이유의 존재를 긍정한 판례

갑 스스로 을에게 친분관계 등에 터잡아 그의 사업수행에 필요한 자금을 조달하는 과정에서 보증용으로 사용할 수 있도록 자신의 인감 등을 넘겨줌으로써 을이 그 권한을 남용하여 발생할 거래안전에 미칠 위험성은 상당 정도 갑에게도 책임 있는 사유로 유발되었고, 더구나 갑이 종전에도 약속어음의 할인에 즈음하여 병의 직접 확인 전화를 받고 을의 사업자금 조달을 위하여 보증을 한다는 취지에서 배서를 한 사실을 인정까지 해 준 것이라면 병으로서는 을이 갑으로부터 두터운 신뢰를 받고 있어 갑을 대리할 수 있는 적법한 권한을 보유하고 있던 것으로 능히 생각할 수 있었다고 할 것이므로 병이 을에게 그와 금전소비대차계약을 체결함에 있어서 갑을 대리할 권한이 있었다고 믿었고 또 그와 같이 믿은 데에 상당한 이유가 있었다고 보아 민법 제126조 소정의 표현대리의 성립을 인정한다(대법원 2003.4.11. 선고 2003다7173,7183 판결).

2. 정당한 이유의 존재를 부정한 판례

(1) 공사를 도급받은 자가 그 공사에 의하여 완성될 다가구주택 전부 또는 일부를 도급인을 대리하여 임대하는 방법으로 공사대금에 충당하는 것이 통상적으로 행하여지는 거래형태라고는 볼 수 없을 것이므로, 하수급인이 하도급받은 공사대금 채권을 담보하기 위하여 하도급인과 사이에 장차 완공될 다가구주택의 일부에 대한 전세계약을 체결함에 있어서는, 건축주에게 직접 확인할 수 없는 부득이한 사정이 있는 경우를 제외하고는 직접 건축주에게 과연 당해 다가구주택을 담보로 제공할 의사를 가지고 있는지를 확인하여 보는 것이 보통인바, 하수급인이 아무런 조사도 하지 아니한 채 건축주의 인감증명서 1통만으로 그 대리권이 있는 것으로 믿었다면 그에게 과실이 있다는 이유로, 표현대리의 성립을 부정한다(대법원 1995.9.26. 선고 95다23743 판결).

(2) 갑이 채무의 기한연장을 위한 보증절차를 을로부터 위임받고 을의 공증용인감증명서, 인감도장, 주민등록증을 소지하고 있음을 기화로 사채업자인 병으로부터 금원을 차용하면서 을 소유 부동산에 근저당권을 설정한 경우, 갑은 자기 채무의 기한연장에 관한 기본적 대리권이 있다고 할 것이나, 병이나 그의 대리인 등이 등기필증도 없이 을의 공증용 인감증명서와 인감도장 및 주민등록증만 소지한 갑을 을의 대리인으로 믿고 담보제공의사의 존부를 소유자인 을에게 확인하지 않은 채 갑과 금원대여 및 근저당권설정계약을 체결하였다면, 갑에게 을을 대리하여 금원을 차용하고 근저당권을 설정할 대리권이 있다고 믿을 만한 정당한 이유가 있다고 보기는 어렵다(대법원 1994.11.8. 선고 94다29560 판결).

- 증명책임 : 다수설은 본인이 상대방의 악의 또는 과실에 대한 증명책임이 있다고 하나 판례는 상대방이 입증하여야 한다고 한다.

참고

	제125조	제126조	제129조
법정대리에 적용 여부	X (多, 判)	○ (多, 判)	○ (多, 判)
악의·과실, 정당한 이유의 입증책임	본인(多)	본인(多), 상대방(判)	본인(多)

③ 효과 : 대리인이 월권행위를 하였더라도, 제126조의 요건이 충족되면 그 대리행위 전부의 효과가 본인에게 미침은 다른 표현대리에 있어서와 마찬가지이다. 그러나 다른 유형의 표현대리에서와 달리, 제126조의 표현대리가 성립하지 않더라도 실재하는 대리권의 범위 내에서는 대리행위가 유효하다. 어음행위의 대리 또는 대행권한을 수여받은 자가 그 수권의 범위를 넘어 어음행위를 한 경우에, 본인은 그 수권의 범위 내에서는 대리 또는 대행자와 함께 어음상의 채무를 부담한다(대판 2001.2.23. 2000다45303·45310).

판례

수권범위를 넘은 무권대리의 효력

갑이 을에게 자기의 부동산을 담보로 금 2,000만원의 차용을 부탁하면서 담보설정용인감증명서, 등기필증, 인감인장 등을 교부하였다면 갑이 을에게 제3자로부터 금 2,000만원을 차용하여 줄 것을 위임하면서 을에게 갑을 대리하여 위 금전을 차용하고 그 담보설정을 하는 법률행위를 할 권한을 수여함과 동시에 그 대리권 수여의 범위도 위 담보부동산에 의하여 담보되는 피담보채무의 범위가 금 2,000만원인 이상 그 담보의 형식이 무엇이든 그 차용의 형식이 어떠하던지 무방하다는 뜻이 포함된 것으로 볼 것인바, 을이 위 수권의 범위를 넘어 위 담보부동산에 관하여 병을 채무자로, 갑을 물상보증인으로 하고 그 피담보최고액을 금 1억 3,000만원으로 하여 근저당권설정계약을 체결한 경우에 있어서는 위 근저당권설정행위가 무권대리행위에 해당한다 할지라도 갑이 차용을 부탁한 금 2,000만원의 한도 내에서는 을이 수여받은 대리권의 범위 내에 속하는 것이므로 위 근저당권설정계약은 위 금 2,000만원을 담보하는 범위 내에서는 을의 대리행위에 의하여 본인인 갑에게 그 효력을 미치는 유효한 것이라고 보아야 할 것이다(대법원 1987.9.8. 선고 86다카754 판결).

⑷ 대리권 소멸 후의 표현대리

> 대리권 소멸 후의 표현대리와 관련해서는 법조문을 중심으로 간략히 공부하면 될 것이다. 특히 "이전에 존재하였던 대리권이 소멸하였을 것"이라는 요건과 관련하여 처음부터 전혀 대리권이 없었던 경우에는 제129조가 적용되지 않으며, 그리고 과거에 존재하였던 대리권이 포괄적이거나 계속적인 것뿐만 아니라, 개별적이거나 일시적인 것이라도 무방하다는 점을 기억하자.

① 의의 : 제129조는, 대리권이 소멸하여 대리권 없게 된 자가 대리행위를 한 경우에, 선의·무과실로 그와 거래한 상대방을 보호하기 위하여, 그 상대방과의 관계에서는 마치 대리권이 있은 경우에서와 같은 효과를 인정한다.

② 성립요건
  ㉠ 이전에 존재하였던 대리권이 소멸하였을 것 : 제129조의 표현대리가 성립하기 위하여, 대리인이 과거에 대리권을 가지고 있었으나 대리행위 당시 그 대리권이 소멸하였어야 한다. 즉 당초부터 전혀 대리권이 존재하지 않았던 경우에 동조가 적용될 여지는 없다(통설).
  ㉡ 대리인이 기존대리권의 범위 내에서 대리행위를 하였을 것 : 이전에 갖고 있던 대리권의 범위를 넘어서 대리행위를 한 경우에는 제126조의 권한을 넘은 表現대리가 적용된다.

③ 상대방의 선의·무과실
  ㉠ 의미 : 제129조에서 제3자는 거래행위의 상대방만을 지칭하고, 그 상대방과 거래한 제3자를 포함하지 않는다.
  ㉡ 증명책임
  • 제129조의 요건사실 중 존재하던 대리권이 소멸하였다는 점 및 대리인이 권한 내의 대리행위를 하였다는 점에 대해서는 상대방이 이를 주장하고 증명하여야 한다.
  • 선의·무과실에 대하여 누가 증명책임을 부담하는지에 관하여, 상대방의 악의 또는 과실에 대한 증명책임은 본인에게 있다는 견해가 다수설이다. 한편 판례는, 대판(전) 1983.12.13. 83다카1489가 표현대리를 주장하는 자에게 무과실의 증명책임이 있다고 한 원심판결은 증명책임을 전도한 위법이 있다는 취지의 상고이유를 배척한 점에 비추어, 결과적으로 표현대리를 주장하는 상대방에게 선의·무과실의 주장·증명책임을 지우는 것으로 보인다.

④ 제129조의 적용범위 : 통설과 판례는 제129조가 임의대리에는 물론 법정대리에도 적용된다고 한다. 또한 제129조는 복대리인의 무권대리행위에도 적용된다.

대리권이 소멸한 후 복대리인의 표현대리행위와 본인의 책임
표현대리의 법리는 거래의 안전을 위하여 어떠한 외관적 사실을 야기한 데 원인을 준 자는 그 외관적 사실을 믿음에 정당한 사유가 있다고 인정되는 자에 대하여는 책임이 있다는 일반적인 권리외관 이론에 그 기초를 두고 있는 것인 점에 비추어 볼 때, 대리인이 대리권 소멸 후 직접 상대방과 사이에 대리행위를 하는 경우는 물론 대리인이 대리권 소멸 후 복대리인을 선임하여 복대리인으로 하여금 상대방과 사이에 대리행위를 하도록 한 경우에도, 상대방이 대리권 소멸 사실을 알지 못하여 복대리인에게 적법한 대리권이 있는 것으로 믿었고 그와 같이 믿은 데 과실이 없다면 민법 제129조에 의한 표현대리가 성립할 수 있다(대법원 1998.5.29. 선고 97다55317 판결).

3. 협의의 무권대리

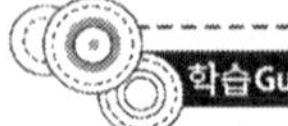

무권대리의 파트에서는 협의의 무권대리 영역이 가장 많이 출제가 예상되는 영역이다. 무엇보다도
제130조~제136조에 내용에 관한 문제가 가장 많이 출제되므로, 조문의 구조나 내용파악이 선행
되어야 한다. 우선 무권대리(유동적 무효) 상태에서의 상대방 보호수단과 관련된 최고나 추인, 철
회에 관련된 내용(선의한정여부, 방법, 상대방, 효과 등)을 정리하고, 특히 추인거절과 관련해 "무
권대리와 상속"에 관한 부분이 가장 중요하다.
제135조의 책임과 관련해서는 1) 책임의 요건이 중요하고, 2) 책임의 내용으로서 손해 배상책임의
내용을 학습하면 충분할 것이다.

(1) 서설

대리인이 대리권 없이 대리행위를 한 경우 중 표현대리가 성립한다고 볼 수 있는 특별한 사정이
있는 경우를 제외한 것이 「협의의 무권대리」이다. 그런데 민법은 협의의 무권대리의 효과를 계약의
무권대리(제130조 내지 제135조)와 단독행위의 무권대리(제136조)로 나누어 규정하고 있다.

① 전제로서 현명 및 대리의사의 존재

　㉠ 현명주의(제114조)에 따라 본인의 대리인(또는 대표자)이라고 볼 만한 표시가 없으면 대리인 자
　　신의 행위로 되므로, 무권대리행위로 볼 수 없다.

　㉡ 무권대리로 되기 위하여 대리인에게 그 법률행위의 효과를 본인에게 귀속시키려는 의사, 즉
　　대리의사가 있어야 함은 물론이다.

(2) 계약의 무권대리

① 본인과 상대방 사이의 효과

　㉠ 원칙

제130조(무권대리)
대리권 없는 자가 타인의 대리인으로 한 계약은 본인이 이를 추인하지 아니하면 본인에 대하여 효력이
없다.

대리권 없이 행하여진 무권대리행위가 본인에게 그 효력을 미칠 수 없으므로, 제130조는 무권대
리행위가 원칙적으로 본인에 대하여 효력 없음을 규정하면서, 무권대리행위라도 본인에게 유리할 수
있고 상대방을 위해서도 그대로 효력이 인정되는 것이 당초의 기대에 부합하기 때문에, 본인의 추인
에 의하여 그 효력이 발생하도록 하였다. 요컨대 무권대리가 전혀 무효인 것은 아니고 그 유·무효
가 확정되지 않은 상태에 놓이며, 무권대리행위에 기한 계약이 본인에 대하여 효력을 발생하는가는
본인의 추인에 좌우된다. 협의의 무권대리행위의 무효는 본인의 추인에 의하여 유효로 될 수 있는
「유동적 무효」(또는 불확정적 무효)인 것이다.

ⓛ 본인의 추인권

> **제132조(추인, 거절의 상대방)**
> 추인 또는 거절의 의사표시는 상대방에 대하여 하지 아니하면 그 상대방에 대항하지 못한다. 그러나 상대방이 그 사실을 안 때에는 그러하지 아니하다.
>
> **제133조(추인의 효력)**
> 추인은 다른 의사표시가 없는 때에는 계약시에 소급하여 그 효력이 생긴다. 그러나 제삼자의 권리를 해하지 못한다.

- 추인(권)의 성질 : 무권대리행위의 추인은 무권대리인에 의하여 행해진 불확정한 행위에 관하여 무권대리행위가 있음을 알고 그 행위의 효과를 자기에게 직접 발생케 하는 것을 목적으로 하는 의사표시이며, 상대방이나 무권대리인의 동의나 승낙을 요하지 않는, 상대방 있는 단독행위이다. 그리고 추인에 의하여 효력이 없던(유동적 무효) 무권대리행위의 효력이 발생하므로, 추인을 할 수 있는 본인의 지위, 즉 추인권은 형성권의 일종이며, 사후의 대리권 수여가 아니다.
- 추인의 당사자
  - 추인권자 : 추인권자는 본인이지만, 본인이 사망한 경우에 본인의 상속인도 추인할 수 있고, 그 밖에 법정대리인이나 본인으로부터 그에 관한 특별수권을 받은 임의대리인도 추인할 수 있다. 본인이 파산한 경우에는 파산관재인이 추인권자이다(대판 2004.1.15. 2003다56625).
  - 추인의 상대방 : 무권대리인에 대하여 하든 상대방에 대하여 하든 상관없지만 상대방에 대한 추인은 완전한 효력을 발생하지만, 무권대리인에 대하여 하는 경우에, 상대방이 추인 있었음을 알지 못하였다면 그에 대하여 추인의 효과를 주장하지 못한다(제132조 단서). 따라서 그때까지 상대방은 자기의 의사표시를 철회할 수도 있고, 또한 무권대리인에게 추인이 있었음을 주장할 수도 있다.
- 추인의 방법
  - 추인은 무권대리행위의 효과를 자기에게 귀속시키려는 본인의 단독행위이므로, 의사표시의 요건을 갖추어야 한다. 그리고 추인의 의사표시가 있었는지 여부는 법률행위의 해석에 의하여 결정되는바, 본인의 무권대리행위의 사실을 알고도 이의를 제출하지 않았다는 것만으로 곧바로 추인이 되지 않는다. 그렇다고 하여 추인에 특별한 방식이 요구되는 것은 아니고 묵시적으로 추인할 수 있으며, 실제로 묵시적으로 추인한 것으로 볼 수 있는지 여부가 문제되는 경우가 많다. 그리고 추인은 구술로 하든 서면으로 하든 모두 가능하며, 재판 외에서 뿐만 아니라 재판상에서도 할 수 있다.

무효행위나 무권대리행위를 묵시적으로 추인하였는지 여부의 판단 기준

무효행위 또는 무권대리행위의 추인은 무효행위 등이 있음을 알고 그 행위의 효과를 자기에게 귀속시키도록 하는 단독 행위로서 묵시적인 방법으로도 할 수 있으므로, 본인이 그 행위로 처하게 된 법적 지위를 충분히 이해하고 그럼에도 진의에 기하여 그 행위의 결과가 자기에게 귀속된다는 것을 승인한 것으로 볼 만한 사정이 있는 경우에는 묵시적으로 추인한 것으로 볼 수 있다(대판 2011.2.10. 2010다83199,83205).

- 무권대리행위의 일부에 대하여 추인할 수 있느냐가 문제되나, 추인은 원칙적으로 무권대리행위 전부에 대하여 하여야 한다. 다만 그 일부에 대하여 추인을 하거나 그 내용을 변경하여 추인을 하였을 경우에는 상대방의 동의를 얻지 못하는 한 무효이다(대판 1982.1.26. 81다카549).
- 추인의 소급효
- 원칙 : 추인이 있으면 무권대리행위는 처음부터, 즉 소급적으로 유권대리에서와 마찬가지의 법률효과가 발생한다(제133조).
- 예외
  - 다른 의사표시가 있으면 추인의 소급효는 배제된다(제133조 본문).
  - 추인의 소급효는 제3자의 권리를 해하지 못한다(동조 단서). 주의할 것은, 동조 단서가 적용되어 소급효가 제한되는 것은 무권대리행위의 상대방이 취득한 권리와 제3자가 취득한 권리가 모두 배타적 효력을 가지는 경우에 한한다는 점이다. 상대방의 동의가 있으면 가능하다고 할 것이다.

1. 무권대리행위의 추인을 긍정한 예

(1) 처가 타인으로부터 금원을 차용하면서 승낙 없이 남편 소유 부동산에 근저당권을 설정한 것을 알게 된 남편이, 처의 채무 변제에 갈음하여 아파트와 토지를 처가 금전을 차용한 자에게 이전하고 그 토지의 시가에 따라 사후에 정산하기로 합의한 후 그 합의가 결렬되어 이행되지 않았다고 하더라도, 일단 처가 차용한 사채를 책임지기로 한 이상 남편은 처의 근저당권 설정 및 금원 차용의 무권대리 행위를 추인한 것이다(대법원 1995.12.22. 선고 94다45098 판결).

(2) 상대방 명의의 영수증을 받은 본인이 무권대리인이 체결한 임대차계약상의 차임의 일부를 무권대리인에게 지급하였다면 위 임대차계약을 묵시적으로 추인하였다고 본다(대법원 1984.12.11. 선고 83다카1531 판결).

(3) 무권대리인이 본인과 상대방 사이의 매매계약을 자의로 해제한 후 반환받은 금원으로 매수한 대지의 등기관계서류를 본인이 무권대리인으로부터 교부받아 이를 자기 남편명의로 위 대지에 관한 소유권이전등기를 경료한 경우에는 매매계약의 해제행위를 추인한 것으로 볼 것이다(대법원 1979.12.28. 선고 79다1824 판결).

(4) 무권대리행위의 추인은 무권대리인이나 상대방에게 명시 또는 묵시의 방법으로 할 수 있는 바이므로 원고가 그 장남이 일건 서류를 위조하여 매도한 부동산을 피고에게 인도하고 10여 년간 아무런 이의를 제기하지 않았다면 원고는 무권대리인인 그 장남의 위 매매행위를 묵시적으로 추인한 것으로 볼 것이다(대법원 1981.4.14. 선고 81다51 판결).

(5) 무권대리인이 차용금중의 일부로 본인 소유의 부동산에 가등기로 담보하고 있던 소외인에 대한 본인의 채무를 변제하고 그 가등기를 말소하고 무권대리인이 차용한 금원의 변제기일에 채권자가 본인에게 그 변제를 독촉하자 그 유예를 요청하였다면 무권대리인의 행위를 추인하였다고 볼 것이다(대법원 1973.1.30. 선고 72다2309,2310 판결).

(6) 본인이 매매계약을 체결한 무권대리인으로부터 매매대금의 전부 또는 일부를 받았다면 특단의 사유가 없는 한 무권대리인의 매매계약을 추인하였다고 봄이 타당하다(대법원 1963.4.11. 선고 63다64 판결).

2. 무권대리행위의 추인을 부정한 예

(1) 부가 자와 공동상속한 거주가옥의 부지를 자의 대리권 없이 매도하고 사망한 후 자가 매수인에게 그 매매대금상당액을 지급하기로 약정한 것만으로 망부의 무권대리행위를 추인한 것으로 볼 수는 없다(대법원 1991.7.9. 선고 91다261 판결).

(2) 무권대리행위에 대한 본인의 추인은 그 행위의 효과를 자기에게 귀속시키려는 것을 내용으로 하는 의사표시이니만큼 추인이 있다고 하려면 그러한 의사가 명시 또는 묵시적으로 표시되었다고 볼 만한 특별한 사유가 있어야 할 것이나, 여러 사채업자로 부터 약속어음의 공증통지를 받았어도 이에 대하여 아무런 의사표시도 하지 아니하였고 어음에 관한 무권대리행위 이전에 있었던 다른 약속어음들에 대하여 적극적으로 이의를 하지 아니하였다는 사유만으로는 약속어음의 발행 및 공증의 무권대리행위를 추인한 것이라고 볼 수는 없다(대법원 1982.6.22. 선고 81다카804 판결).

(3) 당사자가 변론기일에 불출석하여 매매사실에 관하여 의제자백한 것으로 간주되었다 하여도 그로써 그 당사자가 소외인의 무권대리매매를 추인한 것이라고 볼 수 없다(대법원 1982.7.13. 선고 81다648 판결).

ⓒ 본인의 추인거절권

- 의의
  - 본인이 추인의사 없음을 적극적으로 표시하여 무권대리행위를 확정적으로 무효인 것으로 하는 것을 추인거절이라고 한다.
  - 본래 본인이 무권대리행위를 방치하더라도 본인에 대하여 아무런 효력에 생기지 않지만, 본인의 추인거절이 있으면 무권대리행위는 무효로 확정되어, 그 후에는 본인이 추인할 수 없게 될 뿐만 아니라 상대방도 최고권이나 철회권을 행사할 수 없게 된다.

- 상속과 추인거절권
- 무권대리인이 본인을 상속한 경우
  - 학설의 입장 : 다수설은, 무권대리행위가 당연히 유효로 되고, 본인의 지위에서 추인을 거절하지 못한다고 한다(당연유효설). 소수설은 본인의 지위(추인권, 추인거절권)와 무권대리인의 지위(제135조 책임)가 혼동되지 않고 각 지위가 병존하지만, 본인의 지위에서 추인을 거절하는 것은 신의칙상 허용되지 않는다고 한다(병존설).
  - 판례의 태도 : 병존설의 입장을 취하고 있다.

판례

甲이 대리권 없이 乙 소유 부동산을 丙에게 매도하여 부동산소유권이전등기등에관한특별조치법에 의하여 소유권이전등기를 마치어 주었다고 하여도 그 매매 계약은 무효이고 이에 터잡은 이전등기 역시 무효가 되나, 甲은 乙의 무권대리인으로서 민법 제135조 제1항의 규정에 의하여 매수인인 丙에게 부동산에 대한 소유권이전등기를 이행할 의무가 있으므로 그러한 지위에 있는 甲이 乙로부터 부동산을 상속받아 그 소유자가 되어 소유권이전등기이행의무를 이행하는 것이 가능하게 된 시점에서 자신이 소유자라고 하여 자신으로부터 부동산을 전전매수한 정에게 원래 자신의 매매행위가 무권대리행위여서 무효였다는 이유로 정 앞으로 경료된 소유권이전등기가 무효의 등기라고 주장하여 그 등기의 말소를 청구하거나 부동산의 점유로 인한 부당이득금의 반환을 구하는 것은 금반언의 원칙이나 신의성실의 원칙에 반하여 허용될 수 없다(대판 1994.9.27. 94다20617).

- 본인이 무권대리인을 상속한 경우
- 학설의 입장 : 무권대리행위가 당연히 유효로 되며, 따라서 추인을 거절할 수 없다는 당연유효설과 상속에 의하여 무권대리인의 지위와 본인의 지위가 동일인에게 귀속되더라도 무권대리행위가 당연히 유효로 되는 것은 아니라는 병존설이 그것이다.
- 구체적인 법률관계 : 먼저 무권대리인이 본인을 상속하는 경우에서와 달리 신의칙상 본인의 추인거절을 금지하여야 할 이유가 없으므로, 상속인인 본인은 자신의 추인거절권을 행사할 수 있으며, 추인을 거절하더라도 신의칙에 반한다고 할 수 없다. 따라서 본인이 이행책임을 면하게 됨은 당연하다. 그런데 무권대리인의 책임(제135조 제1항)을 상속의 대상에서 제외할 이유가 없으며, 거래의 안전을 위해서도 상대방이 선의·무과실이라면 무권대리인의 지위에서 책임을 부담한다고 할 것이다.

ㄹ **상대방의 최고권**

제131조(상대방의 최고권)

대리권 없는 자가 타인의 대리인으로 계약을 한 경우에 상대방은 상당한 기간을 정하여 본인에게 그 추인여부의 확답을 최고할 수 있다. 본인이 그 기간 내에 확답을 발하지 아니한 때에는 추인을 거절한 것으로 본다.

- **법적 성질**
 - 최고는 본인에 대하여 무권대리행위를 추인할 것인지 여부의 확답을 촉구하는 것이며, 무능력자의 상대방이 하는 최고와 동일한 성질의 것이다. 따라서 최고는, 그 효과가 최고자의 의사와 관계없이 법률에 의하여 정해진다는 점에서, 「의사의 통지」에 속한다.
 - 무권대리행위의 유동적 무효상태를 종식시킬 수 있는 최고권은 형성권의 일종이라고 할 것이다. 그리고 악의의 상대방, 즉 계약 당시 무권대리란 것을 알았던 상대방에게도 최고권은 인정되며, 이 점에서 선의의 상대방에게만 인정되는 철회권과 다르다.
- **최고의 요건**
 - 무권대리행위의 본인에 대한 효력발생 여부가 불확정적일 것 : 본인의 추인(다만 제132조 단서에 주의할 것)도 추인거절도 없고 또 철회도 없는 동안에만 최고를 할 수 있다. 나아가 대리행위자에게 대리권이 있는지 여부가 불확실하더라도, 상대방으로서는 적극적으로 불확정적 법률관계를 종식시킬 필요성이 있으므로, 이러한 경우에도 최고할 수 있다고 할 것이다.
 - 상당한 기간을 정하여 할 것 : 최고는 객관적으로 보아 상당하다고 인정될 수 있는 기간을 정하여 하여야 한다.
 - 최고의 내용은 무권대리행위를 추인할 것인지 여부를 확답하라는 것이다.
 - 최고의 상대방은 본인이다. 무권대리인에 대하여 한 최고는 효과를 발생시키지 못한다.
- **최고의 효과**
 - 상대방의 최고가 있다고 하여 본인이 추인 또는 추인거절을 하여야 하는 것은 아니며, 최고를 받은 본인이 유예기간 내에 추인하거나 추인을 거절하면 그에 따른 효과가 발생하지만, 이는 추인 또는 추인거절이라는 의사표시의 효과이지 최고 자체의 효과는 아니다. 즉 최고의 효과는 본인이 침묵하는 경우, 즉 추인도 추인거절도 하지 않는 경우에 발생한다.

- 본인이 최고기간 내에 확답을 "발하지 아니한 때"에는 추인을 거절한 것으로 간주된다(제131
  조 단서). 현재의 유동적 무효상태를 변경시키기 위한 아무런 조치를 취하지 않은 데서 본인
  의 의사를 추측한 것이다. 다만 무권대리인이 본인을 상속한 경우에는 이 효과가 배제되어야
  한다.

ㅁ 상대방의 철회권

제134조(상대방의 철회권)

대리권 없는 자가 한 계약은 본인의 추인이 있을 때까지 상대방은 본인이나 그 대리인에 대하여 이
를 철회할 수 있다. 그러나 계약당시에 상대방이 대리권 없음을 안 때에는 그러하지 아니하다.

- 의의 : 철회는 무권대리행위에 따른 법률관계의 성립을 원하지 않는 상대방이 적극적으로 무권
  대리인과의 사이에서 맺은 계약을 확정적으로 무효로 하는 행위이며, 따라서 철회할 수 있는
  권리는 형성권에 속한다.
- 철회의 요건
- 철회는 본인의 추인이 있기 전에 하여야 한다. 다만 무권대리인에 대한 추인이 있었으나 상
  대방이 그 사실을 알지 못한 경우에, 본인이 추인의 효과를 주장하지 못하므로, 추인을 알기
  전에 상대방이 한 철회는 유효하다.
- 철회의 의사표시는 본인이나 무권대리인에 대하여 하여야 한다.
- 상대방의 선의
  - 철회권은 선의의 상대방에게만 인정된다(제134조 단서). 이 점에서 악의의 상대방에게도 인정
    되는 최고권과 구별된다(제131조 전문 참조).
  - 여기서 선의란 대리인에게 대리권 없음을 알지 못하는 것이며, 선·악의 구별의 표준시기는 "
    계약 당시"이다.
- 철회의 효과 : 철회가 있으면 무권대리행위가 확정적으로 무효로 된다. 따라서 그 후에는 본인
  이 무권대리행위를 추인할 수 없게 되며, 상대방도 일단 철회한 후에는 무권대리인에게 책임
  을 물을 수 없게 된다.

② 무권대리인과 상대방 사이의 효과

제135조 (상대방에 대한 무권대리인의 책임)

① 다른 자의 대리인으로서 계약을 맺은 자가 그 대리권을 증명하지 못하고 또 본인의 추인을 받지
  못한 경우에는 그는 상대방의 선택에 따라 계약을 이행할 책임 또는 손해를 배상할 책임이 있다.
② 대리인으로서 계약을 맺은 자에게 대리권이 없다는 사실을 상대방이 알았거나 알 수 있었을 때
  또는 대리인으로서 계약을 맺은 사람이 제한능력자일 때에는 제1항을 적용하지 아니한다.

㉠ 서설 : 대리인에게 대리권 없음이 밝혀지면, 표현대리가 성립하거나 본인의 추인이 없는 한, 대리행위의 효과는 본인에게 미치지 않고, 그렇다고 하여 "본인을 위하여" 대리행위를 한 대리인에게 그 효과가 귀속된다고 할 수도 없다. 제135조는, 이러한 경우에 상대방의 신뢰를 보호하고 거래의 안전을 꾀함과 동시에 대리제도의 신용을 유지하기 위하여, 무권대리인이 무거운 책임을 지도록 규정하고 있다.

㉡ 책임의 요건

- 대리인으로 계약을 한 자가 대리권을 증명할 수 없을 것

- 상대방이 무권대리인에게 대리권 없음에 대하여 선의이고 또한 과실이 없을 것

- 본인의 추인을 얻지 못할 것 : 판례는 본인이 명시적으로 추인을 거절하지 않았더라도, 단순히 추인도 추인거절도 하지 않는 부동적 상태에 있는 것이 아니라, 사실상 추인의 가능성이 없거나 추인하지 않으리라는 사정이 증명된 경우에는 "추인을 얻지 못한 때"의 요건이 충족되었다고 하는 추인가능시설을 따른다(대판 1965.8.24. 64다1156).

- 표현대리도 성립하지 않을 것 : 다수설은 제135조의 책임이 성립하기 위하여 표현대리가 성립하지 않아야 한다고 한다.

- 상대방이 아직 철회권을 행사하고 있지 않을 것 : 상대방 스스로 무권대리인과의 계약을 철회한 경우에, 무권대리인에 대한 책임을 물을 수 없음은 당연하다. 그리고 이는 무권대리인의 책임소멸요건이므로, 그 책임을 면하려는 무권대리인이 상대방의 철회권 행사를 주장하고 증명하여야 한다.

- 무권대리인이 행위능력자일 것 : 제135조 제2항 후단은, 제한능력자에게 무거운 책임을 지우는 것이 부적당하다는 고려에 기한, 제한능력자를 보호하기 위한 요건이다. 다만 제한능력자가 법정대리인의 동의를 얻어 무권대리행위를 한 경우에, 능력자와 마찬가지의 책임을 진다는 데 이론이 없다.

- 기타
  - 제135조의 책임은 무과실책임으로, 대리행위를 한 자에게 대리행위 당시 객관적으로 대리권이 결여되어 있으면 족하고, 대리권의 결여에 관한 대리인의 과실을 요하지 않는다.
  - 다른 무효사유가 없어야 한다. 목적의 반사회성, 법률행위의 유효요건인 허가나 동의의 부존재, 대리인의 의사능력의 결여 등의 무효사유가 있는 경우에, 그것만으로 이미 대리의 대상인 법률행위가 유효하게 성립하지 않기 때문에, 무권대리인의 책임은 발생하지 않는다.

㉢ 책임의 내용

- 서설
  - 제135조가 강행규정은 아니라고 할 것이어서 당사자의 합의에 의하여 그 적용에 배제될 수 있다.
  - 제135조에서의 상대방의 "선택"의 의미는 선택채권에서의 선택과 같은 뜻이며, 따라서 선택채권의 규정(제380조 이하)에 의한다는 데 학설은 일치한다.

- 이행책임
  - 이행이 선택되면 무권대리인은, 대리행위가 본인에 대하여 효력을 발생하였더라면 본인이 상대방에 대하여 부담하였을 것과 같은 내용의 급부를 상대방에게 이행하여야 한다.

- 본인이 상대방에 대하여 부담하였을 채무가 일신전속적인 급부를 목적으로 하는 것이었다면, 그와 같은 내용의 급부를 이행한다는 것이 무권대리인에게 불가능하기 때문에, 상대방은 제135조에 의한 이행청구를 할 수 없고, 손해배상청구만이 가능하게 된다.
- **손해배상책임** : 상대방이 손해배상을 선택한 경우 또는 이행불능으로 인하여 손해배상책임이 확정된 경우의 손해배상의 범위에 관하여, 통설은 계약이 유권대리로서 효력을 발생하였지만 그것이 이행되지 않았기 때문에 생긴 손해인 이행이익(적극적 계약이익)의 배상이라고 한다.
- **소멸시효**
  - 시효기간 : 당해 대리행위에 기하여 발생하는 청구권에 적용되어야 할 시효기간(즉 유권대리가 되었더라면 본인에 대한 청구권에 적용되었을 시효기간)이 제135조의 청구권에도 적용된다고 할 것이다.
  - 기산점 : 상대방의 제135조에 의한 계약이행청구권이나 손해배상청구권의 소멸시효는 상대방이 선택권을 행사할 수 있을 때부터 진행하고, 선택권을 행사할 수 있는 시기는 대리권의 증명이 없고 추인의 가능성이 없어진 때이다.

③ 본인과 무권대리인 사이의 효과

  ㉠ 본인이 추인하지 않으면 본인에 대하여 효력이 생기지 않으므로 본인과 대리인 사이에 법률관계가 생기지 않는다.

  ㉡ 본인이 추인하면 유권대리에서와 같이 대리행위의 효과가 본인에게 귀속되므로, 무권대리인의 대리행위는 사무관리(제734조 이하)로 될 것이다.

  ㉢ 본인의 이익이 침해되면 불법행위(제750조 이하)가 성립할 수 있겠고, 그 밖에 대리인에게 이득이 생긴 경우에 부당이득(제741조 이하)이 문제될 것이다. 그러나 이들은 다른 일반원칙에 의하여 인정되는 것이고, 무권대리에 특유한 관계는 아니다.

(3) 단독행위의 무권대리

① 상대방 없는 단독행위의 무권대리 : 상대방 없는 단독행위의 무권대리는, 능동대리이건 수동대리이건, 언제나 확정적 · 절대적으로 무효이다.

② 상대방 있는 단독행위의 무권대리

  ㉠ 능동대리 : 무권대리인이 본인을 대리하여 계약을 해제한 경우와 같은 능동대리의 경우에, 상대방이 무권대리행위 당시 동의하거나 또는 그 대리권을 다투지 않으면, 계약에서와 동일한 효과가 발생한다(제136조 전문).

  ㉡ 수동대리 : 상대방이 대리권 없는 자에 대하여 본인을 위하여 수령하라는 뜻을 표시하여 계약해제의 의사표시를 한 경우와 같은 수동대리에서는 상대방이 무권대리인의 "동의를 얻어" 행위를 한 경우에 한하여 계약에서와 동일한 효과가 생긴다(제136조 후문).

- 무권대리인이 본인의 지위를 상속한 경우
  ① 무권대리인의 행위에 대해 당연유효설(∵법률관계의 간명처리, 지위 혼동, 신의칙 등)과 비당연유효설이 대립
  ② 판례는 (당연유효는 아니나) 무권대리로서 무효임을 주장하는 것은 신의칙에 반한다고 판시
- 본인이 무권대리인을 상속한 경우
  ① 본인이 추인거절하여도 신의칙에 반하지 않는다.
  ② 다만 본인은 무권대리인의 지위에서 제135조 책임을 진다.
- **구별 : 타인권리매매와 상속**
  ① 무권리자인 매도인이 권리자를 상속한 경우 : 판례는 재산권이전의무를 인정
  ② 권리자가 무권리자(매도인)를 상속한 경우 : 그 이행거절이 신의칙에 반하지 않는다고 판시한 바 있다.

기출문제분석

1 무권대리행위에 대한 본인의 추인에 관한 설명으로 옳지 않은 것은?

① 추인은 재판상 혹은 재판 외에서 명시적·묵시적으로 할 수 있다.

② 일부에 대하여 추인을 하거나 변경을 가하여 추인을 하는 것은 상대방의 동의가 없는 한 원칙적으로 무효이다.

③ 추인은 상대방 및 무권대리인의 동의나 승낙을 필요로 하지 않는 단독행위이다.

④ 판례는 무권대리인이 차용한 금원의 변제기일에 채권자가 본인에게 그 변제를 독촉하자 본인이 그 유예를 요청한 것만으로는 추인을 인정하지 않는다.

⑤ 판례는 무권대리인, 무권대리행위의 직접 상대방 및 그 무권대리행위로 인한 권리 또는 법률관계인의 승계인에 대하여도 추인할 수 있다고 한다.

> **ADVICE** 》 ④ 무권대리인이 차용금 중의 일부로 본인 소유의 부동산에 가등기로 담보하고 있던 소외인에 대한 본인의 채무를 변제하고 그 가등기를 말소하고 무권대리인이 차용한 금원의 변제기일에 채권자가 본인에게 그 변제를 독촉하자 그 유예를 요청하였다면 무권대리인의 행위를 추인하였다고 볼 것이다(대판 1973.01.30. 72다2309).

2 대리권 수여의 표시에 의한 표현대리에 관한 설명으로 가장 옳지 않은 것은? (단, 다수설과 판례에 의함)

① 본인이 제3자에 대하여 타인에게 대리권을 수여한다는 통지를 요건으로 한다.

② 단순히 구두(口頭)로 대리권 수여의사를 표시하거나 자기명의의 사용을 묵인한 경우에도 대리권 수여의 표시에 의한 표현대리가 성립할 수 있다.

③ 대리권 수여의 표시에 의한 표현대리는 법정대리인에게는 적용될 수 없다.

④ 판례에 따르면, 복대리의 경우에도 대리권 수여에 의한 표현대리가 성립할 수 있다.

⑤ 판례와 다수설은 대리권 수여에 의한 표현대리를 유권대리로 보아 무권대리인의 손해배상책임에 관한 규정을 적용하지 않는다.

> **ADVICE** 》 ⑤ 판례와 다수설은 표현대리의 본질을 무권대리로 보고 있으며, 무권대리인의 손해배상책임에 관한 규정을 적용한다.

Answer 1.④ 2.⑤

3 무권대리에 관한 다음 설명 중 옳은 것은?

① 무권대리인의 행위는 본인이 추인하여도 효력이 없다.

② 무권대리의 추인에는 소급효가 없는 것이 원칙이다.

③ 본인이 상대방의 최고를 받은 후 상당한 기간 안에 확답을 발하지 않으면 무권대리인의 행위를 추인한 것으로 본다.

④ 무권대리인은 자신의 선택에 따라 상대방에게 계약의 이행 또는 손해배상의 책임을 부담한다.

⑤ 상대방이 무권대리인의 대리권 없음을 알았거나 알 수 있었을 경우에는 무권대리인은 상대방에게 책임을 부담하지 아니한다.

> **ADVICE** 》 ① 무권대리행위도 본인이 추인하면 유효하다.
> ② 무권대리행위의 추인은 소급효가 있다.
> ③ 최고를 받은 후 상당기간 확답을 발하지 아니하면 거절한 것으로 본다.
> ④ 다른 자의 대리인으로서 계약을 맺은 자가 그 대리권을 증명하지 못하고 또 본인의 추인을 받지 못한 경우에는 그는 상대방의 선택에 따라 계약을 이행할 책임 또는 손해를 배상할 책임이 있다〈제135조 제1항〉.

4 다음 중 표현대리의 논거로서 부당한 것은?

① 외관주의 ② 의사책임

③ 형식주의 ④ 금반언의 원칙

⑤ 신뢰책임

> **ADVICE** 》 표현대리는 외관주의, 의사, 금반언, 신뢰책임이며, 거래의 안전을 위한 제도이다.

5 다음 내용 중 옳지 않은 것은?

① 법정대리인은 복임권이 있지만 임의대리인은 원칙적으로 복임권이 없다.

② 제3자에 대하여 타인에게 대리권을 수여함을 표시한 자는 그 타인과 그 제3자 사이의 법률행위에 대하여 책임을 지지만 타인에게 대리권 없음을 제3자가 알 수 있었음을 입증함으로써 그 책임을 면할 수 있다.

③ 타인의 부동산을 관리할 권한이 있는 자가 관리를 위하여 보관하고 있던 인감 등을 이용하여 그 부동산을 처분한 경우에 그 처분의 유효 여부는 매수인이 권리자에게 그 부동산의 처분권한이 있음을 믿을 만한 정당한 이유가 있는가에 달려있다.

④ 표현대리에 있어서의 무권대리인은 상대방에 대하여 그 무권대리행위의 책임을 지지 않는다는 것이 다수설이다.

⑤ 무권대리행위에 대하여 상대방은 본인에게 추인의 여부를 최고할 수 있으며, 본인이 추인한 경우에 그 무권대리행위의 효과는 원칙적으로 장래를 향하여 본인에게 귀속한다.

> **ADVICE** 》 ⑤ 무권대리행위에 대한 본인의 추인의 효력은 무권대리행위가 있었던 때로부터 소급하여 발생한다.

6 표현대리에 관한 설명으로 옳지 않은 것은? (다수설에 의함)

① 표현대리는 넓은 의미에서 무권대리이다.
② 표현대리가 성립되면 상대방은 민법 제135조의 무권대리책임을 물을 수 없다.
③ 권한을 넘은 표현대리가 성립하려면 같은 종류의 기본대리권이 존재하여야 한다.
④ 대리권 수여표시에 의한 표현대리는 임의대리에만 인정된다.
⑤ 대리권 수여표시에 의한 표현대리가 성립하는 것을 막기 위하여는 본인이 상대방의 악의·과실의 입증책임이 있다.

> **ADVICE** ≫ ③ 기본대리권과 권한을 넘은 대리행위가 동일한 종류 또는 동일한 성질일 필요는 없다는 것이 통설 및 판례의 태도이다.

7 무권대리의 추인에 관한 통설·판례의 설명으로 타당한 것은?

① 일단 확정적으로 무효가 된 행위를 유효하게 하는 의사표시이다.
② 무권대리의 일부에 대하여도 가능하다.
③ 무권대리행위의 상대방에게만 할 수 있다.
④ 명시적인 방법으로만 할 수 있다.
⑤ 상대방이 추인이 있었음을 알았을 때에는 철회할 수 없다.

> **ADVICE** ≫ ① 무권대리행위의 추인은 효력의 발생이 불확정한 행위에 대하여 그 행위의 효과를 자기에게 직접 발생케 하는 것을 목적으로 하는 의사표시이다.
> ② 일부에 대하여는 불가능하다.
> ③ 무권대리인에게도 할 수 있으며 단, 상대방이 모르면 추인의 효과를 주장할 수 없다.
> ④ 추인의 방법은 특별한 방법이 없고 묵시적으로도 가능하다.

8 협의의 무권대리에 있어서 인정되지 않는 것은?

① 추인권　　　　　　　② 최고권
③ 동의권　　　　　　　④ 거절권
⑤ 철회권

> **ADVICE** ≫ 협의의 무권대리에서 인정되는 효과
> ㉠ 계약의 경우
> • 본인 : 추인권 · 추인거절권
> • 상대방 : 최고권 · 철회권
> ㉡ 단독행위의 경우 : 원칙적으로 무효

핵심예상문제

02

1 협의의 무권대리의 계약에 관한 설명이다. 틀린 것은?

① 본인이 추인하면 무권대리인의 무권대리는 일종의 사무관리이다.
② 본인이 추인을 거절하였을 때에도 본인의 이익이 침해되면 무권대리인에게 불법행위로 인한 손해배상을 청구할 수 있다.
③ 상대방은 본인의 추인이 있을 때까지는 철회할 수 있다.
④ 상대방은 본인에 대하여 추인 여부의 최고를 할 수 있다.
⑤ 본인이 상당한 기간 내에 확답이 없으면 추인한 것으로 본다.

ADVICE 》 ⑤ 추인을 거절한 것으로 본다〈제131조〉.

2 무권대리인의 추인에 대한 설명으로 틀린 것은?

① 추인은 다른 의사표시가 없는 때에는 계약시에 소급하여 그 효력이 생긴다.
② 추인은 무권대리인이나 상대방의 동의를 요하지 않는다.
③ 추인은 묵시적으로도 할 수 있다.
④ 추인은 무권대리행위의 상대방에 대하여 하여야 하며, 무권대리인에 대하여는 하지 못한다.
⑤ 추인은 형성권에 속한다.

ADVICE 》 ④ 추인의 상대방은 무권대리행위의 상대방 또는 무권대리인이다.

3 무권대리에 관한 설명으로 옳은 것은?

① 본인이 추인해도 무효이다.
② 본인이 취소할 때까지 유효하다.
③ 본인이 추인하면 유효하다.
④ 상대방 없는 단독행위의 무권대리는 원칙적으로 유효이다.
⑤ 추인의 법적 성질은 단독행위이며, 대리권의 사후적인 수여이다.

> **ADVICE »** ①② 추인이 있으면 무권대리행위는 소급적으로 법률효과가 발생한다.
> ④ 상대방 없는 단독행위의 무권대리는 무효이다.
> ⑤ 추인권은 형성권의 일종으로 단독행위이며, 대리권의 사후적인 수여가 아니다.

4 민법 제126조의 표현대리에 관한 다음의 설명 중 틀린 것은?

① 대리인이 권한 밖의 행위를 해야 한다.
② 상대방은 선의·무과실이어야 한다.
③ 임의대리·법정대리에 모두 적용된다.
④ 상대방의 악의·과실의 입증책임은 본인에게 있다.
⑤ 상대방의 신뢰에 관하여 본인의 과실이나 행위가 원인이 되어야 한다.

> **ADVICE »** 대리권한을 넘은 표현대리〈제126조〉는 대리인이 권한 외의 법률행위를 하였어야 한다. 또한, 상대방이 선의·무과실이어야 한다.
> ⑤ 상대방의 신뢰에 관하여 본인의 과실이나 행위가 원인이 되어야 하는 것은 아니며, 대리권의 존재라는 사실에 기하여 상대방의 신뢰가 생긴 것으로 족하다.

5 대리권 소멸 후의 표현대리와 관련하여 그 요건상 틀린 것은?

① 대리인이 이전에는 대리권을 가지고 있었으나 행위시에는 대리권이 소멸했어야 한다.
② 상대방은 선의이고 무과실이어야 한다.
③ 제3자는 대리행위의 상대방과 그 상대방과의 거래관계에 있는 제3자도 포함하여야 한다.
④ 대리권이 존재하였다는 것과 상대방의 신뢰 사이에 인과관계가 있어야 한다.
⑤ 임의대리와 법정대리에 적용되어야 한다.

> **ADVICE »** ③ 제129조의 제3자는 대리행위의 상대방을 의미하며, 그와 거래한 제3자는 포함하지 않는다.

Answer 1.⑤ 2.④ 3.③ 4.⑤ 5.③

6 표현대리에 관한 설명으로 옳지 않은 것은?

① 복대리인이 대리행위를 한 경우에도 표현대리가 성립할 수 있다.
② 법정대리의 경우에도 대리권 소멸 후의 표현대리가 성립될 수 있다.
③ 기본대리권이 표현대리행위와 동종·유사한 것이 아니면 권한을 넘은 표현대리가 성립할 수 없다.
④ 대리행위가 권한을 넘는 표현대리에 해당하는지 여부를 판단할 때, 정당한 이유의 존부는 대리행위 당시를 기준으로 판단한다.
⑤ 권한을 넘은 표현대리의 경우 일상가사대리권은 기본대리권이 될 수 있다.

> **ADVICE »** ③ 정당하게 부여받은 대리권의 내용되는 행위와 표견대리행위는 반드시 같은 종류의 행위에 속할 필요는 없다(대판 1969.07.22. 69다548).

7 표현대리에 대한 설명으로 옳은 것은?

① 선의·무과실의 입증책임은 상대방이 하여야 한다.
② 무권대리인이 통지에서 수여한 것으로 표시된 대리권의 범위를 넘은 대리행위를 한 때에는 대리권 수여의 표시에 의한 표현대리가 되지 않는다.
③ 대리권 수여의 표시는 대리행위가 있은 후 철회할 수 있다.
④ 대리권 수여의 표시는 수권행위이다.
⑤ 대리권 수여의 표시는 신문광고 등으로 해서는 안 된다.

> **ADVICE »** ① 본인이 상대방의 악의·유과실을 입증하여야 한다.
> ③ 대리권 수여의 표시(통지)는 대리행위가 있기 전에 철회할 수 있다.
> ④ 대리권 수여의 표시는 관념의 통지이다.
> ⑤ 대리권 수여의 표시는 불특정의 일반 제3자에게 하여도 상관없다.

8 무권대리에 대한 설명 중 틀린 것은?

① 본인의 이익의 희생하에 상대방 및 거래의 안전을 보호하려는 제도이다.
② 협의의 무권대리의 경우에는 본인의 추인은 유효한 법률행위를 확정적으로 유효하게 하는 것이다.
③ 표현대리의 경우에는 본인은 무권대리인의 대리행위에 대하여 책임이 있다.
④ 무권대리에는 표현대리와 협의의 무권대리가 있다.
⑤ 무권대리는 대리의 다른 요건은 모두 갖추었으나 대리권만 없이 행한 대리행위이다.

> **ADVICE »** ② 협의의 무권대리에 있어서 본인의 추인은 무효인 행위를 소급적으로 유효하게 하는 것이다.

9 무권대리행위의 추인에 관한 내용으로 틀린 것은?

① 무권대리인에 대하여 추인을 한 경우에도 언제나 그 무권대리행위의 상대방이 가지는 철회권은 소멸한다.

② 추인은 본인의 단독행위이며 무권대리인 또는 상대방의 동의를 요하지 않는다.

③ 추인의 상대방은 무권대리인 또는 그 상대방의 어느 편이라도 좋다.

④ 본인이 추인한 때에는 무권대리행위는 처음부터 적법한 대리행위였던 것과 마찬가지로 된다.

⑤ 본인은 추인을 거절할 수도 있는데 거절의 의사표시를 할 상대방 및 거절의 효력은 추인과 마찬가지이다.

ADVICE » ① 무권대리인에 대하여 추인한 경우에는 상대방이 추인이 있었음을 알지 못하는 때에는 본인이 상대방에 대하여 추인의 효과를 주장하지 못한다. 그 결과 상대방은 추인이 있었음을 알 때까지는 철회할 수 있다.

10 표현대리에 관한 설명으로 옳은 것은?

① 표현대리의 요건을 갖추면 무권대리의 효과가 상대방에게 귀속한다.

② 표현대리는 상대방이 이를 주장할 때 문제가 된다.

③ 표현대리의 결과 본인은 상대방에 대하여 채무를 이행하여야 할 의무는 없지만 채권 기타의 권리는 취득한다.

④ 표현대리의 경우에 상대방은 이를 철회할 수 없다.

⑤ 표현대리의 요건을 충족하는 경우에도 상대방은 표현대리와 무권대리로서 무권대리인의 책임을 선택적으로 물을 수 있다.

ADVICE » ① 표현대리의 요건을 갖추는 경우에는 무권대리행위의 효과가 본인에게 귀속한다.
③ 본인은 상대방에 대하여 채무를 이행할 의무를 질 뿐만 아니라 채권 기타의 권리도 취득하게 된다.
④ 표현대리는 무권대리행위로서의 성질을 가지므로 상대방은 철회하거나 본인에 대하여 추인 여부를 최고할 수 있다.
⑤ 일부에서는 책임을 선택적으로 물을 수 있다고 하나, 이론적 다툼이 있다.

11 무권대리에 대한 설명으로 틀린 것은?

① 무권대리인과 본인 사이에 부당이득이 문제될 수도 있다.
② 추인 · 최고 · 철회에 관한 규정은 표현대리에도 적용된다.
③ 단독행위의 무권대리는 언제나 절대무효이다.
④ 상대방의 철회권은 선의인 경우에만 인정된다.
⑤ 추인에는 원칙적으로 소급효가 있다.

> **ADVICE** 》 ③ 상대방 없는 단독행위의 무권대리는 언제나 절대무효이다. 그에 비하여 상대방 있는 단독행위의 무권대리는 원칙적으로 무효이나 예외가 인정되고 있다.

12 무권대리인의 상대방에 대한 책임에 관한 설명으로 틀린 것은?

① 상대방의 손해배상청구권의 소멸시효는 선택권을 행사할 수 있는 때부터 진행한다.
② 무권대리인은 상대방의 선택에 따라 이행 또는 손해배상의 책임을 지는데, 여기서의 손해배상은 신뢰이익의 배상이다.
③ 제한능력자라도 법정대리인의 동의를 얻어서 무권대리행위를 한 경우에는 책임이 생길 수 있다.
④ 본인의 추인이 있으면 무권대리인의 책임이 생기지 않는다.
⑤ 무권대리인의 책임은 무과실책임이다.

> **ADVICE** 》 ② 손해배상의 범위에 관하여는 이행이익의 배상(적극적 계약이익)이라는 견해가 다수설이다.

13 제125조의 표현대리의 요건 및 효과에 관한 설명으로 옳지 않은 것은?

① 본인이 제3자에 대하여 어떤 자에게 대리권을 수여하였음을 표시해야 한다.
② 무권대리인이 그 통지에서 수여한 것으로 표시된 대리권의 범위 내에서 대리행위를 하여야 한다.
③ 대리행위는 반드시 통지를 받은 상대방과 할 필요는 없다.
④ 대리행위는 통지받는 범위 내의 행위이어야 한다.
⑤ 본인은 무권대리의 효과가 자기에게 미치는 것을 거부하지 못한다.

> **ADVICE** 》 ③ 무권대리행위는 그 통지를 받은 상대방과의 관계에서 행하여져야 한다.

14 다음 중 표현대리가 성립하지 않는 경우는?

① 백지위임장을 교부하였으나 실제 대리권을 수여하지 않았는데도 상대방이 그 위임장을 믿고 위임장 기재의 거래행위를 하였을 때

② 처가 남편의 유학 중 그 인감을 사용하여 남편의 전답을 팔아 맏아들의 대학등록금을 납부하였을 때

③ 甲의 수금원 乙이 해고당했음에도 불구하고 이를 모르는 丙으로부터 여전히 甲의 대리인으로서 수금을 한 때

④ 인감증명서를 위조하여 타인소유의 부동산을 자기명의로 소유권을 이전한 후 이를 제3자에게 매각한 때

⑤ 甲이 乙에게 대리권을 주었다고 신문에 광고를 하였으나 실제 아직 대리권을 수여하기 전에 乙이 甲의 대리인으로 계약체결을 한 때

> **ADVICE** 》 ①⑤ 제125조의 대리권 수여의 표시에 의한 표현대리이다.
>
> ② 이른바 부부간의 일상가사대리권을 기초로 하는 제126조의 표현대리이다. 부부 상호간에는 일상가사대리권이라는 부부의 일상생활에 필요한 범위 내에서 인정되는 기초적 대리권이 인정되는 바, 이를 기초로 하여 이를 초과하는 법률행위가 있었을 때 표현대리가 인정되는 경우가 있다. 다만 여기서 중요한 점은 표현대리로 인정할 수 있는 정당한 사유가 존재하는지 여부이나, 제시된 사례의 경우는 정당한 사유가 존재하는 경우로 보아 표현대리를 인정하는 데 별 문제가 없다. 남편의 사고로 인한 입원, 남편의 수감 등과 같은 것은 정당한 사유가 될 수 있다.
>
> ③ 제129조의 대리권 소멸 후의 표현대리이다.
>
> ④ 아무런 권한 없이 타인의 부동산을 사취한 것이므로 표현대리의 문제가 아니다.

15 무권대리에 관한 설명 중 옳지 않은 것은?

① 무권대리제도는 대리제도의 신용유지 및 본인의 보호와 거래안전 보호간의 조화를 위한 제도이다.

② 협의의 무권대리는 언제나 무효이다.

③ 무권대리인은 과실이 없어도 상대방에게 책임이 있다.

④ 표현대리에는 협의의 무권대리에 관한 규정이 적용되지만 제135조는 적용되지 아니한다.

⑤ 무권대리는 대리행위의 다른 요건을 갖추고 있으나 대리권만이 없는 행위이다.

> **ADVICE** 》 ② 본인의 추인이 있으면 유효하게 된다.

16 다음 설명 중 옳은 것은?

① 무권대리행위를 추인하면 그 행위 자체가 소급적으로 유효가 된다.

② 사기에 의한 의사표시를 추인하면 그때부터 유효가 된다.

③ 반사회적 법률행위도 추인하면 유효가 될 수 있다.

④ 허위표시를 추인하면 소급적으로 유효가 된다.

⑤ 표현대리에 대한 본인의 추인은 상대방의 철회에 우선한다.

> **ADVICE** 》 ② 사기의 경우 추인하면 취소할 수 없는 법률행위로 확정된다.
> ③ 반사회적 법률행위는 추인할 수 없는 것이다.
> ④ 허위표시는 무효이므로 무효행위에 대한 추인은 장래에 향하여 효력을 발생하는 것이 원칙이다. 그 경우에도 새로운 법률행위로서 유효한 것이지 무효행위가 유효로 되는 것은 아니다.
> ⑤ 본인은 상대방이나 표현대리인에게 추인이 가능하나 상대방의 철회가 있기 전까지만 가능하며, 상대방의 철회권에 대하여 우선권이 주어지는 것은 아니다.

17 무권대리의 추인에 관한 설명 중 옳지 않은 것은?

① 추인은 원칙적으로 소급효를 갖는다.

② 추인은 단독행위이다.

③ 본인의 추인이 있으면 상대방의 철회권은 소멸한다.

④ 추인은 무권대리인이나 상대방 아무에게나 하여도 효력에 차이가 없다.

⑤ 추인은 특별한 방식을 요하지 않으므로 명시적 또는 묵시적으로도 할 수 있다.

> **ADVICE** 》 ④ 추인의 의사표시는 무권대리인 또는 상대방에 대하여 할 수 있다. 그러나 상대방에 대하여 하는 경우에는 추인으로서의 효력이 완전히 생기지만, 무권대리인에 대하여 하는 경우에는 상대방이 추인이 있었음을 알지 못하는 때에는 이에 대하여 추인의 효과를 주장하지 못한다. 따라서 그때까지는 상대방이 철회할 수 있다.

18 무권대리인의 책임요건에 관한 설명 중 옳지 않은 것은?

① 본인의 무권대리행위에 대한 추인이 없을 것

② 행위 당시 상대방이 대리권 없음을 알지 못하고 또 알지 못하는 데 과실이 없을 것

③ 무권대리인에게 과실이 있을 것

④ 무권대리인이 행위능력자일 것

⑤ 상대방의 철회가 없을 것

> **ADVICE** 》 ③ 제135조의 책임은 무과실책임이므로 무권대리인에게 과실이 있을 것을 요하지 아니한다.

19 대리권 소멸 후의 표현대리에 관한 설명 중 옳지 않은 것은?

① 대리인이 대리행위시에 대리권이 소멸하고 있어야 한다.
② 제129조에서 제3자라 함은 상대방과 거래한 제3자를 포함하지 않는다.
③ 본인은 상대방에 대하여 대리권의 소멸을 주장하지 못하며 책임을 져야 한다.
④ 상대방은 다른 표현대리의 경우와는 달리 선의이면 족하다.
⑤ 임의대리와 법정대리에 모두 적용된다는 것이 통설이다.

ADVICE » ④ 상대방은 선의이고 무과실이어야 한다.

20 甲으로부터 아무런 대리권을 받음이 없는 乙이 甲의 대리인이라 칭하며, 丙과 매매계약을 체결한 경우, 다음 설명 중 옳은 것은?

> ㉠ 甲이 추인하더라도 결코 乙과 丙 사이의 매매계약은 유효로 되지 아니한다.
> ㉡ 甲으로부터 추인을 얻지 못하고, 乙 스스로 대리권을 증명하지 못할 경우, 乙은 丙의 선택에 따라 매매계약에 따른 이행 또는 손해배상책임을 진다.
> ㉢ 丙이 甲에게 추인 여부를 최고한 경우, 甲이 그 유효기간 내에 확답을 발하지 않으면, 거절한 것으로 본다.
> ㉣ 판례에 의하면 乙이 甲을 상속한 경우, 乙이 甲의 지위에서 무권대리에 의한 무효를 주장하는 것은 신의칙에 반한다고 본다.
> ㉤ 乙의 무권대리행위가 있었음을 알고 있는 甲이 丙으로부터 매매중도금을 직접 수령하였다면, 이는 법정추인으로 되어 乙과 丙 사이의 매매계약은 유효하게 된다.
> ㉥ 甲의 추인을 얻지 못하거나, 대리권을 입증하지 못한 乙이 제한능력자라 하더라도 丙에 대한 책임을 진다.

① ㉠㉡㉢㉣　　　　　　　　　　② ㉡㉢㉣㉤
③ ㉡㉢㉣㉥　　　　　　　　　　④ ㉡㉣㉤㉥
⑤ ㉠㉡㉢㉣㉤㉥

ADVICE » ㉠ 甲이 추인하면 비록 무권대리라 하더라도 유효하게 된다.
　　　　　㉥ 무권대리인이 상대방에게 책임을 지기 위한 요건으로서 무권대리인은 행위능력자이어야 한다.

21 협의의 무권대리에 관한 설명 중 옳지 않은 것은?

① 본인의 추인이 있으면 사후의 대리권 수여로 보아 유권대리가 된다.

② 무권대리인의 책임은 무과실책임이다.

③ 무권대리인의 손해배상책임은 이행이익의 배상을 의미한다.

④ 계약의 경우 무권대리인의 상대방은 본인에 대하여 최고권과 철회권을 갖는다.

⑤ 상대방 없는 단독행위의 무권대리는 절대무효이므로 추인할 수 없다.

> **ADVICE** 》 ① 본인의 추인으로 무권대리행위는 유효하게 되지만, 이것은 사후의 대리권의 수여로 보아 유권대리가 된다는 것과는 구별되어야 한다.

22 표현대리에 관한 설명 중 옳지 않은 것은?

① 상대방은 표현대리행위를 무권대리행위로서 철회할 수 있다.

② 상대방뿐만 아니라 본인도 표현대리를 주장할 수 있다.

③ 표현대리의 경우에 본인은 의무를 부담할 뿐만 아니라 권리도 취득한다.

④ 상대방이 표현대리를 주장하지도, 무권대리행위로 철회하지도 않으면서 곧바로 민법 제 135조에 의한 무권대리인에게 책임을 물을 수 있는가에 관하여 견해가 대립한다.

⑤ 본인은 표현대리행위를 추인할 수 있다.

> **ADVICE** 》 ② 본인이 스스로 표현대리를 주장할 수는 없다.

23 상대방의 동의를 불문하고 절대무효인 무권대리행위는?

① 계약해제

② 채무면제

③ 상속포기

④ 동의

⑤ 상계

ADVICE » ①②④⑤ 상대방 있는 단독행위이다.
③ 상대방 없는 단독행위(재단법인 설립행위, 상속의 승인, 소유권의 포기 등)에 대한 무권대리행위는 언제나 절대적 무효이다.

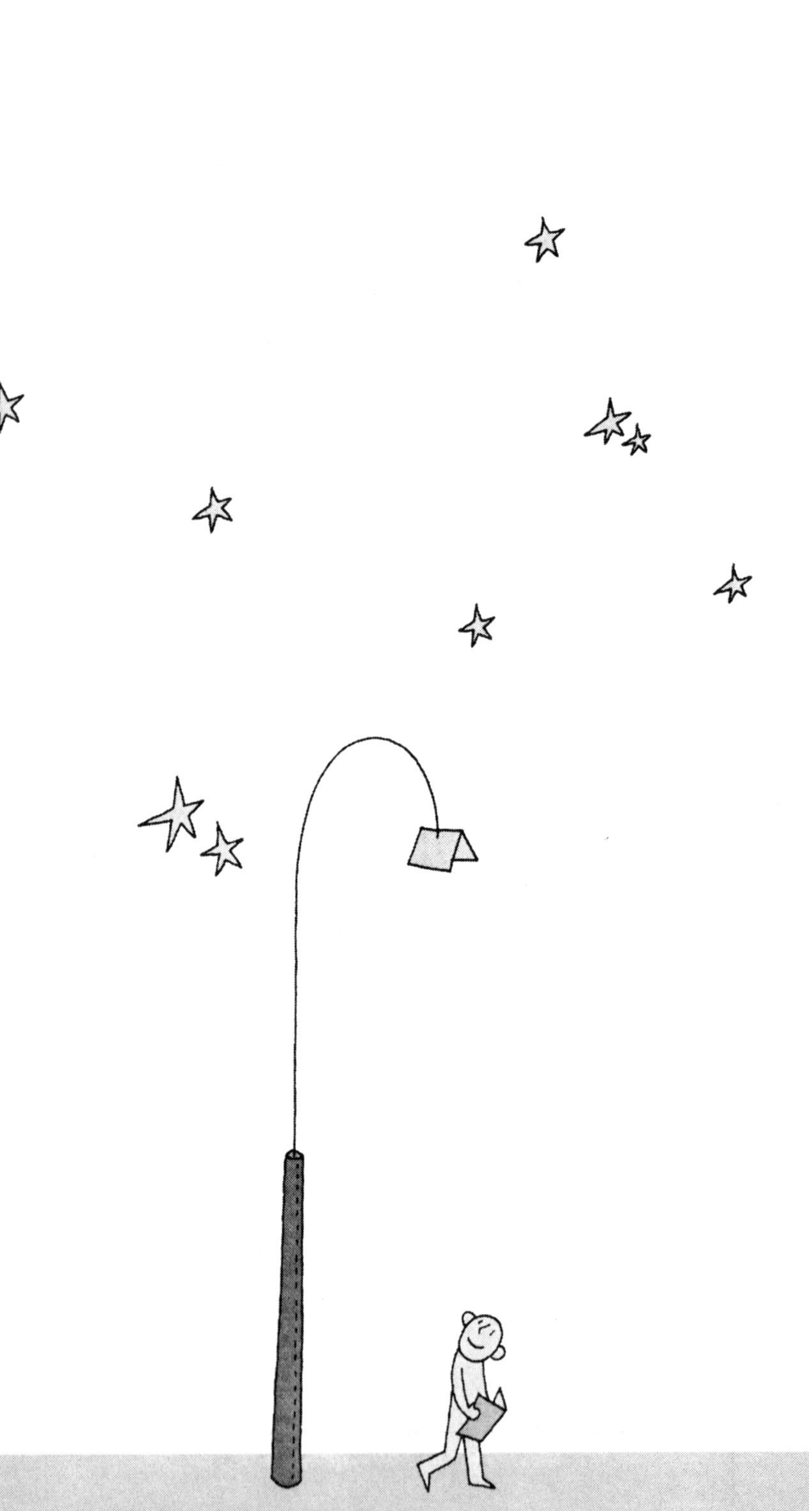

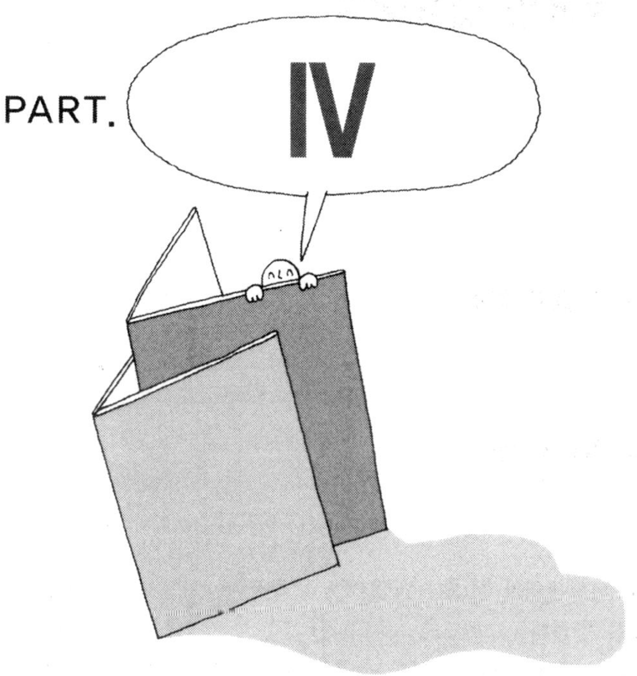

법률행위의 무효와 취소

01. 무효인 법률행위
02. 취소할 수 있는 법률행위

무효인 법률행위

1 법률행위의 무효와 취소

1. 무효와 취소의 개념

(1) 의의

① **법률행위의 무효**: 법률행위가 성립한 당초부터 법률상 당연히 그 효력이 발생하지 않는 것으로 확정되어 있는 것을 말한다. 그러므로 당사자가 이를 추인하여도 그 효과가 당연히 보정되는 것은 아니다. 또한 유효·무효는 법률행위의 성립을 전제로 하나, 불성립의 경우에는 처음부터 유효·무효가 문제되지 않는다. 따라서 법률행위의 무효는 법률행위의 '부존재 또는 불성립'과는 구별하여야 한다.

② **법률행위의 취소**: 일단 유효하게 성립한 법률행위를 행위자의 제한능력 또는 의사표시의 하자·착오 등을 이유로 소급적으로 무효화시키는 특정인(취소권자)의 의사표시를 말한다. 여기서 취소할 수 있는 지위를 취소권이라고 하며, 이는 하나의 형성권에 해당된다.

(2) 무효와 취소의 구별

구분	무효	취소
특정인의 주장 요·불요 (무효되는 시기)	특정인의 주장을 필요로 하지 않는다. → 당연무효	특정인(취소권자)의 주장(취소)이 있어야 비로소 효력이 없게 된다. → 일단 유효로 취급됨
성립시의 효력	처음부터 효력이 발생하지 않는다. → 누구에게나 무효	취소를 하기 전에는 일응 효력이 있는 것으로 다루어진다.
추인의 차이	① 새로운 법률행위로 본다(원칙상 추인이 부인됨). ② 비소급적 추인	① 취소권의 포기와 같다(원칙상 추인이 인정됨). ② 소급적 추인

| 시간의 경과와 보정 | 시간의 경과에 의하여 효력에 변동이 생기지 않는다. → 언제나 무효 | ① 일정한 시간이 경과하면 취소권은 소멸된다(3년 또는 10년 경과로 소멸됨).
② 취소권을 행사하면 무효, 방치하면 유효(취소권 상실) |
| 법률행위의 전환여부 | 무효행위의 전환문제가 인정된다. | 전환문제는 없고 치유만 인정된다. |

(3) 법률행위의 무효와 취소사유

무효사유	취소사유
① 의사무능력자의 법률행위 ② 원시적 불능인 법률행위 ③ 강행법규에 위반한 법률행위 ④ 반사회질서의 법률행위 ⑤ 불공정한 법률행위(폭리행위) ⑥ 비진의표시의 예외의 경우(상대방이 악의·과실인 때) ⑦ 허위표시 ⑧ 불법조건부 법률행위 ⑨ 단독행위의 무권대리인 경우 등	① 제한능력자의 행위 ② 착오에 의한 의사표시 ③ 사기·강박에 의한 의사표시 등 ※ ①은 선의·악의를 불문하고 제3자에 대항할 수 있는 절대적 취소효과 발생 ※ ②③은 선의의 제3자에 대항할 수 없는 상대적 취소사유

(4) 무효와 취소의 경합문제(이중효 문제)

어떤 법률행위에 있어서 무효요건과 취소요건이 모두 인정될 때는 당사자는 선택적으로 무효나 취소를 주장할 수 있다. 이것을 '이중효'라 한다. 예컨대, 피성년후견인이나 미성년자가 의사무능력 상태에서 법률행위를 하였을 때는 무효나 취소를 주장할 수 있게 된다.

2. 법률행위의 무효

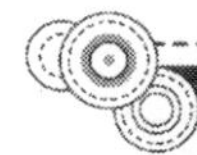

법률행위의 무효와 관련해서는 토지거래허가와 관련한 유동적 무효 판례는 전반적으로 이해, 숙지하고 있어야 하며, 무효와 취소 후의 급부의 반환 문제를 부당이득이론과 관련하여 학습하고 일부 무효(§ 137)의 문제(제137조 단서의 적용요건), 무효행위의 전환은 특히 가족법 분야와 관련하여 주의 깊게 학습하고 대비하여야 한다(예컨대 상속포기가 무효인 경우 상속재산의 협의분할로 인정 등). 또한 무효행위의 추인과 관련하여서는 무권대리행위의 추인, 취소할 수 있는 행위의 추인과의 차이를 숙지하여야 한다.

(1) 무효의 의의

외형상 법률행위의 성립요건을 갖춘 상태이나 법률행위 효력요건의 결여로 처음부터(성립당시부터) 법률상 당연히 그 효력이 발생하지 않는 것으로 확정되어 있는 것을 말한다.

예컨대, 당사자 사이에서는 무효인 행위가 물권행위이면 물권변동은 일어나지 않고, 채권행위이면 채권은 생기지 않는다. 따라서 이행 전이면 이행할 필요가 없으며, 이미 이행을 한 후이면 법률상 원인 없이 급부가 행하여진 것으로 되어 당사자는 부당이득으로 반환을 청구할 수 있게 된다.

(2) 무효의 종류

① 절대적 무효 · 상대적 무효(심리유보, 허위표시)

구분	내용
상대적 무효	① 특정인에 대해서는 주장할 수 없는 무효 ② 허위표시 · 비진의표시의 예외인 경우
절대적 무효	① 누구에게나 그 효과를 주장할 수 있는 무효 ② 상대적 무효 이외의 전부(반사회질서 행위, 의사무능력자의 행위 등)

② 당연무효 · 재판상 무효

    ㉠ **당연무효** : 법률행위를 무효로 하기 위하여 특별한 절차나 행위를 요하지 않으며 법률상 당연히 무효인 것을 말한다. 대부분의 경우가 원칙상 당연무효이다.

    ㉡ **재판상무효** : 재판에 의한 무효선언을 기다려 비로소 무효가 되는 것을 말하며, 회사의 설립무효, 회사합병무효, 주주총회결의의 무효 등이 이에 속한다.

③ 전부무효 · 일부무효

    ㉠ 무효의 원인이 법률행위내용의 일부에만 존재하는 것을 일부무효라 한다.

    ㉡ 일부무효는 전부무효와 같이 취급하며, 다만 그 무효부분이 없더라도 법률행위를 하였을 것이라고 인정될 때에는 나머지 부분을 유효로 할 수 있다(일부무효의 법리).

(3) 일부무효

제137조 (법률행위의 일부무효)
법률행위의 일부분이 무효인 때에는 그 전부를 무효로 한다. 그러나 그 무효부분이 없더라도 법률행위를 하였을 것이라고 인정될 때에는 나머지 부분은 무효가 되지 아니한다.

---

① 개념

    ㉠ 법률행위의 일부가 무효인 것이 일부무효이다. 일부무효에 관하여 민법은, 원칙적으로 법률행위 전부가 무효이지만, 당사자 쌍방이 법률행위 당시 일부무효임을 알았다면 나머지 부분만으로 법률행위를 하였을 것이라고 인정되는 경우에 나머지 부분은 유효하다고 한다. 이러한 민법의 태도는, 법률행위의 일부에 관한 것이라도 무효사유가 존재한다면 법이 효력부여를 전면적으로 거부한다는 원칙과 그것을 전제로 하여 당사자의 사적자치에 기하여 잔부에 대하여 효력을 부여하는 예외의 관계로 이해되어야 할 것이다.

ⓛ 법률이 일부무효의 효과를 개별적으로 규정하는 경우에 그 규정에 따른 효과가 주어지고, 제137조가 적용되지 않는다.

ⓒ 일부무효에 관한 제137조는 임의규정이다. 따라서 일부무효에 관한 당사자의 명시적 또는 묵시적 약정이 있으면 그에 의하고, 제137조는 적용되지 않는다.

효력규정에 의해 일부가 무효로 된 법률행위의 효력

민법 제137조는 임의규정으로서 의사자치의 원칙이 지배하는 영역에서 적용된다고 할 것이므로, 법률행위의 일부가 강행법규인 효력규정에 위반되어 무효가 되는 경우 그 부분의 무효가 나머지 부분의 유효·무효에 영향을 미치는가의 여부를 판단함에 있어서는 개별 법령이 일부무효의 효력에 관한 규정을 두고 있는 경우에는 그에 따라야 하고, 그러한 규정이 없다면 원칙적으로 민법 제137조가 적용될 것이나 당해 효력규정 및 그 효력규정을 둔 법의 입법 취지를 고려하여 볼 때 나머지 부분을 무효로 한다면 당해 효력규정 및 그 법의 취지에 명백히 반하는 결과가 초래되는 경우에는 나머지 부분까지 무효가 된다고 할 수는 없다(대법원 2004.6.11. 선고 2003다1601 판결).

② 제137조 단서 적용요건

　ㄱ 일체로서의 법률행위

　　• 우선 하나의 법률행위가 있어야 한다. 가령 복수의 법률행위가 동시에 또는 하나의 문서에 의하여 행하여졌다면, 법률행위의 일체성을 인정할 수 있을 것이다.

　　• 복수의 법률행위가 주된 법률행위와 종된 법률행위의 관계에 있는 경우에, 제100조 제2항을 유추적용하여, 주된 법률행위가 무효이거나 취소되면 종된 법률행위도 그 효력을 잃는다고 할 것이다.

　ㄴ 법률행위의 가분성 : 일체로서의 법률행위가 가분적이어야 한다. 여기서 가분성 내지 분할가능성이란, 무효부분이 떨어져 나간 뒤에 그것을 제외한 나머지 부분이 독립한 법률행위로 존재할 수 있어야 함을 의미하며, 나머지 부분의 독립성은 법률행위의 내용을 고려하여 결정 되어야 한다.

　ㄷ 무효부분이 없더라도 법률행위를 하였을 것이라고 인정될 것

　　• 이 요건은 당사자의 가정적 의미에 의하여 결정되어야 한다. 즉 법률행위 당시를 기준으로 하여 당사자들이 추구하는 목적 등을 고려하여, 당사자가 일부무효인 사정을 알았더라면 어떠한 합의를 하였을 것인가를 탐구하여야 한다.

　　• 잔부의 유효를 주장하는 자가 당사자의 가정적 의사를 증명하여야 한다.

1. 일부무효법리의 요건으로서 당사자의 가상적의사

복수의 당사자 사이에 중간생략등기의 합의를 한 경우 그 합의는 전체로서 일체성을 가지는 것이므로, 그 중 한 당사자의 의사표시가 무효인 것으로 판명된 경우 나머지 당사자 사이의 합의가 유효한지의 여부는 민법 제137조에 정한 바에 따라 당사자가 그 무효 부분이 없더라도 법률행위를 하였을 것이라고 인정되는지의 여부에 의하여 판정되어야 할 것이고, 그 당사자의 의사는 실재하는 의사가 아니라 법률행위의 일부분이 무효임을 법률행위 당시에 알았다면 당사자 쌍방이 이에 대비하여 의욕하였을 가정적 의사를 말한다(대법원 1996.2.27. 선고 95다38875 판결).

2. 계약의 해석을 통한 가상적의사의 판단

주식투자가와 증권회사 사이에 주식매매거래계좌설정약정 및 투자수익보장약정, 일임매매약정이 일체로서 체결되었으나 그 중 투자수익보장이 무효인 경우, 약정 당시 고객이 투자수익보장약정이 무효임을 알았거나 알 수 있었다고 보여질 뿐 아니라 주식매매거래계좌설정약정 및 일임매매약정에 기하여 주식거래가 계속되어 새로운 법률관계가 계속적으로 형성되어 왔다면, 투자수익보장약정이 무효라고 하여 주식매매거래계좌설정약정이나 일임매매약정까지 무효가 된다고 할 수는 없다(대법원 1996.8.23. 선고 94다38199 판결).

3. 복수 당사자 사이의 합의 중 일부 당사자의 의사표시가 무효인 경우, 나머지 당사자 사이의 합의가 유효한지 여부의 판단기준

복수의 당사자 사이에 어떠한 합의를 한 경우 그 합의는 전체로서 일체성을 가지는 것이므로, 그 중 한 당사자의 의사표시가 무효인 것으로 판명된 경우 나머지 당사자 사이의 합의가 유효한지의 여부는 민법 제137조에 정한 바에 따라 당사자가 그 무효 부분이 없더라도 법률행위를 하였을 것이라고 인정되는지의 여부에 의하여 판정되어야 하고, 그 당사자의 의사는 실재하는 의사가 아니라 법률행위의 일부분이 무효임을 법률행위 당시에 알았다면 당사자 쌍방이 이에 대비하여 의욕하였을 가정적 의사를 말하는 것이지만, 한편 그와 같은 경우에 있어서 나머지 당사자들이 처음부터 한 당사자의 의사표시가 무효가 되더라도 자신들은 약정내용대로 이행하기로 하였다면 무효가 되는 부분을 제외한 나머지 부분만을 유효로 하겠다는 것이 당사자의 의사라고 보아야 할 것이므로, 그 당사자들 사이에서는 가정적 의사가 무엇인지 가릴 것 없이 무효 부분을 제외한 나머지 부분은 그대로 유효하다고 할 것이다(대법원 2010.3.25. 선고 2009다41465 판결).

(4) 유동적 무효

① 서언 : 법률행위의 무효는, 그것일 확정적인가 아니면 추인 등에 의하여 소급적으로 유효로 될 수 있는가에 따라, 확정적 무효와 유동적 무효로 나누어지는데, 전자가 무효의 원칙적인 모습이다.

② 유동적 무효의 의미 및 예

　㉠ 유동적 무효란, 법률행위가 무효이기는 하지만 추인에 의하여 행위 시에 소급하여 유효로 될 수 있는 것을 말한다.

　㉡ 유동적 무효의 법리는 국토이용관리법상의 규제구역에 속하는 토지의 거래에 관한 판례에 의하여 주목받기 시작하였으나, 그에 앞서 무권대리행위의 효력 역시 유동적 무효에 속한다. 나아가 일정한 행위를 하기 위하여 허가를 받아야 한다는 강행규정을 위반한 양도계약의 경우에도, 판례는 유동적 무효의 법리를 적용한다.

> **판례**

국토이용관리법 위반에 의한 유동적 무효에 관한 판례이론

1. 기본법리

대판(전) 1991.12.24. 90다 12243은 국토이용관리법상의 허가를 받지 않은 토지거래계약에 관하여 이른바 "유동적 무효"의 법리를 채택하였다.

대법원은 "국토의 계획 및 이용에 관한 법률상의 규제구역 내의 '토지 등의 거래계약에 관한 관계규정의 내용과 그 입법취지에 비추어 볼 때 토지의 소유권 등 권리를 이전 또는 설정하는 내용의 거래계약은 관할관청의 허가를 받아야만 그 효력이 발생하고 허가를 받기 전에는 물권적 효력은 물론 채권적 효력도 발생하지 아니하여 무효라고 보아야 할 것인바, 허가받을 것을 전제로 한 거래계약일 경우에는 허가를 받을 때까지는 법률상 미완성의 법률행위로서 소유권 등 권리의 이전 또는 설정에 관한 거래의 효력이 전혀 발생하지 않음은 위의 확정적 무효의 경우와 다를 바 없지만, 일단 허가를 받으면 그 계약은 소급하여 유효한 계약이 되고 이와 달리 불허가가 된 때에는 무효로 확정되므로 허가를 받기까지는 유동적 무효의 상태에 있다고 보는 것이 타당하므로 허가받을 것을 전제로 한 거래계약은 허가받기 전의 상태에서 거래계약의 채권적 효력도 전혀 발생하지 않으므로 권리의 이전 또는 설정에 관한 어떠한 내용의 이행청구도 할 수 없으나 일단 허가를 받으면 그 계약은 소급해서 유효화되므로 허가 후에 새로이 거래계약을 체결할 필요는 없다고 하였다. 본법 상위 허가를 허가 전의 유동적 무효상태에 있는 법률행위의 효력을 완성시켜주는 인가적 성질을 띤 것"이라고 보아야 하며, 허가가 있을 것을 조건으로 하여 소유권이전등기절차의 이행을 구하는 것은 "허가받기 전의 상태에서는 아무런 효력이 없어 권리의 이전 또는 설정에 관한 어떠한 이행청구도 할 수 없는 것이므로" 허용될 수 없다고 하였다.

2. 확정적 무효로 되는 경우

유동적 무효가 확정적 무효로 되는 사유로, 토지거래허가를 배제하거나 잠탈하는 내용의 계약인 경우 외에, ① 관할 관청의 불허가처분이 확정된 경우, ② 당사자 일방 또는 쌍방이 허가신청절차협력의무의 이행거절의사를 명백히 표시한 경우, ③ 토지거래허가 전의 거래계약이 정지조건부 계약이었는데 그 정지조건이 토지거래허가를 받기 전에 이미 불성취로 확정된 경우, ④ 거래계약상 일방의 채무가 이행불능임이 명백하고 나아가 그 상대방이 거래계약의 존속을 더 이상 바라지 않고 있는 경우 등이 있다. 그런데 거래계약이 확정적으로 무효로 되는 데 대하여 책임 있는 자도 계약의 무효를 주장할 수 있다.

3. 확정적 무효로 되지 않는 경우

① 토지거래허가구역 내 토지에 관한 매매계약 체결 당시 일정한 기간 안에 토지거래허가를 받기로 약정한 경우, 그 약정기간이 경과하였다는 사정만으로 곧바로 매매계약이 확정적으로 무효가 되는지 여부(원칙적 소극) … 유동적 무효 상태에 있는, 토지거래허가구역 내 토지에 관한 매매계약에서 계약의 쌍방 당사자는 공동허가신청절차에 협력할 의무가 있고, 이러한 의무에 위배하여 허가신청절차에 협력하지 않는 당사자에 대하여 상대방은 협력의무의 이행을 소구할 수도 있다. 그러므로 매매계약 체결 당시 일정한 기간 안에 토지거래허가를 받기로 약정하였다고 하더라도, 그 약정된 기간 내에 토지거래허가를 받지 못할 경우 계약해제 등의 절차 없이 곧바로 매매계약을 무효로 하기로 약정한 취지라는 등의 특별한 사정이 없는 한, 이를 쌍무계약에서 이행기를 정한 것과 달리 볼 것이 아니므로 위 약정기간이 경과하였다는 사정만으로 곧바로 매매계약이 확정적으로 무효가 된다고 할 수 없다(대법원 2009.4.23. 선고 2008다50615 판결).

② 단지 매매계약의 일방 당사자만이 임의로 토지거래허가신청에 대한 불허가처분을 유도할 의도로 허가신청서에 기재하도록 되어 있는 계약 내용과 토지의 이용 계획 등에 관하여 사실과 다르게 또는 불성실하게 기재한 경우라면 실제로 토지거래허가신청에 대한 불허가처분이 있었다는 사유만으로 곧바로 매매계약이 확정적인 무효 상태에 이르렀다고 할 수 없다(대법원 1997.11.11. 선고 97다36965,36972 판결).

③ 토지거래허가를 받지 아니하여 유동적 무효 상태에 있는 계약이라고 하더라도 일단 거래허가신청을 하여 불허되었다면 특별한 사정이 없는 한 불허가된 때로부터 그 거래계약은 확정적으로 무효로 되었다고 할 것이지만, 그 불허가의 취지가 미비된 요건의 보정을 명하는 데에 있고 그러한 흠결된 요건을 보정하는 것이 객관적으로 불가능하지도 아니한 경우라면 그 불허가로 인하여 거래계약이 확정적으로 무효가 되는 것은 아니다(대법원 1998.12.22. 선고 98다44376 판결).

4. 유동적 무효상태의 법률관계

① 허가를 받기 전의 유동적 무효상태에서는 물권적 효력은 물론 채권적 효력도 발생하지 않으므로, 각 당사자는 상대방에 대하여 이행청구를 할 수 없으며, 이행청구권이 부인되는 결과 채무불이행에 기한 계약해제나 손해배상도 인정될 여지가 없다.

② 유동적으로 무효인 거래계약의 효과로 각 계약당사자는 상대방에 대하여 토지거래신청절차에 협력할 의무를 부담하는데, 이 의무의 이행을 소구할 수 있고, 그러나 협력의무의 불이행을 이유로 유동적 무효상태의 거래계약 자체를 해제할 수는 없다. 그리고 협력의무를 부담하는 한도에서 당사자의 의사표시까지 무효상태에 있는 것이 아니므로, 협력의무를 이행하지 않고 매수인이 그 매매계약을 일방적으로 철회함으로써 매도인이 손해를 입은 경우에, 매수인은 이 협력의무 불이행과 인과관계 있는 손해를 배상하여야 한다. 나아가 가령 대판 1998.3.27.

97다36996은, 당사자 사이에 당사자 일방이 토지거래허가를 받기 위한 협력 자체를 이행하지 않거나 허가신청에 이르기 전에 매매계약을 철회하면 상대방에게 일정한 손해액을 배상하기로 하는 약정을 유효하게 할 수 있다고 하였다.

③ 유동적 무효상태에 있는 동안에 부당이득으로 이미 지급한 계약금의 반환을 청구할 수 없고, 유동적 무효상태가 확정적으로 무효로 되어야 비로소 부당이득으로 그 반환을 구할 수 있다.

④ 토지거래허가구역에서의 중간생략등기는 무효이다.

⑤ 유동적 무효상태에 있는 거래계약에 관하여도 비진의표시·통정허위표시 등의 이유로 무효를 주장할 수 있고, 착오·사기·강박을 이유로 한 취소권을 행사할 수 있다.

5. 허가구역 지정해계의 경우

끝으로 국토이용관리법상 토지거래허가구역으로 지정된 토지에 관한 거래계약이 유동적 무효인 상태에서 그 토지에 대한 토지거래허가구역 지정이 해제되거나 허가구역 지정기간이 만료되었음에도 허가구역 재지정을 하지 않은 경우의 효과에 관하여, 대판(전) 1999.6.17. 98다40459의 다수의견은 더 이상 관할 행정청으로부터 토지거래허가를 받을 필요가 없이 확정적으로 유효로 거래당사자는 그 계약에 기하여 바로 토지의 소유권 등 권리의 이전 또는 설정에 관한 이행청구를 할 수 있고, 상대방도 반대급부의 청구를 할 수 있다고 한다.

판례

유동적 무효에서 소유권이전등기청구권 또는 토지거래계약에 관한 허가를 받을 것을 조건으로 한 소유권이전등기청구권을 피보전권리로 한 부동산처분금지가처분신청이 허용되는지 않는다.

국토의 계획 및 이용에 관한 법률상의 토지거래계약 허가구역 내의 토지에 관하여 관할관청의 허가를 받을 것을 전제로 한 매매계약은 법률상 미완성의 법률행위로서 허가받기 전의 상태에서는 아무런 효력이 없어, 그 매수인이 매도인을 상대로 하여 권리의 이전 또는 설정에 관한 어떠한 이행청구도 할 수 없고, 이행청구를 허용하지 않는 취지에 비추어 볼 때 그 매매계약에 기한 소유권이전등기청구권 또는 토지거래계약에 관한 허가를 받을 것을 조건으로 한 소유권이전등기청구권을 피보전권리로 한 부동산처분금지가처분신청 또한 허용되지 않는다(대결 2010.8.26. 2010마818).

(5) 무효행위의 전환

① 의의 : 무효행위의 전환이란, A라는 행위로서는 무효인 법률행위가 B라는 행위의 요건을 갖추고 있고 또한 당사자가 그 무효를 알았더라면 B행위를 할 것을 의욕하였으리라고 인정되는 경우에, 무효인 A행위 대신 B행위로서의 효력을 인정하는 것을 말한다.

② 요건

　ㄱ 법률행위의 무효 : 법률행위의 전환은 일단 성립한 법률행위가 무효인 경우에 비로소 문제되므로, 법률행위가 성립하지 않은 경우에 문제될 여지가 없다.

　ㄴ 전환의사의 존재 : 당사자가 그 무효를 알았더라면 다른 법률행위를 할 것을 의욕하였으리라고 인정 되어야 한다. 이러한 전환의사는 현실의 의사일 필요가 없고, 가정적 의사로 족하다. 그런데 가정적 의사는 전환의 시점이 아니라 행위시점을 기준으로 판단하여야 한다.

　ㄷ 다른 법률행위의 요건을 갖추고 있을 것

　　• 다른 법률행위는 그 법률효과에서 원래의 법률행위보다 작은 것으로 이에 내포될 수 있어야 한다.

매매계약이 약정된 매매대금의 과다로 말미암아 '불공정한 법률행위'에 해당하여 무효인 경우에도 무효행위의 전환에 관한 민법 제138조가 적용될 수 있다.

[1] 매매계약이 약정된 매매대금의 과다로 말미암아 민법 제104조에서 정하는 '불공정한 법률행위'에 해당하여 무효인 경우에도 무효행위의 전환에 관한 민법 제138조가 적용될 수 있다. 따라서 당사자 쌍방이 위와 같은 무효를 알았더라면 대금을 다른 액으로 정하여 매매계약에 합의하였을 것이라고 예외적으로 인정되는 경우에는, 그 대금액을 내용으로 하는 매매계약이 유효하게 성립한다. 이때 당사자의 의사는 매매계약이 무효임을 계약 당시에 알았다면 의욕하였을 가정적 효과의사로서, 당사자 본인이 계약 체결 시와 같은 구체적 사정 아래 있다고 상정하는 경우에 거래관행을 고려하여 신의성실의 원칙에 비추어 결단하였을 바를 의미한다. 이와 같이 여기서는 어디까지나 당해 사건의 제반 사정 아래서 각각의 당사자가 결단하였을 바가 탐구되어야 하는 것이므로, 계약 당시의 시가와 같은 객관적 지표는 그러한 가정적 의사의 인정에 있어서 하나의 참고자료로 삼을 수는 있을지언정 그것이 일응의 기준이 된다고도 쉽사리 말할 수 없다. 이와 같이 가정적 의사에 기한 계약의 성립 여부 및 그 내용을 발굴·구성하여 제시하게 되는 법원으로서는 그 '가정적 의사'를 함부로 추단하여 당사자가 의욕하지 아니하는 법률효과를 그에게 또는 그들에게 계약의 이름으로 불합리하게 강요하는 것이 되지 아니하도록 신중을 기하여야 한다.

[2] 재건축사업부지에 포함된 토지에 대하여 재건축사업조합과 토지의 소유자가 체결한 매매계약이 매매대금의 과다로 말미암아 불공정한 법률행위에 해당하지만, 그 매매대금을 적정한 금액으로 감액하여 매매계약의 유효성을 인정한 사례(대판 2010.7.15. 2009다50308).

- 문제되는 것은 요식행위의 경우이다. 즉 대체행위가 불요식행위인 경우에는 별 문제가 없으나, 요식행위인 경우가 문제되는바, 이러한 경우에는 그 형식을 완화하면 요식행위로 한 입법취지에 반하게 되는지 여부에 따라 신중히 결정되어야 한다.
- 판례는, 혼인 외의 출생자를 혼인 중의 출생자로 신고한 경우에, 그 신고는 친생자 출생신고로서 무효이지만 인지신고로서의 효력을 인정하고, 또 타인의 자를 자기의 자로 출생신고를 한 경우에, 그 신고는 출생신고로서 무효이지만 입양신고로서 유효하다고 한다.

유효한 법률행위로의 전환을 위한 요건

당사자가 양친자관계를 창설할 의사로 친생자 출생신고를 하고 거기에 입양의 실질적 요건이 모두 구비되어 있다면 그 형식에 다소 잘못이 있더라도 입양의 효력이 발생하고, 양친자관계는 파양에 의하여 해소될 수 있는 점을 제외하고는 법률적으로 친생자관계와 똑같은 내용을 갖게 되므로 이 경우의 허위의 친생자 출생신고는 법률상의 친자관계인 양친자관계를 공시하는 입양신고의 기능을 발휘하게 되는 것이지만, 여기서 입양의 실질적 요건이 구비되어 있다고 하기 위하여는 입양의 합의가 있을 것, 15세 미만자는 법정대리인의 대낙이 있을 것, 양자는 양부모의 존속 또는 연장자가 아닐 것 등 민법 제883조 각 호 소정의 입양의 무효사유가 없어야 함은 물론 감호·양육 등 양친자로서의 신분적 생활사실이 반드시 수반되어야 하는 것으로서, 입양의 의사로 친생자 출생신고를 하였다 하더라도 위와 같은 요건을 갖추지 못한 경우에는 입양신고로서의 효력이 생기지 아니한다(대법원 2004.11.11. 선고 2004므1484 판결).

(6) 무효행위의 추인

① 의의 : 무효인 법률행위는 그 효력이 발생하지 않음이 확정된 것이어서, 당사자가 임의로 유효한 것으로 추인할 수 없다. 그러나 당사자가 그 무효임을 알고 추인한 경우에, 그때부터 새로운 법률행위를 한 것으로 보더라도 문제될 것이 없다. 이점을 제139조가 규정하고 있다.

② 요건
　　㉠ 무효인 법률행위의 존재 : 무효원인은 묻지 않는다.
　　㉡ 추인 : 법률행위가 무효임을 알고 추인하여야 한다. 추인의 의사표시는 묵시적으로 행하여 질 수 있다. 그런데 무효행위의 추인은 무효사유가 종료된 후에 하여야 한다. 그 밖에 새로운 법률행위가 유효이어야 함은 당연하다. 따라서 사회질서에 반하는 법률행위로서 무효인 경우에, 추인에 의하여 유효로 될 수 없다. 강행규정 위반의 경우에도 마찬가지이다.

판례 ....

1. 묵시적추인의 긍정사례

(1) 15세가 된 후 망인과 자신 사이에 친생자관계가 없는 등의 사유로 입양이 무효임을 알면서도 망인이 사망할 때까지 아무런 이의도 하지 않았다면 적어도 묵시적으로라도 입양을 추인한 것으로 보는 것이 상당하다(대법원 1990.3.9. 선고 89므389 판결).

(2) 상환완료 전에 현실인도를 한 농지매매는 무효라 하더라도 그 상환완료 후에 매도인이 수분배자와 매수인 간의 약정에 따라 이루어진 매수인 명의의 소유권이전등기는 위 약정으로 물권변동의 새로운 의사표시를 한 것이라 볼 것이므로 원인무효라 할 수 없다(대법원 1970.12.29. 선고 70다2484 판결).

2. 묵시적추인의 부정사례

(1) 일방적인 혼인신고 후 혼인의 실체 없이 몇 차례의 육체관계로 자를 출산하였다 하더라도 무효인 혼인을 추인하였다고 보기 어렵다(대법원 1993.9.14. 선고 93므430 판결).

(2) 근로자가 회사로부터 해고통보를 받은 다음, 다시 사직서를 제출하지 아니하면 타 회사에 취업하는 데에 지장이 있을 것이니 사직서를 제출하라는 취지의 종용을 받고 사직서를 제출한 후, 퇴직금, 해고수당 등을 수령한 경우 위 근로자는 정리해고가 유효한 것임을 전제로 하여 그 사무처리 과정의 하나로서 회사의 요구에 따라 사직서를 제출하고 퇴직금을 수령하였음에 불과하여 위 정리해고와 무관하게 별도로 사직의 의사를 표시한 것으로 볼 수 없으므로 근로자가 위 정리해고처분의 무효임을 알고 이를 추인하였다거나 그 위법에 대한 불복을 포기하였다고 볼 수 없다(대법원 1990.3.13. 선고 89다카24445 판결).

③ 효과 : 무효인 법률행위는, 당사자가 무효임을 알고 추인하면 새로운 법률행위를 한 것으로 간주될 뿐이고, 소급효가 없다. 그러나 당사자간의 합의에 의한 채권적·소급적 추인을 인정할 수 있다. 한편 판례는 입양 등의 신분행위의 경우에, 그 내용에 맞는 신분관계가 실질적으로 형성되어 당사자 쌍방이 이의 없이 그 신분관계를 계속하여 왔다면, 추인의 소급효를 인정한다.

신분행위의 추인과 그 소급효

민법 제139조 본문이 무효인 법률행위는 추인하여도 그 효력이 생기지 않는다고 규정하고 있음에도 불구하고, 입양 등의 신분행위에 관하여 이 규정을 적용하지 아니하고 추인에 의하여 소급적 효력을 인정하는 것은 무효인 신분행위 후 그 내용에 맞는 신분관계가 실질적으로 형성되어 쌍방 당사자가 이의 없이 그 신분관계를 계속하여 왔다면, 그 신고가 부적법하다는 이유로 이미 형성되어 있는 신분관계의 효력을 부인하는 것은 당사자의 의사에 반하고 그 이익을 해칠 뿐만 아니라, 그 실질적 신분관계의 외형과 호적의 기재를 믿은 제3자의 이익도 침해할 우려가 있기 때문에 추인에 의하여 소급적으로 신분행위의 효력을 인정함으로써 신분관계의 형성이라는 신분관계의 본질적 요소를 보호하는 것이 타당하다는 데에 그 근거가 있다고 할 것이므로, 당사자 간에 무효인 신고행위에 상응하는 신분관계가 실질적으로 형성되어 있지 아니한 경우에는 무효인 신분행위에 대한 추인의 의사표시만으로 그 무효행위의 효력을 인정할 수 없는 것이다(대법원 2004.11.11. 선고 2004므1484 판결).

01 기출문제분석

1 다음 중 주무관청의 허가를 얻지 않고 체결한 토지거래계약의 효력은?

① 확정적 무효
② 일부무효
③ 물권적 무효
④ 유동적 무효
⑤ 당연무효

> **ADVICE** » 토지거래허가는 허가를 얻기 전 상태에서는 일단 무효이나, 추후 허가를 얻게 되면 소급하여 유효가 되는 유동적 무효이다.

2 무효행위의 전환에 대한 설명으로 가장 옳지 않은 것은? (단, 다수설과 판례에 의함)

① 무효행위 전환에 관한 민법 제138조는 임의규정이다.
② 비밀증서에 의한 유언이 요건에 흠결이 있어서 무효인 경우에도 자필증서 방식에 적합한 때에는 자필증서로서 유효하다.
③ 무효인 행위가 다른 법률행위의 요건을 구비하여야 한다.
④ 불요식행위인 경우에는 요식행위로의 전환이 가능하고, 요식행위인 경우에는 요식행위로의 전환도 당연히 가능하다.
⑤ 전환되는 다른 법률행위에 대한 당사자의 의사는 법률행위의 보충적 해석에 의하여 인정되는 가정적 의사이다.

> **ADVICE** » ④ 불요식행위를 요식행위로 전환하는 것은 인정될 수 없고, 전세권설정행위를 저당권설정행위로 바꾸는 것과 같이 전환 전의 법률행위뿐만 아니라 전환 후의 법률행위 모두가 요식행위인 경우에는 전환을 인정하지 않음이 원칙이다.

3 다음 행위 중 법률적 성격이 다른 것은?

① 토지거래허가구역 내의 허가를 받지 않은 토지매매계약
② 부동산 이중매매에 있어서 매수인이 매도인의 배임행위에 적극 가담한 행위
③ 의사무능력자의 법률행위
④ 첩계약
⑤ 민법에 규정되어 있지 않은 물권을 창설하는 행위

> **ADVICE** » ① 유동적 무효 ②③④⑤ 확정적 무효

4 무효에 관한 설명으로 옳지 않은 것은?

① 무효행위의 전환이나 일부무효의 법리와는 본질적인 차이가 있다.

② 실제 입양하면서 적출자로 출생신고를 하면 입양아로서의 효력을 인정하는 것이 판례이다.

③ 선량한 풍속 기타 사회질서에 위반한 사항을 내용으로 하는 법률행위는 무효이다.

④ 무효를 확정적 무효와 유동적 무효로 나눌 수 있는데 추인된 경우 소급효가 인정되지 않는다는 점에서는 같다.

⑤ 재판상 무효의 경우는 원고적격이나 제소기간의 제한이 있는 점에서 실질적 효력은 취소와 다를 바 없다.

> **ADVICE** 》 ④ 유동적 무효의 경우 추인 또는 관청의 허가를 받게 되면 법률행위시로 소급하여 유효로 된다.

5 다음 중 선의의 제3자에 대하여 주장할 수 없는 무효행위(상대적 무효)는?

① 반사회질서행위
② 불공정행위
③ 강행법규 위반행위
④ 의사무능력자의 행위
⑤ 허위표시

> **ADVICE** 》 허위의 의사표시의 무효는 제3자에게 대항하지 못한다〈제108조 제2항〉.

핵심예상문제

01

1 다음 중 상대적 무효인 것은?

① 탈법행위
② 의사무능력자의 법률행위
③ 원시적 불능의 법률행위
④ 불공정한 법률행위
⑤ 상대방이 표의자의 진의 아님을 알 수 있었을 비진의 표시

> **ADVICE** 》 ① 탈법행위는 강행법규를 간접적으로 위반하는 법률행위로서 절대적 무효에 속한다.
> ※ 무효
> ㉠ 상대적 무효 : 특정인에게 주장할 수 없는 무효(비진의가 무효인 경우, 허위표시)
> ㉡ 절대적 무효 : 누구에게 대하여도, 누구에 의하여서도 주장될 수 있는 무효(의사무능력자의 행위, 사회질서 위반의 행위)

2 다음 중 무효인 행위는?

① 무권대리인이 한 계약
② 불능한 해제조건부의 계약
③ 내용이 불확정한 법률행위
④ 타인이 소유하는 재산의 매매계약
⑤ 미성년자가 법정대리인의 동의를 얻지 않고 한 취소

> **ADVICE** 》 ③ 내용이 불확정한 법률행위는 외형적으로는 법률행위의 모습을 갖추고 있더라도 무효이다.

3 다음 내용 중 절대적 무효가 아닌 것은?

① 강행법규 위반행위 ② 반사회질서행위
③ 의사무능력자의 행위 ④ 통정한 허위표시
⑤ 폭리행위

> **ADVICE** 》 ④ 상대적 무효에 속한다.

4 다음 중 허위표시의 무효로 대항할 수 없는 제3자는?

① 대리인이 상대방과 허위표시를 한 경우의 본인
② 가장매매에 기한 손해배상청구권의 양수인
③ 저당권을 가장포기한 경우의 후순위 저당권자
④ 제한물권설정의 가장을 믿고 그 제한물권을 양수한 자
⑤ 채권의 가장양도에 있어서의 채무자

> **ADVICE »** 일반적으로 제3자라 하면 당사자와 그의 포괄승계인 이외의 자를 포함한다. 그러나 제108조 제2항에서 의미하는 제3자는 허위표시행위를 기초로 하여 새로운 이해관계를 맺는 자만을 가리킨다.
> ① 대리인이나 대표기관이 상대방과 허위표시를 한 경우의 본인이나 법인은 제3자가 아니다.
> ③ 후순위 저당권자는 허위표시행위를 기초로 하여 새로운 이해관계를 맺는 자가 아니므로 제3자에 포함되지 않는다.

5 다음 중 무효원인이 아닌 것은?

① 반사회질서행위　　　　　　　② 불공정한 법률행위
③ 술에 만취된 자의 행위　　　　④ 피성년후견인의 행위
⑤ 허위표시

> **ADVICE »** ③ 유아, 술에 만취한 자 등은 의사무능력자로서 이들의 법률행위는 무효이다.
> ④ 피성년후견인의 법률행위는 취소할 수 있다〈제10조〉.
> ※ 의사표시 또는 법률행위가 완전한 효과를 발생하지 못하는 경우로는 무효와 취소가 있다. 무효로 할 수 있는 것은 의사무능력자의 법률행위, 불능한 법률행위, 강행법규에 위반하는 법률행위, 사회질서에 반하는 법률행위, 불공정한 법률행위, 진의 아닌 의사표시의 예외적인 경우, 허위표시 등이 있다.

6 특정인에게 무효의 효력을 주장할 수 없는 것은?

① 허위표시　　　　　　　　　　② 탈법행위
③ 불공정행위　　　　　　　　　④ 의사무능력자의 행위
⑤ 불법행위

> **ADVICE »** 특정인에 대하여 주장할 수 없는 무효를 상대적 무효라 하는데, 상대적 무효에는 비진의 표시가 무효인 경우, 허위표시 등이 있다.

Answer　1.⑤　2.③　3.④　4.④　5.④　6.①

7 다음 내용 중에서 무효가 아닌 것은?

① 불능을 목적으로 한 법률행위
② 의사능력이 없음이 입증되는 미성년자의 법률행위
③ 표의자의 진의가 아님을 상대방이 안 경우에 있어서의 진의 아닌 의사표시
④ 항거불능상태에서 한 의사표시
⑤ 강행법규 위반의 법률행위

>> **ADVICE** ④ 사기나 강박에 의한 의사표시는 취소할 수 있다〈제110조 제1항〉.

8 다음 내용 중 무효행위의 추인이 가능한 것은?

① 가장매매
② 불공정한 법률행위
③ 원시불능인 법률행위
④ 강행법규에 반하는 법률행위
⑤ 사회질서에 반하는 법률행위

>> **ADVICE** 새로운 행위로서의 요건을 갖추더라도 그 행위가 유효할 수 없는 것은 추인을 하더라도 유효하지 못하다.

9 다음 중 재판상으로만 주장할 수 있는 무효는?

① 사회질서에 반하는 행위
② 의사무능력자의 행위
③ 회사합병의 무효
④ 심리유보
⑤ 불공정한 법률행위

>> **ADVICE** 재판상 무효…무효의 결과가 일반 제3자에게 중대한 영향을 미칠 염려가 있기 때문에 재판에 의한 무효선고를 기다려서 비로소 효력이 없게 되는 것으로 회사설립의 무효·회사합병의 무효 등은 재판상 무효에 속한다.

10 가장매매의 법률효과에 관하여 옳은 것은?

① 당사자 사이에서는 유효하다.
② 당사자 사이에서는 물론 제3자에 대하여도 항상 무효이다.
③ 당사자 사이에서는 무효이나 제3자에 대하여는 유효이다.
④ 제3자에 대하여는 선의·악의를 불문하고 허위표시의 무효를 가지고 대항할 수 없다.
⑤ 제3자가 당사자에 대하여 무효를 주장하는 것은 무방하다.

>> **ADVICE** 가장매매는 허위표시를 요소로 하는 매매이다. 가장매매도 당사자 사이에서는 무효이나, 제3자에 대한 관계에 있어서는 가장매매의 무효로 선의의 제3자에게 대항하지 못한다.

11 법률행위의 일부가 무효인 때 다음 중 옳은 것은?

① 항상 전부 무효이다.

② 나머지 부분은 항상 유효하다.

③ 당사자의 의사에 따라 마음대로 할 수 있다.

④ 원칙적으로 전부무효이나 그 무효부분이 없더라도 법률행위를 하였으리라고 인정될 때에는 나머지 부분은 유효하다.

⑤ 나머지 부분은 취소할 수 있을 뿐이다.

> **ADVICE** » 법률행위의 일부분이 무효인 때에는 그 전부를 무효로 한다. 그러나 그 무효부분이 없더라도 법률행위를 하였을 것이라고 인정될 때에는 나머지 부분은 무효가 되지 아니한다〈제137조〉.

12 사회질서에 위배하여 무효가 되는 경우에 해당하지 않는 것은?

① 도박채무를 담보하기 위하여 가등기를 설정하는 행위

② 첩관계를 단절하기 위하여 매월 일정한 금액의 지급을 약속하는 행위

③ 혼인하여 임신하면 당연히 퇴시하는 것을 조선으로 하는 여비서채용계약

④ 매도인의 배임행위에 적극 가담하여 이미 매도된 부동산을 이중으로 양수하는 행위

⑤ 화폐위조를 위하여 자금을 대차하는 행위

> **ADVICE** » 모자부동거계약, 첩계약, 현재의 처와 이혼하고 혼인하겠다는 계약 등 인륜에 반하는 행위는 무효이나, 불륜관계의 단절을 목적으로 하는 금전급부계약은 유효하다.

13 다음 무효행위 중 추인에 의하여 유효하게 될 수 없는 것은?

① 단독허위표시로 자기 물건을 매도한 무효행위

② 도박을 목적으로 대여한 무효행위

③ 타인의 물건을 타인명의로 매도한 무효행위

④ 타인의 물건을 자기명의로 매도한 무효행위

⑤ 혼인을 유리하게 하기 위하여 서로 가장매매한 무효행위

> **ADVICE** » ② 사회질서에 반하는 행위이므로 추인을 하더라도 유효한 것으로 되지 못한다.

14 법률행위의 무효에 관한 내용이다. 틀린 것은?

① 법률행위의 무효는 법률행위의 불성립과는 구별된다.

② 법률행위의 일부분이 무효인 경우에는 그 법률행위의 전부를 무효로 하는 것이 원칙이다.

③ 당사자가 무효라는 것을 알고 추인한 경우에는 새로운 법률행위로 본다.

④ 취소할 수 있는 법률행위를 취소하면 그 효력이 무효인 법률행위와 그 효과에 있어서 완전히 같다.

⑤ 무효인 효과를 선의의 제3자에게 대항할 수 없는 경우도 있다.

> **ADVICE** » ① 법률행위의 불성립은 법률행위로서의 외형도 갖추지 못한 경우이고, 무효는 외형을 갖춘 법률행위가 법률요건으로서의 실질을 갖추지 못한 경우이다.
> ② 법률행위의 일부분이 무효인 때에는 그 전부를 무효로 한다. 그러나 그 무효부분이 없더라도 법률행위를 하였을 것이라고 인정될 때에는 나머지 부분은 무효가 되지 않는다.
> ③ 무효인 법률행위는 추인하여도 그 효력이 생기지 아니한다. 그러나 당사자가 그 무효임을 알고 추인한 때에는 새로운 법률행위로 본다.
> ④ 취소의 효과는 거래안전의 보호를 위하여 선의의 제3자에 대항할 수 없는 것이 원칙이지만, 무효의 효과는 원칙적으로 거래의 안전을 고려하지 않는다.
> ⑤ 비진의 의사표시와 통정의 허위표시에 의해 그 타당성의 근거가 제공된다.

15 법률행위의 무효에 관한 내용이다. 틀린 것은?

① 요식 자체를 절대적인 유효조건으로 하는 법률행위에로의 전환은 일반적으로 인정되지 아니한다.

② 그 무효부분이 없더라도 법률행위를 하였을 것이라고 인정되는 경우에도 전부무효가 된다.

③ 무효인 행위의 추인은 그 행위 자체를 유효하게 하는 것은 아니다.

④ 무효인 법률행위가 불요식행위로 전환하는 데 있어서는 그 무효인 행위가 불요식행위이거나 요식행위이거나 무방하다.

⑤ 첩과의 사이에서 출생한 자(子)를 본처와의 적출자(嫡出子)로서 신고하는 것은 인지로서 전환하여 그 효력이 인정된다.

> **ADVICE** » ①④ 무효행위의 전환으로서 타당하다.
> ② 일부무효는 원칙적으로 전부무효이지만, 일부무효가 없었더라도 법률행위를 했을 것으로 인정되는 경우에는 잔여부분에 대하여 유효가 인정된다.
> ③ 무효행위에 대한 추인은 새로운 법률행위로 간주한다.
> ⑤ 판례가 인정하고 있다.

16 법률행위의 무효에 관한 설명 중 옳지 않은 것은?

① 취소된 법률행위는 처음부터 무효인 것을 본다.
② 무효의 효과는 선의의 제3자에게 대항할 수 없는 경우도 있다.
③ 법률행위의 일부의 무효는 그 전부를 무효로 하는 것이 원칙이다.
④ 무효행위에는 추인이라는 제도는 없다.
⑤ 요식행위로서 무효인 법률행위를 불요식행위로 전환할 수 있다.

> **ADVICE** 》 ④ 무효인 법률행위는 추인하여도 그 효력이 생기지 아니한다. 그러나 당사자가 그 무효임을 알고 추인한 때에는 새로운 법률행위로 본다〈제139조〉.

17 무효에 관하여 틀린 것은?

① 무효인 법률행위는 추인해도 원칙상 유효로는 안 된다.
② 무권대리인의 행위를 추인하면 소급하여 유효하게 된다.
③ 법률행위의 일부무효는 원칙상 전부무효로 된다.
④ 무효인 법률행위는 일정한 요건을 갖추면 다른 법률행위로 유효하다.
⑤ 반사회질서의 법률행위는 추인하면 유효로 된다.

> **ADVICE** 》 ⑤ 반사회질서의 법률행위는 어떠한 경우에도 유효가 될 수 없다.

18 무효에 관한 설명으로 옳지 않은 것은?

① 당사자가 법률행위의 무효를 알고 추인한 때에는 새로운 법률행위로 본다.
② 반사회질서 행위는 상대적 무효이다.
③ 무효는 확정적 무효와 유동적 무효로 나누어진다.
④ 법률행위의 일부분이 무효인 때에는 그 전부를 무효로 한다.
⑤ 조건이 선량한 풍속 기타 사회질서에 위반한 것인 때에는 그 법률행위는 무효로 한다.

> **ADVICE** 》 ② 반사회질서 행위는 절대적 무효이다.

19 다음 내용 중 옳은 것은?

① 무효의 법률행위는 추인하면 그 효력이 행위한 때에 소급하여 발생한다.

② 법률행위의 일부분이 무효인 때에는 언제나 그 전부를 무효로 한다.

③ 원칙적으로 일정한 기간이 경과되면 취소권은 소멸하고 취소하면 취소한 때부터 효력이 없는 것으로 본다.

④ 추인은 취소의 원인이 소멸된 후에 해야 효력이 발생하는 것이 원칙이다.

⑤ 무효행위는 어떠한 경우에도 다른 법률행위로 전환될 수 없다.

> **ADVICE** 》 ① 무효인 법률행위는 추인하여도 그 효력이 생기지 아니한다.
> ② 무효부분이 없더라도 법률행위를 하였으리라고 인정될 때에는 나머지 부분은 무효가 되지 아니한다.
> ③ 취소권은 추인할 수 있는 날로부터 3년 이내, 법률행위를 한 날로부터 10년 이내에 행사하여야 한다. 취소된 법률행위는 처음부터 무효인 것으로 본다.
> ⑤ 민법은 제138조에서 무효행위의 전환을 명문으로 규정하고 있다.

20 다음 중 무효인 법률행위로만 묶인 것은?

㉠ 사기에 의한 의사표시	㉡ 제한능력자의 법률행위
㉢ 착오에 의한 의사표시	㉣ 의사무능력자의 법률행위
㉤ 당사자간 통정허위표시	㉥ 강박에 의한 의사표시
㉦ 신의칙에 반하는 법률행위	㉧ 일부불능인 법률행위의 원칙적 효력

① ㉠㉡㉢㉣
② ㉡㉢㉣㉤
③ ㉡㉣㉥㉧
④ ㉣㉤㉦㉧
⑤ ㉠㉡㉢㉣㉤㉥㉦㉧

> **ADVICE** 》 ㉠㉡㉢㉥ 취소할 수 있는 법률행위이다.

21 무효행위의 추인과 관련한 다음 판례 중 옳지 않은 것은?

① 법률행위가 선량한 풍속 기타 사회질서에 반하여 무효로 된 경우에는 추인하여도 계속 무효이다.

② 협의이혼을 한 후 배우자 일방이 일방적으로 다시 혼인신고를 하였다면, 상대방이 그 사실을 알면서 혼인생활을 계속하였더라도 무효인 혼인을 추인하였다고 볼 수 없다.

③ 무효인 법률행위는 당사자가 무효임을 알고 추인할 경우 새로운 법률행위를 한 것으로 간주할 뿐이고 소급효가 없는 것이므로, 무효인 가등기를 유효한 등기로 전용키로 한 약정은 그때부터 유효하고 이로써 위 가등기가 소급하여 유효한 등기로 전환될 수는 없다.

④ 하나의 법률행위의 일부분에만 취소사유가 있는 경우에 그 법률행위가 가분적이거나 그 목적물의 일부가 특정될 수 있다면, 그 나머지 부분이라도 이를 유지하려는 당사자의 가정적 의사가 인정되는 경우 그 일부만의 취소도 가능하다.

⑤ 무효인 법률행위를 추인에 의하여 새로운 법률행위로 보기 위하여는 당사자가 이전의 법률행위가 무효임을 알고 그 행위에 대하여 추인하여야 한다.

ADVICE 》 ① 대판 1994.6.24, 94다10900
② 협의이혼한 후 배우자 일방이 일방적으로 혼인신고를 하였더라도 그 사실을 알고 혼인생활을 계속한 경우, 상대방에게 혼인할 의사가 있었거나 무효인 혼인을 추인하였다고 인정한 사례(대판 1995.11.21. 95므731).
③ 대판 1992.5.12, 91다26546
④ 대판 1998.2.10, 97다44737
⑤ 대판 1998.12.22, 97다15715

취소할 수 있는 법률행위

1. 법률행위의 취소

법률행위의 취소부분은 무엇보다도 조문의 내용을 숙지하고 무효나 계약해제와의 구체적 비교학습이 필요하다. 취소파트는 민법전반에 걸쳐 출제되고 있다. 따라서 취소전반에 대한 학습이 필요하다. 특히 일부취소에 관련된 내용을 정리하고, 취소의 효과와 관련해서는 소급효의 내용으로서 부당이득의 구체적 법률관계를 정리하고, 무능력자의 반환범위에 관한 특칙을 숙지해야 할 것이다. 그리고 취소권의 소멸과 관련해서는 제145조의 법정추인의 사유를 각각의 경우마다 구체적 예시로서 정확하게 이해하고 있으면 문제해결에 어려움이 없을 것이다.

(1) 개념

① **취소의 의의** : 취소라 함은 이미 성립된 법률행위에 일정한 흠이 있기 때문에 일단 유효의 발생한 법률행위효력을 취소권자가 소급적으로 소멸시키는 일방적 의사표시를 말한다. 민법 제140조 이하의 취소에 관한 일반적 규정은 당사자의 무능력 및 착오·사기·강박에 의한 의사표시를 이유로 하는 취소에 한하여 적용된다. 이를 '본래 의미의 취소' 또는 '협의의 취소'라고 하나, 다음의 경우에는 취소라는 용어에 관계없이 제140조 이하의 규정이 적용되지 않음을 주의하여야 한다.

   ㉠ **공법상 취소** : 재판 또는 행정처분상의 취소, 실종선고의 취소(제29조), 부재자 재산관리에 관한 명령의 취소(제22조), 법인설립허가의 취소(38조) 등은 공법상의 취소로서 제140조 이하의 규정은 그 적용이 없다. 즉 민법상 본래 의미의 취소가 아니다.

   ㉡ **완전행위의 취소** : 착오나 하자가 전혀 없이 완전하게 유효한 법률행위의 취소, 즉 영업허락의 취소(제8조), 사해행위의 취소(제406조) 등에도 제140조 이하의 규정이 적용되지 않는다.

   ㉢ **신분행위의 취소** : 가족법상 신분행위의 취소인 혼인·인지·입양·이혼 등의 취소(제816조 이하 제861조, 제884조, 제838조 등)에도 역시 제140조 이하의 규정은 그 적용이 없다.

② **취소와 구별되는 개념**

   ㉠ **철회와 구별**

     • 취소는 일단 유효한 법률행위를 일정사유로 인하여 소급적으로 소멸시키는 행위이며, 취소원인은 제한능력·착오·사기·강박 등 의사표시의 흠을 전제로 한다.

- 철회는 법률효과가 발생되기 이전에 기왕에 의사표시를 거두어들임으로써 법률효과를 발생시키지 않은 형성행위이다. 철회원인은 법률의 규정에 의해서만 인정되며 제한능력자 상대방의 철회(제16조), 대리행위에서 수권행위의 철회(제128조), 청약의 철회(제527조), 유언의 철회(제1108조) 등이 그 예에 해당된다.

ⓛ 해제와 구별

- 취소는 의사표시의 흠을 원인으로 하여 인정되며, 계약뿐만 아니라 모든 법률행위를 대상으로 하고, 취소의 효과로는 이미 이행한 것은 '부당이득'으로 반환하게 된다.
- 해제는 계약에서만 인정되는 특유한 제도로서 일단 유효하게 성립한 계약을 당사자의 일방적 의사로 그 효력을 소급적으로 소멸시키는 단독행위이다. 해제의 원인은 채무불이행이나 당사자의 특약사유로 발생하며, 해제의 효과로는 '원상회복 및 손해배상' 문제가 생기게 된다.

판례

취소권발생원인

갑·을 사이에 결손금배상채무의 액수를 확정하는 합의가 있은 후 갑은 합의가 강박에 의하여 이루어졌다는 이유를 들어, 을은 착오에 의하여 합의를 하였다는 이유를 들어 각기 위 합의를 취소하는 의사표시를 하였으나, 위 합의에 각각 주장하는 바와 같은 취소사유가 있다고 인정되지 아니하는 이상, 갑 을 쌍방이 모두 위 합의를 취소하는 의사표시를 하였다는 사정만으로는, 위 합의가 취소되어 그 효력이 상실되는 것은 아니다(대법원 1994.7.29. 선고 93다58431 판결).

정리 ▶ 중요 용어

① 해제
ㄱ 일시적 계약관계에서 인정되는 단독행위
ㄴ 법정해제사유 및 약정해제사유에 의해서 발생
ㄷ 원상회복의무와 손해배상의무 발생
ㄹ 소급효 인정

② 취소
ㄱ 일반법률행위에 적용되는 단독행위
ㄴ 취소사유는 법률의 규정에 정해짐
ㄷ 부당이득반환의무 발생
ㄹ 소급효 인정
ㅁ 손해배상의무 발생

③ 해지
ㄱ 계속적 계약관계에서 적용되는 단독행위
ㄴ 청산의무 발생(해제에서와 같은 원상회복의무는 발생치 않음)
ㄷ 법정해지사유 및 약정해지사유
ㄹ 소급효 인정되지 않음(장래에 향해서만 소멸)
ㅁ 손해배상청구 가능

④ 철회
ㄱ 일반법률행위에서 적용되는 단독행위
ㄴ 소급효 인정되지 않음

⑤ 해제계약
　　㉠ 당사자의 합의에 의한 해제
　　㉡ 계약을 해제함-단독행위가 아니라 계약에 해당됨
※ **취소 · 철회 · 해제의 공통성** : ㉠ 단독행위의 성질(상대방 있는 단독행위), ㉡ 형성행위의 성질,
　　㉢ 기성의 의사표시효력을 상실시키는 점, ㉣ 실무상으로는 용어를 혼용하고 있다는 점

(2) 취소권자 및 상대방

① **취소권자**

> 제140조(법률행위의 취소권자)
> 취소할 수 있는 법률행위는 제한능력자, 착오로 인하거나 사기 · 강박에 의하여 의사표시를 한 자,
> 그의 대리인 또는 승계인만이 취소할 수 있다.

취소권은 취소권자의 일방적 의사표시에 의하여 법률관계의 변동을 가져 오는 **효력**이 생기는 형성권의 일종에 속한다. 취소권자는 제한능력자, 착오로 인하거나 사기 · 강박에 의하여 의사표시를 한 자, 그 대리인 또는 승계인에 한한다.

㉠ 제한능력자 자신(미성년자, 피한정후견인, 피성년후견인 본인)

㉡ **착오 · 사기 · 강박으로 의사표시를 한 자** : 취소권을 행사하는 자는 능력이 있을 필요도 없고, 하자 상태에서 벗어나 있을 필요도 없다.

㉢ 이들의 대리인(임의대리인 · 법정대리인) : 단, 임의대리인은 본인으로부터 취소권의 수권이 따로 있어야 취소가 가능하다.

㉣ 이들의 승계인(포괄승계인 및 특정승계인 포함) : 단, 취소권만의 승계는 인정되지 않는다. 여기서 포괄승계인은 상속인이나 합병회사, 합병 후 신설회사 등을 말하며 특정승계인은 특정 재산권을 양수받은 자이다. 예컨대, 토지소유자가 사기를 당하여 지상권을 설정해 준 후 그 토지를 타인에게 양도(매매)하였다면 그 토지의 양수인(매수인)은 특정승계인으로서 지상권자에 대하여 취소할 수 있다.

㉤ **보증인** : 보증인은 주채무자의 취소권이나 해제권을 직접 행사할 수는 없고, 주채무자에게 이러한 권리가 있을 때는 이행을 거절할 수 있을 뿐이다(제435조 참조).

② **상대방**

> 제142조(취소의 상대방)
> 취소할 수 있는 법률행위의 상대방이 확정한 경우에는 그 취소는 그 상대방에 대한 의사표시로 하여야 한다.

상대방이 확정되어 있는 경우에는 '상대방'에 대한 의사표시로 하여야 한다. 전득자가 있는 경우 전득자에 대하여 하는 것이 아니다. 예컨대 갑의 물건을 을이 사기하여 매수하고 병이 을로부터 전득한 경우, 병이 악의인 상태에서 취득하였더라도 갑은 을에 대한 의사표시로 취소를 하게 되며 악의인 병에 대해서 취소함이 아니다. 전득자에 대해서도 취소효과로 반환청구를 주장하게 된다. ☞ 취소할 수 있는 행위의 상대방이 그 행위로 취득한 권리를 양도한 경우에 그 취소의 상대방은 양수인이 아니라 원래의 상대방이다. 즉 특정승계인에게는 행사 할 수 없다.

(3) 취소의 방법과 효과

① 취소의 방식

　㉠ 법률행위를 행한 직접당사자인 상대방에 의하여 일방적으로 행사하며(사기·강박을 한 자 등) 취소권은 형성권으로 구두·문서로도 가능하다. 즉, 특별한 방식이 필요 없으며 명시적으로 해야만 하는 것도 아니다. 예컨대, 등기의 말소청구, 증서의 반환청구, 손해배상청구 등과 같이 취소효과를 주장하는 것은 취소의 묵시의 의사표시가 있는 것으로 볼 수 있다. 따라서 소송을 통해서 취소권을 행사하여야만 되는 것도 아니다.

판례

1. 추단적 의사표시에 의한 취소

법률행위의 취소는 상대방에 대한 의사표시로 하여야 하나 그 취소의 의사표시는 특별히 재판상 행하여짐이 요구되는 경우 이외에는 특정한 방식이 요구되는 것이 아니고, 취소의 의사가 상대방에 의하여 인식될 수 있다면 어떠한 방법에 의하더라도 무방하다고 할 것이고, 법률행위의 취소를 당연한 전제로 한 소송상의 이행청구나 이를 전제로 한 이행거절 가운데는 취소의 의사표시가 포함되어 있다고 볼 수 있다(대법원 1993.9.14. 선고 93다13162 판결).

2. 취소의 방식

미성년자 또는 친족회가 민법 제950조 제2항에 따라 제1항의 규정에 위반한 법률행위를 취소할 수 있는 권리는 형성권으로서 민법 제146조에 규정된 취소권의 존속기간은 제척기간이라고 보아야 할 것이지만, 그 제척기간 내에 소를 제기하는 방법으로 권리를 재판상 행사하여야만 되는 것은 아니고, 재판 외에서 의사표시를 하는 방법으로도 권리를 행사할 수 있다고 보아야 한다(대법원 1993.7.27. 선고 92다52795 판결).

　㉡ 단독의 의사표시(형성권)로서 상대방에 도달함으로써 효과가 발생한다(소급적으로 무효가 된다).

② 일부취소의 여부 : 일부취소에 대해서는 일부무효의 법리에 준하여 가능하다고 본다. 법률행위가 일체적이고 그 분할이 가능하면 잔존부분을 유지하려는 당사자의 가상적의사가 있다면 일부취소를 인정할 수 있다.

판례

일부취소

1. 일부취소의 요건

하나의 법률행위의 일부분에만 취소사유가 있는 경우에 그 법률행위가 가분적이거나 그 목적물의 일부가 특정될 수 있다면, 그 나머지 부분이라도 이를 유지하려는 당사자의 가정적 의사가 인정되는 경우 그 일부만의 취소도 가능하고, 또 그 일부의 취소는 법률행위의 일부에 관하여 효력이 생긴다고 할 것이나, 이는 어디까지나 어떤 목적 혹은 목적물에 대한 법률행위가 존재함을 전제로 한다(대법원 1999.3.26. 선고 98다56607 판결).

2. 일부의 취소

하나의 법률행위의 일부분에만 취소사유가 있다고 하더라도 그 법률행위가 가분적이거나 그 목적물의 일부가 특정될 수 있다면, 나머지 부분이라도 이를 유지하려는 당사자의 가정적 의사가 인정되는 경우 그 일부만의 취소도 가능하다고 할 것이고, 그 일부의 취소는 법률행위의 일부에 관하여 효력이 생긴다고 할 것이다(대법원 2002. 9. 4. 선고 2002다18435 판결).

3. 전체의 취소

갑이 지능이 박약한 을을 꾀어 돈을 빌려주어 유흥비로 쓰게 하고 실제준 돈의 두 배 가량을 채권최고액으로 하여 자기 처인 병 앞으로 근저당권을 설정한 사안에서, 근저당권설정계약은 독자적으로 존재하는 것이 아니라 금전소비대차계약과 결합하여 그 전체가 경제적, 사실적으로 일체로서 행하여진 것이고 더욱이 근저당권설정계약의 체결원인이 되었던 갑의 기망행위는 금전소비대차계약에도 미쳤으므로 갑의 기망을 이유로 한 을의 근저당권설정계약취소의 의사표시는 법률행위의 일부무효이론과 궤를 같이 하는 법률행위의 일부취소의 법리에 따라 소비대차계약을 포함한 전체에 대하여 취소의 효력이 있다(대법원 1994.9.9. 선고 93다31191 판결).

③ 취소의 효과

제141조 (취소의 효과)

취소된 법률행위는 처음부터 무효인 것으로 본다. 다만, 제한능력자는 그 행위로 인하여 받은 이익이 현존하는 한도에서 상환(償還)할 책임이 있다.

㉠ 소급적 무효 : 취소된 법률행위는 처음 법률행위를 한 때부터 소급하여 무효로 간주된다. 따라서 미이행 부분은 소멸하고, 기이행 부분은 부당이득반환문제로 해결한다.

㉡ 제한능력을 이유로 취소한 경우 : 절대적 무효로서 제3자에 대해서도 무효주장이 가능하다.

㉢ 기타의 경우 : 착오 · 사기 · 강박에 의한 취소의 경우는 상대적 무효로 선의의 제3자에 대해서는 무효를 주장할 수 없다.

㉣ 취소로 인한 수익자의 반환의무 : 부당이득의 법리가 적용된다. 즉 취소로 인하여 소급적으로 무효가 되므로 당사자 사이에서는 이행 후의 법률행위에 대해서는 서로가 부당이득반환의무를 지게 된다. 이에 따라 민법은 반환해야 할 부당이득의 범위를 다음과 같이 구체적으로 규정해 놓고 있다.

• 일반수익자인 경우의 반환범위

- 선의 수익자인 때 : 부당이득의 반환범위는 받은 이익의 현존범위에서 반환하면 된다.

- 악의 수익자인 때 : 부당이득의 반환범위는 받은 이익의 이자까지 반환하고 손해가 있을 때 손해배상까지 진다.

• 수익자가 제한능력자인 경우의 반환범위 : 선의 · 악의를 불문하고 받은 이익이 현존하는 한도에서 반환하다.

제한능력을 이유로 한 신용카드이용계약의 취소의 효력범위

- 미성년자가 신용카드발행인과 사이에 신용카드이용계약을 체결하여 신용카드거래를 하다가 신용카드이용계약을 취소하는 경우 미성년자는 그 행위로 인하여 받은 이익이 현존하는 한도에서 상환할 책임이 있는바, 신용카드이용계약이 취소됨에도 불구하고 신용카드회원과 해당 가맹점 사이에 체결된 개별적인 매매계약은 특별한 사정이 없는 한 신용카드이용계약 취소와 무관하게 유효하게 존속한다 할 것이고, 신용카드발행인이 가맹점에 대한 매매대금지급 채무를 법률상 원인 없이 면제받는 이익을 얻었으며, 이러한 이익은 금전상의 이득으로서 특별한 사정이 없는 한 현존하는 것으로 추정된다(대판 2005.4.15. 2003다60297 · 60303 · 60310 · 60327).
- 무능력자의 책임을 제한하는 민법 제141조 단서는 부당이득에 있어 수익자의 반환범위를 정한 민법 제748조의 특칙으로서 무능력자의 보호를 위해 그 선의 · 악의를 묻지 아니하고 반환범위를 현존 이익에 한정시키려는 데 그 취지가 있으므로, 의사능력의 흠결을 이유로 법률행위가 무효가 되는 경우에도 유추적용되어야 할 것이나, 법률상 원인 없이 타인의 재산 또는 노무로 인하여 이익을 얻고 그로 인하여 타인에게 손해를 가한 경우에 그 취득한 것이 금전상의 이득인 때에는 그 금전은 이를 취득한 자가 소비하였는가의 여부를 불문하고 현존하는 것으로 추정되므로, 위 이익이 현존하지 아니함은 이를 주장하는 자, 즉 의사무능력자 측에 입증책임이 있다(대판 2009.1.15. 2008다58367).

④ 취소의 부수적 효과
 ㉠ 착오 · 사기 · 강박의 경우 : 취소권자에 과실이 있을 때 그 취소권자의 과실에 따른 상대방에 대한 계약체결상 과실책임 또는 이를 유추적용하여 신뢰이익에 대한 배상책임을 부담힐 깃이라 한다(통설).
 ㉡ 사기 · 강박을 이유로 한 취소의 경우 : 취소권자는 상대방에게 불법행위를 원인으로 하는 손해배상의 청구권의 행사가 가능하다.
 ㉢ 매수인이 사기 · 강박을 원인으로 매매계약을 취소한 경우 : 매도인은 매수인에 대한 하자담보책임을 부담한다.

(4) 취소할 수 있는 법률행위의 추인

제143조(추인의 방법, 효과)
① 취소할 수 있는 법률행위는 제140조에 규정한 자가 추인할 수 있고 추인 후에는 취소하지 못한다.
② 전조의 규정은 전항의 경우에 준용한다.

① 추인의 의미 : 추인이란 일반적으로 '사후의 동의'를 의미하는데, 여기의 취소할 수 있는 행위의 추인은 일단 효력이 발생한 행위에 대하여 취소권을 포기한다는 의사표시이다. 따라서 무효행위의 추인과도 다르고 무권대리인에 있어 본인이 하는 추인과도 다르며, 보통 추인이란 취소할 수 있는 행위를 취소하지 않겠다하여 확정적으로 유효로 한다는 의미이다.

② 추인의 요건

> 제144조(추인의 요건)
> ① 추인은 취소의 원인이 소멸된 후에 하여야만 효력이 있다.
> ② 제1항은 법정대리인 또는 후견인이 추인하는 경우에는 적용하지 아니한다.

ㄱ **추인권자가 할 것**: 추인할 수 있는 자는 취소권자와 같으나 엄밀히 동일하다고는 할 수 없다. 즉 제한능력자는 취소권자이나 추인권은 없기 때문이다.

ㄴ **취소원인이 소멸된 후에 할 것**: 단, 법정대리인 또는 후견인에 대해서는 이 요건이 필요 없이 추인 할 수 있다. 따라서 제한능력자는 능력자가 된 후에 하여야 하고, 착오·사기·강박으로 의사표시를 한 자는 그 상태를 벗어난 뒤에 추인하여야 한다. 그렇지 않은 추인은 무효이다. 또한 피성년후견인 아닌 제한능력자, 즉 미성년자와 피한정후견인은 능력자가 되기 전이라도 법정대리인의 동의를 얻어 유효하게 추인할 수 있다.

판례

취소에 의하여 소급적으로 무효가 된 법률행위를 추인하기 위한 요건

취소한 법률행위는 처음부터 무효인 것으로 간주되므로 취소할 수 있는 법률행위가 일단 취소된 이상 그 후에는 취소할 수 있는 법률행위의 추인에 의하여 이미 취소되어 무효인 것으로 간주된 당초의 의사표시를 다시 확정적으로 유효하게 할 수는 없고, 다만 무효인 법률행위의 추인의 요건과 효력으로서 추인할 수는 있으나, 무효행위의 추인은 그 무효 원인이 소멸한 후에 하여야 그 효력이 있고, 따라서 강박에 의한 의사표시임을 이유로 일단 유효하게 취소되어 당초의 의사표시가 무효로 된 후에 추인한 경우 그 추인이 효력을 가지기 위하여는 그 무효 원인이 소멸한 후일 것을 요한다고 할 것인데, 그 무효 원인이란 바로 위 의사표시의 취소사유라 할 것이므로 결국 무효 원인이 소멸한 후란 것은 당초의 의사표시의 성립 과정에 존재하였던 취소의 원인이 종료된 후, 즉 강박 상태에서 벗어난 후라고 보아야 한다(대법원 1997.12.12. 선고 95다38240 판결).

ㄷ 그 행위가 취소할 수 있는 것임을 알고서 해야 한다.

ㄹ 일방적인 단독의 의사표시에 의하며(형성권), 구두 또는 문서로도 가능하다.

③ **효과**: 추인 후에는 다시 취소할 수 없고 확정적으로 처음부터 유효한 법률행위를 수행한다.

(5) 법정추인

제145조(법정추인)
취소할 수 있는 법률행위에 관하여 전조의 규정에 의하여 추인할 수 있는 후에 다음 각 호의 사유가 있으면 추인한 것으로 본다. 그러나 이의를 보류한 때에는 그러하지 아니하다.
1. 전부나 일부의 이행
2. 이행의 청구
3. 경개
4. 담보의 제공
5. 취소할 수 있는 행위로 취득한 권리의 전부나 일부의 양도
6. 강제집행

① **인정취지** : 추인은 묵시적으로 할 수도 있으므로 실제에 있어서는 추인의 유무가 불명하며 상대방을 불안하게 할 때가 많다. 민법은 이런 상태를 해결하기 위한 구제제도로서 일반적으로 추인이라고 인정할 수 있는 일정한 사실이 있는 경우에 취소권자의 추인의사의 여하를 불문하고 법률상 당연히 추인한 것으로 보고 있다. 이를 '법정추인'이라고 한다. 한마디로 거래의 안전을 도모하기 위한 제도이다. 민법은 추인의사가 있는 것으로 추측할 만한 일정사유를 다음과 같이 열거해 놓고 있다(제145주).

② **법정추인이 인정되기 위한 요건**

　㉠ **법정추인사유** : 취소할 수 있는 법률행위에 대하여 다음 사유 중 어느 하나가 있어야 추인한 것으로 보게 된다.

사유	내용
전부나 일부의 이행	㉠ 취소권자가 이행한 경우 ㉡ 취소권자가 상대방의 이행을 수령한 경우
이행의 청구	㉠ 취소권자가 청구한 경우에 한한다. ㉡ 취소권자가 상대방으로부터 청구를 받은 경우는 포함되지 않는다.
경개	취소권자가 채권자 또는 채무자로서 구 채권·채무를 소멸시키고 신채권·채무를 성립시키는 계약을 체결한 경우이다.
담보의 제공	취소권자가 채무자로서 담보를 제공하거나 채권자로서 담보의 제공을 받는 경우
취소할 수 있는 행위로 취득한 권리의 전부나 일부의 양도	㉠ 취소권자가 양도하는 경우에 한한다. ㉡ 취소함으로써 발생하게 될 장래의 채권(장래 취소한다면 취득하게 될 손해배상청구권)의 양도는 포함되지 않는다. ㉢ 취소할 수 있는 행위로 취득한 권리 위에 제한물권(지상권·지역권·전세권·질권·저당권·임차권)을 설정하는 것을 포함한다.
강제집행	㉠ 취소권자가 채권자로서 강제집행하는 경우 ㉡ 취소권자가 채무자로서 강제집행을 받는 경우(통설) ㉢ ㉡의 경우 법정추인으로 인정하는 이유는 채무자로서 소송상 이의를 주장할 수 있음에도 불구하고 이를 하지 아니하였기 때문이다.

ⓛ 위의 각 사유가 '추인할 수 있는 후에' 발생하여야 한다. 즉, 취소원인이 소멸된 후에 행하여져야 한다. 그러나 법정대리인이 스스로 이러한 행위를 한 경우는 물론, 미성년자 또는 피한정후견인이 법정대리인의 동의를 얻어서 이러한 행위를 한 경우에는 취소의 원인이 소멸되기 전에 한 것이더라도 법정추인이 된다.

취소원인이 종료한 후에 발생한 법정추인의 사유

피한정후견인이 '횡령혐의로 고소한 바 있으나 쌍방 원만히 합의하였을 뿐만 아니라 피고소인이 범행에 대하여 깊이 반성하고 있으므로 고소 취소한다는 내용의 고소취소장을 작성하여 제출할 때에도 아직 피한정후견개시의 심판을 취소받기 전이므로 여전히 피한정후견인으로서 독립하여 추인할 수 있는 행위능력을 가지고 있지 못하였을 뿐더러, 고소 취소는 어디까지나 수사기관 또는 법원에 대하여 고소를 철회하는 의사표시에 지나지 아니하고 또 고소취소장에 기재된 문면의 내용상으로도 고소인이 매수인에 대하여 가지는 매매의 취소권을 포기한 것으로 보기 어렵다(대법원 1997.6.27. 선고 97다3828 판결).

ⓒ 취소권자가 상기의 법정추인사유에 해당되는 행위를 함에 있어서 '이의를 유보'하지 않았어야 한다. 예컨대, 채무변제를 하면서 추인하는 것은 아니라는 뜻을 명시하여 변제하는 것은 이의를 유보하는 것으로 되어 법정추인으로 처리될 수 없다.

③ 효과 : 보통의 추인과 동일하다. 그러므로 취소할 수 있는 행위가 확정 유효로 된다.

(6) 취소권의 단기소멸

> 제146조(취소권의 소멸)
> 취소권은 추인할 수 있는 날로부터 3년 내에 법률행위를 한 날로부터 10년 내에 행사하여야 한다.

민법은 취소할 수 있는 행위의 상대방이나 이해관계 있는 제3자의 지위를 신속히 안정시키기 위하여 "취소권은 추인할 수 있는 날로부터 3년이나 법률행위를 한 날로부터 10년이 경과하면 소멸한다."고 규정하고 있다(제146조).

① 여기서 '추인할 수 있는 날로부터'란 취소원인이 종료한 때로부터라는 뜻이다. 따라서 제한능력자는 능력을 회복한 때로부터 3년 내에 취소하여야 한다.

② 3년, 10년의 두 기간은 선택기간이 아니므로 어느 것이든 먼저 경과되는 사실이 있으면 취소권은 당연 소멸한다.

③ 이 기간은 소멸시효가 아니라 제척기간이다(통설·판례), 또한 취소권 행사로부터 생기는 부당이득반환청구권의 소멸기간도 제146조의 기간으로 본다(통설).

추인할 수 있는 날의 구체적인 의미

민법 제146조 전단은 "취소권은 추인할 수 있는 날로부터 3년 내에 행사하여야 한다"고 규정하는 한편, 민법 제144조 제1항에서는 "추인은 취소의 원인이니 종료한 후에 하지 아니하면 효력이 없다"고 규정하고 있는바, 위 각 규정의 취지와 추인은 취소권의 포기를 내용으로 하는 의사표시인 점에 비추어 보면 민법 제146조 전단에서 취소권의 제척기간의 기산점으로 삼고 있는 「추인할 수 있는 날」이란 취소의 원인이 종료되어 취소권행사에 관한 장애가 없어져서 취소권자가 취소의 대상인 법률행위를 추인할 수도 있고 취소할 수도 있는 상태가 된 때를 가리킨다고 보아야 한다(대판 1998.11.27, 98다7421).

④ 취소에 의해 발생한 청구권(부당이득반환청구권)의 존속기간 : 취소권은 단기제척기간 내에 행사해야 하지만, 그 효과로서 생긴 부당이득반환청구권은 취소권을 행사한 때로부터 소멸시효가 별도로 진행한다는 것이 판례의 태도이다.

판례

환매권의 행사로 발생한 소유권이전등기청구권은 위 기간 제한과는 별도로 환매권을 행사한 때로부터 일반채권과 같이 민법 제162조 소정의 10년의 소멸시효 기간이 진행되는 것이지, 위 제척기간 내에 이를 행사하여야 하는 것은 아니다 (대법원 1991.2.22. 선고 90다3420 판결).

정리 ▶ 소급효가 없는 행위

① 미성년자의 영업허가의 취소(§ 8②)
② 부재자재산관리명령의 취소(§ 22)
③ 법인설립허가의 취소(§ 38)
④ 혼인의 취소(§ 824)
⑤ 입양의 취소(§ 897)
⑥ 무효행위의 추인(§ 139, 예외 가능)
⑦ 조건의 성취(§ 147 예외 가능)
⑧ 기한부 법률행위의 효력(§ 152 예외 없음)

소급효가 있는 행위

① 제한능력자, 착오·사기·강박에 의한 법률행위의 취소(§ 5·§ 10·§ 13, § 109·§ 110·§ 141)
② 실종선고취소의 소급효(§ 29)
③ 무권대리행위의 추인(§ 133) ↔ 무효행위의 추인(원칙 : 소급효 부정)
④ 소멸시효의 완성(§ 167)
⑤ 선택채권에 있어 선택의 소급효(§ 386)
⑥ 상계(§ 493)
⑦ 채권자의 채무인수에 대한 승낙(§ 457)
⑧ 계약의 해제(§ 548, 직접효과설(多) → ○, 청산관계설(少) → ×
⑨ 사기·강박으로 인한 협의이혼의 취소(§ 838) ↔ 혼인의 취소는 소급효 없음
⑩ 사기·강박으로 인한 협의파양의 취소(§ 904) ↔ 입양의 취소는 소급효 없음
⑪ 사기·강박·중대한 착오로 인한 인지의 취소(§ 861)
⑫ 인지의 소급효(§ 860)
⑬ 상속의 승인·포기의 취소는 원칙적으로 고려기간 내에서도 취소 안됨. 다만 총칙상의 취소는 가능하고 소급효가 있음(§ 1024, § 141).
⑭ 상속 포기의 효력(§ 1042)
⑮ 상속재산 분할(§ 1015)

※ 소급효를 긍정한 판례

① **토지거래허가대상에 대하여 허가를 받은 경우**… 일단 허가를 받으면 그 계약은 소급하여 유효한 계약이 되고 이와 달리 불허가가 된 때에는 무효로 확정되므로, 허가받기 전의 상태에서는 거래계약의 채권적 효력도 전혀 발생하지 않으므로 권리의 이전 또는 설정에 관한 어떠한 내용의 이행청구도 할 수 없으나 일단 허가를 받으면 그 계약은 소급해서 유효화되므로 허가 후에 새로이 거래계약을 체결할 필요는 없다(대판 1991.12.24. 90다12243(전합)).

② **무권리자의 처분에 대한 추인**… 무권대리의 추인의 경우와 같이 취급되어야 할 것이므로 소급효가 있다(대판 1964.6.2. 63다880; 1966.10.21. 66다1596)

③ **당사간의 약정에 의한 무효행위의 추인**… 무효행위는 원칙적으로 추인으로 그 효력이 발생하지 못할 것이나 당사자가 그 무효임을 알고 추인한 때에는 새로운 행위를 한 것으로 간주되는 것이며 그 추인은 행위 시에 소급시켜 할 수도 있는 것이다(대판 1949.3.22. 4281민상361).

④ **혼인·입양의 추인**… 혼인, 입양 등의 신분행위에 관하여 민법 제139조 본문을 적용하지 않고 추인에 의하여 소급적 효력을 인정한다(대판 1991.12.27. 91므30).

⑤ **상속회복청구권이 제척기간의 경과로 소멸된 경우, 참칭상속인의 권리취득**… 상속회복청구권이 제척기간의 경과로 소멸하게 되면 상속인은 상속인으로서의 지위 즉 상속에 따라 승계한 개개의 권리의무 또한 총괄적으로 상실하게 되고, 그 반사적 효과로서 참칭상속인의 지위는 확정되어 참칭상속인이 상속개시의 시로부터 소급하여 상속인으로서의 지위를 취득한 것으로 봄이 상당하므로, 상속재산은 상속 개시일로 소급하여 참칭상속인의 소유로 된다(대판 1998.3.27. 96다37398).

02 기출문제분석

1 다음 중 무효와 취소에 관한 설명으로 틀린 것은? (다툼이 있으면 판례에 의함)

① 무효행위의 추인은 명시적인 의사표시로 하여야 한다.

② 법률행위의 취소를 당연한 전제로 한 소송상의 이행청구에는 취소의 의사표시가 포함되어 있다고 볼 수 있다.

③ 법정대리인은 취소원인 종료 전에도 추인할 수 있다.

④ 취소할 수 있는 법률행위를 추인한 자는 그 법률행위를 다시 취소하지 못한다.

⑤ 당사자 쌍방이 각각 취소사유 없이 법률행위를 취소한 경우, 쌍방이 모두 취소의 의사표시를 하였다는 사정만으로 그 법률행위의 효력이 상실되는 것은 아니다.

ADVICE 》 ① 무효행위의 추인은 묵시적인 의사표시로도 가능하다.

2 취소에 관한 다음 설명 중 옳지 않은 것은?

① 법률행위가 취소되면 처음부터 무효였던 것으로 된다.

② 실종선고의 취소에는 소급효가 있다.

③ 법률행위의 취소는 취소권자만이 행사할 수 있다.

④ 착오, 사기 · 강박, 제한능력을 이유로 법률행위를 취소하는 경우 그 취소의 효과는 선의의 제3자에게 대항할 수 없다.

⑤ 제한능력자의 행위임을 이유로 법률행위를 취소한 경우 부당이득반환은 그 행위로 인해 받은 이익이 현존하는 한도에서 반환하면 된다.

ADVICE 》 ④ 제한능력을 이유로 취소하는 경우에는 선 · 악을 불문하고 제3자에게 대항할 수 있으나 착오, 사기 · 강박을 이유로 취소하는 경우에는 선의의 제3자에게 대항할 수 없다.

Answer 1.① 2.④

3 채무자 丙이 보증인 甲을 기망하여 자기의 채권자 乙과 보증계약을 체결시켰다. 다음 중 옳은 것은?

① 항상 甲, 乙이 모두 취소할 수 있다.
② 항상 甲만이 취소할 수 있다.
③ 항상 乙만이 취소할 수 있다.
④ 乙이 그 사실을 알았을 경우에 甲이 취소할 수 있다.
⑤ 甲이 그 사실을 알았을 경우에 乙이 취소할 수 있다.

> **ADVICE** » 타인의 기망에 의한 법률행위로서 채권자 乙이 그 사실을 알았을 경우에 甲이 취소할 수 있다.

4 법률행위의 취소권자가 아닌 것은?

① 제한능력자
② 제한능력자의 법정대리인
③ 사기 · 강박에 의하여 의사표시를 한 자의 승계인
④ 사기 · 강박에 의하여 의사표시를 한 자
⑤ 착오로 인하여 의사표시를 한 자의 보증인

> **ADVICE** » ④ 취소할 수 있는 법률행위는 제한능력자, 착오로 인하거나 사기 · 강박에 의하여 의사표시를 한 자, 그의 대리인 또는 승계인만이 취소할 수 있다〈제140조〉.

5 다음 중 법정추인사유가 아닌 것은?

① 강제집행
② 담보의 제공
③ 이행의 청구
④ 취소할 수 있는 행위에 의하여 성립한 채무의 승인
⑤ 취소할 수 있는 행위로 취득한 권리의 양도

> **ADVICE** » 법정추인사유는 ①②③⑤ 이외에 전부나 일부의 이행, 경개 등이 있다.

6 다음 중 취소할 수 있는 법률행위에 해당하지 않는 것은?

① 의사무능력자의 법률행위
② 미성년자의 법률행위
③ 피한정후견인의 법률행위
④ 사기 · 강박으로 인한 법률행위
⑤ 착오로 인한 의사표시

> **ADVICE** » ① 의사무능력자의 법률행위는 무효이다.

7 다음 중 취소의 효과에 대한 설명으로 옳은 것은?

① 취소권을 행사한 제한능력자는 그가 받은 이익의 전부를 반환해야 한다.

② 착오로 인한 취소는 선의의 제3자에게 대항할 수 있다.

③ 제한능력자가 취소하면 선의의 제3자에게도 취소의 효과를 주장할 수 있다.

④ 사기·강박으로 인한 취소는 선의의 제3자에 대항할 수 있다.

⑤ 취소의 효과는 소급효가 없는 점에서 무효와 구별된다.

> **ADVICE** 》 ① 제한능력자는 그 행위로 인하여 받은 이익이 현존하는 한도에서 상환(償還)할 책임이 있다 〈제141조 단서〉.
> ② 착오로 인한 의사표시의 취소는 선의의 제삼자에게 대항하지 못한다〈제109조 제2항〉.
> ④ 사기·강박에 의한 의사표시의 취소는 선의의 제삼자에게 대항하지 못한다〈제110조 제3항〉.
> ⑤ 취소된 법률행위는 처음부터 무효인 것으로 본다〈제141조〉.

8 다음 중 취소권자에 대한 설명으로 옳은 것은?

① 취소할 수 있는 법률행위는 본인 이외에는 취소할 수 없다.

② 사기에 의한 의사표시를 한 상속인이 취소함이 없이 사망한 경우 그 단순상속인은 그 의사표시를 취소할 수 없다.

③ 미성년자가 한 법률행위를 미성년자 스스로는 취소할 수 없다.

④ 甲의 대리인 乙이 丙의 사기에 의해 甲소유의 부동산을 丙에게 매도한 경우 甲은 그 매매계약을 취소할 수 있다.

⑤ 甲이 乙을 사칭하여 乙소유의 부동산에 대하여 丙과 매매계약을 체결한 경우 乙은 사기를 이유로 그 매매계약을 취소할 수 있다.

> **ADVICE** 》 ① 취소는 무효와 달리 취소권을 가진 제한능력자와 착오로 인하거나 사기·강박에 의하여 의사표시를 한 자, 그 대리인 또는 승계인에 한정되어 있으므로 대리인 및 그 승계인도 취소할 수 있다.
> ② 상속인은 포괄승계인으로서 취소권을 승계하여 행사할 수 있다.
> ③ 제한능력자는 자신이 행한 취소할 수 있는 행위를 단독으로 취소할 수 있다.
> ④ 대리행위의 하자에서 생기는 취소권은 본인에게 귀속한다.
> ⑤ 乙은 하자 있는 의사표시로 그 매매계약을 체결한 당사자가 아니므로 취소할 수 없고, 다만 甲에 대하여 형사상의 소추를 구할 수 있을 뿐이다.

핵심예상문제

02

1 다음 중 취소할 수 있는 법률행위의 추인에 관한 내용으로 옳은 것은?

① 추인권자가 언제나 무효를 제기할 수 있다.

② 취소의 원인이 소멸되기 전에도 추인할 수 있다.

③ 피한정후견인은 능력자가 되기 전이라도 단독으로 유효하게 추인할 수 있다.

④ 피성년후견인은 그가 피성년후견인 동안에는 법정대리인의 동의를 얻더라도 유효하게 추인을 할 수 없다.

⑤ 취소할 수 있는 행위에 의하여 성립한 채무를 승인하는 것은 당연히 추인으로 된다.

> **ADVICE** » ① 추인권자는 언제나 취소권을 갖는다.
> ② 추인은 취소의 원인이 소멸된 후에 하여야만 한다〈제144조 제1항〉.
> ③ 추인은 취소의 원인이 소멸된 후, 즉 제한능력자는 능력자가 된 뒤에 그리고 착오, 사기·강박으로 의사표시를 한 자는 그러한 상태를 벗어난 뒤에 하여야 한다. 그러나 제한능력자라도 미성년자와 피한정후견인은 능력자가 되기 전이라도 법정대리인의 동의를 얻어 유효하게 추인할 수 있다(통설).
> ⑤ 추인은 그 행위가 취소할 수 있는 것임을 알고 하여야 하므로 채무승인이 당연히 추인으로 되지는 않는다.

2 다음 중 법률행위의 취소권자에 관한 설명으로 옳은 것은?

① 취소할 수 있는 행위에 의하여 취득한 권리의 특정승계인은 취소할 수 없다.

② 취소할 수 있는 법률행위의 상대방의 상속인에 대하여 취소권을 행사할 수 있다.

③ 취소권만의 승계도 가능하다.

④ 취소할 수 있는 법률행위를 한 임의대리인은 취소에 대한 수권 없이도 취소할 수 있다.

⑤ 제한능력자는 능력자가 된 후에야 취소할 수 있다.

> **ADVICE** » ① 특정승계인은 취소권만의 승계는 인정되지 않으며, 취소할 수 있는 행위에 의하여 취득한 권리의 승계가 있는 경우에만 취소권자가 된다.
> ③ 취소권만의 승계는 인정되지 않는다.
> ④ 임의대리에 있어서 대리인이 행한 행위에 취소원인이 있으면 그 취소권은 직접 본인에게 귀속하므로, 임의대리인이 취소를 하려면 본인으로부터 그에 관한 수권이 있어야 한다.
> ⑤ 제한능력자는 제한능력자인 동안에도 스스로 단독으로 취소할 수 있으며, 그것은 확정적으로 효력을 발생한다.

3 다음 중 실종선고의 취소에 관한 설명으로 틀린 것은?

① 실종선고를 받은 자가 생존하여 나타나면 실종선고는 당연히 취소된다.

② 실종선고가 취소되면 실종선고로 생긴 법률관계는 소급적으로 무효가 된다.

③ 실종선고가 취소되어도 취득시효에 의한 재산취득을 방해하지 못한다.

④ 실종기간이 만료한 때와 다른 시기에 사망한 사실도 실종선고의 취소사유가 된다.

⑤ 실종선고 후 그 취소 전에 한 상속인의 선의의 재산처분행위는 실종선고가 취소되어도 유효하다.

> **ADVICE** 》 ① 실종선고를 받은 자가 생존하여 나타났다고 하여 실종선고가 당연히 취소되는 것은 아니며, 실종선고취소의 심판절차에 의하여 법원의 판결로 한다(공법상 취소).

4 취소권의 법적 성질은?

① 청구권   ② 형성권

③ 채권   ④ 지배권

⑤ 항변권

> **ADVICE** 》 취소권은 권리자의 일방적인 의사표시에 의하여 효과가 발생하므로 형성권의 일종이다.

5 다음 중 취소할 수 있는 법률행위의 법정추인사유가 아닌 것은?

① 경개

② 강제집행

③ 이행의 청구

④ 전부나 일부의 이행

⑤ 취소함으로써 발생하게 될 장래채권의 전부나 일부의 양도

> **ADVICE** 》 **법정추인사유〈제145조〉** … 경개, 강제집행, 이행의 청구, 전부나 일부의 이행, 담보의 제공, 취소할 수 있는 행위로 취득한 권리의 전부나 일부의 양도 등이다.

Answer   1.④ 2.② 3.① 4.② 5.⑤

6 법률행위에 대한 취소권은 일정한 기간 내에 행사하지 않으면 소멸하게 된다. 다음 중 민법이 규정하는 것은?

① 추인할 수 있는 때부터 1년 이내, 법률행위를 한 때부터 5년 이내에 행사해야 한다.
② 추인할 수 있는 때부터 2년 이내, 법률행위를 한 때부터 10년 이내에 행사해야 한다.
③ 추인할 수 있는 때부터 1년 이내, 법률행위를 한 때부터 10년 이내에 행사해야 한다.
④ 추인할 수 있는 때부터 3년 이내, 법률행위를 한 때부터 10년 이내에 행사해야 한다.
⑤ 추인할 수 있는 때부터 5년 이내, 법률행위를 한 때부터 10년 이내에 행사해야 한다.

> **ADVICE 》 취소권의 소멸〈제146조〉** … 취소권은 추인할 수 있는 날(즉, 취소의 원인이 소멸된 날)로부터 3년 내에, 법률행위를 한 날로부터 10년 내에 행사하여야 한다.

7 취소권자가 추인을 할 수 있은 후에 일정한 사실이 있을 때에는 추인한 것으로 본다. 이에 해당하지 않는 것은?

① 상대방의 채무의 이행을 수령하였다.
② 상대방이 강제집행을 하여 왔으므로 변제하였다.
③ 담보를 제공하였다.
④ 시계를 인도하는 채무를 2만원의 채무로 경개하였다.
⑤ 상대방이 취소할 수 있는 행위로 취득한 권리를 제3자에게 양도하였다.

> **ADVICE 》** ① 법정추인사유〈제145조〉 가운데 '전부나 일부의 이행'은 취소권자가 상대방에게 이행한 경우와 상대방의 이행을 수령한 경우를 포함한다.
> ② 제145조 제5호 '강제집행'은 취소권자가 채권자로서 집행을 한 경우 외에 채무자로서 집행을 받은 경우도 포함된다.
> ③ 제145조 제4호
> ④ 제145조 제3호(취소권자가 채권자인 경우와 채무자인 경우를 포함)
> ⑤ 취소할 수 있는 행위로 취득한 권리에 있어서 상대방이 양도하는 것은 법정추인사유로 되지 못한다.

8 취소에 관하여 민법 제140조 이하의 통칙이 당연히 적용되는 것은?

① 실종선고의 취소
② 법인설립허가의 취소
③ 사해행위의 취소
④ 무권대리행위의 취소
⑤ 하자 있는 의사표시의 취소

> **ADVICE 》** 민법의 취소에 관한 일반적인 규정은 법률행위의 취소권자〈제140조〉, 취소권의 소멸〈제146조〉에 포함되어 있다. 여기에는 능력 및 의사표시의 착오·하자에 의한 취소, 즉 이른바 일반적·원칙적 취소에 대하여만 적용되며, 그 이외의 취소에는 적용되지 않는다.

9 "취소권은 추인할 수 있는 날로부터 3년 내에, 법률행위를 한 날로부터 10년 내에 행사하여야 한다."는 규정에 대한 설명이다. 틀린 것은?

① 법률관계를 빨리 확정하고 상대방을 불안정한 지위에서 벗어날 수 있도록 하려는 취지의 것이다.
② 통설은 이 규정을 취소권의 행사로 인하여 발생하는 부당이득반환청구권의 행사기간도 아울러 규정한 것으로 본다.
③ 위의 기간은 제척기간이다.
④ 두 기간이 동시에 만료하지 않은 경우에는 모두 만료된 때에 취소권이 소멸한다.
⑤ 위의 기간 내에 취소권을 행사하지 않으면 취소권은 소멸한다.

ADVICE » ④ 두 기간 중 어느 것이 먼저 만료하면 취소권은 그때 소멸한다.

10 취소권이 없는 자는?

① 미성년자
② 허위표시를 한 자
③ 취소권을 승계한 자
④ 사기 · 강박에 의하여 의사표시를 한 자
⑤ 제한능력자의 법정대리인

ADVICE » 취소할 수 있는 법률행위는 제한능력자, 착오로 인하거나 사기 · 강박에 의하여 의사표시를 한 자, 그의 대리인 또는 승계인만이 취소할 수 있다〈제140조〉.

11 취소에 관한 설명 중 틀린 것은?

① 취소권자의 행사기간은 법률에 정해져 있다.
② 제한능력자는 취소권자가 될 수 없다.
③ 취소권의 행사는 재판상으로도 할 수 있다.
④ 취소의 효과는 처음부터 무효로 보는 것이 원칙이다.
⑤ 제한능력을 이유로 하는 취소의 효과는 선의의 제3자에게도 대항할 수 있다.

ADVICE » 취소할 수 있는 법률행위는 제한능력자, 착오로 인하거나 사기 · 강박에 의하여 의사표시를 한 자, 그의 대리인 또는 승계인만이 취소할 수 있다〈제140조〉.

Answer　　6.④　7.⑤　8.⑤　9.④　10.②　11.②

12 법률행위의 추인에 관한 설명 중 옳지 않은 것은?

① 취소권자의 범위와 추인권자의 범위 및 자격요건은 일치한다.

② 미성년자가 혼인한 후에는 자기 스스로 혼인 전에 법정대리인의 동의 없이 한 법률행위를 추인할 수 있다.

③ 피한정후견인이 후견인의 동의를 얻어 추인을 한 경우, 그 의사표시에 사기·강박을 받았거나 중대한 과실 없이 중요부분에 착오를 일으킨 경우 취소할 수 있다.

④ 추인의 의사표시는 그 행위가 추인할 수 있는 행위임을 알고 하여야 하는 점에서 이를 모르더라도 일정한 사실이 있으면 당연히 추인이 되는 법정추인과 다르다.

⑤ 피성년후견인이 능력자로 되기 전에는 후견인의 동의를 얻었더라도 스스로 추인의 의사표시를 할 수 없다.

ADVICE 》 ① 추인은 취소의 원인이 소멸된 후에 하여야 하므로 제한능력상태, 착오 또는 사기·강박의 상태에 있는 자는 비록 취소는 할 수 있으나 추인은 할 수 없다.

13 취소에 관한 다음 설명 중 옳지 않은 것은?

① 취소할 수 있는 법률행위는 취소되면 처음부터 무효인 것으로 간주된다.

② 의사표시의 효과가 발생하기 전에 그 발생을 방지하는 것은 설사 취소라고 하여도 철회이다.

③ 취소할 수 있는 행위에 의하여 취득한 권리를 특정승계한 경우는 취소권을 승계하나, 취소권만 특정승계하는 것은 허용되지 않는다.

④ 매매계약을 한 후 매도인이 소유권이전등기의 말소등기절차이행을 청구하거나 매수인이 대금반환을 청구하는 것은 그 전에 매매계약을 취소하는 의사표시가 포함된 것으로 해석할 수 있다.

⑤ 취소의 의사표시에 착오, 사기·강박, 제한능력 등 취소사유가 있으면 다시 취소할 수 있다.

ADVICE 》 ⑤ 제한능력자는 단독으로 취소할 수 있고 그 취소의 효력은 확정적으로 발생하기 때문에 법정대리인의 동의 없음 등을 이유로 그 취소를 다시 취소할 수 없다.

14 다음 중 소급효가 없는 행위는?

① 제한능력자 법률행위의 취소   ② 무권대리행위의 추인

③ 혼인의 취소   ④ 이혼의 취소

⑤ 협의상 파양의 취소

> **ADVICE** » ③ 혼인취소의 효력은 기왕에 소급하지 아니한다〈제824조〉.

15 다음의 설명 중 옳지 않은 것은?

① 권리가 이전된 경우의 취소의 상대방은 전득자이다.

② 취소는 취소권자 단독의 의사표시이다.

③ 상대방이 확정되어 있는 경우에는 그 취소는 상대방에 대한 의사표시로 한다.

④ 취소는 명시적이든 묵시적이든 상관없다.

⑤ 본인이 하는 추인은 취소의 원인이 소멸된 후에 하지 않으면 효력이 없다.

> **ADVICE** » ① 법률행위에 의하여 취득된 권리가 이전되어 있더라도 취소는 원래의 상대방에 대하여 하
> 여야 한다. 상대방이 확정되어 있지 않은 경우에는 취소의 의사를 적당한 방법으로 외부에
> 객관화하면 된다.

16 해제권과 취소권과의 비교 설명 중 옳지 않은 것은?

① 해제권은 계약에 특유한 것이나, 취소는 모든 법률행위에 관하여 인정된다.

② 해제와 취소의 의사표시는 단독행위이다.

③ 취소권의 발생은 법정되어 있는 것임에 반하여, 해제권은 당사자의 계약으로 발생하는
경우도 있다.

④ 해제 또는 취소의 효과로 모두 부당이득반환의무가 생긴다는 공통점이 있다.

⑤ 해제와 취소 모두 형성권에 속한다.

> **ADVICE** » 권리자의 일방적 의사표시에 의하여 법률행위의 효력을 소급적으로 소멸케 하는 점에서 해제
> 와 취소는 같으며 양자 모두 형성권에 속한다. 그러나 해제는 계약에 특유한 제도이지만 취
> 소는 계약에 한하지 않고 모든 법률행위에 관하여 인정된다. 또 그 발생원인에 있어서 취소
> 권은 제한능력, 의사표시의 하자, 착오의 경우에 발생하나 해제권은 당사자의 계약과 채무불
> 이행을 이유로 한 법률의 규정에 의해 발생한다. 그 효과를 보면 취소의 경우에는 부당이득
> 반환의무가 생기나〈제741조〉, 해제의 경우에는 원상회복의무〈제548조〉와 손해배상의무〈제
> 551조〉가 생긴다.

17 법률행위의 무효와 취소를 비교한 설명 중 옳지 않은 것은?

① 법률행위나 의사표시에 관하여 그 효과의 발생이 불완전해짐은 양자가 같다.

② 무효와 취소 모두 특정인의 주장을 필요로 한다.

③ 무효는 처음부터 효력이 없는 것으로 다루게 되나, 취소는 취소하기 전에는 일응 효력이 있는 것으로 다루어진다.

④ 무효인 행위는 시간이 경과하여도 효력에 변동이 없으나, 취소할 수 있는 행위는 일정 시일의 경과로 취소권이 소멸된다.

⑤ 어떠한 경우가 무효인 법률행위인가 또는 취소할 수 있는 법률행위인가는 결국 입법정책적 문제이다.

ADVICE ≫ ② 무효는 누구의 주장을 기다릴 것도 없이 당연히 효력이 발생하지 않으나, 취소는 일정한 취소권자의 주장이 있어야만 효력이 없는 것으로 할 수 있다.

18 다음 설명 중 옳지 않은 것은?

> ㉠ 제한능력자의 법률행위는 취소할 수 있는 법률행위이다.
> ㉡ 강행법규에 위반한 법률행위는 상대적 무효이다.
> ㉢ 법률행위의 일부분이 무효인 때에는 그 전부가 무효로 되는 것이 원칙이다.
> ㉣ 취소는 누구라도 취소할 수 있다.
> ㉤ 취소가 있으면 그 법률행위는 처음부터 무효로 추정된다.
> ㉥ 취소할 수 있는 행위의 추인은 새로운 법률행위로 본다.
> ㉦ 법정추인사유 중 이행의 청구는 이행청구를 받은 경우도 포함한다.

① ㉠㉡   ② ㉡㉤㉥

③ ㉡㉥㉦   ④ ㉡㉣㉤㉥㉦

⑤ ㉢㉣㉤㉥

ADVICE ≫ ㉡ 절대적 무효이다.
㉣ 일정한 취소권자만이 취소할 수 있다.
㉤ 무효로 본다.
㉥ 그 법률행위는 확정적으로 유효하게 된다.
㉦ 취소권자가 청구하는 경우에 한한다.

19 다음 취소 중 소급효가 인정되는 것은?

① 강박에 의한 의사표시의 취소
② 입양의 취소
③ 법인설립허가의 취소
④ 금치산선고의 취소
⑤ 혼인의 취소

 소급효가 있는 경우와 없는 경우

소급효가 있는 경우	소급효가 없는 경우
• 제한능력자의 법률행위 취소	• 미성년자에 대한 영업허락의 취소
• 실종선고 및 실종선고의 취소	• 부재자 재산관리명령의 취소
• 착오에 의한 의사표시의 취소	• 법인설립허가의 취소
• 사기 · 강박에 의한 의사표시의 취소	• 무효행위의 추인
• 이혼의 취소	• 조건의 성취 효과
• 인지의 취소	• 기한의 도래 효과
• 협의상 파양취소	• 계약의 해지
• 무권대리행위의 추인	• 친생자 승인의 취소
• 소멸시효 완성	• 입양의 취소
• 계약의 해제	• 부양관계의 취소
• 상계	• 혼인의 취소
• 선택채권에 있어서의 선택	• 공유물 분할
• 상속의 포기	
• 상속재산의 분할	

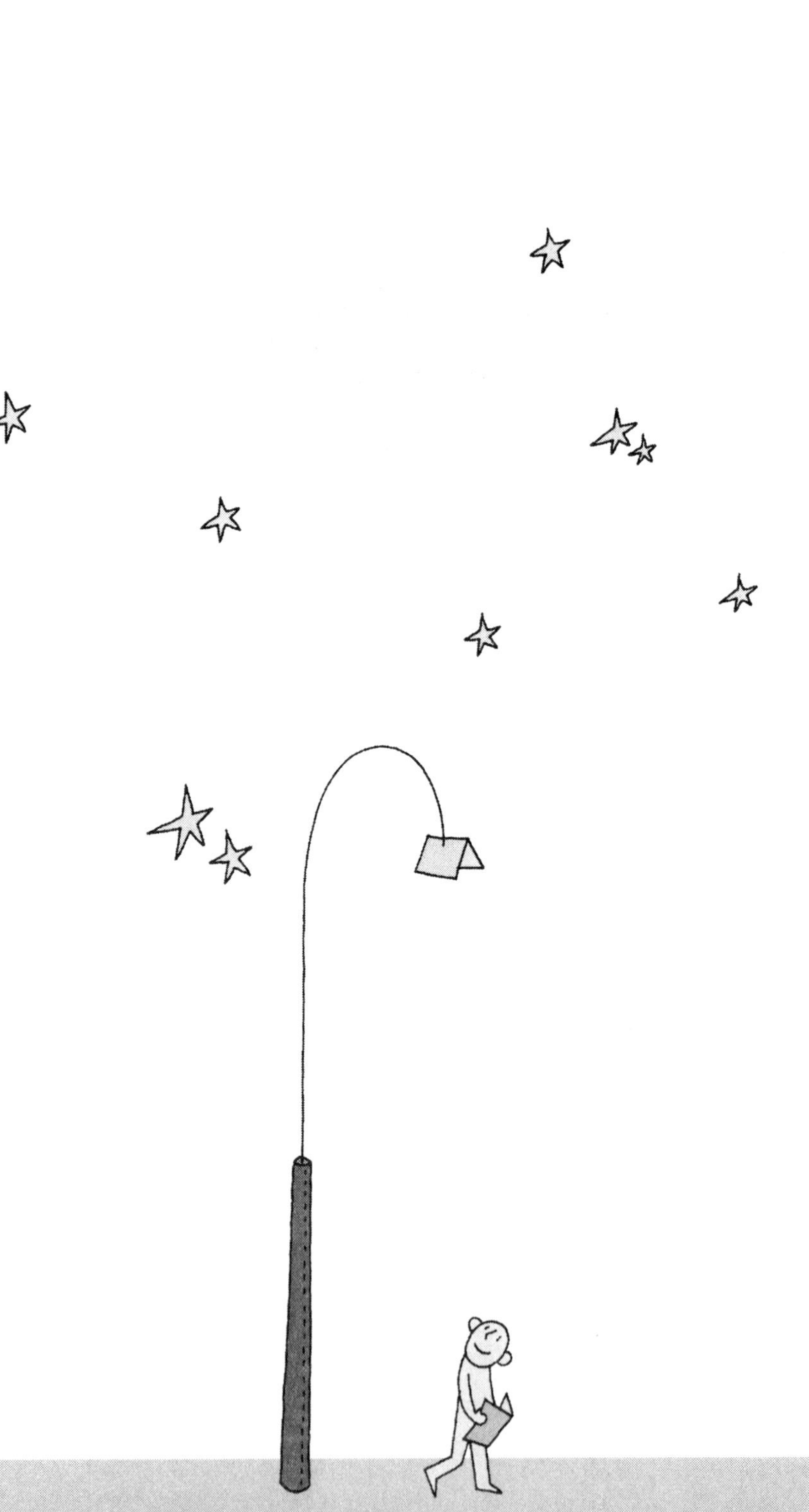

법률행위의 부관

PART V. 법률행위의 부관

조건부 법률행위

1 법률행위의 부관(조건·기한)

1. 부관의 의의와 종류

(1) 의미

법률행의의 부관이라 함은 법률행위의 당사자가 법률행위효과의 발생 또는 그 소멸을 제한하기 위하여 법률행위 자체에 임의로 부과하는 약관을 말한다.

즉, 당사자는 사적자치의 원칙에 따라 법률행위를 맺으면서 그 '효과발생'을 '장래의 일정사실'에 의존케 하는 약정을 할 수도 있고, 그 '효력의 소멸'을 '장래의 일정사실'에 의존케 하는 약정을 할 수도 있는 것이다.

이 중에서 장래발생의 불확실한 사실에 법률행위효과의 발생·소멸을 의존시키는 부관이 '조건'이며, 장래발생의 확실한 사실에 그 효과의 발생·소멸을 의존시키는 부관이 '기한'이다.

(2) 종류

법률행위 부관의 종류로는 조건·기한·부담의 세 가지가 인정된다. 민법총칙상 부관으로는 조건과 기한을 일반적으로 규정하고 있으나, 부담에 관해서는 부담부 증여와 부담부 유증에 대하여 특별규정을 따로 두고 있을 뿐이다(제561조, 제1008조).

2. 조건

학습 Guide

이 부분에 대한 학습방향도 조문의 내용을 숙지하고 관련 판례를 정리하면 될 것이다. 조건의 종류는 기본적으로 정리하여야 하고 해제조건, 정지조건, 불능조건, 기성조건 등 관련 조문과 판례를 정리하여야 한다. 또한 조건의 경우에는 조건부 권리의 보호(침해금지, 처분·상속·담보제공의 기능) 및 신의칙에 반하는 조건의 성취와 불성취 등에 대해서는 항상 숙지하고 있어야 한다.

(1) 개념

법률행위효력의 발생·소멸을 '장래의 불확실한 사실의 성부'에 의존하게 하는 법률행위의 부관을 '조건'이라 하며, 조건이 붙은 법률행위를 '조건 있는 법률행위' 또는 '조건부법률행위'라 한다.

이와 같이 조건이 되는 사실은 장래의 객관적으로 불확정한 사실이어야 하므로, 장래의 사실이더라도 그것이 장래에 반드시 실현되는 사실이면 '기한'이지 '조건'이 아니다. 이 점이 조건과 기한의 차이점이다. 예컨대, 취직하면 시계를 주겠다, 또는 낙제하면 학비지급을 중단하겠다는 계약에서는 '취직'이나 '낙제'가 조건이나, '내가 죽으면' 또는 '내년 1월 1일부터' 등의 장래의 사실은 도래할 것이 확실하므로 기한이지 조건은 아니다.

〔판례〕

법률행위에 붙은 부관이 정지조건인지 불확정기한인지의 판단 기준

[1] 법률행위에 부관이 붙은 경우, 부관에 표시된 사실이 발생하지 아니하면 채무를 이행하지 아니하여도 된다고 보아야 하는 때에는 정지조건으로 정한 것으로 보아야 하고, 표시된 사실이 발생한 때는 물론이고 반대로 발생하지 아니하는 것이 확정된 때에도 그 채무를 이행하여야 한다고 보는 것이 타당한 경우에는 표시된 사실의 발생 여부가 확정되는 것을 불확정기한으로 정한 것으로 보아야 한다.

[2] 아파트 신축·분양 사업의 분양수입금 인출배분에 관하여 공사도급변경약정에서 시행사의 선투입비 및 일반관리비 채권을 2순위로 지급하기로 하면서, 위 선투입비는 아파트 분양 실계약률에 따라 계약률 50%시 45억 원, 최초 계약일로부터 6개월 이내에 계약률 75%시 35억 원, 12개월 이내에 계약률 95%시 10억 원을 각각 지급하기로 한 사안에서, 선투입비는 위 사업이 실패하게 되면 시행사가 위험을 부담하여야 하는 것이었던 점 등에 비추어 위 시행사의 선투입비 채권은 일정 기간 내에 일정 분양률이 충족되는 것을 정지조건으로 최대 90억 원까지 2순위로 지급받기로 약정된 것으로 보아야 한다고 한 사례(대판 2011.4.28. 2010다89036).

한편 조건인가 불확정기한인가의 여부가 명백하지만 그것이 불명한 경우도 없지 않다. 예컨대, 출세 시에 지급한다, 상경 시에 지급한다, 특허권을 얻은 때에 지급한다라고 한 경우이다. 이러한 경우는 법률행위의 해석에 의하여 조건인가 불확정기한인가의 여부가 결정된다. 일반적으로 '지급은 한다, 그때까지 유예한다'는 뜻으로 새겨지는 바, 이는 지급할 의사가 있다고 판단되므로 조건이 아니라 불확정기한으로 취급된다.

〔판례〕

조건의사의 표시 요부

조건은 법률행위의 효력의 발생 또는 소멸을 장래의 불확실한 사실의 성부에 의존케 하는 법률행위의 부관으로서 당해 법률행위를 구성하는 의사표시의 일체적인 내용을 이루는 것이므로, 의사표시의 일반원칙에 따라 조건을 붙이고자 하는 의사 즉 조건의사와 그 표시가 필요하며, 조건의사가 있더라도 그것이 외부에 표시되지 않으면 법률행위의 동기에 불과할 뿐이고 그것만으로는 법률행위의 부관으로서의 조건이 되는 것은 아니다(대판 2003.5.13. 2003다10797).

(2) 조건을 붙일 수 없는 법률행위

구분	이유	예
공익상불허가	조건을 붙이는 것이 강행법규나 사회질서에 반하는 결과가 되는 경우에는 절대로 붙일 수 없다.	① 혼인·이혼·입양·파양·인지·상속의 승인 또는 포기 등의 신분상의 행위 ② 어음행위·수표행위
사익상불허가	조건을 붙임으로써 상대방의 지위를 현저하게 불리하게 하는 경우에는 붙일 수 없다.	① 단독행위에 조건을 붙일 수 없음이 원칙이다(예: 상계·해제·해지·취소·추인·환매 등) ② 그러나 단독행위라도 상대방이 조건을 붙이는데 동의하거나 또는 조건을 붙이더라도 상대방에게 불이익을 주는 것이 아닌 경우에는 조건을 붙일 수 있다(예: 채무면제, 유증의 경우).

보충학습

① 조건에 친하지 않은 행위와 기한에 친하지 않은 행위가 반드시 일치하는 것은 아니다. 예컨대, 어음행위에 대하여는 조건을 붙일 수 없으나 기한을 붙일 수는 있다.
② 법률행위의 효력을 무효로 하는 조건
　　㉠ 순수수의조건　　　　　　　　　㉡ 불법조건
　　㉢ 기성조건이 해제조건인 경우　　㉣ 불능조건이 정지조건인 경우

(3) 종류

① 정지조건·해제조건
　㉠ **정지조건**: 법률행위의 효력발생을 장래의 불확실한 사실의 성부에 의존시키는 법률행위의 부관(예: 입학시험에 합격하면 시계를 사주겠다.) → 조건이 성취되면 효력이 발생한다.
　㉡ **해제조건**: 법률행위의 효력소멸을 장래의 불확실한 사실의 성부에 의존시키는 법률행위의 부관(예: 계속 1등을 하지 못하면 장학금을 지급하지 않겠다.) → 조건이 성취됨으로써 법률행위의 효력은 상실된다.

판례

• 건축허가를 필할 때 매매계약이 성립하고 건축허가신청이 불허되었을 때에는 이를 무효로 한다는 약정은 건축허가를 조건으로 하는 정지조건부 매매가 아니라 건축허가신청의 불허가를 해제조건으로 하는 매매계약이다(대판 1983.8.23. 83다카552).
• 약혼예물의 수수는 혼인 불성립을 해제조건으로 하는 증여와 유사한 성질의 것이므로, 시어머니가 며느리에게 교부한 혼인예물은 그 혼인이 성립되어 상당 기간 지속된 이상 며느리의 소유라고 본 조치는 정당하다(대판 1994.12.27. 94므895; 1996.5.14. 96다5506).

② 적극조건·소극조건

ㄱ 적극조건 : 조건 되는 사실이 현상변경을 요하는 조건(예 : 갑이 결혼한다면, 내일 비가 온다면)

ㄴ 소극조건 : 조건 되는 사실이 현상변경이 요구되지 않음을 내용으로 하는 조건(예 : 갑이 결혼하지 않는다면, 내일도 비가 안 온다면 등)

※ 양조건의 구별실익은 없다.

③ 수의조건·비수의조건 : 당사자의 의사와의 관계에 따른 구별이다.

ㄱ 수의조건 : 조건의 성부가 일방적 의사에 의존하는 조건으로 본래 의미의 조건은 아니다.

• 순수수의조건 : 일방적 의사에만 의존하는 조건(예 : 마음이 내키면 시계를 주겠다.) → 법적 구속력을 생기게 하려는 의사가 있다고 할 수 없으므로 언제나 무효이다. 순수수의조건은 일종의 가장조건에 해당된다.

• 단순수의조건 : 일방적 의사에 매여 있지만 사실상태도 있어야 하는 조건(예 : 외국에 여행을 가면 사진기를 갖다 주겠다.) → 의사실현 사실이 외부에 표출되므로 조건으로 유효하다.

ㄴ 비수의조건 : 성부가 일방적 의사에 매여 있지는 않은 조건으로 본래 의미의 조건은 이것을 지칭한다.

• 우성조건 : 당사자 의사와는 관계없는 것(예 : 내일 비가 온다면)으로 유효하다.

• 혼성조건 : 일방의 의사 외에 제3자의 의사에도 의존하는 조건(예 : 네가 甲女와 결혼한다면)으로서 유효하다.

④ 가장조건

제151조(불법조건, 기성조건)

① 조건이 선량한 풍속 기타 사회질서에 위반한 것인 때에는 그 법률행위는 무효로 한다.

② 조건이 법률행위의 당시 이미 성취한 것인 경우에는 그 조건이 정지조건이면 조건 없는 법률행위로 하고 해제조건이면 그 법률행위는 무효로 한다.

③ 조건이 법률행위의 당시에 이미 성취할 수 없는 것인 경우에는 그 조건이 해제조건이면 조건 없는 법률행위로 하고 정지조건이면 그 법률행위는 무효로 한다.

조건의 외관을 가지고 있으나 실질적으로는 조건으로서의 효력이 인정되지 못하는 것으로서 법률행위의 유형에 따라 유효가 되기도 하고 무효가 되기도 한다.

ㄱ 법정조건 : 법률행위의 효력발생을 위해 법률상 당연히 요구되는 요건(예 : 법인설립에 있어서 주무관청의 허가, 유언에 있어서의 유언자의 사망, 입양에 있어서의 신고 등) → 이러한 것은 특히 조건으로 하여도 아무런 의미가 없다.

ㄴ 기성조건 : 조건이 법률행위 당시에 이미 성립하고 있는 경우

• 기성조건이 정지조건인 경우 : 조건 없는 법률행위로서 처음부터 유효한 행위가 된다.

• 기성조건이 해제조건인 경우 : 법률행위는 처음부터 무효가 된다.

ㄷ 불능조건 : 실현 불가능한 사실을 내용으로 하는 조건(성취될 수 없는 조건)

• 불능조건이 정지조건인 경우 : 법률행위는 처음부터 무효가 된다.

• 불능조건이 해제조건인 경우 : 조건 없는 법률행위로서 완전유효한 행위로 인정된다.

ㄹ 불법조건 : 사회질서에 반하는 조건, 불법조건부 법률행위는 무효이다.

무효인 조건과 조건부 법률행위의 효력

조건부 법률행위에 있어 조건의 내용 자체가 불법적인 것이어서 무효일 경우 또는 조건을 붙이는 것이 허용되지 아니하는 법률행위에 조건을 붙인 경우 그 조건만을 분리하여 무효로 할 수는 없고 그 법률행위 전부가 무효로 된다(대결 2005.11.8. 2005마541).

보충**학습** 기성조건과 불능조건

조건	구분	처리	구체적인 예
기성조건	정지조건	조건이 없는 법률행위로 한다.	'네가 시험에 합격하면 등록금을 주겠다.'는 경우, 이미 시험에 합격해 있었을 경우
	해제조건	법률행위를 무효로 한다.	'네가 B학점 이하로 떨어지면 등록금의 지급을 앞으로 중단하겠다.'고 한 경우, 이미 B학점 이하로 되어 있었을 경우
불능조건	정지조건	법률행위를 무효로 한다.	'네가 하늘을 날게 되면 집을 준다.'고 하였을 경우
	해제조건	조건이 없는 법률행위로 한다.	'태양이 서쪽에서 뜨면 주었던 집을 도로 반환하라'고 하였을 경우

(4) 조건의 성취와 불성취의 의미

조건이 성립하는 것을 조건의 성취라고 하고, 조건이 성립하지 않는 것을 조건의 불성취라고 한다. 이에 따라 법률행위의 효력 여부가 확정된다. 따라서 조건이 성취되었다는 사실에 의하여 법률행위의 효과가 확정되었음을 주장하는 자가 조건의 성취를 이증하여야 한다.

1. 정지조건의 성취에 대한 입증책임

조건이 성취되었다는 사실에 의하여 <u>법률행위의 효력이 확정(발생)되었음을 주장하는</u> 자가 조건의 성취사실을 입증해야 한다.

원고가 피고 교회의 담임 목사직을 자진은 퇴하겠다는 의사를 표명한데 대하여 피고 교회에서 은퇴위로금으로 이건 부동산을 증여하기로 한 것이라면 이 증여는 원고의 자진사임을 조건으로 한 증여라고 보아야 할 것이므로 원고가 위 증여계약을 원인으로 피고에게 소유권이전등기를 구하려면 적어도 그 후 자진 사임함으로써 그 조건이 성취되었음을 입증할 책임이 있다(대법원 1984.9.25. 선고 84다카967 판결).

2. 정지조건부 법률행위라는 점에 대한 입증책임

어떠한 법률행위가 조건의 성취 시 법률행위의 효력이 발생하는 소위 정지조건부 법률행위에 해당한다는 사실은 그 법률행위로 인한 법률효과의 발생을 저지하는 사유로서 <u>그 법률효과의 발생을 다투려는 자에게 주장입증책임이 있다</u> (대법원 1993.9.28. 선고 93다20832 판결)

(5) 조건의 성취와 불성취로 의제되는 경우

제150조(조건성취, 불성취에 대한 반신의 행위)

① 조건의 성취로 인하여 불이익을 받을 당사자가 신의성실에 반하여 조건의 성취를 방해한 때에는 상대방은 그 조건이 성취한 것으로 주장할 수 있다.

② 조건의 성취로 인하여 이익을 받을 당사자가 신의성실에 반하여 조건을 성취시킨 때에는 상대방은 그 조건이 성취하지 아니한 것으로 주장할 수 있다.

① 조건성취의 의제

ㄱ 조건의 성취로 불이익을 받을 당사자가 신의성실에 반하여 조건의 성취를 방해한 때에는 상대방은 그 조건이 성취된 것으로 주장할 수 있다(제150조 제1항). 예컨대, 매도인이 등기를 마치면 보수를 주기로 했는데, 계약을 하고도 넘겨주지 않으려고 등기소에 출두하지 않아도 상대방은 조건의 성취를 주장할 수 있다.

ㄴ 조건성취의 방해는 고의에 의한 것뿐만 아니라 과실에 의한 것도 포함된다(대판 1998.12.22. 98다42356).

ㄷ 조건이 성취된 것으로 의제되는 시점은 이러한 신의성실에 반하는 행위가 없었더라면 조건이 성취되었으리라고 추산되는 시점이다.

② 조건불성취의 의제: 조건의 성취로 이익을 받을 당사자가 신의성실에 반하여 조건을 성취 시킨 때 상대방은 그 조건이 성취되지 않은 것으로 주장할 수 있다(제150조 제2항). 예컨대, 합격하면 학비를 대주기로 했는데 부정하게 합격한 때 상대방은 조건의 불성취를 주장할 수 있다.

③ 위의 상대방이 가지는 주장할 수 있는 지위는 형성권의 성질을 갖는다.

(6) 조건부 법률행위의 효력

① 조건의 성부확정 전의 효력-조건부 권리

제148조(조건부권리의 침해금지)

조건 있는 법률행위의 당사자는 조건의 성부가 미정한 동안에 조건의 성취로 인하여 생길 상대방의 이익을 해하지 못한다.

제149조(조건부권리의 처분 등)

조건의 성취가 미정한 권리의무는 일반규정에 의하여 처분, 상속, 보존 또는 담보로 할 수 있다.

조건의 성부가 확정되기 전에 있어서 당사자의 일방은 조건의 성취로 일정한 이익을 얻게 될 기대를 가지게 되는바, 민법은 이 기대 내지 희망을 일종의 권리로서 보호하고 있다. 이를 '조건부 권리'라고 한다. 그 보호내용은 다음과 같다.

㉠ **소극적 보호** : 조건의 성부가 미정인 동안에 조건부 권리의 의무자는 조건의 성취로 인하여 생길 상대방의 이익을 침해하지 못한다. 침해를 하면 불법행위가 성립될 수 있다.

㉡ **적극적 보호** : 조건부 법률행위는 일종의 기대권 내지는 희망권으로서 상대방이 침해해서도 안 되며 타자에게 양도하거나 담보제공 및 처분이 가능하고, 상속이 인정된다. 여기서 '담보로 할 수 있다'라는 의미는 조건부 권리를 위해 담보를 설정할 수 있다는 의미이지 조건부 권리를 담보로 제공할 수 있다는 의미는 아니다(통설). 조건부 권리의 담보제공은 위의 처분에 포함된다고 볼 것이다.

② **조건의 성부확정 후의 효력**

제147조(조건성취의 효과)
① 정지조건 있는 법률행위는 조건이 성취한 때로부터 그 효력이 생긴다.
② 해제조건 있는 법률행위는 조건이 성취한 때로부터 그 효력을 잃는다.
③ 당사자가 조건성취의 효력을 그 성취 전에 소급하게 할 의사를 표시한 때에는 그 의사에 의한다.

㉠ **정지조건부** : 조건이 성취되면 법률행위는 그 효력을 발생시키고, 불성취로 확정하면 무효로 된다.

㉡ **해제조건부** : 조건이 성취되면 법률행위의 효력은 소멸하고, 불성취로 확정하면 효력은 소멸하지 않는 것으로 확정한다.

㉢ **예외** : 당사자의 의사표시로 소급효를 주는 것은 상관없다. 이와 같이 소급효가 인정되는 경우에도 그것으로 말미암아 제3자의 권리를 해하지 못한다.

기출문제분석

1 조건과 기한에 관한 설명으로 옳지 않은 것은?

① 정지조건부 법률행위는 조건이 성취되면 소급하여 법률관계의 효력이 발생한다.
② 조건이 사회질서에 반하는 경우 그 법률행위는 무효로 한다.
③ 해제조건부 법률행위의 해제조건이 법률행위 당시에 이미 성취되어 있으면 그 법률행위는 무효이다.
④ 기한의 이익은 채무자의 이익으로 추정한다.
⑤ 기한의 이익은 이를 포기할 수 있으나 상대방의 이익을 해하지 못한다.

ADVICE 》 ① 정지조건 있는 법률행위는 조건이 성취한 때로부터 그 효력이 생긴다〈제147조 제1항〉.

2 해제조건부 행위라고 볼 수 있는 것은?

① 시계를 준다.
② 시험에 합격하면 시계를 준다.
③ 나와 같이 여행하면 시계를 준다.
④ 시계를 사면 준다.
⑤ 시계를 주되 시험에 불합격하면 다시 찾아온다.

ADVICE 》 해제조건부 법률행위에 있어서는 조건이 성취되면 법률행위의 효력이 소멸되고 불성취로 확정되면 그 효력이 소멸하지 않는 것으로 확정된다.
① 조건이나 기한이 없다.
②③④ 조건이 성취되면 효력이 발생하므로 정지조건이다.

Answer 1.① 2.⑤

3 다음 중 조건을 붙일 수 있는 법률행위는?

① 상계 ② 환매
③ 상속의 포기 ④ 증여
⑤ 인지

ADVICE >> ④ 계약으로 조건을 붙일 수 있다.
※ 조건과 친하지 않는 법률행위
　㉠ 효과가 확정적으로 발생될 것을 요구하는 것(어음·수표행위, 신분행위)이다.
　㉡ 단독행위는 원칙적으로 조건을 붙일 수 없다.

01 핵심예상문제

1 조건에 관한 내용으로 틀린 것은?

① 상대방에 이익을 주는 단독행위에 조건을 붙이는 것이 가능하다.

② 정지조건부 법률행위는 그 조건이 의무자의 의사에 의하여 좌우되는 것은 무효이다.

③ 조건의 성취가 미정인 권리도 담보로 할 수 있다.

④ 정지조건이 있는 법률행위는 조건이 성취되면 법률행위의 성립시에 소급하여 그 효력이 발생한다.

⑤ 조건이 있는 법률행위의 당사자는 조건의 성부가 미정인 동안에 조건의 성취로 인하여 생길 상대방의 이익을 해하지 못한다.

> **ADVICE »** ① 단독행위는 조건을 붙이지 못하는 것이 원칙이지만, 예외적으로 채무면제나 유증 등과 같이 상대방에게 이익만 주는 경우는 조건을 붙일 수 있다.
> ② 순수수의조건으로 무효이다.
> ④ 정지조건 있는 법률행위는 조건이 성취한 때로부터 그 효력이 생긴다〈제147조 제1항〉.

2 조건과 친하지 않는 행위를 열거한 것으로 틀린 것은?

① 증여   ② 취소

③ 입양   ④ 혼인

⑤ 계약의 해지

> **ADVICE »** 조건에 친하지 않는 행위에는 효과가 확정적으로 발생할 것을 요구하는 것(어음 · 수표행위, 신분행위 등)과 단독행위가 있다.
> ②⑤ 단독행위   ③④ 신분행위

Answer   3.④ / 1.④ 2.①

3 "비가 내리면 우산을 주겠다."라고 하는 경우에는 어떠한 조건에 해당하는가?

① 해제조건 · 적극조건　　　　　② 정지조건 · 혼합조건

③ 해제조건 · 비수의조건　　　　④ 정지조건 · 적극조건

⑤ 해제조건 · 혼합조건

> **ADVICE 》** 조건의 종류
> ㉠ 정지조건 : 성취에 의하여 법률행위의 법률효과를 발생하게 하는 조건이다.
> ㉡ 해제조건 : 성취에 의하여 이미 발생한 법률효과를 소멸하게 하는 조건이다.
> ㉢ 적극조건 : 조건이 되는 사실이 현상의 변경에 있는 경우(내가 취직한다면, 내일 눈이 온다면 등)이다.
> ㉣ 비수의조건 : 조건의 성부가 당사자의 일방적 의사에만 의존하지 않는 조건으로, 이에는 우성조건과 혼성조건이 있다.
> • 우성조건 : 조건의 성부가 당사자의 의사와는 관계가 없는 경우, 즉 자연의 사실, 제3자의 의사나 행위에 의하여 그 성부가 결정되는 조건이다(내일 비가 온다면 등).
> • 혼성조건 : 조건의 성부가 당사자의 일방의 의사뿐만 아니라 제3자의 의사에 의하여도 결정되는 경우이다(네가 甲녀와 결혼한다면 등).

4 조건에 관한 설명으로 틀린 것은?

① "네가 甲남과 결혼하면 이 카메라를 주겠다."고 하는 경우는 혼성조건이다.

② 법정조건은 가장조건이다.

③ 우성조건은 비수의조건이다.

④ 기성조건이 정지조건이면 조건 없는 법률행위가 된다.

⑤ 불능조건이 해제조건으로 되어 있는 법률행위는 무효이다.

> **ADVICE 》** ⑤ 불능조건이 해제조건으로 되어 있는 법률행위는 조건 없는 단순한 법률행위이다.

5 다음 내용 중 옳은 것은?

① 민법상 상계는 단독행위이기 때문에 어떠한 경우에도 조건을 붙일 수 없다.

② 취소는 상대방의 동의가 있는 경우에는 조건을 붙여도 무방하다.

③ 상속포기에 조건을 붙이는 것도 타 상속인의 동의가 있는 경우에는 이익을 해하지 않으므로 인정된다.

④ "배우자가 사망하면 혼인하자."는 조건의 약혼도 상대방의 동의가 있으면 허용된다.

⑤ 해제는 어떠한 경우에도 조건을 붙일 수 없다.

> **ADVICE 》** 단독행위에는 사익상의 이유로 조건을 붙일 수 없는 것이 원칙이나, 상대방의 동의가 있다든지 또는 상대방에게 특별히 불이익을 주지 않는 경우에는 조건을 붙일 수 있다. 하지만 ③④의 경우처럼 공익상의 이유로 금지하는 것은 상대방의 동의가 있어도 조건을 붙일 수 없다.

6 다음 내용 중 조건이 아닌 것은?

① 내일 비가 오면 이 우산을 너에게 주겠다.
② 내가 성공하면 너에게 생활비를 급여하겠다.
③ 내가 행정고시에 합격하면 이 책을 모두 너에게 주겠다.
④ 너에게 이 시계를 주되 내가 죽게 되면 그때 주겠다.
⑤ 네가 우등생이 되면 장학금을 주겠다.

> **ADVICE** 》 ④ '내가 죽게 되면'은 장래의 사실이기는 하나 발생할 것이 확실하므로 조건사실이 아니다.

7 다음 설명 중 옳지 않은 것은?

① 조건은 법률행위의 효력의 발생 또는 소멸에 관한 것이며, 법률행위의 성립에 관한 것은 아니다.
② 조건이 되는 사실은 장래의 불확실한 사실이어야 한다.
③ 사회질서에 반하는 조건을 붙인 법률행위는 그 조건만이 무효이다.
④ 조건은 당사자가 임의로 부가한 것이어야 한다.
⑤ 조건은 법률행위의 내용이다.

> **ADVICE** 》 조건 … 법률행위의 효력의 발생 또는 소멸을 불확실한 사실의 성부에 의존케 하는 부관이다.
> 조건이 되는 사실은 장래의 불확실한 사실, 즉 객관적으로 성부가 불명한 것이어야 하는데
> 이 점에서 장래 도래할 것이 확실한 기간과 다르다. 조건은 법률행위의 내용이므로 당사자가
> 임의로 정한 것이어야 한다. 따라서 법정조건은 여기서 말하는 조건이 아니다.
> ③ 그 조건만을 분리하여 무효로 할 수는 없고 그 법률행위 전부가 무효로 된다.

8 조건에 대한 설명으로 틀린 것은?

① 불능조건이 붙은 법률행위는 모두 무효이다.
② 기성조건이 정지조건이면 조건 없는 법률행위가 된다.
③ 법정조건은 조건으로서는 법률상 아무런 의의도 없다.
④ 혼성조건은 비수의 조건이다.
⑤ 단순수의조건부 법률행위는 유효하다.

> **ADVICE** 》 ① 불능조건이 정지조건으로 되어 있는 법률행위는 무효이나, 해제조건인 경우에는 조건 없는
> 법률행위가 된다〈제151조 제3항〉.

Answer   3.④ 4.⑤ 5.② 6.④ 7.③ 8.①

9 다음 중 조건부 법률행위로 인정되는 것은?

① 환매약관 ② 부담
③ 이자약관 ④ 매매효력약관
⑤ 담보약관

ADVICE » 조건은 법률행위의 효력의 발생 또는 소멸을 장래의 불확실한 사실의 성부에 의존케 하는 법률행위의 부관이다. 따라서 조건부 법률행위의 효력에 관한 약관이 있어야 한다.
①③⑤ 면책약관 등과 더불어 넓은 의미의 법률행위의 부관에 속하나 조건과는 별개이다.

10 조건부 법률행위에 관한 판례 중 옳지 않은 것은?

① 농지매매에 있어서의 소재지관서증명은 당사자가 임의로 정하는 법률행위의 부관이 아니므로 민법이 정한 바 조건에 해당한다고는 할 수 없으나 민법의 규정이 유추적용되어야 할 법정조건이라고 해석된다.
② 부부관계 종료를 해제조건으로 하는 증여계약은 그 조건만이 무효인 것이 아니라 증여계약 자체가 무효이다.
③ 어떠한 법률행위가 조건의 성취시 법률행위의 효력이 발생하는 소위 정지조건부 법률행위에 해당한다는 사실은 그 법률행위로 인한 법률효과의 발생을 저지하는 사유로서 그 법률효과의 발생을 다투려는 자에게 주장입증책임이 있다.
④ 조건의 성취로 인하여 불이익을 받을 당사자가 신의성실에 반하여 조건의 성취를 방해한 경우, 조건이 성취된 것으로 의제되는 시점은 방해를 시작한 시점이다.
⑤ 농지 매수인이 소재지관서의 증명이 앞으로 있을 수 없음을 전제로 손해배상청구 또는 계약금과 중도금의 반환을 청구하고 매도인은 계약해제를 주장하는 경우 소재지관서의 증명이라는 법정조건은 발생하지 아니하기로 확정되어 조건불성취의 경우와 마찬가지로 보아 농지매매는 효력을 발생할 수 없는 것으로 확정되었다고 볼 수 있다.

ADVICE » ④ 조건의 성취로 인하여 불이익을 받을 당사자가 신의성실에 반하여 조건의 성취를 방해한 경우, 조건이 성취된 것으로 의제되는 시점은 이러한 신의성실에 반하는 행위가 없었더라면 조건이 성취되었으리라고 추산되는 시점이다(대판 1998.12.22. 98다42356).

11 민법상 일반의 조건으로 인정받을 수 없는 것은?

① 순수수의조건 ② 법정조건
③ 우성조건 ④ 소극조건
⑤ 해제조건

12 다음 중 조건을 붙일 수 있는 법률행위는?

① 채무면제 ② 상계
③ 혼인 ④ 상속의 승인
⑤ 어음행위

13 다음 중 조건에 관한 설명으로 옳은 것은?

㉠ 불법조건은 민법상 조건으로 보기 힘들다.
㉡ 채권자가 채무자의 사업성공을 조건으로 채무를 면제해 주는 것은 가능하다.
㉢ “서울에 가면 꽃신을 사다 주겠다.”는 법률행위는 유효하다.
㉣ 조건부 법률행위로 발생한 권리의무는 조건성취 전에는 처분할 수 없다.
㉤ 조건부 법률행위에 있어서 조건이 반사회질서에 해당할 경우 그 법률행위 자체가 무효이다.
㉥ 순수수의조건이 무효인가에 대하여 학설은 대립한다.

① ㉠㉡㉢㉣ ② ㉠㉡㉢㉤
③ ㉡㉢㉣㉤ ④ ㉢㉣㉤㉥
⑤ ㉠㉡㉢㉣㉤㉥

기한부 법률행위

1. 기한

학습Guide

기한과 관련하여서는 기한의 이익과 그 상실 그리고 기한의 이익상실 특약 등을 구별하여 잘 정리하여야 한다. 역시 기한의 종류(시기, 종기, 불확정기한 등)와 기한에 친하지 않은 행위 등도 기본적으로 중요한 분야이므로 간단히 공부한다.

(1) 개념

법률행위의 당사자가 그 효력의 발생·소멸 또는 채무의 이행을 장래에 발생할 것이 객관적으로 확실한 사실에 의존하게 하는 법률행위의 부관을 '기한'이라 하며, 기한이 붙은 법률행위를 '기한 있는 법률행위' 또는 '기한부 법률행위'라 한다. 기한이 되는 사실은 장래에 발생할 사실이라는 점에서 조건이 되는 사실과 같으나, 그 발생이 확실하다는 점에서 그 성부 자체가 불확실한 조건의 경우와 다르다. 따라서 '첫눈이 오면~', '장마철에 접어들면~', '부가 언젠가 사망하는 날~', 등은 확정된 시점은 아니나 틀림없이 이루어질 것을 내용으로 하므로 불확정하지만 '기한'이다.

판례

조건과 기한의 원칙적인 판단기준
부관이 붙은 법률행위에 있어서 부관에 표시된 사실이 발생하지 아니하면 채무를 이행하지 아니하여도 된다고 보는 것이 상당한 경우에는 조건으로 보아야 하고, 표시된 사실이 발생한 때에는 물론이고 반대로 발생하지 아니하는 것이 확정된 때에도 그 채무를 이행하여야 한다고 보는 것이 상당한 경우에는 표시된 사실의 발생 여부가 확정되는 것을 불확정기한으로 정한 것으로 보아야 한다(대판 2003.8.19. 2003다24215).

(2) 종류

① 시기·종기
  ㉠ 시기 : 법률행위효력의 발생 또는 채무이행의 시기를 장래에 발생이 확실한 사실에 의존케 하는 기한(예 : 10월 1일부터 내집에서 살아도 좋다.)
  ㉡ 종기 : 법률행위효력의 소멸을 장래 발생이 확실한 사실에 의존케 하는 기한(예 : 금년 말까지만 사용해도 좋다.)

② 확정기한과 불확정기한

　㉠ 확정기한 : 기한의 내용이 되는 사실의 발생시기가 확정되어 있는 기한(예 : 1997.1.1부터 또는 1997.12.31까지)

　㉡ 불확정기한 : 기한으로 되는 사실이 성취하는 것만은 확실하지만 발생시기가 불확정한 기한 (예 : 사망한 때, 비가 온 때 등)

(3) 기한부 법률행위의 효력

① 기한도래 전의 효력

> 제154조(기한부권리와 준용규정)
> 제148조와 제149조의 규정은 기한 있는 법률행위에 준용한다.

　기한이 도래하기 전에 기한의 도래로 인하여 생길 상대방의 이익을 해하지 못한다. 또한 기한부 권리·의무는 일반규정에 따라 이를 처분·상속·보존·담보로 할 수 있다. 기한은 그 도래가 보다 확실하므로 조건부 법률행위보다 보호의 필요성은 더욱 강하다고 볼 수 있다.

② 기한도래 후의 효력

> 제152조(기한도래의 효과)
> ① 시기 있는 법률행위는 기한이 도래한 때로부터 그 효력이 생긴다.
> ② 종기 있는 법률행위는 기한이 도래한 때로부터 그 효력을 잃는다.

　㉠ 시기 : 그 법률행위는 기한이 도래한 때로부터 효력을 발생한다.
　㉡ 종기 : 그 법률행위는 기한이 도래한 때로부터 그 효력을 잃는다.
　㉢ 기한의 효력에는 절대로 소급효가 없다. 당사자의 특약이 있어도 이를 인정할 수 없다.

(4) 기한을 붙일 수 없는 법률행위

　기한을 붙일 수 없는 법률행위의 범위는 대체로 조건을 붙일 수 없는 법률행위의 범위와 같으나 약간의 차이가 있다.

① 혼인, 협의상의 이혼, 입양, 파양, 상속의 승인과 포기 등 가족법의 행위에는 시기를 붙이는 것이 허용되지 않는다. 그러나 어음·수표행위는 조건에 친하지 않으나, 그 이행기를 뜻하는 시기를 붙이는 것은 무방하다.

② 소급효 있는 법률행위, 예컨대 상계에 시기를 붙이지 않음을 주의하여야 한다.

(5) 기한의 이익

제153조(기한의 이익과 그 포기)

① 기한은 채무자의 이익을 위한 것으로 추정한다.

② 기한의 이익은 이를 포기할 수 있다. 그러나 상대방의 이익을 해하지 못한다.

① 의의 : 기한의 이익이란 기한이 도래하지 않음으로써 당사자가 받은 이익이다. 이러한 기한의 이익은 채권자, 채무자, 또는 양자가 갖는 경우도 있다.

② 기한의 이익을 갖는 자 : 기한의 이익은 당사자 중 누가 갖느냐는 경우에 따라 다른데 채권자만이 갖는 경우가 있고(예 : 무상임치), 채무자만이 갖는 경우도 있고(예 : 무이자 소비대차), 채권자·채무자 쌍방이 갖는 경우도 있다(예 : 이자부 소비대차). 그러나 이 중 채무자만이 갖는 경우가 가장 흔하므로 민법은 "기한은 채무자의 이익을 위한 것으로 추정한다."고 규정하고 있다(제153조 제1항).

③ 기한의 이익의 포기 : 기한의 이익은 포기할 수 있다. 그러나 상대방의 이익을 해하지 못한다(제153조 제2항). 예컨대, 무이자 소비대차의 채무자(차주)는 언제든지 변제 할 수 있으나, 이자부 소비대차의 채무자는 상대방(대주)의 이익을 해하지 못하므로 변제기까지가 아니라 이행기까지의 이자를 지급하여 기한 전에 변제할 수 있다.

④ 기한의 이익 상실 : 기한의 이익을 채무자에게 주는 것은 채무자를 신용하여 그에게 이행의 유예를 주는 것이다. 그러므로 만일에 채무자가 그의 경제적 신용을 잃었다고 할 수 있는 사유가 발생한 때에 그의 기한의 이익을 상실시키고 곧 변제케 하는 것은 부득이하다. 그러한 사유로서 다음의 세 가지를 들 수 있다.

㉠ 채무자가 담보를 손상하거나 감소 또는 멸실하게 한 때(제388조 제1호)

㉡ 채무자가 담보제공의 의무를 이행하지 않은 때(제388조 제2호)

㉢ 채무자의 파산(채무자 회생 및 파산에 관한 법률 제425조) : 이러한 경우 채권자는 즉시변제의 청구를 할 수 있게 된다.

⑤ 기한이익상실특약 : 이른바 할부금채무에서 1회라도 할부금의 지급을 게을리 하면 잔금 전액을 일시에 청구하여도 이의가 없다는 기한이익상실특약에 관하여, 판례(대판 2002.9.4. 2002다28340)는 "기한이익상실의 특약을 그 내용에 의하여 일정한 사유가 발생하며 채권자의 청구 등의 요함이 없이 당연히 기한의 이익이 상실되어 이행기가 도래하는 것으로 하는 정지조건부 기한이익상실의 특약과 일정한 사유가 발생한 후 채권자의 통지나 청구 등 채권자의 의사행위를 기다려 비로소 이행기가 도래하는 것으로 형성권적 기한이익상실의 특약의 두 가지로 대변할 수 있고, 기한이익상실의 특약이 위의 양자 중 어느 것에 행하느냐는 당사자의 의사해석의 문제이지만 일반적으로 기한 이익상실의 특약이 채권자를 위하여 둔 것인 점에 비추어 명백히 정지조건부 기한이익상실의 특약이라고 볼만한 특별한 사정이 없는 이상 형성권적 기한이익상실의 특약으로 추정하는 것이 타당하다"고 한다.

- 정지조건부 기한이익 상실약정인지 형성권적 기한이익 상실약정인지 판단기준 : 특별한 사정이 없는 이상 형성권적 기한이익 상실의 특약으로 추정하는 것이 타당하다.
- 형성권적 기한이익 상실특약의 경우 소멸시효 진행시점 : 각 변제기의 도래시마다 그 때부터 순차로 소멸시효가 진행하고 채권자가 특히 잔존채무 전액의 변제를 구하는 취지의 의사를 표시한 경우에 한하여 전액에 대하여 그 때부터 소멸시효가 진행하는 것이다.

02 기출문제분석

1 기한의 이익에 관한 설명으로 가장 옳지 않은 것은? (단, 다수설과 판례에 의함)

① 기한의 이익은 기한이 도래하지 않음으로 인하여 법률관계의 당사자가 받는 이익을 의미한다.

② 기한의 이익을 가지는 자는 원칙적으로 법률관계의 성질에 따라 결정된다.

③ 다른 약정이 없을 경우 기한의 이익은 채무자를 위하여 존재하는 것으로 추정된다.

④ 채무자가 자신이 설정한 담보물을 손상, 감소 또는 멸실하게 한 때에는 기한의 이익을 상실한다.

⑤ 기한이 일정한 당사자의 이익만을 위하여 존재하는 경우 그 당사자는 자유롭게 기한의 이익을 포기할 수 있고 포기는 소급효를 갖는다.

ADVICE » ⑤ 기한이익의 포기는 소급효가 없으므로 장래에 있어서만 효력이 있다.

2 다음 중 기한의 이익을 가지지 않는 자는?

① 이자 있는 정기예금의 채무자

② 이자 있는 정기예금의 채권자

③ 이자 없는 소비대차의 차주

④ 이자 없는 소비대차의 대주

⑤ 무상임치에 있어서의 임치인

ADVICE » 기한의 이익은 채무자에게 있다고 추정하나, 유상계약일 경우에는 양자 모두에게 있다.
④ 이자 없는 소비대차의 경우 대주는 기한의 이익이 없다.

3 다음 중 채무자가 기한의 이익을 상실하는 경우가 아닌 것은?

① 채무자가 파산선고를 받은 때
② 채무자가 피성년후견인이 된 때
③ 채무자가 저당잡힌 가옥을 멸실시킨 때
④ 채무자가 보증인을 살해한 때
⑤ 채무자가 담보를 제공하지 않은 때

> **ADVICE** ≫ 기한의 이익 상실사유
> ㉠ 채무자가 담보를 손상·감소 또는 멸실한 때
> ㉡ 채무자가 담보제공의 의무를 이행하지 않은 때
> ㉢ 채무자의 파산 등

4 다음 중 기한은 붙일 수 있으나, 조건을 붙일 수 없는 것은?

① 상계
② 혼인
③ 채무의 면제
④ 상속의 승인·포기
⑤ 어음행위

> **ADVICE** ≫ 기한을 붙일 수 없는 행위와 조건을 붙일 수 없는 행위의 범위는 유사하나, 어음·수표행위
> 는 기한은 붙일 수 있으나 조건을 붙일 수 없다. 신분행위와 단독행위는 원칙적으로 기한·
> 조건 모두에 공통으로 친하지 않은 행위이다.

02 핵심예상문제

1 다음 중 기한부 법률행위가 아닌 것은?

① 내일 비가 오면 우산을 주겠다.
② 연말에 봉급의 배액의 상여금을 주겠다.
③ 甲이 죽을 때 이 집을 주겠다.
④ 남산에 첫눈이 오면 외투를 사주겠다.
⑤ 다음 월식이 있을 때 망원경을 사주겠다.

> **ADVICE** » ① 내일 비가 올 것인가는 장래 발생할 것이 불확실하므로 조건부 법률행위이다.

2 기한의 도래에 대한 설명으로 틀린 것은?

① 기한의 이익은 기한이 도래하기 전에 포기할 수 있으며, 일정한 경우에는 상실하게 된다.
② 기한이 도래하기 전에 기한의 도래로 인하여 생길 상대방의 이익을 해할 수 있다.
③ 일정한 사실의 발생을 기한으로 한 경우에는 그 사실이 발생한 때에 기한이 도래한다.
④ 기한이 기간에 의하여 정하여져 있는 경우에는 그 기간의 경과로 기한은 도래한다.
⑤ 기한이 기일에 의하여 정하여져 있는 경우에는 그 기일의 도래로 기한은 도래한다.

> **ADVICE** » ② 기한이 도래하기 전에 기한의 도래로 인하여 생길 상대방의 이익을 해할 수 없다.

3 기한에 관한 설명으로 틀린 것은?

① 기한은 당사자의 특약이 있는 때에는 소급효가 인정된다.
② 기한은 채무자의 이익을 위한 것으로 추정함이 원칙이다.
③ 혼인에는 시기를 붙이지 못한다.
④ 기한부 이익은 기한도래 전에도 처분할 수 있다.
⑤ 상대방의 이익을 해하지 아니하는 한, 기한이익을 포기할 수 있다.

ADVICE 》 기한…법률행위의 당사자가 그 효력의 발생·소멸 또는 채무의 이행을 장래에 발생하는 것이 확실한 사실에 의존케 하는 부관이다.
① 시기 있는 법률행위는 기한이 도래한 때로부터 그 효력을 잃는다〈제152조〉. 당사자의 특약이 있는 때에도 소급효를 인정할 수 없다.

4 기한이익의 포기에 관한 설명으로 틀린 것은?

① 기한의 이익을 가지는 자는 그 이익을 포기할 수 있다.

② 기한이익의 포기는 상대방 없는 단독행위이다.

③ 기한이익의 포기는 상대방의 이익을 해하지 못한다.

④ 기한의 이익이 상대방을 위해서 존재하는 경우에도 상대방의 손해를 배상하면 포기할 수 있다.

⑤ 기한이 일정한 당사자의 이익을 위하여 존재하는 경우에는 그 당사자는 자유로 그것을 포기할 수 있다.

ADVICE 》 ② 기한이익의 포기는 상대방 있는 단독행위이다.

5 다음 중 기한이 아닌 것은?

① 가을이 찾아올 때부터이다. ② 순돌이가 죽을 때이다.

③ 다음해 8월 15일부터이다. ④ 다음해 가을까지이다.

⑤ 순돌이가 결혼할 때이다.

ADVICE 》 장래 발생할 것이 확실하지 않으면 기한이 될 수 없다.

6 기한의 이익에 관한 다음 설명 중 틀린 것은?

① 기한의 이익이란 기한이 존재하는 것에 의하여 당사자가 갖는 이익을 말한다.

② 기한의 이익은 채권자만이 갖는 경우가 있다.

③ 기한의 이익은 채무자만이 갖는 경우가 가장 많다.

④ 기한의 이익은 채권자와 채무자 쌍방이 갖는 경우가 있다.

⑤ 기한의 이익은 이를 포기할 수 없다.

ADVICE 》 기한의 이익…기한이 존재하는 것, 즉 기한이 도래하지 않음으로써 당사자가 받는 이익을 말한다.
⑤ 기한의 이익은 포기할 수 있다. 그러나 상대방의 이익을 해하지 못한다〈제153조 제2항〉.

Answer 1.① 2.② 3.① 4.② 5.⑤ 6.⑤

7 기한이익의 포기에 대한 설명이다. 옳지 않은 것은?

① 이자부소비대차에 있어서 채무자는 이행기까지의 이자를 지급하여 기한 전에 변제할 수 있다.
② 기한의 이익이 상대방을 위해 존재하는 경우에는 기한의 이익을 포기할 수 없다.
③ 이자부소비대차에 있어서 기한이 채무자만의 이익을 위한 것이면, 변제시까지의 이자만을 붙여서 반환하면 된다.
④ 무상임치에 있어서의 임치인은 언제든지 반환을 청구할 수 있다.
⑤ 무이자소비대차에 있어서의 차주는 기한 전에 언제든지 반환할 수 있다.

ADVICE » ② 기한의 이익이 상대방을 위해 존재하는 경우 상대방의 손해를 배상하고 기한의 이익을 포기할 수 있다.

8 다음 중 기한의 이익을 갖지 않는 자는?

① 무상임치의 수치인
② 무상임치의 임치인
③ 이자 있는 정기예금의 채권자
④ 이자 있는 정기예금의 채무자
⑤ 이자 없는 소비대차의 차주

ADVICE » 기한의 이익 … 기한이 도래하지 않음으로써 그동안 당사자가 받은 이익을 의미한다. 누구에게 기한의 이익이 있느냐는 각 경우에 따라 다르다.
ⓐ 채권자만이 가지는 경우(무상임치)
ⓑ 채무자만이 가지는 경우(무이자소비대차)
ⓒ 채권자·채무자 쌍방이 가지는 경우(이자 있는 정기예금)
ⓓ 민법상 기한의 이익은 채무자를 위한 것으로 추정

9 조건과 기한에 관한 설명 중 타당한 것은?

① 조건은 법률행위의 성립 또는 소멸을 장래 불확실한 사실의 성부에 의존케 하는 부관이다.

② 법률이 그 내용을 정하고 있거나 효력발생시기를 정하고 있는 것도 조건이나 기한으로 볼 수 있다.

③ 합격자 발표가 2006년 4월 31일이라는 장래의 날짜로 되어 있는 경우, 합격하면 자동차를 사준다고 하거나, 불합격하면 차를 사준다는 것은 모두 정지조건이다.

④ 기한도래의 효력은 소급하지 않으나 당사자에게만 효력이 있는 소급효를 약정할 수 있다.

⑤ 기한이익의 포기가 상대방의 이익을 침해한 경우는 항상 포기할 수 없다.

> **ADVICE** 》 ① 조건은 법률행위의 효과발생이나 소멸을 장래의 성취 여부가 불확실한 사실에 의존케 하는 부관이다.
> ② 조건은 법률행위의 일부로서 당사자의 임의적 의사표시로 부가한 것이기 때문에 법률규정에 의하여 부가된 법정조건은 조건이 아니다.
> ④ 기한부 법률행위에 있어서 기한도래 후에는 그때부터 불소급으로 법률행위의 효력이 발생 또는 소멸되며, 이는 당사자 특약으로도 소급할 수 없다.
> ⑤ 당사자 모두가 기한의 이익을 갖고 있을 경우에는 상대방의 손해를 배상하고 포기할 수 있다.

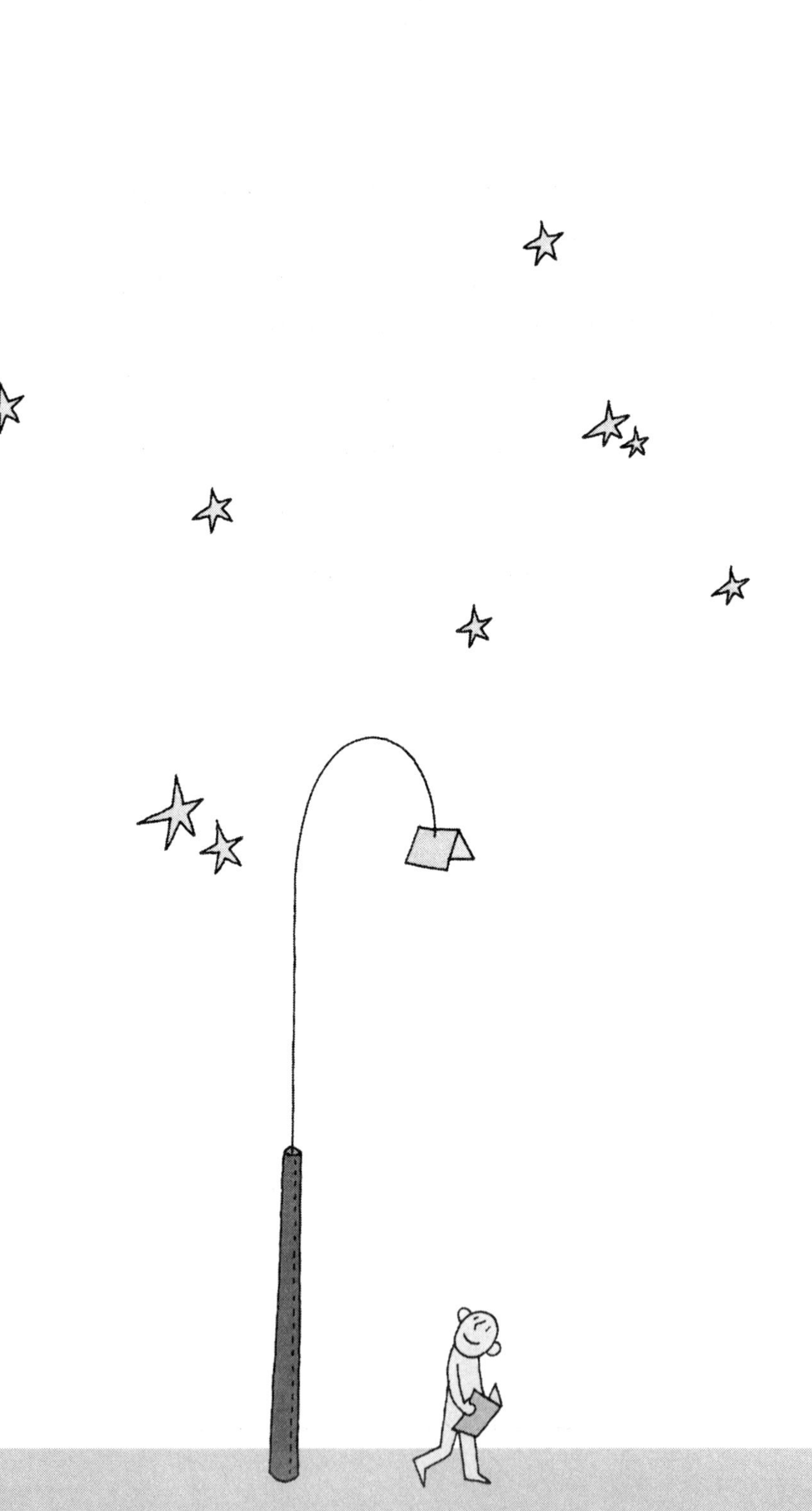

PART. **VI**

기간과 소멸시효

기간

1. 기간의 개념

학습 Guide

기간에 관한 영역은 기간의 법적성격 및 적용범위를 간략히 정리하고 구체적인 기간 계산방법을 숙지하길 바란다.

(1) 기간의 의의

기간이라 함은 어느 한 시점에서 다른 시점까지의 계속된 시간을 말한다. 이러한 기간은 다른 법률사실과 결합하여 일정한 법률관계의 발생·변경·소멸의 효과를 발생시키게 된다. 예컨대, 성년·최고기간·실종기간·시효기간·제척기간·임대차기간 등과 같은 법률요건을 이루는 경우가 많다.

(2) 기간과 구별되는 개념

① 기일 : 기일은 계속된 관념이 없이 어느 특정의 시점만을 의미하므로 반드시 계속된 시간의 관념을 필요로 하는 기간과 구별된다(예컨대, 1998년 3월 6일 등).

② 기한 : 기한은 부관의 일종으로서 직접 법률행위의 효과를 좌우하는 표의자의 종된 의사표시이다.

(3) 기간의 성질

① 기간은 법률사실로서 사건에 속한다.

② 기간만이 단독으로 직접 법률요건이 되는 일을 없지만 다른 법률사실과 결합하여 일정한 법률효과를 발생시키는 법률요건을 구성한다. 예컨대, 성년기·최고기간·실종기간·시효기간 등은 기간과 다른 법률사실이 결합되어 법률효과를 발생케 한다.

③ 민법이 정하고 있는 기간의 계산방법은 임의규정으로서, 다른 법령이나 재판상의 처분 또는 당사자의 법률행위에 의하여 정한 바가 있으면 그에 따르고 민법의 규정은 보충적으로 적용된다.

④ 민법상의 기간계산에 관한 규정은 사법관계뿐만 아니라 공법관계에서도 적용된다.

2. 기간의 계산방법

(1) 자연적 계산법과 역법적 계산법

기간의 계산방법에는 자연적 계산방법과 역법적 계산방법이 있다. 자연적 계산방법이란 순간에서 순간까지 정밀히 계산하는 방법이고, 역법적 계산방법이란 역에 따라서 일·주·월·년으로서 계산하는 방법이다. 전자는 정확하나 번잡하고, 후자는 간편하나 다소 부정확하므로 민법은 단기간의 계산에는 전자에 의하고 장기간의 계산에는 후자에 의하도록 하였다.

(2) 단기간의 계산법(기간이 시·분·초를 단위로 하는 경우)

기간을 시·분·초로 정한 때에는 자연적 계산방법에 따라 '즉시로부터 기산'하여 정해진 시·분·초가 경과한 때에 기간이 만료한다(제156조). 예컨대, 3월 6일 오전 9시 13분에서부터 10시간이라고 한다면, 3월 6일 오후 7시 13분이 만료점이 된다.

(3) 장기간의 계산법(기간이 일·주·월·년을 단위로 하는 경우)

① 기산점

　㉠ 원칙(초일 불산입원칙) : 일단위로 계산할 때는 원칙적으로 '초일은 산입하지 않고 그 익일을 기산일로 한다.'(제157조). 이를 역산적 계산법이라 한다. 예컨대, 오늘(3월 6일)부터 1주일간의 기산점은 3월 7일부터 기산한다.

민법 제157조에서 규정한 초일불산입의 원칙에 대하여 법률행위에 의하여 예외를 정할 수 있다

민법 제157조는 '기간을 일, 주, 월 또는 연으로 정한 때에는 기간의 초일은 산입하지 아니한다.'고 규정하여 초일불산입을 원칙으로 정하고 있으나, 민법 제155조에 의하면 법령이나 법률행위 등에 의하여 위 원칙과 달리 정하는 것도 가능하다(대판 2007.8.23. 2006다62942).

　㉡ 예외 : 다음과 같은 경우에는 초일을 산입한다.

- 기간이 '오전0시부터 시작하는 때' : 예컨대, 3월 31일에 법률행위를 하면서, 돌아오는 4월 2일부터 7개월간으로 정한 때는 기산이은 4월 2일부터이고, 만료일은 11월 1일 오후 12시가 된다.
- '연령의 계산'에 있어서도 출생일(초일)을 산입한다 : 예컨대, 1978년 3월 5일 오전 10시에 출생하였다면, 성년을 계산할 때 3월 5일부터 기산하여 계산하므로 1998년 3월 4일 오후 12시가 성년이 되는 시점이 된다.
- 다른 법령에 특별히 초일을 산입하도록 규정하고 있다면 그에 따른다. 예컨대, 가족관계의 등록 등에 관한 법률에 의하면 '신고기간은 신고사건 발생일로부터 이를 기산한다.'고 규정하고 있으며(제37조), 형법은 '형의 집행과 시효기간의 초일은 시간을 계산함이 없이 1일로 산정한다.'라고 규정하고 있다(제85조). 기타 국회법(제168조)에 의해서도 기간 계산 시 초일을 산입하도록 규정하고 있는 경우가 그 예이다.

② 만료점

　㉠ 기간말일의 ‘종료’로 만료한다. 기간을 주·월·년으로 정한 때에는 일로 환산하지 않고 역에 의하여 계산한다(제160조 제1항). 주·월·년의 처음부터 계산할 때, 즉 일요일, 1일, 1월 1일부터 ‘기산하는 때에는 아무런 문제가 없으나 그렇지 않은 보통의 경우에는 최후의 주·월·년에서 ‘기산일에 해당하는 날의 전일’로 기간은 만료한다. 또한 최종 월에 해당 일이 없는 경우(2월 29일)에는 그 월의 말일(2월 28일)을 기간의 말일로 한다. 기간의 말일이 공휴일이면 그 다음날(익일)로 만료한다.

　㉡ 판례는 ‘정년이 53세라 함은 만 53세에 달하는 날을 말하는 것이지, 만 53세가 만료되는 날을 의미하는 것이 아니다.’라고 판시하고 있다.

　㉢ 구체적인 만료점 계산방법

　　• 2월 6일 낮부터 3개월간을 계산하면, 2월 7일이 기산일이 되고 마지막 달에서 기산일에 해당하는 날은 5월 7일이므로 그 전일인 5월 6일의 오후 12시가 3개월의 만료점이 된다.

　　• 3월 30일부터 1개월간의 기간을 계산하면 3월 31일이 기산일이 되고 최종의 달인 4월에는 31일이 없으므로 4월 30일 오후 12시가 기간의 만료점이 된다.

　　• 말일이 공휴일일 때는 그 익일로 만료되므로 말일이 5월 5일이라면 법정공휴일이므로 5월 6일 오후 12시가 현실적인 만료점이 된다. 여기서의 공휴일에는 임시공휴일도 포함된다.

(4) 기간의 역산방법

역산의 경우에도 위에 설명한 반대로 준용된다. 예컨대, 10월 19일이 사단법인의 총회일이라고 하면 그 통지(발신)는 1주일 전까지 해야 하는 바, 기산점에 있어서 초일인 19일은 산입을 하지 않고 18일을 기산일로 하여 거꾸로 계산을 하여 12일이 말일이 되고 12일의 오전 0시로 만료한다. 따라서 12일 오전 0시(11일 오후 12시)까지는 발신되어야 한다. 이것은 발신주의의 경우이지만 만약 도달주의의 원칙이 적용될 경우에는 그 때까지 도달되어야 한다.

❧ 구체적인 기간 사례 연습

① 기간의 초일이 공휴일에 해당하는 때에는 기간은 그 익일로부터 기산한다.(○, ×)

② 기간의 계산은 법률행위로써 당사자가 법률과 달리 정할 수 있다.(○, ×)

③ 무권리자 甲으로부터 부동산을 매수하여 2000.3.3. 소유권이전등기를 경료 받고, 2000.3.20. 오후 2시경 점유를 이전 받은 乙은 2010.3.3.이 만료하여야 그 부동산 등기부 시효취득에 필요한 10년의 기간이 경과한다.(○, ×)

④ 이사회의 소집통지가 회의 일자의 1주일 전까지 이사의 주소지를 도달되도록 정관에서 규정한 경우, 2007.7.13. 오전 10시 이사회를 개최하려고 한다면, 소집통지는 2007.7.6. 오전 0시까지는 이사의 주소지에 도달하여야 한다.(○, ×)

⑤ 기간을 일, 주, 월 또는 연으로 정한 경우 그 기간이 오전 영시부터 시작하는 때에도 초일은 산입하지 아니한다.(○, ×)

⑥ 월 또는 연으로 정한 경우에 최종의 월에 해당일이 없는 때에는 그 다음 월의 초일로 기간이 만료한다.(○, ×)

⑦ 1990년 3월 2일 오전 10시에 태어난 사람은 2010년 3월 1일 24시로써 성년이 된다.(○, ×)

⑧ 행정심판청구를 기각하는 결정문이 공휴일인 7. 17. 송달되었다면, 송달의 효력은 그 다음날인 7. 18.에 발생하므로, 제소기간은 7. 19.부터 기산하여야 한다.(○, ×)

⑨ 평균임금의 계산에 있어서는 퇴직사유가 발생한 날은 산입하지 않는다.(○, ×)

⑩ 사단법인의 사원총회 소집을 1주일 전에 통지하여야 하는 경우에 총회예정일이 2010년 3월 12일이면, 늦어도 2010년 3월 5일 오후 12시까지는 사원들에게 소집통지를 발송하여야 한다.(○, ×)

⑪ 정년이 53세라 함은 특별한 사정이 없는 한, 만 53세에 도달하는 날을 말하는 것이지 만 53세가 만료되는 날을 의미하지 아니한다.(○, ×)

〈해설〉

① (×) <u>기간의 초일이 공휴일</u>이라 하더라도 기간은 초일부터 기산한다(대판 1982.2.23. 81누204). "<u>기간의 말일이 공휴일</u>에 해당한 때에는 기간은 그 익일로 만료한다"(제161조)는 기간기산의 초일에는 적용이 없다(대판 1982.2.23. 81누204). 한편 기간의 말일이 공휴일에 해당하는 경우에 있어 공휴일은 <u>임시공휴일도 포함</u>된다(대판 1964.5.26. 63다958).

② (○) 기간의 계산은 법령, 재판상의 처분 또는 법률행위에 다른 정한 바가 없으면 본장의 규정에 의한다(제155조). 즉 기간의 계산에 관한 규정은 강행규정이 아니므로 당사자가 법률과 달리 정할 수 있다.

민법 제 157조에서 규정한 초일불산입의 원칙에 대하여 법률행위에 의하여 예외를 정할 수 있는지 여부(적극)··· 민법 제157조는 '기간을 일, 주, 월 또는 연으로 정한 때에는 기간의 초일은 산입하지 아니한다'고 규정하여 <u>초일불산입을 원칙</u>으로 정하고 있으나, <u>민법 제155조에 의하면 법령이나 법률행위 등에 의하여 위 원칙과 달리 정하는 것도 가능</u>하다(대판 2007.8.23. 2006다62942).

③ (×) 점유가 10년간 계속되어야 하므로 2010. 3. 20에 시효취득에 필요한 10년의 기간이 완성된다.

④ (○) 기간의 계산방법에 민법의 규정은 일정시점으로부터 장래에 향한 기간의 계산에 관한 것이나, 소급하여 계산되어야 할 기간도 민법의 계산방법에 관한 규정이 준용된다(통설). 따라서 7. 12.이 기산점이 되고 그 날로부터 역으로 7일이 되는 7. 6. 0시까지 소집통지가 도달해야 한다.

⑤ (×) 기간을 일, 주, 월 또는 년으로 정한 때에는 기간의 초일은 산입하지 아니한다. 그러나 그 기간이 오전 영시로부터 시작하는 때에는 그러하지 아니하다(제157조).

⑥ (×) 월 또는 연으로 정한 경우에 최종의 월에 해당일이 없는 때에는 그 월의 말일로 기간이 만료한다(제160조 제3항).

⑦ (○) 초일불산입원칙의 예외로서 연령계산에는 출생일을 산입한다(제158조).

⑧ (✕) 원고는 이 사건 양도소득세 부과처분에 관한 국세심판소의 심판청구를 기각하는 결정서를 1980.7.17에 송달받고 국세기본법이 정하는 행정소송제기의 불변기간인 60일이 되는 1980. 9.15이 도과한 1980.9.16 이 사건 소를 제기하였다는 것이므로 1980.7.17 결정서를 받았다면 그로부터 60일이 되는 날은 7. 18부터 따져 그해 9. 15.이 됨이 역산상 명백하여 원심 조치는 정당하다 할 것이고, 위 7. 17이 공휴일인 제헌절이어서 송달의 효력은 다음날인 7. 18에 발생하니 제소기간은 7. 19부터 기산하여야 한다는 소론 논지는 아무 근거도 없는 독단적 견해에 불과하다(대판 1982.2.23. 81누204).

제1심판결 정본이 피고에게 송달된 것은 1966. 12. 19.인데 피고가 제출한 항소장은 1967. 1. 5.에 접수되었다면 1967년 1월 1 · 2 · 3 · 4일은 공휴일이었으므로 본건 항소기간은 1967. 1. 5.에 만료되는 것이라 할 것이어서 피고의 항소는 기간 내에 제기된 적법한 것이다(대판 1967.10.13. 67다1895).

⑨ (○) 근로기준법 제19조 제1항 '전단은 평균임금이라 함은 이를 산정하여야 할 사유가 발생한 날 이전 3월간에 그 근로자에 대하여 지급된 임금의 총액을 그 기간의 총 일수로 제한 금액을 말한다'라고 규정하고 있는 바, 위의 사유가 발생한 날 이전 3월간의 기산에 있어서 사유발생한 날인 초일은 산입하지 아니하여야 할 것이므로(민법 제157조) 이 사건에 있어서는 사유가 발생한 날의 전일 즉 1985. 8. 22부터 소급하여 역일에 의한 3개월을 계산하여야 하는 것이다(대판 1989.4.11. 87다카2901). ⇒ 즉 기간을 역산할 때에도 초일은 불산입하는 것이 원칙이다.

⑩ (✕) 1주일 전에 발송하여야 한다(제71조). 역산의 경우에도 민법의 기간계산방법에 관한 규정이 준용되어야 하므로 총회예정일이 2010년 3월 12일이면, 늦어도 2010년 3월 4일 오후 12시까지는 사원들에게 소집통지를 발송하여야 한다.

⑪ (○) 대판 1973.6.12. 71다2669

기출문제분석

1 다음 중 기간(期間)에 관한 기술 중 옳지 않은 것은?

① 내일(1월 1일)부터 5일간이라 하면 1월 5일까지이다.
② 기간이 오전 0시로부터 시작하는 경우에는 초일을 산입한다.
③ 오늘(5월 3일)부터 1개월이라 하면 6월 3일까지이다.
④ 오는 4월 6일부터 1주일이라 하면 4월 13일까지이다.
⑤ 4시부터 4시간이라 하면 8시까지이다.

> **ADVICE »** ④ 제157조 단서에 의하여 초일인 4월 6일도 산입되므로 오는 4월 6일부터 1주일이라 하면 4월 12일까지이다.

2 다음 중 기간의 계산이 틀린 것은?

① 오늘 오후 4시부터 4시간은 오늘 오후 8시가 된다.
② 기간이 오전 0시로부터 시작하는 경우에는 초일을 산입한다.
③ 7월 8일 오후 3시부터 3개월은 10월 8일 오후 12시가 된다.
④ 7월 3일 오후 3시부터 5일과 3시간은 7월 9일 오전 3시가 된다.
⑤ 7월 1일 오후 3시부터 10일간은 7월 10일 오후 12시까지이다.

> **ADVICE »** ⑤ 7월 1일 오후 3시부터 10일간은 7월 11일 오후 12시까지이다.

3 기간의 말일이 공휴일인 경우 기간의 만료점은?

① 공휴일 전일
② 공휴일 당일
③ 공휴일의 익일
④ 공휴일 2일 전
⑤ 공휴일 2일 후

> **ADVICE »** 기간의 말일이 공휴일에 해당하는 때에는 기간은 그 익일로 만료한다.

Answer　　1.④　2.⑤　3.③

4 甲은 5월 12일 상오 12시에 4개월을 기한으로 乙로부터 5만원을 차용하였다. 그 기간의 만료시점은?

① 9월 12일 상오 12시 ② 9월 12일 하오 12시
③ 9월 13일 상오 12시 ④ 9월 13일 하오 12시
⑤ 9월 14일 하오 12시

ADVICE 》 일·주·월·년을 단위로 하는 기간의 계산
　ⓐ **기산점**: 기간의 초일은 원칙적으로 산입하지 않는다. 예외로 기간이 오전 0시로부터 시작하는 때, 연령계산, 국회의 회기계산의 경우에는 초일을 산입한다.
　ⓑ **만료점**: 기간을 일로 정한 때에는 기간의 말일의 종료로 기간이 만료한다. 기간을 주·월·년으로 정한 때에는 일로 환산하지 않고 역에 의하여 계산한다. 다만, 최종의 월에 해당일이 없는 때에는 그 월의 말일로 기간이 만료한다.

핵심예상문제

01

1 기간에 관한 설명 중 틀린 것은?

① 기간의 말일이 공휴일인 때에는 기간은 그 익일로 만료한다.
② 기간은 법률행위의 부관이 아니다.
③ 민법상의 기간에 관한 규정은 사법관계에는 적용되지 아니한다.
④ 기간은 어떤 시점에서 어떤 시점까지 계속된 시간이다.
⑤ 연령계산에 있어서는 출생일을 산입한다.

ADVICE » ③ 민법상의 기간에 관한 규정은 공법관계뿐만 아니라 사법관계에도 적용된다.

2 2006년 3월 30일 오후 2시에 지금부터 3개월이라고 하면 기한 만료시는 언제인가?

① 2006년 6월 30일 오전 12시　　② 2006년 6월 30일 오후 12시
③ 2006년 6월 30일 오후 2시　　④ 2006년 7월 1일 오후 2시
⑤ 2006년 7월 1일 오후 12시

ADVICE » 2006년 3월 30일 오후 2시부터 3개월이라 하면, 기산점은 2006년 3월 31일 오전 0시이고 그 만료점은 2006년 6월 30일 24 : 00이다.

3 국회 임시회를 5월 8일에 개회하려고 한다. 언제까지 공고하여야 하는가? (단, 임시회의 집회공고는 집회기일 3일 전에 하여야 함)

① 5월 4일 24 : 00　　② 5월 5일 12 : 00
③ 5월 5일 24 : 00　　④ 5월 6일 12 : 00
⑤ 5월 6일 24 : 00

ADVICE » 국회법상의 기간계산에는 초일을 산입하므로 기산점은 5월 8일이며, 그 3일 전은 5월 5일 24시가 된다.

Answer 　4.② / 1.③　2.②　3.③

4 기간에 관한 설명으로 틀린 것은?

① 기간에 관한 민법규정은 사법관계뿐만 아니라 공법관계에도 적용된다.
② 기간에 관한 민법규정은 강행규정이다.
③ 법률사실로서의 기간은 사건에 속한다.
④ 기간은 계속의 관념이 없는 기일과는 구별된다.
⑤ 기간은 어느 시점에서 어느 시점까지 계속된 시간을 말한다.

ADVICE 》 ② 기간에 관한 민법의 규정은 보충적인 규정으로서의 성격을 갖는다.

5 기간의 계산법에 관하여 옳지 않은 것은?

① 기간의 초일은 산입하지 않는다.
② 연령계산에 있어서는 출생일은 산입하지 않는다.
③ 기간을 주·월 또는 연으로 정한 때에는 역(曆)에 의하여 계산한다.
④ 기간이 오전 0시로부터 시작하는 때에는 초일을 산입한다.
⑤ 기간의 말일이 공휴일에 해당하는 때에는 기간은 그 익일로 만료한다.

ADVICE 》 ② 연령계산에는 출생일을 산입한다〈제158조〉.

6 기간에 관한 설명 중 옳지 않은 것은?

① 기간은 법률행위의 부관이 아니다.
② 기간은 계속의 관념이 있다는 점에서 기일과 구별된다.
③ 기간만이 법률요건으로 되는 경우는 희귀하다.
④ 기간에 관한 민법의 규정은 보충적인 것이다.
⑤ 기간을 주, 월, 연으로 정한 때에는 역에 의하여 계산한다.

ADVICE 》 ③ 기간이 법률요건이 되는 경우는 없다. 다만 그것은 하나의 법률사실로서 다른 법률사실과 결합해서 법률요건을 이룰 뿐이다.

7 2006년 4월 10일 오전 10시에 열리는 사단법인의 사원총회의 소집통지는 언제까지 하여야 하는가?

① 4월 3일 오전 12시까지 발송하여야 한다.
② 4월 2일 오후 12시까지 발송하여야 한다.
③ 4월 3일 오후 12시까지 발송하여야 한다.
④ 4월 4일 오전 12시까지 통지가 도착하면 된다.
⑤ 4월 2일 오전 12시까지 통지가 도착하면 된다.

> **ADVICE** » 사단법인의 사원총회의 소집은 1주일 전에 통지를 발하여야 한다〈제71조〉. 초일은 산입하지 않으므로 기산일은 4월 9일이 되고, 그로부터 7일을 소급한 4월 3일 오전 0시가 만료점이 되므로 늦어도 4월 2일 오후 12시까지는 회원에게 통지를 발송하여야 한다.

8 다음 중 기간에 관한 설명으로 옳지 않은 것은?

① 기간은 사건이다.
② 민법의 기간계산방법은 공법관계에서도 적용된다.
③ 기간이 일정한 간격인 데 대하여, 기일은 구체적인 어느 시점이다.
④ 기간의 초일을 산입하는 경우는 연령계산의 경우뿐이다.
⑤ 민법의 기간의 계산에 관한 규정은 임의규정이다.

> **ADVICE** » ④ 기간계산에 있어서 초일을 산입하는 경우는 연령계산 이외에도 오전 0시부터 시작할 때, 또는 민법 이외의 경우로서 국회법 제168조에 의해 기간을 계산할 때 등이 있다.

소멸시효

1. 총설

학습 Guide

이 부분에서는 시효제도의 존재이유를 간략히 살펴보고, 특히 소멸시효와 구별되는 제도로서 제척기간과 관련해서는 언제든지 출제될 수 있으므로, 구체적 내용과 소멸시효와의 차이점 등 구체적인 비교학습이 필요하다.

(1) 시효의 의의

① 개념
   ㉠ 시효란, 일정한 사실상태가 일정기간 계속된 경우에, 진정한 권리관계와 일치하는지 여부를 묻지 않고, 그 사실상태를 존중하여 일정한 법률효과를 발생시키는 제도를 말한다.
   ㉡ 시효로, 권리행사라는 외관이 일정기간 계속된 경우에 권리취득의 효과를 부여하는 취득시효와 권리불행사라는 사실상태가 일정기간 계속된 경우에 권리소멸의 효과를 부여하는 소멸시효의 둘이 있는데, 민법은 소멸시효를 총칙편에, 취득시효를 소유권 취득원인의 하나로 물권편에 각 규정하고 있다.

	취득시효	소멸시효
요건	① 무권리자가 ② 물건을 점유하여 ③ 일정기간 계속 권리를 행사	① 권리자가 ② 일정기간 ③ 권리를 불행사하여야
효과	① 점유를 개시한 때로 소급하여 권리취득 ② 다른 재산권에 준용 ③ 원시취득	① 불행사한 때로 소급하여 권리 소멸

② 시효의 법적 성질
   ㉠ 시효는 일정한 기간의 계속을 요소로 하여 일정한 법률효과를 발생시키는 법률요건 중 사건이다.
   ㉡ 시효는 재산권에 관한 것이며, 가족관계에 대해서는 적용되지 않는다.

(2) 시효제도의 존재이유

① **전통적 입장** : 종래의 통설은, 일정한 사실상태가 일정기간 계속됨을 근거로 하여 사실상태를 권리관계로 고양하는 시효제도의 존재이유로 다음의 3가지를 든다.

　㉠ **법적 안정성의 확보** : 일정한 사실상태가 오래 지속되면 사회는 그것이 권리관계와 부합하는 것으로 신뢰하고 이를 기초로 한 법률관계가 형성되는데, 법은 일정기간 계속된 사실상태를 – 그것이 진정한 권리관계와 일치하는지 여부를 묻지 않고 – 권리관계로 인정함으로써, 사회질서를 안정시키고 제3자의 신뢰를 보호하려고 한다.

　㉡ **입증곤란의 구제** : 일정한 사실상태가 오래 지속되면 그 사이에 진정한 권리관계에 대한 증거가 없어지기 쉬운 반면, 사실상태가 오래 계속되었다는 것 자체가 그것이 정당한 권리관계에 기하여 유지되어 왔을 개연성을 보여준다. 이러한 개연성에 기초하여 시효는 증명곤란에 빠진 당사자를 구제한다.

　㉢ **권리행사의 태만에 대한 제제** : 오랫동안 자기의 권리를 행사하지 않고 방치하는 자는 이른바 「권리 위에 잠자는 자」로서 보호받을 가치가 없다.

(3) 소멸시효와 구별되는 제도 : 제척기간

① **의의**

　㉠ **개념** : 제척기간이란, 일정한 권리에 관하여 법률이 미리 정하고 있는 그 권리의 존속기간을 말하며, 그 기간 내에 권리를 행사하지 않으면 그 권리는 당연히 소멸한다. 제척기간을 두는 이유는, 권리자로 하여금 당해 권리를 신속하게 행사하도록 함으로써 그 권리를 중심으로 하는 법률관계를 조속히 확정하려는 데 있고, 이는 형성권의 행사에서 특히 강하게 요청된다.

　㉡ **법적 성질** : 제척기간이 정하여져 있는 권리는 그 기간 내에 어떠한 행위가 있어야 보전되는지에 관하여, 통설은 그 기간 내에 소의 제기가 있어야 보전되는 것으로, 즉 제척기간을 제소기간으로 해석하는데 반하여 판례는 재판상 또는 재판 외의 권리행사가 있으면 보전되는 것으로 새긴다.

② **소멸시효와의 차이** : 당사자 사이의 약정으로 기간을 연장할 수 없는 점(제184조 제2항)은 제척기간에서도 마찬가지이다. 한편 천재 기타 사변으로 인한 시효의 정지에 관한 제182조가 제척기간에도 준용되는지에 관하여 학설은 나뉜다.

　㉠ 소멸시효가 완성되면 그 기산일에 소급하여 권리소멸의 효과가 생기지만(제167조), 제척기간의 경우에 소급효가 인정되지 않으므로, 기간이 경과한 때부터 장래에 향하여 권리가 소멸하여 법률관계가 확정된다.

　㉡ 중단에 관하여 양자 사이에 차이가 있다. 즉 소멸시효는 권리자의 청구나 압류 등 또는 채무자의 승인이 있으면 중단되고, 그 때까지 경과된 시효기간은 산입되지 않는다(제168조, 제178조). 반면 제척기간에서는 권리자의 권리주장이 있으면 바로 그 효과가 발생하며, 이를 기초로 기간이 갱신된다든지 하는 문제가 발생하지 않는다.

　㉢ 제척기간에 의한 권리의 소멸은, 당사자가 이를 주장하지 않더라도 법원이 당연히 고려하여야 하는 직권조사사항이다. 반면 소멸시효완성에 의한 권리의 소멸은 시효원용권자가 시효완성 사실을 원용한 경우에 비로소 고려된다.

ⓔ 소멸시효의 이익을 포기할 수 있으나(제184조 제1항), 제척기간의 경우에 기간의 도과로 권리가 당연히 소멸하므로 포기가 인정되지 않는다.

ⓜ 소멸시효기간은 법률행위에 의하여 이를 단축 또는 경감할 수 있지만(제184조 제2항), 제척기간은 자유로이 단축할 수 없다.

	소멸시효	제척기간
구별기준	법조문에 "시효로 인하여 소멸한다."는 표현 유무로 구별	
존재이유	사실상태 존중	권리관계의 조속한 확정
권리의 소멸	• 절대적 소멸설 : 당연소멸, 다만 소송상 변론주의 원칙상 원용필요 • 상대적 소멸설 : 시효원용권이 생길 뿐 이를 행사하여야 소멸	당연소멸, 원용 불필요
소급효	인정	부정(장래효)
중단, 정지	인정	부정
포기	미리 포기 할 수 없고 시효 완성 후에만 포기 가능	부정(권리는 당연소멸)
기간의 단축	가능	부정
입증책임	권리의 상대방이 권리의 소멸을 주장	권리자가 권리의 존속을 주장
직권고려	당사자의 원용이 있어야 법원은 고려 함	법원이 직권으로 권리소멸 인정
인정범위	채권, 물권, 대부분의 청구권	대부분의 형성권

③ 제척기간의 내용

㉠ 소멸시효와의 구별기준 : 소멸시효와 제척기간의 구별기준에 관하여, 일반적으로 법문에 "시효로 인하여"라는 표현이 있으면 소멸시효로 보고, 그렇지 않은 것은 제척기간으로 본다.

㉡ 구체적 의미 : 형성권의 소멸기간은 원칙적으로 제척기간으로 볼 것이다. 그런데 제척기간을 정한 형성권의 경우에, 제척기간을 정한 취지가 법률관계를 조속히 확정시키려는 데 있으므로, 형성권을 행사한 결과로 발생하는 채권도 그 형성권의 제척기간까지 존속한다는 것이 통설의 입장이다.

관례

제척기간에 관한 판례 정리

1. 민법 제670조의 수급인의 하자담보책임에 관한 제척기간은 재판상 또는 재판 외의 권리 행사기간이며 재판상 청구를 위한 제척기간이 아니다(대판 1990.3.9. 88다카31866).

2. 민법 제204조 제3항과 제205조 제2항에 의한 점유보호청구권의 제척기간 1년은 재판외에서 권리행사하는 것으로 족한 기간이 아니라 반드시 그 기간 내에 소를 제기하여야 하는 이른바 출소기간으로 해석함이 상당하다(대판 2002.4.26. 2001다8097 · 8103).

3. 제척기간에 있어서는 소멸시효와 같이 기간의 중단이 있을 수 없다(대판 2003.1.10. 2000다26425).

4. 제척기간은 당사자의 주장이 없이도 법원이 당연히 고려하여야 하는 직권조사사항이나 소멸시효의 효과는 변론주의가 적용되어 당사자가 주장하여야만 한다(대판 1996.9.20. 96다25371).

5. 제척기간의 기산점과 형성권 행사시기의 구별

[1] 매매의 일방예약에서 예약자의 상대방이 매매예약 완결의 의사표시를 하여 매매의 효력을 생기게 하는 권리, 즉 매매예약의 완결권은 일종의 형성권으로서 당사자 사이에 그 행사기간을 약정한 때에는 그 기간 내에, 그러한 약정이 없는 때에는 그 예약이 성립한 때로부터 10년 내에 이를 행사하여야 하고, 그 기간을 지난 때에는 예약 완결권은 제척기간의 경과로 인하여 소멸한다.

[2] 제척기간은 권리자로 하여금 당해 권리를 신속하게 행사하도록 함으로써 법률관계를 조속히 확정시키려는데 그 제도의 취지가 있는 것으로서, 소멸시효가 일정한 기간의 경과와 권리의 불행사라는 사정에 의하여 권리 소멸의 효과를 가져오는 것과는 달리 그 기간의 경과 자체만으로 곧 권리 소멸의 효과를 가져오게 하는 것이므로 그 기간 진행의 기산점은 특별한 사정이 없는 한 원칙적으로 권리가 발생한 때이고, 당사자 사이에 매매예약 완결권을 행사할 수 있는 시기를 특별히 약정한 경우에도 그 제척기간은 당초 권리의 발생일로부터 10년간의 기간이 경과되면 만료되는 것이지 그 기간을 넘어서 그 약정에 따라 권리를 행사할 수 있는 때로부터 10년이 되는 날까지로 연장된다고 볼 수 없다(대판 1992.7.28. 91다44766; 1995.11.10. 94다22682; 2003.1.10. 2000다26425).

2. 소멸시효의 요건

소멸시효 요건과 관련해서는 무엇보다도 소멸시효 대상성, 시효의 기산점, 시효기간 등에 관련된 학습이 가장 중요하다. 특히 소멸시효 대상적격 및 시효의 진행이 문제되는 경우들은 철저히 학습하길 바란다. 시효의 기산점과 관련해서는 구체적인 내용정리가 중요하다. 시효기간과 관련해서는 단기소멸시효와 관련된 제163조와 제164조의 내용을 정리하고, 특히 판결 등으로 확정된 채권에 관한 문제를 학습하기 바란다.

(1) 의의

시효로 인하여 권리가 소멸하려면 ① 권리가 소멸시효의 목적이 될 수 있는 것이어야 하고, ② 권리자가 권리를 행사할 수 있음에도 불구하고 행사하지 않아야 하며, ③ 권리 불행사의 상태가 일정 기간 계속되어야 한다는 3가지 요건이 갖추어져야 한다.

(2) 시효로 소멸하는 권리

① 서언 : 채권뿐만 아니라 소유권을 제외한 그 밖의 재산권도 소멸시효의 목적이 된다(제162조).

② 소멸시효에 걸리지 않는 권리

　㉠ 비재산권 : 인격권과 같은 비재산권은 소멸시효에 걸리지 않는다.

　㉡ 형성권 : 형성권에 관하여 존속기간이 정하여져 있는 경우에, 그것은 원칙적으로 제척기간으로 보아야 한다.

　㉢ 소유권 : 항구성을 가지는 소유권은 소멸시효에 걸리지 않는다. 다만 타인이 취득시효로 소유권을 취득함으로써 소유권을 잃을 수 있지만, 이는 소멸시효가 아니라 취득시효의 효과이다.

ㄹ 소멸시효에 걸리지 않는 재산권
- 물건을 사실상 지배함으로써 취득하고 지배를 상실함으로써 바로 소멸하는 점유권(제192조 제1항)과 유치권(328조)에서는 성질상 소멸시효가 문제되지 않는다.
- 상린권(제216조 내지 제244조) 또는 공유물분할청구권과 같이 소유권에 수반하는 권리는 소유권과 독립하여 소멸시효에 걸리지 않는다.
- 피담보채권이 존속하는 한 담보물권만이 소멸시효에 걸리지는 않는다.
- 항변권이 일반적으로 소멸시효에 걸리느냐의 문제에 관하여 논의의 여지가 있으나, 적어도 쌍무계약에서의 동시이행의 항변권(제536조) 또는 보증인의 최고·검색의 항변권(제437조)의 경우에 소멸시효의 대상적격을 부정할 것이다.

> **참조** **소멸시효 대상적격 및 또는 진행이 문제되는 경우들**
>
> 1. 법률행위로 인한 등기청구권
> 채권 및 채권에 기한 청구권이 소멸시효의 대상이 됨에는 의문이 없다. 그런데 그 법적 성질이 채권적 청구권인 법률행위로 인한 등기청구권의 소멸시효에 관하여, 대법원은 부동산 매수인이 그 목적물을 인도받아서 이를 사용수익하고 있는 경우에는 그 매수인의 등기청구권은 다른 채권과는 달리 소멸시효에 걸리지 않는다고 하고, 다른 사람에게 그 부동산을 처분하고 그 점유를 승계하여 준 경우에도 그 이전등기청구권의 행사 여부에 관하여 구가 그 부동산을 스스로 계속 사용·수익만 하고 있는 경우와 특별히 다를 바 없으므로 이전등기청구권의 소멸시효는 진행되지 않는다고 한다.

[판례]

[1] 시효제도는 일정 기간 계속된 사회질서를 유지하고 시간의 경과로 인하여 곤란해지는 증거보전으로부터의 구제를 꾀하며 자기 권리를 행사하지 않고 소위 권리 위에 잠자는 자는 법적 보호에서 이를 제외하기 위하여 규정된 제도라 할 것인바, 부동산에 관하여 인도, 등기 등의 어느 한 쪽만에 대하여서라도 권리를 행사하는 자는 전체적으로 보아 그 부동산에 관하여 권리 위에 잠자는 자라고 할 수 없다 할 것이므로, 매수인이 목적 부동산을 인도받아 계속 점유하는 경우에는 그 소유권이전등기청구권의 소멸시효가 진행하지 않는다.
[2] [다수의견] 부동산의 매수인이 그 부동산을 인도받은 이상 이를 사용·수익하다가 그 부동산에 대한 보다 적극적인 권리 행사의 일환으로 다른 사람에게 그 부동산을 처분하고 그 점유를 승계하여 준 경우에도 그 이전등기청구권의 행사 여부에 관하여 그가 그 부동산을 스스로 계속 사용·수익만 하고 있는 경우와 특별히 다를 바 없으므로 위 두 어느 경우에나 이전등기청구권의 소멸시효는 진행되지 않는다고 보아야 한다(대판 1999.3.18. 98다32175(전합)).

> 2. 시효완성으로 인한 등기청구권
> 역시 채권적 청구권에 속하는 시효완성자의 등기청구권의 소멸시효에 관하여도 판례는 시효완성자가 점유를 계속하는 동안 소유권이전등기청구권의 소멸시효가 진행되지 않지만, 시효완성자가 점유를 상실한 경우에 소유권이전등기청구권은 10년의 소멸시효에 걸린다고 한다.

[판례]

토지에 대한 취득시효 완성으로 인한 소유권이전등기청구권은 그 토지에 대한 점유가 계속되는 한 시효로 소멸하지 아니하고, 그 후 점유를 상실하였다고 하더라도 이를 시효이익의 포기로 볼 수 있는 경우가 아닌 한 이미 취득한 소유권이전등기청구권은 바로 소멸되는 것은 아니나, 취득시효가 완성된 점유자가 점유를 상실한 경우 취득시효 완성으로 인한 소유권이전등기청구권의 소멸시효는 이와 별개의 문제로서, 그 점유자가 점유를 상실한 때로부터 10년간 등기청구권을 행사하지 아니하면 소멸시효가 완성한다(대판 1996.3.8. 95다34866 · 34873; 1995.12.5. 95다24241; 동지 1992.7. 24. 91다40924).

  3. 명의신탁 해지로 인한 등기청구권
     부동산실명법 시행 이전에 부동산의 소유명의를 신탁한 자는 특별한 사정이 없는 한 언제든지 명의신탁을 해지하고 소유권에 기하여 신탁해지를 원인으로 한 소유권이전등기절차의 이행을 청구할 수 있는 것으로서, 이와 같은 등기청구권은 소멸시효의 대상이 되지 않는다(대법원 1991. 11. 26. 선고 91다34387 판결 등 참조). 그러나 부동산실명법 시행 전에 명의수탁자가 명의신탁약정에 따라 부동산에 관한 소유명의를 취득한 다음 위 법률의 시행 후 같은 법 제11조의 유예기간이 경과하기 전까지 실명화 등의 조치 없이 위 유예기간이 경과함으로써 같은 법 제12조 제1항, 제4조에 의해 명의신탁약정이 무효로 됨으로써 명의수탁자가 명의신탁자에게 자신이 취득한 당해 부동산을 부당이득으로 반환할 의무가 있는 경우, 이와 같은 경위로 명의신탁자가 당해 부동산의 회복을 위해 명의수탁자에 대해 가지는 소유권이전등기청구권은 그 성질상 법률의 규정에 의한 부당이득반환청구권으로서 민법 제162조 제1항에 따라 10년의 기간이 경과함으로써 시효로 소멸한다(대판 2010.2.11. 2008다16899).

  4. 물권적 청구권
     (1) 소유권에 기한 물권적 청구권은 소멸시효에 걸리지 않는다는 것이 통설 · 판례의 입장이다.
     (2) 제한물권에 기한 물권적 청구권은 민법이 소유권 이외의 물권이 소멸시효에 걸림을 인정함으로 이에 기한 물권적 청구권도 소멸시효의 대상이 된다고 보는 것이 다수설이다.

  5. 근저당권설정등기청구권
     근저당권설정 약정에 의한 근저당권설정등기청구권은 그 피담보채권이 될 채권과 별개로 소멸시효에 걸린다(대판 2004.2.13. 2002다7213).

(3) 시효의 기산점 : 권리의 불행사

제166조(소멸시효의 기산점)
① 소멸시효는 권리를 행사할 수 있는 때로부터 진행한다.
② 부작위를 목적으로 하는 채권의 소멸시효는 위반행위를 한 때로부터 진행한다.

① 「권리를 행사할 수 있는 때」
  ㉠ 의의 : 소멸시효는 객관적으로 권리가 발생하여 그 권리를 행사할 수 있는 때부터 진행한다.
  ㉡ 실체법적 의미
   • 원칙
    − 법률상 장애 부존재 : 「권리를 행사할 수 있는 때」란 권리를 행사함에 법률상의 장애사유가 없음을 말한다. 따라서 사실상의 장애사유, 가령 채무자가 누구인지 또는 그 주소가 어디인지를 알지 못하거나, 그에게 변제자력이 없이 채권의 행사가 실제로 무의미하다는 등의 사유는 시효의 진행을 막지 못한다. 그리고 권리자가 사실상 권리의 존부나 권리행사의 가능성을 알지 못하였거나 알지 못함에 과실이 없다는 사유는 법률상장애사유에 해당한다고 할 수 없다.
    − 법률상 장애의 예
    ‣ 정지조건의 미성취, 기한의 미도래

- 위헌인 법률이 청구권을 부정하고 있는 경우에는 이는 법률상 장애에 해당한다. 따라서 헌법
  재판소의 위헌결정으로 이러한 장애가 해소되므로 소멸시효는 위헌결정일로부터 진행한다(대
  판 1996.7.12. 94다52195).
- 예외 : 권리자가 권리의 발생 여부를 알기 어려운 객관적 사정이 있고 권리자가 과실 없이 알
  지 못하는 경우 또는 권리를 행사할 수 있는 방법과 절차가 나중에야 비로소 마련된 경우에도
  위의 원칙을 관철하면, 사회정의와 형평의 이념에 반할뿐만 아니라 소멸시효제도의 존재이유
  에 부합된다고 볼 수 없기 때문에, 판례는 예외를 인정한다. 대판 2001.4.27. 2000다31168
  은, 특별한 다른 사정이 없는 한, 원칙적으로 보험금액청구권의 소멸시효는 보험사고가 발생
  한 때부터 진행한다고 해석해야 할 것이지만, 보험사고가 발생한 것인지 여부가 객관적으로
  분명하지 않아서 보험금청구권자가 과실 없이 보험사고의 발생을 알 수 없었던 경우에는 보험
  금 청구권자가 발생을 알았거나 알 수 있었던 때부터 보험금청구권의 소멸시효가 진행한다.

② 개별적인 경우에서의 구체적인 기산점

   ㉠ 권리가 확정기한부인 경우에, 소멸시효의 기산점은 그 기한이 도래한 때이고, 불확정기한부인
      경우에는 기한이 객관적으로 도래한 때이다.

   ㉡ 기한을 정하고 있지 않은 권리의 경우에, 권리자는 언제든지 청구를 할 수 있으므로, 소멸시
      효의 기산점은 권리가 발생한 때이다.

   ㉢ 정지조건부 권리의 경우에, 조건 미성취인 동안 권리를 행사할 수 없으므로, 조건이 성취된
      때부터 시효가 기산된다. 선택채권의 소멸시효는 선택권을 행사할 수 있는 때부터 진행한다.

   ㉣ 청구 또는 해지통고를 한 후 일정기간이나 상당한 기간이 경과하여야 청구할 수 있는 권리의
      경우에, 그 전제가 되는 청구나 해지통고를 할 수 있는 때부터 소정의 유예기간이 경과하여
      야 시효가 진행한다.

   ㉤ 할부금채권의 경우 각 채권은 채권이 발생한 때부터 개별별적으로 소멸시효가 진행한다. 다만,
      할부금채무에 있어서 1회라도 변제를 게을리 하면 곧 전부의 청구를 할 수 있다는 특약을 한
      경우, 1회의 불이행으로 잔액 전부에 관한 시효가 그 때부터 진행된다(통설)

   ㉥ 부작위를 목적으로 하는 권리의 소멸시효는 위반행위를 한 때부터 진행한다.

   ㉦ 채무불이행으로 인한 손해배상청구권의 기산점에 관하여, 손해배상청구권은 본래의 채권의 변
      형물이므로 본래의 채권을 행사할 수 있는 때부터 시효가 진행한다는 견해와 손해배상청구권은
      채무불이행이 있어야 비로소 성립하므로 채무불이행시부터 소멸시효가 진행한다는 견해가 대
      립하고, 판례는 후자를 따르고 있다. 그런데 시효기간은 본래의 채권에 적용될 기간에 의한다.
      한편 불법행위로 인한 손해배상청구권의 기산점은 제766조가 규정하고 있다.

   ㉧ 부당이득반환청구권은 그 성립과 동시에 행사할 수 있으므로, 그 때부터 소멸시효가 진행한다.

   ㉨ 동시이행의 항변권이 붙어 있는 채권의 경우에, 이행기 도래 후에 반대급부를 제공하면 언제
      라도 권리를 행사할 수 있으므로, 이행기부터 소멸시효가 진행한다,

   ㉩ 무권대리행위의 추인에 소급효가 인정되지만, 추인에 의하여 효력발생이 확정된 권리의 소멸
      시효는 대리행위의 시점부터가 아니라 추인의 시점부터 진행한다고 볼 것이다.

   ㉪ 보증인의 주채무자에 대한 사후구상권과 사전구상권은 그 발생원인을 서로 달리하는 별개의
      독립된 권리라 할 것이므로 그 소멸시효는 각각 그 권리가 발생되어 이를 행사할 수 있는 때
      부터 각별로 진행한다(대판 1981.10.6. 80다2699).

의사의 치료에 관한 채권의 소멸시효의 기산점

민법 제163조 제2호 소정의 '의사의 치료에 관한 채권'에 있어서는, 특약이 없는 한 그 개개의 진료가 종료될 때마다 각각의 당해 진료에 필요한 비용의 이행기가 도래하여 그에 대한 소멸시효가 진행된다고 해석함이 상당하고, 장기간 입원치료를 받는 경우라 하더라도 다른 특약이 없는 한 입원치료 중에 환자에 대하여 치료비를 청구함에 아무런 장애가 없으므로 퇴원 시부터 소멸시효가 진행된다고 볼 수는 없다(대판 2001.11.9. 2001다52568).

무효인 보험계약에 따라 납부한 보험료의 반환청구권 소멸시효 기산점(=각 보험료를 납부한 때)

[1] 상법은 보험료반환청구권에 대하여 2년간 행사하지 아니하면 소멸시효가 완성한다는 취지를 규정할 뿐(제662조) 소멸시효의 기산점에 관하여는 아무것도 규정하지 아니하므로, 소멸시효는 민법 일반 법리에 따라 객관적으로 권리가 발생하고 그 권리를 행사할 수 있는 때로부터 진행한다. 그런데 상법 제731조 제1항을 위반하여 <u>무효인 보험계약에 따라 납부한 보험료에 대한 반환청구권은</u> 특별한 사정이 없는 한 보험료를 납부한 때에 발생하여 행사할 수 있다고 할 것이므로, 위 보험료반환청구권의 소멸시효는 특별한 사정이 없는 한 각 보험료를 납부한 때부터 진행한다.

[2] 무효인 보험계약에 따라 납부한 보험료에 대한 반환청구권의 소멸시효 기산점이 문제된 사안에서, 보험계약자가 납부한 보험료 전체의 반환청구권 소멸시효가 보험료를 마지막으로 납부한 때부터 진행한다는 전제에서 보험료의 반환청구권이 시효소멸하지 아니하였다고 본 원심판결을 파기한 사례(대판 2011.3.24. 2010다92612).

계약의 해제로 인한 원상회복청구권의 소멸시효의 기산점(=계약 해제시)

계약의 해제로 인한 원상회복청구권의 소멸시효는 해제 시, 즉 원상회복청구권이 발생한 때부터 진행하므로(대판 1993.9.14. 93다21569 참조), 이와 달리, 계약의 해제로 인한 원상회복청구권의 소멸시효가 해제권 발생 시로부터 진행함을 전제로 피고의 소멸시효 항변을 받아들인 원심의 판단에는 계약의 해제로 인한 원상회복청구권의 소멸시효의 기산점에 관한 법리를 오해하여 판결 결과에 영향을 미친 위법이 있다(대판 2009.12.24. 2009다63267).

소멸시효가 진행하지 않는 '권리를 행사할 수 없는' 경우의 의미 및 신축중인 건물에 관한 소유권이전등기청구권의 소멸시효 기산점(=건물 완공 시)

소멸시효는 객관적으로 권리가 발생하여 그 권리를 행사할 수 있는 때로부터 진행하고 그 권리를 행사할 수 없는 동안만은 진행하지 않는바, '권리를 행사할 수 없는' 경우란, 권리자가 권리의 존재나 권리행사 가능성을 알지 못하였다는 등의 사실상 장애사유가 있는 경우가 아니라, 법률상의 장애사유, 예컨대 기간의 미도래나 조건불성취 등이 있는 경우를 말하는데(대판 2006.4.27. 2006다1381 등 참조), 건물에 관한 소유권이전등기청구권에 있어서 그 목적물인 건물이 완공되지 아니하여 이를 행사할 수 없었다는 사유는 법률상의 장애사유에 해당한다(대판 2007.8.23. 2007다28024,28031).

권리의 종류	시효기산점
확정기한부 권리	기한이 도래한 때
불확정기한부 권리	객관적으로 기한이 도래한 때
기한을 정하지 않은 권리	채권이 성립한 때
정지조건부 권리	조건이 성취한 때
부작위 채권	위반행위를 한 때

청구 또는 해지통고를 요하는 권리	청구나 해지통고를 할 수 있는 때부터 그 유예기간이 경과한 때
선택채권	선택권을 행사할 수 있는 때
할부금 채권	각각의 채권이 발생한 때, 단 1회 불이행이 있을 때 잔액전부에 대해 청구할 수 있다는 실권약관부 특약이 있는 경우에는 1회 불이행으로 잔액전부에 대한 시효가 진행한다.
동시이행항변권이 붙은 채권	그 채권의 이행기가 도래한 때
불법행위로 인한 손해배상채권	불법행위가 있는 때
채무불이행으로 인한 손해배상 채권	이행불능인 경우 : 불능으로 된 때(판례)
	이행지체인 경우 : 본래의 채권의 기산점과 동일

(4) 시효기간

제162조(채권, 재산권의 소멸시효)
① 채권은 10년간 행사하지 아니하면 소멸시효가 완성한다.
② 채권 및 소유권 이외의 재산권은 20년간 행사하지 아니하면 소멸시효가 완성한다.

① 채권의 소멸시효기간
  ㉠ 원칙 : 채권의 소멸시효기간은 원칙적으로 10년이다.
  ㉡ 단기소멸시효
    • 의의 : 위의 원칙에 대한 예외로, 제163조와 제164조는 3년 또는 1년의 소멸시효에 걸리는 채권을 규정하고 있다.
    • 3년의 소멸시효에 걸리는 채권

제163조(3년의 단기소멸시효)
다음 각 호의 채권은 3년간 행사하지 아니하면 소멸시효가 완성한다.
1. 이자, 부양료, 급료, 사용료 기타 1년 이내의 기간으로 정한 금전 또는 물건의 지급을 목적으로 한 채권
2. 의사, 조산사, 간호사 및 약사의 치료, 근로 및 조제에 관한 채권
3. 도급받은 자, 기사 기타 공사의 설계 또는 감독에 종사하는 자의 공사에 관한 채권
4. 변호사, 변리사, 공증인, 공인회계사 및 법무사에 대한 직무상 보관한 서류의 반환을 청구하는 채권
5. 변호사, 변리사, 공증인, 공인회계사 및 법무사의 직무에 관한 채권
6. 생산자 및 상인이 판매한 생산물 및 상품의 대가
7. 수공업자 및 제조자의 업무에 관한 채권

- 이자, 부양료, 급료, 사용료 기타 1년 이내의 기간으로 정한 금전 또는 물건의 지급을 목적으로 하는 채권 : 여기서 "1년 이내의 기간으로 정한 채권"이란 1년 이내의 정기로 지급되는 채권을 의미하는 것이지, 변제기가 1년 이내인 채권을 말하는 것이 아니다. 따라서 이자채권이더라도 1년 이내의 정기로 지급하기로 한 것이 아니면 3년의 단기소멸시효에 걸리지 않는다. 그리고 여기서의 이자채권은 지분권인 이자채권만을 의미한다.
- 의사, 조산원, 간호사 및 약사의 치료, 근로 및 조제에 관한 채권 : 여기서의 의사에 치과의사와 한의사 및 수의사가 포함될 뿐만 아니라 의료행위를 한 무자격자도 포함된다. 그리고 의사의 치료는 진찰이나 수술을 포함한다.
- 도급받은 자, 기사 기타 공사의 설계 또는 감독에 종사하는 자의 공사에 관한 채권 : 여기서의 도급은 전형계약의 하나인 도급뿐만 아니라 광범위하게 공사의 완성을 맡은 것으로 볼 수 있는 경우까지를 포함한다는 것이 판례의 입장이다. 그리고 법문 상 도급인의 수급인에 대한 채권은 이에 포함되지 않으며, 소멸시효의 기산점은 일을 완성한 때라고 할 것이다.
- 변호사, 변리사, 공증인, 공인회계사 및 법무사에 대한 직무상 보관한 서류의 반환을 청구하는 채권
- 변호사, 변리사, 공증인, 공인회계사 및 법무사의 직무에 관한 채권
- 생산자 및 상인이 판매한 생산물 및 상품의 대가 : 이들 채권은 상사채권에 해당하므로 상법 제64조에 따라 5년의 소멸시효가 적용되어야 할 것이지만, 동조 단서에 의하여 제163조 제6호가 우선하여 적용된다. 그리고 여기의 생산물은 유체물뿐만 아니라 상품적 가치를 가지는 재화를 포함한다.
- 수공업자 및 제조업자의 업무에 관한 채권 : 여기서의 수공업자는 자기의 일터에서 주문을 받아 주문자와 고용관계에 서지 않고 타인을 위하여 일하는 자를 말하고, 제조업자는 주문을 받아 물건에 가공하여 다른 물건을 제조하는 것을 업으로 하는 자를 말한다.

1개월 단위로 지급되는 집합건물의 관리비채권의 소멸시효

민법 제163조 제1호에서 3년의 단기소멸시효에 걸리는 것으로 규정한 '1년 이내의 기간으로 정한 채권'이란 1년 이내의 정기로 지급되는 채권을 말하는 것으로서(대판 1996.9.20. 96다25302 참조) 1개월 단위로 지급되는 집합건물의 관리비채권은 이에 해당한다고 할 것이다(대판 2007.2.22. 2005다65821).

민법 제163조 제3호에 정한 '도급받은 자의 공사에 관한 채권'의 범위

[1] 민법 제163조 제3호에서는 3년의 단기소멸시효의 적용 대상으로 '도급받은 자의 공사에 관한 채권'을 규정하고 있는데, 여기서 도급받은 자의 공사에 관한 채권'이라 함은 공사채권뿐만 아니라 그 공사에 부수되는 채권도 포함한다.

[2] 공사대금채권이 시효로 소멸한 경우 도급인이 공사대금을 지급하지 않는다고 하여 약정해제사유가 성립한다고 할 수 없고, 그 계약상 도급인에게 수급인으로 하여금 공사를 이행할 수 있도록 협력하여야 할 의무가 인정된다고 하더라도 이러한 협력의무는 계약에 따른 부수적 내지는 종된 채무로서 민법 제163조 제3호에 정한 '공사에 관한 채무'에 해당하고, 주된 채무인 공사대금채무가 시효로 소멸하였다는 도급인의 주장에는 종된 채무인 위 공사 협력의무의 시효소멸 주장도 들어 있는 것으로 볼 수 있다고 한 사례(대판 2010.11.25. 2010다56685).

- 1년의 단기소멸시효에 걸리는 채권
  - 여관, 음식점, 대석, 오락장의 숙박료, 음식료, 대석료, 입장료, 소비물의 대가 및 체당금의 채권
  - 의복, 침구, 장구 기타 동산의 사용료의 채권
  - 노역인, 연예인의 임금 및 그에 공급한 물건의 대금채권
  - 학생 및 수업자의 교육, 의식 및 유숙에 관한 교주, 숙주, 교사의 채권

기간	단기소멸시효에 걸리는 채권
3년	(a) 이자, 부양료, 급료, 사용료 기타, 1년 이내의 기간으로 정한 금전 또는 물건의 지급을 목적으로 한 채권 (b) 의사, 조산사, 간호사 및 약사의 치료, 근로 및 조제에 관한 채권 (c) 도급받은 자, 기사 기타 공사의 설계 또는 감독에 종사하는 자의 공사에 관한 채권 (d) 변호사, 변리사, 공증인, 공인회계사 및 법무사에 대한 직무상 보관한 서류의 반환을 청구하는 채권 (e) 변호사, 변리사, 공증인, 공인회계사 및 법무사의 직무에 관한 채권 (f) 생산자 및 상인이 판매한 생산물 및 상품의 대가 (g) 수공업자 및 제조자의 업무에 관한 채권
1년	(a) 여관, 음식점, 대석, 오락장의 숙박료, 음식료, 대석료, 입장료, 소비물의 대가 및 채당금의 채권 (b) 의복, 침구, 장구 기타 동산의 사용료의 채권 (c) 노역인, 연예인의 임금 및 그에 공급한 물건의 대금채권 (d) 학생 및 수공업자의 교육, 의식 및 유숙에 관한 교주, 숙주, 교사의 채권

ⓒ 판결 등으로 확정된 채권
- 단기소멸시효에 해당하는 채권에 관하여 소를 제기하여 판결이 확정된 경우에 그 소멸시효는 그 단기소멸시효기간이 아니라 10년으로 한다.
- 파산절차에 의하여 확정된 채권 및 재판상의 화해, 조정 기타 판결과 동일한 효력이 있는 것에 의하여 확정된 채권의 경우에도 그 소멸시효기간은 역시 10년이다.
- 이상의 경우에 재판이 확정된 시점부터 새로 시효가 진행한다. 기한부 채권에서 기한이 도래하기 전에 확정판결을 받은 경우에서 처럼 판결확정 당시 아직 변제기가 도래하지 않은 채권에 대하여 위 규정은 적용되지 않는다.
- 확정판결 등에 의하여 주채무의 시효기간이 연장되었다는 점이 보증채무의 시효기간에는 영향을 미치지 않는다는 것이다.

판결 등으로 확정된 채권의 시효기간의 유효범위

민법 제165조가 판결에 의하여 확정된 채권, 판결과 동이란 효력이 있는 것에 의하여 확정된 채권은 단기의 소멸시효에 해당한 것이라도 그 소멸시효는 10년으로 한다고 채권자와 주채무자 사이의 판결 등에 의해 채권이 확정되어 그 소멸시효가 10년으로 되었다 할지라도 위 당사자 이외의 채권자와 연대보증인 사이에 있어서는 위 확정판결 등은 그 시효기간에 대하여는 아무런 영향도 없고 채권자의 연대보증인의 연대보증채권의 소멸시효기간은 여전히 종전의 소멸시효기간에 따른다(대판 1986.00.25. 86다카1569).

유치권의 피담보채권의 소멸시효기간이 확정판결 등에 의하여 10년으로 연장된 경우, 유치권이 성립된 부동산의 매수인이 종전의 단기소멸시효를 원용할 수 있는지 여부

유치권이 성립된 부동산의 매수인은 피담보채권의 소멸시효가 완성되면 시효로 인하여 채무가 소멸되는 결과 직접적인 이익을 받는 자에 해당하므로 소멸시효의 완성을 원용할 수 있는 지위에 있다고 할 것이나, 매수인은 유치권자에게 채무자의 채무와는 별개의 독립된 채무를 부담하는 것이 아니라 단지 채무자의 채무를 변제할 책임을 부담하는 점 등에 비추어 보면, 유치권의 피담보채권의 소멸시효기간이 확정판결 등에 의하여 10년으로 연장된 경우 매수인은 그 채권의 소멸시효기간이 연장된 효과를 부정하고 종전의 단기소멸시효기간을 원용할 수는 없다(대판 2009.9.24. 2009다39530).

② 기타 재산권의 소멸시효기간 : 채권과 소유권 이외의 재산권의 소멸시효기간은 20년이다.

3. 소멸시효의 중단과 정지

소멸시효 역영에서 가장 많이 출제된 영역이 소멸시효의 중단에 관한 논점이나. 일단은 제168조 이하의 조문의 내용을 숙지하고 각각의 중단사유와 관련된 법리를 철저하게 숙지해야 할 것이다. 중단사유인 "청구"와 관련해서는 재판상 청구 관련 형사소송이나 행정소송의 제기, 응소ㆍ재심에 관한 판례의 법리를 공부하고, 재판상 청구에 의한 시효중단의 범위에 관한 쟁점(기본적 법률관계에 대한 청구와 파생적 청구권, 근저당권설정등기청구권과 피담보채권, 일부 청구의 문제 등을 정리하길 바란다. 압류 또는 가압류ㆍ가처분과 관련해서는 채무자의 제3채무자에 대한 채권의 (가)압류와 시효중단과 시효중단의 효력과 관련된 제175조와 제176조의 내용(보증인에게 압류했을 경우, 연대채무자 1인에의 압류의 효력 등)을 정리하고, 가압류에 의한 시효중단의 범위를 숙지해야 할 것이다. 승인과 관련해서는 승인의 요건(처분의 능력이나 권한 요부, 사전승인의 문제 등)과 묵시적 승인과 관련된 판례(면책적 채무인수, 변제기한의 유예요청, 일부변제, 담보의 제공 등)를 정리해야 할 것이다.

(1) 의의

권리의 불행사라는 사실상태가 소멸시효의 완성을 향하여 경과하는 과정을 소멸시효의 진행이라고 한다. 그런데 그러한 진행이 방해되는 경우가 있는바, 소멸시효의 진행을 방해하는 사태를 시효의 장애라고 하며, 이에는 중단과 정지 두 가지가 있다.

(2) 소멸시효의 중단

① 의의

　　㉠ 소멸시효의 중단이란, 소멸시효가 진행하는 도중에 권리의 불행사라는 지속적인 사실상태와 조화될 수 없는 사정이 발생한 경우에, 그 사실상태를 존중할 이유가 없어져서 이미 진행한 시효기간은 무의미하게 되므로, 그 효력을 상실하게 하는 제도를 말한다. 소멸시효가 중단되면,

그 때까지 경과한 시효기간은 그 법적 의미를 상실하고 중단사유가 종료된 때부터 새로 시효가
진행한다.

ⓛ 민법은 제168조 이하에서 소멸시효의 중단에 관하여 규정하고, 이를 취득시효에 준용하고 있다.

ⓒ 시효중단사유는 변론주의의 대상이어서, 당사자의 주장이 없으면 법원이 이에 관하여 판단할
필요가 없으며, 그에 대한 증명책임은 시효완성을 다투는 당사자가 진다.

② 소멸시효의 중단사유

제168조(소멸시효의 중단사유)
소멸시효는 다음 각 호의 사유로 인하여 중단된다.
1. 청구
2. 압류 또는 가압류, 가처분
3. 승인

㉠ **청구**
- 의의 : 민법은 시효중단의 효력이 발생하는 청구의 유형으로, 재판상 청구, 파산절차 참가, 지
  급명령, 화해를 위한 소환, 임의 출석, 최고의 5가지를 규정한다.
- 재판상 청구(제170조)

제170조(재판상의 청구와 시효중단)
① 재판상의 청구는 소송의 각하, 기각 또는 취하의 경우에는 시효중단의 효력이 없다.
② 전항의 경우에 6월내에 재판상의 청구, 파산절차참가, 압류 또는 가압류, 가처분을 한 때에는 시
  효는 최초의 재판상청구로 인하여 중단된 것으로 본다.

- 재판상청구의 의의 : 재판상 청구란 자기의 권리를 재판상 주장하는 것을 말한다. 보통 소를
  제기하는 것을 지칭하지만, 재심청구, 공시최고의 신청은 물론 반소, 소송계속 중의 청구의
  변경이나 확장도 시효중단사유로 된다. 그리고 그것이 본소이든 반소이든 관계없다.
- 구체적인 예
- 형사소송이나 행정소송을 제기한 경우에, 그것은 사권의 행사를 직접의 목적으로 하지 않으
  므로, 사권에 대한 시효중단사유가 되지 못한다. 그러나 대법원은 "오납한 조세에 대한 부당
  이득반환청구권을 실현하기 위한 수단이 되는 과세처분의 취소 또는 무효확인을 구하는 소는
  과세처분의 취소 또는 무효확인청구의 소가 비록 행정소송이라고 할지라도 조세환급을 구하
  는 부당이득반환청구권의 소멸시효중단사유인 재판상 청구에 해당한다고 볼 수 있다"고 하였
  다. 아울러 형사소송과 관련하여 예외적으로 소송촉진등에관한특별법 제25조에 따른 형사피
  해자의 '배상명령신청'은 민사소송의 소제기와 동일한 효력이 있으므로 시효중단의 효과가 있
  다(대판 1999.3.12. 98다18124).

• 응소 : 대법원은 시효를 주장하는 자가 원고가 되어 소를 제기한 데 대하여 피고로서 응소하여 그 소송에서 적극적으로 권리를 주장하고 그것이 받아들여진 경우도 마찬가지로 이에 포함되는 것으로 해석함이 타당하다"고 한다(대판 2007.1.11, 2006다33364).

> **판례**

제3취득자가 제기한 소에 응소한 경우

민법 제168조 제1호, 제170조 제1항에서 시효중단사유의 하나로 규정하고 있는 재판상의 청구라 함은, 권리자가 시효를 주장하는 자를 상대로 소로써 권리를 주장하는 경우뿐 아니라, 시효를 주장하는 자가 원고가 되어 소를 제기한 데 대하여 피고로서 응소하여 그 소송에서 적극적으로 권리를 주장하고 그것이 받아들여진 경우도 포함되는 것으로 해석되고 있으나(대판 1993. 12. 21. 92다47861 전원합의체 판결 참조), 시효를 주장하는 자의 소제기에 대한 응소행위가 민법상 시효중단사유로서의 재판상 청구에 준하는 행위로 인정되려면 의무 있는 자가 제기한 소송에서 권리자가 의무 있는 자를 상대로 응소하여야 할 것이므로, 담보가등기가 설정된 후에 그 목적 부동산의 소유권을 취득한 제3취득자나 물상보증인 등 시효를 원용할 수 있는 지위에 있으나 직접 의무를 부담하지 아니하는 자가 제기한 소송에서의 응소행위는 권리자의 의무자에 대한 재판상 청구에 준하는 행위에 해당한다고 볼 수 없다(대판 2007. 1.11. 2006다33364).

> **판례**

물상보증인이 제기한 저당권설정등기말소등기청구의 소에 응소한 행위와 소멸시효의 중단

물상보증인이 그 피담보채무의 부존재 또는 소멸을 이유로 제기한 저당권설정등기말소등기절차이행청구소송에서 채권자 겸 저당권자가 청구기각의 판결을 구하고 피담보채권의 존재를 주장하였다고 하더라도 이로써 직접 채무자에 대하여 재판상 청구를 한 것으로 볼 수는 없는 것이므로 피담보채권의 소멸시효에 관하여 규정한 민법 제168조 제1호 소정의 청구'에 해당하지 아니한다(대판 2004.1.16, 2003다30890).

> **판례**

채권자가 응소하여 권리를 주장하였으나 그 소가 각하되거나 취하되는 등의 사유로 본안 판단 없이 소송이 종료된 경우 민법 제170조 제2항을 유추적용할 수 있다.

[1] 민법 제168조 제1호, 제170조 제1항에서 시효중단사유의 하나로 규정하고 있는 재판상의 청구라 함은, 통상적으로는 권리자가 원고로서 시효를 주장하는 자를 피고로 하여 소송물인 권리를 소의 형식으로 주장하는 경우를 가리키지만, 이와 반대로 시효를 주장하는 자가 원고가 되어 소를 제기한 데 대하여 피고로서 응소하여 그 소송에서 적극적으로 권리를 주장하고 그것이 받아들여진 경우도 이에 포함되고, 위와 같은 응소행위로 인한 시효중단의 효력은 피고가 현실적으로 권리를 행사하여 응소한 때에 발생한다. 한편, 권리자인 피고가 응소하여 권리를 주장하였으나 그 소가 각하되거나 취하되는 등의 사유로 본안에서 그 권리주장에 관한 판단 없이 소송이 종료된 경우에도 민법 제170조 제2항을 유추적용하여 그때부터 6월 이내에 재판상의 청구 등 다른 시효중단조치를 취하면 응소 시에 소급하여 시효중단의 효력이 있는 것으로 봄이 상당하다.

[2] 응소행위에 대하여 소멸시효중단의 효력을 인정하는 것은 그것이 권리 위에 잠자는 것이 아님을 표명한 것에 다름 아닐 뿐만 아니라 계속된 사실상태와 상용할 수 없는 다른 사정이 발생한 때로 보아야 한다는 것에 기인한 것이므로, 채무자가 반드시 소멸시효완성을 원인으로 한 소송을 제기한 경우이거나 당해 소송이 아닌 전 소송 또는 다른 소송에서 그와 같은 권리주장을 한 경우이어야 할 필요는 없고, 나아가 변론주의 원칙상 피고가 응소행위를 하였다고 하여 바로 시효중단의 효과가 발생하는 것은 아니고 시효중단의 주장을 하여야 그 효력이 생기는 것이지만, 시효중단의 주장은 반드시 응소 시에 할 필요는 없고 소멸시효기간이 만료된 후라도 사실심 변론종결 전에는 언제든지 할 수 있다(대판 2010.8.26. 2008다42416,42423).

- 시효중단의 범위
  - 기본적 법률관계에 관한 청구와 그에 포함되는 권리 : 기본적 법률관계에 관한 확인소송의 제기는, 그 확인청구가 파생적 청구권의 실현수단으로서의 의미를 가진다면, 파생적 청구권에 대한 소멸시효의 중단사유가 될 수 있다. 가령 파면처분무효 확인의 소는 파면 후의 임금채권에 대하여 시효중단의 효력이 있다. 같은 맥락에서 근저당권설정등기청구의 소의 제기는 피담보채권에 대한 소멸시효 중단의 효력을 발생시킨다. 그러나 이러한 관계가 없는 경우, 가령 청구권의 경합에서처럼 대등한 권리가 동일한 사실관계로부터 발생한 경우에, 그 중 하나의 권리에 기한 소의 제기는 다른 권리에 대하여 시효중단의 효력을 미치지 못한다.

> **판례**
>
> **기본적 법률관계에 대한 청구와 파생적 청구**
>
> 교직원의 학교법인을 상대로 한 의원면직처분무효확인청구의 소도 교직원의 학교법인에 대한 급여청구의 한 실현수단이 될 수 있어 소멸시효의 중단사유로서의 재판상 청구에 해당한다(대판 1994.5.10. 93다21606; 1978.4.11. 77다2509).

> **판례**
>
> **채권자가 동일한 목적을 달성하기 위하여 복수의 채권을 갖고 있는 경우, 어느 하나의 청구권을 행사하는 것이 다른 채권에 대한 소멸시효 중단의 효력이 없다.**
>
> 부당이득반환청구의 소를 제기하더라도 채무불이행으로 인한 손해배상청구권까지 소멸시효가 중단되는 것은 아니다(대판 2011.2.10. 2010다81285).

  - 어음·수표채권과 원인채권 : 채권자가 동일한 목적을 달성하기 위하여 복수의 채권을 가지고 있는 경우에, 채권자로서는 그 선택에 따라 권리를 행사할 수 있되 그 중 어느 하나의 청구를 한 것만으로 다른 채권을 행사한 것으로 볼 수 없으므로, 특별한 사정이 없는 한, 다른 채권에 대한 소멸시효중단의 효력은 없다. 그런데 원인채권의 지급을 위하여 어음이 교부된 경우에, 어음채권에 대하여 재판상 청구가 있으면 어음채권이 원인채권의 실현수단이라는 점에서 원인채권에 대해서도 시효중단의 효력이 미치지만, 반대로 원인채권에 대한 재판상 청구는 어음채권에 대하여 시효중단의 효력이 없다.

> **판례**
>
> **어음채권과 원인채권**
>
> [1] 원인채권의 지급을 확보하기 위한 방법으로 어음이 수수된 경우에 원인채권과 어음채권은 별개로서 채권자는 그 선택에 따라 권리를 행사할 수 있고, 원인채권에 기하여 청구를 한 것만으로는 어음채권 그 자체를 행사한 것으로 볼 수 없어 어음채권의 소멸시효를 중단시키지 못한다.
>
> [2] 원인채권의 지급을 확보하기 위한 방법으로 어음이 수수된 경우, 이러한 어음은 경제적으로 동일한 급부를 위하여 원인채권의 지급수단으로 수수된 것으로서 그 어음채권의 행사는 원인채권을 실현하기 위한 것일 뿐만 아니라, 원인채권의 소멸시효는 어음금 청구소송에 있어서 채무자의 인적항변 사유에 해당하는 관계로 채권자가 어음채권의 소멸시효를 중단하여 두어도 채무자의 인적항변에 따라 그 권리를 실현할 수 없게 되는 불합리한 결과가 발생하게 되므로, 채권자가 원인채권에 기하여 청구를 한 것이 아니라 어음채권에 기하여 청구를 하는 반대의 경우에는 원인채권의 소멸시효를 중단시키는 효력이 있다고 봄이 상당하고, 이러한 법리는 채권자가 어음채권을 피보전권리로 하여 채무자의 재산을 가압류함으로써 그 권리를 행사한 경우에도 마찬가지로 적용된다(대판 1999.6.11. 99다16378).

- 일부청구의 경우 : 판례는 소 제기 시 일부청구임을 명시적으로 밝혔다면 시효중단의 효력이 나머지 부분에 미치지 않지만, 비록 일부만을 청구하였더라도 그 취지로 보아 채권 전부에 관하여 판결을 구하는 것으로 해석된다면, 그 동일성의 범위 내에서 그 전부의 관하여 시효중단의 효력이 발생한다고 한다.

한 개의 채권 중 일부만을 청구한 경우 시효중단의 효력발생범위

[1] 한 개의 채권 중 일부에 관하여만 판결을 구한다는 취지를 명백히 하여 소송을 제기한 경우에는 소제기에 의한 소멸시효중단의 효력이 그 일부에 관하여만 발생하고, 나머지 부분에는 발생하지 아니하지만 비록 그 중 일부만을 청구한 경우에도 그 취지로 보아 채권 전부에 관하여 판결을 구하는 것으로 해석된다면 그 청구액을 소송물인 채권의 전부로 보아야 하고, 이러한 경우에는 그 채권의 동일성의 범위 내에서 그 전부에 관하여 시효중단의 효력이 발생한다고 해석함이 상당하다.

[2] 신체의 훼손으로 인한 손해의 배상을 청구하는 사건에서는 그 배상액을 확정하기 위하여, 통상, 법원의 신체감정을 필요로 하기 때문에, 앞으로 그러한 절차를 거친 후 그 결과에 따라 청구금액을 확정하겠다는 뜻을 소장에 객관적으로 명백히 표시한 경우에는 그 소제기에 따른 시효중단의 효력은 소장에 기재된 일부 청구액뿐만 아니라 그 손해배상청구권 전부에 대하여 미친다(대판 1992.4.10. 91다43695; 1992.12.8. 92다29924; 2001.9.28. 99다72521).

- 재판상 청구에 의한 시효중단의 효과
- 재판상 청구에 의한 시효중단의 효력은 소를 제기한 때 발생한다.
- 재판상 청구가 있더라도, 소송의 각하, 기각 또는 취하가 있으면 시효중단의 효력이 없다. 이러한 경우에 6월내에 재판상 청구, 파산절차 참가, 압류 또는 가압류, 가처분을 하면 최초의 재판상 청구로 인하여 중단된 것으로 본다.
- 판결에 의하여 확정된 채권이 단기의 소멸시효에 해당하는 것이라도, 그 소멸시효기간은 10년으로 연장된다.
- 파산절차 참가

제171조(파산절차참가와 시효중단)
파산절차참가는 채권자가 이를 취소하거나 그 청구가 각하된 때에는 시효중단의 효력이 없다.

- 채권자가 파산재단의 배당에 참가하기 위하여 자기의 채권을 신고하는 것이 파산절차 참가인데, 시효중단의 효력을 가진다. 그러나 채권자가 이를 취소하거나 그 청구가 각하되면, 시효중단의 효력이 발생하지 않는다.
- 파산신고의 신청도 파산절차 참가에 준하여 시효중단의 효력을 가진다고 할 것이다.
- 회생절차참가 또는 개인회생절차참가는 시효를 중단케 한다.
- 지급명령

제172조(지급명령과 시효중단)
지급명령은 채권자가 법정 기간 내에 가집행신청을 하지 아니함으로 인하여 그 효력을 잃은 때에는 시효중단의 효력이 없다.

- 금전 기타 대체물이나 유가증권의 일정한 수량의 지급을 목적으로 하는 청구에 대하여 법원은 채권자의 신청에 의하여 지급명령을 할 수 있고, 동 신청서를 관할법원에 제출하였을 때 시효중단의 효력이 생긴다.
- 지급명령에 대하여 채무자가 적법한 이의신청을 하면, 지급명령을 신청한 때 소를 제기한 것으로 보므로, 시효중단의 효력이 유지된다.
- 지급명령에 대하여 이의신청이 없거나, 이의신청을 취하였거나 또는 각하결정이 확정된 경우에, 지급명령이 확정된다. 그런데 1990년 개정 전의 민사소송에 가집행선고신청을 할 수 있고, 이 기간 내에 가집행선고신청을 하지 않으면 지급명령은 효력을 잃는다고 규정하였으나, 이 규정들이 삭제되었다. 따라서 제172조가 "지급명령은 채권자가 법정기간 내에 가집행신청을 하지 아니함으로 인하여 그 효력을 잃은 때에는 시효중단의 효력이 없다"고 규정한 것은 이제 그 의미를 잃었다.
- 화해를 위한 소환

> **제173조(화해를 위한 소환, 임의출석과 시효중단)**
> 화해를 위한 소환은 상대방이 출석하지 아니 하거나 화해가 성립되지 아니한 때에는 1월내에 소를 제기하지 아니하면 시효중단의 효력이 없다. 임의출석의 경우에 화해가 성립되지 아니한 때에도 그러하다.

- 제소전화해를 신청하면 시효가 중단된다. 그러나 이의신청을 받은 법원이 화해를 권고하기 위하여 상대방을 소환하였으나 상대방이 출석하지 않거나, 출석하더라도 화해가 성립하지 않은 경우에, 화해신청인이 1월내에 소를 제기하지 않으면 시효중단의 효력이 없다. 반면 소를 제기하면 화해를 신청한 때 시효중단의 효력이 생긴다.
- 조정은 재판상 화해와 동일한 효력을 가지므로, 조정신청은 시효중단의 효력이 있다. 다만 조정신청이 취하된 경우에, 1월내에 소를 제기하지 않으면 시효중단의 효력이 없다.
- 임의출석 : 임의출석이란, 당사자 쌍방이 임의로 법원에 출석하여 소송에 관하여 변론을 함으로써 제소 또는 제소전화해신청을 하도록 허용하는 제도를 말하는데, 시효중단의 효력을 갖는다. 그러나 임의출석에 의하여 화해가 성립하지 않으면, 1월내에 소를 제기하여야 시효중단의 효력이 유지된다. 한편 소액사건에 한하여 소액사건심판법에 의하여 임의출석에 의한 소의 제기가 인정된다.
- 최고

> **제174조(최고와 시효중단)**
> 최고는 6월내에 재판상의 청구, 파산절차참가, 화해를 위한 소환, 임의출석, 압류 또는 가압류, 가처분을 하지 아니하면 시효중단의 효력이 없다.

- 최고란 채무자에 대하여 채무의 이행을 청구하는 것으로, 의사의 통지에 속한다. 그리고 최고에 특별한 방식을 요하지 않을 뿐만 아니라, 행위 당시 당사자가 시효중단의 효과를 발생시킨다는 점을 알았거나 의욕하였어야 하는 것도 아니다.
- 최고는 시효기간의 만료가 가까워져 강력한 다른 중단방법을 행사하려고 하는 경우에 그 예비적 조치로서의 의미를 가지므로, 그 효력이 약하다. 즉 최고 후 6월내에 앞에서 든 5가지 청구 중 어느 하나 또는 압류·가압류·가처분의 방법을 취하지 않으면 시효중단의 효력이 없다. 그리고 최고를 반복하다가 재판상 청구 등을 한 경우에, 시효중단의 효력은 재판상 청구 등을 한 시점을 기준으로 하여 이로부터 소급하여 6월내에 한 최고 시에 발생한다. 6월의 기산점은 최고가 상대방에게 도달한 때부터 기산된다. 다만 판례는, 채무이행을 최고 받은 채무자가 그 이행의무의 존부 등에 관하여 조사를 해 볼 필요가 있다는 이유로 채권자에 대하여 그 이행의 유예를 구한 경우에, 예외를 인정한다.
- 구체적으로 최고가 있었는지 여부는 해석에 의할 것이지만, 권리자의 보호를 위하여 너그럽게 해석할 것이다. 판례의 입장도 같다.

재산관계명시신청에 대하여 최고와 같은 효력을 부여한 판결례

재산관계명시절차는, 비록 그 신청에 있어서 집행력 있는 정본과 강제집행의 개시에 필요한 문서를 첨부하여야 하고 명시기일에 채무자의 책임재산을 탐지하여 강제집행을 용이하게 하고 재산상태의 공개를 꺼리는 채무자에 대하여는 채무의 자진이행을 하도록 하는 간접강제적 효과가 있다고 하더라도, 특정목적물에 대한 구체적 집행행위 또는 보전처분의 실행을 내용으로 하는 압류 또는 가압류, 가처분과 달리 어디까지나 집행목적물을 탐지하여 강제집행을 용이하게 하기 위한 강제집행의 보조절차 내지 부수절차 또는 강제집행의 준비행위와 강제집행 사이의 중간적 단계의 절차에 불과하다고 볼 수밖에 없으므로, 민법 제168조 제2호 소정의 소멸시효중단사유인 압류 또는 가압류, 가처분에 준하는 효력까지 인정될 수는 없고, 따라서 재산관계명시결정에 의한 소멸시효중단의 효력은 그로부터 6월내에 다시 소를 제기하거나 압류 또는 가압류, 가처분을 하는 등 민법 제174조에 규정된 절차를 속행하지 아니하는 한 상실되는 것으로 보는 것이 옳다(대판 2001.5.29. 2000다32161).

ⓒ 압류 또는 가압류, 가처분

> 제175조(압류, 가압류, 가처분과 시효중단)
> 압류, 가압류 및 가처분은 권리자의 청구에 의하여 또는 법률의 규정에 따르지 아니함으로 인하여 취소된 때에는 시효중단의 효력이 없다.

- 취지 : 민사집행법상의 강제집행제도 또는 보전처분인 압류 또는 가압류·가처분은 반드시 재판상 청구를 전제로 하지 않을 뿐만 아니라 판결이 있더라도 재판확정 후에는 다시 시효가 진행하므로, 압류 등을 별도의 시효중단사유로 삼을 필요가 있다. 그래서 민법은 이들을 피보존채권에 대한 독립된 시효중단사유로 삼고 있는 것이다.

당연무효의 가압류와 시효중단

당연무효의 가압류는 민법 제168조 제2호에 정한 소멸시효의 중단사유에 해당하지 않는다(대판 2006.8.24. 2004다 26287 · 26294).

채무자와의 제3채무자에 대한 채권의 가압류와 시효중단

채권자가 채무자의 제3채무자에 대한 채권을 압류 또는 가압류한 경우에 채무자에 대한 채권자의 채권에 관하여 시효중단의 효력이 생긴다고 할 것이나, 압류 또는 가압류된 채무자의 제3채무자에 대하 채권에 대하여는 민법 제168조 제2호 소정의 소멸시효중단사유에 준하는 확정적인 시효중단의 효력이 생긴다고 할 수 없다(대판 2003.5.13. 2003다 16238).

배당요구를 압류에 준하는 것으로 본 판결례

부동산경매절차에서 집행력 있는 채무명의 정본을 가진 채권자가 하는 배당요구는 민법 제168조 제2호의 압류에 준하는 것으로서 배당요구에 관련된 채권에 관하여 소멸시효를 중단하는 효력이 생긴다고 할 것이고, 따라서 원인채권의 지급을 확보하기 위하여 어음이 수수된 당사자 사이에 채권자가 어음채권에 관한 집행력 있는 채무명의 정본에 기하여 한 배당요구는 그 원인채권의 소멸시효를 중단시키는 효력이 있다(대판 2002.2.26 2000다25484).

- 시효중단의 효력

> 제176조(압류, 가압류, 가처분과 시효중단)
> 압류, 가압류 및 가처분은 시효의 이익을 받은 자에 대하여 하지 아니한 때에는 이를 그에게 통지한 후가 아니면 시효중단의 효력이 없다.

- 압류 등에 의하여 시효중단이 발생하는 시점에 관하여, 통설은 소제기에 준하여 집행행위가 있으면 신청 시에 소급하여 중단의 효력이 생긴다고 한다. 그리고 가압류에 의한 시효중단의 효력은 가압류의 집행보전의 효력이 존속하는 동안 계속된다.
- 압류 등이 권리자의 청구에 의하여 또는 법률의 규정에 따르지 않음으로 인하여 취소된 경우에는, 시효중단의효력이 없다. 그러나 압류절차를 개시한 이상 집행불능에 그치더라도 시효중단의 효력이 생긴다.
- 압류 등을 시효의 이익을 받는 자에 대하여 하지 않은 경우에, 이를 그에게 통지한 후가 아니면 시효중단의 효력이 없다. 채권자가 물상보증인에 대하여 그 피담보채권의 실행으로 경매를 신청하여 경매법원이 경매매시결정을 하고 경매절차의 이해관계인으로서의 채무자에게 그 결정이 송달되거나 매각기일이 통지된 경우에, 시효의 이익을 받는 채무자는 제176조에 의하여 피담보채권의 소멸시효중단의 효과를 받는다(대판 1990.6.26, 89다카32606). 이러한 경우에 시효중단의 효력이 생기는 시기는, 통지가 채무자에게 도달한 때라고 하여야 한다.

가압류에 의한 시효중단의 범위

[1] 민법 제168조에서 가압류를 시효중단사유로 정하고 있는 것은 가압류에 의하여 채권자가 권리를 행사하였다고 할 수 있기 때문인데 가압류에 의한 집행보전의 효력이 존속하는 동안은 가압류채권자에 의한 권리행사가 계속되고 있다고 보아야 할 것이므로 가압류에 의한 시효중단의 효력은 가압류의 집행보전의 효력이 존속하는 동안은 계속된다.

[2] 민법 제168조에서 가압류와 재판상의 청구를 별도의 시효중단사유로 규정하고 있는데 비추어 보면, 가압류의 피보전채권에 관하여 본안의 승소판결이 확정되었다고 하더라도 가압류에 의한 시효중단의 효력이 이에 흡수되어 소멸된다고 할 수 없다(대판 2000.4.25. 2000다11102).

ⓒ 승인

> 제177조(승인과 시효중단)
> 시효중단의 효력 있는 승인에는 상대방의 권리에 관한 처분의 능력이나 권한 있음을 요하지 아니한다.

- 의의 : 시효중단사유로서 승인은, 시효이익을 받을 자가 시효의 완성으로 말미암아 권리를 상실하게 될 자 또는 그 대리인에 대하여 그 권리가 존재함을 인식하고 있다는 뜻을 표시하는 행위로, 그 법적 성질은 관념의 통지이다.
- 승인의 요건 및 방법
  - 승인을 시효중단사유로 한 것은, 그에 의하여 진정한 권리관계가 객관화되어 권리자의 태만을 인정할 수 없게 되기 때문이다. 따라서 승인은 시효이익을 받을 자 또는 그 대리인에 의하여야 하고, 권리의 존재를 인식하면서 하여야 한다. 그런데 시효중단의 효력 있는 승인에 상대방의 권리에 관한 처분의 능력이나 권한 있음을 요하지 않는다. 승인은 원래 상대방의 권리의 존재를 인정하는 것에 지나지 않기 때문이다. 그러나 제177조의 반대해석상 적어도 승인자에게 관리권한은 있어야 한다. 가령 행위제한능력자는 법정대리인의 동의가 없는 한 단독으로 유효하게 승인할 수 없다.
  - 승인은 특별한 방식을 요하지 않으며, 명시적이건 묵시적이건 상관없다. 가령 면책적 채무인수, 변제기한의 유예요청, 이자의 지급, 일부변제 내지 담보의 제공은 묵시적 승인이 있는 것으로 된다. 한편 승인은 시효완성 전에만 있을 수 있는 것이고, 시효완성 후에는 시효이익의 포기의 문제로 될 수 있다.

검사 작성의 피의자신문조서와 승인

검사 작성의 피의자신문조서는 검사가 피의자를 신문하여 그 진술을 기재한 조서로서 그 작성형식은 원칙적으로 검사의 신문에 대하여 피의자가 응답하는 형태를 취하여 피의자의 진술은 어디까지나 검사를 상대로 이루어지는 것이어서 그 진술기재 가운데 채무의 일부를 승인하는 의사가 표시되어 있다고 하더라도, 그 기재 부분만으로 곧바로 소멸시효 중단사유로서 승인의 의사표시가 있은 것으로는 볼 수 없다(대판 1999.3.12. 98다18124).

☞ 즉 승인은 소멸시효완성으로 권리를 상실하게 될 자(또는 대리인)에 대하여 하여야 한다.

일부변제

시효완성 전에 채무의 일부를 변제한 경우에는, 그 수액에 관하여 다툼이 없는 한 채무승인으로서의 효력이 있어 시효중단의 효과가 발생한다(대판 1996.1.23. 95다39854).

> ☞ 일부변제는 묵시적 승인의 예로서 다른 사정이 없는 한 전부에 대한 승인으로 볼 수 있다(통설).

③ 시효중단의 효과
  • 기본적 효과

제178조(중단후의 시효진행)
① 시효가 중단된 때에는 중단까지에 경과한 시효기간은 이를 산입하지 아니하고 중단사유가 종료한 때로부터 새로이 진행한다.
② 재판상의 청구로 인하여 중단한 시효는 전항의 규정에 의하여 재판이 확정된 때로부터 새로이 진행한다.

  – 시효가 중단되면, 그때까지 경과한 시효기간은 그 효력을 잃는다.
  – 시효가 중단된 후에는 중단사유가 종료된 때부터 다시 시효가 진행된다.
  • 시효중단의 인적 범위

제169조(시효중단의 효력)
시효의 중단은 당사자 및 그 승계인간에만 효력이 있다.

  – 원칙 : 시효의 중단은 원칙적으로 당사자 및 그 승계인 사이에서만 효력이 있다.
  • 여기서 당사자란 시효중단행위에 관여한 당사자만을 말하며, 시효의 대상인 권리관계의 당사자를 말하는 것은 아니다. 가령 손해배상청구권을 공동상속한 자 중 1인이 자기의 상속분을 행사하여 승소판결을 얻었더라도, 다른 공동상속인의 상속분에까지 중단의 효력이 미치지 않는다.
  • 승계인이란 시효중단에 관여한 당사자로부터 중단의 효과를 받는 권리를 승계한 자를 말하며, 특정승계이건 포괄승계이건 불문한다. 그리고 승계는 중단사유가 발생 한 후에 이루어져야 하고, 중단사유 발생 전의 승계인은 포함되지 않는다.

당사자

시효중단효력의 당사자라 함은 중단행위에 관여한 당사자를 가리키고 시효의 대상인 권리 또는 청구권의 당사자는 아니다(대판 1997.4.25. 96다46484).

☞ 따라서

1) 공유자의 한 사람이 공유물의 보존행위로서 청구를 하였으면 그로 인한 취득시효중단의 효력은 그 공유자에 한하여 발생하고 청구를 하지 아니한 다른 공유자에게는 미치지 아니한다(대판 1979. 6. 26. 79다639).

2) 손해배상청구권을 공동상속한 자 가운데 1인이 자기의 상속분을 행사하여 승소판결을 얻었더라도 다른 공동상속인의 상속분까지 시효중단의 효력이 미치는 것은 아니다(대판 1967. 1. 24. 66다2279).

판례

승계인

승계인이라 함은 '시효중단에 관여한 당사자로부터 중단의 효과를 받는 권리를 그 중단효과 발생 이후에 승계한 자'를 뜻하고, 포괄승계인은 물론 특정승계인도 이에 포함된다(대판 1997. 4. 25. 96다46484).

☞ 즉 중단효과 발생 이후에 승계한 자를 뜻하므로 취득시효의 중단사유인 재판상 청구가 있기 이전에 취득시효의 대상부동산을 양수하여 소유권이전등기를 마친 자에게는 시효중단의 효과가 미치지 않는다(대판 1973. 2. 13. 72다1549).

- 예외 : 다음의 경우에 시효중단의 효력이 미치는 인적 범위가 확대된다.
- 여기서 당사자란 시효중단행위에 관여한 당사자만을 말하며, 압류, 가압류, 가처분을 시효이익을 받은 자에 대하여 하지 않았더라도, 이를 시효이익을 받은 자에게 통지하면 그 때부터 시효가 중단된다. 따라서 물상보증인의 재산에 대하여 압류를 한 경우에 이를 채무자에게 통지하면 채무자에 대해서도 시효가 중단된다(제176조).
- 여기서 당사자란 시효중단행위에 관여한 당사자만을 말하며, 요역지가 수인의 공유인 경우에 그 1인에 의한 지역권소멸시효의 중단 또는 정지는 다른 공유자를 위하여 효력이 있다(제296조).
- 여기서 당사자란 시효중단행위에 관여한 당사자만을 말하며, 어느 연대채무자에 대한 이행청구는 다른 연대채무자에게도 효력이 있다(제416조). 즉 중단의 효력을 같이 받으므로 어느 한 연대채무자에 대한 이행의 청구는 다른 연대채무자의 채무에 대해서도 시효중단의 효력이 있다.
- 주채무자에 대한 시효의 중단은 보증인에게도 미친다.

판례

주채무자에 대한 압류 등으로 소멸시효 중단사유 발생의 보증인에 대한 효력

민법 제169조는 "시효의 중단은 당사자 및 그 승계인간에만 효력이 있다."고 규정하고 있고, 한편 민법 제440조는 "주채무자에 대한 시효의 중단은 보증인에 대하여 그 효력이 있다."라고 규정하고 있는바, 민법 제440조는 민법 제169조의 예외 규정으로서 이는 채권자 보호 내지 채권담보의 확보를 위하여 주채무자에 대한 시효중단의 사유가 발생하였을 때는 그 보증인에 대한 별도의 중단조치가 이루어지지 아니하여도 동시에 시효중단의 효력이 생기도록 한 것이고, 그 시효중단사유가 압류, 가압류 및 가처분이라고 하더라도 이를 보증인에게 통지하여야 비로소 시효중단의 효력이 발생하는 것은 아니다(대판 2005. 10. 27. 2005다35554).

(3) 소멸시효의 정지

① 의의 : 소멸시효의 정지란, 시효가 거의 완성될 무렵에 권리자가 시효를 중단시키는 행위를 할 수 없거나 그 행위를 하는 것이 대단히 곤란한 경우에, 그 사정이 소멸한 후 일정기간이 경과하는 시점까지 시효의 완성을 유예하는 것을 말한다. 시효의 정지는 정지사유가 소멸된 후 일정한 유예기간이 경과하면 시효는 완성한다는 점에서, 이미 경과한 기간이 무로 돌아가는 중단과 다르다.

② 정지의 사유
　　㉠ 제한능력자를 위한 정지

> **제179조 (제한능력자의 시효정지)**
> 소멸시효의 기간만료 전 6개월 내에 제한능력자에게 법정대리인이 없는 경우에는 그가 능력자가 되거나 법정대리인이 취임한 때부터 6개월 내에는 시효가 완성되지 아니한다.

- 소멸시효의 기간만료 전 6월내에 제179조(제한능력자의 시효정지) : 제한능력자의 법정대리인이 없는 경우에, 그가 능력자로 되거나 법정대리인이 취임한 때부터 6월내에는 시효가 완성되지 않는다.
- 재산을 관리하는 부·모 또는 후견인에 대한 제한능력자의 권리는, 그가 능력자로 되거나 후임의 법정대리인이 취임한 때부터 6월내에는 그 소멸시효가 완성되지 않는다.

　　㉡ 혼인관계의 종료에 의한 정지

> **제180조 (재산관리자에 대한 제한능력자의 권리, 부부 사이의 권리와 시효정지)**
> ① 재산을 관리하는 아버지, 어머니 또는 후견인에 대한 제한능력자의 권리는 그가 능력자가 되거나 후임 법정대리인이 취임한 때부터 6개월 내에는 소멸시효가 완성되지 아니한다.
> ② 부부 중 한쪽이 다른 쪽에 대하여 가지는 권리는 혼인관계가 종료된 때부터 6개월 내에는 소멸시효가 완성되지 아니한다.

부부 일방의 타방에 대한 권리는 혼인관계가 종료한 때부터 6월내에는 그 소멸시효가 완성되지 않는다.

　　㉢ 상속재산에 관한 정지

> **제181조(상속재산에 관한 권리와 시효정지)**
> 상속재산에 속한 권리나 상속재산에 대한 권리는 상속인의 확정, 관리인의 선임 또는 파산선고가 있는 때로부터 6월내에는 소멸시효가 완성하지 아니한다.

상속재산에 대한 권리의 경우에, 상속인의 확정, 관리인의 선임 또는 파산선고가 있는 때부터 6월내에는 그 소멸시효가 완성되지 않는다.

㉣ 천재 기타 사변에 의한 정지

> 제182조(천재 기타 사변과 시효정지)
> 천재 기타 사변으로 인하여 소멸시효를 중단할 수 없을 때에는 그 사유가 종료한 때로부터 1월내에는 시효가 완성하지 아니한다.

천재 기타 사변으로 인하여 소멸시효를 중단할 수 없을 경우에, 그 사유가 종료한 때부터 1월내에 시효가 완성되지 않는다.

4. 소멸시효의 효과

- 소멸시효 완성의 효과와 관련된 분야는 소멸시효 완성에 따른 채권의 소멸과 관련된 소멸시효완성의 효력에 대한 이론, 즉 절대적 효력설과 상대적 효력설은 출제가 예상되는 분야이다.
- 절대적 소멸과 상대적 소멸은 3가지 부분, 즉 채권의 당연 소멸여부(당연소멸에 따른 변론주의인가 아니면 소멸시효 원용권이 있어야만 소멸하는가), 완성 후 변제와 부당이득의 문제, 그리고 소멸시효 포기에 대한 설명(시효이익을 받지 않겠다는 의사표시인가 아니면 시효원용권의 포기인가) 등의 부분의 정확한 이해가 필요하다.
- 계속해서 소멸시효완성의 효력과 그 포기 및 완성 후 일부변제(기한연장의 요청) 등이 출제될 가능성이 높으므로 정확한 공부가 필요하다. 특히 시효원용권자(저당부동산의 제3취득자, 원용권자가 수인인 경우 그 중 일부시효이익 포기 등의 문제)와 관련된 문제를 철저히 암기하고, 종속된 권리에 대한 효력에 관해서는 주의를 요한다. 즉 하나의 금전채권의 원금 중 일부가 변제된 후 나머지 원금에 대하여 소멸시효가 완성된 경우 소멸시효 완성의 효력은 반드시 숙지해야 할 것이다.

(1) 소멸시효완성의 효과

① 서설 : 민법은 "… 소멸시효가 완성한다"고 규정하고 있다. 여기서 완성한다는 것의 의미에 관하여, 소멸시효의 완성으로 권리가 당연히 소멸한다는 견해와 권리가 당연히 소멸하는 것이 아니라 시효의 이익을 받을 자에게 원용권이 생길 뿐이라는 견해가 대립한다.

② 학설과 판례

  ㉠ 학설

- 절대적 소멸설 : 절대적 소멸설은, 소멸시효의 완성에 의하여 당연히 권리가 소멸한다고 한다.
- 상대적 소멸설 : 상대적 소멸설은, 시효의 완성으로 권리는 소멸하지 않고 권리소멸을 주장할 수 있는 권리, 즉 원용권이 발생하고, 그 원용권의 행사에 의하여 비로소 권리가 소멸한다고 한다.

	절대적 소멸설(다수설, 판례)	상대적 소멸설
당사자의 원용 여부	소멸시효의 완성으로 권리는 당연히 소멸하며, 당사자의 원용을 필요로 하지 않는다. 그러나 소송상에서는 변론주의의 원칙상 당사자의 주장이 있어야 고려될 수 있다고 한다.	소멸시효의 완성으로 권리는 당연히 소멸하지 않고, 다만 시효의 이익을 받을 자에게 권리의 소멸을 주장할 수 있는 권리가 생길 뿐이므로 법원은 직권으로 고려 할 수 없다.
시효완성 후의 변제	① 시효완성 사실을 알고 변제한 경우에는 악의의 비재변제가 되어 반환을 청구하지 못한다(제742조). ② 시효완성의 사실을 모르고 변제한 경우에는 도의관념에 적합한 비채변제가 되어 반환청구하지 못한다(제744조).	본래의 채무변제로서 유효한 채무의 변제가 되고 반환을 청구하지 못한다.
시효이익의 포기	시효이익을 받지 않겠다는 의사표시로 본다.	원용권의 포기로 본다.

ヅ 판례

- 절대적 소멸설을 취하고 있는 것으로 보인다.
- 소멸시효 이익의 원용 요부… 민법상 당사자의 원용이 없어도 시효완성의 사실로서 채무는 당연히 소멸되고, 다만 변론주의의 원칙상 소멸시효의 이익을 받을 자가 실제 소송에서 권리를 주장하는 자에 대항하여 시효소멸의 이익을 받겠다는 뜻을 항변하지 않는 이상 그 의사에 반하여 재판할 수 없을 뿐이다(대판 1979.2.13. 78다2157).

(2) 소멸시효완성의 효과 – 소급효

> 제167조(소멸시효의 소급효)
> 소멸시효는 그 기산일에 소급하여 효력이 생긴다.

① **원칙** : 소멸시효는 그 기산일에 소급하여 그 효력이 생긴다. 그 결과 소멸시효로 채무를 면하는 자는 기산일 이후의 이자를 지급할 필요가 없다.

② **예외** : 소멸시효가 완성된 채권이 그 완성 전에 상계할 수 있었다면, 그 채권자는 상계할 수 있다.

③ **소멸시효완성을 원용할 수 있는 자의 범위** : 판례는 소멸시효가 완성된 경우 이를 주장할 수 있는 사람을 시효로 인하여 채무가 소멸함으로써 직접적인 이익을 받는 사람에 한정한다(대판 2007.3.30, 2005다11312).

④ **권리남용** : 대판 2002.10.25. 2002다32332는 "채무자의 소멸시효에 기한 항변권의 행사도 우리 민법의 대원칙인 신의성실의 원칙과 권리남용금지의 원칙의 지배를 받는 것이어서, 채무자가 시효완성 전에 채권자의 권리행사나 시효중단을 불가능 또는 현저히 곤란하게 하였거나, 그러한 조치가 불필요하다고 믿게 하는 행동을 하였거나, 객관적으로 채권자가 권리를 행사할 수 없는 장애사유가 있었거나, 또는 일단 시효완성 후에 채무자가 시효를 원용하지 아니할 것 같은 태도를

보여 권리자로 하여금 그와 같이 신뢰하게 하였거나, 채권자보호의 필요성이 크고, 같은 조건의 다른 채권자가 채무의 변제를 수령하는 등의 사정이 있어 채무이행의 거절을 인정함이 현저히 부당하거나 불공평하게 되는 등의 특별한 사정이 있는 경우에는 채무자가 소멸시효의 완성을 주장하는 것이 신의성실의 원칙에 반하여 권리남용으로서 허용될 수 없다"고 하여, 소멸시효의 주장에 신의칙에 기한 권리남용의 법리를 적용하였다.

참고

※ 소멸시효완성을 원용할 수 있는 자의 범위

• 판례가 긍정한 경우

① 유치권이 성립된 부동산의 매수인⋯ 유치권이 성립된 부동산의 매수인은 피담보채권의 소멸시효가 완성되면 시효로 인하여 채무가 소멸되는 결과 직접적인 이익을 받는 자에 해당하므로 소멸시효의 완성을 원용할 수 있는 지위에 있다고 할 것이나, 매수인은 유치권자에게 채무자의 채무와는 별개의 독립된 채무를 부담하는 것이 아니라 단지 채무자의 채무를 변제할 책임을 부담하는 점 등에 비추어 보면, 유치권의 피담보채권의 소멸시효기간이 확정판결 등에 의하여 10년으로 연장된 경우 매수인은 그 채권의 소멸시효기간이 연장된 효과를 부정하고 종전의 단기소멸시효기간을 원용할 수는 없다(대판 2009.9.24. 2009다39530).

② 물상보증인⋯ 타인의 채무를 담보하기 위하여 자기의 물건에 담보권을 설정한 물상보증인은 채권자에 대하여 물적 유한책임을 지고 있어 그 피담보채권의 소멸에 의하여 직접 이익을 받는 관계에 있으므로 소멸시효의 완성을 주장할 수 있는 것이다(대판 2004.1.16. 2003다30890).

③ 담보가등기가 경료 된 부동산을 양수한 자⋯ 소멸시효를 원용할 수 있는 사람은 권리의 소멸에 의하여 직접 이익을 받는 사람에 한정되는바, 채권담보의 목적으로 매매예약의 형식을 빌어 소유권이전청구권 보전을 위한 가등기가 경료 된 부동산을 양수하여 소유권이전등기를 마친 제3자는 당해 가등기담보권의 피담보채권의 소멸에 의하여 직접 이익을 받는 자이므로, 그 가등기담보권에 의하여 담보된 채권의 채무자가 아니더라도 그 피담보채권에 관한 소멸시효를 원용할 수 있고, 이와 같은 직접 수익자의 소멸시효 원용권은 채무자의 소멸시효 원용권에 기초한 것이 아닌 독자적인 것으로서 채무자를 대위하여서만 시효이익을 원용할 수 있는 것은 아니며, 가사 채무자가 이미 그 가등기에 기한 본등기를 경료 하여 시효이익을 포기한 것으로 볼 수 있다고 하더라도 그 시효이익의 포기는 상대적 효과가 있음에 지나지 아니하므로 채무자 이외의 이해관계자에 해당하는 담보 부동산의 양수인으로서는 여전히 독자적으로 소멸시효를 원용할 수 있다(대판 1995.7.11. 95다12446).

④ 공탁금출급청구권의 시효소멸을 원용할 수 있는 자⋯ 공탁금출급청구권은 피공탁자가 공탁소에 대하여 공탁금의 지급, 인도를 구하는 청구권으로서 위 청구권이 시효로 소멸한 경우 공탁자에게 공탁금회수청구권이 인정되지 않는 한 그 공탁금은 국고에 귀속하게 되는 것이어서(공탁사무처리규칙 제55조 참조) 공탁금출급청구권의 종국적인 채무자로서 소멸시효를 원용할 수 있는 자는 국가이다(대판 2007.3.30. 2005다11312).

⑤ 채권자취소소송에서 수익자⋯ 소멸시효를 원용할 수 있는 사람은 권리의 소멸에 의하여 직접 이익을 받는 자에 한정되는바, 사해행위취소소송의 상대방이 된 사해행위의 수익자는, 사해행위가 취소되면 사해행위에 의하여 얻은 이익을 상실하고 사해행위취소권을 행사하는 채권자의 채권이 소멸하면 그와 같은 이익의 상실을 면하는 지위에 있으므로, 그 채권의 소멸에 의하여 직접 이익을 받는 자에 해당하는 것으로 보아야 한다(대판 2007.11.29. 2007다54849).

• 판례가 부정한 경우
① **채무자에 대한 일반채권자**… 소멸시효가 완성된 경우 이를 주장할 수 있는 사람은 시효로 인하여 채무가 소멸되는 결과 직접적인 이익을 받는 사람에 한정되므로, 채무자에 대한 일반 채권자는 자기의 채권을 보전하기 위하여 필요한 한도 내에서 채무자를 대위하여 소멸시효 주장을 할 수 있을 뿐 채권자의 지위에서 독자적으로 소멸시효의 주장을 할 수 없다(대판 1997.12.26. 97다22676).
② **채권자대위소송의 제3채무자**… 채권자가 채권자대위권을 행사하여 제3자에 대하여 하는 청구에 있어서, 제3채무자는 채무자가 채권자에 대하여 가지는 항변으로 대항할 수 없고, 채권의 소멸시효가 완성된 경우 이를 원용할 수 있는 자는 원칙적으로는 시효이익을 직접 받는 자뿐이고, 채권자대위소송의 제3채무자는 이를 행사할 수 없다(대판 1998.12.8. 97다31472; 2004. 2.12. 2001다10151).

(3) 소멸시효이익의 포기

제184조(시효의 이익의 포기 기타)
① 소멸시효의 이익은 미리 포기하지 못한다.
② 소멸시효는 법률행위에 의하여 이를 배제, 연장 또는 가중할 수 없으나 이를 단축 또는 경감할 수 있다.

① **의의**
　㉠ 소멸시효이익 포기의 의사표시를 할 수 있는 자는 시효완성의 이익을 받을 당사자 또는 대리인에 한정되고, 그 밖의 제3자가 시효이익 포기의 의사표시를 하였더라도 시효완성의 이익을 받을 자에 대한 관계에서 아무 효력이 없다. 그리고 소멸시효의 이익포기는 처분행위이므로, 포기자는 처분권한과 처분능력을 가져야 한다.
　㉡ 소멸시효이익 포기의 효과는 상대적이므로, 포기자 외의 자에게 영향을 미치지 않는다. 따라서 주채무자가 시효이익을 포기하더라도 보증인이나 물보증인에게는 포기의 효과가 미치지 않는다.
　㉢ 포기의 효력은, 그 의사표시가 상대방에게 도달한 때 발생한다.

② **소멸시효완성 전의 포기**
　㉠ 소멸시효의 이익은 시효기간이 완성하기 전에 미리 포기하지 못한다. "미리"란 시효가 완성되기 전을 의미하며, 시효의 기산점 이전의 포기를 포함한다.
　㉡ 소멸시효의 완성을 곤란하게 하는 특약, 즉 소멸시효의 배제, 시효기간의 연장이나 가중하는 특약은 무효이다. 반면 이를 단축 또는 경감하는 특약은 유효이다.

③ **소멸시효완성 후의 포기** : 소멸시효가 완성한 후에 시효이익을 포기하는 것은 유효하다. 포기는 명시적이든 묵시적이든 상관없다. 시효완성 후의 변제기한의 유예요청이나 채무의 승인 또는 일부 변제 등이 이에 해당한다. 다만 시효가 완성되었다는 것을 알고 하는 것을 전제로 하는데, 판례는 시효완성 후에 시효이익을 포기하는 듯한 행위가 있으면 시효완성사실에 대한 악의를 추정한다.

시효이익 포기의 의사를 시효완성 당시의 진정한 소유자가 아닌 원인무효인 등기의 소유명의자에게 표시한 경우, 그 효력 발생 여부

시효이익의 포기와 같은 상대방 있는 단독행위는 그 의사표시로 인하여 권리에 직접적인 영향을 받는 상대방에게 도달하는 때에 효력이 발생한다 할 것인바, 취득시효완성으로 인한 권리변동의 당사자는 시효취득자와 취득시효완성 당시의 진정한 소유자이고, 실체관계와 부합하지 않는 원인무효인 등기의 등기부상 소유명의자는 권리변동의 당사자가 될 수 없는 것이므로, 결국 시효이익의 포기는 달리 특별한 사정이 없는 한 시효취득자가 취득시효완성 당시의 진정한 소유자에 대하여 하여야 그 효력이 발생하는 것이지, 원인무효인 등기의 등기부상 소유명의자에게 그와 같은 의사를 표시하였다고 하여 그 효력이 발생하는 것은 아니라 할 것이다(대판 1994.12 23. 94다40734).

(4) 종속된 권리에 대한 효력

> 제183조(종속된 권리에 대한 소멸시효의 효력)
> 주된 권리의 소멸시효가 완성한 때에는 종속된 권리에 그 효력이 미친다.

주된 권리의 소멸시효가 완성된 경우에는 종속된 권리에 그 효력이 미친다(제183조). 원본채권이 시효로 소멸하면, 지분권인 이자채권도 역시 시효로 소멸한다. 주된 권리의 소멸시효가 완성되었으나 종된 권리의 그것은 아직 완성되지 않은 경우에, 제183조가 적용되는 실익이 있다.

금전채권의 원금 중 일부가 변제된 후 나머지 부분에 대하여 소멸시효가 완성된 경우, 시효완성의 효력이 미치는 이자 또는 지연손해금의 범위

이자 또는 지연손해금은 주된 채권인 원본의 존재를 전제로 그에 대응하여 일정한 비율로 발생하는 종된 권리라 할 것인데, 하나의 금전채권의 원금 중 일부가 변제된 후 나머지 원금에 대하여 소멸시효가 완성된 경우, 가분채권인 금전채권의 성질상 변제로 소멸한 원금 부분과 소멸시효 완성으로 소멸한 원금 부분을 구분하는 것이 가능하고, 이 경우 원금에 종속된 권리인 이자 또는 지연손해금 역시 변제로 소멸한 원금 부분에서 발생한 것과 시효완성으로 소멸된 원금 부분에서 발생한 것으로 구분하는 것이 가능하므로, 소멸시효 완성의 효력은 소멸시효가 완성된 원금 부분으로부터 그 완성 전에 발생한 이자 또는 지연손해금에는 미치나, 변제로 소멸한 원금 부분으로부터 그 변제 전에 발생한 이자 또는 지연손해금에는 미치지 않는다(대판 2008.3.14. 2006다2940).

기출문제분석

1 소멸시효의 기산점에 관한 설명으로 가장 옳은 것은? (단, 다수설에 의함)

① 기한의 정함이 없는 채권 – 기한이 객관적으로 도래한 때
② 부작위 채권 – 채무자가 위반행위를 한 때
③ 불확정기한부 채권 – 채무자가 기한의 도래를 안 때
④ 동시이행의 항변권이 붙어 있는 채권 – 그 항변권이 소멸된 이후부터
⑤ 확정기한부 채권 – 이행의 청구를 받은 때

ADVICE » 소멸시효의 기산점

권리의 종류	시효의 기산점
확정기한부 권리	기한도래시부터
불확정기한부 권리	객관적 기한도래시부터
기한 미정의 권리	채권 발생시부터
정지조건부 권리	조건 성취시부터
부작위 및 불법행위로 인한 채권	위반행위 및 불법행위를 한 때로부터
할부금 채권	1회 지체시 전부청구 가능하다는 특약을 한 경우 1회 지체시(통설)
물권	물권 성립시부터
동시이행항변권이 붙은 권리	이행기의 도래시부터
구상권	권리 발생하여 행사시부터
청구·해지통고 필요한 권리	청구·해지통고할 수 있는 때로부터 소정의 유예기간 경과 후

2 다음 중 소멸시효에 걸리지 않는 권리는?

① 소유권
② 손해배상청구권
③ 지상권
④ 지역권
⑤ 전세권

ADVICE » 소멸시효에 걸리지 않는 권리…비재산권(신분권), 소유권, 형성권, 상린권, 점유권, 담보물권, 물권적 청구권, 등기청구권 등

3 소멸시효의 효과에 관한 설명 중 가장 옳지 않은 것은?

① 소멸시효의 완성으로 인하여 채무를 면하게 되는 자는 기산일 이후의 이자를 지급할 필요가 없다.

② 소멸시효가 완성된 채권이 시효의 완성 전에 상계할 수 있었던 것이면 상계할 수 있다.

③ 시효의 중단은 당사자간에만 효력이 있다.

④ 절대적 소멸설은 소멸시효의 완성으로 권리가 당연히 소멸한다고 한다.

⑤ 상대적 소멸설은 소멸시효의 완성으로 권리가 당연히 소멸하는 것이 아니라 시효의 이익을 받을 자에게 권리의 소멸을 주장할 권리가 생길 뿐이라고 한다.

ADVICE 》 ③ 시효의 중단은 당사자 및 그 승계인간에만 효력이 있다〈제169조〉.

4 소멸시효와 제척기간에 관한 설명으로 가장 옳지 않은 것은? (단, 다수설과 판례에 의함)

① 소멸시효가 완성되면 기산일에 소급하여 권리소멸의 효과가 발생하나, 제척기간의 완성은 장래에 향하여만 효력이 있다.

② 소멸시효에서는 중단이 인정되나, 제척기간의 경우에는 그러하지 아니하다.

③ 소멸시효의 경우에는 시효의 완성으로 이익을 얻는 자가 그 사실을 재판상 원용하지 않으면 법원은 이를 재판의 기초로 할 수 없으나, 제척기간의 경우에는 그 기간의 경과만으로 권리소멸의 효과가 발생하므로 법원은 당사자의 주장을 기다리지 않고 이를 고려하여야 한다.

④ 소멸시효의 경우에는 당사자가 법률행위에 의하여 소멸시효기간을 단축·경감할 수 있으나, 제척기간의 경우에는 그러하지 아니하다.

⑤ 민법은 소멸시효와 제척기간을 개념상 명확하게 구분하는 한편, 소멸시효에 관해서만 통일적인 규정을 두고 있다.

ADVICE 》 ⑤ 법 조문상 '시효로 인하여'라는 표현이 있으면 소멸시효로 보고, 제척기간의 경우 기간만 규정을 두고 있다. 소멸시효와 제척기간의 구분에 있어서는 학설 및 판례상 상속·유증 승인 및 포기취소권, 도품 및 회복청구권 등에 있어 논란이 있다.

5 소멸시효의 기산점에 관한 설명 중 옳지 않은 것은?

① 물권은 일반적으로 권리가 발생한 때이다.
② 판례에 의하면 채무불이행으로 인한 손해배상청구권은 채무불이행시부터 소멸시효가 기산된다.
③ 정지조건부 채권은 그 조건이 성취한 때이다.
④ 불확정기한부 채권은 객관적으로 기한이 도래한 때이다.
⑤ 기한을 정하고 있지 않은 채권은 원칙적으로 이행의 청구를 받은 때이다.

ADVICE » ⑤ 기한을 정하고 있지 않은 채권은 권리가 발생한 때가 기산점이다.

6 제척기간과 소멸시효에 관한 다음 설명 중 옳은 것은?

① 제척기간에 의한 권리의 소멸에는 소급효가 없으나 소멸시효의 경우는 소급효가 있다.
② 제척기간에도 소멸시효와 같이 중단사유가 인정된다.
③ 제척기간에도 소멸시효와 같이 당사자의 원용을 필요로 한다.
④ 소멸시효기간은 계약에 의하여 연장할 수 있으나 제척기간은 불가능하다.
⑤ 소멸시효의 이익은 미리 포기할 수 있으나 제척기간은 불가능하다.

ADVICE » ② 소멸시효는 중단 · 정지제도가 있으나, 제척기간은 중단 · 정지제도가 없다.
③ 소멸시효의 이익은 당사자가 소송에서 원용해야 법원이 참작하나, 제척기간은 법원이 직권으로 참작한다.
④ 소멸시효는 법률행위에 의하여 이를 연장 · 가중할 수 없다.
⑤ 소멸시효의 이익은 소멸시효 완성 전에 미리 포기하지 못한다.

7 소멸시효에 걸리는 권리는?

① 친족권
② 지역권
③ 저당권
④ 공유물분할청구권
⑤ 물권적 청구권

ADVICE » ① 친족권 등 비재산권은 원칙적으로 소멸시효에 걸리지 않는다.
③ 담보물권은 채권의 종된 권리로 그것만이 단독으로 소멸시효에 걸리지 않는다.
④⑤ 그 기본인 법률관계가 존속하는 한 항상 발생하고 이로부터 분리 · 독립하여 소멸시효에 걸리지 않는다.

8 다음 중 소멸시효의 중단사유가 아닌 것은?

① 가처분
② 파산절차 참가
③ 이행의 청구
④ 유치권의 행사
⑤ 재판상 화해를 위한 소환

> **ADVICE** » ④ 유치권은 소멸시효 또는 시효의 중단사유와 관계없다.
> ※ 소멸시효의 중단사유
> ㉠ 청구(재판상 청구, 파산절차에의 참가, 지급명령·화해를 위한 소환, 임의출석, 최고)
> ㉡ 압류·가압류·가처분
> ㉢ 승인 등

9 다음 중 소멸시효에 대한 설명으로 옳지 않은 것은?

① 부작위를 내용으로 하는 채권은 그 소멸시효의 기간이 채무자가 위반행위를 한 때로부터 진행된다.
② 연대채무자 중 1인에 대하여 소멸시효가 완성하여도 다른 연대채무자에게는 영향이 없다.
③ 원래는 3년의 단기소멸시효에 걸리는 채권이라도 판결에 의하여 그 존재가 확정되면 그 소멸시효의 기간은 10년으로 연장된다.
④ 식당주인이 가지는 음식 외상대금은 1년의 단기소멸시효에 걸린다.
⑤ 소멸시효가 중단된 때에는 중단될 때까지 경과한 시효기간은 무효로 되고 이를 산입하지 않는다.

> **ADVICE** » 소멸시효의 절대적 효력… 어느 연대채무자에 대하여 소멸시효가 완성한 때에는 그 부담부분에 한하여 다른 연대채무자도 의무를 면한다.

10 다음 중 소멸시효의 기산점에 관한 설명으로 틀린 것은?

① 정지조건부 채권의 경우에는 조건이 성취된 때로부터 시효가 진행된다.
② 확정기한부 채권의 경우에는 기한이 도래한 때로부터 시효가 진행된다.
③ 판례에 의하면 채무불이행으로 인한 손해배상청구권은 채무불이행시부터 소멸시효가 진행된다.
④ 부작위를 목적으로 하는 채권의 소멸시효는 위반행위를 한 사실을 안 때로부터 진행한다.
⑤ 동시이행항변권이 붙은 권리의 경우에는 이행기의 도래시부터 소멸시효가 진행된다.

> **ADVICE** » 부작위를 목적으로 하는 채권의 소멸시효는 위반행위를 한 때로부터 진행한다〈제166조 제2항〉.

Answer 5.⑤ 6.① 7.② 8.④ 9.② 10.④

11 1년의 단기소멸시효에 걸리지 않는 것은?

① 숙박료

② 대석료

③ 입장료

④ 연예인의 임금

⑤ 부양료

ADVICE » ⑤ 3년의 단기소멸시효에 걸리는 채권이다.

※ 1년의 단기소멸시효에 걸리는 채권
ㄱ 여관·음식점·대석·오락장의 숙박료·음식료·대석료·입장료·소비물의 대가 및 체당금의 채권
ㄴ 의복·침구·장구 기타 동산의 사용료의 채권
ㄷ 노역인·연예인의 임금 및 그에 공급한 물건의 대금채권
ㄹ 학생 및 수업자의 교육·의식 및 유숙(留宿)에 관한 교주(校主)·숙주(塾主)·교사의 채권

12 다음 중 소멸시효에 걸리는 것은?

① 상린권

② 점유권

③ 담보물권

④ 지역권

⑤ 소유물반환청구권

ADVICE » 재산권이지만 소멸시효에 걸리지 않는 권리… 소유권, 점유권, 상린권, 공유물분할청구권, 담보물권(유치권·질권·저당권), 물권적 청구권, 등기청구권, 형성권 등

13 소멸시효의 이익의 포기에 관한 설명으로 옳지 않은 것은?

① 소멸시효의 이익은 소멸시효의 완성 전에 미리 포기하지 못한다.
② 소멸시효의 기간을 단축하거나 시효요건을 경감하는 특약은 유효하다.
③ 소멸시효의 완성 후에 하는 시효이익의 포기는 유효하다.
④ 소멸시효의 이익을 포기함에는 처분능력과 처분권한이 있어야 한다.
⑤ 소멸시효의 이익을 포기할 수 있는 사람이 여러 사람인 경우에는 한 사람의 포기는 다른 사람에게 영향을 준다.

ADVICE » ⑤ 시효이익의 포기의 효과는 상대적이다. 따라서 포기할 수 있는 자가 수인인 경우에 그 중 한 사람의 포기는 다른 사람에게 영향을 미치지 않는다.

핵심예상문제

02

1 소멸시효의 존재이유를 설명한 것으로 틀린 것은?

① 사회질서의 유지
② 증거보전의 곤란의 구제
③ 사회관습을 중시
④ 영속된 점유상태의 보호
⑤ 권리 위에 잠자는 자는 법률상 이를 보호할 가치가 없음

> **ADVICE** » 시효제도의 존재이유
> ㉠ 법률생활의 안정과 평화(사회질서의 안정)를 달성
> ㉡ 증거보존의 곤란을 구제
> ㉢ '권리 위에 잠자는 자는 보호할 가치가 없다'는 법언에 근거

2 다음 중 소멸시효에 걸리는 것은?

① 손해배상청구권
② 소유권
③ 취소권
④ 점유권
⑤ 공유물분할청구권

> **ADVICE** » ① 10년의 소멸시효에 걸린다.
> ② 소유권은 그 절대성과 항구성으로 인하여 소멸시효에 걸리지 않는다.
> ③ 형성권에 대하여 존속기간이 정해진 경우 그 기간은 항상 제척기간이지 소멸시효기간이 아니다.
> ④ 점유권은 그 성질상 소멸시효에 걸리지 않는다.
> ⑤ 그 기본인 법률관계가 존속하는 한 항상 발생하고, 이로부터 분리·독립하여 소멸시효에 걸리지 않는다.

Answer　11.⑤　12.④　13.⑤ / 1.③　2.①

3 시효의 성질에 관한 내용으로 틀린 것은?

① 시효에 관한 규정은 임의규정이다.
② 소멸시효가 완성하면 소급하여 소멸한다.
③ 시효는 재산권에 관한 규정이다.
④ 소멸시효 완성 후 소멸시효의 완성을 주장하지 않으면 그 완성을 이유로 재판할 수 없다.
⑤ 시효는 법률요건이다.

> **ADVICE** » ① 시효는 사회적·공익적인 이유에서 인정되는 것이기 때문에 이에 관한 규정은 강행규정이다.

4 다음 중 민법이 인정하지 않는 제도는?

① 성년의제
② 심리유보의 무효
③ 폭리행위의 무효화
④ 권리남용의 금지
⑤ 소유권의 소멸시효

> **ADVICE** » ⑤ 소유권은 소멸시효가 인정되지 않는다.

5 제척기간에 대한 설명으로 틀린 것은?

① 제척기간이 만료하면 소급하여 권리가 소멸한다.
② 일정한 권리에 관하여 법률이 이미 정해 놓은 존속기간으로서 그동안에 권리가 행사되지 않으면 그 권리가 소멸하는 제도이다.
③ 제척기간은 만료 사실을 원고·피고가 주장하지 않아도 기간이 만료하면 그 만료를 전제로 재판해야 한다.
④ 제척기간은 중단제도가 없다.
⑤ 소멸시효에는 시효기간 완성 후의 소멸시효이익의 포기라는 제도가 있으나, 제척기간에는 그러한 제도가 없다.

> **ADVICE** » ① 소멸시효의 경우에는 권리가 소급적으로 소멸하지만 제척기간의 경우에는 기간이 만료한 때로부터 장래를 향하여 소멸한다.

6 취득시효에 있는 특이한 시효중단사유는?

① 파산절차 참가
② 시효이익을 받을 자의 승인
③ 지급명령
④ 점유 또는 준점유의 상실
⑤ 화해를 위한 소환 또는 임의출석

> **ADVICE »** ①②③⑤ 소멸시효와 취득시효의 공통된 중단사유이다.
> ④ 시효로 인한 소유권 취득에는 점유 또는 준점유가 요건이 되고 있는데, 점유 또는 준점유의 상실은 시효진행의 중단을 초래한다.

7 다음 중 소멸시효에 걸리는 것으로 옳은 것은?

① 채권적 청구권　　　　　② 질권
③ 상린권　　　　　　　　④ 인격권
⑤ 사원권

> **ADVICE »** ① 채권이 시효에 걸리므로 당연히 시효에 걸린다.
> ② 담보물권에 해당한다.
> ③ 일정한 법률관계에 필연적으로 동반하여 존재하는 권리이다.
> ④⑤ 비재산권으로 소멸시효에 걸리지 않는다.

8 시효의 원용권자를 설명한 것으로 옳지 않은 것은?

① 보증인
② 권리취득자
③ 채무자
④ 연대채무자
⑤ 시효로 인하여 소유권을 취득할 자를 상대로 지상권설정계약을 한 자

> **ADVICE »** 상대적 소극설에 의하면 시효의 원용권자는 시효로 인하여 의무를 면하거나 권리의 확장을 받는 자이므로 ①②③④는 타당하다.

9 시효의 중단사유에 관한 내용으로 틀린 것은?

① 파산절차 참가는 채권자가 이를 취소하거나 그 청구가 각하된 때에는 시효중단의 효력이 없다.
② 재판상의 청구는 소송의 각하, 기각 또는 취하의 경우에는 시효중단의 효력이 없다.
③ 재판상의 청구를 하였으나 소송이 각하된 후 6월 이내에 가처분을 한 때에는 가처분으로 인하여 시효가 중단된 것으로 한다.
④ 지급명령은 채권자가 법정기간 내에 가집행신청을 하지 아니함으로 인하여 그 효력을 잃은 때에는 시효중단의 효력이 없다.
⑤ 시효가 중단되면 그때까지 경과한 시효기간은 이를 산입하지 않는다.

> **ADVICE** 》 재판상의 청구가 각하, 기각 또는 취하의 경우에는 시효중단의 효력이 없으나, 이 경우에도 6월 내에 재판상의 청구, 파산절차 참가, 압류 또는 가압류·가처분을 한 때에는 시효는 최초의 재판상 청구로 인하여 중단된 것으로 본다〈제170조〉.

10 소멸시효에 대한 설명으로 옳은 것은?

① 공유물분할청구권은 소멸시효에 걸린다.
② 소유권은 소멸시효의 목적이 된다.
③ 보통의 채권은 10년간 행사하지 않으면 소멸시효가 완성한다.
④ 소멸시효중단사유인 승인은 상대방의 처분능력이나 권한을 요한다.
⑤ 소멸시효기간이 만료하기 전에 권리의 행사가 있거나 또는 권리의 존재를 확실·명확하게 하는 사실이 있게 되면 소멸시효의 진행은 중도에서 끊어지게 되는데, 이를 소멸시효의 정지라 한다.

> **ADVICE** 》 ① 그 성질을 형성권으로 보든 물권적 청구권으로 보든 간에 소멸시효에 걸리지 않는다.
> ② 소유권은 존속기간의 제한이 없는 항구성이 있으므로 소멸시효에 걸리지 않는다.
> ④ 승인은 시효가 진행되는 도중에 시효의 이익을 받을 자가 상대방에 대하여 그 권리의 존재를 시인하는 행위로 처분능력이나 권한을 요하지 않는다.
> ⑤ 시효중단에 대한 설명이다.

11 소멸시효에 대한 설명으로 옳지 않은 것은?

① 상법상 채권의 소멸시효는 5년이다.
② 부작위를 목적으로 하는 채권의 소멸시효는 위반행위를 한 때로부터 진행한다.
③ 소멸시효는 권리를 행사할 수 있는 때로부터 진행한다.
④ 소멸시효는 시효기간 만료시에 그 효력이 발생한다.
⑤ 신분권은 소멸시효에 친하지 않다.

12 소멸시효에 대한 설명으로 틀린 것은?

① 시효의 이익은 미리 포기하지 못한다.
② 시효의 기산점은 법원이 정한다.
③ 가압류는 시효의 진행을 중단한다.
④ 보통채권의 소멸시효는 10년이다.
⑤ 시효의 중단은 당사자 및 그 승계인 사이에서만 효력이 있다.

13 시효에 관한 내용으로 가장 타당한 것은?

① 시효중단사유인 승인을 미성년자가 단독으로 한 경우에 제한능력을 이유로 이것을 취소할 수 없다.
② 민법은 시효를 원용하는 자에게만 이익을 부여하려 한다.
③ 소멸시효가 완성된 채권이 그 완성 전에 상계할 수 있었으면 그 채권자는 상계할 수 있다.
④ 재산상속권 침해를 회복하기 위한 청구권은 시효에 걸리지 않는다.
⑤ 소멸시효이익의 포기는 처분능력이나 처분권한을 요하지 않는다.

14 소멸시효 및 취득시효에 대한 내용으로 틀린 것은?

① 소유권 취득시효의 요건인 점유는 자기점유뿐 아니라 대리점유도 인정되지만 자주점유에 한하며 타주점유는 인정되지 않는다.

② 등기청구권은 채권적 성질의 것이어서 소멸시효에 걸리지만 매수인이 그 목적물을 사용수익할 경우에는 그러하지 아니하다.

③ 甲이 시효에 의하여 乙건물의 소유권을 취득한 경우, 시효완성 전에 건물에 대한 丙의 불법행위에 대하여는 소급효에 의하여 甲은 손해배상청구권을 갖는다.

④ 시효이익의 포기는 상대방 있는 단독행위이다.

⑤ 시효기간은 계약에 의하여 연장할 수 있지만 단축하는 것은 시효완성 전의 시효이익의 포기의 경우와 같이 할 수 없다.

> **ADVICE** » ① 소유권 취득시효의 요건인 점유는 소유의 의사가 있는 점유인 자주점유에 한한다.
> ② 대판 1976.11.6, 76다148
> ③ 소멸시효는 그 기산일에 소급하므로 甲은 손해배상청구권을 갖는다.
> ⑤ 시효이익의 완성 전에 미리 포기하지 못하는 것과 같은 취지로 소멸시효는 법률행위에 의하여 이를 연장·가중할 수는 없으나 이를 단축·경감할 수는 있다.

15 다음 중 소멸시효에 관한 설명으로 옳지 않은 것은?

① 소멸시효는 법률사실이다.

② 단순한 최고만으로는 소멸시효의 중단의 효력을 발생시키지 못한다.

③ 민사소송법상 소멸시효는 당사자가 원용하여야 그 효력이 있다.

④ 소멸시효의 정지의 효력은 이미 경과된 기간의 효력을 상실시키지 아니한다.

⑤ 소멸시효는 법률행위에 의하여 이를 배제, 연장 또는 가중할 수 없으나 이를 단축 또는 경감할 수 있다.

> **ADVICE** » ① 소멸시효는 법률요건이다.

16 매수인이 매도인으로부터 부동산을 인도받아 계속 점유하고 있는 경우 매수인의 매도인에 대한 이전등기청구권의 소멸시효기간은? (단, 판례에 의함)

① 5년 ② 10년
③ 20년 ④ 30년
⑤ 소멸시효에 걸리지 않음

ADVICE》 부동산의 매수인이 매매 목적물을 인도받아 사용·수익하고 있는 경우에는 매수인의 등기청구권은 소멸시효에 걸리지 아니하나, 매수인이 목적물을 매도하고 그 점유를 상실하여 더 이상 사용·수익하고 있는 상태가 아니라면 점유상실시점으로부터 매수인의 등기청구권에 관한 소멸시효가 진행한다(대판 1997.7.22, 95다17298).

17 다음 중 소멸시효기간이 가장 긴 것은?

① 이자 채권
② 여관 숙박료 채권
③ 상사 채권
④ 판결에 의해 확정된 입장료 채권
⑤ 연예인의 임금 채권

ADVICE 》 ① 3년 ②⑤ 1년 ③ 5년 ④ 10년

18 시효의 성질에 관한 설명 중 옳은 것은?

① 선의취득도 시효의 일종이다.
② 시효는 법률요건이 아니다.
③ 가족관계에 관하여도 시효에 관한 규정이 적용된다.
④ 소멸시효기간은 법률행위에 의하여 이를 단축 또는 경감할 수 있다.
⑤ 소멸시효로 채무를 면하는 채무자는 시효 완성시까지의 이자를 지급함이 공평의 원칙상 적합하다.

ADVICE 》 ① 시효는 법정기간의 계속을 요소로 한다. 따라서 시간의 경과를 요건으로 하지 않는 선의취득은 시효가 아니다.
② 시효는 법률요건이다.
③ 가족관계는 시효에 친하지 않는 법률관계이므로 그에 관하여는 시효에 관한 규정이 적용되지 않는다.
④ 소멸시효는 법률행위에 의하여 이를 배제, 연장 또는 가중할 수 없으나 이를 단축 또는 경감할 수 있다〈제184조 제2항〉.
⑤ 소멸시효는 기산일에 소급하여 효력이 생긴다〈제167조〉. 따라서 시효기간 중에는 이자를 지급할 필요가 없다.

19 소멸시효에 관한 민법규정의 내용 중 옳지 않은 것은 모두 몇 개인가?

> ㉠ 압류, 가압류 및 가처분은 권리자의 청구에 의하여 또는 법률의 규정에 따르지 아니함으로 인하여 취소된 때에는 시효중단의 효력이 없다.
> ㉡ 작위를 목적으로 하는 채권의 소멸시효는 위반행위를 한 때로부터 진행한다.
> ㉢ 판결에 의하여 확정된 채권은 단기의 소멸시효에 해당한 것이라도 그 소멸시효는 5년으로 한다.
> ㉣ 소멸시효는 청구나 압류 또는 가압류·가처분, 승인 등으로 인하여 중단된다.
> ㉤ 최고는 1월 내에 재판상의 청구, 파산절차 참가, 화해를 위한 소환, 임의출석, 압류 또는 가압류·가처분을 하지 아니하면 시효중단의 효력이 없다.

① 1개 　　　　　　　　　② 2개
③ 3개 　　　　　　　　　④ 4개
⑤ 5개

ADVICE 》 ㉡ 부작위를 목적으로 하는 채권의 소멸시효는 위반행위를 한 때로부터 진행한다〈제166조 제2항〉.
　　　　㉢ 판결에 의하여 확정된 채권은 단기의 소멸시효에 해당한 것이라도 그 소멸시효는 10년으로 한다〈제165조 제1항〉.
　　　　㉤ 최고는 6월 내에 재판상의 청구, 파산절차 참가, 화해를 위한 소환, 임의출석, 압류 또는 가압류, 가처분을 하지 아니하면 시효중단의 효력이 없다〈제174조〉.

20 다음 중 시효중단사유로서 청구에 해당되지 않는 것은?

① 재판상의 청구 　　　　　② 승인
③ 파산절차 참가 　　　　　④ 지급명령의 신청
⑤ 화해를 위한 소환

ADVICE 》 ② 승인은 시효의 이익을 받을 당사자가 시효로 인하여 권리를 잃은 자에 대하여 그 권리 존재를 인정한다고 표시하는 행위로서 법적 성격은 준법률행위 중 관념의 통지에 해당한다.
　　　　※ **청구**
　　　　　㉠ 재판상 청구〈제170조〉
　　　　　㉡ 파산절차 참가〈제171조〉
　　　　　㉢ 지급명령 신청〈제172조〉
　　　　　㉣ 화해를 위한 소환〈제173조〉
　　　　　㉤ 임의출석〈제173조〉
　　　　　㉥ 최고〈제174조〉

21 최고에 관한 설명 중 옳지 않은 것은?

① 최고는 채무자에 대하여 이행을 청구하는 의사의 통지이다.

② 최고는 6개월 내에 다른 강력한 방법을 취하지 않으면 시효중단의 효력이 없다.

③ 최고가 있은 후 6개월 이내에 최고를 되풀이하는 것과 같이 최고를 계속하여도 결정적인 시효중단의 효력은 생기지 않는다.

④ 일부의 청구나 일부의 상계가 있은 때에는 그 일부에 대하여만 시효가 중단된다.

⑤ 최고는 잠정적 · 예비적 시효중단사유이다.

ADVICE » ④ 일부의 청구나 일부의 상계가 있으면, 보통은 전부에 대한 최고로 보아야 하며 채권 전부에 대한 시효중단을 인정하여야 한다(통설).

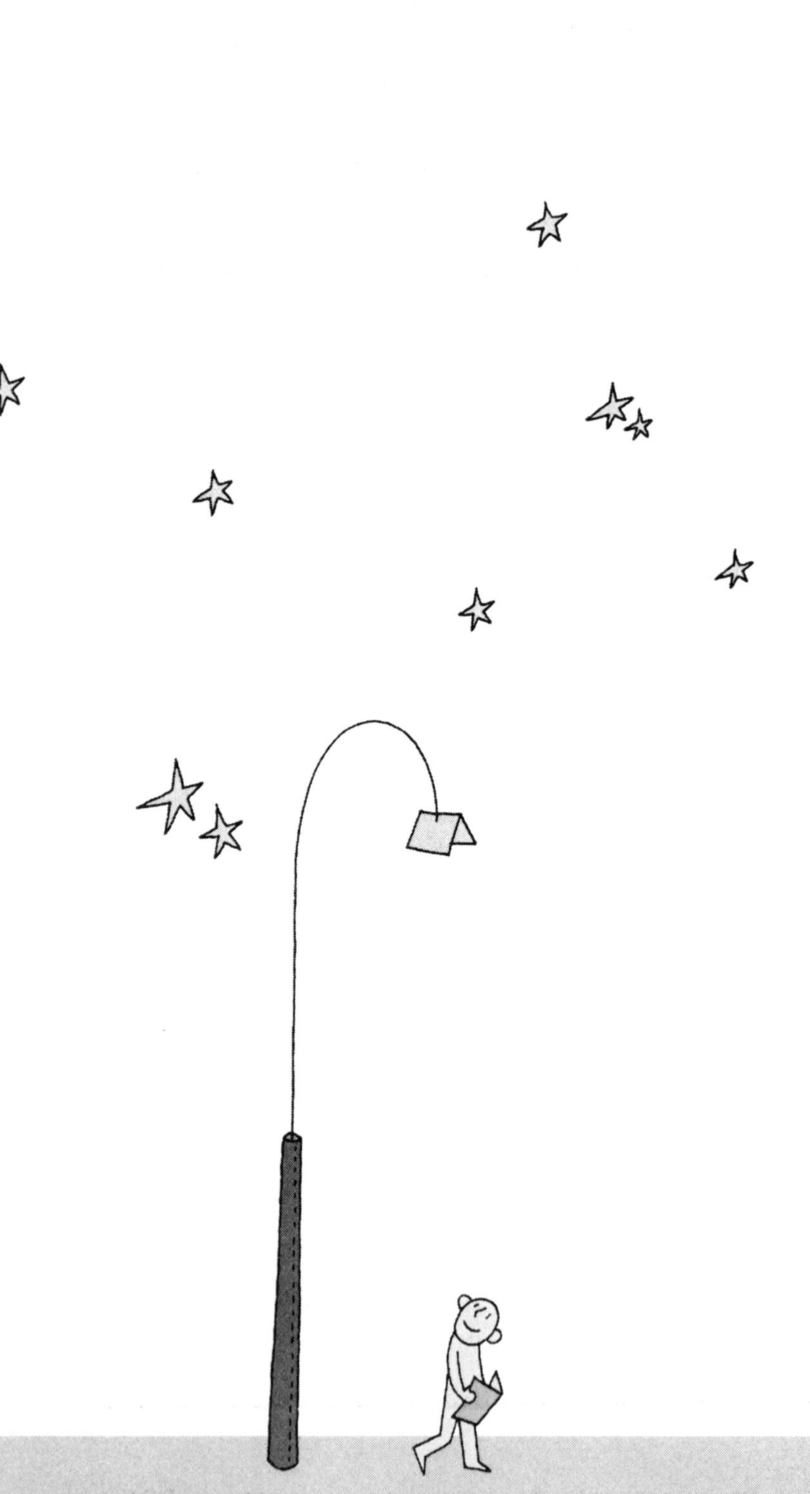

PART. **VII**

부록

민법총칙

민법총칙

제1장 통칙

제1조【법원】
민사에 관하여 법률에 규정이 없으면 관습법에 의하고 관습법이 없으면 조리에 의한다.

제2조【신의성실】
① 권리의 행사와 의무의 이행은 신의에 좇아 성실히 하여야 한다.
② 권리는 남용하지 못한다.

제2장 인

제1절 능력

제3조【권리능력의 존속기간】
사람은 생존한 동안 권리와 의무의 주체가 된다.

제4조【성년】
사람은 19세로 성년에 이르게 된다.
[전문개정 2011.3.7]

제5조【미성년자의 능력】
① 미성년자가 법률행위를 함에는 법정대리인의 동의를 얻어야 한다. 그러나 권리만을 얻거나 의무만을
   면하는 행위는 그러하지 아니하다.
② 전항의 규정에 위반한 행위는 취소할 수 있다.

제6조【처분을 허락한 재산】
법정대리인이 범위를 정하여 처분을 허락한 재산은 미성년자가 임의로 처분할 수 있다.

제7조【동의와 허락의 취소】
법정대리인은 미성년자가 아직 법률행위를 하기 전에는 전2조의 동의와 허락을 취소할 수 있다.

제8조【영업의 허락】
① 미성년자가 법정대리인으로부터 허락을 얻은 특정한 영업에 관하여는 성년자와 동일한 행위능력이 있다.
② 법정대리인은 전항의 허락을 취소 또는 제한할 수 있다. 그러나 선의의 제삼자에게 대항하지 못한다.

제9조【성년후견개시의 심판】

① 가정법원은 질병, 장애, 노령, 그 밖의 사유로 인한 정신적 제약으로 사무를 처리할 능력이 지속적으로 결여된 사람에 대하여 본인, 배우자, 4촌 이내의 친족, 미성년후견인, 미성년후견감독인, 한정후견인, 한정후견감독인, 특정후견인, 특정후견감독인, 검사 또는 지방자치단체의 장의 청구에 의하여 성년후견개시의 심판을 한다.

② 가정법원은 성년후견개시의 심판을 할 때 본인의 의사를 고려하여야 한다.

[전문개정 2011.3.7]

제10조【피성년후견인의 행위와 취소】

① 피성년후견인의 법률행위는 취소할 수 있다.

② 제1항에도 불구하고 가정법원은 취소할 수 없는 피성년후견인의 법률행위의 범위를 정할 수 있다.

③ 가정법원은 본인, 배우자, 4촌 이내의 친족, 성년후견인, 성년후견감독인, 검사 또는 지방자치단체의 장의 청구에 의하여 제2항의 범위를 변경할 수 있다.

④ 제1항에도 불구하고 일용품의 구입 등 일상생활에 필요하고 그 대가가 과도하지 아니한 법률행위는 성년후견인이 취소할 수 없다.

[전문개정 2011.3.7]

제11조【성년후견종료의 심판】

성년후견개시의 원인이 소멸된 경우에는 가정법원은 본인, 배우자, 4촌 이내의 친족, 성년후견인, 성년후견감독인, 검사 또는 지방자치단체의 장의 청구에 의하여 성년후견종료의 심판을 한다.

[전문개정 2011.3.7]

제12조【한정후견개시의 심판】

① 가정법원은 질병, 장애, 노령, 그 밖의 사유로 인한 정신적 제약으로 사무를 처리할 능력이 부족한 사람에 대하여 본인, 배우자, 4촌 이내의 친족, 미성년후견인, 미성년후견감독인, 성년후견인, 성년후견감독인, 특정후견인, 특정후견감독인, 검사 또는 지방자치단체의 장의 청구에 의하여 한정후견개시의 심판을 한다.

② 한정후견개시의 경우에 제9조 제2항을 준용한다.

[전문개정 2011.3.7]

제13조【피한정후견인의 행위와 동의】

① 가정법원은 피한정후견인이 한정후견인의 동의를 받아야 하는 행위의 범위를 정할 수 있다.

② 가정법원은 본인, 배우자, 4촌 이내의 친족, 한정후견인, 한정후견감독인, 검사 또는 지방자치단체의 장의 청구에 의하여 제1항에 따른 한정후견인의 동의를 받아야만 할 수 있는 행위의 범위를 변경할 수 있다.

③ 한정후견인의 동의를 필요로 하는 행위에 대하여 한정후견인이 피한정후견인의 이익이 침해될 염려가 있음에도 그 동의를 하지 아니하는 때에는 가정법원은 피한정후견인의 청구에 의하여 한정후견인의 동의를 갈음하는 허가를 할 수 있다.

④ 한정후견인의 동의가 필요한 법률행위를 피한정후견인이 한정후견인의 동의 없이 하였을 때에는 그 법률행위를 취소할 수 있다. 다만, 일용품의 구입 등 일상생활에 필요하고 그 대가가 과도하지 아니한 법률행위에 대하여는 그러하지 아니하다.

[전문개정 2011.3.7]

제14조【한정후견종료의 심판】

한정후견개시의 원인이 소멸된 경우에는 가정법원은 본인, 배우자, 4촌 이내의 친족, 한정후견인, 한정후견감독인, 검사 또는 지방자치단체의 장의 청구에 의하여 한정후견종료의 심판을 한다.

[전문개정 2011.3.7]

제14조의2【특정후견의 심판】

① 가정법원은 질병, 장애, 노령, 그 밖의 사유로 인한 정신적 제약으로 일시적 후원 또는 특정한 사무에 관한 후원이 필요한 사람에 대하여 본인, 배우자, 4촌 이내의 친족, 미성년후견인, 미성년후견감독인, 검사 또는 지방자치단체의 장의 청구에 의하여 특정후견의 심판을 한다.

② 특정후견은 본인의 의사에 반하여 할 수 없다.

③ 특정후견의 심판을 하는 경우에는 특정후견의 기간 또는 사무의 범위를 정하여야 한다.

[본조신설 2011.3.7]

제14조의3【심판 사이의 관계】

① 가정법원이 피한정후견인 또는 피특정후견인에 대하여 성년후견개시의 심판을 할 때에는 종전의 한정후견 또는 특정후견의 종료 심판을 한다.

② 가정법원이 피성년후견인 또는 피특정후견인에 대하여 한정후견개시의 심판을 할 때에는 종전의 성년후견 또는 특정후견의 종료 심판을 한다.

[본조신설 2011.3.7]

제15조【제한능력자의 상대방의 확답을 촉구할 권리】

① 제한능력자의 상대방은 제한능력자가 능력자가 된 후에 그에게 1개월 이상의 기간을 정하여 그 취소할 수 있는 행위를 추인할 것인지 여부의 확답을 촉구할 수 있다. 능력자로 된 사람이 그 기간 내에 확답을 발송하지 아니하면 그 행위를 추인한 것으로 본다.

② 제한능력자가 아직 능력자가 되지 못한 경우에는 그의 법정대리인에게 제1항의 촉구를 할 수 있고, 법정대리인이 그 정하여진 기간 내에 확답을 발송하지 아니한 경우에는 그 행위를 추인한 것으로 본다.

③ 특별한 절차가 필요한 행위는 그 정하여진 기간 내에 그 절차를 밟은 확답을 발송하지 아니하면 취소한 것으로 본다.

[전문개정 2011.3.7]

제16조【제한능력자의 상대방의 철회권과 거절권】

① 제한능력자가 맺은 계약은 추인이 있을 때까지 상대방이 그 의사표시를 철회할 수 있다. 다만, 상대방이 계약 당시에 제한능력자임을 알았을 경우에는 그러하지 아니하다.

② 제한능력자의 단독행위는 추인이 있을 때까지 상대방이 거절할 수 있다.

③ 제1항의 철회나 제2항의 거절의 의사표시는 제한능력자에게도 할 수 있다.

[전문개정 2011.3.7]

제17조【제한능력자의 속임수】

① 제한능력자가 속임수로써 자기를 능력자로 믿게 한 경우에는 그 행위를 취소할 수 없다.

② 미성년자나 피한정후견인이 속임수로써 법정대리인의 동의가 있는 것으로 믿게 한 경우에도 제1항과 같다.

[전문개정 2011.3.7]

제2절 주소

제18조【주소】

① 생활의 근거되는 곳을 주소로 한다.
② 주소는 동시에 두 곳 이상 있을 수 있다.

제19조【거소】

주소를 알 수 없으면 거소를 주소로 본다.

제20조【거소】

국내에 주소없는 자에 대하여는 국내에 있는 거소를 주소로 본다.

제21조【가주소】

어느 행위에 있어서 가주소를 정한 때에는 그 행위에 관하여는 이를 주소로 본다.

제3절 부재와 실종

제22조【부재자의 재산의 관리】

① 종래의 주소나 거소를 떠난 자가 재산관리인을 정하지 아니한 때에는 법원은 이해관계인이나 검사의 청구에 의하여 재산관리에 관하여 필요한 처분을 명하여야 한다. 본인의 부재 중 재산관리인의 권한이 소멸한 때에도 같다.
② 본인이 그 후에 재산관리인을 정한 때에는 법원은 본인, 재산관리인, 이해관계인 또는 검사의 청구에 의하여 전항의 명령을 취소하여야 한다.

제23조【관리인의 개임】

부재자가 재산관리인을 정한 경우에 부재자의 생사가 분명하지 아니한 때에는 법원은 재산관리인, 이해관계인 또는 검사의 청구에 의하여 재산관리인을 개임할 수 있다.

제24조【관리인의 직무】

① 법원이 선임한 재산관리인은 관리할 재산목록을 작성하여야 한다.
② 법원은 그 선임한 재산관리인에 대하여 부재자의 재산을 보존하기 위하여 필요한 처분을 명할 수 있다.
③ 부재자의 생사가 분명하지 아니한 경우에 이해관계인이나 검사의 청구가 있는 때에는 법원은 부재자가 정한 재산관리인에게 전2항의 처분을 명할 수 있다.
④ 전3항의 경우에 그 비용은 부재자의 재산으로써 지급한다.

제25조【관리인의 권한】

법원이 선임한 재산관리인이 제118조에 규정한 권한을 넘는 행위를 함에는 법원의 허가를 얻어야 한다. 부재자의 생사가 분명하지 아니한 경우에 부재자가 정한 재산관리인이 권한을 넘는 행위를 할 때에도 같다.

제26조【관리인의 담보제공, 보수】

① 법원은 그 선임한 재산관리인으로 하여금 재산의 관리 및 반환에 관하여 상당한 담보를 제공하게 할 수 있다.
② 법원은 그 선임한 재산관리인에 대하여 부재자의 재산으로 상당한 보수를 지급할 수 있다.
③ 전2항의 규정은 부재자의 생사가 분명하지 아니한 경우에 부재자가 정한 재산관리인에 준용한다.

제27조【실종의 선고】

① 부재자의 생사가 5년간 분명하지 아니한 때에는 법원은 이해관계인이나 검사의 청구에 의하여 실종선고를 하여야 한다.

② 전지에 임한 자, 침몰한 선박중에 있던 자, 추락한 항공기중에 있던 자 기타 사망의 원인이 될 위난을 당한 자의 생사가 전쟁종지후 또는 선박의 침몰, 항공기의 추락 기타 위난이 종료한 후 1년간 분명하지 아니한 때에도 제1항과 같다. [개정 1984.4.10]

제28조【실종선고의 효과】

실종선고를 받은 자는 전조의 기간이 만료한 때에 사망한 것으로 본다.

제29조【실종선고의 취소】

① 실종자의 생존한 사실 또는 전조의 규정과 상이한 때에 사망한 사실의 증명이 있으면 법원은 본인, 이해관계인 또는 검사의 청구에 의하여 실종선고를 취소하여야 한다. 그러나 실종선고후 그 취소전에 선의로 한 행위의 효력에 영향을 미치지 아니한다.

② 실종선고의 취소가 있을 때에 실종의 선고를 직접원인으로 하여 재산을 취득한 자가 선의인 경우에는 그 받은 이익이 현존하는 한도에서 반환할 의무가 있고 악의인 경우에는 그 받은 이익에 이자를 붙여서 반환하고 손해가 있으면 이를 배상하여야 한다.

제30조【동시사망】

2인 이상이 동일한 위난으로 사망한 경우에는 동시에 사망한 것으로 추정한다.

제3장 법인

제1절 총칙

제31조【법인성립의 준칙】

법인은 법률의 규정에 의함이 아니면 성립하지 못한다.

제32조【비영리법인의 설립과 허가】

학술, 종교, 자선, 기예, 사교 기타 영리 아닌 사업을 목적으로 하는 사단 또는 재단은 주무관청의 허가를 얻어 이를 법인으로 할 수 있다.

제33조【법인설립의 등기】

법인은 그 주된 사무소의 소재지에서 설립등기를 함으로써 성립한다.

제34조【법인의 권리능력】

법인은 법률의 규정에 좇아 정관으로 정한 목적의 범위내에서 권리와 의무의 주체가 된다.

제35조【법인의 불법행위능력】

① 법인은 이사 기타 대표자가 그 직무에 관하여 타인에게 가한 손해를 배상할 책임이 있다. 이사 기타 대표자는 이로 인하여 자기의 손해배상책임을 면하지 못한다.

② 법인의 목적범위외의 행위로 인하여 타인에게 손해를 가한 때에는 그 사항의 의결에 찬성하거나 그 의결을 집행한 사원, 이사 및 기타 대표자가 연대하여 배상하여야 한다.

제36조 【법인의 주소】

법인의 주소는 그 주된 사무소의 소재지에 있는 것으로 한다.

제37조 【법인의 사무의 검사, 감독】

법인의 사무는 주무관청이 검사, 감독한다.

제38조 【법인의 설립허가의 취소】

법인이 목적이외의 사업을 하거나 설립허가의 조건에 위반하거나 기타 공익을 해하는 행위를 한 때에는 주무관청은 그 허가를 취소할 수 있다.

제39조 【영리법인】

① 영리를 목적으로 하는 사단은 상사회사설립의 조건에 좇아 이를 법인으로 할 수 있다.
② 전항의 사단법인에는 모두 상사회사에 관한 규정을 준용한다.

제2절 설립

제40조 【사단법인의 정관】

사단법인의 설립자는 다음 각호의 사항을 기재한 정관을 작성하여 기명날인하여야 한다.
1. 목적
2. 명칭
3. 사무소의 소재지
4. 자산에 관한 규정
5. 이사의 임면에 관한 규정
6. 사원자격의 득실에 관한 규정
7. 존립시기나 해산사유를 정하는 때에는 그 시기 또는 사유

제41조 【이사의 대표권에 대한 제한】

이사의 대표권에 대한 제한은 이를 정관에 기재하지 아니하면 그 효력이 없다.

제42조 【사단법인의 정관의 변경】

① 사단법인의 정관은 총사원 3분의 2이상의 동의가 있는때에 한하여 이를 변경할 수 있다. 그러나 정수에 관하여 정관에 다른 규정이 있는 때에는 그 규정에 의한다.
② 정관의 변경은 주무관청의 허가를 얻지 아니하면 그 효력이 없다.

제43조 【재단법인의 정관】

재단법인의 설립자는 일정한 재산을 출연하고 제40조 제1호 내지 제5호의 사항을 기재한 정관을 작성하여 기명날인하여야 한다.

제44조 【재단법인의 정관의 보충】

재단법인의 설립자가 그 명칭, 사무소 소재지 또는 이사임면의 방법을 정하지 아니하고 사망한 때에는 이해관계인 또는 검사의 청구에 의하여 법원이 이를 정한다.

제45조 【재단법인의 정관변경】

① 재단법인의 정관은 그 변경방법을 정관에 정한 때에 한하여 변경할 수 있다.

② 재단법인의 목적달성 또는 그 재산의 보전을 위하여 적당한 때에는 전항의 규정에 불구하고 명칭 또는 사무소의 소재지를 변경할 수 있다.

③ 제42조 제2항의 규정은 전2항의 경우에 준용한다.

제46조 【재단법인의 목적 기타의 변경】

재단법인의 목적을 달성할 수 없는 때에는 설립자나 이사는 주무관청의 허가를 얻어 설립의 취지를 참작하여 그 목적 기타 정관의 규정을 변경할 수 있다.

제47조 【증여, 유증에 관한 규정의 준용】

① 생전처분으로 재단법인을 설립하는 때에는 증여에 관한 규정을 준용한다.

② 유언으로 재단법인을 설립하는 때에는 유증에 관한 규정을 준용한다.

제48조 【출연재산의 귀속시기】

① 생전처분으로 재단법인을 설립하는 때에는 출연재산은 법인이 성립된 때로부터 법인의 재산이 된다.

② 유언으로 재단법인을 설립하는 때에는 출연재산은 유언의 효력이 발생한 때로부터 법인에 귀속한 것으로 본다.

제49조 【법인의 등기사항】

① 법인설립의 허가가 있는 때에는 3주간내에 주된 사무소 소재지에서 설립등기를 하여야 한다.

② 전항의 등기사항은 다음과 같다.

1. 목적
2. 명칭
3. 사무소
4. 설립허가의 년월일
5. 존립시기나 해산이유를 정한 때에는 그 시기 또는 사유
6. 자산의 총액
7. 출자의 방법을 정한 때에는 그 방법
8. 이사의 성명, 주소
9. 이사의 대표권을 제한한 때에는 그 제한

제50조 【분사무소설치의 등기】

① 법인이 분사무소를 설치한 때에는 주사무소 소재지에서는 3주간내에 분사무소를 설치한 것을 등기하고 그 분사무소 소재지에서는 동기간내에 전조제2항의 사항을 등기하고 다른 분사무소 소재지에서는 동기간내에 그 분사무소를 설치한 것을 등기하여야 한다.

② 주사무소 또는 분사무소의 소재지를 관할하는 등기소의 관할구역내에 분사무소를 설치한 때에는 전항의 기간내에 그 사무소를 설치한 것을 등기하면 된다.

제51조 【사무소이전의 등기】

① 법인이 그 사무소를 이전하는 때에는 구소재지에서는 3주간내에 이전등기를 하고 신소재지에서는 동기간내에 제49조 제2항에 게기한 사항을 등기하여야 한다.

② 동일한 등기소의 관할구역내에서 사무소를 이전한 때에는 그 이전한 것을 등기하면 된다.

제52조【변경등기】

제49조 제2항의 사항중에 변경이 있는 때에는 3주간내에 변경등기를 하여야 한다.

제52조의2【직무집행정지 등 가처분의 등기】

이사의 직무집행을 정지하거나 직무대행자를 선임하는 가처분을 하거나 그 가처분을 변경·취소하는 경우에는 주사무소와 분사무소가 있는 곳의 등기소에서 이를 등기하여야 한다.

[본조신설 2001.12.29.]

제53조【등기기간의 기산】

전3조의 규정에 의하여 등기할 사항으로 관청의 허가를 요하는 것은 그 허가서가 도착한 날로부터 등기의 기간을 기산한다.

제54조【설립등기이외의 등기의 효력과 등기사항의 공고】

① 설립등기 이외의 본절의 등기사항은 그 등기후가 아니면 제삼자에게 대항하지 못한다.

② 등기한 사항은 법원이 지체없이 공고하여야 한다.

제55조【재산목록과 사원명부】

① 법인은 성립한 때 및 매년 3월내에 재산목록을 작성하여 사무소에 비치하여야 한다. 사업연도를 정한 법인은 성립한 때 및 그 연도말에 이를 작성하여야 한다.

② 사단법인은 사원명부를 비치하고 사원의 변경이 있는 때에는 이를 기재하여야 한다.

제56조【사원권의 양도, 상속금지】

사단법인의 사원의 지위는 양도 또는 상속할 수 없다.

제3절 기관

제57조【이사】

법인은 이사를 두어야 한다.

제58조【이사의 사무집행】

① 이사는 법인의 사무를 집행한다.

② 이사가 수인인 경우에는 정관에 다른 규정이 없으면 법인의 사무집행은 이사의 과반수로써 결정한다.

제59조【이사의 대표권】

① 이사는 법인의 사무에 관하여 각자 법인을 대표한다. 그러나 정관에 규정한 취지에 위반할 수 없고 특히 사단법인은 총회의 의결에 의하여야 한다.

② 법인의 대표에 관하여는 대리에 관한 규정을 준용한다.

제60조【이사의 대표권에 대한 제한의 대항요건】

이사의 대표권에 대한 제한은 등기하지 아니하면 제삼자에게 대항하지 못한다.

제60조의2【직무대행자의 권한】

① 제52조의2의 직무대행자는 가처분명령에 다른 정함이 있는 경우 외에는 법인의 통상사무에 속하지 아니한 행위를 하지 못한다. 다만, 법원의 허가를 얻은 경우에는 그러하지 아니하다.

② 직무대행자가 제1항의 규정에 위반한 행위를 한 경우에도 법인은 선의의 제3자에 대하여 책임을 진다.

[본조신설 2001.12.29.]

제61조 【이사의 주의의무】

이사는 선량한 관리자의 주의로 그 직무를 행하여야 한다.

제62조 【이사의 대리인 선임】

이사는 정관 또는 총회의 결의로 금지하지 아니한 사항에 한하여 타인으로 하여금 특정한 행위를 대리하게 할 수 있다.

제63조 【임시이사의 선임】

이사가 없거나 결원이 있는 경우에 이로 인하여 손해가 생길 염려 있는 때에는 법원은 이해관계인이나 검사의 청구에 의하여 임시이사를 선임하여야 한다.

제64조 【특별대리인의 선임】

법인과 이사의 이익이 상반하는 사항에 관하여는 이사는 대표권이 없다. 이 경우에는 전조의 규정에 의하여 특별대리인을 선임하여야 한다.

제65조 【이사의 임무해태】

이사가 그 임무를 해태한 때에는 그 이사는 법인에 대하여 연대하여 손해배상의 책임이 있다.

제66조 【감사】

법인은 정관 또는 총회의 결의로 감사를 둘 수 있다.

제67조 【감사의 직무】

감사의 직무는 다음과 같다.
1. 법인의 재산상황을 감사하는 일
2. 이사의 업무집행의 상황을 감사하는 일
3. 재산상황 또는 업무집행에 관하여 부정, 불비한 것이 있음을 발견한 때에는 이를 총회 또는 주무관청에 보고하는 일
4. 전호의 보고를 하기 위하여 필요있는 때에는 총회를 소집하는 일

제68조 【총회의 권한】

사단법인의 사무는 정관으로 이사 또는 기타 임원에게 위임한 사항외에는 총회의 결의에 의하여야 한다.

제69조 【통상총회】

사단법인의 이사는 매년 1회이상 통상총회를 소집하여야 한다.

제70조 【임시총회】

① 사단법인의 이사는 필요하다고 인정한 때에는 임시총회를 소집할 수 있다.
② 총사원의 5분의 1이상으로부터 회의의 목적사항을 제시하여 청구한 때에는 이사는 임시총회를 소집하여야 한다. 이 정수는 정관으로 증감할 수 있다.
③ 전항의 청구있는 후 2주간내에 이사가 총회소집의 절차를 밟지 아니한 때에는 청구한 사원은 법원의 허가를 얻어 이를 소집할 수 있다.

제71조 【총회의 소집】

총회의 소집은 1주간전에 그 회의의 목적사항을 기재한 통지를 발하고 기타 정관에 정한 방법에 의하여야 한다.

제72조【총회의 결의사항】
총회는 전조의 규정에 의하여 통지한 사항에 관하여서만 결의할 수 있다. 그러나 정관에 다른 규정이 있는 때에는 그 규정에 의한다.

제73조【사원의 결의권】
① 각사원의 결의권은 평등으로 한다.
② 사원은 서면이나 대리인으로 결의권을 행사할 수 있다.
③ 전2항의 규정은 정관에 다른 규정이 있는 때에는 적용하지 아니한다.

제74조【사원이 결의권없는 경우】
사단법인과 어느 사원과의 관계사항을 의결하는 경우에는 그 사원은 결의권이 없다.

제75조【총회의 결의방법】
① 총회의 결의는 본법 또는 정관에 다른 규정이 없으면 사원 과반수의 출석과 출석사원의 결의권의 과반수로써 한다.
② 제73조제2항의 경우에는 당해 사원은 출석한 것으로 한다.

제76조【총회의 의사록】
① 총회의 의사에 관하여는 의사록을 작성하여야 한다.
② 의사록에는 의사의 경과, 요령 및 결과를 기재하고 의장 및 출석한 이사가 기명날인하여야 한다.
③ 이사는 의사록을 주된 사무소에 비치하여야 한다.

제4절 해산

제77조【해산사유】
① 법인은 존립기간의 만료, 법인의 목적의 달성 또는 달성의 불능 기타 정관에 정한 해산사유의 발생, 파산 또는 설립허가의 취소로 해산한다.
② 사단법인은 사원이 없게 되거나 총회의 결의로도 해산한다.

제78조【사단법인의 해산결의】
사단법인은 총사원 4분의 3이상의 동의가 없으면 해산을 결의하지 못한다. 그러나 정관에 다른 규정이 있는 때에는 그 규정에 의한다.

제79조【파산신청】
법인이 채무를 완제하지 못하게 된 때에는 이사는 지체없이 파산신청을 하여야 한다.

제80조【잔여재산의 귀속】
① 해산한 법인의 재산은 정관으로 지정한 자에게 귀속한다.
② 정관으로 귀속권리자를 지정하지 아니하거나 이를 지정하는 방법을 정하지 아니한 때에는 이사 또는 청산인은 주무관청의 허가를 얻어 그 법인의 목적에 유사한 목적을 위하여 그 재산을 처분할 수 있다. 그러나 사단법인에 있어서는 총회의 결의가 있어야 한다.
③ 전2항의 규정에 의하여 처분되지 아니한 재산은 국고에 귀속한다.

제81조【청산법인】
해산한 법인은 청산의 목적범위내에서만 권리가 있고 의무를 부담한다.

제82조 【청산인】

법인이 해산한 때에는 파산의 경우를 제하고는 이사가 청산인이 된다. 그러나 정관 또는 총회의 결의로 달리 정한 바가 있으면 그에 의한다.

제83조 【법원에 의한 청산인의 선임】

전조의 규정에 의하여 청산인이 될 자가 없거나 청산인의 결원으로 인하여 손해가 생길 염려가 있는 때에는 법원은 직권 또는 이해관계인이나 검사의 청구에 의하여 청산인을 선임할 수 있다.

제84조 【법원에 의한 청산인의 해임】

중요한 사유가 있는 때에는 법원은 직권 또는 이해관계인이나 검사의 청구에 의하여 청산인을 해임할 수 있다.

제85조 【해산등기】

① 청산인은 파산의 경우를 제하고는 그 취임후 3주간내에 해산의 사유 및 년월일, 청산인의 성명 및 주소와 청산인의 대표권을 제한한 때에는 그 제한을 주된 사무소 및 분사무소 소재지에서 등기하여야 한다.
② 제52조의 규정은 전항의 등기에 준용한다.

제86조 【해산신고】

① 청산인은 파산의 경우를 제하고는 그 취임후 3주간내에 전조제1항의 사항을 주무관청에 신고하여야 한다.
② 청산중에 취임한 청산인은 그 성명 및 주소를 신고하면 된다.

제87조 【청산인의 직무】

① 청산인의 직무는 다음과 같다.
1. 현존사무의 종결
2. 채권의 추심 및 채무의 변제
3. 잔여재산의 인도
② 청산인은 전항의 직무를 행하기 위하여 필요한 모든 행위를 할 수 있다.

제88조 【채권신고의 공고】

① 청산인은 취임한 날로부터 2월내에 3회 이상의 공고로 채권자에 대하여 일정한 기간내에 그 채권을 신고할 것을 최고하여야 한다. 그 기간은 2월 이상이어야 한다.
② 전항의 공고에는 채권자가 기간내에 신고하지 아니하면 청산으로부터 제외될 것을 표시하여야 한다.
③ 제1항의 공고는 법원의 등기사항의 공고와 동일한 방법으로 하여야 한다.

제89조 【채권신고의 최고】

청산인은 알고 있는 채권자에게 대하여는 각각 그 채권신고를 최고하여야 한다. 알고 있는 채권자는 청산으로부터 제외하지 못한다.

제90조 【채권신고기간내의 변제금지】

청산인은 제88조 제1항의 채권신고기간내에는 채권자에 대하여 변제하지 못한다. 그러나 법인은 채권자에 대한 지연손해배상의 의무를 면하지 못한다.

제91조 【채권변제의 특례】
① 청산중의 법인은 변제기에 이르지 아니한 채권에 대하여도 변제할 수 있다.
② 전항의 경우에는 조건있는 채권, 존속기간의 불확정한 채권 기타 가액의 불확정한 채권에 관하여는 법원이 선임한 감정인의 평가에 의하여 변제하여야 한다.

제92조 【청산으로부터 제외된 채권】
청산으로부터 제외된 채권자는 법인의 채무를 완제한 후 귀속권리자에게 인도하지 아니한 재산에 대하여서만 변제를 청구할 수 있다.

제93조 【청산중의 파산】
① 청산중 법인의 재산이 그 채무를 완제하기에 부족한 것이 분명하게 된 때에는 청산인은 지체없이 파산선고를 신청하고 이를 공고하여야 한다.
② 청산인은 파산관재인에게 그 사무를 인계함으로써 그 임무가 종료한다.
③ 제88조 제3항의 규정은 제1항의 공고에 준용한다.

제94조 【청산종결의 등기와 신고】
청산이 종결한 때에는 청산인은 3주간내에 이를 등기하고 주무관청에 신고하여야 한다.

제95조 【해산, 청산의 검사, 감독】
법인의 해산 및 청산은 법원이 검사, 감독한다.

제96조 【준용규정】
제58조제2항, 제59조 내지 제62조, 제64조, 제65조 및 제70조의 규정은 청산인에 이를 준용한다.

제5절 벌칙

제97조 【벌칙】
법인의 이사, 감사 또는 청산인은 다음 각호의 경우에는 500만원 이하의 과태료에 처한다.
[개정 2007.12.21] [[시행일 2008.3.22]]
1. 본장에 규정한 등기를 해태한 때
2. 제55조의 규정에 위반하거나 재산목록 또는 사원명부에 부정기재를 한 때
3. 제37조, 제95조에 규정한 검사, 감독을 방해한 때
4. 주무관청 또는 총회에 대하여 사실아닌 신고를 하거나 사실을 은폐한 때
5. 제76조와 제90조의 규정에 위반한 때
6. 제79조, 제93조의 규정에 위반하여 파산선고의 신청을 해태한 때
7. 제88조, 제93조에 정한 공고를 해태하거나 부정한 공고를 한 때

제4장 물건

제98조【물건의 정의】
본법에서 물건이라 함은 유체물 및 전기 기타 관리할 수 있는 자연력을 말한다.

제99조【부동산, 동산】
① 토지 및 그 정착물은 부동산이다.
② 부동산이외의 물건은 동산이다.

제100조【주물, 종물】
① 물건의 소유자가 그 물건의 상용에 공하기 위하여 자기소유인 다른 물건을 이에 부속하게 한 때에는 그 부속물은 종물이다.
② 종물은 주물의 처분에 따른다.

제101조【천연과실, 법정과실】
① 물건의 용법에 의하여 수취하는 산출물은 천연과실이다.
② 물건의 사용대가로 받는 금전 기타의 물건은 법정과실로 한다.

제102조【과실의 취득】
① 천연과실은 그 원물로부터 분리하는 때에 이를 수취할 권리자에게 속한다.
② 법정과실은 수취할 권리의 존속기간일수의 비율로 취득한다.

제5장 법률행위

제1절 총칙

제103조【반사회질서의 법률행위】
선량한 풍속 기타 사회질서에 위반한 사항을 내용으로 하는 법률행위는 무효로 한다.

제104조【불공정한 법률행위】
당사자의 궁박, 경솔 또는 무경험으로 인하여 현저하게 공정을 잃은 법률행위는 무효로 한다.

제105조【임의규정】
법률행위의 당사자가 법령중의 선량한 풍속 기타 사회질서에 관계없는 규정과 다른 의사를 표시한 때에는 그 의사에 의한다.

제106조【사실인 관습】
법령중의 선량한 풍속 기타 사회질서에 관계없는 규정과 다른 관습이 있는 경우에 당사자의 의사가 명확하지 아니한 때에는 그 관습에 의한다.

제2절 의사표시

제107조【진의 아닌 의사표시】

① 의사표시는 표의자가 진의아님을 알고한 것이라도 그 효력이 있다. 그러나 상대방이 표의자의 진의아님을 알았거나 이를 알 수 있었을 경우에는 무효로 한다.

② 전항의 의사표시의 무효는 선의의 제삼자에게 대항하지 못한다.

제108조【통정한 허위의 의사표시】

① 상대방과 통정한 허위의 의사표시는 무효로 한다.

② 전항의 의사표시의 무효는 선의의 제삼자에게 대항하지 못한다.

제109조【착오로 인한 의사표시】

① 의사표시는 법률행위의 내용의 중요부분에 착오가 있는 때에는 취소할 수 있다. 그러나 그 착오가 표의자의 중대한 과실로 인한 때에는 취소하지 못한다.

② 전항의 의사표시의 취소는 선의의 제삼자에게 대항하지 못한다.

제110조【사기, 강박에 의한 의사표시】

① 사기나 강박에 의한 의사표시는 취소할 수 있다.

② 상대방있는 의사표시에 관하여 제삼자가 사기나 강박을 행한 경우에는 상대방이 그 사실을 알았거나 알 수 있었을 경우에 한하여 그 의사표시를 취소할 수 있다.

③ 전2항의 의사표시의 취소는 선의의 제삼자에게 대항하지 못한다.

제111조【의사표시의 효력발생시기】

① 상대방이 있는 의사표시는 상대방에게 도달한 때에 그 효력이 생긴다.

② 의사표시자가 그 통지를 발송한 후 사망하거나 제한능력자가 되어도 의사표시의 효력에 영향을 미치지 아니한다.

[전문개정 2011.3.7]

제112조【제한능력자에 대한 의사표시의 효력】

의사표시의 상대방이 의사표시를 받은 때에 제한능력자인 경우에는 의사표시자는 그 의사표시로써 대항할 수 없다. 다만, 그 상대방의 법정대리인이 의사표시가 도달한 사실을 안 후에는 그러하지 아니하다.

[전문개정 2011.3.7]

제113조【의사표시의 공시송달】

표의자가 과실없이 상대방을 알지 못하거나 상대방의 소재를 알지 못하는 경우에는 의사표시는 민사소송법공시송달의 규정에 의하여 송달할 수 있다.

제3절 대리

제114조【대리행위의 효력】

① 대리인이 그 권한내에서 본인을 위한 것임을 표시한 의사표시는 직접본인에게 대하여 효력이 생긴다.

② 전항의 규정은 대리인에게 대한 제삼자의 의사표시에 준용한다.

제115조【본인을 위한 것임을 표시하지 아니한 행위】
대리인이 본인을 위한 것임을 표시하지 아니한 때에는 그 의사표시는 자기를 위한 것으로 본다. 그러나
상대방이 대리인으로서한 것임을 알았거나 알 수 있었을 때에는 전조제1항의 규정을 준용한다.

제116조【대리행위의 하자】
① 의사표시의 효력이 의사의 흠결, 사기, 강박 또는 어느 사정을 알았거나 과실로 알지 못한 것으로 인
   하여 영향을 받을 경우에 그 사실의 유무는 대리인을 표준하여 결정한다.
② 특정한 법률행위를 위임한 경우에 대리인이 본인의 지시에 좇아 그 행위를 한 때에는 본인은 자기가
   안 사정 또는 과실로 인하여 알지 못한 사정에 관하여 대리인의 부지를 주장하지 못한다.

제117조【대리인의 행위능력】
대리인은 행위능력자임을 요하지 아니한다.

제118조【대리권의 범위】
권한을 정하지 아니한 대리인은 다음 각호의 행위만을 할 수 있다.
1. 보존행위
2. 대리의 목적인 물건이나 권리의 성질을 변하지 아니하는 범위에서 그 이용 또는 개량하는 행위

제119조【각자대리】
대리인이 수인인 때에는 각자가 본인을 대리한다. 그러나 법률 또는 수권행위에 다른 정한 바가 있는 때
에는 그러하지 아니하다.

제120조【임의대리인의 복임권】
대리권이 법률행위에 의하여 부여된 경우에는 대리인은 본인의 승낙이 있거나 부득이한 사유있는 때가
아니면 복대리인을 선임하지 못한다.

제121조【임의대리인의 복대리인선임의 책임】
① 전조의 규정에 의하여 대리인이 복대리인을 선임한 때에는 본인에게 대하여 그 선임감독에 관한 책임
   이 있다.
② 대리인이 본인의 지명에 의하여 복대리인을 선임한 경우에는 그 부적임 또는 불성실함을 알고 본인에
   게 대한 통지나 그 해임을 태만한 때가 아니면 책임이 없다.

제122조【법정대리인의 복임권과 그 책임】
법정대리인은 그 책임으로 복대리인을 선임할 수 있다. 그러나 부득이한 사유로 인한 때에는 전조제1항에
정한 책임만이 있다.

제123조【복대리인의 권한】
① 복대리인은 그 권한내에서 본인을 대리한다.
② 복대리인은 본인이나 제삼자에 대하여 대리인과 동일한 권리의무가 있다.

제124조【자기계약, 쌍방대리】
대리인은 본인의 허락이 없으면 본인을 위하여 자기와 법률행위를 하거나 동일한 법률행위에 관하여 당
사자쌍방을 대리하지 못한다. 그러나 채무의 이행은 할 수 있다.

제125조【대리권수여의 표시에 의한 표현대리】
제삼자에 대하여 타인에게 대리권을 수여함을 표시한 자는 그 대리권의 범위내에서 행한 그 타인과 그 제삼자간의 법률행위에 대하여 책임이 있다. 그러나 제삼자가 대리권없음을 알았거나 알 수 있었을 때에는 그러하지 아니하다.

제126조【권한을 넘은 표현대리)】
대리인이 그 권한외의 법률행위를 한 경우에 제삼자가 그 권한이 있다고 믿을 만한 정당한 이유가 있는 때에는 본인은 그 행위에 대하여 책임이 있다.

제127조【대리권의 소멸사유】
대리권은 다음 각 호의 어느 하나에 해당하는 사유가 있으면 소멸된다.
1. 본인의 사망
2. 대리인의 사망, 성년후견의 개시 또는 파산
[전문개정 2011.3.7]

제128조【임의대리의 종료】
법률행위에 의하여 수여된 대리권은 전조의 경우외에 그 원인된 법률관계의 종료에 의하여 소멸한다. 법률관계의 종료전에 본인이 수권행위를 철회한 경우에도 같다.

제129조【대리권소멸후의 표현대리】
대리권의 소멸은 선의의 제삼자에게 대항하지 못한다. 그러나 제삼자가 과실로 인하여 그 사실을 알지 못한 때에는 그러하지 아니하다.

제130조【무권대리】
대리권없는 자가 타인의 대리인으로 한 계약은 본인이 이를 추인하지 아니하면 본인에 대하여 효력이 없다.

제131조【상대방의 최고권】
대리권없는 자가 타인의 대리인으로 계약을 한 경우에 상대방은 상당한 기간을 정하여 본인에게 그 추인 여부의 확답을 최고할 수 있다. 본인이 그 기간내에 확답을 발하지 아니한 때에는 추인을 거절한 것으로 본다.

제132조【추인, 거절의 상대방】
추인 또는 거절의 의사표시는 상대방에 대하여 하지 아니하면 그 상대방에 대항하지 못한다. 그러나 상대방이 그 사실을 안 때에는 그러하지 아니하다.

제133조【추인의 효력】
추인은 다른 의사표시가 없는 때에는 계약시에 소급하여 그 효력이 생긴다. 그러나 제삼자의 권리를 해하지 못한다.

제134조【상대방의 철회권】
대리권없는 자가 한 계약은 본인의 추인이 있을 때까지 상대방은 본인이나 그 대리인에 대하여 이를 철회할 수 있다. 그러나 계약당시에 상대방이 대리권 없음을 안 때에는 그러하지 아니하다.

제135조【상대방에 대한 무권대리인의 책임】

① 다른 자의 대리인으로서 계약을 맺은 자가 그 대리권을 증명하지 못하고 또 본인의 추인을 받지 못한 경우에는 그는 상대방의 선택에 따라 계약을 이행할 책임 또는 손해를 배상할 책임이 있다.

② 대리인으로서 계약을 맺은 자에게 대리권이 없다는 사실을 상대방이 알았거나 알 수 있었을 때 또는 대리인으로서 계약을 맺은 사람이 제한능력자일 때에는 제1항을 적용하지 아니한다.

[전문개정 2011.3.7]

제136조【단독행위와 무권대리】

단독행위에는 그 행위당시에 상대방이 대리인이라 칭하는 자의 대리권없는 행위에 동의하거나 그 대리권을 다투지 아니한 때에 한하여 전6조의 규정을 준용한다. 대리권 없는 자에 대하여 그 동의를 얻어 단독행위를 한 때에도 같다.

제4절 무효와 취소

제137조【법률행위의 일부무효】

법률행위의 일부분이 무효인 때에는 그 전부를 무효로 한다. 그러나 그 무효부분이 없더라도 법률행위를 하였을 것이라고 인정될 때에는 나머지 부분은 무효가 되지 아니한다.

제138조【무효행위의 전환】

무효인 법률행위가 다른 법률행위의 요건을 구비하고 당사자가 그 무효를 알았더라면 다른 법률행위를 하는 것을 의욕하였으리라고 인정될 때에는 다른 법률행위로서 효력을 가진다.

제139조【무효행위의 추인】

무효인 법률행위는 추인하여도 그 효력이 생기지 아니한다. 그러나 당사자가 그 무효임을 알고 추인한 때에는 새로운 법률행위로 본다.

제140조【법률행위의 취소권자】

취소할 수 있는 법률행위는 제한능력자, 착오로 인하거나 사기·강박에 의하여 의사표시를 한 자, 그의 대리인 또는 승계인만이 취소할 수 있다.

[전문개정 2011.3.7]

제141조【취소의 효과】

취소된 법률행위는 처음부터 무효인 것으로 본다. 다만, 제한능력자는 그 행위로 인하여 받은 이익이 현존하는 한도에서 상환(償還)할 책임이 있다.

[전문개정 2011.3.7]

제142조【취소의 상대방】

취소할 수 있는 법률행위의 상대방이 확정한 경우에는 그 취소는 그 상대방에 대한 의사표시로 하여야 한다.

제143조【추인의 방법, 효과】

① 취소할 수 있는 법률행위는 제140조에 규정한 자가 추인할 수 있고 추인후에는 취소하지 못한다.

② 전조의 규정은 전항의 경우에 준용한다.

제144조【추인의 요건】

① 추인은 취소의 원인이 소멸된 후에 하여야만 효력이 있다.

② 제1항은 법정대리인 또는 후견인이 추인하는 경우에는 적용하지 아니한다.

[전문개정 2011.3.7]

제145조【법정추인】

취소할 수 있는 법률행위에 관하여 전조의 규정에 의하여 추인할 수 있는 후에 다음 각호의 사유가 있으면 추인한 것으로 본다. 그러나 이의를 보류한 때에는 그러하지 아니하다.

1. 전부나 일부의 이행
2. 이행의 청구
3. 경개
4. 담보의 제공
5. 취소할 수 있는 행위로 취득한 권리의 전부나 일부의 양도
6. 강제집행

제146조【취소권의 소멸】

취소권은 추인할 수 있는 날로부터 3년내에 법률행위를 한 날로부터 10년내에 행사하여야 한다.

제5절 조건과 기한

제147조【조건성취의 효과】

① 정지조건있는 법률행위는 조건이 성취한 때로부터 그 효력이 생긴다.

② 해제조건 있는 법률행위는 조건이 성취한 때로부터 그 효력을 잃는다.

③ 당사자가 조건성취의 효력을 그 성취전에 소급하게 할 의사를 표시한 때에는 그 의사에 의한다.

제148조【조건부권리의 침해금지】

조건있는 법률행위의 당사자는 조건의 성부가 미정한 동안에 조건의 성취로 인하여 생길 상대방의 이익을 해하지 못한다.

제149조【조건부권리의 처분등】

조건의 성취가 미정한 권리의무는 일반규정에 의하여 처분, 상속, 보존 또는 담보로 할 수 있다.

제150조【조건성취, 불성취에 대한 반신의행위】

① 조건의 성취로 인하여 불이익을 받을 당사자가 신의성실에 반하여 조건의 성취를 방해한 때에는 상대방은 그 조건이 성취한 것으로 주장할 수 있다.

② 조건의 성취로 인하여 이익을 받을 당사자가 신의성실에 반하여 조건을 성취시킨 때에는 상대방은 그 조건이 성취하지 아니한 것으로 주장할 수 있다.

제151조【불법조건, 기성조건】

① 조건이 선량한 풍속 기타 사회질서에 위반한 것인 때에는 그 법률행위는 무효로 한다.

② 조건이 법률행위의 당시 이미 성취한 것인 경우에는 그 조건이 정지조건이면 조건없는 법률행위로 하고 해제조건이면 그 법률행위는 무효로 한다.

③ 조건이 법률행위의 당시에 이미 성취할 수 없는 것인 경우에는 그 조건이 해제조건이면 조건없는 법률행위로 하고 정지조건이면 그 법률행위는 무효로 한다.

제152조【기한도래의 효과】
① 시기있는 법률행위는 기한이 도래한 때로부터 그 효력이 생긴다.
② 종기있는 법률행위는 기한이 도래한 때로부터 그 효력을 잃는다.

제153조【기한의 이익과 그 포기】
① 기한은 채무자의 이익을 위한 것으로 추정한다.
② 기한의 이익은 이를 포기할 수 있다. 그러나 상대방의 이익을 해하지 못한다.

제154조【기한부권리와 준용규정】
제148조와 제149조의 규정은 기한있는 법률행위에 준용한다.

제6장 기간

제155조【본장의 적용범위】
기간의 계산은 법령, 재판상의 처분 또는 법률행위에 다른 정한 바가 없으면 본장의 규정에 의한다.

제156조【기간의 기산점】
기간을 시, 분, 초로 정한 때에는 즉시로부터 기산한다.

제157조【기간의 기산점】
기간을 일, 주, 월 또는 연으로 정한 때에는 기간의 초일은 산입하지 아니한다. 그러나 그 기간이 오전영시로부터 시작하는 때에는 그러하지 아니하다.

제158조【연령의 기산점】
연령계산에는 출생일을 산입한다.

제159조【기간의 만료점】
기간을 일, 주, 월 또는 연으로 정한 때에는 기간말일의 종료로 기간이 만료한다.

제160조【역에 의한 계산】
① 기간을 주, 월 또는 연으로 정한 때에는 역에 의하여 계산한다.
② 주, 월 또는 연의 처음으로부터 기간을 기산하지 아니하는 때에는 최후의 주, 월 또는 연에서 그 기산일에 해당한 날의 전일로 기간이 만료한다.
③ 월 또는 연으로 정한 경우에 최종의 월에 해당일이 없는 때에는 그 월의 말일로 기간이 만료한다.

제161조【공휴일 등과 기간의 만료점】
기간의 말일이 토요일 또는 공휴일에 해당한 때에는 기간은 그 익일로 만료한다.
[개정 2007.12.21]
[본조제목개정 2007.12.21]

제7장 소멸시효

제162조 【채권, 재산권의 소멸시효】

① 채권은 10년간 행사하지 아니하면 소멸시효가 완성한다.

② 채권 및 소유권이외의 재산권은 20년간 행사하지 아니하면 소멸시효가 완성한다.

제163조 【3년의 단기소멸시효】

다음 각호의 채권은 3년간 행사하지 아니하면 소멸시효가 완성한다. [개정 1997.12.13]

1. 이자, 부양료, 급료, 사용료 기타 1년이내의 기간으로 정한 금전 또는 물건의 지급을 목적으로 한 채권
2. 의사, 조산사, 간호사 및 약사의 치료, 근로 및 조제에 관한 채권
3. 도급받은 자, 기사 기타 공사의 설계 또는 감독에 종사하는 자의 공사에 관한 채권
4. 변호사, 변리사, 공증인, 공인회계사 및 법무사에 대한 직무상 보관한 서류의 반환을 청구하는 채권
5. 변호사, 변리사, 공증인, 공인회계사 및 법무사의 직무에 관한 채권
6. 생산자 및 상인이 판매한 생산물 및 상품의 대가
7. 수공업자 및 제조자의 업무에 관한 채권

제164조 【1년의 단기소멸시효】

다음 각호의 채권은 1년간 행사하지 아니하면 소멸시효가 완성한다.

1. 여관, 음식점, 대석, 오락장의 숙박료, 음식료, 대석료, 입장료, 소비물의 대가 및 체당금의 채권
2. 의복, 침구, 장구 기타 동산의 사용료의 채권
3. 노역인, 연예인의 임금 및 그에 공급한 물건의 대금채권
4. 학생 및 수업자의 교육, 의식 및 유숙에 관한 교주, 숙주, 교사의 채권

제165조 【판결등에 의하여 확정된 채권의 소멸시효】

① 판결에 의하여 확정된 채권은 단기의 소멸시효에 해당한 것이라도 그 소멸시효는 10년으로 한다.

② 파산절차에 의하여 확정된 채권 및 재판상의 화해, 조정 기타 판결과 동일한 효력이 있는 것에 의하여 확정된 채권도 전항과 같다.

③ 전2항의 규정은 판결확정당시에 변제기가 도래하지 아니한 채권에 적용하지 아니한다.

제166조 【소멸시효의 기산점】

① 소멸시효는 권리를 행사할 수 있는 때로부터 진행한다.

② 부작위를 목적으로 하는 채권의 소멸시효는 위반행위를 한 때로부터 진행한다.

제167조 【소멸시효의 소급효】

소멸시효는 그 기산일에 소급하여 효력이 생긴다.

제168조 【소멸시효의 중단사유】

소멸시효는 다음 각호의 사유로 인하여 중단된다.

1. 청구
2. 압류 또는 가압류, 가처분
3. 승인

제169조【시효중단의 효력】
시효의 중단은 당사자 및 그 승계인간에만 효력이 있다.

제170조【재판상의 청구와 시효중단】
① 재판상의 청구는 소송의 각하, 기각 또는 취하의 경우에는 시효중단의 효력이 없다.
② 전항의 경우에 6월내에 재판상의 청구, 파산절차참가, 압류 또는 가압류, 가처분을 한 때에는 시효는
　최초의 재판상청구로 인하여 중단된 것으로 본다.

제171조【파산절차참가와 시효중단】
파산절차참가는 채권자가 이를 취소하거나 그 청구가 각하된 때에는 시효중단의 효력이 없다.

제172조【지급명령과 시효중단】
지급명령은 채권자가 법정기간내에 가집행신청을 하지 아니함으로 인하여 그 효력을 잃은 때에는 시효중
단의 효력이 없다.

제173조【화해를 위한 소환, 임의출석과 시효중단】
화해를 위한 소환은 상대방이 출석하지 아니 하거나 화해가 성립되지 아니한 때에는 1월내에 소를 제기하
지 아니하면 시효중단의 효력이 없다. 임의출석의 경우에 화해가 성립되지 아니한 때에도 그러하다.

제174조【최고와 시효중단】
최고는 6월내에 재판상의 청구, 파산절차참가, 화해를 위한 소환, 임의출석, 압류 또는 가압류, 가처분을
하지 아니하면 시효중단의 효력이 없다.

제175조【압류, 가압류, 가처분과 시효중단】
압류, 가압류 및 가처분은 권리자의 청구에 의하여 또는 법률의 규정에 따르지 아니함으로 인하여 취소된
때에는 시효중단의 효력이 없다.

제176조【압류, 가압류, 가처분과 시효중단】
압류, 가압류 및 가처분은 시효의 이익을 받은 자에 대하여 하지 아니한 때에는 이를 그에게 통지한 후가
아니면 시효중단의 효력이 없다.

제177조【승인과 시효중단】
시효중단의 효력있는 승인에는 상대방의 권리에 관한 처분의 능력이나 권한있음을 요하지 아니한다.

제178조【중단후의 시효진행】
① 시효가 중단된 때에는 중단까지에 경과한 시효기간은 이를 산입하지 아니하고 중단사유가 종료한 때
　로 부터 새로이 진행한다.
② 재판상의 청구로 인하여 중단한 시효는 전항의 규정에 의하여 재판이 확정된 때로부터 새로이 진행한다.

제179조【제한능력자의 시효정지】
소멸시효의 기간만료 전 6개월 내에 제한능력자에게 법정대리인이 없는 경우에는 그가 능력자가 되거나
법정대리인이 취임한 때부터 6개월 내에는 시효가 완성되지 아니한다.
[전문개정 2011.3.7]

제180조 【재산관리자에 대한 제한능력자의 권리, 부부 사이의 권리와 시효정지】

① 재산을 관리하는 아버지, 어머니 또는 후견인에 대한 제한능력자의 권리는 그가 능력자가 되거나 후임 법정대리인이 취임한 때부터 6개월 내에는 소멸시효가 완성되지 아니한다.

② 부부 중 한쪽이 다른 쪽에 대하여 가지는 권리는 혼인관계가 종료된 때부터 6개월 내에는 소멸시효가 완성되지 아니한다.

[전문개정 2011.3.7]

제181조 【상속재산에 관한 권리와 시효정지】

상속재산에 속한 권리나 상속재산에 대한 권리는 상속인의 확정, 관리인의 선임 또는 파산선고가 있는 때로부터 6월내에는 소멸시효가 완성하지

제182조 【천재 기타 사변과 시효정지】

천재 기타 사변으로 인하여 소멸시효를 중단할 수 없을 때에는 그 사유가 종료한 때로부터 1월내에는 시효가 완성하지 아니한다.

제183조 【종속된 권리에 대한 소멸시효의 효력】

주된 권리의 소멸시효가 완성한 때에는 종속된 권리에 그 효력이 미친다.

제184조 【시효의 이익의 포기 기타】

① 소멸시효의 이익은 미리 포기하지 못한다.

② 소멸시효는 법률행위에 의하여 이를 배제, 연장 또는 가중할 수 없으나 이를 단축 또는 경감할 수 있다.